सामाजिक अनुसंधान एवं सांख्यिकी

Social Research and Statistics

सामाजिक अनुसंधान एवं सांख्यिकी

Social Research and Statistics

सत्येन्द्र त्रिपाठी
अनिल कुमार श्रीवास्तव

रावत पब्लिकेशन्स
जयपुर • नई दिल्ली • बैंगलोर • गुवाहाटी • कोलकाता

ISBN 978-81-316-0834-0 (HB)

Reprinted, 2024

Published by
Prem Rawat for **Rawat Publications**
Satyam Apts., Sector 3, Jawahar Nagar, Jaipur 302 004 (India)
Phone: 0141 265 1748 / 265 7006
E-mail: info@rawatbooks.com
Website: www.rawatbooks.com

New Delhi Office
4858/24, Ansari Road, Daryaganj, New Delhi 110 002
Phone: 011 2326 3290

Also at *Bangalore, Guwahati* and *Kolkata*

Printed at Nice Printing Press, New Delhi

विषय सूची

आमुख

समकालीन समाज कई प्रकार की समस्याओं का सामना कर रहा है। इन सामाजिक प्रक्रियाओं एवं समस्याओं का अध्ययन करना समाजवैज्ञानिक का कर्तव्य है। प्राथमिक तथ्यों के एकत्रीकरण के पश्चात सामाजिक नीतियों का निर्धारण हो सकता है। समाजविज्ञान की अनान्य शाखाओं में संलग्न शोधकर्ताओं द्वारा समय-समय पर अनुसंधान की विविध प्रविधियों का प्रयोग होता रहा है। ये प्रविधियां प्रारम्भिक तथ्यों के संकलन की आधारशिला हैं। इन्हीं के आधार पर सामाजिक सिद्धांतों की रचना की जाती है। इन्हीं के माध्यम से सामाजिक समस्याओं के अध्ययन के साथ-साथ उनका समाधान भी किया जा सकता है। अत: समाजविज्ञान के विद्यार्थियों व शोधकर्ताओं के लिए अनुसंधान की पद्धतियों, प्रविधियों एवं क्रियाविधियों का बोध अत्यंत आवश्यक है।

यह पुस्तक पूर्व में स्नातक और स्नातकोत्तर स्तर के विद्यार्थियों के लिए पृथक-पृथक प्रकाशित पुस्तकों का सम्मिलित, संशोधित एवं परिवर्धित रूप है। विश्वविद्यालयों के पाठ्यक्रमों में समय-समय पर होने वाले परिवर्तनों, प्रतियोगी परीक्षाओं में पूछे गए प्रश्नों के बढ़ते हुए दायरों तथा शोध हेतु अनुसंधान विधि के सम्यक ज्ञान की अनिवार्यता को ध्यान में रखते हुए सामाजिक अनुसंधान के सभी आयामों को एक साथ प्रस्तुत करना अधिक समीचीन लगता है।

पाठ्यपुस्तकों की सीमाओं को ध्यान में रखते हुए तथा इसे विद्यार्थियों के लिए अधिक उपयोगी एवं तर्क संगत बनाने हेतु कुछ अध्यायों को संक्षिप्त किया गया है, कुछ अध्यायों को एक साथ एक अध्याय के रूप में लिखा गया है एवं कुछ अध्यायों के क्रम में समुचित परिवर्तन करते हुए उनमें कुछ नये अंश भी जोड़े गए हैं। समाजशास्त्र एवं सम्बद्ध समाजविज्ञानों के विद्यार्थियों के लिए सांख्यिकी के अंश को भी अधिक सुगम्य बनाने का प्रयास किया गया हैं। इसके उपरांत भी इस पुस्तक की सम्पूर्ण उपादेयता पाठकों के लिए इस सहज बोधगम्यता पर निर्भर है। अत: हमें उनकी समीक्षाओं और सुझावों की अपेक्षा एवं प्रतीक्षा रहेगी।

सत्येन्द्र त्रिपाठी
अनिल कुमार श्रीवास्तव

आभार

उदारमना महानुभावों तथा मित्रों के प्रति अनुग्रह व्यक्त करना हमारा कर्तव्य है, जिनकी पहल, प्रेरणा तथा सहयोग से हम यह पुस्तक तैयार कर सका। इस पुस्तक की रचना के मुख्य प्रेरणा स्त्रोत प्रो. राजाराम शास्त्री (काशी विद्यापीठ) एवं प्रो. मुकुट बिहारी लाल (काशी हिन्दू विश्वविद्यालय) रहे हैं। वे समाजवादी चिंतक होने के साथ समाज वैज्ञानिक प्रविधियों का प्रयोग सटीक ढंग से करते थे, जिनसे सामाजिक नीतियों की रचना होती थी और समाज के विकास की दिशा भी निर्धारित होती थी। हम इनके प्रति हार्दिक कृतज्ञता ज्ञापित करते हैं।

इस ग्रन्थ के प्रकाशन का मूल श्रेय श्री कैलाश रावत (जयपुर) को दिया जाना चाहिए जिन्होंने प्रकाशन हेतु आवश्यक साधन तथा सामग्री जुटाने में पूर्ण सहयोग देने का वचन दिया और उसका पूरा निर्वाह किया। उनकी पहल, सतत रुचि तथा पूर्ण सहयोग के बिना इस ग्रन्थ का प्रकाशन संभव नहीं था। वे निःसंदेह साधुवाद के पात्र हैं।

डॉ एम.एन. सिंह, निदेशक (समाज विज्ञान), राजर्षि टण्डन मुक्त विश्वविद्यालय, इलाहाबाद, डॉ अजय कुमार त्रिपाठी, अध्यक्ष समाजशास्त्र विभाग, पण्डित मदन मोहन मालवीय पोस्ट ग्रेजुएट कॉलेज; काला कांकड़ एवं कुलदीप कुमार, शोध छात्र, समाजशास्त्र, लखनऊ विश्वविद्यालय के हमारे शिष्य धन्यवाद के भागी हैं, जिन्होंने अध्यायों के वर्गीकरण तथा सूची आदि कार्यों में सहायता प्रदान की।

हम अपने परिवार के सभी सदस्यों श्रीमती शकुंतला त्रिपाठी एवं श्री रेणु श्रीवास्तव, मनीष-संगीता, नीरज-अपर्णा, पौत्र अर्क एवं यश सभी के प्रति आभार प्रदर्शित करते हैं। जिन्होंने बिना संकोच के इस कार्य को सम्पूर्ण करने में सहायता प्रदान की। इंग्लैंड के सहवास में ब्रिटिश लाइब्रेरी के कर्मचारियों ने नवीन पुस्तकों को प्रदान कर इस पुस्तक की गरिमा को बढ़ाया है। वे सभी धन्यवाद के पात्र हैं।

अंत में हम समस्त विद्वानों के प्रति हार्दिक कृतज्ञता ज्ञापित करते हैं, जिनके अमूल्य विचारों, कृतियों एवं प्रतिवेदनों के आधार पर इस पाठ्यपुस्तक का लेखन संभव हुआ हैं।

सत्येन्द्र त्रिपाठी
अनिल कुमार श्रीवास्तव

1

सामाजिक विज्ञान एवं वैज्ञानिक दृष्टिकोण

Social Science and Scientific Perspective

विश्व में अनेक प्रकार की घटनाएं होती हैं। इन घटनाओं के क्या कारण और परिणाम होते हैं? इन्हीं कारणों का पता लगाना वैज्ञानिक, दार्शनिक और समाज वैज्ञानिक का कार्य है। मोटे तौर पर विश्व की समस्त घटनाएं दो भागों में विभाजित की जा सकती हैं–

1. **प्राकृतिक घटनाएं** (Natural Phenomena)–प्राकृतिक घटनाएं वे घटनाएं हैं जिनका नियंत्रण प्रकृति के हाथ में होता है, इन घटनाओं का अध्ययन प्राकृतिक विज्ञानों द्वारा किया जाता है। प्राकृतिक घटनाओं की कुछ विशेषताएं होती हैं, जिनमें नियमितता, मूर्त–स्वरूपता, समानता, निश्चितता और वस्तुनिष्ठता प्रमुख हैं।

2. **सामाजिक घटनाएं** (Social Phenomena)–प्राकृतिक घटनाओं के विपरीत सामाजिक घटनाओं का क्षेत्र मानवीय संबंध और सामाजिक प्रक्रियाएं हैं। इनका विश्लेषण और अध्ययन सामाजिक विज्ञानों द्वारा होता है। अभी तक मानवीय व्यवहार को नियंत्रित करने में मनुष्य को पर्याप्त सफलता नहीं मिली है। समाजशास्त्रियों के समक्ष मौलिक समस्या इसी मानव व्यवहार से संबंधित प्रक्रियाओं को अध्ययन करने की है।

परम्परावादी दृष्टिकोण से मानवज्ञान को तीन भागों में बांट दिया जाता है–(1) प्राकृतिक विज्ञान (Natural Science), (2) सामाजिक विज्ञान (Social Science) एवं (3) मानव प्रकृति (Humanities) विज्ञान। इस संबंध में विज्ञान शब्द में प्रयोग पर कई प्रकार की आपत्तियां की जाती हैं। परन्तु विज्ञान का अर्थ क्रमबद्ध व्यवस्थित ज्ञान से है, जिसके द्वारा सत्यता की खोज करके सार्वभौमिक सिद्धांतों की रचना की जाती है। इस परिभाषा के क्षेत्र में सामाजिक विज्ञानों को विज्ञान कहना अनुचित न होगा। अब प्रश्न यह उठता है कि सामाजिक विज्ञानों का विषय क्षेत्र क्या है, जिससे उसको स्वतंत्र रूप दिया जा सके? इस प्रश्न का उत्तर देने के लिए विभिन्न प्रकार के प्रयास किए गए हैं, जिनसे विभिन्न अभिगम उद्‌भूत हुए हैं। अतः यह आवश्यक है कि सामाजिक विज्ञान क्या है? और उसकी रूपरेखा का निर्माण किस प्रकार होता है? इनको समझ लेना चाहिए।

न्यू सेंचुरी कोश में 'सामाजिक' शब्द की परिभाषा इस प्रकार दी गई है 'सहयोगियों के साथ रहना या समुदाय में रहना जिससे एकाकीपन महसूस न हो।' इस कोश के अनुसार सामाजिक विज्ञान वे विज्ञान हैं, जो मानव की सामाजिक दशाओं से संबंधित होते हैं।'[1]

मैकमिलन मॉडर्न डिक्शनरी ने सामाजिक शब्द का प्रयोग विशेषण के रूप में किया है जिसका अर्थ समुदायों या समाजों के संबंध से होता है।[2]

इसी के संबंध में उसमें लिखा है कि 'वह विज्ञान जो समाज की संरचना और विकास के बारे में अध्ययन करता है और विषयों का वह समूह जो मानव के संबंध में तथा सामाजिक, सांस्कृतिक व प्राकृतिक पर्यावरण के संबंध में अध्ययन करता है। उसे सामाजिक विज्ञान कहा जाता है। इसके अन्तर्गत उसने भूगोल, इतिहास, अर्थशास्त्र, राजनीतिशास्त्र एवं समाजशास्त्र को रखा है।'

कोलम्बिया एन साइक्लोपीडिया में सामाजिक विज्ञान की परिभाषा देते हुए लिखा है कि 'वह विज्ञान जो मानव समूहों का अध्ययन करते हैं। सामाजिक विज्ञान कहलाते हैं।'[3]

सेलिगमेन[4] ने बहुत पहले ही घटनाओं के विश्लेषण के लिए घटनाओं को दो क्षेत्रों में विभाजित कर दिया है।

1. भौतिक प्रकृति की घटनाएं (Phenomena of Physical Nature)
2. मस्तिष्क संबंधी घटनाएं (Phenomena of Mind)

भौतिक-विज्ञान विश्व ब्रह्माण्ड की घटनाओं से संबंधित होते हैं जबकि मानसिक व सांस्कृतिक घटनाओं का अध्ययन सामाजिक विज्ञान के अंतर्गत किया जाता है। इन्होंने मानसिक और सांस्कृतिक विज्ञानों को फिर दो भागों में बांटा है, जिनमें (क) वे विज्ञान जो केवल व्यक्ति का अध्ययन करते हैं और (ख) वे विज्ञान जो मानव का समूह के रूप में अध्ययन करते हैं। इस प्रकार वे घटनाएं जो समूह से संबंधित होती हैं, उन्हें सामाजिक घटना कहा जा सकता है और जो विज्ञान इन घटनाओं का वर्गीकरण करके, विश्लेषण करता है उनको सामाजिक विज्ञान कहा जाता है। इसके आधार पर हम कह सकते हैं कि सामाजिक विज्ञान वह बौद्धिक और सांस्कृतिक विज्ञान है जो मानवीय क्रियाओं का अध्ययन समूह के सदस्य होने के नाते करते हैं।

चार्ल्स ए. बीयर्ड[5] ने सामाजिक विज्ञान की परिभाषा देते हुए लिखा है कि 'सामाजिक विज्ञान विचार का वह भंडार है जो भौतिक वस्तुओं के स्थान पर मानवीय क्रियाओं एवं संबंधों की व्याख्या करता है। इनका संबंध वास्तव में मानव समाज के विकास पूर्व घटित घटनाओं का लेखन और उन पद्धतियों का विकास करना है जो सामाजिक संरचना के विकास में सहयोग प्रदान करती है।'

स्टुअर्ट चेज ने सामाजिक विज्ञानों की विवेचना करते हुए लिखा है कि 'सामाजिक विज्ञान वे विज्ञान हैं जो उच्च स्तर पर मानवीय संबंधों का वैज्ञानिक पद्धति के आधार पर अध्ययन करते हैं।'[6] सामाजिक और प्राकृतिक विज्ञानों के संबंधों की व्याख्या करते हुए मोरिस आर. काहन ने कहा है कि 'सामाजिक विज्ञान वे हैं जो समूह में मानव के जीवन का अध्ययन करते हैं, जबकि प्राकृतिक विज्ञान कार्य और कारण के संबंध की व्याख्या करते हैं। उसने कहा है कि सामाजिक विज्ञान का विषय क्षेत्र परंपरा और संस्कृति है।'[7]

उपर्युक्त विवेचन से स्पष्ट होता है कि सामाजिक विज्ञान मानव की क्रियाओं, व्यावहारिक संबंध और वास्तविक मानव संबंध का अध्ययन करते हैं।

विज्ञानों का वर्गीकरण (Classification of Sciences)

मानव की जिज्ञासा निरंतर अज्ञात को जानने की रही है। अतः सत्य की खोज के लिए समाज की उत्पत्ति के समय से ही ज्ञान का विकास होता रहा है। मानव एक मननशील प्राणी है। अतः वह घटनाओं के बारे में समझने की चेष्टा करता रहा है। प्लेटो से लेकर समकालीन समाज तक विभिन्न विचारकों ने ज्ञान को वर्गीकृत करने की चेष्टा की है। यह वर्गीकरण व्यावहारिक और

बौद्धिक सुविधाओं के लिए किया गया है। वैसे इसका विभाजन बहुत कठिन है। सर जॉन आर्थर थामसन ने इस संबंध में कहा है कि 'अधिक वर्गीकरण से ज्ञान की एकता का दृष्टिकोण समाप्त हो जाएगा और ढीले वर्गीकरण से विज्ञानों के विषय क्षेत्र अलग-अलग स्पष्ट नहीं हो पाएंगे। अत: कहीं पर उपयोगिता के अनुसार समन्वय करना ही पड़ेगा।[8] राबर्टफील्ड ने भी कहा है कि विज्ञान के वर्गीकरण की कोई भी योजना अंतिम नहीं होगी जब तक कि नये विज्ञानों की भी कल्पना करके उनको बनाया न जाए।

विज्ञानों के वर्गीकरण करने का एक आसान तरीका यह है कि हम उनको वर्णनात्मक (descriptive) और प्रतिमानात्मक (normative) दो श्रेणियों में विभाजित करें। वर्णनात्मक विज्ञानों में भौतिकशास्त्र, रसायनशास्त्र, भूगर्भशास्त्र आदि को लिया जा सकता है, जबकि प्रतिमानात्मक विज्ञानों में नीति शास्त्र, दर्शनशास्त्र आदि को ले सकते हैं। विज्ञान के दूसरे प्रकार के विभाजन में हम उनको अमूर्त या भावनात्मक (abstract) और मूर्त (concrete) में विभाजित कर सकते हैं। आगस्ट काम्टे ने 6 प्रमुख विज्ञान बताए हैं और सातवें में नीतिशास्त्र को विज्ञान कहा है। हरबर्ट स्पेंसर ने तर्क और गणित को भी विज्ञान माना है। कार्ल पियर्सन ने तर्क, गणित और सांख्यिकी को अमूर्त (abstract) विज्ञान में रखा है।

विज्ञानों का तीसरा विभाजन विशुद्ध और व्यावहारिकता के आधार पर किया जाता है। यह विभाजन सुविधानुसार किया गया है क्योंकि जो आज विशुद्ध विज्ञान है, कल वह व्यावहारिक हो सकता है। कुछ विद्वानों ने विज्ञान का विभाजन यथार्थ (exact) और अयथार्थ विज्ञानों के रूप में किया है। सामाजिक विज्ञान अयथार्थ विज्ञानों के अन्तर्गत आते हैं। आधुनिक विश्वविद्यालयों और महाविद्यालयों में मानव विज्ञान का वर्गीकरण प्राकृतिक विज्ञान, सामाजिक विज्ञान और कला में किया गया है और इन्हीं के आधार पर विश्वविद्यालयों में संकायों में विभाजित करके अध्ययन किया जाता है।

सामाजिक विज्ञान और भौतिक विज्ञान में अंतर (Difference between Social Science and Physical Science)

सामाजिक विज्ञान को प्राय: भौतिक विज्ञानों की तरह विज्ञान मानने से लोग इंकार करते हैं। अत: यह आवश्यक हो जाता है कि उसकी तुलनात्मक व्याख्या की जाए।

	भौतिक विज्ञान	*सामाजिक विज्ञान*
1.	भौतिक विज्ञानों की अध्ययन वस्तु भौतिक पदार्थ होते हैं जो मूर्त होते हैं।	सामाजिक विज्ञानों की अध्ययन सामग्री व्यक्ति और उसके सामाजिक संबंध हैं जो अमूर्त होते हैं।
2.	भौतिक विज्ञान प्राकृतिक पदार्थों में भौतिक नियमों का पता लगाते हैं।	सामाजिक विज्ञान मनुष्य या उसके व्यवहार से संबंधित नियमों का पता लगाते हैं।
3.	भौतिक तत्त्वों में भौतिक संबंधों की प्रधानता होती है।	सामाजिक तत्त्वों में मनोवैज्ञानिक संबंध पाए जाते हैं।
4.	भौतिक विज्ञान के तत्त्व विश्लेषण के लिए अलग-अलग विभाजित किए जा सकते हैं।	सामाजिक विज्ञान के तत्त्व अध्ययन के लिए भौतिक तत्त्वों की तरह विभाजित करके नहीं देखे जा सकते।
5.	भौतिक विज्ञानों में यथार्थता का अंश अधिक होता है।	सामाजिक विज्ञानों में भौतिक विज्ञानों की अपेक्षा यथार्थता का अंश कम होता है।

लगातार...

...लगातार

6.	भौतिक विज्ञानों के अध्ययन में पूर्ण तटस्थता एवं निष्पक्षता बरती जा सकती है।	समाज वैज्ञानिक अध्ययन पूर्ण तटस्थ एवं निष्पक्ष नहीं हो पाता, क्योंकि अध्ययनकर्ता स्वयं भी समाज का अंग होता है।
7.	भौतिक विज्ञान में भविष्यवाणी करने की क्षमता होती है।	सामाजिक विज्ञान भी भविष्यवाणी कर सकते हैं परन्तु तथ्यों की परिवर्तनशील प्रकृति के कारण इनकी भविष्यवाणी भौतिक विज्ञान द्वारा की गई भविष्यवाणी की तरह सर्वदा के लिए सत्य नहीं सिद्ध होती।
8.	भौतिक विज्ञान के तथ्यों का प्रयोगशाला में परीक्षण किया जाता है।	सामाजिक विज्ञान की अध्ययन सामग्री का प्रयोगशाला में परीक्षण संभव नहीं, क्योंकि इससे तथ्यों के परिवर्तन की संभावना रहती है। अत: सामाजिक विज्ञान ने अपनी प्रयोगशाला सम्पूर्ण समाज को मान रखा है।
9.	भौतिक विज्ञान के तथ्य मापे जा सकते हैं।	सामाजिक विज्ञान में भी मापने की पद्धतियों का क्रमश: विकास हो रहा है। तथापि सामाजिक विज्ञान के सभी तथ्यों का यथार्थ मापन भौतिक तत्त्वों की भांति संभव नहीं।

इस तरह भौतिक विज्ञान से सामाजिक विज्ञान पूर्णतया भिन्न है। यद्यपि सामाजिक विज्ञान अपने अध्ययन में वैज्ञानिक पद्धति का प्रयोग करता है, किन्तु विशेष विषय सामग्री के कारण इसकी यथार्थता, भविष्यवाणी की क्षमता, तथ्यों के मापने की क्षमता आदि भौतिक विज्ञानों की अपेक्षा कम है फिर भी यह खगोल विज्ञान और मनोविज्ञान जैसा ही एक स्वतंत्र सामाजिक विज्ञान की श्रेणी में रखा जा सकता है। तभी तो बार्न्स और बेकर ने इसके वर्गीकरण के संबंध में लिखा है कि 'समाजशास्त्र को न तो अन्य सामाजिक विज्ञानों की भांति स्वामिनी माना जा सकता है और न उनकी दासी बल्कि इसे उनकी बहन की भांति माना जा सकता है।[9]

सामाजिक घटना की प्रकृति (Nature of Social Phenomenon)

सामाजिक घटना का अध्ययन सामाजिक शोध का विषय है। इसकी प्रकृति प्राकृतिक घटनाओं से भिन्न तथा विशिष्ट प्रकार की है। इसमें कुछ ऐसे गुण पाए जाते हैं जो प्राकृतिक घटनाओं में नहीं हैं। भौतिक घटनाओं की भांति न इन पर नियंत्रण रखा जाता है और न प्रयोग तथा परीक्षण के लिए प्रयोगशाला में रखा जा सकता है। इन दोनों की इस भिन्नता के कारण ही सामाजिक घटना पर वैज्ञानिक पद्धति के उपयोग में कठिनता आती है। अत: इसकी विशेषताओं को समझ लेना आवश्यक है।

1. **सामाजिक घटना की जटिलता** (Complexity of Social Phenomenon)—यही एक ऐसा लक्षण है, जिसके कारण मानव व्यवहार पर वैज्ञानिक ज्ञान का उपयोग करना कठिन है। लुण्डबर्ग ने इस विशेषता को स्पष्ट करते हुए लिखा है 'संभवत: मानव समूह व्यवहार के वास्तविक विज्ञान की सर्वाधिक महत्त्वपूर्ण आवृत्ति मूलक बाधा इसकी विषय सामग्री की जटिलता है।'[10] किसी समाज की सामाजिक संरचना, सामाजिक संगठन तथा सामाजिक संबंध अति जटिल होते हैं। मानवीय व्यवहार और संबंध भौतिक, सामाजिक, मनोवैज्ञानिक एवं आर्थिक कारणों द्वारा निर्धारित और प्रभावित होते हैं। अत: किस कारक का कितना प्रभाव है,

यह जानना कठिन हो जाता है। समाज की परिवर्तनशीलता के साथ ये कारक भी बदलते रहे हैं और इनमें स्थिरता नहीं रहती। इसके अलावा सामाजिक संबंधों के विश्लेषण में उनके सापेक्षिक प्रभाव अथवा महत्त्व को निर्धारित करना कठिन होता है।

यह सत्य है कि सामाजिक घटनाओं की प्रकृति जटिल है, परन्तु उसे जटिल मानकर सामाजिक विज्ञान के क्षेत्र में अध्ययन छोड़ देना नहीं चाहिए। वास्तव में जटिलता एक सापेक्षिक अवधारणा है। जहां हमारा ज्ञान और हमारे उपलब्ध साधन कार्य नहीं कर पाते, वहां हम मान लेते हैं कि विषय जटिल है। परन्तु यदि हमारे साधन विकसित हो जाएं, तब वहीं विषय जटिल न रहकर सरल बन जाता है। यही तथ्य सामाजिक विज्ञानों के विषय में भी महत्व रखता है।

2. **सार्वभौमिकता का अभाव** (Lack of Universality)—सामाजिक घटनाओं में सार्वभौमिकता का गुण नहीं पाया जाता। समाज में प्रत्येक मनुष्य एक-दूसरे से भिन्न है। समाज की संरचना और संस्कृति इन व्यवहारों और संबंधों को और भी जटिल बना देती है। इसी प्रकृति के कारण वैज्ञानिक प्रणाली का प्रयोग एवं उपकल्पना का निर्माण व उसका परीक्षण सामाजिक घटना पर कठिन प्रतीत होता है। इसी वजह से एक अध्ययन द्वारा प्राप्त निष्कर्षों को दूसरी घटना पर लागू नहीं कर सकते।

सार्वभौमिकता का अभाव होते हुए भी सामाजिक घटनाओं में कहीं-कहीं समरूपता भी होती है। व्यक्ति-व्यक्ति में अंतर हो सकता है, परन्तु मूल रूप से प्रत्येक व्यक्ति मनुष्य है। अत: उनके व्यवहार में कुछ-न-कुछ समानता अवश्य है। सामाजिक व्यवहार को नापने एवं अध्ययन करने के पर्याप्त सूक्ष्म साधनों की न्यूनता से हम परिस्थितियों का वास्तविक ज्ञान प्राप्त नहीं कर पाते।

3. **गतिशीलता** (Dynamic Nature)—भौतिक विज्ञानों की विषय-वस्तु जड़, अचेतन व निर्जीव होती है। अत: उसमें अध्ययन के समय कोई परिवर्तन दृष्टिगोचर नहीं होता। सामाजिक घटना और मानव समूह के साथ ऐसा नहीं है। मानव समाज हमेशा परिवर्तित होता रहता है और इस प्रकार कल का सत्य, नये शोधों के आधार पर, आज असत्य हो सकता है। अत: भूत के सिद्धांत वर्तमान पर लागू नहीं हो पाते और वर्तमान के सिद्धांत भविष्य के लिए लागू नहीं हो सकते। इन गतिशीलताओं के होते हुए भी मनुष्य की मूल प्रवृत्तियां अपरिवर्तित होती हैं। मूल प्रकृति की इस अपरिवर्तनशीलता के आधार पर वैज्ञानिक निष्कर्ष निकाले जा सकते हैं।

4. **सामाजिक घटना की अगम्यता** (**Unknowablility of Social Phenomenon by Tangible Experience**)—प्राकृतिक घटनाएं स्थूल होती हैं, जबकि सामाजिक घटनाएं सूक्ष्म होती हैं। भौतिक वस्तुओं का हम छूकर, चखकर, गर्म करके, चोट मानकर आदि तरीकों से परीक्षण कर सकते हैं। उनकी नाप-तौल सरल है। परन्तु सामाजिक घटनाओं का परीक्षण उपर्युक्त प्रकार से नहीं हो पाता। इनका वर्णन प्रतीकात्मक भाषा से किया जाता है। इन्हीं कारणों से सामाजिक घटनाओं का ज्ञान सीमित है।

5. **वस्तुनिष्ठता का अभाव** (Lack of Objectivity)—भौतिक विज्ञान के अध्ययनों में भावात्मक लगाव नहीं होता। परन्तु सामाजिक घटनाओं की प्रकृति के अध्ययन में वस्तुनिष्ठता अपनाना सरल नहीं होता। शोधकर्ता समाज व समुदाय का अंग होने के कारण उसकी भावात्मकता उनसे जुड़ी रहती है। अत: उसके अध्ययनों में कर्म-विषकता कम हो जाती है। वह अपने पूर्वाग्रहों को छोड़ नहीं पाता। इस कारण वह तटस्थ होकर व्यवहार नहीं कर पाता है और न ही अवलोकन कर पाता है। शोधकर्ता किसी-न-किसी धर्म, जाति, प्रांत, भाषा आदि से लगाव होने के कारण संबंधित घटना का विश्लेषण तटस्थ होकर नहीं कर सकता। इस प्रकार सामाजिक घटनाओं के प्रति वस्तुनिष्ठता का दृष्टिकोण अपनाना सरल नहीं है।

6. **गुणात्मकता** (Qualitative Nature)—भौतिक घटनाओं की प्रकृति गणनात्मक एवं परिमाणात्मक होती है। उनके नाप-तौल की इकाइयां निश्चित होती हैं। इसके विपरीत सामाजिक घटनाओं की प्रकृति गुणात्मक होती है। सामाजिक घटनाएं अमूर्त होती हैं। उनका वर्णन अमूर्त भाषा द्वारा होता है। सामाजिक निष्कर्ष प्रायः मूल्यात्मक होते हैं। इन्हीं कारणों से सामाजिक घटनाओं का अध्ययन निश्चित यथार्थ नहीं हो पाता। हम सहयोग, संघर्ष, नगरीकरण आदि की बातें कर सकते हैं; परन्तु उनको गणनात्मक रूप से माप नहीं कर सकते। इसका यह अर्थ नहीं है कि सामाजिक घटनाओं का अध्ययन गणनात्मक रूप से नहीं हो सकता। जो विज्ञान गणनात्मक माप करते हैं, उनमें भी साथ-साथ गुणनात्मक माप की प्रणाली पायी जाती है। अतः गणनात्मक सापेक्षिक है एवं विज्ञान के विकास के विशिष्ट स्तर का प्रतीक है।

7. **भविष्यवाणी की कठिनाई** (Difficulty in Prediction)—प्राकृतिक विज्ञानों में भविष्यवाणी करना सरल होता है। परन्तु सामाजिक विज्ञानों में निश्चित भविष्यवाणी करना सरल नहीं है। निश्चित भविष्यवाणी न करने के कई कारण हो सकते हैं। जिनमें जटिलता, परिवर्तनशीलता, गुणात्मकता तथा असार्वभौमिकता प्रमुख हैं। इसका यह अर्थ नहीं समझ लेना चाहिए कि भविष्यवाणी कभी भी संभव नहीं है। वास्तव में जैसे-जैसे वैज्ञानिक अध्ययन के साधन विकसित होंगे, त्यों-त्यों इस दिशा में प्रगति होगी। परिस्थितियों को नियंत्रित करने एवं संबंधित कारकों को निर्धारित करने की क्षमता प्राप्त कर लेने पर सामाजिक घटनाओं के विषय में अपेक्षाकृत निश्चित रूप में भविष्यवाणी की जा सकेगी।

उपर्युक्त विवेचन से यह स्पष्ट है कि सामाजिक घटनाओं के संबंध में सामाजिक नियम व सिद्धांत बनाने में सबसे बड़ी बाधा सामाजिक इकाइयों की जटिलता और सतत परिवर्तनशीलता है। भौतिक नियम स्थायी हैं, सामाजिक नियम अस्थायी हैं। भौतिक नियम अनिवार्य हैं, सामाजिक नियम संभावनाएं मात्र हैं।

विज्ञान और वैज्ञानिक पद्धति (Science and Scientific Method)

विज्ञान और वैज्ञानिक पद्धति की विवेचना करते हुए कार्ल पियर्सन ने अपनी पुस्तक 'ग्रामर ऑफ साइंस' में कहा है कि 'तथ्यों का वर्गीकरण उनके क्रमों की स्वीकारोक्ति और सापेक्षिक महत्व को जानना ही विज्ञान का कार्य है।'[11]

ए. बुल्फ ने विज्ञान की तीन विशेषताएं बतायी हैं—(1) आलोचनात्मक विभेदीकरण (Critical Differentiation), (2) सामान्यता एवं व्यवस्था (Generality and Systematicity), (3) अनुभवात्मक मूल्यांकन (Empirical Evaluation)। इन्हीं विशेषताओं के आधार पर बुल्फ ने कहा है कि 'विज्ञान एक विशेष प्रकार के सैद्धांतिक ज्ञान की विद्या है।'[12] कोहन और नागल ने मानव के मस्तिष्क में शंकाओं को दूर करने के स्थान पर स्थिर विश्वासों को जन्मने के लिए चार प्रकार के माध्यम बताए हैं। उनके अनुसार—

1. दृढ़ निश्चयता की पद्धति (methods of tenacity)।
2. प्रभुत्व की पद्धति (method of authority)।
3. अनुभूति की पद्धति (method of experience)।
4. विज्ञान की पद्धति (method of science)।

इन्हीं पद्धतियों के आधार पर कोहन और नागल ने विज्ञान की विस्तृत रूप से विवेचना की है।[13] विज्ञान की परिभाषा देते हुए ग्रीन ने कहा है कि विज्ञान अनुसंधान की एक पद्धति है। जबकि ह्वाइट के अनुसार 'विज्ञान वैज्ञानीकरण है।' कार्ल पियर्सन का मत है कि 'समस्त

विज्ञान की एकता उसकी पद्धति में है न कि उसकी विषय सामग्री में।' अतः पद्धति के कारण सभी विज्ञानों का क्षेत्र अलग-अलग होने पर भी वे विज्ञान ही कहलाते हैं।

विज्ञान शब्द के उपर्युक्त विवेचन से स्पष्ट होता है कि विज्ञान कहलाने के लिए किसी अध्ययन में कुछ आवश्यक तत्त्व होने चाहिए। विज्ञान की निम्नलिखित विशेषताएं कही जा सकती हैं–

1. विज्ञान तथ्यात्मक है (science is factual)।
2. विज्ञान कार्य-कारण संबंधों की खोज करता है (science searches cause effect relationship)।
3. विज्ञान सार्वभौमिक होता है (science is universal)।
4. विज्ञान प्रामाणिक है (science is verifiable)।
5. विज्ञान भविष्यवाणी कर सकता है (science can predict)।

विज्ञान तथ्यों का अध्ययन है और यथार्थ तथ्यों की खोज करता है। विज्ञान कार्य-कारण के संबंधों के बारे में सार्वभौमिक और प्रामाणिक नियमों के आधार पर भविष्यवाणी भी कर सकता है। कार्य-कारण वाद के विश्वास पर ही विज्ञान की नींव टिकी हुई है।

वैज्ञानिक पद्धति (Scientific Method)

वैज्ञानिक पद्धति में एक सीमित क्षेत्र की विषय सामग्री का व्यवस्थित अध्ययन किया जाता है। इस पद्धति में धैर्य, साहस, कठोर परिश्रम, रचनात्मक कल्पना और तटस्थता की आवश्यकता होती है। आधुनिक समाज वैज्ञानिक अध्ययन अधिकतर वैज्ञानिक पद्धति की आधारशिला पर हुए हैं।

लुंडबर्ग ने वैज्ञानिक पद्धति को स्पष्ट करते हुए लिखा है कि 'सामाजिक वैज्ञानिकों में यह विश्वास पुष्ट हो गया है कि उनके सम्मुख जो समस्याएं हैं, उनका हल यदि होता है तो यह सामाजिक घटनाओं के निष्पक्ष एवं व्यवस्थित निरीक्षण, सत्यापन वर्गीकरण तथा विश्लेषण के द्वारा ही संभव है।[14] इस प्रकार तथ्यों के व्यवस्थित निरीक्षण, वर्गीकरण तथा विश्लेषण को ही वैज्ञानिक पद्धति कहना चाहिए।

थाउलेस का विचार है कि 'वैज्ञानिक पद्धति सामान्य नियमों की खोज के लक्ष्य की प्राप्ति हेतु प्रविधियों की एक व्यवस्था है, जो कि विभिन्न विज्ञानों में कई बातों में भिन्न-भिन्न होते हुए भी एक सामान्य प्रकृति को बनाए रखती है।'[15] इस प्रकार इन्होंने प्रविधियों की एक व्यवस्था को वैज्ञानिक पद्धति माना है और इसका उद्देश्य साधारणीकरण करना तथा समान नियमों की खोज करना है। अतः वैज्ञानिक पद्धति की अवस्था एक-सी नहीं हो सकती है। प्रत्येक विज्ञान अपनी आवश्यकता के अनुसार इन पद्धतियों में परिवर्तन कर सकता है और परिवर्तन स्वाभाविक भी है।

कार्ल पियर्सन का कथन है कि 'वैज्ञानिक पद्धति विज्ञान की सभी शाखाओं में एक जैसी होती है। सभी विज्ञानों की एकता उसकी पद्धति में है न कि सामग्री में। शोधकर्ता किसी भी तरह तथ्यों का वर्गीकरण करता है और उसके संबंधों का निरूपण करता है, उसके साथ-साथ वह अनुक्रमों की व्याख्या भी करता है। जो इस क्रियाविधि का प्रयोग करता है वह एक वैज्ञानिक है। यह तथ्य ऐतिहासिक होने के साथ-साथ सामाजिक सांख्यिकीय में भी संबद्ध हो सकते हैं। तथ्य स्वयं में विज्ञान के निर्माता नहीं हैं, अपितु इन तथ्यों के अध्ययन एवं विश्लेषण करने के लिए जिस पद्धति का प्रयोग किया जाता है, वह पद्धति ही विज्ञान की नियामक भी है।[16]

मार्टिंडेल तथा मोनाकेसी ने वैज्ञानिक पद्धति की विवेचना करते हुए लिखा है 'विज्ञान विचार का एक तरीका है और अन्य सभी विचारों की तरह यह समस्याओं के प्रत्युत्तर में ही उदय होता है। यह अन्य सभी विचारों से प्रधानतः पद्धति में ही भिन्न है। वैज्ञानिक पद्धति की विशेषता यह है कि वह अवलोकन, विचारों का परीक्षण, प्रयोगों का विकास, नये उपकरणों का आविष्कार और अपने अध्ययन से वैज्ञानिकों के निजी आदर्शात्मक मूल्यांकनों का बहिष्कार करती है। वह इस बात पर विशेष ध्यान देती है कि घटनाएं वास्तविक रूप में कैसे घटित होती हैं न कि क्यों होती हैं या क्या होना चाहिए।'[17]

वैज्ञानिक पद्धति की विशेषताएं (Characteristics of Scientific Method)

वैज्ञानिक पद्धति की उपर्युक्त परिभाषाओं से इसकी प्रमुख विशेषताएं स्पष्ट हो जाती हैं–

1. **वस्तुनिष्ठता (Objectivity)**–वैज्ञानिक पद्धति में वस्तुनिष्ठता का होना परमावश्यक है। इसका तात्पर्य यह है कि शोधकर्ता अपने अध्ययन विषय को जैसा है ठीक उसी रूप में प्रस्तुत करता है। इस प्रकार वह समस्त पूर्व धारणाएं, विशिष्ट विचार, पक्षपातपूर्ण भावनाएं और स्वयं भी आत्मनिष्ठता को अध्ययन से अलग कर देता है।

2. **निश्चयात्मकता (Specificity)**–वैज्ञानिक पद्धति स्पष्ट, निश्चित एवं विशिष्ट होती है। इसमें अस्पष्टता का समावेश नहीं होता। विषय सामग्री को स्पष्ट रूप से परिभाषित एवं वर्गीकृत करके उसमें निश्चितता लायी जाती है। वैज्ञानिक पद्धति का प्रयोग ऐसी ही घटनाओं पर किया जा सकता है जो पूर्णतः जटिल नहीं है एवं जिनका निश्चित प्रकारों में वर्गीकरण किया जा सकता है। वैज्ञानिक पद्धति सभी वैज्ञानिकों के लिए एक-सी होती है। इसका अनुसरण करके, कोई भी वैज्ञानिक अपनी आवश्यकतानुसार किसी भी समय सत्य की खोज कर सकता है। वैज्ञानिक पद्धति किन्हीं भी अनिश्चित या संदेहात्मक तथ्यों को अपने में स्थान नहीं देती है, क्योंकि यह वैज्ञानिक भावना के प्रतिकूल है।

3. **प्रमाण्यता (Verifiability)**–वैज्ञानिक पद्धति द्वारा प्राप्त सिद्धांतों एवं स्थापित तत्त्वों का सत्यापन भी आवश्यक होता है। पूर्वप्राप्त तथ्य कहां तक सत्य हैं, इस बात की जांच सत्यापन द्वारा ही की जा सकती है। वैज्ञानिक पद्धति के लिए यह अत्यंत आवश्यक है कि उसकी विषयवस्तु वैज्ञानिक कसौटियों पर सही उतरती है या नहीं। इसकी जांच उसी क्षेत्र में पुनः करना ही सत्यापन कहलाता है। वैज्ञानिक पद्धति किसी भी व्यक्ति विशेष की नहीं होती, इसका प्रयोग कोई भी वैज्ञानिक किसी भी समय कर सकता है। कोई भी वैज्ञानिक पद्धति को अपना कर उस तथ्य के असत्यासत्य का पुनः निरीक्षण कर सकता है।

4. **सामान्यता (Generality)**–सामान्यता के दो अर्थ होते हैं–प्रथमः यह कि वैज्ञानिक पद्धति सभी विज्ञानों में सामान्य होती है। इस संबंध में कार्ल पियर्सन के कथन का उल्लेख हम पहले भी कर चुके हैं, जिसमें उन्होंने कहा है कि 'वैज्ञानिक पद्धति विज्ञान की सभी शाखाओं में एक-सी होती है।'

सामान्यता का दूसरा अर्थ यह है कि वैज्ञानिक पद्धति विषय के संबंध में एक सामान्य सत्य को ढूंढ़ निकालने की विधि है। इसमें इकाइयों का अध्ययन सम्पूर्ण समूह के संदर्भ में तथा उसके एक प्रतिनिधि के रूप में भी किया जा सकता है। इसीलिए जो निष्कर्ष निकाला जाता है, वह किसी इकाई विशेष पर नहीं, बल्कि उस पूरे समूह पर सामान्य रूप से लागू होता है।

5. **भविष्य की ओर संकेत करने की क्षमता (Capacity to Indicate Future)**–विज्ञान, अपनी पद्धति के द्वारा अध्ययन कर भविष्यवाणी करने की भी क्षमता

रखता है। यह गुण उसकी विशेषता का परिचायक है। इसमें कार्य-कारण संबंधों के आधार पर परिवर्तित होने वाली घटना एवं संभावित परिणामों की ओर संकेत किया जा सकता है। विभिन्न कारकों के अध्ययन के आधार पर किसी घटना की प्रकृति और उनमें परिवर्तन की दर मालूम की जा सकती है और इस ज्ञान द्वारा भविष्य में उस घटना का क्या स्वरूप होगा, इस ओर भी संकेत किया जा सकता है।

सारांश के रूप में हम कह सकते हैं कि वैज्ञानिक पद्धति में व्यवस्था का एक क्रम पाया जाता है और इस प्रकार वैज्ञानिक पद्धति अध्ययन की एक व्यवस्थित और क्रमबद्ध पद्धति है।

वैज्ञानिक पद्धति के चरण (Steps of Scientific Method)

वैज्ञानिक पद्धति के विभिन्न चरणों का प्रतिबिम्ब वैज्ञानिक पद्धति की विभिन्न परिभाषाओं से भी परिलक्षित होता है। अगस्ट काम्टे ने लिखा है कि 'वैज्ञानिक पद्धति में हम सर्वप्रथम अध्ययन विषय को चुनते हैं, फिर अवलोकन द्वारा उस विषय से संबद्ध तथ्यों को एकत्र करते हैं। तत्पश्चात् उनकी सामान्य विशेषताओं के आधार पर उस विषय से संबंधित नियमों का प्रतिपादन करते हैं।'[18]

एगल बर्नर ने अनुसंधान प्रणाली के पांच मूलस्तरों का उल्लेख किया है।[19] उसके अनुसार–

1. समस्या की व्याख्या एवं अनुसंधान की दिशा प्रदान करने हेतु कार्य-निर्वाही उपकल्पना का निर्माण।
2. यथार्थ तथ्यों का संग्रहण।
3. वर्गीकरण एवं सारिणीयन।
4. निष्कर्ष निकालना।
5. निष्कर्षों की परीक्षा।

पी.वी. यंग ने भी वैज्ञानिक पद्धति के चार प्रमुख चरणों की विवेचना की है।[20]

1. कार्यकारी उपकल्पना का निर्माण।
2. तथ्यों का अवलोकन, संग्रहण एवं लेखन।
3. लिखित सामग्री का श्रेणियों में वर्गीकरण।
4. वैज्ञानिक सामान्यीकरण एवं नियमों का प्रतिपादन।

वैज्ञानिक पद्धति के विभिन्न स्तरों की विभिन्न विद्वानों ने विवेचना की है। इनके आधार पर हम वैज्ञानिक पद्धति के कुछ ऐसे स्तर ले सकते हैं, जिनसे सभी विद्वान सहमत हैं। अत: सामान्य तौर पर वैज्ञानिक पद्धति को निम्नलिखित प्रमुख स्तरों में विभाजित किया जा सकता है–

1. कार्यकारी उपकल्पना का निर्माण।
2. प्रविधियों एवं यंत्रों का चुनाव।
3. तथ्यों का अवलोकन एवं एकत्रीकरण।
4. लेखन क्रिया।
5. लिखित तथ्यों का श्रेणियों में वर्गीकरण एवं विश्लेषण।
6. वैज्ञानिक सामान्यीकरण तथा नियमों का निर्माण।

उपर्युक्त स्तरों की विवेचना करने के उपरांत यह कहा जा सकता है कि वैज्ञानिक पद्धति के प्रयोग करने के लिए अनुसंधानकर्ता में वैज्ञानिक दृष्टिकोण का विकसित होना आवश्यक है। मात्र प्रयोग ही वैज्ञानिक पद्धति की कसौटी नहीं बल्कि विज्ञान की कुछ और भी अन्य कसौटियां हैं, जिन पर यह आधारित है। सारांश के रूप में हम कह सकते हैं कि

वैज्ञानिक पद्धति से संबंधित कुछ और भी कार्य प्रणालियां हैं, जिनके अभाव में वैज्ञानिक पद्धति आत्मविहीन या निर्जीव रहती है। अनुसंधानकर्ता में वैज्ञानिक दृष्टिकोण का पाया जाना आवश्यक है, तभी वह वैज्ञानिक पद्धति द्वारा नवीन वैज्ञानिक ज्ञान की प्राप्ति करने में सफल हो सकता है।

क्या सामाजिक अध्ययन वैज्ञानिक है? (Is Social Study Scientific?)

वैज्ञानिक पद्धति में जिन प्रमुख चरणों की विवेचना की गई है, उनको सभी वैज्ञानिकों ने वैज्ञानिक पद्धति का सार तत्व मान लिया है। भौतिक घटनाओं का अध्ययन एवं नियंत्रण करने में इस प्रणाली की उपयोगिता को सामान्यत: स्वीकार किया गया है। इसी के परिणामस्वरूप प्राकृतिक विज्ञानों की आशातीत उन्नति एवं विकास हुआ। वैज्ञानिक पद्धति के कारण ही प्राकृतिक और भौतिक घटनाओं पर अधिकतम नियंत्रण किया जा सका है। दूसरी तरफ मानवीय संबंधों का क्षेत्र अनियंत्रित दिखाई देता है। यही समाज वैज्ञानिकों की चिंता का विषय है। इसके परिणामस्वरूप यह धारणा विकसित हो गई है कि भौतिक विज्ञानों की वैज्ञानिक पद्धति का प्रयोग सामाजिक संबंधों को समझने एवं उन पर नियंत्रण करने में उपयोगी नहीं सिद्ध होगा? और आज इस धारणा का क्रमश: प्रसार हो रहा है कि वैज्ञानिक पद्धति द्वारा भौतिक घटनाओं की तरह सामाजिक घटनाओं के संबंध में भी पर्याप्त ज्ञान प्राप्त किया जा सकता है।

ज्यों-ज्यों इस विचार का प्रसार हुआ है, त्यों-त्यों समाज वैज्ञानिकों के समक्ष एक समस्या उत्पन्न हो रही है कि सामाजिक घटनाओं पर वैज्ञानिक पद्धति को कैसे लागू किया जाए। इस संबंध में जिनका नकारात्मक दृष्टिकोण है, वे इस संबंध में कई तथ्य प्रस्तुत करते हैं—उससे यही निष्कर्ष प्राप्त होता है कि रसायनशास्त्र, भौतिकशास्त्र की तरह समाजविज्ञान का विकसित होना पूर्ण असंभव है। इनके अनुसार—सामाजिक घटनाओं और प्राकृतिक घटनाओं में कुछ मौलिक भिन्नता है, जिनके कारण सामाजिक घटना पर वैज्ञानिक पद्धति का प्रयोग नहीं किया जा सकता। यही एक महत्वपूर्ण प्रतिरोध है, जिनको सामान्यत: स्वीकार किया जाता है।

इसके विरोध में समाज वैज्ञानिक मानते हैं कि इन कमियों के होते हुए भी समाज विज्ञान वैज्ञानिक पद्धति का प्रयोग कर सकता है। इस संबंध में आगस्ट काम्टे पहले तो नहीं, परन्तु महत्वपूर्ण व्यक्ति हैं, जिन्होंने समाज के प्रत्यक्ष विज्ञान के रूप में समाज की घटनाओं को समझने की चेष्टा की है। उनके अनुसार—भौतिक विज्ञानों की भांति ही सामाजिक विज्ञान की भी भूमिका हो सकती है। काम्टे पहले आशावादी व्यक्ति थे, जिन्होंने प्राकृतिक विज्ञानों की पद्धतियों का प्रयोग राजनीति, समाजविज्ञान और दूसरे क्षेत्रों में किया। इनके पूर्व मान्टेस्क्यू ने भी 1747 में अपनी पुस्तक 'दि स्पिरिट ऑफ लाज' में बताया है कि प्रत्यक्ष नियमों की सार्वभौमिकताओं के पीछे मानव के विज्ञान का योगदान रहा है। दार्शनिक डेविड ह्यूम ने राजनीति (politics) को प्राकृतिक विज्ञानों की श्रेणियों में रखा है। कन्डार्सेट (cundorcet) का विचार है कि इतिहास भी प्रत्यक्ष विज्ञान हो सकता है। सेंट साइमन ने सामाजिक परिवर्तन की व्याख्या करते हुए यहां तक लिखा है कि सामाजिक परिवर्तन ब्रह्माण्ड (cosmos) की प्रक्रिया का अंग है। अत: सभ्यता को प्रकृति का अंग ही समझना चाहिए। उसने राजनीति को भौतिकशास्त्र की भांति प्रत्यक्ष विज्ञान के रूप में समझने की चेष्टा की है। अत: 18वीं सदी के मध्य में सामाजिक घटनाओं का अध्ययन वैज्ञानिक पद्धति के आधार पर होने लगा और आधुनिक समाजशास्त्रीय प्रवृत्तियों में इसकी प्रधानता बढ़ती जा रही है।

इस संबंध में समाजशास्त्रीय क्षेत्र में वैज्ञानिक पद्धति की विभिन्न प्रवृत्तियां दिखायी देती हैं। ब्रिटिश समाजशास्त्री जे. हाप्सन ने समाजशास्त्र को विज्ञान के रूप में वर्गीकृत करने का

प्रयास किया है। आर.एम. मैकाइबर ने कहा है कि सामाजिक विज्ञान का कभी भी विकास तब तक नहीं हो सकता, जब तक कि वह अपने को भौतिक विज्ञान की पद्धतियों एवं फार्मूलों से स्वतंत्र नहीं कर लेता। समाजशास्त्र का विषय क्षेत्र अलग है। अत: उसकी पद्धतियां भी अलग होनी चाहिए। सामाजिक संबंध गणनात्मक नियमों के आधार पर कभी नहीं समझे जा सकते।[21]

इसके विपरीत एक महत्वपूर्ण अमेरिकन समाजशास्त्री बर्नार्ड ने इसका विरोध करते हुए लिखा है कि सामाजिक विज्ञान पद्धतियों के प्रयोग के आधार पर उनको प्राकृतिक विज्ञानों के वर्गीकरण में प्रयोग किया जा सकता है। उन्होंने विज्ञान पद्धति की 6 प्रक्रियाएं बताई हैं–(1) परीक्षण, (2) प्रमाण्यता, (3) वर्गीकरण, (4) संगठन, (5) उन्मुखता, (6) भविष्यवाणी।

वैज्ञानिक ज्ञान दूसरे प्रकार के ज्ञान से अलग प्रतीत होता है और उसकी आधारशिला तथ्यों और अवलोकन पर निर्भर है। समाजशास्त्र इनका प्रयोग करता है। अत: उसको विज्ञान मानना चाहिए।[22]

उपर्युक्त विवेचनाओं के आधार पर सामाजिक विज्ञानों में वैयक्तिक अध्ययन प्रणाली, सांख्यिकी, प्रयोगात्मक प्रणाली आदि का प्रयोग होता है। कुछ विद्वान ऐतिहासिक और भौगोलिक पद्धति को अलग और स्वतंत्र पद्धतियों के रूप में देखते हैं और कुछ विद्वान इन्हें शोध के अभिगमों के नाम से पुकारते हैं। अंत में हम कह सकते हैं कि समाजशास्त्रीय सिद्धांतों और नियमों का विकास संभव नहीं हो सकेगा। समकालीन समाजशास्त्रीय प्रवृत्तियों की आधारशिला वैज्ञानिक पद्धति है। इस संबंध में मर्टन ने मध्यस्तरीय (middle range theory) सिद्धांत की कल्पना की है। सी. राइट मिल की वृहत सिद्धांत (grand theory) की कल्पना की आधारशिला भी वैज्ञानिक पद्धति ही है। समाजशास्त्र वैज्ञानिक पद्धति का प्रयोग करता है, तथ्यात्मक है, कार्यकारण संबंधों की व्याख्या करता है, इसके सिद्धांत सार्वभौमिक और प्रामाणिक हैं तथा यह भविष्यवाणी भी कर सकता है। इसलिए यह विज्ञान की श्रेणी में ही आ सकता है।

समाज विज्ञान में वैज्ञानिक प्रकृति की सीमाएं (Limitations of Scientific Nature in Social Science)

समाजशास्त्र की सामाजिक विज्ञान की प्रकृति की विवेचना करने के पश्चात् उसके विरुद्ध उठाई जाने वाली आपत्तियों या सीमाओं की विवेचना करना आवश्यक है। अनेक विद्वानों ने समाजशास्त्र की वैज्ञानिक प्रकृति पर आपत्तियां प्रकट की हैं जो निम्नलिखित हैं–

1. वैज्ञानिक तटस्थता का अभाव।
2. प्रयोगशाला का अभाव।
3. सामाजिक घटनाओं के मापने में असमर्थता।
4. यथार्थता एवं सार्वभौमिकता का अभाव।
5. भविष्यवाणी कर सकने की असमर्थता।

समाजशास्त्रियों ने उपर्युक्त सीमाओं का खंडन किया है। लुंडबर्ग ने कहा कि 'समाजविज्ञान में भी अनेक व्यवस्थित अध्ययन के लिए प्रयोगशाला बनाई जा सकती है। यद्यपि प्रयोग की सामग्री समाज से ही प्राप्त होगी। यह कहना सत्य नहीं है कि समाजविज्ञान में प्रयोगशाला होती ही नहीं।' उसने समाज विज्ञान की प्रयोगशाला स्थापित करने के लिए कुछ सुझाव भी दिए हैं। समाज विज्ञान में तटस्थता लाने के लिए समाजशास्त्री प्रयत्नशील हैं। वे ऐसे यंत्रों की खोज में हैं, जिससे सूक्ष्मता बढ़ सके। समाज का अंग होते हुए भी समाज वैज्ञानिक समाज का उसी प्रकार अध्ययन कर सकता है, जिस प्रकार डॉक्टर शरीर की थर्मामीटर आदि

से परीक्षा कर सकता है। सारांश के रूप में हम कह सकते हैं कि समाजविज्ञान में सामाजिक घटनाओं की जटिलता के कारण भविष्यवाणी सत्य नहीं हो पाती। कुछ विद्वान यह भी कहते हैं कि वर्तमान ज्ञान सीमित है। इसलिए भविष्यवाणी नहीं कर पाते। बहुत, से नियम और रासायनिक प्रक्रियाएं जो आज बहुत सरल हैं, शताब्दियों पहले उनमें भी भविष्यवाणी संभव न थी। आज सदियों के कठोर परिश्रम के बाद यह संभव हुआ है। सामाजिक घटनाओं के बारे में भी यह प्रारंभ हो रहा है और आज प्रयास किया जा रहा है, जिससे कि कठोर प्रयास एवं सूक्ष्म अध्ययन करके, भविष्यवाणी करना अत्यधिक सरल हो जाए।

Notes

1. *New Century Dictionary of English Language*, Appleton Century, A Carft, 1929, pp. 1758-1759.
2. *Macmillan's Modern Dictionary*, Macmillan Co. New York, 1938, pp. 1137—1138.
3. *Columbia Encyclopedia*, Columbia University Press, New York, 1935, pp. 1649–1650.
4. E.R.A. Seligman, 'What are the Social Sciences?', *Encyclopedia of the Social Sciences*.
5. Charles, A. Beard, *The Nature of the Social Sciences*, Charles Scribners and Sons, New York, 134, pp. 2–5.
6. Stuart Chase, *The Proper Study of Mankind: An Inquiry into the Science of Human Relations*, Harper and Bros., New York.
7. Morris, R. Cohen, 'The Social Sciences and the Natural Sciences', in Williams F. Ogburn's, *Social Sciences and Their Relationships*, Houghton Mifflin Co., Boston, 1927, p. 445.
8. John, Aurther Thomson, *Introduction to Science*, Henery Halt and Co., New York, 1911, p. 82.
9. H.E., Barnes and H.S. Becker, *Social Science from Lore to Science*, Dover Publication, Inc. 1952, Vol. I, p. X.
10. George A. Lundberg, *Social Research*, Longmans, Green & Co., New York, 1943, p. 16.
11. Karl Pearson, *The Grammer of Science; A.&C.* Black, London, 1911, Part I, pp. 6–7.
12. A. Wolf, *Essentials of Scientific Method*, The Macmillan Co. New York, pp. 10–15.
13. Marris R. Cohen and Ernest, Nagel, *An Introduction to Logic and Scientific Method*, Hurcourt Brace & Co., New York, 1939, pp. 193–96.
14. George A. Lundberg, *Social Research*, Longmans, Green & Co., New York, 1943, p. 1.
15. R.N. Thouless, *The Study of Society*, Kegan Paul, London, 1956, p. 125.
16. Karl Pearson, op.cit., pp. 10–12.
17. D. Martindale and E. Monachesi, *Elements of Sociology*, Harper and Bros., New York, 1951, p. 24.
18. August Comte, *Positive Philosophy*, AMS Press, New York, 1830–1842/1974.
19. J. Elgela Darner, *Investigation of Business Problems*, 1926, p. 13.
20. P.V. Young, *Scientific Social Survey and Research*, Prentice Hall, New Delhi, 1968, pp. 126–133.
21. MacIver and Page, Community, Macmillan Co., New York, 1942.
22. L.L. Burnard, *The Fields and Methods of Sociology*, Rine Hart & Co., New York, 1934, pp. 243–244.

2

अनुसंधान की पद्धतिशास्त्रीय प्रवृत्तियां

Methodological Trends of Research

प्रथम महायुद्ध के पश्चात की दशाब्दियों में समाजशास्त्र की कार्य पद्धति (methodology), कार्य प्रणाली (procedures) और प्रविधियों (techniques) के क्षेत्र में महत्वपूर्ण विकास हुआ है। कुछ समाजशास्त्री इन तीनों अवधारणाओं में अंतर नहीं करते और इनका प्रयोग एक अर्थ में ही करते हैं। समाजशास्त्र में इन तीनों अवधारणाओं का विशेष महत्व है। अत: सामाजिक शोध के लिए इनका अर्थ समझना आवश्यक हो जाता है।

कार्य पद्धति से तात्पर्य सामान्यतया उन प्रतिमानों से है, जिसके द्वारा कार्य प्रणालियों एवं तकनीकी का चयन एवं संधियोजन किया जाता है। कार्य पद्धति और समाजशास्त्रीय सिद्धांतों में भिन्नता है। समाजशास्त्रीय सिद्धांतों की विषय-वस्तु व्यक्तियों की अन्त:प्रक्रिया है। अत: उसकी प्रकृति मौलिक है। यद्यपि कार्य पद्धति एवं मौलिक सिद्धांत एक-दूसरे से संबंधित हैं; परन्तु एक नहीं हैं। कार्य पद्धति बहुत अंशों में समाजशास्त्रीय समस्याओं से प्रतिबद्ध नहीं है। अत: ये मौलिक सिद्धांतों के क्षेत्र से उत्कृष्ट मानी जाती है। इनकी बहुत-सी समस्याएं विभिन्न विषयों में एक-सी होती हैं। और वैज्ञानिक कार्य पद्धतियों में दक्ष होना अत्यंत आवश्यक है। उन्हें अनुसंधान के स्वरूप, कार्य प्रणालियों के मानक और निष्कर्ष की प्रकृति तथा सैद्धांतिक अवस्थाओं के उपयुक्त प्रयोग के संबंध में ज्ञान आवश्यक है। किन्तु कार्य पद्धति की दक्षता किसी सिद्धांत व अध्ययन का स्वरूप निर्धारण नहीं करती। संक्षेप में यह कहा जा सकता है कि कार्य पद्धति 'कैसे' के प्रश्न का उत्तर देती है, जबकि मौलिक सिद्धांत क्या के प्रश्न का उत्तर देता है।

दर्शन, ज्ञान मीमांसा तथा तर्कशास्त्र से कुछ साम्यता होते हुए भी कार्य पद्धति इन सबसे भिन्न है। एक अर्थ में कार्य पद्धति आदर्श की मूल है। लेकिन वैज्ञानिक व्यावहारिक दृष्टिकोण से वह उपर्युक्त तीनों क्षेत्रों से अपने को अलग रखती है। दर्शन के अन्तर्गत सामान्य और अमूर्त समस्याओं का अध्ययन होता है और उनका प्रभाव समाजवैज्ञानिक पर कम पड़ पाता है। अत: यह स्पष्ट हो जाता है कि दार्शनिक संलाप 'कैसे' के प्रकार्यात्मक प्रश्न की ओर नहीं वरन् तत्व विज्ञान तथा तत्व मीमांसी सिद्धांतों की ओर से उन्मुख होते हैं।

शोध-समाजशास्त्री से कोई यह आशा कर सकता है कि वह तर्कशास्त्रियों से सहायता लेता होगा पर वास्तव में ऐसा नहीं है। तर्कशास्त्री की अमूर्त एवं प्रविधीय समस्याओं के समाजशास्त्रीय सिद्धांतों एवं तथ्य एकत्रीकरण के लिए कम उपयोग किया जाता है। प्रतीकों

आदि अवधारणाओं का कार्य पद्धतियों में बहुत कम प्रयोग होता है। इसी तरह ज्ञान मीमांसी समस्याएं भी कार्य पद्धति से असंबद्ध हैं। ज्ञान मीमांसक व्यक्तियों के तात्कालिक अध्ययन के आधार पर उसके परिमण्डल से बाहर पहुंचने का प्रयास करते हैं। दूसरी ओर, कार्य पद्धति से विश्व के संसर्ग में कुछ निश्चित मान्यता निर्दिष्ट कर संरचना से संबंधित खोज की ओर अग्रसरित होते हैं। जबकि दार्शनिक, तर्कशास्त्री, ज्ञान मीमांसक संबंधित पद्धतियों से सहमत नहीं हैं। कार्य पद्धति का उद्देश्य विश्व के संबंध में अनुसंधान करना होता है। अतः वह प्रतिमानों एवं मान्यताओं के प्रति व्यावहारिक निरपेक्षता की ओर उन्मुख होता है।

समाजशास्त्र में कार्य-प्रणालियों एवं तकनीकों का संबंध (Relationship of Procedures and Techniques in Sociology)

किसी मौलिक विषय का विकास हमेशा कार्यप्रणाली के सुधार और प्रविधियों के विकास पर निर्भर करता है। प्रविधियों की संख्या बढ़ जाने से मौलिक विचारों के विकास में कोई प्रत्याभूति नहीं होती। लेकिन यह उसके विकास के लिए आवश्यक दशा अवश्य होती है। पिछले कुछ दशकों में समाजशास्त्र की कार्यप्रणाली एवं प्रविधियों के विकास में जोर देने से यह स्पष्ट होता है कि वह विचारों की सैद्धांतिक परिपक्वता की ओर बढ़ रहा है।

कार्य प्रणाली को अनुसंधान प्रक्रिया के एक सामान्य स्वरूप तथा व्यवस्था के रूप में परिभाषित किया जा सकता है। जब मूलभूत कार्य प्रणाली को निश्चित तथ्य प्राप्त करने की दिशा में संशोधित किया जाता है तो वह प्रविधि कहलाता है। इन विशिष्टताओं के आधार पर किसी विज्ञान की कार्य प्रणालियों को पांच भागों में विभक्त किया जा सकता है–

1. सांख्यिकी कार्य प्रणाली (Statistical Procedure)।
2. परीक्षणात्मक कार्य प्रणाली (Experimental Procedure)।
3. प्रारूपात्मक कार्य प्रणाली (Typological Procedure)।
4. ऐतिहासिक कार्य प्रणाली (Historical Procedure)।
5. वैयक्तिक कार्य प्रणाली (Case Study Procedure)।

दूसरी ओर इन कार्य प्रणालियों से बहुत-सी प्रविधियों का विकास हुआ है। कुछ का विकास उपर्युक्त कार्य प्रणालियों के समन्वय के कारण हुआ है। उदाहरण के लिए गैटमैन स्केल, सहभागी अवलोकन, अनिर्देशित साक्षात्कार, प्रश्नावली आदि प्रविधियों का विकास इसी प्रकार हुआ है। समकालीन समाजशास्त्रीय विकास की विशेषताओं में इन प्रविधियों के विकास पर जोर दिया जाता है और इस प्रकार इनकी संख्या दिन प्रतिदिन बढ़ती जा रही है। प्रथम महायुद्ध के पश्चात समाजशास्त्र में अनुभवात्मक और परिमाणात्मक शोधों का काफी विकास हुआ है। अमेरिकी समाजशास्त्री इस समय समाजशास्त्र को अनुभवात्मक विज्ञान के रूप में विकसित करने की चेष्टा कर रहे थे। इस संबंध में बुसनेल[1] (Bushnell) की विवेचना महत्वपूर्ण है। इसी समय में समाजशास्त्रीय शोधों में नैनकी[2] की पुस्तक 'दि पोलिस पीजेन्ट' महत्वपूर्ण है।

समाजशास्त्र में कार्य पद्धति (Methodology in Sociology)

समाजविज्ञान में कार्य पद्धति का सतत और सार्वभौमिक विकास नहीं हुआ है। इसके विपरीत इस क्षेत्र में इन सैद्धांतिक प्रवृत्तियों के विरोध में दूसरे विचारों का विकास हुआ है। इस संबंध में बहुत-सी प्रमुख विधियां विचारणीय हैं; परन्तु उनके विपरीत सैद्धांतिक परिवेश भी स्पष्ट है। इन विधियों की एकीकृत एवं आपसी विशिष्ट वर्गों, जिनमें मनुष्य एवं उनके प्रयासों को विभाजित किया जा सकता, वृहद् विधियों के सम्प्रत्ययीकरण को अविरत रखने वाले वर्ग के

विकर्षण के रूप में किया जाता है। इस प्रकार यद्यपि अनुभववाद एक प्रमुख अवधारणा रही है। परन्तु यह तार्किक बुद्धिवाद ध्रुवीकरण के रूप में माना गया है। इस प्रकार किसी व्यक्ति या उसकी प्रविधि को प्रत्येक दृष्टिकोण से पूर्णतया अनुभववादी या बुद्धिवादी के रूप में देखने की आवश्यकता नहीं है। किन्तु ये सभी कहीं-न-कहीं इन ध्रुवों के बीच में रहते हैं। इस प्रकार बुद्धिवादी कार्य पद्धति में, साथ ही प्रचलित अनुभववादी कार्य पद्धति में प्रमुख विशेषताएं प्रकाश में आती हैं। यह विधि इस तथ्य को विकसित करने हेतु उपयोग की जाती है कि विकास का आगमन विभिन्न स्थितियों में हुआ है और कार्य पद्धति अनेक प्रकार के उभय गुण संपन्न है। समाजशास्त्रीय साहित्य को देखने पर प्रमुख कार्य पद्धतियों के निम्नलिखित वर्ग प्रतिनिधि कहे जा सकते हैं[3]–

1. अनुभववाद-तर्क बुद्धिवाद (empiricism-rationalism)।
2. नव प्रत्यक्षवाद-अप्रत्यक्षवाद (neo positivism-antipositivism)।
3. आगमन-निगमन (induction-deduction)।
4. परिमाणात्मक-गुणात्मक (quantitative and qualitative)।
5. विधि विषयक-भाव विषयक (nomothetic-ideographic)।

विश्लेषण करने पर ऐसा प्रतीत होता है कि अनुभववाद, प्रत्यक्षवाद आगमन, परिमाणात्मक, व्यक्ति विषयक के प्रति प्रबल अवधारणाओं ने एक जटिलता को उत्पन्न किया है, जिससे अनेक सूक्ष्म अवधारणाओं का अनुभव हुआ है, जिन्हें सूक्ष्म जटिलताओं के रूप में स्वीकार किया गया है। वे हैं– व्यवहारवाद, प्रयोगवाद, उपयोगवाद। अब यह आवश्यक हो जाता है कि उपर्युक्त पांचों प्रवृत्तियों का विश्लेषण संक्षिप्त रूप में किया जाए।

1. **अनुभववाद-तर्कबुद्धिवाद**–समाजशास्त्र में कुछ पद्धतिकृत समस्याओं का उदय हुआ था। वे अब लगभग समाप्त हो चुकी हैं, लेकिन कुछ दूसरे प्रश्न शेष हैं। समाजशास्त्रीय ज्ञान में अनुभववाद, तर्क बुद्धिवाद उपागमों के महत्व पर विशेष व्याख्याएं हुई हैं। प्रथम महायुद्ध के पश्चात अनुभववाद का तर्क बुद्धिवाद पर बढ़ता हुआ प्रभाव दिखाई देता है। 1920 और 1930 में तर्कबुद्धिवाद तो प्रायः समाप्त ही दिखाई देता था लेकिन फिर 1940 के पश्चात उसको पुनर्स्थापित किया गया, जिसका वर्तमान समय में हम मूल अनुभववाद के प्रमुख सुधार के रूप में निर्वचन कर सकते हैं।

अनुभववाद, तथ्यों के आधार पर सोचने एवं कार्य करने की एक पद्धति है। यह एक जटिल अभिवृत्ति को बताती है जिसका विवेचन इंद्रियों में पूर्णतया विश्वास से होता है। इसके अन्तर्गत दृष्टिशक्ति में दृढ़ विश्वास, अवलोकित तथ्यों पर विश्वास और वैज्ञानिक निष्कर्षों पर आस्था की जाती है। जबकि तार्किक विधि में इसके विपरीत सत्य की कसौटी इंद्रियों पर निर्भर न होकर बौद्धिक और निगमन की पद्धतियों पर आधारित होती है। तर्क बुद्धिवाद सार्वभौमिक प्राकृतिक नियमों पर विश्वास करता है। अतः उसका विश्वास इन्द्रियों पर आधारित तथ्यों के एकीकरण पर कम होता है। तार्किक बुद्धिवाद के प्रवर्तक हमेशा अवधारणात्मक योजनाओं, अमूर्तिकरण, युक्ति अवधारणाओं की रचना और तार्किक अवधारणाओं पर निर्भर रहते हैं। अतः तार्किक बुद्धिवाद का उदाहरण विशुद्ध गणित है।

तार्किक बुद्धिवाद का प्रयोग शास्त्रीय समाज वैज्ञानिकों ने प्रथम महायुद्ध के पहले किया था। परन्तु समकालीन अध्ययनों में अनुभववाद का प्रयोग बढ़ता जा रहा है। पाश्चात्य देशों में अधिकतर अध्ययन अनुभववाद के आधार पर ही किए जा रहे हैं। लेकिन फिर भी समाजशास्त्रीय तर्कबुद्धिवाद का प्रयोग व्यवस्थाओं के अध्ययन में तथा गणितीय प्रतिरूपों में किया जाता है। अमेरिका में इसका विकास अध्ययनों में वैषयिकता को ध्यान में रखकर किया

गया है। इसीलिए परिमाणात्मक पद्धतियों के आधार पर तथ्यों को एकत्रित करने के पश्चात संक्षिप्त साधारणीकरण किए जाते हैं। इस प्रवृत्ति पर जोर देने से कार्य पद्धति के निम्नलिखित परिणाम हुए हैं–

1. समाज वैज्ञानिक क्षेत्र में परिकल्पनात्मक उपागमों का महत्व कम हो गया है।
2. वैज्ञानिक शोधों के नियंत्रित अवलोकन और शोध प्रारूप के तत्वों पर विशेष जोर दिया जाने लगा।
3. सिद्धांतों की कल्पना प्रामाणिकता के आधार पर की जाने लगी।
4. शोध में कार्यप्रणालियों का योगदान होने लगा।
5. समाज वैज्ञानिक क्षेत्र में बहुत से सामाजिक शोध होने लगे। उनमें कुछ बेकार थे, लेकिन कुछ महत्वपूर्ण भी थे।

इस प्रकार समाज वैज्ञानिक क्षेत्र में अनुभववाद के प्रभाव के कारण शोध के नए आयाम खुले और पुस्तकों के आधार पर शोध के निष्कर्ष महत्वपूर्ण नहीं माने गए। यह सब कुछ होते हुए अनुभववाद की भी कुछ सीमाएं हैं। जिनका प्रभाव कार्य पद्धति पर पड़ा है। वैसे अनुभववाद में कुछ वैषयिकता लाने का यत्न किया है; परन्तु वह पूर्णतया वस्तुनिष्ठता को नहीं ला सका। इसके अतिरिक्त बहुत से शोध अनुभववाद के आधार पर केवल तथ्यों के एकत्रीकरण तक ही सीमित रहे। मूल अनुभववाद के अन्तर्गत इधर-उधर छोटे-मोटे शोध होते रहे, जिनके आधार पर सिद्धांतों का विकास नहीं हो सका। इन्हीं बातों को ध्यान में रखकर कुछ विद्वानों ने 'मिडिल रेंज' के सिद्धांत की बात कही है।

2. **नव प्रत्यक्षवाद-अप्रत्यक्षवाद**–नव प्रत्यक्षवाद का उदय 1939 में लुण्डबर्ग[4] की पुस्तक के प्रकाशन के बाद होता है। इसकी प्रकृति दो मुंहवाली बंदूक की तरह है, जिसमें पद्धतियों के रूप में एक भौतिक विज्ञानों के नजदीक है और संसार की सभी घटनाओं का विश्लेषण भौतिक घटनाओं के आधार पर करता है। इनके अनुसार सामाजिक घटनाएं प्राकृतिक नियमों के अन्तर्गत होती हैं। सामाजिक विज्ञान और भौतिक विज्ञानों में अंतर नहीं होता। सामाजिक घटनाओं के आत्मनिष्ठ रूपों का वैज्ञानिक अध्ययन बाह्य प्रत्यक्षीकण के आधार पर हो सकता है। इस कार्य पद्धति की विद्वानों द्वारा कड़ी आलोचना की गई है। नव प्रत्यक्षवाद के विचारकों की आलोचना कारणता की अवधारणा के आधार पर की जाती है। न्यूरेथ[5] (Neureth) ने इस कारण के संदर्भ की आलोचना की है और उसके प्रयोग न करने पर जोर दिया है। इस विचारधारा में एकमत्य न होने के कारण सामाजिक घटनाओं के विश्लेषण के कारणों के आधार पर व्याख्या कम की जाने लगी। आजकल समाजशास्त्री साधारणतया घटनाओं की व्याख्या समरूपता के आधार पर करते हैं न कि उन दशाओं के आधार पर जिसमें घटना घटित होती है। क्योंकि ये समरूपता अनुभवात्मक होती है। अतः उनकी व्याख्या समानता के आधार पर होती है।

नव प्रत्यक्षवाद का विरोध अमेरिकी समाजशास्त्र में बहुत प्रभावपूर्ण ढंग से हुआ। मुख्यतया इसकी आलोचना व्याख्यात्मक समाजशास्त्र की परम्परा में की गईं। काम्टे के प्रत्यक्षवाद का विरोध जर्मन की अवधारणा 'Geistewiss enschaften' के आधार पर किया गया और अमेरिका में डिल्थे, रिकर्ट और विन्डल बैण्ड ने इसका प्रयोग करके, इसकी आलोचना की। इन्होंने कार्य पद्धतियों का विकास समाज के इतिहास को समझने के लिए किया। मैक्स बेबर ने भी आदर्शात्मक प्रारूपों का प्रयोग करके इसकी आलोचना की। ब्ल्यूमर, सोरोकिन, रेडफील्ड, पारसन्स, मर्टन, नैनकी आदि ने वेर्स्टेबेंड (Verstebende) के स्वरूपों पर विशेष व्याख्याएं की। इस प्रकार समाजशास्त्रीय क्षेत्र में एक नई समाजशास्त्र प्रवृत्ति को जन्म मिला।

3. **आगमन-निगमन**–समाजशास्त्रीय शोध में आगमन और निगमन प्रवृत्तियों का प्रयोग बहुलता से हुआ है। आगमन को साधारणतया कई तथ्यों के अवलोकन करने के पश्चात साधारणीकरण के आधार पर परिभाषित किया जा सकता है। अर्थात आगमन विधि के अनुसार विशिष्ट इकाइयों की विशेषताओं को समूह पर लागू किया जा सकता है तथा विशिष्ट घटनाओं के आधार पर ही सामान्य नियमों के निर्माण की प्रक्रिया होती है। दूसरे शब्दों में हम कह सकते हैं, कि व्यक्तिगत इकाइयों के अध्ययनों के निष्कर्षों के आधार पर सामान्य नियमों की स्थापना की जाती है। इस प्रणाली में निरीक्षण एवं प्रयोगों का महत्वपूर्ण स्थान है। इसके अतिरिक्त हम घटनाओं के संबंध में आवश्यक तथ्यों एवं आंकड़ों को भी एकत्र करते हैं। आगमन विधि का सर्वप्रचलित उदाहरण इस प्रकार प्रस्तुत किया जा सकता है–

रमेश मरणशील है।
मोहन मरणशील है।
रमेश और मोहन दोनों मनुष्य हैं।
अतः मनुष्य मरणशील है।

दी कन्साइज ऑक्सफोर्ड डिक्शनरी[6] ने आगमन का अर्थ स्पष्ट करते हुए लिखा है– यह सामान्य कथन को सिद्ध करने के लिए तथ्यों का प्रस्तुतीकरण अथवा विशेष उदाहरणों से सामान्य निष्कर्ष निकालने की विधि है। पी.वी. यंग[7] ने भी इसे वास्तविक मामले के आधार पर निष्कर्ष निकालने की पद्धति माना है।

इसके विपरीत निगमन प्रणाली के अनुसार नियमों एवं सिद्धांतों की रचना तथा सत्य बातों का ज्ञान मनुष्य, प्रकृति तथा समाज से संबंधित कुछ स्वयं सिद्ध एवं आधारभूत बातों के आधार पर किया जाता है। यह इस प्रणाली का आधारभूत तर्क है। इसके पहले कुछ सर्वमान्य एवं आधारभूत बातों को लिया जाता है फिर उनके आधार पर तर्क-वितर्क द्वारा नियमों की रचना की जाती है। इस विधि में निश्चित सिद्धांतों को व्यक्तिगत इकाइयों पर लागू किया जाता है। इस विधि का प्रचलित उदाहरण निम्न प्रकार है–

मनुष्य मरणशील है।
सुकरात मनुष्य है।
अतः सुकरात मरणशील है।

दि कन्साइज ऑक्सफोर्ड डिक्शनरी के अनुसार निगमन का अर्थ है, सामान्य से विशिष्ट निष्कर्ष निकालना। पी.वी. यंग के अनुसार, निगमन पद्धति सामान्य से विशिष्ट की ओर तथा सार्वभौमिक से व्यक्ति की ओर तर्क करने की प्रक्रिया है। किसी सामान्य नियम की सत्यता की जांच करने के लिए इस पद्धति को प्रयोग में लाया जाता है। नैनकी, सविन्सन आदि विद्वानों ने अपने अध्ययनों में इन प्रवृत्तियों का प्रयोग किया है। वास्तव में दोनों विधियां एक-दूसरे पर आश्रित एवं परस्पर संबंधित हैं। अतः वैज्ञानिक अध्ययनों में इनका प्रयोग बहुलता से किया गया है। वैज्ञानिक अनुसंधान में शोधकर्ता को कभी तो बारी-बारी से और कभी एक साथ आगमन तथा निगमन दोनों ही विधियों का प्रयोग करना पड़ता है। इस प्रकार आगमन विधि की सार्वभौमिकता पर जोर दिया गया है, जबकि निगमन विधि भी उतनी आवश्यक है। ये दोनों पद्धतियां एक-दूसरे की विरोधी न होकर एक-दूसरे की पूरक हैं।

4. **परिमाणात्मक-गुणात्मक**–परिमाणात्मक प्रवृत्ति के प्रयोग की भूमिका एवं महत्व पर विद्वानों में एकमत्य नहीं है। 1920 से 1930 में इसके विरोध में गुणात्मक अध्ययनों पर विशेष जोर दिया गया। परन्तु समकालीन समाजशास्त्री परिमाणात्मक विश्लेषणों पर अधिक जोर देते हैं। सांख्यिकी विधियों की प्रकृति गणितीय होती है। परिमाणात्मक आधार पर सामान्यीकरण

अथवा कार्यकारण संबंध निकालने के लिए ये आवश्यक है कि घटना का विवेचन संख्यात्मक रूप से हो। पारस्परिक संबंध की मात्रा ज्ञात करने के लिए समाज वैज्ञानिकों ने सह संबंध सह विचलन आदि गणितीय क्रियाओं का प्रयोग किया है। समाजशास्त्रीय अध्ययनों में आजकल इनका प्रयोग बहुत हो रहा है। बेकर, गुटमन, लुमिस, मर्टन आदि के अध्ययनों ने व्यवस्थित रूप से गुणात्मक शोधों को परिमाणात्मक रूप से परिवर्तित करने का यत्न किया है। सोरोकिन ने गुणात्मक विश्लेषण के आधार पर समाज की घटनाओं की व्याख्या की है। विद्वानों ने अपने अध्ययन की प्रकृति के आधार पर दोनों प्रकार की प्रवृत्तियों का प्रयोग किया है। परन्तु आधुनिक शोधों में परिमाणात्मक शोध पर विशेष जोर दिया जाता है।

5. **विधि विषयक-भाव विषयक**–अमेरिका के समाजशास्त्रियों ने सामाजिक विज्ञानों में विधि विषयक प्रवृत्ति पर विशेष जोर दिया है। इस प्रवृत्ति की व्याख्या विन्डल बैण्ड ने विस्तृत रूप से की है। इन्होंने विज्ञानों को दो भागों में बांटा है–पहले वे विज्ञान हैं, जो साधारण घटनाओं की व्याख्या करके प्राकृतिक नियमों का निर्माण करते हैं उन्हें विधि विषयक, और दूसरे ऐतिहासिक पृष्ठभूमि पर विशिष्ट घटनाओं का अध्ययन करते हैं उन्हें भाव विषयक कहते हैं। इन्हीं के आधार पर समाजशास्त्रीय क्षेत्र में अध्ययन किए गए हैं। समाजशास्त्र में भाव विषयक प्रवृत्ति की प्रधानता रही है और इसके विभिन्न स्रोत रहे हैं। इसके प्रमुख स्रोतों में अन्त: विषयों का सम्पर्क बहुत महत्वपूर्ण रहा है। इसमें सांस्कृतिक मानवशास्त्री हर्सकोबिट्स, लुई, बिले आदि महत्वपूर्ण रहे हैं। इसका दूसरा स्रोत सामुदायिक अध्ययन है। लिण्ड्स की पुस्तक 'मिडिल टाउन' इसका महत्वपूर्ण उदाहरण है, जिसमें उसने सम्पूर्णता को लेकर नगर के समुदाय का अध्ययन किया है। तीसरा मुख्य स्रोत सांख्यिकी पद्धति है। इनके आधार पर भी समाजशास्त्रियों ने अध्ययन किए हैं।

उपर्युक्त विवेचना से यह स्पष्ट होता है कि सामाजिक शोधों में कार्य पद्धति की यही मुख्य प्रवृत्तियां रही हैं, जिनका विकास समय-समय पर घटनाओं की प्रकृति और अध्ययनों के आधार पर होता रहा है। इन कार्य पद्धतियों के अतिरिक्त कार्य प्रणालियों और प्रविधियों की भी भूमिकाएं महत्वपूर्ण रही हैं जिनकी विवेचना आगे के विभिन्न अध्यायों में की गई है। किसी भी कार्य पद्धति के प्रयोग के लिए इन कार्य प्रणालियों एवं प्रविधियों को जानना बहुत आवश्यक होता है।

Notes

1. C.J. Bushnell, 'Scientific Methods in Sociology', *American Journal of Sociology*, Vol. 25, pp. 45–46.
2. W.I. Thomas and Florian Znaniecki, *The Polish Peasant in Europe and America*, Richard G. Badger, Gorham Press, New York, 1927.
3. Jhon C. McKinney, 'Methodology, Procedures and Techniques in Sociology', in Howard Becker and Alvin Boskoff (eds.) *Modern Sociological Theory*, Dryden Press, New York, 1957, pp. 189–206.
4. G.A. Lundberg, *Foundation of Sociology*, Macmillan Company, New York, 1939.
5. Otto Neureth, *Foundation of Social Sciences*, University of Chicago Press, Chicago, 1944.
6. *The Concise Oxford Dictionary*, 1964, p. 620.
7. P.V. Young, *Scientific Social Survey and Research*, Prentice Hall, New Delhi, 1968, p. 104.

3

अवधारणा, तथ्य और सिद्धांत

Concept, Fact and Theory

अवधारणा, तथ्य और सिद्धांत विज्ञान की आत्मा के अभिन्न अंग हैं। विज्ञान चाहे वह प्राकृतिक हो या सामाजिक, दोनों घटनाओं की व्याख्या के लिए अवधारणाओं और तथ्यों का प्रयोग करते हैं। विज्ञान की भाषा के ये मूल तत्व कहे जा सकते हैं। प्राय: इनका प्रयोग और अर्थ अस्पष्ट दिखाई देता है। इन अर्थों में अस्पष्टता होने के कारण हम अध्ययन से प्राप्त निष्कर्षों से वैज्ञानिकता का विकास नहीं कर सकते। अत: यह आवश्यक हो जाता है कि इन तीनों की विस्तृत रूप से व्याख्या की जाए।

अवधारणा (Concept)

अवधारणा को परिभाषित करना अत्यंत कठिन कार्य है क्योंकि इसका संबंध एक अपूर्व सामान्य विचार से होता है। विज्ञान घटना के किसी एक रूप का ही अध्ययन करता है और उसका अमूर्तिकरण करने के लिए उनकी व्याख्या करता है। प्रत्येक विज्ञान अपने निष्कर्षों को सम्प्रेषित करने के लिए अवधारणाओं का निर्माण करता है। इसलिए विज्ञान में अवधारणात्मक व्यवस्था का महत्वपूर्ण स्थान होता है।

गुडे एवं हाट ने इसकी परिभाषा करते हुए लिखा है–'अवधारणाएं अमूर्त होती हैं और वह वास्तविकता के कुछ ही विशेष पक्षों का प्रतिनिधित्व करती हैं।'[1] फेयर चाइल्ड ने इसकी विवेचना करते हुए लिखा है कि 'वे विशेष मौखिक संकेत हैं जो कि समाज के वैज्ञानिक अवलोकन तथा चिंतन से निकाले गए सामान्यीकृत विचारों को दिए जाते हैं।'[2] मिचेल ने अपने शब्दकोश में लिखा है कि 'अवधारणा एक विचारात्मक गुण या संबंध की ओर संकेत करने वाला पद है।'[3] पी.वी. यंग ने लिखा है कि 'सामाजिक विश्लेषण की प्रक्रिया में अन्य तथ्यों से पृथक किए गए तथ्यों के एक वर्ग को अवधारणा का नाम दिया जा सकता है।'[4] दि कन्साइज ऑक्सफोर्ड डिक्शनरी के अनुसार, 'अवधारणा वस्तुओं के एक वर्ग का विचार अथवा सामान्य विचार होता है।'[5]

उपर्युक्त परिभाषाओं की व्याख्या करने से यह स्पष्ट होता है कि अवधारणाएं घटनाओं को समझने के तरीके हैं। वैज्ञानिक अवधारणा अमूर्त होती हैं जो कि चुने हुए व अतिसीमित क्षेत्र से संबंध रखती है। अवधारणाओं को हम वस्तुओं व घटनाओं को समझने के लिए प्रयुक्त किए जाने वाले पद के नाम से संबोधित कर सकते हैं। इन परिभाषाओं से हम इस निष्कर्ष पर पहुंचते हैं कि यह एक अमूर्त सामान्य विचार होता है, जो कि किसी घटना, प्रक्रिया व एक

प्रकार के अनुरूप तथ्यों के विषय में साथ विचार कर व उसके विभिन्न तत्वों के परस्पर संबंधों को ध्यान में रखकर बनाया जाता है।

अवधारणा की विशेषताएं *(Features of Concept)*

उपर्युक्त विवेचन के उपरांत अवधारणाओं की निम्नलिखित विशेषताएं प्रकाश में आती हैं–

1. प्रायः यह तथ्यों पर आधारित एक प्रकार का विचार है।
2. अवधारणा सम्पूर्ण घटना का प्रतिनिधित्व नहीं करती किन्तु उसके एक स्वरूप का प्रतिनिधित्व करती है।
3. सामाजिक घटना और तथ्य को समझने में सहायता प्रदान करती है।
4. यह किसी घटनाक्रम को प्रगट करती है। यह स्वयं घटना या उल्लेख मात्र नहीं होती, बल्कि उससे उत्पन्न होने वाले ऐन्द्रिक अनुभवों तथा प्रत्यक्ष ज्ञान द्वारा उत्पन्न की गई तार्किक रचना होती है।
5. प्रत्येक अवधारणा का अपना विशिष्ट अर्थ होता है और यह सिद्धांत के स्तर से निम्नस्तर का अमूर्तिकरण करती है।
6. सम्प्रत्यों का विकास होता है और उनमें परिवर्तनशीलता होती है। वे अपने प्रकृति, विशेषताएं अथवा अध्ययन केन्द्र बिन्दु बदल सकते हैं।
7. अवधारणा का उद्देश्य वास्तविकता को समझने एवं स्पष्ट करने में समाज वैज्ञानिक को सहायता प्रदान करना है।
8. अवधारणाओं की सहायता से उपकल्पनाओं का निर्माण होता है।
9. इसकी सहायता से किसी विशिष्ट वर्ग या समूह के बारे में जानकारी प्राप्त होती है।
10. अवधारणा सिद्धांत का अनिवार्य अंग होती है, क्योंकि प्रयोग में लाई गई अवधारणाओं से ही सिद्धांत बनता है।
11. अवधारणाओं का विकास विषय की प्रकृति और विषय सामग्री के अनुरूप होता है। अतः भिन्न-भिन्न प्रकार के विद्वान अवधारणा का भिन्न-भिन्न अर्थ लगाते हैं।

अवधारणा को परिभाषित एवं सम्प्रेषित करने में कठिनाइयां *(Difficulties in Defining and Communicating the Concept)*

व्यक्तियों को आपस में यही संदेश देने और समझने में कठिनाइयों का अनुभव होता है अगर वैज्ञानिक या शोधकर्ता अवधारणाओं की व्याख्या अवधारणात्मक व्यवस्था के अन्तर्गत नहीं करता तो उसकी व्याख्याएं अलग-अलग हो सकती हैं। अतः उनकी संदर्भ संरचना एक ही होनी चाहिए। दूसरे शब्दों में हम कह सकते हैं कि परिभाषाएं हमेशा स्पष्ट नहीं होतीं और अवधारणाएं हमेशा उचित ढंग से व्याख्यायित नहीं हो पाती। इस स्पष्टता की कमी और वैज्ञानिक सम्प्रेषण की निम्नलिखित कठिनाइयां हो सकती है–

1. अवधारणाओं का विकास अलग-अलग अनुभवों से होता है। अतः उनकी व्याख्याओं में अंतर आ जाता है।
2. वैज्ञानिक अवधारणाओं में प्रयोग किए गए पदों के अर्थ दूसरे संदर्भ में ढाचों में भी हो सकते हैं। अतः उनको समझने में भी कठिनाई हो सकती है।
3. एक पद विभिन्न प्रकार की घटनाओं से संबंधित किया जा सकता है। राबर्ट के. मर्टन ने इस प्रकार का उदाहरण प्रकार्य शब्द की व्याख्या करते समय दिया है, क्योंकि इसका प्रयोग गणित, मानवशास्त्र, समाजशास्त्र आदि विषयों में होता है।

4. कभी-कभी विभिन्न शब्द एक ही घटना को संबोधित करते हैं इस कारण से भी अवधारणाओं की व्याख्या कठिन हो जाती है।
5. कभी-कभी पद का अनुभवात्मक संदर्भ नहीं होता, इससे सम्प्रेषण करने में कठिनाई का अनुभव होता है।
6. अवधारणाओं के अर्थों में परिवर्तन होता रहता है, विज्ञान में लगातार पदों में संशोधन होता रहता है। अतः अवधारणाओं की व्याख्या भी बदल जाती है।

उपर्युक्त कठिनाइयों से यह स्पष्ट होता है कि अवधारणा की व्याख्या करते समय इन बातों का विशेष ध्यान रखना चाहिए। जब अवधारणा में कमी का अनुभव होता है तो उसमें संशोधन करने के लिए पुनः अवधारणीकरण किया जाता है। यह प्रक्रिया ज्ञान के विकास में निरंतर चलती रहती है और इस प्रकार से संदर्भों में भी परिवर्तन आ जाता है।

तथ्य (Fact)

तथ्य से प्रायः सामान्य लोग ऐसी घटनाओं का आशय लेते हैं जो निश्चित हों, अवश्य घटित होती हों या सही हों। परन्तु तथ्य के वैज्ञानिक अर्थ को जानने के लिए कुछ वैज्ञानिकों की परिभाषाओं की विवेचना की जाए।

दि कन्साइज ऑक्सफोर्ड डिक्शनरी में तथ्य को स्पष्ट करते हुए लिखा गया है कि 'तथ्य किसी कार्य का घटित होना, किसी घटना का घटित होना, अनुभव की सही बात, एक स्थिति की वास्तविकताएं किसी निष्कर्ष का आधार जानी जाने वाली वस्तु है।'[6] थामस और नैनकी के मतानुसार– 'तथ्य स्वयं में एक अमूर्तिकरण ही है।' गुडे एवं हाट के अनुसार, 'तथ्य एक अनुभवाश्रित सत्यापनीय प्रेषण या अवलोकन हैं।'[7]

उपर्युक्त परिभाषाओं द्वारा यह स्पष्ट होता है कि तथ्य सत्य होते हैं तथा वे वास्तव में विद्यमान होने वाली घटना के रूप हैं। तथ्यों को सुनना, देखना और उनका अनुभव करना संभव होता है। सामाजिक वैज्ञानिकों का कहना है कि तथ्यों में पर्याप्त निश्चितता एवं सत्ययता पाई जाती है। जिस प्रकार विज्ञान परीक्षा और पुनर्परीक्षा के योग्य होता है। ठीक उसी प्रकार तथ्य की परीक्षा एवं उसकी सत्यता की जांच की जा सकती है। इन तथ्यों का संकलन ही विज्ञान की विषयवस्तु और उद्‌देश्य होता है। समाजशास्त्र से संबंधित तथ्यों के विषय में दुर्खीम ने अधिक प्रकाश डाला है। उनके अनुसार–सामाजिक तथ्य अधिक वास्तवकि होते हैं। फेयर चाइल्ड ने लिखा है कि 'कोई प्रदर्शित की गई या प्रकाशित की जा सकने योग्य वास्तविकता का विषय ही तथ्य है।'[8]

उपर्युक्त परिभाषाओं की व्याख्या करने से तथ्य की निम्नलिखित विशेषताएं कही जा सकती हैं–

1. तथ्य का संबंध वास्तविक घटनाओं से होता है।
2. इन घटनाओं का परीक्षण और पुनः परीक्षण किया जा सकता है।
3. तथ्य में सत्यापन की क्षमता होती है।
4. तथ्य मानव के ज्ञान में वृद्धि करते हैं तथा सिद्धांतों की रचना में सहयोग प्रदान करते हैं।
5. तथ्यों पर विद्वानों और समाज वैज्ञानिकों का एकमत होता है।
6. तथ्य सम्पूर्ण घटना की व्याख्या न करके उसके किसी एक स्वरूप का ही विश्लेषण करता है।
7. सामाजिक जीवन की घटनाओं और प्रक्रियाओं को समझने के लिए तथ्यों की भूमिका महत्वपूर्ण रहती है।

8. तथ्य अनुभवाश्रित, सत्यापन योग्य अवलोकन हैं।

विज्ञान के तथ्य अवलोकन द्वारा उत्पन्न होते हैं, जो आकस्मिक नहीं होते बल्कि उनकी सैद्धांतिक महत्ता होती है। इस प्रकार तथ्य और सिद्धांत एक-दूसरे के विरोधी नहीं हैं। वे कई प्रकार से अंत:संबंधित होते हैं। विज्ञान का विकास लगातार सिद्धांत और तथ्यों के आधार पर विकसित होता है।

तथ्यों की भूमिका *(Role of Facts)*

सिद्धांत और तथ्य में निरंतर अन्त:प्रक्रिया होती रहती है। एक का विकास दूसरे को प्रभावित करता है। सिद्धांत एक निष्क्रिय तत्व नहीं है। सिद्धांत विज्ञान की मौलिक आधारशिला है। यह तथ्यों को प्रकाश में लाने के लिए क्रियात्मक भूमिका अदा करता है।

विज्ञान के इतिहास में मानव की रुचियों ने तथ्यों के आधार पर अचानक सिद्धांतों की रचना की है, जिनको सामान्य जनता आविष्कार के नाम से जानती है। इसके लिए वैज्ञानिक किसी तथ्य का अवलोकन करता है और उस पर मनन के पश्चात सिद्धांत की रचना करता है। न्यूटन द्वारा सेब को गिरते हुए तथ्य के रूप में देखना 'गुरुत्वाकर्षण के सिद्धांत' को जन्म दिया। इसी प्रकार और भी आविष्कार हुए हैं। मर्टन ने इस प्रकार के अवलोकन को अप्रत्याशित, अनियमित, कौशलपूर्ण स्वीकृत तत्व (unanticipated and molous, strategic datum) के नाम से पुकारा है।[9] तथ्य उसी समय सिद्धांत का निर्माण करता है, जब शोधकर्ता उस ज्ञान के प्रति सतर्क रहता है। तथ्य सिद्धांत को अस्वीकार करता है तथा सिद्धांत का पुन: निर्माण करता है, तथ्य पूर्णत: सिद्धांत को निर्धारित नहीं करता; क्योंकि बहुत से सिद्धांत एक ही प्रकार के अवलोकन के आधार पर विकसित हो सकते हैं, फिर भी तथ्य सिद्धांत के निर्माण में महत्वपूर्ण भूमिका अदा करता है। प्रत्येक सिद्धांत तथ्य के साथ सामंजस्य स्थापित करता है। इस प्रकार वह उस संरचना के संदर्भ में त्याग दिया जाता है या पुन: उसका निर्माण हो जाता है। शोध एक निरंतर क्रिया है। अत: त्यागना और पुनर्निर्माण दोनों साथ-साथ चलते हैं। अवलोकन क्रमश: संचयित होते रहने के कारण समकालीन सिद्धांतों पर इसका प्रभाव पड़ता है। जब नवीन तथ्य सामने आते हैं तो वैज्ञानिक प्राचीन तथ्यों पर आधारित सिद्धांतों की पुनर्परीक्षा करते हैं। उन्हें ऐसा प्रतीत होता है कि इससे पहले उन्होंने जिस सिद्धांत का निर्माण किया था, वह अपना प्रभाव खो चुका है। प्रजाति, अपराध तथा आत्महत्या से संबंधित सिद्धांतों का पुनर्निर्माण इसलिए हो रहा है कि आज नवीन तथ्य प्रकाश में आ रहे हैं।

नवीन तथ्यों के आ जाने से पुराने सिद्धांत त्याग दिए जाते हैं अथवा उन सिद्धांतों का पुनर्निर्माण किया जाता है। ये पुनर्निर्मित सिद्धांत अध्यनों को स्पष्टता प्रदान करते हैं। प्राचीन सिद्धांतों का नवीनीकरण करके, उसको पुन: परिभाषित करने की आवश्यकता होती है। तथ्य सिद्धांत में अस्पष्टता को दूर करता है। अंत में हम कह सकते हैं कि तथ्य नये प्रकार की सैद्धांतिक समस्याओं को सुलझाने का यत्न करता है।

सिद्धांत (Theory)

सिद्धांत का समान रूप से प्रचलित अर्थ है कल्पना या अव्यावहारिक विचार। कुछ लोग सिद्धांत को भ्रम के कारण परिकल्पना के रूप में समझ लेते हैं। सिद्धांत उसी समय तक परिकल्पना रहता है जबकि उसकी पुष्टि के लिए प्रमाण उपलब्ध न हो जाएं। जब यह प्रमाण मिल जाते हैं तभी यह परिकल्पना सिद्धांत का रूप ले लेती है। नाडेल के अनुसार 'सिद्धांत को प्रस्तावों या

तर्क वाक्यों का एक ऐसा समूह माना जाता है जो समस्या क्षेत्र को ढंक सकता है। वे तर्क वाक्य घटनाओं का वर्गीकरण, संबंधित इकाइयों में इनका विश्लेषण अथवा इनके अंतर्संबंधों की अभिव्यक्ति व कार्यविधि के नियमों व निर्वचन की योजनाओं की परिभाषा प्रदान करते हैं। यहां सिद्धांत का अर्थ होता है–प्रत्ययात्मक योजना या तार्किक रूपरेखा का ढांचा।'[10] टालकट पारसंस के अनुसार, एक वैज्ञानिक सिद्धांत को अनुभवाश्रितता के संदर्भ के तार्किक रूप में परस्पर संबंधित सामान्य अवधारणाओं के रूप में परिभाषित किया जा सकता है।'[11] गुडे एवं हाट ने इसकी परिभाषा करते हुए लिखा है कि 'सिद्धांत तथ्यों के अंतर्संबंधों अथवा इनको किसी अर्थपूर्ण विधि से व्यवस्थित करने का ही नाम है।'[12]

रोज ने लिखा है कि 'एक सिद्धांत में एक विषय की विषय-वस्तु की वास्तविकता का प्रतिबिम्ब होता है।'[13] फेयर चाइल्ड ने सिद्धांत की परिभाषा करते हुए लिखा है कि 'सामाजिक घटना के बारे में एक ऐसा सामान्यीकरण जो पर्याप्त रूप में वैज्ञानिकतापूर्वक स्थापित हो चुका है तथा समाज वैज्ञानिक व्याख्या के लिए एक विश्वसनीय आधार बन सकता है।'[14] मर्टन ने लिखा है कि 'एक वैज्ञानिक द्वारा अपने परीक्षणों के आधार पर तर्क वाक्यों के रूप में सुझाए गई तार्किक परस्पर संबंधित अवधारणा ही एक सिद्धांत को बनाती है।[15]

अतः कहा जा सकता है कि सिद्धांत तथ्यों की तार्किक विवेचना है जिसमें वास्तविकता प्रतिबिम्बित होती है। सिद्धांत तथ्यों से बनते हैं और तथ्यों के ही किसी निश्चित तार्किक व्यवस्था द्वारा सिद्धांत की रचना होती है। अनेक तथ्यों एवं अवधारणाओं के सामान्यीकृत रूप को सिद्धांत कहा जा सकता है। तथ्य मूर्त होते हैं और मूर्त तथ्यों के अमूर्तिकरण को सिद्धांत कहते हैं। सर्वेक्षणों और अध्ययनों के द्वारा तथ्यों का संग्रहण होता है, तत्पश्चात् संकलित तथ्यों के आधार पर सिद्धांत की रचना की जाती है।

सिद्धांत विज्ञान की प्रविधि माना जाता है क्योंकि विज्ञान के क्षेत्र में यह अपनी भूमिका निम्नलिखित प्रकार से निभाता है–

1. विज्ञान की प्रमुख उन्मुखताओं की परिभाषा करके तथा तथ्यों के विभिन्न प्रकारों की परिभाषा करके जो कि उसको अमूर्तिकरण करने में सहायता प्रदान करते हैं।
2. यह अवधारणात्मक योजना प्रस्तुत करता है, जिसमें घटनाओं को व्यवस्थित, वर्गीकृत और अंत:संबंधित किया जाता है।
3. तथ्यों का निष्कर्ष दो प्रकार से निकलता है–
   (अ) अनुभवात्मक साधारणीकरण और
   (ब) व्यवस्थात्मक साधारणीकरण।
4. यह तथ्यों के संबंध में भविष्यवाणी करता है।
5. यह ज्ञान के बीच आई त्रुटियों को बताने की चेष्टा करता है।

सिद्धांत की विशेषताएं *(Features of Theory)*

सिद्धांत की परिभाषाओं में ही उसकी विशेषताएं अन्तर्निहित हैं, जिनका उल्लेख करना परमावश्यक हो जाता है। सिद्धांत की निम्नलिखित विशेषताएं कही जा सकती हैं–

1. तथ्य के द्वारा ही सिद्धांत का निर्माण होता है अतः सिद्धांत तथ्यों का व्यवस्थित स्वरूप है।
2. सिद्धांत सामान्यीकरण करता है जिसका आधार तथ्य होता है।
3. सिद्धांत के निर्माण में विचारों और अवधारणाओं का महत्वपूर्ण स्थान होता है।
4. सिद्धांत का स्वरूप अमूर्त होता है।

5. सिद्धांत साधन है, साध्य नहीं। क्योंकि सिद्धांत का कार्य सामाजिक क्रियाओं को समझाने में व्यक्ति की सहायता करना है।
6. सिद्धांतों की रचना में शोधों का महत्वपूर्ण स्थान होता है। शोध नवीन तथ्यों को प्रस्तुत करते हैं जिससे नवीन सिद्धांत निर्मित होते हैं।
7. सिद्धांत के निर्माण में विचारक तथ्यों का प्रयोग अपनी इच्छा और क्रिया के आधार पर करता है। इस प्रकार वह उपयोगी और निरर्थक दोनों प्रकार के सिद्धांतों को बना सकता है।

तथ्य और सिद्धांत में संबंध (Relation between Fact and Theory)

सिद्धांत और तथ्य का पारस्परिक एवं गूढ़ संबंध है। इनके संबंधों पर प्रकाश डालते हुए मर्टन ने कहा है 'ठीक सिद्धांत संबंधित तथ्यों के उत्तम भोजन पर ही पनपता है।'[16] इससे यह स्पष्ट होता है कि तथ्यों का सिद्धांत से अटूट संबंध होता है। तथ्यों का अवलोकन करने के पश्चात सिद्धांत बनाए जाते हैं और तथ्यों में परिवर्तन होने पर संबंधित सिद्धांत में भी संशोधन किया जाता है।

सिद्धांतों द्वारा तथ्यों को व्यवस्थित, वर्गीकृत एवं अंतर्संबंधित किया जाता है। सिद्धांतों के ही आधार पर तथ्यों के मध्य पाए जाने वाले नियमों व सामान्यीकृत उप-नियमों को ज्ञात किया जाता है। अतः तथ्यों की सफल व्याख्या के लिए सिद्धांतों की पर्याप्त आवश्यकता पड़ती है। स्वतंत्र रूप से किसी ज्ञान को प्रतिपादित करने में तथ्य अपने आप में ही समर्थ नहीं होते। तथ्य कच्ची सामग्री के समान होते हैं जिन्हें सिद्धांतों के ढांचे में ढालकर एक निश्चित रूप प्रदान किया जाता है। इस प्रकार तथ्य और सिद्धांत में घनिष्ठ संबंध है।

Notes

1. W.J. Goode and P.K. Hatt, *Methods in Social Research*. New York: McGraw-Hill, 1952, p. 4.
2. Henry Pratt Fairchild, *Dictionary of Sociology*, Rowman and Littlefield Publisher/Philosophical Library, New York, 1944, p. 56.
3. Mitchell, G.D., *A Dictionary of Sociology*, Routledge and Kegan Paul, London, 1964, p. 37.
4. P.V. Young, *Scientific Social Surveys and Research*, Prentice Hall, New Delhi, 1956, p. 101.
5. *The Concise Oxford Dictionary*, Oxford University Press, London, 1964.
6. Ibid., p. 432.
7. W.J. Goode and P.K. Hatt, op. cit., p. 8.
8. Henry Pratt Fairchild, op. cit., p. 113.
9. Robert K. Merton, *Social Theory and Social Structure*, Free Press, New York, 1919, p. 98.
10. C.F. Nadel, *The Theory of Social Structure*, Cohen and West, London, 1957, p. 1.
11. Talcott Parsons, *The Structure of Social Action*, Free Press, New York, 1949.
12. W.J. Goode and P.K. Hatt, op. cit., p. 8.
13. A.M. Rose, *Theory and Method in Social Science*, University of Minnesota Press, Minneapolis, 1954.
14. Henry Pratt Fairchild, op. cit., p. 294.
15. Robert K. Merton, op. cit., p. 99.
16. Robert K. Merton, op. cit., p. 99.

4

ऐतिहासिक पद्धति

Historical Method

इतिहासकारों, दार्शनिकों, साहित्यकारों और सामाजिक वैज्ञानिकों ने समाज की गतिशीलता को समझने के लिए ऐतिहासिक अभिगम का प्रयोग किया है। मानव समाज निरंतर बदलता रहता है, इसकी संरचना गतिशील है। समाज की संरचना एवं कार्यों में परिवर्तन होता रहता है। इतिहास को इन परिवर्तनों का लेखा-जोखा कहा जाता है। इसलिए सामाजिक विज्ञानों में ऐतिहासिक सामग्री का अध्ययन आवश्यक होता है। हान्स गर्थ ने कहा है कि 'सामाजिक संरचना के प्रत्येक नमूने में सामाजिक, ऐतिहासिक परिवर्तन का आदर्श निहित है। इतिहास में वे परिवर्तन सम्मिलित हैं जो कि सामाजिक संरचनाओं में होते हैं।'

दार्शनिक एवं तर्कशास्त्री ह्वाइटहैड ने हम लोगों का ध्यान इस ओर आकर्षित किया। उसके अनुसार, नई उभरती हुई वस्तुओं में भूत के साथ-साथ भविष्य के बीज भी सोये रहते हैं। अगर भूतकाल की स्थिरता को जान लिया है तो उसमें आधुनिकता की कुंजी दिखाई दे सकती है। आज कल से अलग होता है और आने वाले कल की रचना बीते हुए कल के प्रभाव से होती है। हम ऐसी कोई भी सामाजिक परिस्थिति और सामाजिक संरचना के संबंध में नहीं सोच सकते, जिनकी जड़ें पुरानी प्रक्रियाओं के आधार पर न हों। इसीलिए सामाजिक घटनाओं को समाजशास्त्रीय व्याख्या के लिए ऐतिहासिक दृष्टिकोण से महत्वपूर्ण स्थान दिया गया है।आर्थर एस. श्लेंसिंगर के अनुसार 'कोई भी व्यक्ति और सबसे कम एक समाज वैज्ञानिक, भूत की व्यापक पहुंच की बुद्धिमत्तापूर्वक अवहेलना कर सकता है। इतिहास उसके निरीक्षित क्षेत्र को व्यापक बनाता है, संस्थाओं की परिवर्तनशीलता का आभास देता है और समकालीन जीवन को सम्बद्ध करने वाले कारकों का संकेत देता है।' इस प्रकार समाज वैज्ञानिक वर्तमान संस्कृति को समझने के लिए भूतकालीन संस्कृति का अध्ययन करता है।

बहुत से समाजशास्त्री घटनाओं की व्याख्या ऐतिहासिक परिप्रेक्ष्य में करने की आलोचना करते हैं। यद्यपि वे यह स्वीकार करते हैं कि परोक्ष रूप से भूतकालीन कारकों का प्रभाव मानव के वर्तमान व्यवहार पर पड़ता है। उनका यह विश्वास है कि मानवीय व्यवहार न भूत पर और न ही भविष्य पर बल्कि वर्तमान पर अधिक निर्भर करता है। इसकी व्याख्या अमेरिकी मनोवैज्ञानिक कर्ट लेविन[1] ने विस्तृत रूप से की है। इसके विपरीत डब्ल्यू.आई. टामस ने वर्तमान अभिवृत्तियों और मान्यताओं के विकास में पिछले अनुभवों के आधार पर सकारात्मक संबंध प्रस्तुत किए हैं।

कुछ समाज वैज्ञानिकों ने ऐतिहासिक विश्लेषण और ऐतिहासिक प्रवृत्तियों के महत्व की विवेचना विस्तृत रूप से की है। अतः किसी भी शोधकर्ता के लिए यह आवश्यक है कि सामाजिक घटना के विश्लेषण के लिए ऐतिहासिक तथ्यों की भी खोज करे। समाजशास्त्रीय विश्लेषण में मैक्स वेबर, कार्ल मार्क्स, दुर्खीम आदि समाजशास्त्रियों ने ऐतिहासिक पद्धति के आधार पर सामाजिक घटनाओं का विश्लेषण किया है। इन्हीं विचारकों के प्रभाव एवं बौद्धिक दृष्टिकोणों के आधार पर समाज विज्ञान में ऐतिहासिक समाजशास्त्र को जन्म मिला।

इतिहास शब्द का उद्‌गम ग्रीक शब्द 'हिस्टोरिया' से हुआ है जिसका मूल अर्थ है सीखना या खोज द्वारा प्राप्त किया गया ज्ञान। प्रारम्भ में इतिहास के अन्तर्गत बीती हुई घटनाओं का ही अध्ययन होता था। इतिहासकार का यह कर्तव्य होता है कि वह भूतकाल की घटनाओं की सामग्री को एकत्र करके निष्पक्ष रूप से उनकी विवेचना करे। विश्वभर में अधिकतर ऐतिहासिक अनुसंधान संबंधी जो प्रमाण मिले हैं, वे प्रायः जीवन-गाथा और महान पुरुषों के सिद्धांतों पर ही आधारित थे। क्योंकि अधिकांश ऐतिहासिक ग्रन्थ राजाओं की प्रशंसा, विजय, आदि से भरे हुए हैं। इन ऐतिहासिक लेखों ने वास्तविक इतिहास के स्वरूप को प्रकट नहीं किया। इनकी असमर्थता से निराश होकर आधुनिक इतिहासकारों द्वारा ऐतिहासिक अनुसंधान के नए दृष्टिकोणों को अपनाने के प्रयास किए गए हैं। आज के इतिहासकारों का नया दृष्टिकोण यह है कि वे निष्पक्ष रूप से और वस्तुनिष्ठता के साथ मानव समाज, संस्कृति विशेष की संस्थाओं तथा सामाजिक प्रक्रियाओं एवं परिवर्तनों को दृष्टिगत रखते हुए मानव घटनाओं के विषय में सत्य विवरण प्रदान करें। पी.वी. यंग ने कहा है कि 'कोई भी घटना सामाजिक शून्य में नहीं होती। अब ऐतिहासिक अनुसंधान पद्धति का उद्‌देश्य भूतकाल और सामाजिक शक्तियों के विषय में अनुसंधान कर सिद्धांतों को निरूपित करना हो गया है।'[2] आजकल यह माना जाने लगा है कि वास्तविक इतिहास तारीखों एवं महाराजाओं तक ही सीमित नहीं है; अपितु उसका क्षेत्र सामाजिक-सांस्कृतिक संस्थाओं और गतिविधियों का उल्लेख करना भी है, जिन्होंने भूतकाल में समाज की रचना करने व उनको गतिशीलता प्रदान करने में प्रत्यक्ष या अप्रत्यक्ष रूप से कार्य किया था। इस प्रकार के दृष्टिकोण का निर्माण करने के लिए अर्नाल्ड जे. टायनबी, कोल्टन, जैकोब, बर्खार्ट आदि ने महत्वपूर्ण भूमिका अदा की है। इनकी यह मान्यता रही है कि इतिहास को सामाजिक संबंधों, सामाजिक प्रतिमानों, जनरीतियों व प्रथाओं व अन्य महत्वपूर्ण संस्थाओं से संबंधित होना चाहिए। इस प्रकार इतिहास और समाज एक-दूसरे के बहुत नजदीक आ रहे हैं।

डिशूजा जे पैट्रीसीनियो ने उपर्युक्त दृष्टिकोण की विवेचना करते हुए लिखा था कि 'पहले हमारा संबंध राजनीतिक इतिहास से था। अब इतिहासकार घटनाओं के मध्य परस्पर संबंध में रुचि लेते हैं। पुराना इतिहास घटना का एक विवरण मात्र था पर अब ऐसा नहीं है। हम राजनीतिक इतिहास से हटकर सामाजिक व आर्थिक इतिहास में प्रविष्ट हो रहे हैं। सामाजिक इतिहास का सामाजिक परिवर्तन तथा उसको लाने वाले कारकों का एक अध्ययन होना चाहिए।'[3]

पी.वी. यंग ने रूसी मोलोकन (Molokan) समूह के अध्ययन के उदाहरण से यह दिखलाया है कि सामाजिक अनुसंधान में ऐतिहासिक सामग्री के अध्ययन का कितना अधिक महत्व होता है।[4] ऐतिहासिक अध्ययन से यंग ने यह निष्कर्ष निकाला कि मोलोकनवाद का आधुनिक रूप 18वीं और 19वीं शताब्दी में उसके विश्वासों और क्रियाओं से भिन्न था। इसके अतिरिक्त 19वीं और 20वीं सदी में रूसी और अमेरिकन मोलोकनवाद से भी भिन्न था। इस

प्रकार मोलोकन व्यक्तित्व और सामाजिक संस्थाओं का अध्ययन करने के लिए पिछले तीन सौ वर्षों का इतिहास पढ़ना आवश्यक था। कुछ विद्वान पी.वी. यंग के उदाहरण पर यह आक्षेप करते हैं कि ऐतिहासिक अध्ययन में बहुत समय और शक्ति लगती है परन्तु यदि ध्यान से देखा जाए कि कोई भी शोधकर्ता बिना ऐतिहासिक अध्ययन के सामाजिक घटनाओं की गहन विवेचना नहीं कर सकता। ऐतिहासिक अध्ययन के प्रकाश में वर्तमान सामाजिक घटना नया रूप धारण कर लेती है, जिससे नए-नए परिवेश सामने आते हैं।

सामाजिक अनुसंधान में ऐतिहासिक अध्ययन सामान्य ऐतिहासिक अध्ययन से भिन्न होता है। सामाजिक शोध 'क्या' और 'क्यों' पर अधिक बल देता है। आधुनिक ऐतिहासिक परिप्रेक्ष्य में शोधकर्ता अमुक देशकाल में कौन-सी घटनाएं हुईं, उनको ही एकत्रित नहीं करता, बल्कि वह पूछता भी है कि ये घटनाएं क्यों हुईं और इन्होंने जनसमूह की जीवन शैली को किस तरह प्रभावित किया। सामाजिक शोध में विशेषतया सामाजिक सर्वेक्षण की विधि में ऐतिहासिक सामग्री का विशेष रूप से अध्ययन किया जा सकता है।

इतिहास के उद्देश्य की विवेचना करते हुए विचारकों ने लिखा है कि इतिहास का उद्देश्य मानव के भूतकाल के व्यवहारों का अध्ययन करना है। इस पद्धति से उन तथ्यों का एकत्रीकरण होता है, जो पिछली घटनाओं को समझने में सहायता प्रदान करते हैं। अतः प्रलेखों (documents) का महत्वपूर्ण स्थान है। इन प्रलेखों के निर्वचन के आधार पर ही इतिहास की रूपरेखा खड़ी होती है। वास्तव में लुई गास्टाक[5] (Gottschalk) ने लिखा है कि 'वास्तव में ऐतिहासिक पद्धति दो चीजें निर्धारित करती है (अ) क्या प्रलेख का पूर्ण या आंशिक रूप विश्वसनीय है? (ख) उस प्रलेख में कौन से और किस मात्रा तक तथ्यों में सत्यता का अंश है? दूसरे शब्दों में हम कह सकते हैं कि इस पद्धति द्वारा तथ्यों में विश्वसनीयता और प्रामाणिकता होनी चाहिए। ग्रे[6] के अनुसार, ऐतिहासिक पद्धति के कई महत्वपूर्ण उपभाग हो सकते हैं, जिनमें कुछ प्रमुख निम्नलिखित हैं।

1. ऐतिहासिक सामग्री का पता लगाना।
2. आलोचना और परीक्षणात्मक दृष्टि से एकत्र किए गए तथ्यों की उत्पत्ति स्रोत की सत्यता की जांच करना और इसके साथ तथ्यों को क्रमबद्धता प्रदान करना।
3. तथ्यों के समूहों के संबंधों के आधार पर निर्वचन एवं विश्लेषण।
4. निष्कर्षों का निर्माण और प्रस्तुतीकरण।

इस प्रकार ऐतिहासिक पद्धति का अनुकरण करने वाले व्यक्ति को निम्नलिखित दोषों से बचने का प्रयत्न भी करना चाहिए।

1. अति सरलता।
2. अति सामान्यीकरण।
3. पूर्व समय में प्रचलित शब्दों की व्याख्या न कर पाना।
4. प्रासंगिक व अप्रासंगिक तथ्यों के बीच अंतर को समझ पाने की कमी।
5. इतिहास को कल्पनात्मक बनाने का यत्न करना।

ऐतिहासिक सामग्री (Historical Material)

यह कहा जा चुका है कि इतिहासकारों के सामग्री प्रलेख होते हैं। प्रलेखों द्वारा ऐसे प्रमाण मिलते हैं जो पिछली बीती क्रियाओं को समझने में सहायता प्रदान करते हैं। बिना प्रलेखों के

शायद कोई इतिहास न हो। अतः इतिहासकार की शिल्पज्ञता इसी बात में है कि वह इन प्रलेखों की खोजकर क्रमबद्ध रूप से प्रस्तुत करे।

पी.वी. यंग के अनुसार, सामाजिक अनुसंधान में निम्नलिखित प्रकार की ऐतिहासिक सामग्री विश्वसनीय और उपयुक्त होती है। (1) जो कि सामाजिक सत्यों की जटिलता को उपस्थित करती है। (2) जिसमें सामाजिक घटनाएं जटिल सामाजिक प्रक्रियाओं को अर्थपूर्ण रूप में अभिव्यक्त करती हैं। (3) जो मनोवैज्ञानिक, आर्थिक, शैक्षिक, राजनीतिक और धार्मिक अंतर्संबंधी सम्पूर्ण जटिल प्रतिमानों को समझने में सहायक होती हैं।

इतिहास की दूसरी सामग्री अभिलेख (records) माने जाते हैं। इनकी परिभाषा करते हुए हल्म (Hulme) ने कहा है कि 'इतिहास की वह सामग्री (लिखित अथ्वा मुद्रित) जो जान बूझकर सूचनाओं को प्रसारक के रूप में तैयार की जाती है।'[7] यह अभिलेख दो प्रकार के हो सकते हैं– प्रारंभिक और द्वितीयक। कुछ लोग इनको वास्तविक और व्युत्पन्न अभिलेख के नाम से भी संबोधित करते हैं। हल्म के अनुसार, प्रारंभिक सामग्री के स्रोतों में पत्रों, प्रलेखों, संवैधानिक निर्णयों, कार्यालयों से संबंधित पत्र–व्यवहार है। और द्वितीयक सामग्री में वह सामग्री ली जाती है, जिसका ज्ञान दूसरों से प्राप्त होता है। विन्सेंट (Vincent) ने ऐतिहासिक सामग्री को निम्नलिखित भागों में बांटा है।[8]

1. सतर्कपूर्ण ढंग से स्थानान्तरित सूचनाएं–
   (अ) लिखित–कथाएं, वृत्तांत, वार्षिक वृत्तांत, चरित्र रचना, रोजनामचा, वंशावलियां।
   (ब) मौखिक परंपराएं–आल्हा, कहानी, उपाख्यान।
   (स) कलात्मक उत्पादन–चित्र, फोटो, सिक्के, ऐतिहासिक चित्र एवं मितिये।
2. स्मारक चिह्न–मानव के अस्थिपंजर, भाषा, संस्थाएं, हाथ के बने सामान, औजार, व्यापारिक अभिलेख तथा साहित्य।
3. शिलालेख, स्मारक चिह्न, विशेष वर्गों के लोक प्रलेख।

इस क्षेत्र में सरकार एवं निजी संस्थाओं ने मौलिक सामग्री का संग्रहण तीव्रता से किया है और इनका उपयोग इतिहासकारों द्वारा किया जा रहा है। इस प्रकार के कार्यों को प्रोत्साहन देना चाहिए, जिससे सभी बिखरी हुई सामग्री का एकत्रीकरण हो सके और उनका उपयोग निष्पक्ष इतिहास लिखने में किया जा सके।

समाजशास्त्री इतिहासकारों से बहुत कुछ सीख सकते हैं। वे ऐतिहासिक विधियों का समाजशास्त्रीय विश्लेषण में उपयोग कर सकते हैं। वे अपने शोधों में ऐतिहासिक सामग्री का प्रयोग निम्नलिखित प्रकार से कर सकते हैं–

1. उपकल्पना के परीक्षण के लिए तुलनात्मक तथ्य के रूप में।
2. ऐतिहासिक घटनाओं का वर्णन जो किसी सिद्धांत के मूल्यांकन में।
3. प्रयोग के परिवेश के विवरण में।
4. कुछ अविशिष्ट घटनाओं के विशिष्ट प्रतिमानों के समझने में।

उपर्युक्त विवेचना से स्पष्ट है कि ऐतिहासिक सामग्री की अपनी सीमाएं होते हुए भी शोधकर्ता अनुसंधान के विषय के अनुरूप चुनाव कर सकता है। इस सामग्री से उसको बहुत सी बातें ज्ञात होती हैं, जिनको जानने का कोई अन्य साधन नहीं है।

ऐतिहासिक तथ्यों के स्रोत (Sources of Historical Facts)

पी.वी. यंग के अनुसार सामाजिक शोध के विद्यार्थियों के लिए ऐतिहासिक सूचनाएं तीन स्रोतों से प्राप्त होती है।[9]

1. **प्रलेख तथा अन्य ऐतिहासिक स्रोत** **(Documents and Other Historical Sources)**—जो इतिहासकार की पहुंच के अंदर होते हैं, यदि वर्तमान सामाजिक घटना से संबंधित ऐतिहासिक प्रलेखों का इतिहासकार द्वारा उल्लेख नहीं किया गया है तो शोधकर्ता को स्वयं उन प्रलेखों का अध्ययन करके व्याख्या देनी होती है। इन प्रलेखों का मूल्यांकन करते समय इतिहासकार द्वारा कुछ पहलुओं की भी विवेचना विशेष ध्यान से कर लेनी चाहिए। कुछ प्रलेख विशिष्ट सामाजिक घटनाओं और परिस्थितियों के सूत्रों को पाने के लिए विशेष उपयोगी होते हैं, भले ही उनसे कोई सिद्धांत न निकाला जा सके, परन्तु उनकी सहायता से सामाजिक दशाओं का ज्ञान हो सकता है। शोधकर्ताओं में इस बात पर बड़ा मतभेद है कि मध्यकालीन और भूतकालीन प्रलेखों का उपयोग किस प्रकार किया जाए। वास्तव में किसी विशेष परिस्थिति के ज्ञान के लिए उनका सहारा लेना जरूरी होता है। उनके प्रयोग का निर्णय अनुसंधानकर्ता को अपने वैज्ञानिक दृष्टिकोणों और अभिवृत्तियों के आधार पर कर लेना चाहिए।

2. **सांस्कृतिक इतिहास और विश्लेषणात्मक इतिहास की सामग्री** **(Material from Cultural History and Analytical History)**—ऐतिहासिक समाजशास्त्र की विवेचना करते हुए हावर्ड बेकर ने यह दिखलाने का यत्न किया है कि 'समकालीन घटनाओं को समझने के लिए डायरियों, स्मृतियों, आत्मकथाओं, गुप्त प्रलेख, व्यापारिक समझौते, गुप्त आविष्कारों आदि सभी सामग्रियों का अध्ययन करना आवश्यक है।[10] इस सामग्री से उन सामाजिक कारकों को समझने का प्रयत्न किया जाता है जो किसी प्रकार से वर्तमान सामाजिक दशाओं की व्याख्या करते हैं। पी.वी यंग ने एक सुझाव दिया है कि 'ऐतिहासिक सामग्री का प्रयोग करने के पूर्व सामाजिक अनुसंधानकर्ता को इतिहासकार से सम्पर्क स्थापित करना चाहिए और उसे अपने अध्ययन का प्रयोजन और क्षेत्र बताकर उससे संबंधित सामग्री के स्रोतों को प्राप्त करने और उनकी व्याख्या करने के विषय में उसके सुझाव प्राप्त करने चाहिए।'[11] यह उचित ही कहा जाता है कि इतिहासकारों की रचनाएं शोधकर्ता का प्रयोजन सिद्ध नहीं करतीं परन्तु वे शोध की दिशा निर्देशन करने में सहयोग दे सकती हैं। मर्टन ने अमेरिकन और यूरोप के ज्ञान के समाजशास्त्र के विषय में यहां तक कहा है कि 'इसकी व्याख्या ऐतिहासिक तथ्यों के परिवेश में होनी चाहिए।'[12] आधुनिक शोधों में अमेरिकी शोधकर्ता यूरोप के शोधकर्ताओं की तुलना में ऐतिहासिक सामग्री का कम उपयोग करता है।

3. **प्रामाणिक अवलोकनकर्ता और गवाहों के व्यक्तिगत स्रोत** **(Authentic Observers and Personal Sources of Evidence)**—जिन लोगों ने घटनाओं को स्वयं अपनी आंखों से देखा है, वे शोधकर्ता को महत्वपूर्ण बातें बतला सकते हैं। इनका प्रयोग सामाजिक घटनाओं के विश्लेषण में अधिक अविश्वसनीयता लाता है। इसके अतिरिक्त कुछ घटनाओं की सत्यता गवाहों द्वारा जानी जा सकती है। अतः यह आवश्यक है कि इन स्रोतों से सामग्री को एकत्र करते समय उसका मूल्यांकन भलीभांति कर लेना चाहिए।

शोधकर्ता के लिए ऐतिहासिक सामग्री को जुटाने में उपर्युक्त तीनों स्रोत सहायक हो सकते हैं। किस विशेष अनुसंधान में कौनसा स्त्रोत-उपयोग किया जाए, यह शोधकर्ता की विशेष योग्यता एवं समझ पर निर्भर करता है।

ऐतिहासिक सामग्री की आंतरिक एवं बाह्य आलोचना (Internal and External Criticism of Historical Material)

ऐतिहासिक सामग्री के बारे में यह जानना बहुत आवश्यक है कि वह सामग्री कहां तक सही और विश्वसनीय है। कभी-कभी प्रलेख झूठे और असत्य भी हो सकते हैं। अतः उनकी

प्रामाणिकता और विश्वसनीयता जानना आवश्यक हो जाता है। यह जानना बहुत महत्वपूर्ण है कि उनकी कहां और कैसे उत्पत्ति हुई है? ऐतिहासिक शोध में इन क्रियाविधियों की नियमों के द्वारा जो तथ्य निर्धारित होते है उनकी बाहरी आलोचना करते हैं। दूसरे शब्दों में हम कह सकते हैं कि बाह्य आलोचना का अर्थ है कि जो भी प्राथमिक और द्वितीयक स्रोत उपलब्ध हों, उनकी प्रामाणिकता की जांच की जाए कि कहीं सामग्री असत्य और जाली तो नहीं है।

आंतरिक आलोचना के अन्तर्गत यह देखना आवश्यक होता है कि किसी भी स्रोत का लेखक कितना ईमानदार रहा है? उसने किसी दबाव, पक्षपात या अज्ञानता के वशीभूत होकर तो कुछ नहीं लिखा है? क्या उसने घटना विशेष के तुरंत बाद लिखा है या अधिक विलम्ब करके? उसके सूचनादाता कौन हैं? उसने सूचनाएं कैसे प्राप्त की हैं? इन सब प्रश्नों के उत्तर मिलने के बाद ही तथ्यों की विश्वसनीयता आंकी जा सकती है। हल्म[13] ने यहां तक कहा है कि शोधकर्ता को दो बातों पर विशेष ध्यान देना चाहिए–(1) वस्तुनिष्ठता और (2) अवलोकन। किसी भी शोधकर्ता के लिए उपर्युक्त ऐतिहासिक आलोचना का ज्ञान विस्तृत रूप से होना चाहिए।

ऐतिहासिक शोध की सीमाएं (Limitations of Historical Research)

कई इतिहासकार स्वयं यह मानते हैं कि बहुत से इतिहासकारों के लिखे इतिहास में प्रामाणिकता का अंश कम होता है। मध्ययुगीन इतिहासकार ने प्रचार के दृष्टिकोण से बहुत सी बातें लिखी हैं। आधुनिक इतिहासकारी भी अचेतन रूप से विशिष्ट सिद्धांतों या मान्यताओं का समर्थन करने के लिए तथ्यों को तोड़-मरोड़ कर व्याख्या करते हैं। इसलिए समाजशास्त्री के लिए ऐतिहासिक सामग्री में चुनाव करने की आवश्यकता होती है। स्वयं इतिहासकार ऐतिहासिक घटनाओं का वर्णन प्राप्त करने के लिए कुछ ही वस्तुओं को चुनता है। अत: रचनाओं का पक्षपातपूर्ण हो जाना स्वाभाविक ही है। उसके अतिरिक्त उसके अपने समाजीकरण और मान्यताओं का भी व्याख्याओं पर विशिष्ट प्रभाव पड़ता है। इतिहासकार की कुछ सीमाएं इसिलए भी होती हैं कि इतिहासकार इतिहास में पूर्ण जीवन वृत्त को नहीं अंकित कर पाता। साथ ही कोई भी घटना समय और अंतराल में नहीं लिखी जा सकती। इतिहासकार की अभिमति और उसका निजी विश्लेषण अचेतन रूप से भी तथ्यों को तोड़-मरोड़ देता है। अत: इतिहासकारों को इन बातों पर विशेष ध्यान देना चाहिए। शोधकर्ता को शोध में निम्नलिखित तथ्यों को ही सत्य और विश्वसनीय मानना चाहिए–

1. तथ्य जब सामाजिक कारकों की जटिलताओं के रूप में हों।
2. सामाजिक घटना जब विभिन्न सामाजिक प्रक्रियाओं को अर्थपूर्ण रूप से प्रस्तुत करे।
3. मनोवैज्ञानिक, आर्थिक, शैक्षणिक, राजनीतिक व धार्मिक क्षेत्रों में सम्पूर्ण समन्वित अन्त:संबंधों का यथेष्ट विवरण हो।

वास्तव में आधुनिक इतिहास स्वयं एक सामाजिक विज्ञान है और उसने उनकी प्रविधियों का प्रयोग किया है। इससे ऐतिहासिक सामग्री विश्वसनीय एवं प्रामाणिक हो गई है। अत: सामाजिक शोध में इसकी भूमिका और बढ़ गई है। सारांश में हम कह सकते हैं कि समाजशास्त्री और इतिहासकार दोनों से मिलकर कुछ सामाजिक घटनाओं को जानने का प्रयास करते हैं। अत: निश्चय ही दोनों सामाजिक घटनाओं की यथातथ्य व्याख्या में सफलता प्राप्त कर सकते हैं।

Notes

1. Kurt Lewin, *The Field Theory in Social Sciences*, Harper and Row, New York, 1951, pp. 153–45.
2. P.V. Young, *Scientific Social Survey and Research*, Prentice Hall, Englewood Cliffs, NJ, 1968, p. 152.
3. De'Souza J. Patricinio, 'Trends in Historiography in Modern India', *Times of India*, 16 February 1969.
4. P.V. Young, op. cit., pp. 150–153.
5. Louis Gottschalk, *The Scope and Subject Matter of History*, University of Kansas City Review. Vol VIII, 1941, pp. 75–S3.
6. Cecil Gray Lewis, *Research, Method and Procedure in Agricultural Economics*, Social Science Research Council, New York, 1928, p. 341.
7. Edward Maslin Hulme, *History and it Neighbours*, Oxford University Press, London, 1942, pp. 17–21.
8. John Martin Vincent, *Historical Research: An Outline of Theory and Practice*, Peter Smith, New York, 1911.
9. P.V. Young, op. cit., p. 155.
10. Howard Becker, *The Fields and Methods Sociology*, Farrar Strauss and Cirouk, New York, 1934, pp. 32–33.
11. P.V. Young, op. cit., p. 155–156.
12. Robert K. Merton, op cit., p. 204–205.
13. Edward Maslin Hulme, *History and it Neighbours*, Oxford, Oxford University Press, 1942, pp. 65–6.

5

सांख्यिकीय पद्धति

Statistical Method

अनुसंधान एवं शोधकार्यों के लिए सांख्यिकीय विधि का अपना महत्वपूर्ण स्थान है। यह विधि सामाजिक विज्ञान में नई होते हुए भी लोकप्रियता प्राप्त करती जा रही है। अतः इसका प्रयोग, अर्थशास्त्र, मनोविज्ञान, प्रबंधशास्त्र, राजनीतिशास्त्र और समाजशास्त्र आदि विज्ञानों में होने लगा है। गुणात्मक सामाजिक घटनाओं के गणनात्मक फल प्राप्त करने के लिए इस विधि का अधिक महत्व है। इसका प्रचार सर्वप्रथम प्राकृतिक विज्ञानों–जीवविज्ञान तथा ज्योतिषविद्या के साथ हुआ। इस विधि की सहायता से ही शोध कार्यों से प्राप्त परिणामों को अधिक व्यवस्थित एवं वैज्ञानिक रूप से प्रस्तुत किया जाता है।

मानव के जीवन में, व्यवसायों तथा व्यापार आदि कार्यकलापों में इस विधि का प्रयोग किया जाने लगा है। फ्लोरेंस[1] ने कहा है कि इस सांख्यिकी के विभिन्न पक्षों एवं सांख्यिकी के ढेर से किसी भी वस्तु की सत्यता को सिद्ध किया जा सकता है। उसने आगे यह भी कहा है कि सांख्यिकी द्वारा प्रत्येक वस्तु की वास्तविकता को सिद्ध किया जा सकता है। लेकिन इन्होंने उसकी कुछ कमियों पर भी प्रकाश डाला है। सांख्यिकीय तथ्यों के स्रोत सही और निश्चित होते हुए भी उनकी व्याख्याएं त्रुटिपूर्ण हो सकती हैं।

सांख्यिकीकर्ता को स्वयं कुछ विशेष बातों पर ध्यान देना चाहिए, जिससे उसकी कमियों से बचा जा सके। ई.बी. विल्सन[2] (E.B. Wilson) ने कहा है कि सांख्यिकीकर्ता को सामाजिक घटनाओं को समझने के लिए बड़ी सावधानी एवं व्यवस्थित तरीके से तथ्यों को एकत्रित करके, उनका विश्लेषण करना चाहिए। कभी–कभी उसको नवीन प्रविधियों का भी विकास करना पड़ता है, जिससे सामाजिक घटनाओं की व्याख्या में निश्चितता आ सके। इन सभी प्रविधियों की खोज में उसकी दो आधारशिलाएं होती हैं। पहला क्षेत्र के संबंध एवं विषय में जानकारी होना और दूसरा अच्छे गणित का ज्ञान होना। इन्हीं के द्वारा नई पद्धतियों का विकास होता है। विल्सन ने कहा है कि किसी भी शोधकर्ता के लिए सांख्यिकी का ज्ञान बहुत आवश्यक है।

आजकल सांख्यिकी पद्धति का प्रयोग, औषधि, शिक्षा, अर्थशास्त्र आदि कई क्षेत्रों में हो रहा है। समाजशास्त्र में इसका प्रयोग दिन–प्रतिदिन बढ़ता जा रहा है। डिटमर[3] ने इस सांख्यिकी के बढ़ते हुए महत्व के तीन कारण बताए हैं। पहला आधुनिक युग संख्या का युग है। सामाजिक घटनाओं की वास्तविकता को जानने के लिए सांख्यिकी का प्रयोग अत्यंत आवश्यक

हो जाता है। दूसरा, वैज्ञानिक पद्धतियां सांख्यिकी के आधार पर बनाई जाती हैं; क्योंकि समकालीन आधुनिक समाज केवल बिखरे हुए तथ्यों के विश्लेषण से ही संतुष्ट नहीं होता। उसमें निश्चितता एवं विश्वसनीयता लाने के लिए सांख्यिकी का प्रयोग आवश्यक हो जाता है। तीसरा, जीवन की क्रियाओं को चलाने के लिए वैज्ञानिक प्रक्रियाओं के आधार पर सामाजिक योजनाएं बनाना आवश्यक हो जाता है। इन सामाजिक क्रियाओं और योजनाओं का आधार संख्याएं ही होती हैं। अतः इनके अनुसार सांख्यिकी का प्रयोग सामाजिक घटनाओं और सामाजिक कार्यक्रमों को कार्यान्वित करने के लिए आवश्यक होता है। भारत वर्ष में भी पंचवर्षीय योजनाओं और दूसरी सामाजिक कल्याणकारी क्रियाओं के आधार रूप में संख्याएं ही होती हैं। बगैर इन संख्याओं की पूर्ति के किसी भी योजना को सफलता नहीं मिल सकती है।

क्राक्सटन और क्राउडन[4] ने सांख्यिकी पद्धति की परिभाषा करते हुए लिखा है कि यह वह पद्धति है जिसके द्वारा तथ्यों का एकत्रीकरण, विश्लेषण और प्रस्तुतीकरण एवं निदर्शन संख्याओं के आधार पर होता है। उन्होंने आगे लिखा है कि सांख्यिकी को केवल रसायनशास्त्र, भौतिकशास्त्र आदि प्राकृतिक विज्ञानों से ही संबंधित नहीं समझना चाहिए। इसका प्रयोग सामाजिक विज्ञानों में भी किया जाता है। सांख्यिकी एक विज्ञान नहीं है किन्तु यह एक वैज्ञानिक पद्धति है। शोधकर्ता के लिए इसका प्रयोग अत्यंत आवश्यक होता है। सामाजिक विज्ञानों में बिना सांख्यिकी के कोई भी शोधकर्ता अंधे व्यक्ति की तरह सत्य की खोज करता है, जबकि सत्य उसके बहुत नजदीक होता है। अतः मानव की क्रियाओं को समझने के लिए यह पद्धति लाभदायक सिद्ध होती है।

बाउले[5] के अनुसार, 'सांख्यिकी सामाजिक व्यवस्था को सम्पूर्ण मानकर सभी दृष्टिकोणों सो मापने का विज्ञान है।' इन्होंने अपनी परिभाषा में यह स्पष्ट करने का यत्न किया है कि सांख्यिकी विधि के द्वारा सभी पक्षों का सामाजिक अध्ययन किया जा सकता है।

किन्डल[6] ने इसकी परिभाषा करते हुए लिखा है 'सांख्यिकी वैज्ञानिक विधि की वह शाखा है, जो प्राकृतिक पदार्थों के समूहों की विशेषताओं को मापकर प्राप्त की गई सामग्री से संबंधित है।' इस परिभाषा से स्पष्ट होता है कि सांख्यिकी विधि का संबंध घटनाओं के संख्यात्मक पक्ष से अधिक होता है।

किंग[7] के शब्दों में, 'सांख्यिकीय विज्ञान वह प्रणाली है। जिसमें सामूहिक रूप से प्राकृतिक अथवा सामाजिक घटनाओं का अध्ययन गणना अथवा अनुमान के आधार पर संकलित अंकों की विवेचना द्वारा प्राप्त फल के आधार पर किया जाता है।'

सांख्यिकी पद्धति के विषय में यहां इतना समझ लेना आवश्यक एवं पर्याप्त होगा कि इस पद्धति में घटनाओं का अध्ययन सामूहिक रूप में गणनात्मक आधार पर अंकों द्वारा किया जाता है और साथ ही सामाजिक तथ्यों का संकलन, वर्गीकरण तथा सारिणीयन किया जाता है। इन परिभाषाओं के आधार पर सांख्यिकी पद्धति की निम्नलिखित विशेषताएं कही जा सकती हैं।

सांख्यिकी पद्धति की विशेषताएं (Features of Statistical Method)

इस पद्धति की कुछ विशेषताएं निम्नलिखित हैं–

1. **सामूहिक अध्ययन** (Study of the Collectivity)–इसके अन्तर्गत व्यक्तिगत इकाइयों का अध्ययन न होकर सामूहिक अध्ययन किया जाता है; क्योंकि व्यक्तिगत स्तर पर संख्याओं के प्रयोग से निष्कर्ष निकालना कठिन होता है। इसी कारण से इसके आधार पर प्राप्त किए गए निष्कर्ष एवं सामान्यीकरण सामूहिक रूप से लागू होते हैं। उदाहरण के लिए जब हम

नगरीकरण की संख्या में वृद्धि या कमी की बात करते हैं तो हमारा तात्पर्य औसत से होता है न कि किसी विशेष स्थान या व्यक्ति से। इसलिए यह कहा जा सकता है कि सांख्यिकी विधि के अन्तर्गत संख्यात्मक अध्ययन होता है और औसत के आधार पर निष्कर्ष निकाले जाते हैं।

2. **संख्यात्मक एवं गणनात्मक अध्ययन** (Numerical and Calculative Study)—इस विधि द्वारा शोध के लिए यह आवश्यक है कि वह घटना संख्या के द्वारा व्यक्त की जा सके। जो तथ्य संख्या द्वारा व्यक्त नहीं किए जा सकते, उनमें इस विधि का प्रयोग संभव नहीं हो सकता। उदाहरण के लिए भावना, चरित्रवान आदि के अध्ययन में कठिनाई होती है फिर भी आधुनिक शोधों में गुणात्मक तथ्यों को संख्यात्मक रूप में प्रकट करने का यत्न किया जाता है और इसके लिए उचित पैमानों की रचना की जा रही है जो विस्तृत वर्णन दे सके। इनमें समाजमिति सबसे मुख्य है। यहां पर इतना कहना ही पर्याप्त होगा कि जिन तथ्यों को संख्या द्वारा प्रकट नहीं किया जा सकता, वे सांख्यिकी विधि द्वारा विश्लेषित नहीं किए जा सकते।

3. **यथार्थ अध्ययन** (Factual Study)—इस पद्धति से यथार्थ अध्ययन करने में सहायता मिलती है। इस विधि द्वारा किया गया अध्ययन अपेक्षाकृत अधिक शुद्ध होता है। इस विधि में पक्षपात एवं मिथ्या झुकावों के लिए कम स्थान होता है। वास्तव में इस प्रकार के अध्ययनों में अपनी ओर से कुछ भी नहीं जोड़ा जा सकता। जो कुछ सामने आता है उसे प्रस्तुत कर दिया जाता है। प्रत्येक घटना अथवा तथ्य के लिए निर्धारित अंक होते हैं। इन्हीं अंकों की सहायता से यथार्थ निष्कर्ष प्राप्त किए जाते हैं और इन्हीं निष्कर्षों के आधार पर सामान्यीकरण किया जाता है।

सांख्यिकीय पद्धति का महत्व एवं कार्य (Importance and Functions of Statistical Method)

सामाजिक शोध के अध्ययन में साधन के रूप में सांख्यिकी के निम्नलिखित प्रकार्य हो सकते हैं—

1. **तथ्यों का मापन** (Measurement of Facts)—सामाजिक समस्याओं एवं घटनाओं से संबंधित दो प्रकार के तथ्य हो सकते हैं। प्रथम वे तथ्य होते हैं, जिनकी माप निश्चित होती है और उनको प्रमाणित तथ्य कहा जाता है। इस प्रकार के तथ्यों का संकलन सांख्यिकी की सहायता से किया जाता है। दूसरे वे तथ्य होते हैं जो प्रमाणित नहीं किए जा सकते। कुछ ऐसी सामाजिक घटनाएं होती हैं, जिनकी प्रकृति अमूर्त एवं गुणात्मक होती है। ऐसे तथ्यों को भी मापने का कार्य सांख्यिकी विधि द्वारा किया जा सकता है। इसके अन्तर्गत वैज्ञानिक आधार प्रदान किया जाता है। उदाहरण के लिए मनोवृत्तियों, प्रेम, रुचियों आदि अमूर्त स्थितियों की माप के लिए सांख्यिकी पैमानों की रचना की जाती है। इस संबंध में विभिन्न प्रयोग हो रहे हैं और इस बात पर विशेष बल दिया जा रहा है कि किस प्रकार इस अमूर्त तथा जटिल तथ्यों को संख्यात्मक रूप से प्रकट किया जा सके। इसकी दो क्रियाएं विशेष रूप से उल्लेखनीय हैं—निर्देशांकों का प्रयोग और स्केलिंग प्रणालियां। निर्देशांकों द्वारा किसी जटिल तथ्य में होने वाले परिवर्तन को संख्या द्वारा प्रस्तुत किया जाता है। जबकि स्केलिंग प्रणाली में अमूर्त तथ्यों की संख्यात्मक माप की जाती है।

2. **तथ्यों का व्याख्यात्मक वर्णन** (Description of Facts)—सांख्यिकी निष्कर्षों द्वारा संबंधित समस्या के विषय में व्याख्यात्मक वर्णन करने में सहायता मिलती है। इसके आधार पर

सामाजिक घटनाओं की सही-सही व्याख्या की जा सकती है। किसी अवस्था, स्थिति का वर्णन यदि आंकड़ों के माध्यम से होता है तो वह व्याख्या अधिक स्पष्ट, सरल एवं प्रभावशाली होगी। यदि किन्हीं घटनाओं का वर्णन आंकड़ों से रहित होकर किया जाए तो वह व्याख्या मनगढ़ंत और काल्पनिक हो सकती है। आंकड़ों के आधार पर वर्णन अनुभवात्मक एवं वैज्ञानिक माना जाता है। उदाहरण के लिए बेरोजगारी, भिक्षावृत्ति आदि समस्याओं की गहनता उस समय प्रतीत होती है, जब हम उनके आंकड़ों को देखते हैं। इन आंकड़ों के अभाव में वर्णन अस्पष्ट तथा निश्चयात्मकता रहित होता है।

3. **मूल्यांकन में वैषयिकता लाना** **(Bringing Objectivity in Evaluation)**—जैसा कहा जा चुका है कि सामाजिक घटनाएं अमूर्त एवं गुणात्मक होती हैं। अतः इनमें वैषयिकता लाने के लिए सांख्यिकी का उपयोग परम आवश्यक होता है। सामाजिक घटनाओं के विषय में व्यक्ति के स्वयं के विचार होते हैं। अतः उनमें पक्षपात एवं मिथ्या झुकाव अधिक होता है। सांख्यिकी विधि के प्रयोग के आधार पर इसमें न्यूनता लाई जाती है और मूल्यांकन में वैषयिकता उत्पन्न होती है। इस प्रकार सांख्यिकी विधि द्वारा सामाजिक घटनाओं के अध्ययन एवं मूल्यांकन में वैषयिकता लाई जा सकती है।

4. **तथ्यों का तुलनात्मक अध्ययन** **(Comparative Study of Facts)**—इस विधि द्वारा तथ्यों के तुलनात्मक अध्ययन में सुविधा मिलती है। यह तुलना समय, स्थान अथवा तथ्य के आधार पर हो सकती है। तुलना का काम संख्यात्मक माप के कारण और भी सरल हो जाता है। उदाहरण के लिए दो नगरों के स्वास्थ्य की तुलना हम उनकी औसत मृत्यु के दर के आधार पर कर सकते हैं। बुद्धिमत्ता को मापने के लिए बुद्धिमत्ता गुणांक का उपयोग किया जा सकता है। इसी गुणांक द्वारा भिन्न-भिन्न आयु, लिंग और संस्कृति के लोगों के बुद्धिमत्ता की तुलना की जा सकती है।

5. **घटनाओं एवं तथ्यों का पूर्व अनुमान लगाना** **(Pre-estimation of Phenomena and Facts)**—इसके द्वारा सामाजिक व्यवहार और ऐसे अनेक तथ्यों का पूर्वानुमान लगाना भी संभव हो सकता है। यद्यपि सामाजिक घटनाओं के संबंध में पूर्वानुमान बड़ा कठिन होता है। इस विधि के प्रकाश एवं प्रयोग से सामाजिक घटनाओं के विषय में पूर्वानुमान की संभावनाएं बढ़ गई हैं। निश्चित दशाओं में निश्चित घटनाएं घटित होती हैं और इस विधि के द्वारा आने वाली दशाओं के विषय में पर्याप्त जानकारी प्राप्त कर ली जाती है। इस जानकारी के आधार पर होने वाली घटनाओं के विषय में भविष्यवाणी की जा सकती है। उदाहरण के लिए जनगणना की विज्ञप्ति के आधार पर जनसंख्या के प्रकार एवं आकार के विषय में ज्ञान प्राप्त किया जा सकता है।

6. **सामाजिक तथ्यों में पारस्परिक संबंध को ज्ञात करना** **(Finding out Reciprocal Relation in Social Facts)**—सामाजिक शोध में विभिन्न सामाजिक घटनाओं के मध्य उपस्थित संबंधों को ज्ञात किया जाता है। ये संबंध कार्य-कारण रूप में हो सकते हैं। इसका निरूपण सांख्यिकी के द्वारा नहीं किया जा सकता। परन्तु सांख्यिकी विधियों द्वारा हम इस बात का पता लगा सकते हैं कि किन्हीं दो तथ्यों में सह विचलन है अथवा नहीं और यदि विचलन है तो उसका माप क्या है। उदाहरण के लिए यदि परिवार को विघटित करने वाले कारकों का पता लगाकर उनको बदल दिया जाए तो परिवार को विघटित होने से बचाया जा सकता है। सांख्यिकी इसी कार्यकारण संबंध को स्थापित करने में अत्यधिक सहायता प्रदान करती है।

इसके उपयोग से सामाजिक शोधों में अत्यधिक स्थिरता एवं सुतथ्यता उत्पन्न होने लगती है। राजकीय प्रशासन के कार्यों में इसी विधि की सहायता ली जाती है। प्रत्येक सरकार के कुछ ऐसे विभाग होते हैं जो राज्य भर में विभिन्न प्रकार के आंकड़ों का एकत्रीकरण करते हैं। वर्तमानकाल में राज्य के कार्यों के बढ़ जाने के कारण इसका उपयोग भी बढ़ता जा रहा है। सरकार की नीतियों, कार्यों एवं योजनाओं के पीछे आंकड़ों का महत्वपूर्ण हाथ रहता है। इस प्रकार यह स्पष्ट होता है कि सरकार के कार्यों को चलाने के लिए सांख्यिकी का महत्व सर्वमान्य है।

व्यापार के क्षेत्र में भी इसका महत्व बढ़ता जा रहा है। समकालीन समाज में व्यापार का रूप अंतरराष्ट्रीय स्तर पर बढ़ रहा है। सांख्यिकी के माध्यम से वस्तुओं के उत्पादन एवं मांग का विश्लेषण करके बाजारों के भाव आदि निर्धारित होते हैं। सांख्यिकी सूचनाओं के व्यापार क्षेत्र में इसके महत्व के संबंध में कहा जा सकता है कि 'यदि समाचार पत्रों, पत्रिकाओं, रेडियो और अन्य संचार माध्यमों की रिपोर्टों से मूल सम्पर्क केवल एक दिन के लिए हटा लिया जाए तो व्यापारिक जगत शक्तिहीन हो जाएगा। यदि उपलब्ध समस्त सांख्यिकी सामग्री को विश्व से एक वर्ष के लिए उठा लिया जाए तो इसका परिणाम आर्थिक अव्यवस्था और विनाश होगा।'

इसके अतिरिक्त नियोजन के क्षेत्र में भी सांख्यिकी का महत्व बहुत जटिल है। जिस समाज और राष्ट्र की आर्थिक योजनाएं उचित और व्यावहारिक होंगी, उस समाज की सामाजिक एवं आर्थिक प्रगति उचित हो सकती है। टिप्पेट (Tippet) ने इस संबंध में विवेचना करते हुए लिखा है कि नियोजन आजकल का व्यवस्थित क्रम है और आंकड़ों के बिना नियोजन की भी कल्पना नहीं की जा सकती। किसी भी स्तर पर योजना को संचालित करने के लिए आंकड़ों का होना परम आवश्यक है। इसके अलावा योजनाओं को कार्यान्वित करने के लिए समय-समय पर उनकी स्थिति की जानकारी सांख्यिकी पद्धति के द्वारा की जा सकती है। इस पद्धति का प्रयोग किए बिना योजना अवैज्ञानिक होती है और उसकी सफलता में संदेह बना रहता है।

बैंक, बीमा कंपनियों और रेलवे के कार्यों में इसका बड़ा महत्व रहा है। सांख्यिकी के आधार पर बैंक यह अनुमान लगा लेते हैं कि किस समय बैंक की कितनी राशि सुरक्षित रखी जाए और कितना उधार दिया जाए। बीमा कंपनियां इसका प्रयोग प्रीमियम की दरों को मृत्यु दर और दुर्घटनाओं की दर के अनुसार निश्चित करती हैं। रेलवे में भिन्न प्रकार के आंकड़ों को देखकर रेल के टिकट को बढ़ाया जा सकता है। नई गाड़ियों की व्यवस्था भी यात्रा करने वाले यात्रियों के आंकड़ों को ध्यान में रखकर की जाती है।

सामाजिक अध्ययनकर्ताओं के लिए भी इसकी विशेष आवश्यकता होती है। किसी भी समस्या का अध्ययन बिना आंकड़ों के कठिन हो जाता है। वे अध्ययन श्रेष्ठ माने जाते हैं, जिनमें आंकड़ों के आधार पर साधारणीकरण किया जाता है। इस प्रकार यह स्पष्ट हो जाता है कि सामाजिक शोधकर्ताओं के लिए सांख्यिकीय विधियों का विशेष महत्व है।

समाजशास्त्रीय शोध में सामाजिक घटनाओं के अध्ययन के लिए सांख्यिकी पद्धति का प्रयोग बढ़ता जा रहा है। समाजशास्त्रीय तथ्यों को गणनात्मक रूप में प्रस्तुत करने का विरोध होते हुए भी सामाजिक शोधकर्ताओं ने इसके प्रयोग को स्वीकार किया है। इसका प्रयोग समाजशास्त्रीय अध्ययनों में वैज्ञानिक पद्धति के रूप में होता है। आगबर्न ने कहा है कि सांख्यिकीकर्ता समकालीन ज्ञान की निश्चितता को लेकर उसके विकास में सहायता प्रदान करता है। समाजशास्त्र के संबंध में विभिन्न प्रकार की आलोचनाएं की जाती हैं और यह कहा

जाता है कि वर्तमान स्तर पर समाजशास्त्र को अपनी अवधारणाएं, विषय क्षेत्र, मूल्यांकन के तरीके और परीक्षण तार्किक आलोचनाओं के आधार पर करना चाहिए। सांख्यिकी के आधार पर समाजशास्त्रीय सिद्धांतों को बनाया जाए जिससे वह यथार्थता का प्रतिनिधित्व कर सके।

वर्नाल्ड ने लिखा है कि सांख्यिकी पद्धति का प्रयोग दूसरी पद्धतियों का विरोध नहीं करता, बल्कि वह उसको सहायता प्रदान करता है। लुण्डबर्ग ने तो यहां तक कहा है कि सर्वेक्षण पद्धति का सांख्यिकी पद्धति के बिना कोई अस्तित्व नहीं है। वर्गेस ने भी कहा है कि वैज्ञानिक अध्ययनों में इसके प्रयोग की बहुत आवश्यकता है।

सांख्यिकी की सीमाएं (Limitation of Statistics)

सामाजिक शोधों में सांख्यिकी पद्धति के उपयोग में सबसे बड़ी बाधा सामाजिक घटना की प्रकृति है। सामाजिक घटनाओं की प्रकृति गुणात्मक होती है, जबकि सांख्यिकी प्रविधियां स्वभाव से ही गणनात्मक होती हैं। किन्तु इनकी कुछ गंभीर सीमाएं हैं, जिन्हें दूर किया जाना संभव नहीं है। पी.वी. यंग ने सांख्यिकी त्रुटियों की विवेचना विस्तृत रूप से की है। इन्होंने तीन प्रकार की सीमाओं का उल्लेख किया है–

1. **अपर्याप्त एवं अनिश्चित तथ्य** (Incomplete and Indefinite Facts)–इसके अन्तर्गत इन्होंने निम्नलिखित त्रुटियों का उल्लेख किया है–

1. अपर्याप्त तथ्य।
2. अप्रतिनिधित्वपूर्ण निदर्शन।
3. सूचनादाताओं के द्वारा जानबूझकर झूठे तथ्यों का देना।
4. खराब अवलोकन और लापरवाही के कारण अनिश्चित तथ्यों का एकत्रीकरण।
5. मापने की इकाइयों में अविश्वसनीयता।

2. **यांत्रिक त्रुटियां** (Technical Mistakes)–इसके अन्तर्गत निम्नलिखित त्रुटियों का उल्लेख किया गया है–

1. गणित की प्रक्रियाओं में गलती होना।
2. त्रुटिपूर्ण सूत्रों का प्रयोग।
3. नकल करने में त्रुटियां।

3. **दोषपूर्ण व्याख्या** (Faulty Explanation)–व्याख्या करते समय साधारणतः निम्नलिखित दोष इसके अन्तर्गत आ जाते हैं–

1. महत्वपूर्ण कारकों पर ध्यान न देना।
2. ऋणात्मक प्रमाणों को छोड़ देना।
3. कारणों के संबंध को स्थापित करने में त्रुटि करना।
4. अतुलनात्मक तथ्यों की तुलना करना।
5. बहुत थोड़ी इकाइयों के आधार पर साधारणीकरण करना।
6. व्याख्याओं की तोड़ मरोड़कर के पक्षपातपूर्ण व्याख्या करना।

साधारणतया इसकी सीमाओं की विवेचना निम्न प्रकार से भी की जा सकती है–

1. केवल गणनात्मक अध्ययन के लिए ही यह उपयोगी होती है। सांख्यिकी विधियां मूलभूत रूप से परिमाणात्मक घटनाओं के संख्यात्मक अध्ययन के लिए उपयोगी होती हैं। इनके अन्तर्गत गुणात्मक घटनाओं की विवेचना नहीं होती।

2. गहन अध्ययन के लिए अनुपयुक्त होती है। सामाजिक समस्याओं का अध्ययन गहनता के साथ किया जाता है, क्योंकि ये घटनाएं बहुत जटिल होती हैं और इनमें अनेक कारक एक साथ प्रभावशाली होते हैं। इसके अतिरिक्त सामाजिक घटनाएं विशिष्ट होती हैं और इनमें सार्वभौमिकता का भी अभाव होता है। इसलिए सांख्यिकी पद्धति द्वारा गहन अध्ययन संभव नहीं होता।
3. सांख्यिकी द्वारा व्यक्तिगत इकाइयों का अध्ययन संभव नहीं होता। इसके अंतर्गत सामूहिक अध्ययन किए जाते हैं। बाह्य परिस्थितियां उनका एकमात्र कारण नहीं होतीं। परन्तु सामूहिक रूप से मानवीय भावनाओं का अध्ययन संभव नहीं है।
4. इस पद्धति में प्रमाणीकरण का अभाव पाया जाता है। भौतिक पदार्थ सदैव एक समान होते हैं, परन्तु मानव एक समान होते हुए भी आंतरिक रूप से असमान होता है। भौगोलिक परिस्थितियां, भाषा संस्कृति, प्रथा, परंपरा आदि की भिन्नता उसके व्यवहारों को प्रभावित करती हैं। इस कारण से सामाजिक घटनाओं को एक निश्चित माप नहीं दिया जा सकता। मैकाइबर ने सामाजिक घटनाओं के मापने के प्रयोग का घोर विरोध किया है।
5. केवल विशेषज्ञ ही इसका प्रयोग कर सकते हैं। इस पद्धति द्वारा केवल सांख्यिकी विशेषज्ञ ही परिणाम तथा निष्कर्ष प्राप्त कर सकते हैं। यदि अध्ययनकर्ता पर्याप्त कुशल न हो तो सांख्यिकी पद्धतियों द्वारा कुछ के कुछ परिणाम प्राप्त हो जाया करते हैं।

उपर्युक्त सीमाओं के बावजूद इस सत्य को स्वीकार करने से इंकार नहीं किया जा सकता है कि सामाजिक विज्ञानों के अनुसंधानों में इस पद्धति का विशेष महत्वपूर्ण स्थान है और इनका प्रयोग दिन प्रतिदिन बढ़ता जा रहा है। बिना इस पद्धति के प्रयोग के समकालीन अनुसंधान केवल कठिन ही नहीं वरन असंभव से ही प्रतीत होते हैं।

Notes

1. Philip Sargant Florence, *Statistical Method in Economic and Political Science*, Routledge and Kegan Paul, London, 1929, p. 49.
2. E.B. Wilson, Article in Stuart A. Rice, *Statistics in Social Studies*, University of Pennsylvania Press, 1930, p. 3.
3. Clarence G. Dittmer, *Introduction to Social Statistics*, Mec. G. Ras Hill Book Company, New York, 1926, pp. 6–7.
4. Fredrick E. Coxton and J. Dudley Cowden and S. Klein, *Applied General Statistics*, 1975, pp. 1–2.
5. A.L. Bowley, *Elements of Statistics*, P.S. King and Staples Ltd., London, 1937.
6. M.G. Kendol, *A Course in Multivariate Analysis*, Griffin, London, 1961.
7. W.I. King, *The Elements of Statistical Method*, Macmillan Company, New York, 1916.

6

प्रयोगात्मक पद्धति

Experimental Method

सामाजिक विज्ञानों में सामाजिक घटनाओं का अध्ययन करने के लिए बहुत सी पद्धतियों का प्रयोग होता है किन्तु प्रयोगात्मक पद्धति अधिक वैज्ञानिक सिद्ध हुई है। इस पद्धति का यह गुण है कि इसमें निरीक्षण का विषय अवलोकनकर्ता द्वारा नियंत्रित कर लिया जाता है। यह नियंत्रण प्रयोगशाला के बाहर और प्रयोगशाला में स्वाभाविक दशाओं दोनों में ही हो सकता है। इनके निष्कर्षों और परिणामों का पुनर्मूल्यांकन भी किया जा सकता है। अत: किसी भी सामाजिक विज्ञान की यथार्थता, प्रामाणिकता और भविष्यवाणी करने की शक्ति इस बात पर निर्भर करती है कि उसमें प्रयोगात्मक पद्धति का कहां तक प्रयोग हुआ है। भौतिक विज्ञानों में इस विधि का प्रयोग बहुलता से होता है परन्तु सामाजिक विज्ञानों में सामाजिक घटनाओं की प्रकृति गतिशील एवं जटिल होने के कारण भौतिक विज्ञानों की भांति इस पद्धति का प्रयोग नहीं हो पाता।

भौतिक विज्ञानों की उन्नति और विकास का मूलमंत्र प्रयोगात्मक पद्धति ही है। स्टोफर का कथन है कि 'जिन विद्यार्थियों ने समाज विज्ञान में नया-नया ही प्रवेश किया है, यदि वे अपने जीवन के आरंभिक काल में ही प्रयोगात्मक विधियों में पारंगत हो जाएं तो भविष्य की लहरों पर चढ़ते चले जाएंगे।' इनके सामाजिक प्रयोग के संबंध में विद्वानों की कभी भी सहमति नहीं रही है। वास्तविक रूप में प्रयोगात्मक पद्धतियों से तात्पर्य उन सामाजिक परिस्थितियों से है जिसमें शोधकर्ता अपनी इच्छानुसार परिवर्तन कर सके।

'बेवस्टर्स डिक्शनरी में प्रयोग का अर्थ इस प्रकार स्पष्ट किया गया है-'संदेहात्मक चीजों को स्वीकृत या अस्वीकृत करना।'[1]

मैकमिलन मॉर्डन डिक्शनरी ने 'किसी चीज की खोज के संबंध में इसका प्रयोग किया है।[2]

रिट्से ने इसका अर्थ बताते हुए लिखा है कि 'हमारी वैज्ञानिक पद्धति का अध्ययन प्रयोग की प्रक्रिया से प्रारंभ होता है।'[3] कोई भी चेतनायुक्त व्यक्ति प्रयत्न और भूल के आधार पर सीखता है और वास्तव में सभी जीवित प्राणी पर्यावरण से अपना सामंजस्य इसी प्रकार स्थापित करते हैं। ग्रीन बुड ने लिखा है कि 'प्रयोग उपकल्पना का प्रमाण होता है जिसके द्वारा दो तथ्यों के बीच में कार्य-कारण संबंध ज्ञात करने के लिए ऐसी विपरीत स्थितियों का अध्ययन किया जाता है जिसमें एक को छोड़कर सभी तत्व नियंत्रित रहते हैं। अत: वह तथ्य या तो अनुमानित कारण होता है अथवा प्रभाव।[4] जहोदा और उसके

सहयोगियों ने 'सामाजिक प्रयोग को उपकल्पना की परीक्षा के प्रमाण एकत्र करने की पद्धति का नाम दिया है।[5] फेस्टिंगर ने इसकी परिभाषा करते हुए लिखा है कि 'प्रायोगिक विधि का मूल तत्व यह है कि नियंत्रित दशाओं में स्वतंत्र चर में परिवर्तन करके उसके आश्रित चरों पर पड़ने वाले प्रभाव का निरीक्षण किया जाए।'[6]

वैज्ञानिक उस समय प्रयोग करता है जब अवलोकन से उसको सफलता नहीं मिलती। वह उन कारकों को नहीं जान पाता जो उस विशेष परिस्थिति में काम करते हैं। इस प्रकार अवलोकन और प्रयोग के बीच विशेष अंतर करना कठिन प्रतीत होता है।

इस प्रकार उपरोक्त परिभाषाओं के आधार पर प्रायोगिक पद्धति की दो विशेषताएं कही जा सकती हैं–

1. इस पद्धति का उद्देश्य किसी उपकल्पना का परीक्षण होता है। अत: प्रयोग करने से पहले किसी उपकल्पना का होना परमावश्यक है। यहीं पर यह सर्वेक्षण पद्धति से भिन्न है।
2. जिन दशाओं में प्रयोग द्वारा उपकल्पना का परीक्षण किया जाए, उन पर नियंत्रण होना आवश्यक है। नियंत्रण से तात्पर्य है कि अन्य समस्त प्रभावकारी कारक स्थिर रहें सिर्फ अध्ययन किए जाने वाले कारक में परिवर्तन किया जाए। दूसरे शब्दों में 'स्वतंत्र चर में परिवर्तन किया जाए तथा आश्रित चर पर उसके प्रभाव का पता लगाया जाए।' अर्थात कारण में परिवर्तन करके कार्य पर उसके प्रभाव का निरीक्षण किया जाए।

प्रयोगात्मक पद्धति का महत्व (Importance of Experimental Method)

सामाजिक अनुसंधान में प्रायोगिक पद्धति का उपयोग एक विवादास्पद विषय रहा है। सामाजिक विज्ञानों में प्रयोग हो जाने पर भी उसकी विश्वसनीयता संदेह से खाली नहीं रहती। सबसे पहली समस्या प्रतिनिधित्व-पूर्ण निदर्शन की होती है। यह कमी होते हुए भी सामाजिक विज्ञानों के क्षेत्र में इस पद्धति का बहुधा प्रयोग किया गया है।

इसका महत्वपूर्ण उपयोग उपकल्पनाओं के परीक्षण के लिए होता है जो ज्ञान को बढ़ाने में सहायता प्रदान करती हैं। इसके अतिरिक्त प्रयोगात्मक पद्धति से पूर्व दशाएं फिर प्रस्तुत की जा सकती हैं जिनके आधार पर नियमों और सिद्धांतों का मूल्यांकन हो सकता है। इस पद्धति के आधार पर प्राप्त तथ्य अधिक प्रामाणिक और विश्वसनीय होते हैं। इसके आधार पर भविष्यवाणी करने में सहायता मिलती है। इस प्रकार हम कह सकते हैं कि किसी भी विषय की परिपक्वता उसकी प्रयोगात्मक पद्धति के आधार पर आंकी जा सकती है।

प्रयोगात्मक पद्धति के समकालीन प्रचलित विभिन्न स्वरूप (Various Present Forms of Experimental Methods)

प्रयोगात्मक विधि का प्रयोग लोगों ने भिन्न-भिन्न अर्थों में किया है। काम्टे के अनुसार 'सामाजिक व्याधिकी से संबंधित घटनाएं परोक्ष सामाजिक प्रयोगों के अंतर्गत आ जाती हैं।' जान स्टुअर्ट मिल ने भी इस दृष्टिकोण का समर्थन किया है। उसके अनुसार दो प्रकार के प्रयोग हो सकते हैं।

1. **कृत्रिम प्रयोग** (Artificial Experiment)–जिनकी रचना मनुष्य द्वारा की जाती है।

2. **प्राकृतिक प्रयोग** (Natural Experiment)–जिसमें घटना अपने स्वाभाविक रूप में घटित होती है। उसके अनुसार किसी घटना का महत्व उस घटना में ही है, उसके उत्पन्न करने की विधि में नहीं। इसीलिए उसने स्वाभाविक प्रयोग को भी प्रयोग ही माना है।

ग्रीन बुड ने एक बहुत विस्तृत अध्ययन किया है, जिन प्रयोगात्मक पद्धतियों का प्रयोग समाजशास्त्र में किया जा सकता है। अपने अनुसंधान में उसने अपने समय के 20 वर्ष पुराने साहित्य और पत्र-पत्रिकाओं का अध्ययन करके समाजशास्त्रीय प्रयोगों के संबंध में विवेचना प्रस्तुत की है। इनके अनुसार ये प्रयोग निम्नलिखित पांच प्रकार के हो सकते हैं–

1. **शुद्ध प्रयोग (Pure Experiment)**–कुछ लोगों ने इसे प्रयोगशाला प्रयोग के नाम से भी पुकारा है। शुद्ध शब्द का प्रयोग करने का अर्थ है कि नियंत्रित अवलोकन के आधार पर प्रयोग करना। इस प्रकार के प्रयोग भौतिक विज्ञानों की प्रयोगशाला में होते हैं।

2. **अनियंत्रित प्रयोग (Uncontrolled Experiment)**–कुछ समाजशास्त्री इसे स्वाभाविक प्रयोग की भी संज्ञा देते हैं। नियंत्रित प्रयोग में प्रयोगकर्ता द्वारा नियंत्रित तरीके से दशाओं का अवलोकन किया जाता है जबकि अनियंत्रित प्रयोग में ग्रीन बुड के अनुसार 'अवलोकनकर्ता उस समय तक ही प्रयोगकर्ता रहता है, जब तक वह घटना का विश्लेषण और उसे समझने का प्रयोग करता रहता है।' लुण्डबर्ग ने इस संबंध में लिखा है कि स्वाभाविक प्रयोग के अन्तर्गत सामाजिक व्यवहार और प्रकृति भौतिक विशेषताओं के द्वारा नियंत्रित होती है। इन क्षेत्रों में जो सामाजिक तथ्य अवलोकित किए जाते हैं उनकी तुलना दूसरे क्षेत्रों से की जाती है, जहां ये भौतिक कारक रहते हैं या नहीं रहते। इनका प्रयोग सामाजिक अध्ययनों में विस्तृत रूप से हुआ है।

3. **वास्तविक प्रयोग (Real Situation Experiment)**–इस प्रयोग में प्रयोगकर्ता अपने अध्ययन में परिवर्तनों को नहीं देखता परन्तु उन परिवर्तनों के प्रभाव को देखता है जो उस घटना के बाद उत्पन्न होते हैं अर्थात प्रयोगकर्ता उस घटना से घटित होने के बाद अध्ययन प्रारंभ करता है। इस कारण से वह स्वयं प्रयोग नहीं कर पाता। अपने प्रयोग को कार्यान्वित करने के लिए वह प्रतीकात्मक वस्तुओं से नियंत्रण स्थापित करने की चेष्टा करता है जबकि अनियंत्रित प्रयोग में उस परिवर्तन की प्रक्रिया का अवलोकन कर सकता है यद्यपि उसका उस पर नियंत्रण नहीं होता।

4. **प्रयत्न और भूल प्रयोग (Trial and Error Experiment)**–यह प्रयोग सामान्य व्यवहार में देखे जा सकते हैं। ग्रीन वुड[7] ने लिखा है कि कुछ सामाजिक वैज्ञानिकों ने इसके आधार पर अनुसंधान किए हैं। ये वैज्ञानिक प्रयोग को हमेशा नए दृष्टिकोण से देखते हैं और प्रयत्नों द्वारा कुछ नई चीज जानने की चेष्टा करते हैं। पार्क का विचार है कि सामाजिक जीवन के संदर्भ में जो प्रयोग किए गए हैं, वे मानवीय क्रियाओं के क्षेत्रों में किए गए प्रयोगों से कहीं अधिक हैं। सामाजिक जीवन के क्षेत्र में हमेशा ही प्रयोग हुआ करते हैं।

5. **नियंत्रित निरीक्षणात्मक प्रयोग (Controlled Observational Experiment)**–इसके अंतर्गत कुछ वस्तुओं पर नियंत्रण रखने के पश्चात अवलोकन किया जाता है। न्यूजटेटर ने सामूहिक सामंजस्य की प्रकृति के संबंध में कुछ अध्ययन किए। उसका अध्ययन किशोर अवस्था के बच्चों के व्यवहार का अध्ययन करना था। उसने एक संगठित कैंप के अंदर यह प्रयोग किया। इस अध्ययन की प्रकृति प्रयोगात्मक इसलिए भी मानी जा सकती है क्योंकि उसका अवलोकन नियंत्रित दशाओं में भी था।

इन प्रयोगों में सर्वप्रथम समस्या का चुनाव करते हैं। इसके बाद अनुसंधान के लक्ष्य निश्चित करके प्रयोग का आयोजन किया जाता है।

प्रयोगात्मक पद्धति की बाधाएं (Hindrances in Experimental Method)

प्राकृतिक विज्ञानों की तुलना में सामाजिक विज्ञानों के क्षेत्र में प्रयोगात्मक पद्धति का प्रयोग कठिन हो जाता है। इस संबंध में निम्नलिखित बाधाएं महत्वपूर्ण होती हैं और प्रत्येक शोधकर्ता को उनके प्रति सतर्क होना चाहिए–

1. **सामाजिक घटनाओं में जटिलता** (Complexity in Social Phenomena)–सामाजिक घटनाएं और उनके कारक एक-दूसरे से जंजीर की भांति जुड़े रहते हैं। इन सब परिवृत्यों को अलग करना बड़ा कठिन होता है। उदाहरणार्थ, बाल अपराध एक जटिल व्यवहार है। जिसमें शारीरिक, राजनीतिक, आर्थिक, मनोवैज्ञानिक व सामाजिक आदि कारक काम करते रहते हैं। इन सब कारकों को अलग-अलग करके उनके प्रभावों का पता लगाना कठिन हो जाता है। सामाजिक घटनाएं अधिकतर इसी प्रकार की होती हैं।

2. **सजातीयता की न्यूनता** (Lack Homogeneity)–सामाजिक विज्ञानों की विषय सामग्री सजातीय नहीं होती। इसीलिए जान स्टुअर्ट मिल ने सामाजिक क्षेत्र में प्रयोगात्मक पद्धति का प्रयोग कठिन बतलाया है।

3. **चेतन विषय सामग्री** (Consciousness of Subject Matter)–सामाजिक विज्ञानों की विषय सामग्री मनुष्य और उसके सामाजिक संबंध होते हैं। इनमें चेतना होती है इसीलिए हर प्रकार का व्यवहार नहीं किया जा सकता क्योंकि वे प्रतिक्रियाएं कर सकते हैं। चेतना-युक्त होने के कारण उनमें भिन्नताएं भी होती हैं। अत: प्रयोग करके उनके व्यवहार के संबंध में सामान्यीकरण करना कठिन होता है।

4. **नियंत्रण की कमी** (Lack in Control)–सामाजिक विज्ञानों की विषय सामग्री चेतन होने के कारण नियंत्रित करने में कठिनाई होती है। उनके नियंत्रण में उचित और अनुचित के सवाल भी उठ खड़े होते हैं। पी.वी. यंग तथा अन्य शोधकर्ताओं ने सामाजिक शोध में उचित व अनुचित का ध्यान रखना आवश्यक बताया है।

5. **प्रत्यक्ष अवलोकन का अभाव** (Lack of Direct Observation)–भौतिक प्रयोग इन्द्रिय-जन्य ज्ञान पर आधारित होते हैं और उनमें होने वाले परिवर्तन का अवलोकन एवं स्पर्श किया जा सकता है; परन्तु सामाजिक अनुसंधान संवेदनात्मक होते हैं जिनका प्रत्यक्ष अवलोकन संभव नहीं होता। इसलिए प्रयोग यदि किया भी जाए तो उसके प्रभावों को इंद्रियों द्वारा समझ सकना संभव नहीं होता।

प्रयोगात्मक पद्धति सामाजिक विज्ञानों के क्षेत्र में (Experimental Method in the Field of Social Sciences)

प्रयोगात्मक पद्धति के प्रयोग के विषय में समाजशास्त्री एकमत नहीं हैं। कुछ लोग यह मानते हैं कि इसका प्रयोग बिल्कुल नहीं हो सकता जबकि कुछ समाजशास्त्री सामाजिक घटनाओं के वैज्ञानिक विश्लेषण के लिए इस पद्धति का प्रयोग महत्वपूर्ण मानते हैं। ऑगबर्न के अनुसार 'प्रयोगात्मक पद्धति का प्रयोग विज्ञान की प्रयोगशालाओं की तरह नहीं किया जा सका जैसा कि रसायन शास्त्र एवं भौतिक शास्त्र में होता है। इन्होंने प्रयोगशाला पद्धति और प्रयोगात्मक पद्धति दोनों को एक ही माना है।[8] सोरोकिन दूसरे समाजशास्त्री हैं जिनका विचार है कि 'प्रयोगात्मक पद्धति का प्रयोग सामाजिक अध्ययनों में नहीं हो सकता।[9] इसके अतिरिक्त स्पार और स्वेंसन ने लिखा है कि वास्तव में प्रयोगात्मक प्रकृति की वैज्ञानिक पद्धतियों का प्रयोग

सामाजिक विज्ञानों में बहुलता नहीं प्राप्त कर सका है और उनके प्रयोग करते समय विभिन्न प्रकार की कठिनाइयों का सामना करना पड़ता है।[10] लुंडबर्ग ने अपनी पुस्तक में लिखा है कि 'समाज वैज्ञानिक समाज को एक टुकड़े की भांति प्रयोगशाला में नहीं रख सकते फिर भी समाज वैज्ञानिक क्षेत्र में इसका प्रयोग आवश्यक है। प्राय: समाजशास्त्र के क्षेत्र में प्रयोगशाला शब्द का प्रयोग होता है तथा उसका अर्थ समझना आवश्यक है। यह प्रयोगशाला भौतिक और रसायन शास्त्र की भांति नहीं होती बल्कि एक अनुसंधान केन्द्र, सामाजिक सूचना का समन्वय स्थान होता है। बोगाड्र्स के अनुसार पाश्चात्य देशों में स्थान-स्थान पर समाजशास्त्रीय प्रयोगशालाएं संगठित की गई हैं जिनके निम्नलिखित कार्य होते हैं।

1. सूचनाओं का एकत्रीकरण, समन्वय और संगठन।
2. प्रशिक्षण।
3. अनुसंधान विधियों का सुधार।
4. अनुसंधान के लिए यंत्र प्रदान करना।
5. सम्मेलनों और गोष्ठियों का आयोजन।
6. अनुसंधान की पुस्तकें जुटाना।
7. बड़ी और व्यय साध्य योजनाओं का संचालन।

उपरोक्त विवेचन से स्पष्ट है कि समाजशास्त्रीय प्रयोगशाला सामाजिक अनुसंधान के केन्द्र का काम करती है। इस प्रकार सामाजिक विज्ञानों के क्षेत्र में प्रयोगात्मक पद्धति का प्रयोग विभिन्न क्षेत्रों में किया जा रहा है।

Notes

1. *Websters Collegiate Dictionary,* 1936, pp. 352.
2. *Macmillan's Modern Dictionary,* The Macmillan Co., New York, 1938, p. 346.
3. A.D. Ritchie, *Scientific Method,* Routledge and Kagan Paul, London, 1923, pp. 4, 21–22.
4. Green Wood Ernest, *Experimental Sociology: A Study in Method,* Kings Crown Press, New York, 1945, p. 28.
5. M. Jahoda, M. Deutsch and S.W. Cock, *Research Method in Social Relations,* Halt Dryden, New York, 1959, p. 82.
6. L. Festinger and D. Katz (eds), *Research Methods in Behavioural Science,* Prentice Hall, New Jersey, 1948, p. 102.
7. Green Wood Ernest, op. cit., p. 29.
8. W.F. Ogburn, 'Limitations of Statistics', *American Journal of Sociology,* Vol. XI, July 1934, pp. 12–20.
9. Pitirim A. Sorokin, *Sociocultural Causality, Space, Time: A Study of Referential Principles of Sociology and Social Science,* Duke University Press, Durham, North Carolina, 1943, p. 46.
10. Walter E. Spher and R.J. Swenson, *Methods and Status of Scientific Research,* Harper and Bros., New York, 1930, pp. 228–230.

7

सामाजिक अनुसंधान की प्रकृति एवं क्षेत्र

Nature and Scope of Social Research

संसार में विभिन्न प्रकार की घटनाएं होती रहती हैं। मानव निरन्तर इन घटनाओं और रहस्यों के प्रति ज्ञान प्राप्त करने के लिए उत्सुक रहता है। इन्हीं कारणों से प्राचीन काल से ही मनुष्य ने उन अज्ञात वस्तुओं को जानने का प्रयास किया है। अपनी प्रयत्नशीलता और प्रवृत्ति के कारण मानव ने बहुत से रहस्योद्घाटन किए हैं। बहुत से रहस्यों का पता लगाना अभी शेष है। ऐसा करने से ज्ञान का विकास ही नहीं होता बल्कि उपलब्ध सिद्धांतों, नियमों और अवधारणाओं का सत्यापन भी होता है। मानव के इन्हीं प्रयत्नों को अनुसंधान या शोध का नाम दिया गया है।

सामाजिक विज्ञानों का विकास सामाजिक शोध के आधार पर होता है। 'शोध' शब्द आधुनिक सामाजिक विज्ञानों में विज्ञान के रूप में महत्वपूर्ण हो गया है। इसका महत्व उस समय और भी बढ़ जाता है जबकि वैज्ञानिक इस शब्द का प्रयोग करते हैं। इसमें कोई संदेह नहीं कि इसका प्रयोग बहुत साधारण रूप में किया जाता है। अतः यह आवश्यक हो जाता है कि शोध शब्द की व्याख्या और विश्लेषण वैज्ञानिक परिप्रेक्ष्य में किया जाए। कार्ल पियर्सन का कथन है कि 'सत्य के लिए कोई संक्षिप्त मार्ग नहीं है। विश्व का ज्ञान प्राप्त करने के लिए वैज्ञानिक विधि के मार्ग से ही गुजरना पड़ेगा।[1] अतः स्पष्ट है कि समकालीन समाज में मानव की आधुनिक सफलताओं और विकास का श्रेय वैज्ञानिक शोध को ही दिया जा रहा है। मानव के व्यवहार, सामाजिक घटनाओं एवं सामाजिक जीवन के बारे में इसका प्रयोग अधिकाधिक होता जा रहा है।

शोध निम्नतम स्तर पर सरल अंग्रेजी में यह केवल वस्तुओं की खोज निकालने का एक प्रयत्न है।[2] जोन्ह सी. मैरियम ने अनुसंधान शब्द पर विचार करते हुए लिखा है 'इसके द्वारा हम अध्ययन के साथ-साथ इस निष्कर्ष पर पहुंचते हैं कि हमारे ज्ञान के भंडार में क्या जोड़ा और क्या घटाया जा सकता है।' बहुत हद तक जबकि सम्पूर्ण तथ्यों के बीच से कुछ विशिष्ट तथ्यों तथा उनके वृहद् संबंधों को जाना जा सके।[3]

इसी प्रकार डोनाल्ड श्लेसिंगर एवं मेरी स्टीफेन्सन ने भी शोध की विवेचना इन शब्दों में की है – अनुसंधान वस्तुओं, धारणाओं या प्रतीकों की ज्ञान की वृद्धि सत्यता अथवा प्रामाणिकता से सामान्यीकरण के उद्देश्य से किया गया दक्षतापूर्वक कार्य है, चाहे वह ज्ञान किसी सिद्धांत के निर्माण के लिए हो या कला के अभ्यास के लिए। इसलिए मैकेनिक या

चिकित्सक अनुसंधानकर्ता तब ही है, जब वह दिए हुए वर्ग के समस्त ऑटोमोबाइली या रोगियों के संबंध में सामान्यीकरण करने का प्रयत्न करें।[4]

रेडमैन एवं मोरी ने शोध की संक्षिप्त परिभाषा की है। इनके अनुसार 'नवीन ज्ञान की प्राप्ति हेतु व्यवस्थित प्रयत्न को हम अनुसंधान कहते हैं।'[5] स्पार एवं स्वेन्सन ने कहा है 'कोई भी विद्वत्तापूर्ण अनुसंधान ही सत्य के लिए, तथ्यों के लिए, निश्चितताओं के लिए अन्वेषण है।[6]

फेडरिक आस्टिन आग ने अनुसंधान के अर्थ, व्याख्या एवं उसके उद्देश्य को स्पष्ट करते हुए लिखा है 'अनुसंधान में सफलता मिल भी सकती है और नहीं भी, यह जो कुछ पहले जान लिया गया है, उसमें योग दे भी सकता है और नहीं भी। यह पर्याप्त है कि इसका उद्देश्य नवीन का ज्ञान होना है अथवा कम से कम ज्ञान में नवीन प्रवाह या परिवर्तन है।[7]

जॉर्ज लुण्डबर्ग ने भी अनुसंधान के संबंध में अपना मत प्रदर्शित करते हुए स्पष्ट शब्दों में लिखा है कि '... अवलोकित सामग्री का संभावित वर्गीकरण साधारणीकरण एवं सत्यापन करते हुए पर्याप्त कर्मविषयक एवं व्यवस्थित पद्धति है।'[8]

ये सभी विवेचन यह स्पष्ट करते हैं कि अनुसंधान उस निरंतर प्रक्रिया एवं प्रयत्नों को कहते हैं जिसके द्वारा नवीन ज्ञान की प्राप्ति की जा सके जो तथ्यों की सत्यता एवं निश्चितता से हमें पूर्ण परिचित करा सके, चाहे वह नवीन ज्ञान हमारे अध्ययन के क्रम में वृद्धि करे या न करे। इस प्रकार ज्ञान एवं समझ की प्राप्ति के लिए किए जाने वाले निरंतर प्रयत्न को ही अनुसंधान कहते हैं।

सामाजिक अनुसंधान की परिभाषा (Definition of Social Research)

सामाजिक अनुसंधान सामाजिक जीवन के बारे में नवीन तथ्यों की जानकारी प्राप्त करने के लिए किया जाता है। इसका अर्थ सामाजिक जीवन में संबंधित नवीन ज्ञानों की प्राप्ति और साधारणीकरण करना है। मानवीय क्रियाओं के क्षेत्र में सामाजिक अनुसंधान का उद्देश्य सामाजिक जीवन के बारे में ज्ञान प्राप्त करना है। सामाजिक अनुसंधान मानवीय क्रियाओं की ओर संकेत करता है जिसके द्वारा सामाजिक घटनाओं, समूहों एवं मानव व्यवहार तथा उसकी प्रकृति में होने वाले परिवर्तन और गतिविधियों के कारकों के संबंध में ज्ञान प्राप्त करना होता है।

बोगार्ड्स ने इसकी परिभाषा करते हुए लिखा है 'साथ-साथ रहने वाले व्यक्तियों के जीवन में क्रियाशील अन्तर्निहित प्रक्रियाओं की जानकारी प्राप्त करना ही सामाजिक अनुसंधान है।'[9]

सामाजिक अनुसंधान के संबंध में पी.वी. यंग का मत है कि 'हम सामाजिक अनुसंधान को नवीन तथ्यों के अन्वेषण या पुराने तथ्यों, उनके क्रमों, पारस्परिक संबंधों, कारणीय व्याख्याओं एवं उनको संचालित करने वाले प्राकृतिक नियमों के सत्यापन की व्यवस्थित प्रणाली के रूप में परिभाषित कर सकते हैं।[10]

अत: कहा जा सकता है कि सामाजिक अनुसंधान एक ऐसी व्यवस्थित पद्धति है, जिसके द्वारा सामाजिक जीवन के बारे में नवीन तथ्यों अथवा घटनाओं के संबंध में पारस्परिक संबंधों का स्वरूप, उनकी सीमा, उनकी सहचारिता एवं उनमें नियमबद्धता का अंश तथा सामाजिक तथ्यों एवं घटनाओं के कारणों में सापेक्षिक महत्व का पता लगाया जा सके। इस प्रकार सामाजिक जीवन, प्रक्रियाओं एवं घटनाओं के बारे में अधिक से अधिक वैज्ञानिक ज्ञान प्राप्त करने के लिए प्रयोग किए जाने वाले निरन्तर प्रयत्नों और वैज्ञानिक पद्धति युक्त प्रयोगों को सामाजिक अनुसंधान कह सकते हैं।

मोजर ने सामाजिक अनुसंधान को परिभाषित करते हुए लिखा है कि 'व्यवस्थित जानकारी जो सामाजिक घटनाओं और समस्याओं के संबंध में की जाती है। उसे सामाजिक अनुसंधान कह सकते हैं।[11]

उपर्युक्त परिभाषाओं की विवेचना के पश्चात सामाजिक अनुसंधान की निम्नलिखित विशेषताएं निर्धारित की जा सकती हैं–

1. सामाजिक अनुसंधान सामाजिक जीवन से संबंधित होता है। इसका संबंध भौतिक और प्राकृतिक जगत से नहीं होता। इसके अन्तर्गत सामाजिक प्रक्रियाओं, सामाजिक संबंधों तथा सामाजिक जीवन के सभी पक्षों का अध्ययन किया जा सकता है।
2. सामाजिक घटनाओं को संचालित करने वाले कारकों का अन्वेषण–समाज में विभिन्न प्रकार की घटनाएं घटित होती हैं और इन घटनाओं को संचालित करने वाले अनेक कारक होते हैं। ये सामाजिक घटनाएं कुछ नियमों और सिद्धांतों के आधार पर घटित होती हैं। अतः सामाजिक अनुसंधान के अन्तर्गत सामाजिक घटनाओं को प्रभावित करने वाले कारकों की खोज अत्यावश्यक हो जाती है।
3. प्राचीन और नवीन तथ्यों, अवधारणाओं एवं सिद्धांतों की खोज–समाज का कोई भी सत्य हर परिस्थिति में एक-सा नहीं रहता। सामाजिक संरचना एवं सामाजिक संगठन में परिवर्तन के साथ-साथ इन घटनाओं में भी परिवर्तन होता रहता है। अतः कोई भी नियम और सिद्धांत शाश्वत नहीं होता। इस कारण सामाजिक अनुसंधान में प्राचीन सिद्धांतों की खोज तथा नए तथ्यों के आधार पर नवीन सिद्धांतों की विवेचना तथा नई अवधारणाओं का निर्माण करना होता है। इस प्रकार सामाजिक अन्वेषक प्राचीन तथ्यों का अन्वेषण भी कर सकता है।
4. सामाजिक घटनाओं पर नियंत्रण–सामाजिक अनुसंधान द्वारा सामाजिक परिवर्तन, घटनाओं एवं प्रक्रियाओं पर नियंत्रण भी किया जा सकता है। सामाजिक घटनाओं द्वारा विभिन्न सामाजिक समस्याओं को भी जन्म मिलता है और ये समस्याएं सामाजिक विचलन एवं विघटन पैदा करती हैं। अतः समाज को विघटित करने वाली प्रक्रियाओं पर नियंत्रण करके समाज को सामूहिकता एवं स्थिरता प्रदान करता है।
5. सामाजिक नियमों एवं सिद्धांतों का पता लगाना–सामाजिक घटनाओं का अध्ययन करने पर नवीन सिद्धांतों को जन्म मिलता है और पुराने सिद्धांतों की समीक्षा करके उनके यथार्थता की जांच वर्तमान के परिप्रेक्ष्य में की जाती है। इस प्रकार सामाजिक जीवन के संबंध में सामान्य नियमों का निर्माण किया जाता है।
6. पारस्परिक संबंधों की खोज–समाज में अनेक प्रकार की घटनाएं अलग-अलग दिखाई देती हैं परन्तु उनमें आंतरिक दृष्टि से अन्तःसंबंध होता है। सामाजिक अनुसंधान इन्हीं अन्तःसंबंधों की खोज एवं विश्लेष्ण करता है।

सामाजिक अनुसंधान के कार्य (Functions of Social Research)

सामाजिक अनुसंधान में सत्यता की जांच करने के लिए तथ्यों को एकत्रित किया जाता है। इसी प्रेरणा से संसार के सभी नए विचारों एवं आविष्कारों को जन्म मिला है। मनुष्य की उत्कंठा सदैव अज्ञात को जानने की रहती है। उसकी यह प्रवृत्ति ही शोध को जन्म देती है। प्राकृतिक विज्ञानों में प्रयोगशालाओं में नए परीक्षण करने के बाद सिद्धांतों को प्रतिपादित किया जाता है, जबकि सामाजिक विज्ञानों की प्रयोगशाला सम्पूर्ण समाज ही होता है। इसलिए विभिन्न प्रकार की पद्धतियों का प्रयोग करके नए शोध किए जाते हैं।

सी. लूथर फ्राई ने एक बार यह प्रश्न किया था कि सामाजिक शोधों से क्या बड़ी व्यावहारिक उपलब्धियां हो सकती हैं? इसका उत्तर प्राकृतिक विज्ञानों के इतिहास के आधार पर ही दिया जा सकता है। कई शताब्दी पूर्व व्यक्तियों ने प्राकृतिक घटनाओं का क्रमबद्ध अध्ययन प्रारंभ किया, जिसके परिणामस्वरूप मानव ने प्राकृतिक घटनाओं के संबंध में अन्तर्दृष्टि प्राप्त करने के साथ-साथ उस पर नियंत्रण भी प्राप्त किया। इन नियंत्रणों के कारण समाज की सामाजिक, आर्थिक और राजनीतिक दशाओं में विशेष परिवर्तन हुए।

इन परिवर्तनों के कारण नवीन समस्याओं को जन्म मिला और उनको सुलझाने के लिए सामाजिक शोध की आवश्यकता महसूस हुई लूथर फ्राई ने यहां तक कहा है कि 'सामाजिक विज्ञान मानव समस्याओं को जन्म देंगे, जिस प्रकार यांत्रिक अभियंता प्राकृतिक समस्याओं को सुलझाने में सहायता प्रदान करते हैं। सामाजिक शोध से आशा की जाती है कि भविष्य में वह इस प्रकार के कार्यों को प्रोत्साहन प्रदान करेगा।[12]

सामाजिक अनुसंधान के कार्यों की विवेचना करते हुए जान सी. मैरियम ने कहा है कि 'पहले कुछ भी कहा जा चुका हो, लेकिन अब शोध विलासिता का साधन नहीं है। यह सभ्यता की अग्रगति के लिए परम आवश्यक है। इसके द्वारा इतिहास के नियमों और मानव जीवन की प्रक्रियाओं को समझने में सहायता मिलती है। उसने कहा है कि सामाजिक विज्ञानों की समस्या, सामाजिक वैज्ञानिकों की स्वार्थपरता है, जिससे नए ज्ञान के आयामों के विकसित होने में कठिनाई पैदा होती है। इन परिस्थितियों को सुधारने के लिए नए ज्ञान का विकास होना परम आवश्यक है। शोध का योगदान जीवन में सभी पक्षों के लिए आवश्यक होता है। अतः यह आवश्यक है कि इसका स्थान सर्वोपरि हो।'[13]

साधारणतया सामाजिक अनुसंधान के दो कार्य हो सकते हैं–

1. सामाजिक घटनाओं के बारे में ज्ञान प्राप्ति और 2. ज्ञान का उपयोग।

मानव समाज और उसकी समस्याओं के बारे में सही ज्ञान का होना विभिन्न सामाजिक एवं मानवीय समस्याओं पर नियंत्रण करने के लिए आवश्यक है और ऐसा ज्ञान सामाजिक अनुसंधान द्वारा प्राप्त किया जा सकता है। आधुनिक समाज औद्योगीकरण, नगरीकरण, अपराध, झगड़े आदि बुराइयों से आक्रांत है। इन समस्याओं का समाधान करने के लिए इनका पर्याप्त ज्ञान आवश्यक है तथा इनके मूल कारणों का पता लगाना अनुसंधान के बिना संभव नहीं है। अतः आधुनिक समाज में उत्पन्न समस्याओं को सुलझाने के लिए सामाजिक अनुसंधान की विशेष उपयोगिता है।

पी.वी. यंग ने लिखा है कि 'सामाजिक अनुसंधान व्याधिशास्त्रीय समस्याओं से केवल वहीं तक संबंधित है, जहां तक वे मूल सामाजिक प्रक्रियाओं, मानव व्यवहार एवं व्यक्तित्व के विकास अथवा विघटन पर प्रकाश डालती हों।[14]

उपर्युक्त उपयोगितावादी दृष्टिकोण से कुछ विद्वान असहमत हैं। उनके अनुसार–सामाजिक अनुसंधान का प्रमुख लक्ष्य उपयोगितावादी न हो के, पूर्णतः वैज्ञानिक होना चाहिए। इनके अनुसार समाज वैज्ञानिक वैषयिकता के साथ सामाजिक घटनाओं का अध्ययन करता है। उसका उद्देश्य केवल सामाजिक घटनाओं के कारणों का पता लगाना होता है। परन्तु इसके विरोध में बहुत-से समाजशास्त्रियों ने समकालीन समाज की समस्याओं को दूर करने के लिए ही विशेष बल दिया है।

यह सब कुछ होते हुए भी आजकल ज्ञान प्राप्ति के लिए विभिन्न क्षेत्रों में शोध कार्य हो रहे हैं। इस परिप्रेक्ष्य से सामाजिक शोध मानव समाज के बारे में और उसको संचालित करने वाले मूलभूत नियमों की ज्ञान प्राप्ति से संबंधित हैं।

कुछ समाजशास्त्री सामाजिक अनुसंधान और मानवीय कल्याण में संबंध स्थापित करते हैं; परन्तु इसका मानव कल्याण से कोई प्रत्यक्ष संबंध नहीं है। सामाजिक अनुसंधान द्वारा सामाजिक समस्याओं का अध्ययन तो किया जाता है परन्तु अध्ययन के पश्चात सामाजिक अनुसंधानकर्ता उनके समाधान के लिए कोई भी योजना प्रस्तुत एवं कार्यन्वित नहीं करता। पी.वी. यंग के कथन से भी यह प्रगट होता है कि 'सामाजिक अनुसंधान व्यावहारिक और तत्कालीन सामाजिक आयोजन अथवा सामाजिक अभियान्त्रिकी से संबंधित नहीं है और न ही सुधारात्मक तथा लाभदायक उपायों से। यह न ही प्रशासनिक परिवर्तनों तथा प्रशासनिक कार्यप्रणालियों में सुधारों से और न ही सामाजिक सुधारों से संबंधित है।[15] इससे यह स्पष्ट है कि सामाजिक अनुसंधान का संबंध सामाजिक सुधारों से न होकर केवल सामाजिक प्रक्रियाओं एवं मानव व्यवहार के बारे में ज्ञान प्राप्त करना है।

सामाजिक एवं प्राकृतिक विज्ञानों में अनुसंधान (Research in Social and Natural Sciences)

आधुनिक (समकालीन) सामाजिक विज्ञान के विकास में प्राकृतिक विज्ञानों की पद्धतियों का महत्वपूर्ण प्रभाव पड़ा है। आज का समाज वैज्ञानिक, दार्शनिक और निगमन (deduction) अभिगमों का प्रयोग सामाजिक घटनाओं के अध्ययन में कम करता जा रहा है। कुछ दार्शनिक आनुभविक प्रवृत्तियों को पसंद नहीं करते। उनके अनुसार–सामाजिक घटनाओं की प्रकृति प्राकृतिक विज्ञानों से भिन्न होती है। अतः उनका प्रयोग सामाजिक विज्ञानों के लिए उचित नहीं है। प्राकृतिक विज्ञानों की पद्धति एवं नियम सार्वभौमिक होते हैं जबकि सामाजिक विज्ञानों के अध्ययन समाज की संरचना और संस्कृति के अनुसार बदलते रहते हैं। अतः इन घटनाओं का अध्ययन विज्ञान के नियमों के आधार पर नहीं हो पाता। समाज वैज्ञानिक इस बात पर सहमत हैं कि दोनों विज्ञानों की घटनाएं अलग-अलग हैं फिर भी विज्ञान के नियमों का प्रयोग किया जा सकता है। इस संबंध में रूअफ (Rueff) ने कहा है – 'सामाजिक विज्ञानों में विज्ञान की सभी विशेषताएं हैं, जिनको वैज्ञानिक कहा जा सकता है। प्रत्येक विज्ञान की अनुभवात्मक (इन्द्रिय जन्य) शाखा होती है, जिसके आधार पर सामान्य (विशेषताओं के आधार पर) नियमों को बनाया जा सकता है।[16]

एलिन ए. यंग ने अपने निबंधों में सामाजिक और प्राकृतिक विज्ञानों की तुलनात्मक व्याख्या करते हुए लिखा है कि 'सामाजिक विज्ञान अपनी जटिल घटनाओं के कारण प्रयोगात्मक पद्धतियों का प्रयोग नहीं कर पाता, जिस प्रकार प्राकृतिक विज्ञानों में होता है। इसके अतिरिक्त उनकी समस्याओं की उन्मुखताएं भी अलग-अलग होती हैं। भौतिक विज्ञानों में निष्पक्षता और वैषयिकता अधिक होती है और इस प्रकार वह प्राकृतिक प्रक्रियाओं को साधारण सामान्य संबंधों में विवेचित कर देता है। परन्तु समाज वैज्ञानिक स्वयं को सामाजिक प्रक्रियाओं से अलग नहीं कर पाता, उसका समाजीकरण, उद्देश्य, मान्यताएं और रुचियां उन घटनाओं को वैषयिक रूप में अध्ययन करने में कठिनाई पैदा करती हैं।[17]

मोरिस आर. कोहन ने प्राकृतिक और सामाजिक विज्ञानों में अंतर परीक्षण के आधार पर किया है। इसके अनुसार 'प्राकृतिक विज्ञानों में प्रदर्शन सामाजिक विज्ञानों की अपेक्षा अधिक सुलभ है। सामाजिक तथ्य अधिक जटिल होते हैं और उन तथ्यों का पुनरावर्तन नहीं किया जा सकता।'[18]

कोहन की विवेचना के आधार पर कहा जा सकता है कि घटनाओं की जटिलता दोनों ही विज्ञानों में होती है, परन्तु भौतिक वैज्ञानिक इन घटनाओं को छोटे-छोटे हिस्सों में बांटकर एक-एक करके, उन्हें समझने का यत्न करता है। परन्तु इसका प्रयोग सामाजिक घटनाओं के अध्ययन में कठिनाई से होता है। दूसरा अन्तर वैज्ञानिक की निष्पक्षता पर किया जा सकता है। इसके अतिरिक्त सामाजिक विज्ञानों में मापन की समस्या प्रमुख रहती है। जबकि प्राकृतिक विज्ञानों में यह समस्या उतनी जटिल नहीं। पिछले कुछ दशकों में सामाजिक विज्ञानों में भी सांख्यिकी के आधार पर घटनाओं को समझने एवं मापने का कार्य किया जा रहा है। इस प्रवृत्ति से सामाजिक विज्ञानों में भी वैज्ञानिक एवं प्रयोगात्मक पद्धतियों का विस्तृत रूप से प्रयोग हुआ है।

स्पार और स्वेन्सन ने इनकी तुलनात्मक व्याख्या करते हुए लिखा है कि 'सामाजिक विज्ञानों में प्रयोग प्राकृतिक विज्ञानों की भांति नहीं हो सकते और न तथ्यों एवं प्रयोगों की पुनरावृत्ति ही हो सकती है, लेकिन यह सब कुछ होते हुए भी सामाजिक घटनाओं का अध्ययन वैज्ञानिक पद्धति एवं अभिगमों के आधार पर हो सकता है।'[19]

सामाजिक अनुसंधान की प्रकृति एवं क्षेत्र (Nature and Scope of Social Research)

सामाजिक अनुसंधान में तथ्यों का अध्ययन व्यवस्थित क्रमबद्ध एवं वैज्ञानिक परिप्रेक्ष्य में किया जाता है। इसीलिए सामाजिक अनुसंधान की प्रकृति वैज्ञानिक मानी जाती है। यह सामाजिक जीवन का अध्ययन विश्लेषण तथा प्रत्यक्षीकरण करने की एक पद्धति है, जिसके प्रयोग से कुछ निश्चित प्रकार से अध्ययन किया जाता है। इसके अन्तर्गत अवलोकन, तथ्यों का संकलन, वर्गीकरण तथा सामान्यीकरण पर आधारित पद्धति को अपनाया जाता है। कुछ समाजशास्त्रियों ने इस पद्धति के निम्नलिखित प्रमुख चरण बताए हैं–

1. उपकल्पना का निर्माण (Formulation of hypothesis)।
2. तथ्यों का अवलोकन एवं एकत्रीकरण (Observation and collection of facts)।
3. एकत्रित तथ्यों का वर्गीकरण एवं संगठन (Classification and organization of collected facts)।
4. साधारणीकरण (Generalization)।

सामाजिक अनुसंधानकर्ता के लिए आवश्यक है कि वह सर्त्रप्रथम उपकल्पना का निर्माण करके अध्ययन की अवधारणाओं की परिभाषा करें। क्योंकि इन्हीं उपकल्पनाओं के अनुवीक्षण एवं जांच के पश्चात सामाजिक जीवन के बारे में नवीन तथ्यों की प्राप्ति संभव है। उपकल्पनाएं शोध को केन्द्रित करके अनुसंधानकर्ता को इधर-उधर भटकने से बचाती हैं। अनुसंधानकर्ता अवलोकन करके घटनाओं को क्रमबद्ध एवं सावधानी से लिख लेता है। इसके पश्चात संगृहीत सामग्री का वर्गीकरण, विश्लेषण एवं निर्वचन (interpretation) करता है। इन्हीं के आधार पर उपकल्पना की पुष्टि या उपकल्पना को अस्वीकार करके, साधारणीकरण करता है।

सामाजिक अनुसंधान में नवीन तथ्यों का अन्वेषण एवं पहले से प्राप्त ज्ञान का सत्यापन वैज्ञानिक पद्धति पर आधारित है, लेकिन इसका अभिप्राय यह नहीं है कि इसमें किसी भी प्रकार के प्राप्त निर्णयों, ज्ञान, नियमों एवं सिद्धांतों को स्थायी रूप से सत्य स्वीकार कर लिया जाता है। सामाजिक अनुसंधान द्वारा प्राप्त सामान्य सिद्धांतों एवं तथ्यों को कसौटी पर कसा जाता है और प्राप्त ज्ञान पर पुनः विचार एवं प्रयोग होते रहते हैं। अतः हम कह सकते हैं कि

सामाजिक अनुसंधान की प्रकृति पूर्णतः वैज्ञानिक है। अपने अनुसंधान कार्यों में यह वैज्ञानिक पद्धति का प्रयोग करता है तथा प्राप्त परिणामों एवं निष्कर्षों को समस्त घटनाओं पर लागू करने का प्रयत्न करता है। इस प्रकार विद्वानों ने सामाजिक अनुसंधान की निम्नलिखित मूल वैज्ञानिक मान्यताएं बताई हैं–

1. **सामाजिक घटनाओं में कार्य-कारण के संबंध (Cause effect Relation in Social Phenomena)**–इसके अन्तर्गत सामाजिक घटनाओं एवं प्रक्रियाओं में पाए जाने वाले कारण एवं कार्य के संबंधों का अन्वेषण होता है।

2. **सामाजिक घटनाओं में क्रम (Sequence of Social Phenomena)**–प्रत्येक घटना के पीछे कोई न कोई व्यवस्था क्रम अथवा नियम काम करता है। यदि इसका अन्वेषण कर लिया जाता है तो इसके आधार पर उस घटना के भावी स्वरूप के बारे में भविष्यवाणी की जा सकती है।

3. **अध्ययन में तटस्थता (Neutrality in Study)**–अनुसंधानकर्ता को सामाजिक जीवन और सामाजिक घटना का अध्ययन करते समय अपने को पृथक रखना चाहिए, जिससे कि उसके अध्ययन में वैषयिकता का समावेश हो सके। उसकी भावनाएं तथा आदर्श विचार जीवन शैली का अध्ययन पर प्रभाव नहीं होना चाहिए।

4. **प्रतिनिधि निदर्शनों का अध्ययन (Study of Representative Samples)**–शोधकर्ता के लिए समग्र से कुछ प्रतिनिधियों को चुनकर अध्ययन करना चाहिए और इस प्रकार वह अपने प्राप्त परिणामों और निष्कर्षों को सभी समजातीय समूहों पर लागू कर सकता है। समाज में पूर्ण भिन्नता नहीं पाई जाती है। व्यक्तियों को समान गुणों के आधार पर वर्गों में विभाजित कर उन्हें समजातीय बना दिया जाता है। इस प्रकार समजातीय वर्ग के किसी हिस्से के अध्ययन से प्राप्त परिणाम पूरे समूह पर किए जा सकते हैं।

सामाजिक अनुसंधान का क्षेत्र निर्धारित करने से विषय सीमाओं में बंध कर उसका अध्ययन तुलनात्मक दृष्टि से सरल हो जाता है। भौतिक विज्ञानों में क्षेत्र को निर्धारित करने में कठिनाई नहीं होती; क्योंकि भौतिक घटनाएं मूर्त होती हैं और उन पर प्रयोग आसानी से किए जा सकते हैं। सामाजिक अनुसंधान के क्षेत्र को निर्धारित करने में कठिनाई का अनुभव होता है, क्योंकि इनका संबंध अमूर्त और प्रयोग रहित तथ्यों से होता है। सरल शब्दों में सामाजिक अनुसंधान का क्षेत्र सामाजिक जीवन और सामाजिक घटनाएं ही हैं। इसके क्षेत्र में जैसे-जैसे प्रगति होती जा रही है सभ्यता जिस तरह विकसित होती जा रही है, इसका रूप व्यावहारिक एवं प्रयोगात्मक अध्ययनों के आधार पर सामाजिक क्षेत्रों में भी अध्ययन करने के लिए प्रयत्नशील है।

सामाजिक अनुसंधान के क्षेत्र के अंतर्गत बहुत से विषयों को लिखा जा सकता है, जिनमें सामाजिक संगठन, सामाजिक संरचना, सामाजिक-व्यक्तिगत एवं पारिवारिक विघटन, जनसंख्या सामूहिक व्यवहार, राष्ट्रीय विघटन, ग्रामीण एवं नगरी जीवन का अध्ययन, सामाजिक व्यवहारों का अध्ययन, जनसमूह एवं संस्कृतियों का अध्ययन, सामाजिक-आर्थिक-राजनीतिक और धार्मिक जीवन के विभिन्न पहलुओं के अध्ययनों को सम्मिलित किया जा सकता है।

सामाजिक अनुसंधान का क्षेत्र अत्यंत व्यापक है और इसके अन्तर्गत सामाजिक एवं सांस्कृतिक जीवन के समस्त पहलू आ जाते हैं। यह देश-काल और परिस्थितियों के संदर्भ में इन्हीं सामाजिक जीवन के विविध पहलुओं के अध्ययन से संबंधित है।

सामाजिक अनुसंधान की उपयोगिता (Utility of Social Research)

सामाजिक शोध पर हुए उपर्युक्त विवरण से यह सिद्ध होता है कि सामाजिक शोध वैज्ञानिक अध्ययन प्रणाली के रूप में बहुत महत्वपूर्ण है। परन्तु इस व्यय साध्य एवं परिश्रम साध्य सामाजिक शोध के क्या लाभ हैं? उत्तर में यही कहा जा सकता है कि इसके द्वारा ही सामाजिक घटनाओं का यथातथ्य विवरण मिलता है तथा सामाजिक शोध उन प्राप्त तथ्यों का वर्गीकरण एवं विश्लेषण करके समाधान प्रस्तुत करता है। प्राप्त विश्वसनीय सामग्री के आधार सामान्य नियमों का प्रतिपादन होता है और फिर भविष्यवाणी की जाती है। सामाजिक शोध के द्वारा ही वैज्ञानिक विधियों से हर सामाजिक घटना का विलम्ब से तत्काल अध्ययन करके सामाजिक समस्याओं पर नियंत्रण पाने का मार्ग प्राप्त किया जाता है। यद्यपि प्रत्यक्ष रूप में इसका कोई उपयोग दिखाई नहीं देता फिर भी समाज कल्याण के कार्यों में सामाजिक शोध अप्रत्यक्ष रूप से अपना सहयोग प्रदान करता है। मूलरूप से अपने प्रधान उद्‌देश्य, मानव की जिज्ञासा की तृप्ति करता है। इसके अतिरिक्त भी सामाजिक शोध के महत्व को इस प्रकार वर्णित किया जा सकता है।

1. **नूतन ज्ञान की प्राप्ति** (Achievement of New Knowledge)—सामाजिक शोध का सबसे बड़ा महत्व यह है कि वह हमें नई-नई सामाजिक घटनाओं का अध्ययन करके नया ज्ञान देता है और हमारी जिज्ञासा को शांत करता है। घटनाएं क्यों होती हैं? क्या कारण हैं, जो इस घटना के लिए जिम्मेदार हैं? इन तथ्यों का उत्तर देकर सामाजिक शोध हमें नई परिस्थिति का ज्ञान कराता है। इस तरह सामाजिक शोध नवीन ज्ञान प्रदान करता है।

2. **अज्ञानता का नाश** (Removal of Ignorance)—मानव समाज की अधिकतर समस्याएं कुछ विशिष्ट क्षेत्रों में जानकारी न होने के कारण ही हल नहीं हो पातीं। सामाजिक शोध अज्ञानता एवं अन्धविश्वास को दूर करता है। प्रत्येक समाज में कुछ न कुछ अन्ध विश्वास और रूढ़ियां होती हैं, जिनसे सामाजिक विकास में अवरोध उत्पन्न होते हैं। सामाजिक अनुसंधान उनका विश्लेषण करके, समाज के विकास में सहायता प्रदान करता है। इसके द्वारा सामाजिक घटनाओं के सही कारण भी ज्ञात होते हैं।

3. **सामाजिक घटनाओं का वैज्ञानिक एवं निष्पक्ष विश्लेषण** (Scientific and Value-free Analyzing of Social Phenomena)—सामाजिक समस्याओं को सुलझाने के लिए पहले उनका विश्लेषण करना आवश्यक होता है, ताकि उन पर नियंत्रण प्राप्त किया जा सके। यह मनुष्य के अध्ययन के मूल में स्थित अनेक पूर्वाग्रहों को नियंत्रित करके, अध्ययन को आगे बढ़ाता है। उदाहरण के लिए सामाजिक अनुसंधान के अंतर्गत नाना प्रकार के सामाजिक तनावों, जातिवाद, प्रजातिवाद, क्षेत्रवाद, सम्प्रदायवाद आदि समस्याओं का निष्पक्ष विश्लेषण करता है। यह विज्ञान की उन्नति में भी सहायता प्रदान करता है।

4. **सामाजिक प्रगति में सहायक** (Helpful in Social Progress)—ज्ञान स्वत: सामाजिक विकास में सहयोग देता है। किसी भी समाज में निरंतर हो रहे परिवर्तनों को नियंत्रित करके सामाजिक विकास में योगदान प्रदान करता है। सच तो यह है कि मनुष्य की भावी सामाजिक प्रगति बहुत कुछ सामाजिक अनुसंधान की प्रगति पर आधारित है। अत: सामाजिक अनुसंधान को सरकार और गैर सरकारी संस्थाओं द्वारा भी सहयोग देने की आवश्यकता है।

5. **भविष्यवाणी करने में सहायता** (Helpful in Prediction)—सामाजिक अनुसंधान का महत्व उसकी भविष्यवाणी करने में भी है। मानवीय क्रियाओं के बहुत सारे पहलू भविष्य के तथ्यों की ओर संकेत करने पर आधारित हैं। यह सच है कि समकालीन समाज बहुत

गतिशील है। अत: यह मान लेना संदेहजनक होगा कि वर्तमान दशाएं बहुत समय तक बनी रहेंगी। ऐसे कई प्रकार के कारक आ सकते हैं जो इसकी निरंतरता में बाधक हो सकते हैं, लेकिन आधुनिकतम गतिविधियों के अध्ययन के द्वारा कुछ सीमाओं के अंदर भविष्य के बारे में भविष्यवाणी की जा सकती है।

6. **व्यावहारिक सफलताएं** (Applied Successes)—सामाजिक अनुसंधान से आज महान व्यावहारिक सफलता प्राप्त करने की आशा की जाती है। आजकल मानव कल्याण एवं उत्तम सामाजिक संबंधों की स्थापना के लिए सामाजिक अनुसंधान को काफी महत्व दिया जाता है। इसके द्वारा ही आज समाज वैज्ञानिक, सामाजिक अभियंताओं के समान मानव समस्याओं को सुलझा रहे हैं। वर्तमान समय में हर सामाजिक क्षेत्र में उसका लाभ उठाया जा रहा है।

7. **विश्वसनीय ज्ञान प्राप्त करना** (Achievement of Reliable Knowledge)—सामाजिक घटनाओं के विषय में सभी विचार विश्वसनीय नहीं होते और उनके आधार पर किसी प्रकार का कोई आयोजन नहीं किया जा सकता। सामाजिक अनुसंधान समाज के विभिन्न क्षेत्रों में विश्वसनीय ज्ञान प्रदान करता है। सामाजिक अनुसंधान में वैज्ञानिक पद्धतियों एवं प्रविधियों का प्रयोग किया जाता है और इसीलिए उससे प्राप्त निष्कर्ष वैज्ञानिक होते हैं। इस विश्वसनीय ज्ञान के आधार पर सामाजिक सुधारात्मक नीतियों का निर्माण कर सुधार करने की चेष्टा की जाती है।

8. **सामाजिक नियंत्रण में सहायक** (Helpful in Social Control)—सामाजिक शोध के माध्यम से समाज में समस्याओं एवं प्रक्रियाओं का अध्ययन करने के उपरान्त उनके समाधान के लिए नियंत्रण लाया जा सकता है। मानव व्यवहार सामाजिक परिवर्तनों की तीव्रता के कारण से अस्त-व्यस्त हो जाता है और इसका सीधा प्रभाव व्यक्ति के व्यक्तित्व पर पड़ता है। सामाजिक शोध के माध्यम से हम परिवर्तन के परिणामों से परिचित हो जाते हैं और बदलती हुई परिस्थितियों में स्वयं को नियंत्रित रखते हैं।

9. **समाज कल्याण** (Social Welfare)—सामाजिक शोध उद्देश्यपूर्ण भी होता है और इस उद्देश्य का लक्ष्य सामाजिक कल्याण होता है। इसके माध्यम से हमें नवीन समस्याओं की जानकारी होती है। और इस जानकारी के आधार पर हम समाज, राष्ट्र और व्यक्ति के कल्याण में अधिक से अधिक वृद्धि करने का प्रयास करते हैं, उदाहरणार्थ – अनुसूचित जातियों एवं पिछड़े हुए वर्गों में सामाजिक शोध के आधार पर उसके विकास की नीतियों का निर्धारण किया जा सकता है। इसीलिए समाज कल्याण मंत्रालयों में शोध आवश्यक अंग हो जाता है। इसके द्वारा हमें समाज के विकास के लिए योजनाओं के निर्धारण में सहयोग मिलता है। इसके द्वारा औद्योगिक और भौतिक उपलब्धियों का उचित दशा में उपयोग कर सकते हैं।

आजकल औद्योगीकरण, नगरीकरण, ग्रामों के पुनर्जागरण, विभिन्न संघों एवं संस्कृतियों के मिलन तथा नवीन आविष्कारों और संचार के साधनों से विभिन्न सामाजिक समस्याएं उत्पन्न हो रही हैं। मानव-जीवन को सुखी और संपन्न करने के लिए उन पर नियंत्रण आवश्यक है। उनके समाधान के लिए सत्य ज्ञान को खोजने की आवश्यकता है जो कि सामाजिक शोध द्वारा ही संभव है। आज प्राकृतिक विज्ञानों के विकास के कारण सामाजिक, राजनीतिक, आर्थिक दशाओं में आमूल परिवर्तन दृष्टिगोचर हुआ है। सारांश यह कि सामाजिक अनुसंधान सामाजिक जीवन को अधिक ग्राह्य, सम्पन्न एवं पूर्ण बनाने में सहायता देता है। पी.वी. यंग ने भी लिखा है कि सामाजिक अनुसंधान का प्राथमिक उद्देश्य सामाजिक जीवन का बोध एवं इसके द्वारा उस पर सामाजिक नियंत्रण प्राप्त करना है।[19]

सामाजिक अनुसंधान के प्रेरक तत्व (Motivating Factoıs of Social Research)

अनुसंधान का विषय कठिन एवं नीरस होता है। अनुसंधानकर्ता को भी अधिक प्रयास करना पड़ता है साथ ही अनुसंधान के पीछे अपनी भावनाओं एवं विचारों को भी तिलांजलि दे देता है। सामाजिक अनुसंधान के प्रत्यक्ष फल हमें नहीं दिखाई देते फिर भी क्या कारण है कि एक अनुसंधानकर्ता अनुसंधान करता है। इन प्रश्नों का उत्तर पी.वी. यंग तथा अन्य विद्वानों ने अपने-अपने ढंग से देने का प्रयास किया है।, जिन्हें इस प्रकार कहा जा सकता है–

1. **अपरिचित तथ्यों को जानने की उत्सुकता (Curiosity about Unknown Facts)**–मनुष्य अपने बचपन से ही इस वृहद् विश्व के प्रति जिज्ञासा की भावना से भरा होता है। वह अपने आस-पास के भौतिक जगत एवं वातावरण को जानने का निरंतर प्रयास करता रहता है। उसकी यही समाज में घटित होने वाले नवीन तथ्यों को जान लेने की प्रवृत्ति उसे निरंतर शोध करने को प्रेरित करती रहती है। फल यह होता है कि व्यक्ति अनुसंधानकर्ता के रूप में सामाजिक घटनाओं का भी अध्ययन करता है। उसमें आने वाले परिवर्तनों को समझने का प्रयास करता है और अपनी ज्ञान पिपासा को संतुष्ट करता है। इस तरह यह एक ऐसा कारण है, जिससे प्रेरित होकर व्यक्ति अनुसंधान करता है।

2. **वृहद् रूप से घटित होने वाली घटनाओं के बीच कार्य-कारण संबंध की जानकारी के लिए (For Knowing cause-effect Relationship among Broadly Happening Phenomena)**–मानव जन्म से मृत्युपर्यंत समस्याओं से जूझता रहता है, उनके समाधान के लिए हमेशा प्रयत्नशील रहता है। कभी-कभी वह भावावेश में समस्याओं की प्रकृति को समझे बिना ही ऐसी प्रक्रिया कर देता है, जो स्वयं उनके लिए हानिकारक होती हैं। सामाजिक अनुसंधान इन समस्याओं की वर्तमान स्थिति, उत्पत्ति एवं विकास का पता लगाकर अध्ययन करने की चेष्टा करता है। सामाजिक अनुसंधानकर्ता बिना व्यक्तिगत अभिमत एवं भावातिरेक के सामाजिक समस्याओं का विश्लेषण करता है और उनके कार्य-कारण का संबंध स्थापित करके, तथ्यों के आधार पर जानकारी प्रदान करने के साथ-साथ भविष्यवाणी भी करता है। अतः अनुसंधानकर्ता घटनाओं एवं समस्याओं को निर्धारित करने वाले कारकों का पता लगाता है और उसकी यह इच्छा कि घटनाएं क्यों और कैसे होती हैं, उसको अनुसंधान के लिए प्रेरित करती हैं।

3. **नूतन, अप्रत्याशित एवं अकस्मात परिस्थितियों का उत्पन्न होना (Emergence of New, Unanticipated and Sudden Situations)**–शोधकर्ता का यह प्रमुख कार्य होता है, वह समकालीन सामाजिक संरचना के परिवर्तनों का अध्ययन करके, प्राचीन प्रतिमानों को चुनौती देने वाले नवीन तथ्यों का विश्लेषण करता है। अतः सामाजिक अनुसंधान की एक विशेषता होती है, जिसमें शोधकर्ता ज्ञान प्राप्ति के लिए प्रेरित किया जाता है कि प्राचीन सामाजिक व्यवस्था, संरचना और संगठन में कौन-कौन सी नूतन परिस्थितियां उत्पन्न हो रही हैं। इसलिए शोधकर्ता इन परिवर्तनों की व्याख्या करके प्राचीन ग्रामीण एवं नागरिक स्थिति में होने वाले परिवर्तनों एवं मानवीय व्यक्तित्व एवं सामाजिक प्रक्रियाओं पर उनके प्रभाव आदि की जांच करना आवश्यक समझता है। इन तथ्यों के आधार पर इन नवीन एवं अप्रत्याशित अवस्था के बारे में ज्ञान प्राप्त करने की इच्छा ने सामाजिक शोध को अत्यधिक महत्वपूर्ण बना दिया है।

4. **नवीन पद्धतियों एवं प्रविधियों की खोज (Search of New Methods and Techniques)**—सामाजिक अनुसंधान का चौथा प्रेरक तत्व बहुत महत्वपूर्ण है क्योंकि इसके आधार पर ही सामाजिक अनुसंधान की सभी पद्धतियां विकसित होती हैं। सामाजिक घटनाओं की व्याख्या करने के लिए शोधकर्ता प्रचलित पद्धतियों एवं प्रविधियों का प्रयोग करता है और अगर ये पद्धतियां तथ्यों के एकत्रीकरण में सहायक नहीं होतीं तो सामाजिक घटना को अध्ययन करने के लिए वह नवीन पद्धतियों का विकास करता है। इन्हीं के आधार पर सामाजिक शोध में गुणात्मक प्रणाली, गणनात्मक प्रणाली, क्षेत्र अध्ययन प्रणाली, प्रयोगात्मक प्रणाली, सर्वेक्षण प्रणाली, वैयक्तिक अध्ययन प्रणाली, तुलनात्मक प्रणाली आदि का विकास हुआ है और शोधकर्ता नई पद्धतियों की खोज में संलग्न रहता है।

इस प्रकार सामाजिक अनुसंधान को अनेक तथ्यों और कारकों से प्रेरणा प्राप्त होती है। इन प्रेरक तत्वों के पीछे कोई न कोई उद्देश्य निहित रहता है। संक्षेप में अनुसंधान का उद्देश्य सैद्धांतिक और व्यावहारिक होने के साथ-साथ मानव जीवन और उसकी सुख सुविधाओं से भी संबंधित होता है। सामाजिक संरचना में परिवर्तन लाने वाली और अवरोधक प्रक्रियाओं को दूर करने के लिए अनुसंधान महत्वपूर्ण है। इन सभी उद्देश्यों की पूर्ति के लिए सामाजिक अनुसंधान किया जाता है।

सामाजिक अनुसंधान के चरण (Steps of Social Research)

जेम्स जी. मिलर ने सामाजिक घटनाओं की व्याख्या करने के लिए कुछ चरण बताए हैं, जिनके आधार पर शोध करना आवश्यक होता है। उनके प्रयोग से वैज्ञानिक अध्ययन सहज, सत्य एवं क्रमबद्ध हो जाता है और प्रामाणिक अध्ययन होता है। तथ्य बड़े जटिल होते हैं और उनका अध्ययन बड़ी ही सावधानीपूर्वक करना चाहिए। इन्होंने निम्नलिखित चरणों पर विशेष जोर दिया है–

1. अनुसंधान समस्या का संक्षिप्त रूप से निर्माण करना (Precise formulation of research problem)।
2. अन्वेषणात्मक उपकल्पनाओं का निर्माण करना (Formulation of explanatory hypotheses)।
3. अवलोकन और विभिन्न वैज्ञानिक पद्धतियों एवं प्रविधियों का समय एवं आवश्यकतानुसार प्रयोग (Use of observation and other research methods and techniques as per time and need)।
4. तथ्यों का एकत्रीकरण (Collection of facts)।
5. तथ्यों का वर्गीकरण (Classification of facts)।
6. वैज्ञानिक सामान्यीकरण (Scientific generalization)।

उपर्युक्त सभी चरण अलग-अलग नहीं हैं और न ही उनका स्वतंत्र ही महत्व है। वे एक-दूसरे से संबंधित हैं और उनका प्रयोग भी उसी आधार पर किया जाता है। कभी-कभी शोध में कई चरण एक साथ ही प्रयोग में लाए जाते हैं।

इसके अतिरिक्त सामाजिक अनुसंधान के चरणों के संबंध में अमेरिका की अर्थशास्त्र और कृषि सामाजिक अनुसंधान की सलाहकार समिति ने सामाजिक अनुसंधान के निम्नलिखित चरणों की व्याख्या की है।

1. समस्या का सावधानीपूर्वक और तर्कयुक्त विश्लेषण।

2. शब्दों, अवधारणाओं, सांख्यिकीय इकाइयों तथा पैमानों की असंदिग्ध परिभाषा।
3. विषयों का तथा सामग्री का संग्रहण।
4. सामग्री का वर्गीकरण।
5. यथासंभव कारकों की गणनात्मक अभिवृत्ति।
6. सामग्री को संक्षिप्त करने के लिए सांख्यिकीय प्रणाली का प्रयोग।
7. निष्कर्षों और सामान्यीकरणों का प्राक्कथन।
8. पूर्ण सावधान विज्ञप्तियां।
9. समस्त प्रणाली में से व्यक्तिगत पक्षपात को पूरी तरह निकाल देना।

लुण्डबर्ग ने समान रूप से सामाजिक अनुसंधान विधि के पांच सोपान[20] बताए हैं–

1. उपकल्पनाओं का निर्माण (Formulation of hypotheses)।
2. तथ्यों का अवलोकन और संग्रह (Observation and collection of data)।
3. तथ्यों का वर्गीकरण और संगठन (Classification and organization of data)।
4. सामान्यीकरण (Generalizations)।

हार्टन और हण्ट[21] ने वैज्ञानिक अनुसंधान के निम्नलिखित आठ चरणों का उल्लेख किया है–

1. समस्या को परिभाषित करना (defining the problem), जो वैज्ञानिक पद्धति से अध्ययन किए जाने योग्य हो।
2. साहित्य का पुनरवलोकन (review of literature) ताकि अन्य शोधकर्ताओं के अध्ययन में जो कमी रह गई या गलती हो गई हो, की पुनरावृत्ति न हो।
3. उपकल्पनाओं का निर्माण (formulation of hypotheses) अर्थात उन प्रस्थापनाओं का निर्माण जिनका परीक्षण किया जा सके।
4. शोध प्रारूप निर्धारित करना (planning the research design) अर्थात् यह सुनिश्चित करना किस प्रकार, किन आंकड़ों का और कहां संग्रहण, उसकी प्रक्रिया और विश्लेषण किया जाएगा।
5. तथ्यों का संग्रहण (collection of data) अर्थात् शोध प्रारूप के अनुसार तथ्यों तथा सूचनाओं का वास्तविक एकत्रीकरण करना। कभी-कभी अप्रत्याशित कठिनाइयों के कारण शोध प्रारूप में संशोधन करना आवश्यक हो जाता है।
6. तथ्यों का विश्लेषण (analysis of data) अर्थात तथ्यों का वर्गीकरण, सारिणीयन तथा तुलना करना और परिणाम की प्राप्ति हेतु आवश्यक परीक्षण करना।
7. निष्कर्ष प्राप्त करना (to draw conclusion) अर्थात् यह देखना कि अध्ययन के प्रारम्भ में निर्मित उपकल्पना सही सिद्ध हुई या नहीं, क्या निष्कर्ष अनिश्चित है? इस शोध से हमारे ज्ञान में क्या वृद्धि हुईं समाजशास्त्रीय सिद्धांत के लिए इनके क्या निहितार्थ हैं? भावी अध्ययनों के लिए ये क्या नए प्रश्न खड़ा करते या दिशा प्रदान करते हैं।
8. अध्ययन का पुनरवलोकन (to replicate the study) ताकि प्राप्त किए गए निष्कर्ष सुनिश्चित हो सकें। शोध में प्राय: बार-बार समान निष्कर्ष निकालने पर तो सत्य स्वीकार किया जा सकता है।

किसी भी शोध में सबसे प्रमुख समस्या, समस्या के चुनाव की होती है। जब तक यह समस्या स्पष्ट नहीं होगी, किसी भी अनुसंधानकर्ता को यह पता नहीं चल सकता कि वह काम किस प्रकार शुरू करे। शोधकर्ता जिज्ञासा की पूर्ति तथा व्यावहारिकता को ध्यान में रखकर

कोई भी समस्या चुन सकता है। अध्ययन की समस्या का जब चुनाव हो जाता है तो उसके उद्देश्य और विषय निश्चित कर देने चाहिए क्योंकि फिर कार्यकर्ता इन्हीं उद्देश्यों की प्राप्ति के लिए कार्य करेंगे। इसके पश्चात अध्ययन की जाने वाली समस्या में सैद्धांतिक अवधारणाओं के प्रयोग की परिभाषा की जानी चाहिए। इससे समस्या का विषय क्षेत्र और लक्षण स्पष्ट हो जाता है। तत्पश्चात तथ्यों को एकत्र करने के लिए पद्धति एवं प्रविधियों का चुनाव आवश्यक हो जाता है। इसके साथ तथ्यों के एकत्रीकरण में परिशुद्धता पर विशेष जोर देना चाहिए। गणनात्मक अध्ययनों में शत-प्रतिशत शुद्धता मानी जाती है; परन्तु गुणात्मक अध्ययनों में यह संभावना कम हो जाती है। इसके पश्चात शोधकर्ता को सूचनादाताओं का चुनाव करके सामग्री का चुनाव करके सामग्री की व्यवस्था, सारिणीयन और सांख्यिकीय विश्लेषण करना चाहिए। इस प्रकार शोध से मिले परिणामों की वैज्ञानिकों द्वारा व्याख्या की जाती है। इस प्रकार उस क्षेत्र में पुराने अध्ययनों के परिणामों की या तो पुष्टि करते हैं, जिनसे निष्कर्ष और भी उचित प्रमाणित हो जाते हैं अथवा पिछले परिणामों को परिवर्तित या संशोधित करके नए परिप्रेक्ष्य में सिद्धांतों के रूप में प्रस्तुत किया जाता है। यह निष्कर्ष सामान्यीकरण एवं सार्वभौमिकता की ओर उन्मुख होते हैं।

अनुसंधानकर्ता की विशेषताएं (Characteristics of Researcher)

सामाजिक शोध एक कठिन और वैज्ञानिक कार्य है। अतः अनुसंधानकर्ता में कुछ ऐसे विशेष गुण होने चाहिए, जिससे तथ्यों को एकत्र करने में सहायता मिल सके। सभी प्रकार के शोधकर्ता कार्य में सफलता नहीं प्राप्त कर सकते। शोधकर्ता सामाजिक वैज्ञानिक होता है। सामाजिक वैज्ञानिक के कुछ गुण ऐसे हैं जिनको ईश्वर प्रदत्त कहा जा सकता है और कुछ अपने ज्ञान, परिश्रम, लगन और प्रशिक्षण से अर्जित किए जा सकते हैं। शोधकर्ता समाज का अंग है, उसका समाजीकरण किसी विशेष समाज और संस्कृति में होता है। अतः अध्ययन में पूर्ण निष्पक्षता एवं तटस्थता आने में कठिनाई होती है। उसके अपने विचार, भावनाएं और मान्यताएं उसे पूर्वाग्रही दृष्टिकोण अपनाने को बाध्य करती हैं। इन सब दशाओं के होते हुए भी अनुसंधानकर्ता से यह आशा की जाती है कि वह साधारण घटनाओं की सही एवं वैषयिक जानकारी प्रस्तुत करेगा। इस कार्य के लिए विशेष ज्ञान और योग्यता की आवश्यकता है। फ्रांसिस बेकेन ने वैज्ञानिक मस्तिष्क की विवेचना करते हुए लिखा है कि, शोधकर्ता में वस्तुओं में अंतर करने की क्षमता, जिज्ञासा, धैर्य, चिंतन शक्ति, अपने विचारों पर पुनः विचार करना, समीक्षा के उपरांत उन्हें व्यवस्थित ढंग से रखना, नवीनता में बह न जाना और प्राचीनता की प्रशंसा न करना आदि विशेषताओं की चर्चा करते हुए सत्य की खोज पर विशेष बल दिया है।

इसी प्रकार कार्ल पियर्सन ने सामाजिक शोधकर्ता की विशेषताओं पर प्रकाश डालते हुए लिखा है कि व्यवस्थित और अनुशासित कल्पना संसार के सभी बड़े आविष्कारों की तह में रहती है। उन्होंने विस्तृत रूप से मस्तिष्क के रचनात्मक गुणों की विवेचना की है। सी. लूथर फ्राई ने बौद्धिक ईमानदारी पर विशेषताओं की विवेचना करते हुए चार विशेषताओं पर जोर दिया है।

1. शोधकर्ता को अपने कार्य से प्रेम होना चाहिए।
2. उसमें धैर्य की प्रधानता होनी चाहिए।
3. उसमें परिशुद्धता (यथार्थता) का गुण होना चाहिए।

4. उसे सतर्क और दूरदर्शी, अध्यवसायी और व्यवहार कुशल होना चाहिए।

उपर्युक्त विवेचना से स्पष्ट है कि वैज्ञानिक कार्यों में एक विशेष प्रकार के दृष्टिकोणों की आवश्यकता होती है, जिससे सामाजिक घटनाओं की व्याख्या हो सके। अतः शोधकर्ताओं का प्रशिक्षण परमावश्यक हो जाता है, जिससे उनकी शैक्षणिक उन्मुखताओं द्वारा घटनाओं का विश्लेषण करने में सहायता मिल सके। विभिन्न विचारकों के विचारों का विश्लेषण करने में शोधकर्ता के गुणों को व्यवस्थित रूप से निम्नलिखित भागों में बांटा जा सकता है। ये विशेषताएं प्रस्तुत चार्ट से और भी स्पष्ट हो जाती हैं–

अनुसंधानकर्ता की विशेषताएं

	बुद्धि संबंधी	*व्यक्तिगत और शारीरिक गुण*	*विषय संबंधी गुण*	*समय और स्थान संबंधी गुण*	*क्रिया से संबंधित गुण*
1.	बौद्धिक ईमानदारी	आकर्षक व्यक्तित्व	विषय में पारंगत होना	उपयुक्त स्थान का चुनाव	जिज्ञासा
2.	अध्यवास	रचनात्मक चिंतन की योग्यता	विषय में रुचि रखना	उपयुक्त समय का चुनाव	नवीन के प्रति लगाव
3.	निष्पक्षता	सतर्क सक्रिय एवं उत्साही होना	पूर्व अध्यायों से संबंधित ज्ञान	सूचनादाताओं से मित्रवत व्यवहार	कल्पना व सूझ-बूझ
4.	समस्या केन्द्रित होने की शक्ति	धैर्य	समस्यता पर एकाग्रता	उपयुक्त व्यक्ति से सम्पर्क	विचारों की स्पष्टता
5.	वैज्ञानिक स्पष्टता	आत्मनियंत्रण	ऐतिहासिक तथ्यों का ज्ञान	अनुकूलनमय व्यक्तित्व	सत्य की खोज की भावना
6.	परिशुद्धता की क्षमता	व्यवहार कुशल एवं शिष्टाचार	अनुसंधान का अनुभव	–	निहित स्वार्थों का त्याग
7.	तर्क शक्ति	परिस्थिति से व्यवस्थापन करने की योग्यता	अध्ययन के क्षेत्र, रहन-सहन, स्वभाव, संस्कृति आदि का ज्ञान	–	–
8.	तथ्यों के पारस्परिक संबंधों का ज्ञान	–	दूसरे के अनुभवों को प्रयोग करने की क्षमता	–	–
9.	सांख्यिकीय ज्ञान	–	अध्ययन विषय एवं पद्धति के चुनाव एवं प्रयोग की योग्यता		
10.	सफल वाक्पटुता				
11.	प्रत्युत्पन्नमतित्व				

सामाजिक अनुसंधानकर्ता में अध्ययन करते समय सत्य के प्रति कटिबद्धता होनी चाहिए और बगैर किसी निहित स्वार्थों के सामाजिक घटनाओं का विश्लेषण निष्पक्ष रूप से करना चाहिए।

Notes

1. Karl Pearson, The Grammer of Science, A&C Black, London, 1911, p. 1.
2. Albon W. Small, *Some Researches into Research Journal of Aplied Sociology IX*, pp. 3–11.
3. John C. Marriam, 'Common Arms of Culture and Research in University', *Science*, LVI, pp. 264.
4. Donal and Sleshinger, *Encyclopedia of the Social Sciences*, XIII, pp. 330–334.
5. L.V. Redman and A.V.H. Mory, *The Romance of Research*, William and Baltimore, Philadelphia, 1933.
6. Walter F. Spahr and Rinchart J. Swemon, *Method and Statue of Scientific Research with Particular Application to the Social Science*, Harper and Bros., New York, 1930, pp. 1–2.
7. F.A. Ougg, *Research in Humanistic and the Social Sciences*, Appleton Century Inc., New York, 1920, pp. 13–14.
8. George A. Lundberg, 'Logic of Sociology and Social Research', Chapter X pp. 405–407, *Trends in American Sociology*, Harper and Bros., New York, 1924.
9. E.S. Bogardus, *Sociology*, Macmillan Company, New York, 1954, p. 543.
10. P.V. Young, *Scientific Social Survey and Research*, Prentice Hall, New Delhi, 1953, p. 85.
11. C.A. Moser, 'Survey Method in Social Investigation', The Macmillan Company, New York, 1961, p. 3.
12. C. Luther Fry, *The Technique of Social Investigation*, Harper and Bros., New York, 1934, pp. 230–234.
13. John C. Marriam, Institute for Research in the Natural Sciences, Journal of the Association of American University, The University of Chicago Press, Chicago, 1929, pp. 56–57.
14. P.V. Young, op. cit., p. 84.
15. Ibid.
16. Jacqures Rueff, *From the Physical to the Social Sciences*, Johns Hopkins Press, Baltimore 1929, pp. 65–72.
17. Allyn Abbott Young, *Research in the Social Sciences*, The Macmillan Co., New York, 1927, pp. 53–55.
18. Morris R. Cohen, *Reason and Nature*, Harcourt Brace Co., New York, 1931, p. 351.
19. P.V. Young, *Scientific Social Survey and Research*, 1962, Prentice Hall, Englewood Cliffs, NJ, p. 44.
20. George A. Lundberg, op. cit.
21. Paul B. Harton and C.L. Hunt, *Sociology*, McGraw Hill Book Company, Archland, 1984, p. 10.

8

सामाजिक सर्वेक्षण

Social Survey

सामाजिक सर्वेक्षण समाजशास्त्रीय अध्ययनों में एक पद्धति के रूप में माना जाता है। इस पद्धति द्वारा न केवल सामाजिक समस्याओं का अध्ययन किया जाता है, बल्कि सामाजिक समस्याओं के समाधान ढूंढने के लिए प्रयत्न भी किए जाते हैं। इस अर्थ में सामाजिक सर्वेक्षण सामाजिक समस्याओं का अध्ययन तथा समाधान का एक वैज्ञानिक साधन है।

समाजशास्त्र को वैज्ञानिक रूप प्रदान करने में सामाजिक सर्वेक्षण का बड़ा योगदान रहा है। सामाजिक सर्वेक्षण के भी दो आधार हो सकते हैं। पहला यह विश्वास है कि प्राकृतिक विज्ञानों की पद्धति मानव व्यवहार और प्रक्रियाओं को समझने के लिए प्रयोग हो सकती है। और दूसरा, निर्धनता, प्राकृतिक घटना है ईश्वर की कृति नहीं। इसलिए यह मानव द्वारा पैदा की जाती है। पाश्चात्य देशों में निर्धनता को दूर करने के लिए बहुत-से सामाजिक सर्वेक्षण किए गए और सामाजिक सर्वेक्षण धीरे-धीरे सामाजिक विज्ञानों की एक महत्वपूर्ण अध्ययन पद्धति बन गए।

सामाजिक सर्वेक्षण का अर्थ (Meaning of Social Survey)

सामाजिक सर्वेक्षण दो शब्दों से मिल कर बना है 'सामाजिक' और 'सर्वेक्षण'। सामाजिक संबंधों का अध्ययन अत्यंत प्राचीन काल से होता रहा है और समकालीन समाज में भी हो रहा है। सर्वेक्षण शब्द अंग्रेजी शब्द Survey का हिन्दी रूपान्तर है जो सॅर (Sur) और (Voir) से मिलकर बना है। सॅर (Sur) का अर्थ होता है over और विऑर (Voir) का अर्थ है to look। अत: सर्वेक्षण का अर्थ हुआ to look over या निरीक्षण करना।

सर्वेक्षण से तात्पर्य अनुसंधान की ऐसी प्रणाली से है, जिसमें शोधकर्ता घटनास्थल पर जाकर किसी विशेष घटना का वैज्ञानिक निरीक्षण करता है तथा उसके संबंध में खोज करता है। सामाजिक घटनाओं के अध्ययन में जहां प्रायोगिक पद्धति के प्रयोग में कठिनाइयां होती हैं, वहीं सर्वेक्षण प्रणाली अधिक उपयुक्त सिद्ध हुई है। प्राचीन समय में सामाजिक घटनाओं की व्याख्या दार्शनिक एवं ऐतिहासिक आधार पर की जाती थी। परन्तु उसमें व्यक्तियों की अभिमति और सैद्धांतिक रूढ़िवादिता का समावेश हो जाता था। इसके स्थान पर आजकल सर्वेक्षण प्रणाली की लोकप्रियता बढ़ती जा रही है। सर्वेक्षण द्वारा तथ्यों के संकलन में अधिक वैषयिकता रहती है और उनके निष्कर्ष अधिक सही होते हैं।

पी.वी. यंग ने इसकी परिभाषा करते हुए लिखा है, 'सामान्य रूप से इममें हम यह अनुभव कर सकते हैं कि सामाजिक सर्वेक्षण, सामाजिक व्याधिशास्त्रीय प्रकृति की वर्तमान एवं तात्कालिक दशाओं, जिनकी निश्चित भौगोलिक सीमाएं एवं निश्चित सामाजिक अर्थ तथा सामाजिक महत्व है, के सामाजिक सुधार तथा उन्नति हेतु एक रचनात्मक योजना के निर्माण से संबंधित है।'[1]

इस परिभाषा का विश्लेषण करने से तीन प्रकार की विशेषताएं स्पष्ट होती हैं–

1. सामाजिक सर्वेक्षण निश्चित भौगोलिक सीमा में अध्ययन से संबंधित है।
2. इसका संबंध उन व्याधिशास्त्रीय समस्याओं से है, जिनका महत्व सामाजिक है।
3. इसका व्यावहारिक और रचनात्मक दृष्टिकोण होता है, जिसमें इसका संबंध सामाजिक समस्याओं के समाधान के लिए योजनाओं का निर्माण करना होता है।

सारांश रूप में हम यह कह सकते हैं कि सामाजिक सर्वेक्षण, सामाजिक व्याधिशास्त्रीय समस्याओं के अध्ययन एवं उनके समाधान तथा सामाजिक सुधार से अधिक संबंधित है।

हैरीसन ने सामाजिक सर्वेक्षण की परिभाषा करते हुए लिखा है, 'सामाजिक सर्वेक्षण एक सहकारी प्रयास है, जो निश्चित भौगोलिक सीमाओं एवं स्थिति रखने वाली समकालीन संबंधी समस्याओं तथा दशाओं के उपचार तथा अध्ययन में वैज्ञानिक पद्धति का प्रयोग करता है, साथ ही अपने तथ्यों, निष्कर्षों तथा सुझावों को इस प्रकार प्रसारित करता है कि वे यथासंभव समुदाय के सामान्य ज्ञान तथा बुद्धिमत्तापूर्ण सहकारी क्रिया के लिए प्रेरणा योग्य बनाए।'[2]

बर्गेस ने भी सामाजिक सर्वेक्षण की विवेचना करने का प्रयत्न किया है, इनके अनुसार, एक समुदाय का सर्वेक्षण, 'सामाजिक विकास की रचनात्मक योजना प्रस्तुत करने के लिए किया जाता है, यह इसकी दशाओं तथा आवश्यकताओं का वैज्ञानिक अध्ययन है। उसने आगे कहा कि सामाजिक अंतरदर्शन सांख्यिकीय मापों तथा सामाजिक विशेषज्ञ के तुलनात्मक स्तर से निरीक्षित पद्धति है।'[3]

बेल्स ने सामाजिक सर्वेक्षण को एक प्रकार का, 'तथ्यों की जानकारी हेतु किया गया अध्ययन बताया है, जिसका संबंध मुख्यतया श्रमिक वर्ग की गरीबी से एवं समुदाय की प्रकृति तथा समस्याओं से है।'[4]

मोर्स ने स्पष्ट करते हुए लिखा है, 'संक्षेप में सर्वेक्षण किसी प्रस्तुत सामाजिक परिस्थिति, समस्या अथवा जनसंख्या के विशिष्ट उद्‌देश्यों के लिए वैज्ञानिक तथा क्रमबद्ध रूप में की हुई विवेचना की विधि मात्र है।'[5]

बोगाड्र्स के मत में सामाजिक सर्वेक्षण किसी विशेष क्षेत्र के लोगों के रहन-सहन तथा कार्य करने की दिशाओं से संबंधित तथ्यों को एकत्रित किए जाने की पद्धति को कहते हैं।[6]

सीन पाओ यांग के अनुसार, 'सामाजिक सर्वेक्षण प्राय: लोगों के एक समूह की रचना, क्रिया-कलापों तथा रहन-सहन की दशाओं के संबंध में एक जांच-पड़ताल है।'[7]

संक्षेप में हम कह सकते हैं कि सामाजिक सर्वेक्षण वैज्ञानिक अध्ययन की एक पद्धति है, जिसमें किसी विशेष उद्‌देश्य की प्राप्ति के लिए निश्चित भौगोलिक क्षेत्र के व्यक्तियों की जीवन, क्रियाओं, तात्कालिक दशाओं, सामाजिक व्याधिशास्त्रीय दशाओं तथा उनके समाधान के लिए रचनात्मक योजना प्रस्तुत करना होता है। ऊपर दी हुई परिभाषाओं के विश्लेषण के आधार पर सामाजिक सर्वेक्षण की निम्नलिखित विशेषताएं कही जा सकती हैं–

सामाजिक सर्वेक्षण की विशेषताएं (Characteristics of Social Survey)

1. सामाजिक सर्वेक्षण सामाजिक जीवन तथा सामाजिक समस्याओं के अध्ययन की वैज्ञानिक पद्धति है।
2. यह किसी समुदाय की रचना एवं प्रक्रियाओं के सामाजिक पहलुओं का अध्ययन करता है।
3. यह किसी विशिष्ट भौगोलिक क्षेत्र के रहने वाले व्यक्तियों के समुदाय से संबंधित होता है।
4. इसका मुख्य उद्देश्य सामाजिक महत्व रखने वाली सामाजिक व्याधिशास्त्रीय समस्याओं के अध्ययन से है।
5. इसका दृष्टिकोण उपयोगितावादी होता है और समस्याओं के समाधान हेतु रचनात्मक अध्ययन प्रस्तुत करता है।
6. सामाजिक सर्वेक्षण कर्मविषयक वैज्ञानिक अध्ययन है, जिसमें अभिमति को रोकने का भरसक प्रयत्न किया जाता है।
7. यह एक प्रत्यक्ष अध्ययन है, जो मूल समस्याओं का अवलोकन करके तथ्यों का एकत्रीकरण करता है।
8. इसके अन्तर्गत सामाजिक जीवन तथा सामाजिक घटनाओं का तुलनात्म्क अध्ययन किया जा सकता है।
9. सामाजिक सर्वेक्षण एक सहकारी अध्ययन है, जिसमें अनेक व्यक्तियों के सहयोग द्वारा सामाजिक समस्याओं का अध्ययन किया जाता है।

स्पष्ट रूप से हम कह सकते हैं कि जनमत को जाग्रत करने योग्य तथा उसके द्वारा समस्याओं के समाधान की मांग करने वाली सामाजिक समस्याओं का वैज्ञानिक तथा सहकारी अध्ययन सामाजिक सर्वेक्षण है।

सामाजिक सर्वेक्षण के उद्देश्य (Aims of Social Survey)

सामाजिक सर्वेक्षण के प्रधानतया तीन उद्देश्य हैं–मोटे तौर पर इसको ज्ञान प्राप्ति, समस्या का समाधान तथा समाजकल्याण की परियोजना को प्रस्तुत करना पड़ता है। इसके अतिरिक्त कुछ सामान्य और विशिष्ट उद्देश्य भी हो सकते हैं। मोसर ने कहा है, 'सर्वेक्षण जनजीवन के किसी पक्ष पर प्रशासन संबंधी तथ्यों को जानने की आवश्यकता को पूर्ति के लिए, अथवा किसी कार्य–कारण संबंध की खोज करने के लिए अथवा समाजशास्त्रीय सिद्धांत के किसी पक्ष पर नया प्रकाश डालने के लिए किया जा सकता है।[8] यथार्थ रूप से सामाजिक जीवन के किसी भी पक्ष से संबंधित सूचना एकत्र करना तथा वर्गीकृत करना सामाजिक सर्वेक्षण कहलाता है। साथ ही साथ सूचना के आधार पर वैज्ञानिक पद्धति से समस्या के समाधान के लिए योजना प्रस्तुत करता है। सामान्यतया सामाजिक सर्वेक्षणों के निम्नलिखित उद्देश्य हो सकते हैं–

1. **समुदाय के संबंध में सामाजिक तथ्यों का एकत्रीकरण (Collection of Social Facts about the Community)**–सर्वेक्षण की पद्धति द्वारा समुदाय की सामाजिक संरचना, प्रक्रियाओं और समस्याओं के बारे में गणनात्मक तथ्यों का संग्रह किया जाता है। इसके लिए सर्वेक्षणकर्ता अनेक विधियों से सूचनादाताओं से सूचनाएं एकत्रित करता है। सर्वेक्षण गुणात्मक एवं गणनात्मक दोनों हो सकते हैं। इसमें विवरणात्मक और गणनात्मक पहलुओं के साथ-साथ रचनात्मक पहलुओं का भी समावेश होता है। सर्वेक्षण एक सामाजिक पद्धति है, उसका आधारभूत उद्देश्य सामाजिक संबंधों और समस्याओं के विषय में तथ्यों का एकत्रीकरण करना है।

2. **सामाजिक समस्याओं, श्रमिक वर्गों तथा उनकी दशाओं का अध्ययन (Studying Social Problems, Labour Class and their Conditions)**—इसके अन्तर्गत सामाजिक जीवन में व्याप्त विभिन्न प्रकार की समस्याओं का अध्ययन किया जाता है। आधुनिक युग में कल्याणकारी सिद्धांतों को विशेष महत्व दिया जाता है और सभी वर्गों के कल्याण का प्रयास किया जाता है। भारतीय संविधान पिछड़े हुए वर्गों के सुधार और अस्पृश्यता को दूर करने के लिए कटिबद्ध है। इसका उद्देश्य समाज के उन वर्गों का अध्ययन करना नहीं है, जो विलासिता का जीवन व्यतीत कर रहे हैं। सामाजिक सर्वेक्षण में श्रमिक वर्ग तथा निर्धन वर्ग आदि की दशाओं का अध्ययन किया जाता है, क्योंकि यहीं से अधिकतर समस्याएं जन्म लेती हैं। इन्हीं समस्याओं को सुलझाने के लिए सामाजिक सर्वेक्षण आवश्यक हो जाता है। श्रमिक वर्ग और पिछड़े वर्ग के अध्ययन के उद्देश्य बनाने का यह भी एक कारण है कि इनके जीवन की दशाओं से अन्य सभी प्रकार की समस्याएं घनिष्ठ रूप से संबंधित पाई जाती हैं।

3. **व्यावहारिक, उपयोगितावादी एवं सुधारात्मक दृष्टिकोण (Pragmatic Utilitarian and Reformative View)**—अधिकांश सामाजिक सर्वेक्षणों का उद्देश्य उपयोगितावादी होता है। समस्याओं के अध्ययन के पश्चात उनके समाधान के लिए योजनाएं बनाई जाती हैं, जिससे नागरिकों के विकास के साथ-साथ सामाजिक विकास भी हो सके। भारत जैसे देश में बाल-विवाह, दहेज, बेकारी, पारिवारिक नियोजन, ग्राम सुधार, सामाजिक तनाव आदि ऐसी समस्याएं व्याप्त हैं, जिनका निराकरण करना परम आवश्यक है। इसका ज्ञान विशुद्ध रूप से सैद्धांतिक नहीं है। सामाजिक सर्वेक्षण का संबंध ज्ञान के उपयोग से है। इस प्रकार उपयोगिता की दृष्टि से सामाजिक सर्वेक्षण, सामाजिक विकास एवं समस्याओं के समाधान का वैज्ञानिक प्रयास है।

4. **कार्य-कारण की खोज (Search for Cause and Effect)**—समाज में हमें कई बार कुछ लोगों के ऐसे व्यवहार देखने को मिलते हैं, जो हानिकारक होते हैं तथा जिससे समाज में विघटनकारी घटनाएं पैदा होती हैं। सामाजिक सर्वेक्षण सामाजिक घटनाओं का अध्ययन करते हुए सामाजिक घटनाओं में आंतरिक कारकों को ढूंढ़ने की चेष्टा करता है, क्योंकि यह मानता है कि प्रत्येक सामाजिक घटना का कोई न कोई कारण अवश्य होता है। सामाजिक घटनाएं आकस्मिक नहीं होतीं। इसमें नियमितता भी होती है। अत: उनमें आंतरिक कारकों को खोजा जा सकता है। इसी कार्य-कारण संबंधों को खोजना सामाजिक सर्वेक्षण का उद्देश्य होता है।

5. **सामाजिक सिद्धांतों, उपकल्पनाओं की पुन: परीक्षा (Verification of Social Theories and Hypotheses)**—जो विद्वान सामाजिक अनुसंधान में खोज करते हैं। वे उपकल्पनाओं का निर्माण करके, उनके परीक्षण की परिचेष्टा करते हैं। सामाजिक सर्वेक्षण द्वारा सामाजिक सिद्धांतों और उपकल्पनाओं का परीक्षण किया जाता है। क्योंकि सामाजिक सिद्धांतों का संबंध सामाजिक घटनाओं से है और सामाजिक घटनाएं सामाजिक परिस्थितियों में पैदा होती हैं जो कि स्वयं परिवर्तनशील हैं। अत: सामाजिक दशाओं में परिवर्तन होने से घटनाओं की प्रकृति बदल जाती है और उसके बदलने से सामाजिक सिद्धांतों में भी परिवर्तन हो जाता है। सामाजिक सर्वेक्षण तथ्यों का एकत्रीकरण करने के पश्चात उपकल्पना की सत्यता की जांच कर सकता है।

6. **सामाजिक समस्याओं का समाधान (Solution of Social Problems)**—इसका अंतिम उद्देश्य समाज सुधार की समस्याओं से संबंधित है। सर्वेक्षण के माध्यम से सामाजिक

समस्याओं के कारणों की जानकारी हो जाती है और इस जानकारी से इन कारणों का निराकरण करके इन समस्याओं के समाधान का प्रयास किया जाता है। इस अर्थ में सामाजिक समस्याओं के समाधान की खोज के सामाजिक सर्वेक्षण का उल्लेखनीय उद्देश्य है।

इस प्रकार हम देखते हैं कि सामाजिक सर्वेक्षण कई उद्देश्यों से किया जाता है। इसका महत्व केवल समाजशास्त्र में ही नहीं है; बल्कि अन्य सभी सामाजिक विज्ञानों में फैला हुआ है। वास्तव में सामाजिक कल्याण की यह सर्वोत्तम वैज्ञानिक पद्धति है।

सामाजिक सर्वेक्षण की विषयवस्तु एवं क्षेत्र (Subject Matter and Scope of Social Survey)

सामाजिक सर्वेक्षण की विषय वस्तु एवं क्षेत्र के संबंध में विद्वानों के मतभेदों को दो भागों में बांटा जा सकता है–प्रथम एक निश्चित भौगोलिक क्षेत्र में एक समूह या समुदाय के जीवन से संबंधित किसी भी सामाजिक घटना का अध्ययन सामाजिक सर्वेक्षण के क्षेत्र के अन्तर्गत आता है। इस विचारधारा को मानने वालों में बेल्स, बोगाड्र्स आदि विद्वान प्रमुख हैं। इसके विपरीत दूसरी श्रेणी में सामाजिक सर्वेक्षण की विषयवस्तु केवल सामाजिक व्याधिकीय समस्याओं और समाज सुधार की रचनात्मक परियोजना के प्रतिपादन तक सीमित है। इस विचारधारा के मानने वालों में बर्गेस, के. लांग तथा श्रीमती यंग हैं।

मोसर ने सामाजिक सर्वेक्षण की विषयवस्तु तथा क्षेत्र को चार भागों में बांटा है–

1. **जनसंख्यात्मक विशेषताएं** (Demographic Characteristics)–इस वर्ग के अन्तर्गत जनसंख्यात्मक विशेषताएं रखने वाले विषयों का सर्वेक्षण होता है जैसे–परिवार, वैवाहिक स्थिति, जन्म एवं मृत्यु दर आदि विषयों का अध्ययन।

2. **सामाजिक पर्यावरण** (Social Environment)–सामाजिक सर्वेक्षण के अध्ययन का विषय सामाजिक पर्यावरण भी है। सामाजिक पर्यावरण का अभिप्राय उन सभी सामाजिक एवं आर्थिक कारकों से है, जो लोगों के जीवन में सदा विद्यमान रहते हैं तथा प्रभावित भी करते हैं।

3. **समुदाय के सदस्यों की सामाजिक क्रियाएं** (**Activities of the Members of the Community**)–इसके अन्तर्गत समुदाय के सदस्यों की क्रियाओं एवं व्यवहारों का अध्ययन होता है। साथ ही पेशों के अतिरिक्त लोगों द्वारा की जाने वाली अन्य सामाजिक क्रियाओं को सम्मिलित किया जाता है। जैसे–खाली समय का उपयोग, रेडियो सुनना, अखबार पढ़ना आदि जीवन में पाई जाने वाली आदतें, व्यवहार प्रतिमान, सामाजिक प्रवृत्तियां आदि विषय सामाजिक सर्वेक्षण के अध्ययन के क्षेत्र हैं।

4. **विचार एवं धारणाएं** (Openions and Attitudes)–अंत में सामाजिक सर्वेक्षण के अध्ययन का विषय समुदाय के लोगों के विचार एवं उनकी धारणाएं हैं। लोगों की धारणाओं एवं विचारों को जानने के लिए भी सर्वेक्षण किए जाते हैं। उदाहरण के लिए अस्पृश्यता, बाल विवाह, अन्तर्जातीय विवाह आदि के प्रति लोगों के विचारों एवं मनोवृत्तियों का अध्ययन सामाजिक सर्वेक्षण के अन्तर्गत किया जाता है।

वास्तव में सामाजिक सर्वेक्षण की विषयवस्तु तथा क्षेत्र के संबंध में कोई सीमा रेखा नहीं खींची जा सकती, क्योंकि सामाजिक अध्ययन का क्षेत्र समाजविज्ञान में प्रकृति के साथ स्वत: ही विकसित होता रहता है। अत: किसी अंतिम क्षेत्र का निर्धारण अनुचित एवं अप्राकृतिक दोनों ही होंगे।

सामाजिक सर्वेक्षण के प्रकार (Types of Social Survey)

समकालीन समाजों में सर्वेक्षण का महत्व बढ़ता ही जा रहा है और ये आधुनिक सभ्यता के महत्वपूर्ण अंग बनते जा रहे हैं। सामाजिक सर्वेक्षण का शुभारंभ दो प्रकार के सर्वेक्षणों से हुआ है। पहला निर्धनता संबंधी सर्वेक्षण और दूसरा जनमत संग्रह संबंधी सर्वेक्षण। सामाजिक विज्ञानों के लिए सर्वेक्षण बहुत उपयोगी सिद्ध हुआ है और इनका प्रयोग तथ्यों के एकत्रीकरण के लिए दिन-प्रतिदिन बढ़ता जा रहा है। आजकल अनेक क्षेत्रों में अनेक सर्वेक्षण किए जा रहे हैं। इनका प्रयोग विभिन्न अवस्थाओं और विविध समस्याओं के अध्ययन के लिए किया जा रहा है।

ए.एफ. वेल्स[9] ने सामाजिक सर्वेक्षण को दो भागों में बांटा है–

1. प्रचार सर्वेक्षण (Publicity of Sensational Surveys)।
2. तथ्य संग्राहक सर्वेक्षण (Fact Collective Surveys); इसके दो उपभाग हो सकते हैं–
   (क) वैज्ञानिक सर्वेक्षण (Scientific Survey)।
   (ख) व्यावहारिक सर्वेक्षण (Practical Survey)।

प्रचार सर्वेक्षण उन सर्वेक्षणों को कहते हैं, जिनका प्रमुख उद्देश्य जागरूकता उत्पन्न करना होता है। इनका उद्देश्य जनता की किसी समस्या-विशेष के प्रति जागरूकता उत्पन्न करना होता है, जबकि तथ्य संग्राहक सर्वेक्षण का उद्देश्य वास्तविक तथ्यों का एकत्र करना होता है। इन सर्वेक्षणों में कर्म वैषयिकता पर अधिक बल दिया जाता है। इनके अन्तर्गत वैज्ञानिक सर्वेक्षण वे तथ्य संग्रह करते हैं, जिनका उद्देश्य वैज्ञानिक अध्ययन मात्र के लिए ही तथ्यों का संकलन करना होता है। अत: ये सर्वेक्षण समाज के महत्वपूर्ण पक्षों का परीक्षणात्मक अध्ययन करते हैं तथा ज्ञान की अभिवृद्धि में सहायता प्रदान करते हैं। इसके विपरीत व्यावहारिक सर्वेक्षण का उद्देश्य उपयोगितावादी होता है तथा वे सुधारात्मक भी होते हैं। इनका संबंध सामाजिक समस्याओं से होता है और इनकी प्रकृति निदानात्मक एवं समस्यामूलक होती है।

कोलम्बिया विश्वविद्यालय के समाज वैज्ञानिक हरबर्ट हाइमन[10] ने सामाजिक सर्वेक्षणों को निम्न प्रकार से बांटा है–

1. विवरणात्मक सर्वेक्षण (Descriptive Surveys)।
2. व्याख्यात्मक सर्वेक्षण (Explanatory Surveys)–इन्होंने इसको चार उपभागों में बांटा है–
   (क) मूल्यांकनात्मक सर्वेक्षण अथवा योजनात्मक सर्वेक्षण (Evaluative or Programmatic Surveys)।
   (ख) लक्षणमापात्मक सर्वेक्षण (Diagnostive Surveys)।
   (ग) भविष्यनिर्देशक सर्वेक्षण (Prediction Surveys)।
   (घ) द्वैतीयक विश्लेषक सर्वेक्षण (Secondary Analysis Surveys)।

विवरणात्मक सर्वेक्षण का उद्देश्य किसी सामाजिक घटना, सामाजिक प्रक्रिया अथवा सामाजिक व्यवहार प्रतिमान का अध्ययन करना होता है। ये सर्वेक्षण विवरण एवं उल्लेख से अधिक संबंधित होते हैं। हाइमन ने लिखा है कि किसी सुनिश्चित आबादी या उसके प्रतिदर्शन में एक या अधिक आश्रित परिवर्तनशील कारकों का बारीकी से माप करना इस सर्वेक्षण का मुख्य उद्देश्य होता है। इसके अन्तर्गत किन्से (Kinsay) एवं उनके साथियों ने अमेरिकन गोरे पुरुषों के यौन व्यवहारों का अध्ययन किया था।

व्याख्यात्मक सर्वेक्षणों को सैद्धान्तिक अथवा प्रयोगात्मक भी कहते हैं। ये सर्वेक्षण सामाजिक घटना के कारणों का विश्लेषण करने के लिए अधिक प्रयोग किए जाते हैं। इनका नमूना प्राय: प्रयोगशाला में किए जाने वाले प्रयोगों के समान ही होता है। ये सर्वेक्षण वास्तविक

संदर्भ परिस्थितियों में ही किए जाते हैं। इनके अन्तर्गत मूल्यांकनात्मक सर्वेक्षण का संबंध विशेष प्रकार के कार्यों के प्रभावों एवं मूल्यांकनों के लिए किया जाता है। इनका संबंध क्रिया से होता है। इनके आधार पर, जो तथ्य एकत्रित किए जाते हैं। कार्यक्रम को निश्चित किया जाता है जबकि लक्षणमापात्मक सर्वेक्षण अज्ञात क्षेत्र में विद्यमान संभावित कारकों को जानने का यत्न करता है। इसके अतिरिक्त भविष्य निर्देशक सर्वेक्षण का उद्देश्य भविष्य की स्थिति का अनुमान लगाना होता है। द्वैतीयक विश्लेषक सर्वेक्षण में सर्वेक्षणकर्ता अपनी समस्या पर प्रकाश डालने वाले तथ्यों का एकत्रीकरण करने के लिए भूतपूर्व सर्वेक्षणों की सामग्री का लाभ उठाता है और उनके आधार पर जो नियम खोजता है वह द्वैतीयक विश्लेषक सर्वेक्षण कहलाता है। दुर्खीम का आत्महत्या का अध्ययन इस प्रकार के सर्वेक्षण के अन्तर्गत आता है। अमेरिका में भविष्य के समाज की रूपरेखा के संबंध में इस प्रकार के सर्वेक्षणों का प्रयोग हो रहा है।

उपर्युक्त वर्गीकरण को सम्पूर्ण नहीं कहा जा सकता। वास्तव में विषय सामग्री की कोई सम्पूर्ण सूची बनाना असंभव है। ज्यों-ज्यों शोध की प्रविधियों में सुधार होता रहता है, समाज की दशाएं बदलती जाती हैं, त्यों-त्यों सर्वेक्षण का क्षेत्र भी बढ़ता जाता है। प्रमुख रूप से सर्वेक्षणों के प्रकार उनके उद्देश्यों एवं पद्धतियों पर आधारित हैं। अन्य आधारों पर भी सर्वेक्षण को कई प्रकार से विभाजित किया जा सकता है।

1. सामान्य तथा विशिष्ट सर्वेक्षण (General and Specific Survey)।
2. अंतिम तथा आवृत्तिपूर्ण सर्वेक्षण (Final and Repetitive Survey)।
3. नियमित तथा काम चलाऊ सर्वेक्षण (Regular and Ad hoc Survery)।
4. समगणना तथा निदर्शन सर्वेक्षण (Census and Sample Survey)।
5. अग्रगामी तथा मुख्य सर्वेक्षण (Pilot and Main Survey)।
6. प्रत्यक्ष एवं अप्रत्यक्ष सर्वेक्षण (Direct and Indirect Survey)।
7. सरकार, अर्द्धसरकारी और गैर-सरकारी सर्वेक्षण (Governmental, Semi-governmental and Non-governmental Survey)।
8. विस्तृत एवं सीमित सर्वेक्षण (Detailed and Limited Survey)।
9. गणनात्मक एवं गुणात्मक सर्वेक्षण (Quantitative and Qualitative Surverys)।
10. तथ्यात्मक एवं अभिमत सर्वेक्षण (Factual and Opinion Survey)।

उपर्युक्त विवेचन से यह स्पष्ट होता है कि सामाजिक सर्वेक्षण के विविध प्रकार हो सकते हैं, परन्तु प्रत्येक सर्वेक्षणकर्ता के सम्मुख सामाजिक घटनाओं पर अधिकाधिक अधिकार पाने का ही लक्ष्य रहता है। समाज का जीवन सम्पन्न एवं स्वस्थ रह सके, ऐसी स्थिर अवस्था बनाए रखने में सामाजिक सर्वेक्षणकर्ता का महत्वपूर्ण योगदान होता है।

सामाजिक सर्वेक्षण के प्रमुख चरण (Main Steps of Social Survey)

सामाजिक सर्वेक्षण एक वैज्ञानिक पद्धति है। इसकी प्रक्रिया बहुत जटिल प्रक्रिया है। इसके द्वारा तथ्यों का संग्रह करने के लिए पूर्ण योजना तैयार करना अनिवार्य होता है। इसके प्रथम चरण में सर्वेक्षण की रूप-रेखा तैयार की जाती है और उसके उपरांत तथ्यों का एकत्रीकरण होता है। जब सामग्री का संकलन हो जाता है उसके उपरांत उसका विश्लेषण किया जाता है और अंत में विज्ञप्ति तैयार की जाती है, जिसको तथ्यों का प्रदर्शन के नाम से भी पुकारा जाता है। सामाजिक सर्वेक्षण के प्रमुख स्तरों को विभिन्न विचारकों ने विभिन्न प्रकार से विभक्त किया है। इसमें मोर्स और सिनपाओं यांग का वर्गीकरण निम्न रूप से दिया जा सकता है।

मोर्स[11] ने सामाजिक सर्वेक्षण के स्तरों को निम्न भागों में विभाजित किया है–

1. उद्देश्य की परिभाषा।
2. अध्ययन समस्या की परिभाषा।
3. अनुसूची में समस्या का विश्लेषण।
4. अध्ययन क्षेत्र का निर्धारण।
5. लिखित स्रोतों का परीक्षण।
6. क्षेत्र में जाकर सर्वेक्षण कार्य।
7. सामग्री को व्यवस्थित करके उसका सारिणीयन एवं सांख्यिकीय विश्लेषण।
8. निष्कर्षों की व्याख्या।
9. निर्णय एवं सामान्यीकरण।
10. रेखाचित्र द्वारा प्रदर्शन।

सिनपाओं यांग[12] ने अपनी पुस्तक में सामाजिक सर्वेक्षण की अवस्थाओं को चार भागों में विभक्त किया है–

1. **सर्वेक्षण का आयोजन** (Planning of Survey) – इसके अन्तर्गत उसने निम्न बातों पर विशेष जोर दिया है–
   (क) उद्देश्य का निर्धारण।
   (ख) सर्वेक्षण आयोजन समिति का निर्माण।
   (ग) सर्वेक्षण क्षेत्र का निर्धारण।
   (घ) आय-व्यय तथा कार्यक्रम का निर्धारण।
   (च) अध्ययन पद्धति का चुनाव।
   (छ) सर्वेक्षण कर्ताओं का संगठन एवं प्रशिक्षण।
   (ज) सर्वेक्षण के लिए समुदाय में जागरूकता पैदा करना।
2. **तथ्यों का एकत्रीकरण** (Collection of Data)
   (क) सूचनादाताओं से सम्पर्क स्थापित करना।
   (ख) कार्यकर्ताओं के कार्य का निरीक्षण करना।
   (ग) संकलित सामग्री की जांच-पड़ताल एवं परीक्षण करना।
3. **तथ्यों का विश्लेषण** (Analysis of Data)
   (क) सर्वेक्षण में प्रयोग की गई प्रविधियों के आधार पर तथ्यों का संपादन।
   (ख) सामग्री का वर्गीकरण।
   (ग) सामग्री को व्यवस्थित करके संक्षिप्त रूप देना।
   (घ) सामग्री को तालिका में दर्शाना।
   (च) पुनः सारिणीयन करना।
   (छ) तुलना एवं व्याख्या।
   (ज) सामान्यीकरण एवं समाजवैज्ञानिक नियमों का निर्माण।
4. **तथ्यों का प्रदर्शन** (Presentation of Data)
   (क) तथ्यों का चित्रों द्वारा प्रदर्शन।
   (ख) सर्वेक्षण की रिपोर्ट तैयार करना।
   (ग) परिशिष्ट।
   (घ) रिपोर्ट को प्रकाशित करना।

पार्टेन[13] ने लिखा है 'सर्वेक्षण का आयोजन संगठन एवं समाप्ति एक व्यापारिक संस्था को स्थापित करने एवं चलाने के समान है।' सर्वेक्षण की प्रक्रिया इतनी सरल नहीं है, जिसके आधार पर क्रमों का अनुपालन किया जा सके। उनमें कई प्रकार की जटिलताएं एवं समस्याएं भी आती हैं, जिनका सावधानीपूर्वक समाधान करने के पश्चात ही सफलता प्राप्त हो सकती है। पार्टेन के अनुसार इन प्रक्रियाओं को निम्नांकित प्रश्नों के रूप में प्रस्तुत किया जा सकता है–

1. सर्वेक्षण द्वारा किस प्रश्न का हल प्राप्त करना है?
2. जनमत सर्वेक्षण के लिए किन प्रसंगों को लेना चाहिए?
3. क्या इच्छित जानकारी को प्राप्त करने के लिए सर्वेक्षण सर्वोत्तम तरीका है?
4. अध्ययन के परिणाम किसके द्वारा प्रयोग किए जाएंगे?
5. सर्वेक्षण के लिए कितनी धनराशि उपलब्ध है?
6. क्या तथ्य, प्राप्त करने एवं सारिणीयन किए जाने से पूर्व ही पुराने पड़ जाएंगे?
7. क्या अध्ययन के लिए अन्य साधन भी उपलब्ध हैं?
8. जानकारी किस प्रकार प्राप्त की जाएगी?
9. सर्वेक्षण करने के लिए आप कहां तक प्रशिक्षित हैं?

पार्टेन के अनुसार प्रत्येक सर्वेक्षण संचालक को सर्वेक्षण करने के पूर्व उपर्युक्त प्रश्नों का उत्तर सोच लेना चाहिए।

सामाजिक सर्वेक्षणकर्ता का यह कर्तव्य हो जाता है कि अपनी योजना का क्रियान्वयन उपर्युक्त स्तरों के आधार पर करे। उसका अंतिम उद्देश्य अवलोकित एवं संग्रहीत सामग्री के द्वारा सामान्यीकरण निकालना होता है। इस प्रक्रिया के सर्वप्रथम अवलोकित मूर्त तथ्यों का विश्लेषण करना पड़ता है और इसी विश्लेषण के आधार पर समाजशास्त्रीय नियमों को प्रतिपादित किया जाता है। इस विश्लेषण के पश्चात अन्य समकालीन वैज्ञानिक सिद्धांतों से तुलना की जाती है। यद्यपि सामाजिक सर्वेक्षण में सिद्धांतों के निर्माण पर कोई विशेष बल नहीं दिया जाता, फिर भी स्थिर परिस्थितियों में परिणामों को व्यक्त करने के उद्देश्य से सामान्यीकरण वांछनीय माना जाता है।

इसके अतिरिक्त विज्ञप्ति के निर्माण में कुछ बातों का विशेष ध्यान रखना चाहिए, जिनमें निम्नलिखित प्रमुख हैं–

1. रिपोर्ट की भाषा सरल, सरस और बोधगम्य होनी चाहिए।
2. तर्कों को प्रस्तुत करते समय तार्किक क्रम बनाए रखना चाहिए।
3. तथ्यों की पुनरावृत्ति से बचना चाहिए।
4. विशिष्ट अवधारणाओं को स्पष्ट एवं परिभाषित कर देना चाहिए।
5. विषय सामग्री का विभाजन शीर्षकों एवं उपशीर्षकों के अन्तर्गत होना चाहिए।
6. पद टिप्पणियां भी आवश्यकतानुसार स्थान-स्थान पर देनी चाहिए।
7. विज्ञप्ति में तालिकाएं, रेखाचित्र आदि संबंधित सामग्री उसके साथ देनी चाहिए।

यदि कोई भी सर्वेक्षणकर्ता उपर्युक्त स्तरों का उल्लंघन करता है तो उसकी योजना में अव्यावहारिकता, त्रुटियां तथा सर्वेक्षण के महत्व में कमी आदि रह जाएगी। अत: सर्वेक्षण का कार्य बहुत सोच-विचार कर किया जाना चाहिए। उपर्युक्त बातों को ध्यान में रखने से निराशाजनक परिस्थितियों के फंस जाने की संभावना कम हो जाएगी। कोई योजना कितनी व्यावहारिक व त्रुटि-रहित होगी, यह उसकी योग्यता, अनुभव, दूरदर्शिता, सामान्यज्ञान तथा सूझ पर निर्भर करती है। इसके साथ-साथ सर्वेक्षण के आयोजन में लचक भी होनी चाहिए, जिससे

आवश्यकता पड़ने पर उसमें परिवर्तन किया जा सके। सर्वेक्षण के दौरान उसको सतर्कता बरतनी चाहिए। सर्वेक्षण की जो योजना एक बार बना ली गई है वह अंतिम है ऐसा सर्वेक्षणकर्ता के द्वारा सोचा जाना अव्यावहारिक है।

सामाजिक सर्वेक्षण और सामाजिक शोध (Social Survey and Social Research)

सामाजिक सर्वेक्षण और सामाजिक शोध एक-दूसरे से संबंधित हैं। इनको अलग करना एक कठिन कार्य है। यदि हम ये कहें कि ये एक-दूसरे के पूरक हैं तो यह अतिशयोक्ति नहीं होगी। सामाजिक सर्वेक्षण तथ्यों का एकत्रीकरण करता है और उनके आधार पर कार्यकारण का संबंध बताने की चेष्टा करता है और इस प्रकार सामाजिक सिद्धांतों की पुनःपरीक्षा करता है। ये सभी प्रक्रियाएं सामाजिक शोध की भी अंग हैं, जिनके बिना सामाजिक शोध को पूर्ण नहीं माना जा सकता। दोनों ही सामाजिक घटनाओं के अध्ययन की वैज्ञानिक पद्धतियां हैं जो सत्यता की खोज करती हैं। सामाजिक सर्वेक्षण की सहायता से शोध-कर्ता उपकल्पनाओं की सत्यता की जांच करता है, जो कि सामाजिक शोध में भी होता है। इस प्रकार इन दोनों का घनिष्ठ संबंध देखा जाता है। सामाजिक शोध तथ्यों के एकत्रीकरण के लिए नवीन पद्धतियों की खोज करता है और इस प्रकार सामाजिक घटनाओं को जानने के लिए हमारे ज्ञान को विस्तृत करता है। ये स्थितियां सामाजिक सर्वेक्षण के लिए भी सहायक होती हैं। इसके अतिरिक्त दोनों में सामाजिक जीवन, सामाजिक समस्याओं और सामाजिक घटनाओं का अध्ययन किया जाता है। दोनों के माध्यम से समाज के बारे में नवीन ज्ञान की प्राप्ति होती है। दोनों प्रकार की पद्धतियों के द्वारा जो अध्ययन किए जाते हैं, वे कर्म विषयक होते हैं तथा पक्षपात से बचाने का प्रयास किया जाता है। दोनों ही पद्धतियों के माध्यम से अनुसंधान कार्य के संपादन के लिए समय, धन एवं ज्ञान की आवश्यकता होती है। इन्हीं समानताओं के कारण कई समाजशास्त्री सामाजिक सर्वेक्षण को शोध के नाम से पुकारते हैं।

उपर्युक्त समानताओं को देखकर हमें यह निष्कर्ष नहीं निकालना चाहिए कि सामाजिक सर्वेक्षण और सामाजिक शोध में अंतर नहीं है। कुछ समानताओं के होते हुए भी इन दोनों में कुछ आधारभूत अंतर भी है। पी.वी. यंग[14] के विचारों के अनुसार, इन अंतरों को निम्न प्रकार से प्रस्तुत किया जा सकता है–

1. सामाजिक सर्वेक्षण का संबंध विशिष्ट लोगों, विशिष्ट स्थानों, विशिष्ट समस्याओं और अवस्थाओं से होता है परन्तु सामाजिक शोध का संबंध सामान्य व अमूर्त समस्याओं से होता है।
2. सामाजिक सर्वेक्षण का उद्‌देश्य सामाजिक समस्या का अध्ययन करने के पश्चात उसका समाधान ढूंढकर तात्कालिक आवश्यकता की पूर्ति करना होता है और इस उद्‌देश्य की पूर्ति के लिए वह उपयुक्त ज्ञान से पूरा-पूरा लाभ उठाता है, जबकि सामाजिक शोध का उद्‌देश्य दीर्घकालीन होता है और वह अपने विषय के संबंध में अधिक विस्तृत एवं गहन ज्ञान प्राप्त करने का प्रयत्न करता है। उसी के आधार पर कुछ समाज वैज्ञानिकों ने कहा है कि सामाजिक सर्वेक्षण की प्रकृति व्यावहारिक एवं उपयोगितावादी है। इसके विपरीत सामाजिक शोध की प्रकृति सैद्धांतिक है।
3. सामाजिक सर्वेक्षण का आधार व्यावसायिक है, जबकि सामाजिक अनुसंधान के पीछे ज्ञान की प्रबल इच्छा मौलिक होती है।

4. सामाजिक सर्वेक्षण तथ्यों की समस्या से संबंधित तथ्यों का एकत्रीकरण समाज कल्याण के उद्देश्य से करता है, जबकि सामाजिक शोध सामान्य ज्ञान को विस्तृत करने में अध्ययन प्रविधियों को उन्नत करने की चेष्टा करता है।
5. सामाजिक सर्वेक्षण के लिए उपकल्पना की आवश्यकता नहीं होती लेकिन सामाजिक शोध का आधार प्राय: उपकल्पना ही होती है।
6. सामाजिक सर्वेक्षण से समस्या का विस्तृत अध्ययन होता है, जबकि सामाजिक शोध में समस्या का गहन अध्ययन किया जाता है।
7. सामाजिक सर्वेक्षण का संबंध प्राय: समाज की व्याधिकीय समस्याओं से होता है, जबकि सामाजिक शोध में सभी प्रकार की समस्याओं का अध्ययन किया जाता है।
8. सामाजिक सर्वेक्षण सामाजिक उद्देश्य से प्रेरित होते हैं, जबकि सामाजिक शोध मुख्यतया व्यक्तिगत प्रेरणा से संबंधित होता है।
9. सामाजिक सर्वेक्षण एक अध्ययन दल द्वारा किया जाता है, इसके विपरीत सामाजिक शोध का संगठन प्राय: व्यक्तिगत तौर पर किया जाता है।
10. सामाजिक सर्वेक्षण का उद्देश्य किसी समस्या पर तात्कालिक नियंत्रण प्राप्त करना होता है, जबकि सामाजिक शोध में भविष्य के लिए नियमों तथा सिद्धांतों का निर्माण किया जाता है।
11. फेयर चाइल्ड[15] ने अपने समाजशास्त्रीय शब्दकोश में सामाजिक सर्वेक्षण और सामाजिक शोध के अंतर की व्याख्या करते हुए लिखा है, 'सामाजिक शोध सामाजिक सर्वेक्षण की अपेक्षा अधिक गहन तथा सूक्ष्म अध्ययन करता है तथा सामाजिक सिद्धांतों की खोज से अधिक संबंधित होता है।'

आधुनिक शोध के आधार पर दिन प्रतिदिन यह अंतर कम होता जा रहा है। आधुनिक समाजशास्त्रीय दृष्टिकोण से एक विचारधारा यह भी है कि सामाजिक शोध पूर्णत: सैद्धांतिक है, यह दृष्टिकोण अव्यावहारिक एवं अनुचित माना जाता है। सामाजिक शोध का संबंध ज्ञान की खोज से तो होता ही है, लेकिन उसका निश्चित संबंध व्यक्तियों की आधारभूत आवश्यकताओं तथा कल्याण से भी होता है। इस व्याख्या के आधार पर हम कह सकते हैं कि सामाजिक सर्वेक्षण और सामाजिक शोध एक-दूसरे के पूरक हैं।

सामाजिक सर्वेक्षण की सीमाएं (Limitations of Social Survey)

सामाजिक सर्वेक्षण की सीमाओं को निम्नलिखित रूप में प्रस्तुत किया जा सकता है–

1. सर्वेक्षण पद्धति द्वारा जीवन के सभी पक्षों का अध्ययन नहीं हो सकता केवल विशिष्ट पक्ष को लेकर ही अध्ययन किया जा सकता है।
2. इसमें उन्हीं घटनाओं का अध्ययन होता है, जो दृष्टिगोचर होती है जबकि अधिकांश घटनाएं अमूर्त एवं भावात्मक होती हैं। अत: इस प्रकार की घटनाओं का अध्ययन इस पद्धति द्वारा संभव नहीं है।
3. सर्वेक्षण को पूर्णतया विश्वसनीय मान लेना भी उचित नहीं है। सर्वेक्षण भी व्यक्ति के संस्कारों एवं उसके व्यक्तिगत अभिमति से प्रभावित होता है।
4. सर्वेक्षण प्राय: असंगठित तथा बिखरे हुए होते हैं। इनसे किसी सिद्धांत का निर्माण नहीं हो सकता, जब तक उन्हें पूर्व निश्चित योजना के अनुसार व्यवस्थित न किया जाए।

5. सामाजिक सर्वेक्षण अधिक व्यय तथा समय साध्य होते हैं।
6. इसके अन्तर्गत सर्वेक्षणकर्ता की अपनी बुद्धि के स्वतंत्र प्रयोग का क्षेत्र बहुत संकुचित हो जाता है, क्योंकि सर्वेक्षण की प्रक्रिया में एक पूर्ण नियोजित कार्यक्रम के अनुसार खोज करनी पड़ती है।
7. सर्वेक्षण में वर्तमान घटनाओं का ही अध्ययन होता है। इसके द्वारा ऐतिहासिक घटनाओं का अध्ययन संभव नहीं है।
8. सामाजिक सर्वेक्षण में सार्वभौमिकता का अभाव पाया जाता है। गतिशीलता के कारण सामाजिक सर्वेक्षण से जो निष्कर्ष निकाले जाते हैं वे परिवर्तित हो जाते हैं।
9. वैसे तो सामाजिक सर्वेक्षण किसी भी सामाजिक वर्ग संबंधी समस्या का हो सकता है परन्तु अधिकतर मजदूरों व निम्न वर्गों की रहन-सहन या उनकी अवस्थाओं का ही अध्ययन करते हैं।

Notes

1. P.V. Young, *Scientific Social Survey and Research,* Prentice Hall, New Delhi, 1953, p. 20.
2. Shelby M. Harrison, *A Bibliography of Social Survey,* Russell Sage Foundation, New York, 1930, p. 204.
3. E.W. Burgess, *American Journal of Sociology,* Vol. XXI, 1916, p. 402.
4. A.F. Wells, The Local Social Survey in Britain, G Allen and Union Ltd., London, 1955.
5. Herman, N. Morse, The Social Survey in Town and Country Areas, Doran, New York, 1924, p. 104.
6. E.S. Bogardus, *Sociology,* Macmillan Company, New York, 1954, p. 543.
7. Hsin Pao Yang, *Fact Finding with Rural People,* UNO Publication, 1955, p. 3.
8. G.A. Moser, *Survey Method in Social Investigation,* Macmillan Company, New York, 1958, p. 112.
9. A.F. Wells, Social Surveys published in the Study of Society, edited by Barlett and Others Routledge and Kegan Paul, London, 1956, pp. 434–435.
10. Herbert Hymen, *Survey, Design and Analysis: Principle, Cases and Procedure,* The Free Press, New York, 1900, pp. 65–71.
11. H.N. Morse, op. cit., pp. 104–105.
12. Hsin Pao Yang, op. cit., pp. 6–19.
13. M. Parten, *Surveys, Polls and Samples,* Harper and Brothers, New York, 1965.
14. P.V. Young, op. cit., pp. 41–42, 74–79.
15. Henry Pratt Fairchild, *Dictionary of Sociology,* 1954, p. 291.

9

उपकल्पना
Hypotheses

एक अनुसंधानकर्ता सर्वप्रथम अध्ययन के लिए किसी विषय का चुनाव करता है, परन्तु समस्या का अध्ययन करने के लिए वह निराधार ही आगे नहीं बढ़ता है। सबसे पहले वह उस तथ्य या समस्या के बारे में एक उपकल्पना का निर्माण करता है, जिसके आधार पर शोधकर्ता अपने शोध कार्य को अग्रगति देता है। उपकल्पना के अभाव में विषय का क्षेत्र एवं दिशा अनिश्चित रहती है। अत: शोधकर्ता के लिए आवश्यक है कि वह अपनी कल्पना, अनुभव या किसी अन्य प्रकार के स्त्रोतों से प्राप्त सूचना के आधार पर एक सामान्य उपकल्पना का निर्माण कर ले, जिससे उसे अनिश्चितता की स्थिति में भटकना न पड़े और अपनी समस्या का अध्ययन करने के लिए एक आधार प्राप्त हो जाए। गुडे और हाट ने इसीलिए कहा है कि 'एक उपकल्पना यह बताती है कि हमें किस ओर अध्ययन करना है।'[1] इस प्रकार के सामान्य अनुमान को जो कि अनुसंधान कार्य का एक प्रारंभिक आधार एवं शोधकर्ता को शोधकार्य का एक सहारा हो उसे परिकल्पना या उपकल्पना कहते हैं। यह भविष्य में परीक्षणोपरान्त सत्य भी साबित हो सकती है और मिथ्या या व्यर्थ भी।

वेबस्टर्स न्यू इंटरनेशनल डिक्शनरी ऑफ दी इंग्लिश लैंग्वेज के अनुसार, उपकल्पना एक विचार, दशा या सिद्धांत होती है जो कि संभवत: बिना किसी विश्वास के मान ली जाती है, जिससे कि उससे तार्किक परिणाम निकाले जा सकें और ज्ञात या निर्धारित किए जाने वाले तथ्यों की सहायता से इस विचार की सत्यता की जांच की जा सके।[2] ई.एस. बोगार्ड्स ने उपकल्पना को बहुत सूक्ष्म एवं स्पष्ट रूप में इस प्रकार परिभाषित करने का प्रयत्न किया है। उनके अनुसार, 'उपकल्पना को परीक्षित किए जाने वाले विचार कह सकते हैं।[3] पी.वी. यंग ने उपकल्पना को शोध का महत्वपूर्ण आधार बताते हुए लिखा है कि, 'उपकल्पना एक कार्यवाहक केन्द्रीय विचार है जो उपयोगी अध्ययन का आधार बनता है।'[4] लुंडबर्ग के अनुसार, 'एक प्राक्कल्पना या उपकल्पना एक काम चलाऊ निष्कर्ष है जिसकी उपयुक्तता की परीक्षा अभी बाकी है। बिल्कुल प्रारंभिक स्तर पर उपकल्पना केवल एक अनुमान, विचार अथवा कल्पना हो सकती है, जिसके आधार पर हम क्रियात्मक कार्य अथवा खोज कर सकते हैं।'[5] गुड और स्केट्स के शब्दों में, 'एक उपकल्पना प्रेक्षित तथ्यों को समझाने और अध्ययन को आगे मार्गदर्शित करने के लिए अस्थायी रूप में बनाया गया एक बुद्धिमत्तापूर्वक निष्कर्ष होता है।'[6] बर्नार्ड फिलिप ने कहा है कि, 'उपकल्पनाएं किसी घटना

में विद्यमान संबंधों के विषय में अस्थायी कथन हैं।' पीटर मैन ने भी 'उपकल्पना को एक कार्यवाहक कल्पना के रूप में ही माना है।'[7]

उपर्युक्त परिभाषाओं के विवेचन से स्पष्ट है कि उपकल्पना एक ऐसा पूर्व विचार और निष्कर्ष है जो कि अनुसंधानकर्ता अपने अनुसंधान की समस्या के बारे में बना लेता है और फिर उसकी सार्थकता की जांच करने के लिए आवश्यक तथ्यों को एकत्रित करता है। यदि अनुसंधान में खोजे गए तथ्यों की सत्यता सिद्ध हो जाती है तो वह विचार सिद्धांत का रूप ले लेता है।

उपकल्पना और सिद्धांत दोनों एक नहीं हैं। यद्यपि दोनों परस्पर बहुत अधिक संबंधित हैं। विलियम जॉर्ज ने सिद्धांत को एक विस्तृत उपकल्पना माना है। उपकल्पना का जन्म सिद्धांत से होता है और अनेक परीक्षित उपकल्पनाओं से जो परस्पर संबंधित हों एक सिद्धांत की रचना होती है। अत: उपकल्पना सिद्धांत का एक अंग तथा उनका एक प्रारंभिक रूप है और दोनों का अन्योन्याश्रित संबंध है।

उपकल्पना की विशेषताएं (Characteristics of Hypotheses)

उपकल्पना की निम्नलिखित विशेषताएं हो सकती हैं–

1. शोधकर्ता तथ्यों से ज्ञान प्राप्त करने के पश्चात उस जानकारी के आधार पर ही उपकल्पना बनाता है।
2. उपकल्पना विषय के संबंध में एक तार्किक अनुक्रम, सामान्यीकरण अमूर्तिकरण तथा विचार प्रस्थापना है।
3. उपकल्पना वह विचार है, जिसकी सत्यापनशीलता शेष रह जाती है।
4. यह उपकल्पनाओं और सिद्धांतों को बनाने में सहायता प्रदान करती है।

उपकल्पना के प्रकार्य (Functions of Hypotheses)

सामाजिक घटनाओं के वैज्ञानिक अध्ययन में उपकल्पना का अत्यधिक महत्व है। इसके बिना अनुसंधानकर्ता शोध को नियंत्रित नहीं कर पाता और इधर-उधर भटकता रहता है। किसी भी अनुसंधान में उपकल्पना की निम्नलिखित भूमिकाएं हो सकती हैं।

1. उपकल्पना अनुसंधान के क्षेत्र को सीमित करती है। अध्ययन और ज्ञान का क्षेत्र विस्तृत होने के नाते अनुसंधान करना असंभव हो जाता है। ऐसी परिस्थिति में उपकल्पना अध्ययन के क्षेत्र को निर्धारित करती है।
2. यह अनुसंधान के उद्देश्य को स्पष्ट करती है, इसके माध्यम से शोधकर्ता अपने उद्देश्य को अधिक तथ्यपूर्ण ढंग से स्पष्ट कर सकता है।
3. यह अध्ययन को स्पष्टता प्रदान करती है। इस प्रकार अनुसंधानकर्ता को यह ज्ञात हो जाता है कि उसके अध्ययन का कार्य क्या है।
4. उपकल्पना सामाजिक घटनाओं से संबंधित तथ्यों के एकत्रीकरण करने में सहायता प्रदान करती है। सामाजिक घटनाओं के संबंध में अनेक तथ्य होते हैं, इन सभी तथ्यों का संकलन असंभव हो जाता है। अत: उपकल्पना की सहायता से शोधकर्ता केवल अध्ययन के उद्देश्यों को ध्यान में रखकर केवल उन्हीं तथ्यों का अध्ययन करता है।
5. यह अध्ययन की दिशा को निर्धारित करती है, जिस प्रकार रात्रि में ध्रुवतारा किसी भटके हुए राही को दिशाओं का ज्ञान करा देता है, उसी प्रकार उपकल्पना शोधकर्ता को दिशा निर्देशित करती है।

6. यह निष्कर्ष निकालने में सहायता प्रदान करती है। इसके सहारे शोधकर्ता निश्चित दिशा में जाकर अपने अध्ययन के संबंध में निष्कर्ष निकाल लेता है।
7. उपकल्पना सिद्धांत और शोध कार्य के बीच एक आवश्यक कड़ी है, जो शोध का नेतृत्व करके ज्ञानराशि की वृद्धि में सहायता देती है।

इस प्रकार सामाजिक शोध में उपकल्पना का अत्यधिक महत्व है और बिना इसके ज्ञान के शोध करने में कठिनाई आ सकती है।

उपकल्पना की रचना में कठिनाइयां (Problems in Hypotheses Formulation)

उपकल्पना, जैसा कि उपर्युक्त सभी विवेचनों से स्पष्ट हो चुका है, एक कार्यकारी विचार या कल्पना ही होती है, जो शोधकार्य को दिशा प्रदान करती है और उसकी अग्रगति का आधार बनती है, परन्तु उसकी परीक्षा करना शेष रहता है। अतः अनुसंधानकर्ता उसी निर्मित उपकल्पना को सत्यापित करके, सामाजिक घटना या तथ्य के बारे में एक नियम का प्रतिपादन करना चाहता है। अध्ययन के दौरान यह उपकल्पना सत्य भी सिद्ध हो सकती है और असत्य भी। अतः इसके निर्माण में अनुसंधानकर्ता के समक्ष अनेक प्रकार की कठिनाइयां आती हैं, क्योंकि उसको उपकल्पना का निर्माण यथार्थ ज्ञान पर नहीं, बल्कि निजी अनुभव, कल्पना, पहले घटित किसी घटना की समरूपता तथा वैसी ही पूर्व घटित किसी घटना से संबंधित सिद्धांत के आधार पर करना होता है। गुडे और हाट ने उपकल्पना के निर्माण में आई कठिनाइयों का उल्लेख करते हुए लिखा है कि 'उपकल्पना का निर्माण उतना ही कठिन है, जितना कि शोध प्रविधि हो सकती है। इसलिए एक शोधकर्ता के लिए आवश्यक है कि वह गहरे शोधकार्य के मार्गदर्शन के लिए उपकल्पना की आधारभूत आवश्यकताओं पर ध्यान दे। इसके अभाव में शोध केन्द्रित न होकर बल्कि एक आकस्मिक प्रयोग सिद्ध परिभ्रमण ही होगा।'[8]

मुख्यतः अनुसंधानकर्ता के समक्ष उपकल्पना के निर्माण में निम्नलिखित कठिनाइयां आती हैं–

1. **स्पष्ट सैद्धांतिक ढांचे का अभाव (Lack of Specific Theoretical Structure)**–किसी भी प्रकार की घटना या तथ्य के वैज्ञानिक अध्ययन के लिए अनुसंधानकर्ता को पहले एक कार्यकारी उपकल्पना का निर्माण करना होता है। जिसमें यदि उसके सम्मुख उस अध्ययन से संबंधित कोई पूर्व निर्मित सिद्धांत का ढांचा स्पष्ट रूप से नहीं दिखाई देता हो तो अनुसंधानकर्ता को उपकल्पना के निर्माण में कठिनाई होती है।

2. **सैद्धांतिक ढांचे के ज्ञान की कमी (Lace of the Knowledge of Theoretical Structure)**–कभी-कभी ऐसा भी होता है कि अनुसंधान विषय से संबंधित स्पष्ट ढांचे का ज्ञान अनुसंधानकर्ता को स्वयं ही नहीं होता जिसके फलस्वरूप वह भ्रम में पड़ा रहता है और एक प्रायोगिक उपकल्पना का निर्माण करने में असफल रहता है। अतः यह आवश्यक है कि अनुसंधानकर्ता के सैद्धांतिक ढांचे का स्पष्ट ज्ञान हो।

3. **ज्ञात सैद्धांतिक ढांचे का तार्किक ढंग से प्रयोग कर पाने की योग्यता का अभाव (Lack of the Ability to Logically Use the Known Theoretical Structure)**–सैद्धांतिक ढांचे की उपस्थिति एवं उसकी पूर्ण जानकारी के उपरांत भी शोधकर्ता उसका प्रयोग तर्क पूर्ण ढंग से नहीं कर पाते हैं, जो कि उपकल्पना निर्माण के लिए अनुसंधान की आवश्यक योग्यता है, अन्यथा एक उत्तम और कार्यकारी उपकल्पना का निर्माण संभव नहीं हो सकता।

4. **ज्ञात अनुसंधान प्रणालियों के प्रयोग कर सकने की योग्यता का अभाव** (Lack of the ability to use Logically Known Research Procedures)–एक उत्तम तथा प्रायोगिक उपकल्पना के निर्माण के लिए सभी उपलब्ध प्रणालियों का ज्ञान एक अनुसंधानकर्ता के लिए आवश्यक है। तभी उपकल्पना की सत्यता और असत्यता का परिज्ञान अनुसंधानकर्ता को हो सकता है।

5. **शोधकर्ता का पूर्वाग्रह युक्त होना** (Biasness of the Researcher)–कभी-कभी अनुसंधानकर्ता व्यक्तिगत भ्रम के कारण अपनी उपकल्पना को ही सत्य मानने का प्रयास करता है। फल यह होता है कि उसका अध्ययन भी वैज्ञानिक नहीं रह पाता और उपकल्पना भी वैज्ञानिक अध्ययन के योग्य नहीं सिद्ध होती। अत: अनुसंधानकर्ता को उपकल्पना के सत्यापन में पूर्वाग्रहपूर्वक कार्य नहीं करना चाहिए।

उपर्युक्त कठिनाइयों को यदि एक अनुसंधानकर्ता दूर कर ले तो उसे किसी घटना के वैज्ञानिक अध्ययन के लिए एक प्रायोगिक उपकल्पना के निर्माण में विशेष कठिनाई का सामना नहीं करना पड़ सकता है।

उपकल्पना के प्रकार (Types of Hypotheses)

समाज वैज्ञानिकों ने अपनी सुविधानुसार उपकल्पनाओं को विभाजित किया है। यहां पर उपकल्पनाओं के प्रकार का अमूर्तता के स्तर के आधार पर विवेचन किया जा सकता है। गुडे और हाट ने तीन प्रकार के स्तरों की विवेचना की है।[9]

1. **अनुभवात्मक समरूपताओं से संबंधित** (Relating to Empirical Uniformities)–कुछ प्रकार की उपकल्पनाएं अनुभवात्मक समरूपता के अस्तित्व की विवेचना करती हैं। ये उपकल्पनाएं कभी-कभी सामान्य ज्ञान की प्रस्तावना की वैज्ञानिक परीक्षा करती हैं। इसी प्रकार हम किसी समस्या को लेकर किसी क्षेत्र का उन सामान्य ज्ञान संबंधी पदों का सर्वेक्षण कर सकते हैं। ये अनुभवात्मक समरूपताएं कई प्रकार की हो सकती हैं, जिनका प्रयोग समाजशास्त्रीय शोधों में होता है। इन अध्ययनों के आधार पर हम किसी उद्योग के मजदूरों की प्रजातीय पृष्ठभूमि की विवेचना कर सकते हैं। किसी देश में नीग्रो जनसंख्या के वितरण का अवलोकन कर सकते हैं। इसके अतिरिक्त विशेष समूहों के व्यवहार प्रतिमानों का भी वर्णन कर सकते हैं।

2. **जटिल आदर्शात्मक प्रारूप से संबंधित** (Relating to Complex Ideal Type)–कुछ उपकल्पनाएं जटिल आदर्शात्मक प्रारूप से भी संबंध रखती हैं। इन उपकल्पनाओं का उद्देश्य प्रचलित तार्किक और अनुभवात्मक एकरूपताओं के संबंधों का परीक्षण करने के लिए किया जाता है। ई.डब्ल्यू. बर्गेस ने इन उपकल्पनाओं का प्रयोग नगरीय समाजशास्त्र में शहरों के जीवन की व्याख्याओं के संबंध में किया है। इस संदर्भ में समाजशास्त्रियों ने कई प्रकार की उपकल्पनाओं को लेकर परीक्षण करने की चेष्टा की है। इस उपकल्पना की सबसे महत्वपूर्ण विशेषता यह होती है कि यह अनुभवात्मक एकरूपता से एक जटिल समाज के संदर्भ की ओर बढ़ती है। इसमें प्रत्यक्ष समरूपताओं के आधार पर ही आदर्श प्रारूपों की रचना करके इसकी रचना की जाती है।

3. **विश्लेषणात्मक** (Analytical)–कुछ उपकल्पनाएं विश्लेषण संबंधी आवृत्तियों (variables) से संबंधित होती हैं। ये उपकल्पनाएं आदर्श प्रारूपों के कल्पना के स्तर से परे

होती हैं। अनुभवात्मक समरूपताओं की उपकल्पनाएं अवलोकन के आधार पर साधारण अंतरों को बताती हैं, लेकिन विश्लेषण संबंधी आवृत्तियों के अध्ययन एक वस्तु के परिवर्तनों का प्रभाव दूसरे तथ्यों के निर्माण की आवश्यकता पर जोर देते हैं।

उपकल्पनाओं के निम्नलिखित प्रकार हो सकते हैं–

1. कार्यकारी उपकल्पना (Working Hypothesis)–शोध समस्या के विषय में यह एक प्रकार की प्रारंभिक धारणा है, विशेष रूप से उस समय जब एक उपकल्पना के निर्माण हेतु शोधकर्ता के पास पर्याप्त सूचनाएं नहीं होतीं। कार्यकारी उपकल्पनाओं का प्रयोग शोध का अंतिम प्रारूप तैयार करने के लिए किया जाता है। इससे शोध समस्या को सही-सही परिप्रेक्ष्य एवं सही व स्वीकार्य रूप में प्रस्तुत करने में सहायता मिलती है।
2. वैज्ञानिक उपकल्पना (Scientific Hypothesis)–इस प्रकार की उपकल्पना का निर्माण पर्याप्त सैद्धांतिक तथा आनुभविक तथ्यों के आधार पर होता है, जो कि पूर्व में प्राप्त किए गए हैं।
3. वैकल्पिक उपकल्पना (Alternative Hypothesis)–इसमें दो उपकल्पनाओं का सेट होता है तथा दोनों उपकल्पनाएं एक-दूसरे के विपरीत होती हैं। प्रथम शून्य उपकल्पनाओं की स्वीकृति का अभिप्राय दूसरी वैकल्पिक उपकल्पना की अस्वीकृति है। इसी प्रकार वैकल्पिक उपकल्पना की स्वीकृति शून्य उपकल्पना की अस्वीकृति है।
4. शोध उपकल्पना (Research Hypothesis)–यह उपकल्पना किसी सामाजिक तथ्य के विषय में शोधकर्ता का कथन है। वह उसकी सत्यता के विषय में विश्वास करता है तथापि उसे अस्वीकार किए जाने का प्रयास करता है। यह पूर्व के सिद्धांतों से निर्मित होती है और यह दूसरे सिद्धांतों के निर्माण में आधार बनती है।
5. शून्य उपकल्पना (Null Hypothesis)–यह चरों में संबंध न होने को प्रदर्शित करती है। शून्य उपकल्पना वास्तविकता में नहीं होती, लेकिन शोध उपकल्पना, जो कि उसके विपरीत होती है, का परीक्षण करने के लिए शून्य उपकल्पना का प्रयोग होता है।
6. सांख्यिकीय उपकल्पना (Statistical Hypothesis)–यह जनसंख्या के किसी सांख्यिकीय कथन या अवलोकन को स्वीकार या अस्वीकार करने के लिए निर्मित की जाती है। इसमें तथ्यों को मात्रात्मक रूप में प्रस्तुत कर उसके विषय में निष्कर्ष निकाले जाते हैं। अतः कहा जा सकता है कि सांख्यिकीय उपकल्पना शून्य उपकल्पना की संख्यात्मक अभिव्यक्ति है।

उपकल्पना के उद्‌गम (Sources of Hypotheses)

उपकल्पना के प्रकारों की विवेचना करते समय उसमें उत्पत्ति के संबंध में भी पुट दिया गया है। अतः आवश्यक हो जाता है कि उसके उद्‌गमों की भी व्याख्या कर ली जाए। गुडे एवं हाट[10] ने उपकल्पना के स्रोत की विस्तृत विवेचना की है।

1. **सामान्य संस्कृति (General Culture)**–संस्कृति की सामान्य संरचना न केवल सामाजिक उपकल्पना का निर्माण करती है, बल्कि उसकी गतिविधि का निर्देश भी करती है। किसी वर्ग की संस्कृति का लोगों की विचारधारा पर गहरा प्रभाव पड़ता है और जो भी उपकल्पनाएं बनाई जाती हैं, वे उनसे पर्याप्त सीमा तक प्रभावित होती हैं। उदाहरण के लिए–अमेरिकन संस्कृति में व्यक्तिगत भावना और संपन्नता पर बड़ा जोर दिया जाता है। जिसका प्रभाव अन्य सामाजिक संस्थाओं पर पड़ता है। इसलिए इसका संबंध असंख्य

कारकों–जैसे वैवाहिक संबंध, धर्म, शिक्षा, व्यवसाय आदि से जोड़ने की प्रवृत्ति चल रही है। भारत वर्ष में विभिन्न जातियों के बीच एक-दूसरे को जो ऊंचा और नीचा समझने की प्रवृत्ति पाई जाती है; उसके संबंध में भी कुछ उपकल्पनाएं देखने में आती हैं।

2. **उपकल्पनाओं का स्त्रोत विज्ञान स्वयं होता है** **(Science Itself the Source of Hypotheses)**–जैसा कि ऊपर बताया जा चुका है कि वैज्ञानिक सिद्धांत भी उपकल्पनाओं को जन्म देते हैं। उदाहरण के लिए दुर्खीम ने आत्महत्या के विभिन्न कारणों तथा सामाजिक प्रभावों की विवेचना करने के पश्चात उससे संबंधित जिन नियमों का निर्माण किया, उनका सामूहिक नाम आत्महत्या का सिद्धांत है। वैज्ञानिक सिद्धांत तर्कपूर्ण व स्थाई प्रतीत होते हैं और उपकल्पनाओं के स्त्रोत बनते हैं।

3. **सादृश्यता** **(Analogy)**–एकरूपता उपकल्पनाओं के निर्माण तथा घटना में किसी काम चलाऊ नियम की खोज के लिए अत्यंत उपयोगी पथ प्रदर्शक है। कभी-कभी दो तथ्यों के बीच समानता के कारण नई उपकल्पनाओं का जन्म होता है और इनकी प्रेरणा का कारण एकरूपताएं होती हैं।

4. **व्यक्तिगत अनुभव** **(Personal Experience)**–उपकल्पनाएं व्यक्तिगत अनुभव और मानसिक गठन के अनुभवों के परिणामस्वरूप भी निर्मित होती हैं। संस्कृति, विज्ञान और एकरूपता ही उपकल्पनाओं के निर्माण को प्रभावित नहीं करते, बल्कि इसके निर्माण में व्यक्तिगतम अनुभव भी अपना महत्व रखते हैं। न्यूटन का पेड़ से सेब का गिरना भी व्यक्तिगत आकस्मिक प्रक्रिया को बताता है, जिससे उपकल्पना को परीक्षण करने की प्रेरणा मिलती है। प्राय: तथ्य तो समाज में रहते ही हैं परन्तु उन्हें विशेष दृष्टिकोण से देखकर कुछ व्यक्ति ही नई उपकल्पनाओं का निर्माण कर पाते हैं। डार्विन ने अपनी यात्रा की अवधि में जीवन संघर्ष की उपकल्पना को बनाया था।

5. **लोक विश्वास** **(Folk Wisdom)**–प्रत्येक संस्कृति में लोगों की कुछ सामान्य मान्यताएं होती हैं, जो कि लोक कहावतों के रूप में प्रचलित होती हैं। इन लोक विश्वासों की अभिव्यक्ति पीढ़ी दर पीढ़ी चली आती है। परन्तु जब किसी अनुसंधानकर्ता की कोई जिज्ञासा उत्पन्न हो जाती है तो वह उपकल्पना के रूप में उठाई जा सकती है।

इस प्रकार समाज वैज्ञानिक शोधों में उपकल्पनाओं की रचनाएं परिस्थितियों और दर्शकों पर निर्भर करती हैं। उपकल्पनाओं की उत्पत्ति उपर्युक्त क्षेत्रों में हो सकती है।

व्यावहारिक उपकल्पना की विशेषताएं (Characteristics of Working Hypotheses)

जैसा कि ऊपर बताया जा चुका है, उपकल्पना एक ऐसा विचार है, जिसका परीक्षण शेष रह जाता है। गुडे और हाट ने इसका बड़ा ही मनोरंजक वर्णन किया है। उन्होंने लिखा है कि 'वैज्ञानिक के मन में अकेले अथवा सामूहिक उत्सवों में, एकांत क्षणों में अथवा व्यस्तता के क्षणों में अनेक प्रकार की उपकल्पनाओं का जन्म होता है, उनमें से अधिकांश तो यूं ही समाप्त हो जाती हैं और उनका विज्ञान के विकास पर कोई प्रभाव नहीं पड़ता। केवल निश्चित प्रयासों के द्वारा ही यह संभव है कि दोषपूर्ण कल्पनाओं को अच्छी उपकल्पनाओं से अलग किया जा सके।'

1. **उपकल्पना अवधारणात्मक रूप से स्पष्ट होनी चाहिए** **(Hypotheses must be Conceptually Clear)**–इसका अर्थ यह है कि अवधारणाओं की व्याख्या स्पष्ट हो और उनका प्रयोग भी संभव हो सके। परिभाषाएं समान रूप से स्वीकृत हों तथा उनका सम्प्रेषण

उचित ढंग से हो सके। उसका प्रत्येक शब्द स्पष्ट होना चाहिए, जिससे उसमें निहित विचारों का विश्लेषण हो सके।

2. **उपकल्पना का अनुभवात्मक संदर्भ होना चाहिए (Hypotheses should have Empirical Referents)**—इसका अर्थ यह है कि वही उपकल्पना वैज्ञानिक शोध में प्रयुक्त हो सकती है, जिसमें आदर्शात्मक निर्णय का पुट नहीं है। दूसरे शब्दों में हम कह सकते हैं कि उपकल्पना में किसी आदर्श को प्रस्तुत करने का प्रयास नहीं करना चाहिए।

3. **उपकल्पना विशिष्ट होनी चाहिए (Hypothesis should be Specific)**—अगर उपकल्पना सामान्य होती है तो उससे यथार्थ निष्कर्ष पर पहुंचना कठिन हो जाता है क्योंकि किसी विषय के समस्त पक्षों का अध्ययन एक साथ नहीं हो सकता। अत: उपकल्पना का अध्ययन विषय किसी विशेष पहलू से संबद्ध होना चाहिए।

4. **उपकल्पना सिद्धांत समूह से संबद्ध होनी चाहिए (Hypothesis should be Related to a Body of Theory)**—यह विशेषता बहुत से शोधकर्ता छोड़ देते हैं। गुडे एवं हाट[11] ने भी कहा है कि 'इस नियम की अवहेलना अक्सर सामाजिक अनुसंधान के प्रारंभिक विद्यार्थी कर देते हैं। यह उचित है कि चुनी हुई उपकल्पना किसी प्रतिपादित सिद्धांत के अनुसार ही हो।' यदि विभिन्न उपकल्पनाओं का चुनाव अनायास ही परस्पर असंबद्ध रूप में कर लिया जाए तो विस्तृत सिद्धांत के संदर्भ में उनकी जांच नहीं की जा सकती।

5. **उपकल्पना को उपलब्ध अनुसंधान प्रणालियों एवं प्रविधियों से संबद्ध होना चाहिए (Hypothesis should be Related to Available Research Procedure and Techniques)**—उपकल्पना का निर्माण इस बात को ध्यान में रखकर करना चाहिए कि उसकी सत्यता की जांच उपलब्ध प्रविधियों के आधार पर हो सके। गुडे एवं हाट ने लिखा है, 'सिद्धांत और पद्धति एक-दूसरे के विरोधी नहीं हैं, जो सिद्धांत निर्माता यह नहीं जानता कि उसकी उपकल्पना की जांच के लिए कौन-कौन सी प्रविधियां उपलब्ध हैं वह उपयोगी प्रश्नों के निर्माण में असफल रहता है।[12] अत: उपकल्पनाएं ऐसी हों जो उपलब्ध प्रविधियों के भीतर हों।

6. **उपकल्पना सरल होनी चाहिए (Hypothesis should be Simple)**—इसका तात्पर्य यह है कि उपकल्पना रेजर की धार के समान तीक्ष्ण तथा निश्चित होनी चाहिए। पी.वी. यंग के मतानुसार, 'समस्या' के संबंध में अनुसंधानकर्ता की जितनी ही गहरी सूझबूझ होगी, उतनी ही संबंधित उपकल्पना में सरलता होगी।'[13]

इस प्रकार उपकल्पना को बनाते समय शोधकर्ता को उपर्युक्त बिन्दुओं को विशेष रूप से ध्यान में रखना चाहिए। वही उपकल्पना प्रयोग की जा सकती है जो विशिष्ट, सरल, स्पष्ट एवं सिद्धांत से संबंधित हो।

उपकल्पना और सिद्धांत आपस में अंत: संबंधित होते हैं। इन दोनों को अलग-अलग नहीं किया जा सकता, जब कोई उपकल्पना प्रमाणित हो जाती है तो वह सिद्धांत का रूप ले लेती है। इस प्रकार हम यह कह सकते हैं कि एक सिद्धांत तथ्यों के द्वारा प्रमाणित उपकल्पना है।

Notes

1. W.J. Goode and P.K. Hatt, *Methods in Social Research*. McGraw-Hill, New York, 1952, p. 56.
2. *Webster's New International Dictionary of English Language*, 1956.
3. Bogardus E.S., *Sociology*, Macmillan Co., New York, 1954, p. 551.

4. P.V. Young, *Scientific Social Survey and Research*, Prentice Hall, New Delhi, 1956, pp. 96.
5. G.A. Lundberg, *Social Research*, Longmans, Green and Co., New York, 1951, p. 9.
6. Good, Carter and Scath, *Methods of Research*, Appleton Century, Craft, Inc., New York, 1954, p. 90.
7. Mann Peter, *Method of Sociological Enquiry*, Oxford University Press, London, 1968, p. 38.
8. W.J. Goode and P.K. Hatt, op. cit., p. 57.
9. W.J. Goode and P.K. Hatt, op. cit., pp. 61–63.
10. W.J. Goode and P.K. Hatt, op. cit., pp. 63–67.
11. W.J. Goode and P.K. Hatt, op. cit., p. 67.
12. W.J. Goode and P.K. Hatt, op cit., pp. 69–70.
13. P.V. Young, op. cit., pp. 96–97.

10

शोध प्रारूप

Research Design

सामाजिक अनुसंधान में अध्ययन की समस्या के चुनाव के पश्चात प्रारूप के निर्धारण का प्रश्न उपस्थित होता है। इसका अर्थ यह होता है कि सामाजिक अनुसंधान का एक ऐसा प्रारूप अपनाया जाए जो समस्या के अध्ययन हेतु सर्वाधिक उपयुक्त एवं सुविधाजनक हो। अनुसंधान प्रारूप तथ्यों के एकत्रीकरण की त्रुटियों को कम करके मानव श्रम की बचत करता है।

कोई भी सामाजिक अनुसंधान बिना किसी उद्देश्य के नहीं होता। इस उद्देश्य का स्पष्टीकरण एवं विकास शोध के दौरान निश्चित नहीं होता बल्कि उससे पूर्व ही निर्धारित कर लिया जाता है। अनुसंधान के लक्ष्य के आधार पर अध्ययन विषय के विभिन्न पक्षों को उद्घाटित करने के लिए पहले से ही बनाई गई योजना की रूपरेखा को ही शोध प्रारूप कहते हैं। एकाफ के शब्दों में 'प्रारूप निश्चयों को क्रियान्वित करने की दिशा में उस परिस्थिति की उत्पत्ति के पूर्व निश्चयों के निर्धारण का एक प्रक्रम है। यह एक संभावित स्थिति को नियंत्रण में लाने की दिशा में एक निश्चय पूर्ण प्रक्रिया है।"[1]

इस दृष्टिकोण से उद्देश्य की प्राप्ति से पूर्व ही उद्देश्य का निर्धारण करके शोध कार्य की जो रूपरेखा तैयार कर ली जाती है उसे शोध प्रारूप कहते हैं। जब यह अनुसंधान का कार्य किसी सामाजिक घटना से संबद्ध होता है तो वह सामाजिक शोध का प्रारूप कहा जाता है। अत: यह स्पष्ट हो जाता है कि सामाजिक शोध के अनेक प्रकार होते हैं और शोधकर्ता अपने उद्देश्यों की प्राप्ति के लिए सर्वाधिक उपयुक्त समझकर इनमें से किसी एक को चुन लेता है। यह शोध की प्रकृति एवं शोधकर्ता के लक्ष्यों पर निर्भर करता है कि वह किस शोध प्रारूप का प्रयोग करके समस्या का अध्ययन करे।

शोध की समस्या को चुनने के लिए और उसके आधार पर योजना बनाने के लिए शोधकर्ता को कई प्रकार की कठिनाइयों का सामना करना पड़ता है। इन प्रक्रियाओं में अनुसंधानकर्ता से यह आशा की जाती है कि वह समस्या के चुनाव के लिए जागरूक रहे और इसके साथ में समस्या के निर्माण के नियमों का ज्ञान उसे भली-भांति हो। शोध की योजना का निर्माण कई स्तरों से गुजरता है जिसमें निम्नलिखित महत्वपूर्ण हैं–

1. चुने हुए विषय के द्वारा समस्या के समाधान के लिए पहले से ही सोच लेना चाहिए। दूसरे शब्दों में हम यह कह सकते हैं कि समस्या का आधार प्रबंध योग्य हो।

2. शोध के उद्देश्य इतने सीमित कर दिए जाएं जिससे उसको नियंत्रित करने में कठिनाई न हो।
3. तथ्यों का एकत्रीकरण एवं विश्लेषण करने के लिए उपकल्पनाओं का निर्माण करना जिससे शोध में निर्देशन हो सके।
4. अवधारणाओं की परिभाषा होनी चाहिए जिनमें औपचारिक, सैद्धांतिक और कार्यात्मक परिभाषाओं की विवेचना स्पष्ट रूप से होनी चाहिए।
5. निष्कर्षों को दूसरे ज्ञान से संबंधित करके साधारणीकरण के आधार पर नियमों को बनाना चाहिए।

इस प्रकार हम कह सकते हैं कि प्रारूप निर्णय की वह प्रक्रिया है जो उन परिस्थितियों के पूर्व किए जाते हैं जिनमें वे निर्णय कार्य रूप में लाए जाने हैं। जहोदा ने शोध प्रारूप की विवेचना करते हुए लिखा है कि, 'शोध प्रारूप किसी शोध उद्देश्य से उन तथ्यों के एकत्रीकरण और विशेषीकरण के लिए उन दशाओं का प्रबंध करना है जिनसे आर्थिक नियंत्रण के साथ-साथ शोध उद्देश्य की प्राप्ति की जा सके।'[2] यह शोध के उद्देश्यों के आधार पर अलग-अलग हो सकते हैं।

शोध प्रारूप की विशेषताएं एवं महत्व (Characteristics and Importance of Research Design)

उपर्युक्त विवेचना से शोध प्रारूप की कुछ विशेषताओं की ओर संकेत किया जा सकता है जिनमें निम्नलिखित प्रमुख हैं–

1. शोध प्रारूप का संबंध सामाजिक शोध से होता है।
2. शोध प्रारूप शोधकर्ता को एक निश्चित दिशा का बोध कराता है।
3. शोध प्रारूप का कार्य सामाजिक घटनाओं की जटिल प्रकृति को सरल बनाकर स्पष्ट करना है।
4. इसका उद्देश्य अनुसंधान प्रक्रिया में आगे आने वाली परिस्थितियों को नियंत्रित करना एवं अनुसंधान कार्य को सरल बनाना होता है।
5. प्रारूपों का चुनाव सामाजिक शोध की समस्या और उपकल्पना की प्रकृति के आधार पर किया जाता है।
6. शोध प्रारूप वह साधन है जो मानव परिश्रम को कम करता है और शोध में आने वाली कठिनाइयों को दूर करता है।

इस प्रकार हम कह सकते है कि शोध प्रारूप भी नियोजित, व्यवस्थित, उद्देश्यपूर्ण, साधन संपन्न तथा अवधिबद्ध कार्यक्रम है।

शोध प्रारूपों के आधार पर शोध के उद्देश्य (Objectives of Research on the Basis of Research Design)

जहोदा ने शोध के निम्नलिखित चार उद्देश्यों की विवेचना की है।[3]

1. सामाजिक घटनाओं को जानने की चेष्टा करना तथा नवीन अंतर्दृष्टियों को प्राप्त करना।
2. विशिष्ट व्यक्ति, परिस्थिति या समूहों की विशेषताओं का उचित ढंग से वर्णन करना।
3. आवृत्तियों का निर्धारण करना जिससे कोई घटना होती हो और उससे संबंधित दूसरी वस्तुओं की आवृत्तियों का भी अध्ययन करना जिन पर उसका प्रभाव पड़ता हो।

4. कार्य-कारण संबंधी उपकल्पनाओं का परीक्षण करना।

इन्हीं उपर्युक्त उद्देश्यों को ध्यान में रखकर शोध प्रारूपों की कल्पना की जाती है।

सामाजिक शोध प्रारूपों के प्रकार (Types of Social Research Design)

सामाजिक शोध के उद्देश्यों में भिन्नता पाई जाती है। इस भिन्नता के परिणामस्वरूप सामाजिक शोध के प्रारूपों में विविधता का होना नितान्त आवश्यक है। सामाजिक शोध के निम्नलिखित प्रारूप हो सकते हैं–

1. अन्वेषणात्मक या निरूपणात्मक (Exoloratory or Formulative)।
2. वर्णनात्मक व निदानात्मक (Descriptive and Diagnostic)।
3. प्रयोगात्मक (Experimental)।

पहले शोध प्रारूप में विचारों की खोज और अन्तर्दृष्टियों पर विशेष ध्यान दिया जाता है। इसके साथ-साथ ये प्रारूप लचीले भी होते हैं, जिनसे समय-समय पर घटनाओं के विभिन्न रूपों का समावेश किया जा सके। दूसरे और तीसरे प्रारूप में अभिमतियों (Bias) को दूर करने का यत्न किया जाता है और इसके साथ-साथ सत्यापनशीलता पर जोर दिया जाता है। यह कार्य तथ्यों के एकत्रीकरण के आधार पर किया जाता है। चौथे में कार्यकारण से संबद्ध उपकल्पनाओं का परीक्षण किया जाता है जो न केवल अभिमतियों को नियंत्रित करते हैं, वरन कार्य कारण के आधार पर घटनाओं की व्याख्या भी करते हैं।

अन्वेषणात्मक तथा निरूपणात्मक शोध प्रारूप *(Functions of Exploratory Research Design)*

यह शोध प्रारूप नवीन तथ्यों की खोज से संबंधित है। इसका लक्ष्य अज्ञात तथ्यों की खोज और मानव ज्ञान में वृद्धि करना है। बहुत से अन्वेषणात्मक अध्ययनों का उद्देश्य उपकल्पनाओं को विकसित करने और समस्याओं के निर्माण में संक्षिप्त शोधों पर जोर देना है। इस प्रारूप में शोधकार्य की रूपरेखा इस ढंग से प्रस्तुत की जाती है कि घटना की प्रकृति तथा प्रक्रियाओं की वास्तविकताओं की खोज की जा सके। सामाजिक विज्ञान के लिए किसी क्षेत्र में जहां शोधकार्य द्वारा अर्जित ज्ञान सीमित है साथ ही सिद्धांत का विकास भी परीक्षात्मक अनुसंधान के निर्देशन की दृष्टि से संक्षिप्त है, वहां उपकल्पना का निर्माण अन्वेषणात्मक अध्ययन के आधार पर किया जाता है। इसीलिए जहोदा ने लिखा है कि अन्वेषणात्मक अध्ययन ऐसे अनुभव की प्राप्ति के लिए आवश्यक हैं, जो अधिक निश्चित अध्ययन के लिए उपकल्पनाओं के निरूपण में सहायक होते हैं। इसके माध्यम से किसी भी विषय के संबंध में अनुसंधानकर्ता के समक्ष कार्यकारण संबंध स्पष्ट हो जाते हैं। कभी-कभी समस्या के चुनाव और शोधकार्य के लिए उससे संबंधित साहित्य और स्रोतों का ज्ञान नहीं हो पाता, उस दशा में भी वह शोध प्रारूप सहायता प्रदान कर सकता है।

अन्वेषणात्मक शोध प्रारूप के कार्य

अन्वेषणात्मक शोध प्रारूप के निम्नलिखित प्रकार्य एवं प्रयोजन हो सकते हैं–

1. शोधकर्ता को घटना के संबंध में जागरूकता एवं समझ प्रदान करना।
2. तत्कालीन परिस्थितियों के संबंध में सूचनाएं देना, जिनके आधार पर निर्मित उपकल्पनाओं का परीक्षण किया जा सके।
3. अवधारणाओं और प्रणालियों को प्रयुक्त करने की संभावनाओं का स्पष्टीकरण करना।

4. आगे आने वाले शोध के संबंध में प्रधानता (priorities) की स्थापना करना।
5. सामाजिक महत्व की समस्याओं की ओर शोधकर्ता को प्रेरित करना।
6. दीर्घ अनुसंधान के लिए अपरिचित क्षेत्र में उपकल्पनाओं का क्रमबद्ध एवं व्यवस्थित आधार प्राप्त करना।
7. समस्या के किस क्षेत्र में अध्ययन को केन्द्रित किया जाए, निर्धारित करना।
8. विज्ञान को परम्परागत सीमाओं से मुक्त करके, उसके अध्ययन क्षेत्र का विकास करना।

अन्वेषणात्मक शोध प्रारूप की अनिवार्यताएं एवं विधियां (Essentials and Methods of Exploratory Research Design)

शोध के लिए यह प्रारूप प्राथमिक दिशाएं प्रदान करता है। इसका महत्व इसलिए भी बढ़ जाता है, क्योंकि प्रारंभिक दृष्टिकोण निश्चित करने में भी सहयोगी सिद्ध होता है। जब तक किसी शोधकर्ता को समस्या की सुस्पष्ट व्याख्या उसके सैद्धांतिक परिप्रेक्ष्यों तथा प्रयोगात्मक पक्षों का ज्ञान नहीं होगा, तब तक वह अनुसंधान करने में समर्थ नहीं हो सकता है। अन्वेषणात्मक शोध प्रारूप की कुछ अनिवार्यताएं और विधियां होती हैं, उनमें कुछ महत्वपूर्ण विधियां निम्नलिखित हैं–

1. **संबंधित साहित्य का सिंहावलोकन एवं विश्लेषण करना (Survey and analysis of related literature)**–किसी भी शोध की समालोचना करते समय उससे संबंधित किसी पूर्व साहित्य का अध्ययन एवं मूल्यांकन आवश्यक होता है। यह मूल्यांकन उपकल्पनाओं का होना चाहिए, जो कि उस शोध को आगे बढ़ा सकती है। पिछली उपकल्पनाओं को एकत्र करके, उनकी उपयोगिता का शोध के संदर्भ में मूल्यांकन कर लेना चाहिए। उनके आधार पर यह भी देखना चाहिए कि क्या उनसे नवीन उपकल्पनाएं बन सकती हैं। इसके अतिरिक्त पुस्तकों की सूची को तैयार करके, उनका अवलोकन करना चाहिए। इस संदर्भ में विभिन्न प्रकार की पत्र-पत्रिकाओं तथा समाजशास्त्रीय शोधों के निष्कर्ष को भी देखना चाहिए। इसके अतिरिक्त शोध के संबंध में जितने भी उपलब्ध साहित्य हों उनका अध्ययन कर लेना चाहिए। इसके संबंध में विभिन्न प्रकार के समाजशास्त्रियों के ग्रंथों का अध्ययन भी आवश्यक होता है। संक्षेप में हम कह सकते हैं कि संबंधित साहित्य, शोध विज्ञप्तियां, पुस्तकें, संदर्भ ग्रंथों, पत्रिकाओं तथा लेखों आदि के अध्ययन समस्या के स्पष्टीकरण में सहायता प्रदान करते हैं।

2. **अनुभव सर्वेक्षण (Experience survey)**–समाजविज्ञान की प्रयोगशाला सम्पूर्ण समाज है और अनुभव के द्वारा इसे परिपुष्टता प्राप्त होती है। यह आवश्यक भी नहीं है कि किसी समस्या के संबंध में सभी पक्ष प्रकाशित एवं सभी लक्ष्य लिखित रूप से उपलब्ध हों। यह भी हो सकता है कि कुछ पक्षों पर लिखा ही न गया हो और वह केवल लोगों के पास अनुभवों के रूप में सुरक्षित हो। व्यावहारिक अनुभव बहुत महत्वपूर्ण होता है, जो लोग सामाजिक क्षेत्रों में कार्य करते हैं, उनके अनुभव बड़े मूल्यवान होते हैं। इन अनुभवों को एकत्र करना शोधकर्ता का कर्तव्य हो जाता है। अतः इस ज्ञान को प्राप्त करने के लिए अनुभव-सर्वेक्षण किए जाते हैं।

ऐसे व्यक्तियों के ज्ञान के लाभ को उठाने के लिए उनसे सम्पर्क स्थापित करना आवश्यक हो जाता है। इस कार्य के लिए सर्वप्रथम सूचनादाताओं का चयन करना चाहिए। उनके चयन के समय इस बात का विशेष ध्यान रखना चाहिए कि समस्या से संबंधित अनुभव एवं ज्ञान प्राप्त व्यक्ति ही चुने जाएं। इसका उद्देश्य विविध प्रकार की अभिवृत्तियों में अन्तर्दृष्टि

को प्राप्त करना होता है। सूचनादाताओं के चुनने का सीधा तरीका प्रशासकों, सूचनायुक्त व्यक्तियों एवं अनुभवी व्यक्तियों को ही चुनना चाहिए। अगर इन व्यक्तियों के नाम कई माध्यमों से आते हों तो उसको चुन लेना चाहिए। जहोदा के अनुसार, अनुभव-सर्वेक्षण को संपादित करते समय निम्नलिखित बातों का ध्यान रखना चाहिए[4]–

1. सूचनादाताओं का चुनाव।
2. समस्या से संबंधित अनुभव एवं ज्ञान रखने वाले व्यक्तियों का चयन करना चाहिए।
3. क्षेत्र को विशेष महत्व न देकर व्यक्तियों का चुनाव किसी भी क्षेत्र में किया जा सकता है।
4. सूचनादाताओं से प्रश्न करके, समस्या के बारे में जानकारी प्राप्त करनी चाहिए।
5. समस्या के सभी पक्षों को समान रूप से समझना चाहिए।
6. विविध पक्षों से संबंधित जानकारी व व्यक्तियों से सभी संबंध स्थापित कर लेना चाहिए।

शोधकर्ता को सूचनादाता से प्रश्न पूछते समय विशेष जागरूक रहना चाहिए। साहित्यिक सूचनाएं अनियोजित साक्षात्कार द्वारा पुष्ट की जानी चाहिए। शोधकर्ता को सूचनादाताओं को तथ्यों की जानकारी देने से रोकना नहीं चाहिए। प्रश्नों को पूछते समय शोधकर्ता को विशेष सावधानी बरतनी चाहिए, जिससे सही तथ्य सामने आ सकें। प्रश्न सरल और स्पष्ट होने चाहिए, जिससे उत्तरदाता को प्रश्नोत्तर में कठिनाई न हो।

3. **अन्तर्दृष्टि प्रेरक घटनाओं का विश्लेषण (The analysis of insight-stimulating examples)**–यह विश्लेषण वैयक्तिक अध्ययन पद्धति द्वारा भी किया जा सकता है। इसमें अनेक तत्व निहित होते हैं, जिसमें विषय की गहनता शोधकर्ता का दृष्टिकोण और एकीकरण की शक्तियां प्रमुख हैं। इस प्रक्रिया में ऐसी क्रियाओं का विश्लेषण किया जाता है, जिसमें शोधकर्ता की अन्तर्दृष्टि विस्तृत हो सके। इसमें अध्ययन वस्तु से संबद्ध कुछ ऐसे विषय भी हो सकते हैं, जिनका विश्लेषण करने पर अध्ययन वस्तु के संबंध में व्यावहारिक अन्तर्दृष्टि पनप सकती है। इस प्रकार अन्तर्दृष्टि द्वारा उपकल्पना के निर्माण तथा वास्तविक शोध कार्य में अत्यधिक सहायता मिलती है। समान रूप से निम्नांकित प्रकार की घटनाएं/स्थितियां शोधकर्ता को प्रेरित करती हैं[5]–

1. अपरिचितों की प्रक्रियाएं।
2. सीमांत व्यक्तियों या समूहों से प्राप्त विवरण।
3. विकास की एक अवस्था से दूसरी अवस्था का संक्रमण करने वाले व्यक्ति या समूह।
4. विचलनकारी, पृथक या व्याधिकीय उदाहरण।
5. सामाजिक संरचना की विभिन्न स्थितियों का प्रतिनिधित्व करने वाले व्यक्ति।
6. समस्या से संबंधित विशुद्ध उदाहरण।
7. एक विशिष्ट स्थिति में पूर्णतः अनुकूल एवं पूर्णतः प्रतिकूल व्यक्तियों का अध्ययन।

ये ऐसी घटनाएं/स्थितियां हैं, जो अनुसंधानकर्ता को सामाजिक अनुसंधान के लिए प्रेरणा प्रदान करती हैं। इन सभी घटनाओं का अध्ययन करते समय शोधकर्ता की दृष्टि ज्ञान को प्राप्त करने की होनी चाहिए। इसके साथ-साथ उसको व्यक्ति, समूह, समुदाय, संस्कृति अथवा परिस्थितियों का चुनाव कर लेना चाहिए, जो कि उसे अन्तर्दृष्टि प्रदान कर सके। इसके साथ-साथ शोधकर्ता में एकीकरण की शक्तियों में विकास होना चाहिए, जिससे वह तथ्यों को एकत्रित करके सही रूप में प्रस्तुत कर सके।

उपर्युक्त व्याख्या से स्पष्ट होता है अन्वेषणात्मक शोध प्रारूप उन आधारों को प्रदान करता है, जो कि एक सफल शोध कार्य के लिए महत्वपूर्ण होता है।

वर्णनात्मक शोध प्रारूप *(Descriptive Research Design)*

इस शोध प्रारूप का मुख्य उद्देश्य समस्या से संबंधित वास्तविक तथ्यों के आधार पर वर्णनात्मक विवरण प्रस्तुत करना है। इनकी विशेषता पूर्ण और यथार्थ सूचनाएं प्राप्त करना है। अत: ये अध्ययन किसी समुदाय या समूह के सम्पूर्ण जीवन से संबंधित प्रक्रियाओं के होते हैं। इन सम्पूर्ण सामाजिक प्रक्रियाओं का वर्णन वैज्ञानिक विधि की सहायता से किया जाता है। सामाजिक अनुसंधान मूल रूप से दो प्रकार की सामाजिक समस्याओं से संबंधित होते हैं। प्रथम समस्या सामान्य नियमों की खोज होती है। द्वितीय समस्या विशिष्ट परिस्थितियों के निदान से संबंधित होती है।

इसके लिए यह आवश्यक होता है कि विषय के संबंध में यथार्थ और पूर्ण सूचनाएं प्राप्त की जाएं। वैज्ञानिक वर्णन के आधार पर सूचनाएं प्राप्त की जाएं। वैज्ञानिक वर्णन का आधार वास्तविक व विश्वसनीय तथ्य ही है। इस प्रकार की शोध रचना में तथ्यों का संकलन किसी भी वैज्ञानिक प्रविधि द्वारा किया जा सकता है। साक्षात्कार प्रश्नावली, व्यवस्थित प्रत्यक्ष अवलोकन, सहभागी अवलोकन आदि विधियों की सहायता से सामाजिक समस्या का वर्णनात्मक अध्ययन किया जा सकता है। इस प्रकार के अध्ययनों में सावधानीपूर्वक नियोजित पद्धतियों का प्रयोग करना चाहिए। क्योंकि इसका उद्देश्य सही और सम्पूर्ण सूचनाओं को प्राप्त करना होता है। इस प्रकार के प्रारूपों में शोधकर्ता की अपनी अभिमतियों से अध्ययन को बचाने का प्रयास करना चाहिए। इस प्रकार के शोध विस्तृत और बड़े होते हैं। अत: शोधकर्ता को सावधानीपूर्वक मितव्ययता पर ध्यान देना चाहिए।

वर्णनात्मक शोध प्रारूप के महत्वपूर्ण चरण (Important Steps of Descriptive Research Design)

वर्णनात्मक अध्ययन के महत्वपूर्ण चरण निम्नलिखित हो सकते हैं–

1. अनुसंधान के उद्देश्यों का निरूपण।
2. तथ्य संकलन एवं पद्धतियों का चुनाव।
3. निदर्शन का चुनाव।
4. सामग्री का संकलन तथा उनका परीक्षण।
5. परिणामों का विश्लेषण और
6. प्रतिवेदन।

1. **अनुसंधान के उद्देश्यों का निरूपण** **(Formulating the Objectives of Research)**–सर्वप्रथम शोधकर्ता के लिए इन प्रश्नों का उत्तर जानना आवश्यक होता है, जिनके संबंध में वह खोज करने जा रहा है। उद्देश्यों का विवेचन विशिष्ट और संक्षिप्त होना चाहिए, जिससे आंकड़ों का संकलन महत्वपूर्ण हो सके। इन उद्देश्यों की परिभाषा से दो लाभ हो सकते हैं – संबंधित आंकड़ों का क्रमबद्ध अवलोकन तथा अभिमति से बचाव। इसलिए यह आवश्यक है कि शोधकर्ता को उद्देश्यों का स्पष्ट ज्ञान हो।

2. **तथ्य संकलन की पद्धतियों का चुनाव** **(Selecting the Methods of Data Collection)**–उद्देश्यों को स्पष्ट कर लेने के पश्चात यह आवश्यक है कि पद्धतियों एवं प्रविधियों का चुनाव विशिष्ट रूप से किया जाए; क्योंकि इनका उचित चुनाव किए बिना विषय से सम्बद्ध आंकड़ों का चुनाव भलो-भांति नहीं हो सकता। अत: शोधकर्ता के लिए उन पद्धतियों का चुनाव करना होगा, जिनके आधार पर आंकड़ों का संकलन होगा। अगर उपलब्ध

प्रविधियां उपलब्ध न हों तो उनका विकास करना चाहिए। इस स्तर पर अभिमति और अविश्वसनीयता के प्रति विशेष सावधानी रखनी चाहिए। इसके साथ-साथ तथ्यों के एकत्रीकरण की प्रविधियों का पूर्व परीक्षण कर लेना चाहिए। अगर इन पद्धतियों के चुनाव में कहीं भी लापरवाही की जाती है तो अध्ययन में यथार्थता का अंश कम हो जाने की आशंका हो जाती है।

3. **निदर्शन का चुनाव** (Selecting the Sample)—ये अध्ययन विस्तृत और बड़े होते हैं। अतः विषय की प्रत्येक इकाई का अध्ययन करना अत्यंत कठिन हो जाता है। इस समस्या को सुलझाने के लिए कुछ प्रतिनिधि इकाइयों का चुनाव करके, अध्ययन करते हैं; क्योंकि इसके अध्ययन के आधार पर सम्पूर्ण जनसंख्या के बारे में विश्वसनीय निष्कर्ष निकाले जा सकते हैं। इन इकाइयों के चुनाव में मिथ्या झुकाव से बचना चाहिए। शोधकर्ता समस्या की प्रकृति और क्षेत्र को देखते हुए निदर्शन के किसी भी प्रकार को चुन सकता है, जिससे उसका अध्ययन महत्वपूर्ण हो सके। प्रतिनिधि इकाइयों का चुनाव करते समय निम्नलिखित बातों पर विशेष ध्यान देना चाहिए।

1. निदर्शन की उस पद्धति के द्वारा प्रतिनिधि इ़काई का चुनाव करना चाहिए जो समस्या के अधिक अनुरूप हो।
2. इकाइयां ऐसी हों जो सम्पूर्ण समग्र का प्रतिनिधित्व कर सकें।
3. निदर्शन के लिए इकाइयों का चुनाव करते समय अभिमति से पूर्णतया बचना चाहिए।

4. **सामग्री का संकलन तथा उनका परीक्षण** (Collecting and Checking the Data)—इस कार्य में शोधकर्ता की ईमानदारी और परिश्रम से वास्तविक सूचनाएं प्राप्त की जा सकती हैं। निदर्शन के चुनाव के पश्चात यह आवश्यक हो जाता है कि वैज्ञानिक पद्धतियों की सहायता से न केवल संकलन किया जाए, बल्कि जांच भी उचित ढंग से करनी चाहिए, जिससे वर्णनात्मक विवरण में अनावश्यक बातों का समावेश न हो सके। सामग्री संकलन करने के समय कार्यकर्ताओं पर नियमित रूप से निगरानी रखनी चाहिए, जिससे सही तथ्य प्राप्त हो सकें। जो सामग्री प्राप्त की जाए, उनकी जांच-पड़ताल निम्नलिखित आधारों पर की जानी चाहिए।

1. विश्वसनीयता।
2. स्पष्टता।
3. पूर्णता और
4. अनुकूलता।

अतः शोधकर्ता को तथ्यों के परीक्षण में उपर्युक्त बातों पर विशेष ध्यान देना चाहिए।

5. **परिणामों का विश्लेषण** (Analyzing the Results)—जिन आंकड़ों का संकलन किया गया है, उनका समानता या भिन्नता के आधार पर विभिन्न समूहों में बांटकर वर्गीकरण, सारिणीयन तथा अन्य सांख्यिकीय विवेचना करनी चाहिए। शुद्धता एवं प्रशिक्षण इसकी दो प्रमुख आवश्यकताएं हैं। अतः इस स्तर पर अत्यंत सावधानी रखने की आवश्यकता है। दूसरे शब्दों में, परिणामों के विश्लेषण में, वर्गीकरण, सारिणीयन, सांख्यिकीय विश्लेषण और सामान्यीकरण आदि तत्व सम्मिलित रहते हैं। विश्लेषण की प्रक्रिया में साक्षात्कार, तथा अवलोकन द्वारा तथ्यों का संक्षिप्त रूप में संकलन कर लेना चाहिए।

6. **प्रतिवेदन** (Report Writing)—विवरणात्मक अध्ययन का अंतिम चरण अनुसंधान से प्राप्त तथ्यों का विज्ञप्तिकरण है। इसमें शोध विषय के संबंध में तथ्ययुक्त विवरण तथा सामान्य निष्कर्ष प्रस्तुत करना चाहिए। भाषा प्रयोग पर विशेष सावधानी रखनी चाहिए। क्योंकि

अत्यधिक साहित्यिक एवं आलंकारिक भाषा के प्रयोग से वर्णन में अतिरंजना आ सकती है और उसका विभिन्न लोगों द्वारा विभिन्न अर्थ लगाये जा सकते हैं। इस अध्ययन से जो निष्कर्ष प्राप्त होते हैं, उनको लिखकर प्रकाशित कर देना चाहिए।

इन समस्त चरणों से सफलतापूर्वक गुजरने के साथ ही वर्णनात्मक शोध अपने उद्देश्य की पूर्ति कर सकता है।

निदानात्मक शोध प्रारूप *(Diagnostic Research Design)*

सामाजिक समस्याओं के अध्ययन से संबंधित तीसरा शोध प्रारूप निदानात्मक है। सामाजिक अनुसंधान सामाजिक समस्याओं से संबंधित नवीन ज्ञान की प्राप्ति और सामाजिक समस्याओं के समाधान से संबंधित उपायों की खोज करता है। इस प्रारूप के अन्तर्गत समस्या के निदान से संबंधित ब्यौरा प्रस्तुत किया जाता है। इसमें समस्या को किसी तरह सुलझाया जा सकता है। इसके वर्णन एवं विश्लेष्ण प्रस्तुत किए जाते हैं। इस प्रकार के शोध कार्यों से समस्या का हल प्रस्तुत किया जाता है। शोधकर्ता स्वयं समस्या को हल करने का प्रयास नहीं करता। उसका उत्तरदायित्व, प्रशासक, नेताओं और समाज सुधारकों पर छोड़ देता है। इसमें समस्या का पूर्ण एवं विस्तृत अध्ययन वैज्ञानिक दृष्टिकोण से किया जाता है, जिससे समस्या के प्रत्येक संभावित कारणों का पता लग सके। संभावित हल को ध्यान में रखते हुए उपकल्पनाओं का निर्माण किया जाता है। जिससे शोध कार्य को दिशा मिल सके।

इस अध्ययन की कुछ विशेषताएं होती हैं, जो निम्नलिखित हैं–

1. इस प्रकार के अध्ययन का उद्देश्य सामाजिक व्यवस्था तथा सामाजिक संबंधों से उत्पन्न विशिष्ट समस्या का निदान प्रस्तुत करना होता है।
2. निदानात्मक शोध कार्य वैज्ञानिक पद्धतियों के आधार पर होता है और उसकी दिशा निर्देशित करने के लिए उपकल्पनाओं का निर्माण किया जाता है।
3. इसमें समस्या को जन्म देने वाले कारकों का पता लगाया जाता है, क्योंकि यह माना जाता है कि किसी समस्या का समाधान तभी हो सकता है, जब हम उसे उत्पन्न करने वाले कारणों का जान सकें।
4. इन अध्ययनों में शोधकर्ता का कार्य सामाजिक समस्या के समाधान का रास्ता बताना है न कि स्वयं समस्या का समाधान करना।
5. निदानात्मक अध्ययन का संबंध समकालीन समाज की सामाजिक संरचना और सामाजिक संबंधों से होता है।

उपर्युक्त विवेचन में वर्णनात्मक तथा निदानात्मक शोध में अंतर स्पष्ट हो जाता है। इसको हम निम्न तालिका से इस प्रकार प्रस्तुत कर सकते हैं–

	वर्णनात्मक अध्ययन (Descriptive Study)	*निदानात्मक अध्ययन* (Diagnostic Study)
1.	वर्णनात्मक अध्ययन समस्या से संबंधित तथ्यों का वर्णन करता है।	निदानात्मक अध्ययन में समस्या का वास्तविक स्वरूप बताकर समस्या के निदान का उपाय भी बताया जाता है।
2.	इस प्रकार का अध्ययन उपकल्पनाओं द्वारा पूर्ण रूप से निर्देशित नहीं होता।	उपकल्पनाएं पूर्णरूप से इस प्रकार के अध्ययन को निर्देशित करती हैं।

लगातार...

...लगातार

3.	ज्ञान प्राप्ति ही वर्णनात्मक अध्ययन का प्रमुख उद्‌देश्य होता है।	निदानात्मक अध्ययन का प्रमुख उद्‌देश्य समाज में उत्पन्न तत्कालीन समस्याओं के कारणों का पता लगाकर समाधान प्रस्तुत करना होता है।
4.	इस प्रकार का अध्ययन उस क्षेत्र में विकास पाता है, जहां समस्याओं के बारे में विशेष जानकारी उपलब्ध नहीं रहती।	यह अध्ययन उसी क्षेत्र में हो पाता है, जहां पर कि समस्याओं का स्वरूप स्पष्ट रूप से उभरकर सामने आ जाता है।
5.	यह प्राय: प्रारंभिक स्तर का अध्ययन होता है।	यह उच्चस्तरीय अध्ययन होता है।

इन दोनों शोध प्रारूपों को कार्यान्वित करने के लिए शोधकर्ता को मितव्ययता, शोध प्रशिक्षण, समय तथा कार्यक्षमता पर विशेष ध्यान देना चाहिए। वैसे ये भी महत्वपूर्ण शोधों के तथ्य हैं फिर भी शोध का उद्‌देश्य तभी प्राप्त हो सकता है, जब हम ईमानदारी से कार्य करते हैं। जब अध्ययन का उद्‌देश्य अन्वेषणात्मक होता है तो लचीला शोध प्रारूप बनता है। जिसमें समस्या के विभिन्न रूपों का समावेश कर सकते हैं और जब अध्ययन का उद्‌देश्य सही रूप से परिस्थितियों या समुदायों का विश्लेषण करना होता है तो अभिमितियों को नियंत्रित करने और विश्वसनीयता लाने के लिए वर्णनात्मक शोध प्रारूपों का प्रयोग होता है और जब उपकल्पनाओं का परीक्षण करना होता है, तब निदानात्मक शोध प्रारूप का उपयोग होता है। इस आधार पर इन दोनों प्रारूपों को पृथक किया जाता है, अन्यथा इनकी अपेक्षाओं तथा प्रमुख चरणों की दृष्टि से दोनों प्रारूपों में कोई भेद नहीं है। सम्भवत: इसीलिए जहोदा और उनके साथियों ने केवल वर्णनात्मक प्रारूप का उल्लेख अपनी पुस्तक में किया है।

प्रयोगात्मक शोध प्रारूप *(Experimental Research Design)*

भौतिक विज्ञानों की भांति सामाजिक विज्ञानों में भी अपने शोध कार्यों में परीक्षण प्रणाली का उपयोग कर अधिक से अधिक यथार्थता लाने की चेष्टा की जाती है। इसका प्रारंभ कांट ने ही किया था और परीक्षणात्मक पद्धति इन्हीं प्रयोगों का फल है। जहोदा ने लिखा है, 'सामान्य अर्थ में एक परीक्षण को प्रमाण के संकलन को व्यवस्थित करने की पद्धति माना जा सकता है, जिसमें कि उपकल्पना की सार्थकता के विषय में निष्कर्ष निकाले जा सकें।[6] इसके अन्तर्गत कुछ कारकों को नियंत्रित किया जाता है और कुछ को अनियंत्रित ही रहने दिया जाता है।

परीक्षण नियंत्रित अवलोकन है। चौपिन ने लिखा है कि 'परीक्षण नियंत्रित परिस्थितियों के अंतर्गत किया गया अवलोकन मात्र है। समाजशस्त्रीय अनुसंधान के अंतर्गत प्रयोगात्मक प्रारूप की अवधारणा नियंत्रित दशाओं के अन्तर्गत मानव संबंधों का अवलोकन द्वारा व्यवस्थित अध्ययन है।[7] इसके संदर्भ में कारणत्व (causility) की अवधारणा का विश्लेषण करना परमावश्यक हो जाता है। साधारण भाषा में इसका अर्थ यह है कि एक घटना दूसरी घटना के कार्यकारण के नाम से पुकारते हैं। यह एक जटिल अवधारणा है। आधुनिक विज्ञानों में एक के स्थान पर बहुसंख्यक निर्धारक परिस्थितियों पर विशेष जोर दिया जाता है। इसके संबंध में किसी घटना की व्याख्या में बहुत कम वैज्ञानिक एक ही कारक को किसी घटना के लिए आवश्यक और पर्याप्त मानते हैं। बल्कि वे वैज्ञानिक सहयोगी, दशाएं, अनिश्चित दशाएं और एक के बाद दूसरी आने वाली परिस्थितियों को भी घटना के संबंध में समझने की कोशिश करते हैं।

प्रयोगात्मक अध्ययनों के प्रकार (Types of Experimental Studies)

परीक्षणात्मक अध्ययनों के तीन प्रकार होते हैं–

1. **पश्चात परीक्षण (After-only Experiments)**–इसके अन्तर्गत सभी दृष्टि से प्रायः समान विशेषताओं और प्रकृति वाले दो समूहों को चुन लिया जाता है जिनमें एक समूह नियंत्रित और दूसरा परीक्षणात्मक समूह कहलाता है। नियंत्रित समूह में किसी भी प्रकार का परिवर्तन नहीं लाया जाता, बल्कि परीक्षणात्मक समूह में किसी एक कारक द्वारा परिवर्तन लाने की चेष्टा की जाती हैं इस प्रकार यदि पृथक समूह दूसरे से भिन्न हो जाता है तो उस कारक को परिवर्तन का कारण मान लिया जाता है। इसको पश्चात परीक्षण इसलिए भी कहते हैं कि इसका प्रयोग अध्ययन में परिवर्तन लाने के लिए भी किया जाता है। उदाहरण के लिए व्यक्तियों के दो समान विशेषताओं वाले दो समूह को चुन लिया जाता है, जैसे–समान आयु, समान व्यवसाय, समान आय, व्यक्तियों के समूहों को क्रमशः परीक्षणात्मक और नियंत्रित समूह कहा जा सकता है, जिस समूह पर प्रयोग किया जाता है, उसको परीक्षणात्मक समूह कहते हैं। उसको नियंत्रित करने का अर्थ यह है कि उसको बाहरी प्रभावों से दूर रखा जाता है। इसमें परिवर्तन लाने वाले उस कारक का प्रयोग नहीं किया जाता, जिससे परिवर्तन लाकर प्रभाव जानना चाहते हैं। इसका प्रयोग केवल परीक्षणात्मक समूह तक ही सीमित रहता है। दोनों समूहों का अवलोकन कर उन समूहों का तुलनात्मक अध्ययन किया जाता है। अगर इस परीक्षणात्मक समूह में कोई परिवर्तन होता है तो इसे उस कारक का परिणाम माना जाता है। इसमें इस मूल तथ्य को स्वीकार किया जाता है कि अध्ययन आरंभ करने से पूर्व दोनों समूह एक-दूसरे के समान हों।

सामाजिक अनुसंधान में एक समान समूहों का मिलना बड़ा कठिन होता है। अतः परीक्षण के पश्चात दोनों समूहों की तुलना के अंतर के संबंध में यह निश्चित करना कठिन हो जाता है कि यह उस कारक के फलस्वरूप है अथवा दोनों समूहों की प्रारंभिक असमानता के फलस्वरूप। दूसरी कठिनाई इसमें यह दिखाई देती है कि नियंत्रित समूहों में परीक्षण काल में कोई प्रभाव न पड़े हों। यह भी पूर्ण रूप से सत्य नहीं हो सकता। बाह्य शक्तियां अपना प्रभाव डालती हैं। अतः इसके कारण भी अध्ययन में दोष आ जाता है।

उपर्युक्त चित्र से यह स्पष्ट होता है कि दो समूह अ और ब समान समूह हैं जिनको क्रमानुसार नियंत्रित एवं प्रयोगात्मक समूह का नाम दिया गया है। $ब_1$ समूह के ऊपरी बाहरी कारकों के प्रभाव को दर्शाता है। $ब_2$ समूह पर इन कारकों के प्रभाव के कारण उत्पन्न परिवर्तन

चित्र 1

पश्चात परीक्षण

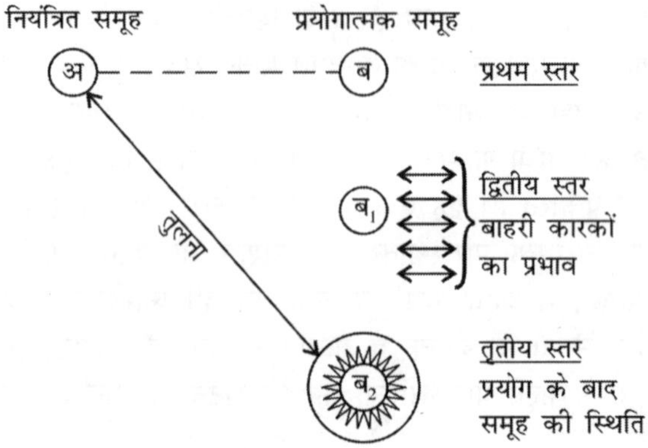

को दर्शाता है। अंत में अ और $ब_2$ का तुलनात्मक अध्ययन करके हम परिवर्तनों का अवलोकन कर सकते हैं।

2. **पूर्व-पश्चात परीक्षण** (Bedore-after experiments)–यह परीक्षण पश्चात परीक्षण के दोषों से बचने के लिए किया गया है। इसके अंतर्गत दो समान समूहों को न लेकर एक ही समूह का अध्ययन किया जाता है और उसी का अध्ययन एक अवस्था विशेष के पहले और बाद में किया जाता है। अंत में इन दोनों अध्ययनों के अंतर का अवलोकन किया जाता है और उसे परिवर्तित स्थिति का परिणाम मान लिया जाता है। इस पद्धति के अन्तर्गत पहले परीक्षण के पूर्व समूह का परीक्षण अवश्य किया जाता है। उदाहरण के लए नगरीकरण अथवा औद्योगीकरण का प्रभाव संयुक्त परिवार पर देखा जा सकता है। इस दशा में औद्योगीकरण होने के पश्चात अगर संयुक्त परिवार में परिवर्तन होता है तो औद्योगीकरण को परिवर्तन का कारण मान लिया जाएगा।

इस प्रकार के परीक्षण की सबसे बड़ी कमी यह है कि बाहरी शक्तियों के प्रभावों को कैसे रोका जाए या उनके प्रभावों का मापन और मूल्यांकन कैसे किया जाए। जिस समय परीक्षण चलता रहता है, उस समय भी बाहरी शक्तियां प्रभाव डालती रहती हैं।

इस परीक्षण को अनेक अवसरों पर एक अन्य स्वरूप में भी प्रयुक्त किया जाता है। परीक्षणात्मक अध्ययन के इस स्वरूप के अन्तर्गत समूहों का कई बार माप करने की समस्या नहीं होती। परिणाम की दृष्टि से पूर्व पश्चात निरीक्षण अधिक विश्वसनीय होता है।

चित्र 2

पूर्व पश्चात परीक्षण : प्रयोग के बाद की स्थिति

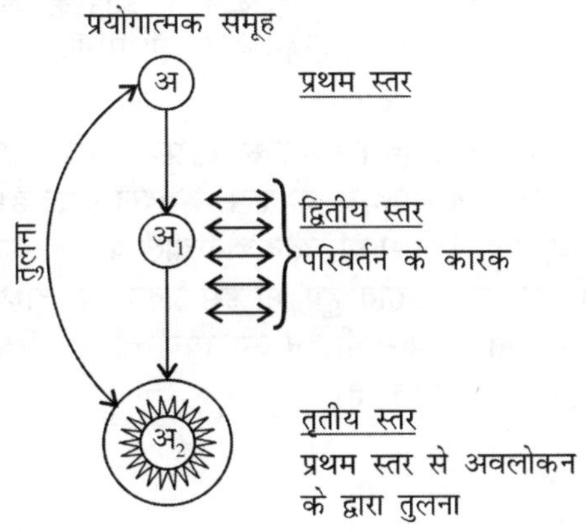

उपर्युक्त चित्र में अ प्रथम स्तर पर प्रयोगात्मक समूह है और उसी समूह में $अ_1$ पर परिवर्तन के कारक प्रभाव दिखाई दे रहे हैं, और $अ_2$ समूह की परिवर्तित स्थिति को प्रदर्शित कर रहा है। अब तुलना के द्वारा अ और $अ_2$ का अवलोकन करने से ज्ञात होता है कि प्रयोगात्मक समूह में कौन-से परिवर्तन हुए हैं।

3. **कार्यान्तर तथ्य परीक्षण** (Ex-postfacto Experiment)–यह परीक्षण किसी ऐतिहासिक घटना का अध्ययन करने के लिए किया जाता है। एक वह समूह जिसमें घटना घट चुकी है और दूसरा उसी के समान वह समूह, जिसमें घटना नहीं घटी होती है। दोनों समूहों का तुलनात्मक अध्ययन करने के पश्चात उन कारणों का पता लगाने की चेष्टा की जाती है, जिनके कारण कि घटना घटी है। संक्षेप में हम कह सकते हैं कि ऐतिहासिक घटना चक्रों का

परीक्षण कर वर्तमान घटनाओं के कारणों की खोज कार्यान्तर तथ्य परीक्षण कहलाता है। उदाहरणार्थ राज्य क्रांति के अध्ययन में शोधकर्ता दो ऐसे समान देशों का चुनाव कर सकता है, जिसमें एक में क्रांति हुई हो और दूसरे में नहीं। इन दोनों देशों का तुलनात्मक अध्ययन कर लेने के पश्चात राज्य क्रांति की खोज की जा सकती है।

अन्य परीक्षणात्मक अध्ययनों में हम वर्तमान के प्रभाव को भविष्य में देखते हैं परन्तु इस कार्यान्तर तथ्य परीक्षण के अन्तर्गत हम वर्तमान के परिणाम को भूतकाल द्वारा उत्पन्न मानते हैं।

इस परीक्षण की सबसे बड़ी कठिनाई यह है कि घटना घटने वाले समूहों के ही समान समूह किस प्रकार ढूंढ़ा जाए। दो समूह किसी भी परिस्थिति में एक से नहीं हो सकते। साथ ही साथ दूसरे परीक्षणों की भांति इस प्रकार के अध्ययन के लिए कृत्रिम स्थिति को उत्पन्न नहीं किया जा सकता।

चित्र 3

कार्यान्तर तथ्य परीक्षण

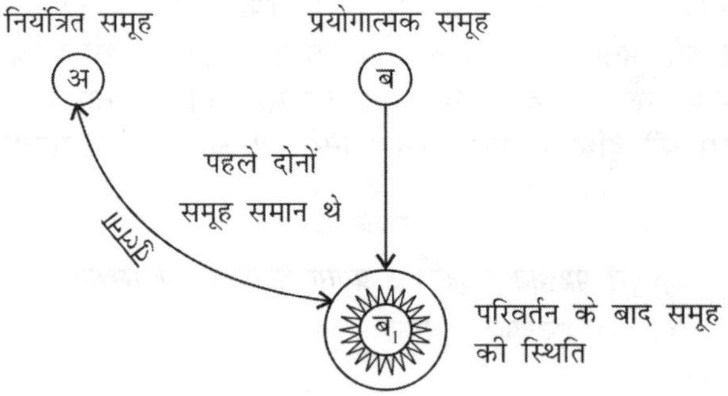

उपर्युक्त चित्र में अ, नियंत्रित समूह है, जबकि ब, प्रयोगात्मक समूह है। ये दोनों समूह एक समान ही हैं। परिवर्तन के पश्चात ब समूह $ब_1$ के रूप में बदल जाता है। इस $ब_1$ समूह की तुलना अ, नियंत्रित समूह से की जाती है, जिससे परिवर्तन होने वाले कारणों का पता लग जाता है।

उपर्युक्त परीक्षणों में कठिनाइयां होते हुए भी इस प्रकार के अध्ययनों से बड़ा लाभ होता है। यद्यपि अध्ययन दोषपूर्ण होते हैं फिर भी इन अध्ययनों के अतिरिक्त दूसरा मार्ग न होने के कारण इन परीक्षणों को अपनाना पड़ता है।

Notes

1. R.L. Ackoff, *Design of Social Research*, University of Chicago Press, Chicago, 1953, p. 5.
2. M. Jahoda, M. Deutsch and S.W. Cock, *Research Method in Social Relations*, Henry Holt and Company, Inc., New York, 1951, p. 50.
3. Ibid.
4. Ibid., p. 55–59.
5. Ibid., p. 61–64.
6. M. Jahoda, M. Deutsch and S.W. Cock, op cit., 1959, pp. 80–81.
7. F.S. Chapin, *Experimental Design in Sociological Research*, Harper and Brothers, New York, 1947, p. 28.

11

निदर्शन प्रणाली

Sampling

किसी भी शोध के निर्माण के लिए यह आवश्यक होता है कि समग्र से किस प्रकार इकाइयों को चुना जाए। सामाजिक अनुसंधानकर्ता को अध्ययन करने से पूर्व यह निश्चय करना आवश्यक होता है कि तथ्यों के एकत्रीकरण का आधार सम्पूर्ण जनसंख्या को बनाया जाए या उसके केवल एक भाग को अध्ययन के अन्तर्गत लिया जाए। इस प्रकार सांख्यिकी आंकड़ों का एकत्रीकरण दो प्रकार से होता है–

1. संगणना पद्धति (**Census Method**)–इसके अन्तर्गत सभी समूह एवं इकाइयों का विस्तारपूर्वक अध्ययन किया जाता है। इसमें तथ्यों के एकत्रीकरण के लिए सम्पूर्ण अनुसंधान क्षेत्र को लिया जाता है। इस प्रकार शोधकर्ता अनुसंधान क्षेत्र में प्रत्येक समूहों की प्रत्येक इकाई का विस्तृत रूप से अध्ययन करता है। इसका प्रयोग उस समय किया जाता है, जब शोध में अत्यधिक शुद्धता और विश्वसनीयता की आवश्यकता होती है। उदाहरण के लिए किसी कारखाने में श्रमिकों की सामाजिक-आर्थिक स्थिति और व्यक्तिगत मनोदशा को जानने के लिए इसका प्रयोग किया जा सकता है। इसमें प्रत्येक श्रमिक से व्यक्तिगत सम्पर्क स्थापित करके उसकी व्यक्तिगत स्थितियों का अध्ययन करना होगा। इसका प्रयोग निम्नलिखित दशाओं में अधिक उपयुक्त होगा–

1. जब अनुसंधान में अत्यधिक शुद्धता, विश्वसनीयता एवं सावधानी की आवश्यकता हो।
2. समस्या विशेष का विस्तारपूर्वक अध्ययन आवश्यक हो।
3. अनुसंधान क्षेत्र में यदि भिन्न-भिन्न विशेषताएं पाई जाती हैं।
4. जब अनुसंधान का क्षेत्र स्पष्ट रूप से निश्चित हो।

इस प्रकार की प्रणाली का उपयोग जनगणना, उत्पादन की गणना, आयात-निर्यात की गणना आदि में अनिवार्य रूप से किया जाता है। इस पद्धति से कुछ लाभ हैं। यह पद्धति शोध की अत्यधिक विश्वनीय, शुद्ध एवं सरल पद्धति है। इससे शुद्धता एवं विश्वसनीयता की शत-प्रतिशत संभावना रहती है। इसके द्वारा विस्तृत क्षेत्र का अध्ययन भी संभव होता हैं इससे अनेक समस्याओं का परोक्ष अध्ययन भी किया जा सकता है। इस पद्धति का प्रयोग उस क्षेत्र में भी बड़ा उपयोगी होता है, जहां अनुसंधान कुछ चुने हुए व्यक्तियों या इकाइयों द्वारा मुमकिन न हो सके। दूसरे शब्दों में हम कह सकते हैं कि इसका उपयोग उस समय अधिक होता है, जबकि प्रत्येक इकाइयों में भिन्नता पाई जाती है। इसके अतिरिक्त जहां संगठन अनुसंधान

पद्धति के कुछ लाभ होते हैं, वहां पर इसके द्वारा कुछ हानियां भी हैं। यह पद्धति अत्यधिक व्ययपूर्ण मानी जाती है। प्रत्येक इकाई का विस्तृत अध्ययन करने से अत्यधिक व्यय होता है और एक बड़ी संख्या में योग्य और बौद्धिक ईमानदारी के साथ उत्साही गणकों की आवश्यकता होती है, जिससे अधिक व्यय होता है। इसका प्रयोग केवल शासकीय अनुसंधान कार्यों में ही हो पाता है। इसका प्रयोग व्यक्तिगत अनुसंधानों में कम होता है। इसके अन्तर्गत प्रत्येक शोधकर्ता को व्यक्तिगत सम्पर्क स्थापित करने की आवश्यकता होती है, जिससे अधिक समय खर्च होता है और कभी-कभी समय से कार्य समाप्त नहीं हो पाता। इसके अतिरिक्त इसका उपयोग कुछ परिस्थितियों तक ही सीमित रहता है। इसके साथ-साथ गणकों को प्रशिक्षित करने की आवश्यकता होती है, जिससे शोध के कार्य में एकरूपता के साथ-साथ गणकों की अभिमति को रोका जा सके।

2. निदर्शन पद्धति (Sample Method)—इसके अन्तर्गत शोध से संबंधित समग्र के विशिष्ट अंगों को ही प्रतिनिधि बनाकर और उसी प्रतिनिधित्व के आधार पर अनुसंधान कार्य किया जाता है। इसमें शोधकर्ता को समग्र इकाइयों का अध्ययन करना नहीं पड़ता बल्कि उसके कुछ भाग का ही अध्ययन करना पड़ता है। इस प्रकार निदर्शन द्वारा अध्ययन करने से वही परिणाम सामने आ सकते हैं जो परिणाम समग्र का अध्ययन करने के पश्चात प्राप्त किए जाते हैं। ऐसा तभी सम्भव है जबकि समग्र के चुने हुए निदर्शन उस अध्ययन क्षेत्र का सही प्रतिनिधित्व करते हों। इसका अर्थ यह है कि निदर्शनों का इस प्रकार चुनाव किया जाए कि उन इकाइयों में समग्र के सभी गुण बराबर अनुपात में हों। इस प्रकार निदर्शन का यह प्रमुख गुण होता है कि उसका आकार छोटा होते हुए भी उसमें समग्र की सभी विशेषताएं विद्यमान होती हैं। इस प्रकार का प्रयोग जीवन के प्रत्येक क्षेत्र में किया जाता है। समकालीन अध्ययनों में निदर्शन पद्धति का प्रयोग बहुत लोकप्रिय है। जीवन के प्रत्येक क्षेत्र में किसी न किसी रूप में इसका प्रयोग होता रहता है। उदाहरण के लिए बाजार से गेहूं, बाजरा, दाल आदि खरीदते समय उनकी बोरियों में से कोई एक-एक दाना नहीं परखता, बल्कि बोरी में से एक मुट्ठी दाने को निकाल कर उसकी जांच कर लेते हैं और उस मुट्ठी भर दाने का जो मूल्यांकन होता है वही सम्पूर्ण गेहूं, बाजरा या दाल का मूल्यांकन माना जाता है। परन्तु इस मुट्ठी भर दाने को लेने के लिए बड़ी सावधानी बरतनी पड़ती है। इसी प्रकार हलवाई भी अपनी मिठाई का सैंपल देकर उसकी उत्कृष्टता के संबंध में विश्वास दिलाता है। यही व्यावहारिक जीवन की निदर्शन पद्धति है जिसका प्रयोग परिशुद्ध रूप में वैज्ञानिक शोध में किया जाता है।

संगणता द्वारा अध्ययन का प्रचलन आजकल कम होता जा रहा है। क्योंकि यह वहीं संभव होता है, जहां अध्ययन क्षेत्र छोटा हो। बड़े अध्ययन क्षेत्रों में शोधकर्ता की शक्ति, समय एवं साधनों की सीमितता के कारण इस प्रकार का अध्ययन संभव नहीं होता। इसलिए इन क्षेत्रों में निदर्शन पद्धति का प्रयोग किया जाता है। इसके अतिरिक्त अनुसंधान क्षेत्र की विशालता, शोधकर्ताओं की कमी, सीमित समय, पूंजी की कमी, अनुसंधान की प्रकृति में उद्देश्य के कारणों से भी निदर्शन प्रणाली का प्रयोग बढ़ता जा रहा है। इसके प्रयोग का सबसे मुख्य कारण यह भी है कि यह वैज्ञानिक पद्धति है। इसके द्वारा कम धन एवं परिश्रम के व्यय से वही तथ्य प्राप्त किए जा सकते हैं जो कि समग्र के अध्ययन से प्राप्त किए जाते हैं। इसीलिए लुण्डबर्ग ने लिखा है कि, 'निदर्शन प्रणाली द्वारा हम समग्र के विषय में एक भाग से ही बहुत अधिक सही सामान्यीकरण प्राप्त करने में सफल होते हैं।'[1] उसने आगे यह

भी कहा है कि यदि नियमों के अनुसार निदर्शन का चुनाव किया जाए तो दस के अध्ययन से हमें दस हजार के विषय में सही निष्कर्ष प्राप्त हो सकते हैं, जिस प्रकार एक गैलन जल एक पूरे जल के होज का प्रतिनिधित्व करता है।[2]

निदर्शन की परिभाषा विभिन्न विद्वानों ने विभिन्न प्रकार से की है। इन महत्वपूर्ण परिभाषाओं की विवेचना निम्न प्रकार से की जा सकती है–

गुडे एवं हाट ने इसकी परिभाषा करते हुए लिखा है, 'निदर्शन जैसा कि नाम द्वारा ही प्रतीत होता है किसी वृहद् समूह का एक अपेक्षाकृत लघु प्रतिनिधि है।'[3]

पी.वी. यंग ने इसके संबंध में लिखा है, 'एक सांख्यिकी निदर्शन उस सम्पूर्ण वर्ग या समूह का एक सूक्ष्म चित्र है, जिसमें से कि निदर्शन प्राप्त किया गया है'[4]

बोगाड्‌र्स ने इसके संबंध में लिखा है, 'निदर्शन रीति, एक पूर्वनिर्धारित नियोजन के अनुसार इकाइयों के एक समूह में से एक निश्चित प्रतिशत का चुनाव है।'[5]

मिल्ड्रिड पार्टन ने इसके संबंध में लिखा है, 'एक निश्चित संख्या में व्यक्तियों, मामलों या निरीक्षणों को एक विशेष समग्र में से निकालने की प्रक्रिया या पद्धति या एक समस्त समूह में से एक भाग को अध्ययन हेतु चुनना निदर्शन पद्धति कहलाता है।'[6]

उपर्युक्त परिभाषाओं से यह स्पष्ट होता है कि निदर्शन अनुसंधान की वह पद्धति है जिसमें समस्त अनुसंधान क्षेत्र से कुछ का चुनाव इस प्रकार कर लिया जाता है कि वह सम्पूर्ण अनुसंधान क्षेत्र का प्रतिनिधित्व करेगा और इसके द्वारा जो निष्कर्ष प्राप्त होंगे, वे सम्पूर्ण क्षेत्र का प्रतिनिधित्व करेंगे। इस प्रकार जब किसी वैज्ञानिक अध्ययन के लिए उस समस्या से संबंधित कुछ व्यक्तियों में से प्रतिनिधित्व करने वाले कुछ व्यक्तियों को चुन लिया जाता है उसे उनसे प्राप्त जानकारी के आधार पर सम्पूर्ण समूह के संबंध में सामान्यीकरण किए जाते हैं।

स्टीफेन[7] ने 18वीं शताब्दी में निदर्शन पद्धति के प्रयोग के कुछ उदाहरण दिए हैं। पार्टन[8] ने भी 19वीं शताब्दी के पूर्व सामाजिक अन्वेषणों के क्षेत्र में निदर्शन योजनाओं के प्रयोग की चर्चा की है। वास्तव में क्रमबद्ध और वैज्ञानिक तरीके से 1920 में इसका प्रयोग हुआ है और वह प्रयोग अधिकतर कृषि के क्षेत्र में हुआ है। आधुनिक समय में निदर्शन का प्रयोग समाज शास्त्रियों और दूसरे समाज वैज्ञानिकों के द्वारा काफी हो रहा है। ये निदर्शन के विशेषज्ञ तो नहीं हैं फिर भी समाज वैज्ञानिकों के लिए निदर्शन के तर्क और प्रविधियों की जानकारी अत्यन्त आवश्यक है। इससे स्पष्ट होता है कि निदर्शन वैज्ञानिक क्रिया विधि का महत्वपूर्ण अंग है। इसका प्रयोग समाजविज्ञानों के अतिरिक्त वनस्पतिशास्त्र, जीवशास्त्र और कृषि के क्षेत्र में बहुलता से हुआ है। यह भौतिकशास्त्र और रसायनशास्त्र में भी प्रमुख प्रविधि के रूप में प्रयुक्त होता है। संयुक्त राष्ट्रसंघ ने इसकी उपयोगिता को देखते हुए उप-आयोग की स्थापना की है, जिसका उद्‌देश्य निदर्शन के माध्यम से अधिक-से-अधिक तथ्यों का एकत्रीकरण करना है। भारतवर्ष में भी इसी उद्‌देश्य से राष्ट्रीय निदर्शन सर्वेक्षण की स्थापना की गई है। यह एक ऐसी पद्धति है जिससे कम समय, कम व्यय, कम व्यक्तियों द्वारा अधिक-से-अधिक विश्वसनीय जानकारी उपलब्ध हो जाती है। निदर्शन के लिए चुनी हुई कुछ इकाइयां अपेक्षाकृत अधिक शुद्धता से ग्रहण की जा सकती हैं और अनुसंधान की संगठन पद्धति से अधिक शुद्ध निष्कर्ष प्रदान कर सकती है। अत: निदर्शन द्वारा प्राप्त किए गए निष्कर्ष अधिक विश्वसनीय कहे जाते हैं। इसके अतिरिक्त इस पद्धति द्वारा गहन एवं जटिल अध्ययन भी किए जा सकते हैं। इसीलिए इसे वैज्ञानिक पद्धति कहा जाता है।

निदर्शन प्रणाली की विशेषताएं (Characteristics of Sampling)

निदर्शन की कुछ विशेषताएं होती हैं उनकी विवेचना कर लेना आवश्यक है, जो निम्नलिखित है–

1. निदर्शन समग्र की अपेक्षा लघु होता है क्योंकि निदर्शन समग्र का एक भाग मात्र है।
2. निदर्शन समग्र के किसी भी भाग को नहीं कहते हैं; अपितु उस भाग को ही कहते हैं, जो समग्र का प्रतिनिधित्व करता है। अर्थात् निदर्शन में भी वही विशेषताएं पाई जाती हैं, जो समग्र में हैं। इस प्रकार निदर्शन समग्र का प्रतिरूप होता है।

इसके अतिरिक्त श्रेष्ठ निदर्शन के लिए कुछ आवश्यक लक्षण होते हैं, जिनका ज्ञान शोधकर्ता के लिए आवश्यक है। निदर्शन समग्र का पूर्ण रूप से प्रतिनिधित्व करने वाला होता है और श्रेष्ठ निदर्शन के लिए निम्न विशेषताएं होनी चाहिए–

1. निदर्शन समग्र का सही प्रतिनिधित्व करने वाला हो। ये प्रतिनिधित्व पूर्ण निदर्शन दो प्रकार से प्राप्त किए जा सकते हैं।

   (अ) समग्र की इकाइयों में एकरूपता लाकर।

   (ब) निदर्शन के चुनाव की उपयुक्त प्रणाली अपनाकर।

   प्रतिनिधित्वपूर्ण निदर्शन प्राप्त करने के लिए समग्र की इकाइयों में सादृश्यता लाना आवश्यक है, जिससे हमें प्रतिनिधित्वपूर्ण निदर्शन प्राप्त हो सके। प्रतिनिधित्वपूर्ण निदर्शन प्राप्त करने की दूसरी प्रणाली उसके चुनाव पर निर्भर है। निदर्शनों का चुनाव इस प्रकार किया जाना चाहिए कि प्रत्येक इकाई को निदर्शन में चुने जाने की स्वतन्त्रता और अवसर प्राप्त हो सके।
2. निदर्शन का आकार पर्याप्त होना चाहिए। इसके संबंध में पी.वी. यंग[9] ने लिखा है कि 'निदर्शन का आकार इसकी प्रतिनिधित्वता का कोई बीमा नहीं है। सापेक्षिक व उचित रूप से चुने गए छोटे निदर्शन अनुपयुक्त तरीके से चुने हुए बड़े निदर्शन की अपेक्षा अधिक विश्वसनीय होते हैं।' फिर भी निदर्शन का एक समुचित मात्रा में होना अनिवार्य है। बड़ी मात्रा के निदर्शन में छोटे की अपेक्षा समग्र के अधिक लक्षण आ जाते हैं, यह स्वाभाविक है परन्तु मात्रा का विशेष ध्यान रखना चाहिए। इसके साथ-साथ निदर्शन के प्रतिनिधित्व का आधार यह भी है कि किसी विशेष गुण या गुणसमूह के आधार पर समस्त समूह को कुछ निश्चित वर्गों में विभाजित कर दिया जाता है तथा प्रत्येक वर्ग की कुछ इकाइयां उस वर्ग का प्रतिनिधित्व करती हैं।
3. उचित परिशुद्धता की मात्रा होनी चाहिए। निदर्शन पक्षपात से स्वतन्त्र होना चाहिए। अन्यथा उसे प्रतिनिधित्वपूर्ण निदर्शन होने का दावा नहीं किया जा सकेगा। निदर्शन में पक्षपात के समावेश के कुछ कारण होते हैं, जिनका ध्यान रखना प्रत्येक शोधकर्ता के लिए आवश्यक होता है। अतः इकाइयों का चुनाव निश्चयपूर्वक नहीं करना चाहिए। इकाइयों के चुनाव के समय निजी स्वार्थों का समावेश नहीं होना चाहिए। शोधकर्ता को प्राप्त तथ्यों पर विशेष ध्यान रखना चाहिए, जिससे पक्षपात को रोका जा सकता है।
4. अनुसंधानकर्ता के पास प्राप्त साधनों का उचित प्रयोग होना चाहिए। निदर्शन के चुनाव में शोधकर्ता के साधनों का भी प्रभाव पड़ता है। निदर्शन के चुनाव के नियम एवं प्रणालियां इन्हीं साधनों पर आधारित हैं। निदर्शन के चुनाव में उसे ऐसी प्रणाली का प्रयोग करना चाहिए जो उसके उपलब्ध साधनों के उपयुक्त हो।

5. सामान्य ज्ञान एव तर्क का उपयोग किया जाना चाहिए। अनुसंधानकर्ता को निदर्शन के नियमों का प्रयोग करने के साथ-साथ अपने सामान्य ज्ञान एवं तर्क का भी प्रयोग करना चाहिए। निदर्शनों को विश्वसनीय एवं सही बनाने के लिए सामान्य ज्ञान एवं तर्क का भी आश्रय लेना अधिक उपयुक्त होगा।
6. दूसरे शोधकर्ताओं के अनुसंधान क्षेत्र के व्यावहारिक अनुभव निदर्शनों को अत्यधिक सही रूप में प्राप्त करने में लाभदायक सिद्ध होते हैं। क्योंकि ये निदर्शन की कठिनाइयों से भलीभांति परिचित होते हैं। अत: निदर्शन के चुनाव एवं निवर्चन में कोई भी औपचारिक नियम, निर्णय एवं अध्ययन का स्थान नहीं ले सकते हैं।

निदर्शन के चुनाव के प्रमुख चरण (Main Steps of Sample Selection)

शोधकर्ता के लिए उचित निदर्शन के चुनाव के लिए मुख्य चरण निम्नलिखित हैं–
1. समग्र का निर्धारण करना।
2. निदर्शन की इकाइयों को निश्चित करना।
3. समग्र की इकाइयों की सूची का निर्माण करना।
4. निदर्शन का आकार निर्धारण करना।
5. उचित ढंग से निदर्शन का चुनाव करना।

यह आवश्यक है कि प्रत्येक चरण का संक्षिप्त विवेचन कर लिया जाए।

1. **समग्र का निर्धारण (Deciding the Universe)**–निदर्शन के चुनाव में सबसे पहले किसी समूह के समग्र को निश्चित करना आवश्यक होता है, जिसमें से निदर्शन का चुनाव किया जाता है। उस सम्पूर्ण समूह को जिसमें से निदर्शन निकालना होता है समग्र कहते हैं। जब तक समग्र का रूप स्पष्ट नहीं होता निदर्शनों के चुनाव का कार्य संभव नहीं होता है। ये समग्र दो प्रकार के हो सकते हैं- निश्चित और अनिश्चित। निश्चित समग्र का निर्धारण आसान होता है, क्योंकि इसकी इकाइयां निश्चित संख्या में होती हैं। उदाहरण के लिए एक नगर, गांव, कॉलेज, विश्वविद्यालय के विद्यार्थी आदि इसी प्रकार के समग्र हैं। कुछ समग्र ऐसे होते हैं जिनकी इकाइयों का पता लगाना कठिन होता है और उनकी भौगोलिक सीमाएं भी निश्चित नहीं होतीं। उदाहरण के लिए समाचारपत्र अथवा पत्रिकाओं के पठन-पाठन के संबंध में अध्ययन करना हो तो इस प्रकार के समग्र की कोई निश्चितता नहीं होती, बल्कि यह हर समय परिवर्तनशील होता है। अत: निदर्शन के पूर्व समग्र का निर्धारण कर लेना चाहिए।

2. **निदर्शन की इकाइयों को निश्चित करना (Deciding the Sample Units)**–समग्र को निर्धारित कर लेने के पश्चात् दूसरा प्रश्न यह उठता है कि इकाइयों का चुनाव किस प्रकार किया जाए। इसमें प्रश्न यह उठता है कि हमें किन इकाइयों का चुनाव करना है? ये इकाइयां निम्नलिखित प्रकार की हो सकती हैं।
1. भौगोलिक इकाइयां, जैसे–राज्य, जिला गांव, तहसील, नगर आदि।
2. भवन संबंधी अथवा स्वरूपीय इकाइयां जैसे घर-कमरे, मकान, फ्लैट आदि।
3. सामाजिक समूह की इकाइयां जैसे परिवार, क्लब, समिति, चर्च आदि।
4. व्यक्ति, स्त्री, पुरुष, बालक आदि।

निदर्शन लेते समय प्राय: स्थान संबंधी इकाइयों को लेना उचित माना जाता है, क्योंकि इसमें परिवर्तन नहीं होता।

3. **समग्र की इकाइयों की सूची का निर्माण करना (Preparing the List of the Units of Universe)**–उपर्युक्त जानकारी प्राप्त करने के पश्चात् समग्र की इकाइयों की सूची तैयार कर लेनी चाहिए। इस सूची में से ही निदर्शन की इकाइयों का चुनाव किया जाता है। कई विषयों से सम्बद्ध व्यक्तियों के समग्र की तैयार सूचियां भी उपलब्ध हो सकती हैं, जैसे- टेलीफोन रखने वाले, आयकर देने वाले आदि। लेकिन कभी-कभी सूचियों को तैयार करना पड़ता है और वे तैयार उपलब्ध नहीं होतीं। उदाहरण के लिए यदि विधवाओं का उनके विवाह के बारे में सर्वेक्षण करना हो तो ऐसी स्थिति में विधवाओं की सूची तैयार करके उनसे सूचनाएं ली जाती हैं। यदि कोई उपलब्ध सूची मिलती भी है तो उसके प्रयोग के पहले परीक्षण कर लेना चाहिए। जैसे सूची तैयार करने का समय उसकी प्रामाणिकता एवं विश्वसनीयता, इकाइयों के विषय में पर्याप्त सूचनाएं, सूची में नामों की पुनरावृत्ति, सूची का इकाइयों के अध्ययन के उपयुक्त होना आदि बातों को देख लेना चाहिए।

4. **निदर्शन का आकार निर्धारण करना (Deciding the Size of Sample)**–निदर्शन प्रक्रिया में चौथी समस्या निदर्शन के आकार की है। निदर्शन का आकार पर्याप्त होना चाहिए। न वह इतना छोटा ही हो कि जिससे वह समग्र का प्रतिनिधित्व न कर सके। न तो इतना बड़ा ही हो कि उसमें समय, शक्ति एवं धन का दुरुपयोग हो। उचित ढंग से दिया गया छोटा निदर्शन भी प्रतिनिधित्वपूर्ण परिणाम ला सकता है। अत: पर्याप्त आकार के साथ-साथ निदर्शन का चुनाव सही ढंग से करना चाहिए। निदर्शन का आधार कई बातों पर निर्भर करता है। उसमें कुछ महत्वपूर्ण तथ्य निम्नलिखित हैं–

1. समग्र की प्रकृति।
2. अध्ययन की प्रकृति।
3. अध्ययन प्रणाली।
4. उपलब्ध साधन।
5. वर्गों की संख्या।
6. निदर्शन के प्रकार।
7. इकाइयों का भौगोलिक वितरण।
8. परिशुद्धता की मात्रा।

शोधकर्ता के लिए उपर्युक्त बातों पर विशेष ध्यान देना चाहिए, जिससे उसके निदर्शन के आकार का निर्धारण हो सके तथा उससे प्रतिनिधित्वपूर्ण विश्वसनीय इकाइयां प्राप्त हो सकें।

5. **उचित ढंग से निदर्शन का चुनाव करना (Selecting the Sample in a Proper Way)**–उपर्युक्त चरणों के अनुसार प्रगति करने पर अन्तिम चरण उचित ढंग से निदर्शन के चुनाव का चलता है। समय, परिस्थिति, समग्र तथा प्राप्त सुविधाओं को ध्यान में रखकर ही निदर्शन पद्धति की उपयुक्तता को तय किया जा सकता है। निदर्शन का चुनाव करते समय पूरी सावधानी बरतनी चाहिए। निदर्शन की प्रकृति विशेषताओं एवं विभिन्न पद्धतियों के ज्ञान को प्राप्त करने के पश्चात् हमें निदर्शन के संबंध में व्यावहारिक ज्ञान प्राप्त करना चाहिए।

निदर्शनों की विश्वसनीयता (Reliability of Samples)

निदर्शनों का चुनाव करने के पश्चात् यह जान लेना आवश्यक होता है कि जो इकाइयां चुनी गई हैं वे वास्तव में विश्वसनीय हैं। निदर्शनों की विश्वसनीयता निम्नलिखित तीन बातों पर निर्भर करती है-

1. **पर्याप्त आकार** (Sufficient Size)–यदि निदर्शन का आकार बड़ा होगा तो अधिक विश्वसनीय होगा। निदर्शन द्वारा जितनी ही अधिक इकाइयां चुनी जाएंगी विश्वसनीयता की संभावना बढ़ जाएगी।

2. **निदर्शन का चुनाव** (Selection of Sample)–इसकी विश्वसनीयता निदर्शन के चुनाव एवं उसकी पद्धति पर निर्भर करती है। निदर्शन का आकार यदि छोटा भी है और यदि वे व्यवस्थित रूप से चुने गए हो तो भी निदर्शन विश्वसनीय होगा। अतः विश्वसनीयता चुनाव की प्रणाली पर भी निर्भर करती है। यदि निदर्शन की प्रणाली में पक्षपात आदि दोष आ जाते हैं तो भी विश्वसनीयता कम हो जाती है।

3. **समग्र की एकरूपता** (Uniformity of the Universe)–यदि समग्र की समस्त इकाइयों को उसके समान लक्षणों के आधार पर विभाजित करके उसमें से निदर्शन का चयन किया जाए तो अधिकांश निश्चित रूप से विश्वसनीय होंगे। अतः समग्र को एकरूपता प्रदान करने का प्रयत्न करना चाहिए।

निदर्शन प्रणाली का विस्तार कर लेने के पश्चात् यह आवश्यक है कि शोधकर्ता कुछ सामान्य सावधानियां बरते, जिनसे उनकी त्रुटियों से बचा जा सके। इन सावधानियों में यह विशेष ध्यान रखना चाहिए कि पर्याप्त एवं प्रतिनिधित्वपूर्ण निदर्शनों का चयन किया जाए। वैयक्तिक अनुभवों के आधार पर अपर्याप्त निदर्शनों को नहीं चुनना चाहिए। इसके साथ-साथ निदर्शनों का चुनाव विचारपूर्वक नहीं किया जाना चाहिए। कभी-कभी शोधकर्ता अपनी सुविधा के अनुसार और अपने ही दृष्टिकोण से ऐसे निदर्शनों को चुन लेता है जो उसे त्रुटिपूर्ण निष्कर्ष प्रदान करते हैं। इसके साथ ही यह भी ध्यान रखना चाहिए कि निदर्शन के चुनाव में अभिमति के प्रवेश का अवसर न हो। समग्र में कई कारणों से अभिमति के प्रवेश की संभावना रहती है। सूचनादाताओं की अनुपस्थिति, भौगोलिक कठिनाइयां, उत्तर देने से इन्कार आदि कारकों के कारण शोधकर्ता निदर्शन में अभिमति को ला सकता है। इसलिए बड़ी सावधानीपूर्वक इन इकाइयों का चुनाव करना चाहिए। क्योंकि ऐसा न करने से परिणाम प्रभावित हो सकते हैं। अन्त में हम कह सकते हैं कि निदर्शन प्रणाली के उपयोग एवं अध्ययन में शोधकर्ता के अनुभव एवं बौद्धिक क्षमता तथा सावधानीपूर्ण कार्य में कमी नहीं आनी चाहिए।

निदर्शन प्रणाली के प्रकार (Types of Sampling)

निदर्शन की प्रमुख पद्धतियां निम्नलिखित रूप से विवेचित की जा सकती हैं–

1. दैव निदर्शन प्रणाली (Random Sampling)।
2. सविचार निदर्शन प्रणाली (Purposive Sampling)।
3. स्तरित निदर्शन प्रणाली (Stratified Sampling)।
4. बहुस्तरीय निदर्शन प्रणाली (Multi-stage Sampling)।
5. क्षेत्र निदर्शन प्रणाली (Area Sampling)।

दैव निदर्शन *(Random Sampling)*

आधुनिक युग में दैव निदर्शन पद्धति सांख्यिकीय अनुसंधान हेतु सरल, विश्वसनीय, शुद्ध एवं सर्वगुण सम्पन्न मानी गई है। इस पद्धति में समग्र में से कुछ इकाइयों का चुनाव सर्वमान्य होता है और सभी इकाइयों को चुनाव का अवसर प्राप्त रहता है। पक्षपातपूर्ण निदर्शन चुनाव को दूर करने के लिए इस विधि का प्रयोग किया जाता है। इस विधि द्वारा व्यक्तिगत महत्त्व को समाप्त

करके उसके स्थान पर संभावना को प्रतिस्थापित कर दिया है। निदर्शन में आने की प्रत्येक इकाई की सम्भावना रहती है। इस प्रकार निदर्शनों का चुनाव मनुष्य के हाथ से निकल कर दैवयोग से होता है। जैसे कि दैव शब्द से स्पष्ट है इकाइयों का चुनाव पक्षपात रहित होता है क्योंकि प्रत्येक इकाई को चुनने की स्वतंत्रता होती है। अत: दैव निदर्शन विधि का उपयोग उसी समय हो सकता है जबकि चुनाव की विधि ऐसी हो कि समग्र की प्रत्येक इकाई तथा तत्व को चुने जाने का अवसर समान हो।

दैव निदर्शन को सानुपातिक निदर्शन भी कहते हैं। क्योंकि निदर्शन में प्रत्येक वर्ग तथा तत्त्व उसी अनुपात में होता है जिस अनुपात में यह समग्र में होता है। उदाहरण के लिए किसी भी देश की जनसंख्या को धन के आधार पर वर्गीकृत करके उसकी जनसंख्या के प्रतिशत के आधार पर ही इकाइयों का चुनाव होगा। दैव निदर्शन प्रणाली का प्रयोग करते समय निम्नलिखित बातों का ध्यान रखना चाहिए–

1. समस्त इकाइयों की स्पष्ट सूची तैयार करना जहां से निदर्शन लेना है।
2. इकाइयों का लगभग समान आकार।
3. प्रत्येक इकाइयों का चुनाव सर्वथा स्वतंत्र हो।
4. चुनी हुई इकाई को न तो छोड़ा जाना चाहिए और न ही उसका प्रतिस्थापन करना चाहिए।

इस प्रकार की प्रणाली में अभिमति के प्रवेश की संभावना नहीं रहती। इसके द्वारा इकाइयों का चुनाव सरल एवं स्पष्ट होता है और शोधकर्ता को इस बात से मुक्ति मिल जाती है कि किसी इकाई को निदर्शन में लिया जाना चाहिए। इसमें निदर्शन प्रणाली द्वारा आए विभ्रमों को भी ज्ञात किया जा सकता है।

इसकी उपर्युक्त उपयोगिता होते हुए भी इसमें कुछ दोष भी हैं। इसके अन्तर्गत समग्र की इकाइयों की सम्पूर्ण सूचना प्राप्त करना कठिन होता है। इसमें प्रतिनिधित्वपूर्ण इकाइयों का चुनाव तभी संभव है, जबकि समग्र बड़ा होता है। इनके अतिरिक्त यदि समग्र का रूप विजातीय एवं असमानताओं से युक्त है तो उस स्थिति में दैव निदर्शन का प्रयोग अनुपयुक्त होता है। इसका क्षेत्र विस्तृत होने के कारण से कभी-कभी इकाइयों से सम्पर्क स्थापित नहीं हो पाता। अत: उनका अध्ययन कठिन हो जाता है। विशाल समग्र में यदि अति न्यून मात्रा में निदर्शन लेना हो तो भी यह प्रणाली अनुपयुक्त होती है। इन सब दोषों के होते हुए भी दैव निदर्शन का प्रयोग समाजशास्त्रीय शोधों में बहुलता से होता है। दैव निदर्शन को चुनने की निम्नलिखित प्रविधियां हैं, जिनके आधार पर इकाइयों को चुना जाता है–

1. **लॉटरी प्रविधि (Lottery Techniques)**–इस विधि के अनुसार समग्र की इकाइयों के नाम अलग-अलग पंक्तियों पर अथवा नम्बर कागज के चिटों पर गोल या आयताकार काट-कर लिख लिया जाता है। इसके बाद इसको किसी बर्तन में डालकर खूब हिला दिया जाता है, जिससे सभी टिकट मिल जाएं। इसके पश्चात् जितनी इकाइयों का चुनाव करना होता है, उतनी लाटरी टिकटें निकाल ली जाती हैं तथा उन पर अंकित इकाइयों का अनुसंधान में प्रयोग किया जाता है। सभी चुनी गई इकाइयों की संभाव्यता समान बनाए रखने के लिए निकाले गए टिकटों को पुन: वर्तन में डाल देना चाहिए। छोटे समग्र में ऐसा करना अत्यन्त आवश्यक है।

2. **टिपेट प्रविधि (Tippet Techniques)**–सांख्यिकी शास्त्र के विद्वान एल.एच.सी. टिप्पेट ने चार अंकों वाली 10,400 संख्याओं की सूची तैयार की है। इनके द्वारा रचित तालिका की सहायता से निदर्शन इकाइयों के चुनाव में बड़ी सहायता मिलती है। इनकी संख्याओं को

बिना किसी क्रम के एक सारिणी दी है और सारिणी निदर्शन में इकाइयों के चुनाव को सरल बना देती है। टिप्पेट पद्धति में समग्र की कुल इकाइयों के लिए संख्याएं निश्चित कर दी जाती हैं। तत्पश्चात् टिप्पेट सारिणी के किसी भी स्थान से क्रमशः उतनी संख्याएं ले ली जाती हैं, जितनी इकाइयां अनुसंधान के लिए आवश्यक हैं। संख्याएं लगातार एवं क्रमबद्ध ली जाती हैं तथा कोई संख्या दुबारा नहीं ली जाती। टिप्पेट पद्धति एक वैज्ञानिक पद्धति है और आज कल वृहद् अनुसंधानों में इसका प्रयोग होने लगा है।

3. **नियमित अंकन प्रविधि (Systematic Sampling Techniques)**—यदि समग्र की समस्त इकाइयां विशेष प्रकार के ढंग, काल और स्थान के अनुसार व्यवस्थित हों तो उस स्थिति में इस प्रणाली के द्वारा निदर्शनों का चुनाव अति श्रेष्ठ होता है। इसके प्रयोग के लिए यह आवश्यक है कि अन्त तक निरन्तर एक ही प्रकार के ढंग से निदर्शनों का चुनाव करते जाना चाहिए। इस प्रकार की प्रणाली में पक्षपात की कोई सम्भावना नहीं रहती। इसकी सबसे बड़ी कमजोरी यह होती है कि जिस इकाई को एक बार चुन लिया जाता है, उसके पूर्व की इकाइयों को शेष निदर्शनों के चुनाव में पुनः आने का अवसर प्रदान नहीं किया जाता। उदाहरण के लिए यदि 100 इकाइयों में से 10 इकाइयों को निदर्शन द्वारा चुनना है तो प्रत्येक दसवीं इकाई को चुना जाता है अर्थात् 10, 20, 30, 40, 50, 60, 70, 80, 90, 100, इन्हीं इकाइयों के आधार पर अध्ययन किया गया है।

4. **अनियमित अंकन प्रविधि (Unsystematic Sampling Techniques)**—इसमें भी समग्र की इकाइयों की सूची तैयार की जाती है। इस प्रणाली में चुनाव करते समय सूची में से प्रथम एवं अन्तिम अंक को छोड़ दिया जाता है और शेष इकाइयों में से शोधकर्ता आवश्यकतानुसार निदर्शनों को चुन लेता है। जितनी संख्या में उसको निदर्शनों को चुनना होता है, उतनी संख्या में वह सूची की शेष इकाइयों में से किसी भी इकाई को चुन लेता है।

5. **कार्ड प्रविधि (Card Techniques)**—इस प्रणाली के अंतर्गत निदर्शनों के चुनाव के लिए विभिन्न कार्ड बनाने पड़ते हैं, जिन पर समग्र की समस्त इकाइयों के नम्बर या कोई प्रतीक अंकित होते हैं। तत्पश्चात् उन सभी कार्डों को सम्मिलित कर लिया जाता है। इन सम्मिलित कार्डों के समूह में से जितनी संख्या में निदर्शन चुनने होते हैं, बाहर निकाल लिए जाते हैं। बाहर निकाले हुए इन कार्डों पर अंकित इकाइयां ही उस समग्र की प्रतिनिधित्व पूर्ण निदर्शन होगी। इस प्रणाली के लिए आवश्यक है कि समस्त कार्डों का आकार, रंग, मोटाई आदि समान हो।

6. **ग्रिड प्रविधि (Grid Techniques)**—इसका उपयोग क्षेत्रीय अध्ययनों में किया जाता है। यदि अध्ययन क्षेत्र बड़ा होता है तो उसके अध्ययन के लिए यह विधि अपनाई जाती है। इस विधि से निदर्शन प्राप्त करने के लिए समग्र की इकाइयों का क्षेत्रीय रूप में मानचित्र बना रहता है। इसके पश्चात् किसी पारदर्शक चीज का स्केल रहता है, जिसके प्रत्येक खानों पर नम्बर अंकित रहता है और उस पर उतने ही खाने होते हैं जितने निदर्शन लेने होते हैं। इस प्लेट को मानचित्र पर रख दिया जाता है और मानचित्र की जिस इकाई पर इस स्केल के खाने पड़ते हैं, उन्हीं को अध्ययन के लिए चुन लिया जाता है।

सविचार निदर्शन *(Purposive Sampling)*

जब अनुसंधानकर्ता जानबूझ कर किसी उद्‌देश्य से कुछ इकाइयों का चुनाव करता है तो उसे सविचार निदर्शन कहते हैं। इस प्रकार की विधि में निदर्शन का चुनाव चुनने वाले की इच्छा तथा उद्‌देश्य पर ही छोड़ दिया जाता है। इसमें आकस्मिकता पर कुछ नहीं छोड़ा जाता।

एडाल्फ जोन्सन ने लिखा है, 'सविचार निदर्शन से तात्पर्य इकाइयों के समूहों को इस प्रकार से चुनने से है कि चुने हुए वर्ग एक-दूसरे से मिलकर जहां तक हो सके, वही औसत या अनुपात प्रदान करें जो समग्र हैं।'[10] इसके अन्तर्गत शोधकर्ता समग्र के लक्षणों से पूर्व परिचित होकर निदर्शनों का चुनाव करता है। शोधकर्ता को क्षेत्र के बारे में जानकारी होने से इकाइयों का चुनाव क्षेत्र के प्रतिनिधित्व के आधार पर होता है। इस प्रणाली द्वारा निदर्शनों का चुनाव करने में तीन बातों पर विशेष ध्यान देना आवश्यक है–

1. शोधकर्ता जनसंख्या के तत्त्वों या लक्षणों से परिचित हो जिससे उसे यह ध्यान रहे कि अमुक व्यक्ति में अमुक गुण है तथा अमुक विषय के लिए अमुक व्यक्ति अध्ययन के लिए अधिक उपयुक्त होगा।
2. इस विधि के आधार पर निदर्शन चुनने का कोई विशिष्ट उद्देश्य होना चाहिए।
3. उद्देश्यपूर्ण विधि द्वारा जो निदर्शन चुने जाएं, वे समग्र के समस्त लक्षणों का प्रतिनिधित्व करते हों, तभी इस प्रणाली की उपयोगिता सिद्ध होती है। समग्र की जानकारी के आधार पर ही प्रतिनिधिपूर्ण इकाइयों का निर्धारण होता है।

इस प्रणाली में यह गुण है कि यह कम खर्चीली होती है। यह ऐसे अनुसंधानों में विशेष रूप से उपयोगी होती है, जिसमें कुछ इकाइयां विशिष्ट रूप से महत्त्वपूर्ण होती हैं तथा उनका चुना जाना आवश्यक होता है। इसके अतिरिक्त इस प्रकार के निदर्शन में कई कमियां भी पाई जाती हैं। जैसे कि समग्र का ज्ञान पहले से ही होना चाहिए जो नहीं होता है, चुनाव पर लगाए जाने वाले नियंत्रण प्रायः प्रभावहीन रहते हैं जिससे पक्षपातपूर्ण निदर्शन का चुनाव हो जाता है, और निदर्शन संबंधी अशुद्धता का अनुमान नहीं लगाया जा सकता। इन सब कमियों के होते हुए भी समस्या की प्रकृति को देखते हुए इस विधि का प्रयोग होता रहता।

स्तरित निदर्शन *(Stratified Sampling)*

यह विधि प्रथम दो विधियों का सम्मिलित रूप है। इसीलिए इसे कभी-कभी मिश्रित विधि भी कहा जाता है। सिनपाओं यंग ने इसके बारे में लिखा है, 'मिश्रित निदर्शन का तात्पर्य समग्र इकाई में से उपनिदर्शनों को लेना है, जिनमें समताएं पाई जाएं, जैसे- कृषि के आकार, कृषि के प्रकार, जमीन का स्वामित्व, शिक्षा का स्तर, आमदनी, लिंग, सामाजिक समूह आदि। उपनिदर्शनों के अधीन आने वाले इन तत्त्वों को सम्मिलित रूप में एक श्रेणी के रूप में वर्गीकृत किया जाता है'[11] इसका प्रयोग करने में सर्वप्रथम समग्र को सविचार प्रवरण द्वारा ऐसे अलग-अलग उपसमूहों में विभक्त कर दिया जाता है, जिससे प्रत्येक उप समूह समग्र के केवल एक ही गुण का प्रतिनिधित्व करे। इस प्रकार समग्र में एकरूपता लाने के पहले यही प्रयत्न किया जाता है। तत्पश्चात् इन उपभागों में से दैव निदर्शन प्रणाली द्वारा निदर्शनों का चुनाव किया जाता है। उदाहरण के लिए 100 मजदूर हैं और हमें इनका चुनाव करना है तो पहले हम सविचार पद्धति के द्वारा इनका विभाजन करेंगे और उनके गुणों के आधार पर विभाजन करके दैव निदर्शन द्वारा दकाइयों को चुन लेंगे।

इन विधि से सविचार एवं दैव पद्धति दोनों के लाभ प्राप्त किए जा सकते हैं। इस पद्धति द्वारा निकाले निष्कर्ष शुद्ध, विश्वसनीय एवं प्रामाणिक होते हैं। अनुसंधान के क्षेत्र में समस्त इकाइयों को सर्वोत्तम प्रतिनिधित्व प्रदान कर दिया जाता है। आवश्यकता पड़ने पर कुछ चुनी हुई इकाइयों के परिवर्तन की गुंजाइश रहती है। उसके साथ-साथ अनुसंधान क्षेत्र को किसी भी समूह में विभाजित किया जा सकता है।

उपर्युक्त लाभों के होते हुए भी इस पद्धति के कुछ दोष भी हैं। इसके अन्तर्गत प्रतिनिधित्व प्रदान करने में अशुद्धि की संभावना रहती है। अध्ययन के क्षेत्र एवं समूहों का विभाजन करना एक समस्या रहती है। इसके साथ-साथ प्रत्येक समूह एवं क्षेत्रों के आकार में एकरूपता मिलना असम्भव होता है। इस विधि में मिश्रित गुणों वाली इकाइयों का चुनना असम्भव होता है।

इस प्रणाली के उपयोग के समय निम्नलिखित बातों का विशेष ध्यान रखना चाहिए-

1. समूह पर्याप्त आकार का हो।
2. निदर्शन प्रत्येक उपसमूह का प्रतिनिधित्व करें।
3. बड़े उपसमूहों में चुने जाने वाले निदर्शन का अनुपात वही होना चाहिए जो अनुपात उन उपसमूहों का सम्पूर्ण समग्र में है।
4. विभिन्न प्रकार के उपसमूहों के निर्माण का आधार समस्या की प्रकृति होनी चाहिए।
5. समग्र के प्रत्येक समूह अधिकाधिक सजातीय हों ऐसा स्तरण होना आवश्यक है।
6. प्रत्येक समग्र समूह अपवर्जी हो।

समग्र को इस प्रकार विभिन्न स्तरों में विभाजित करने का प्रधान उद्देश्य विश्वसनीय निदर्शन की प्राप्ति है। इस उद्देश्य की पूर्ति हेतु लघुस्तरित प्रवरण का भी प्रयोग किया जाता है।

बहुस्तरीय निदर्शन *(Multistage Sampling)*

जब बहुत बड़े समग्र में से निदर्शनों का चुनाव करना हो एवं इकाइयों का प्रतिनिधित्व होना आवश्यक हो तो उस स्थिति में इस प्रणाली का उपयोग होता है। इसमें सर्वप्रथम बड़ी मात्रा में निदर्शन की इकाइयां चुनते हैं फिर उसमें निदर्शन चुनते हैं और यह क्रम विभिन्न स्तरों पर चलता है। इसमें वास्तविक निदर्शन में अन्तर केवल इतना ही है कि बहुस्तरीय निदर्शन में चुनाव केवल दो स्तरों में ही समाप्त न करके विभिन्न स्तरों में किया जाता है। इसमें पहले समग्र को सजातीय समूह में बांटा जाता है और दूसरे स्तर पर उन स्तरित समूहों में से निदर्शन बड़ी मात्रा में लेते हैं और तीसरे स्तर में इस निदर्शन में से दैव निदर्शन प्रणाली द्वारा और भी निदर्शन लिया जाता है। इस प्रकार विभिन्न स्तरों पर चुनाव पर हमें अपने अध्ययन के लिए इकाइयां प्राप्त होती हैं। इस दृष्टि से प्रणाली दैव निदर्शन एवं स्तरित निदर्शन प्रणाली का मिश्रित रूप है। अतः इसमें समस्त प्रणालियों के गुणों का समावेश हो गया है एवं इसके द्वारा प्रतिनिधि निदर्शन भी प्राप्त किए जा सकते हैं।

क्षेत्रीय निदर्शन *(Area Sampling)*

इस पद्धति में किसी एक क्षेत्र विशेष को चुनकर उसका पूर्ण अनुसंधान किया जाता है। इस चुने क्षेत्र की समस्त इकाइयों का अध्ययन किया जाता है। समान प्रकार के क्षेत्रों के अध्ययन के लिए यह प्रणाली अत्यधिक उपयुक्त है। क्योंकि इसमें निदर्शन भी हो जाता है और चुनी गई सभी इकाइयों का अध्ययन किया जाता है। इस कारण छोटे समग्र का अध्ययन हो जाता है।

कोटा निदर्शन *(Quota Sampling)*

यह भी स्तरीकृत निदर्शन का एक रूप है, जिसमें शोधकर्ता निर्धारित करता है कि किन्हें निदर्श में रखना है और किन्हें नहीं। शोधकर्ता स्वयं कोटा निर्धारित कर यह निश्चित करता है कि उनमें से कितने लोगों को निदर्श में चुना जाना है। उदाहरण के लिए यदि 5 महाविद्यालयों में

300 विद्यार्थियों का चयन होता है, तथा शोधकर्ता यह निश्चित करता है कि प्रत्येक महाविद्यालय से 30 विद्यार्थी जिनमें 15 लड़के तथा 15 लड़कियां लिए जाने हैं तो वह चुने गए महाविद्यालयों से स्वेच्छा से इतनी संख्या के लड़के-लड़कियां को चुन सकता है। वह स्वतंत्र होता है कि वह किन विशेषताओं से युक्त लड़के-लड़कियों का चयन करेगा।

यह निदर्शन कम समय साध्य और कम खर्चीला है तथा इससे स्तरीकृत के लाभ प्राप्त किए जा सकते हैं। लेकिन यह प्रतिनिधिपूर्ण नहीं कहा सकता, तथा इसमें साक्षात्कारकर्ता के पूर्वाग्रह की सम्भावना हमेशा बनी रहती है। इसके अतिरिक्त इसमें निदर्श चयन की त्रुटियों का भी अनुमान नहीं लगाया जा सकता।

निदर्शन चयन की इन विधियों को दो बड़े भागों संभाव्यता तथा गैर-संभाव्यता निदर्शन में विभक्त कर सकते हैं। संभाव्यता निदर्शन में सभी इकाइयों के चुने जाने की बराबर सम्भावना होती है। यह इस संभाव्यता पर आधारित है कि निदर्श बड़े समग्र का प्रतिनिधित्व करता है। गैर-संभाव्यता निदर्शन का आधार चयनकर्ता की स्वयं की समझ और निर्णय होता है। इसमें निदर्श चयन की अशुद्धता की गणना नहीं की जा सकती, परन्तु कई स्थितियों में ऐसा करने के अलावा अन्य विकल्प नहीं होता। गैर-सभाव्यता निदर्शन के कुछ अन्य प्रकार निम्नलिखित हो सकते हैं–

1. **सघनता के सिद्धान्त पर आधारित निदर्शन (Sampling on the Principle of Concentration)**–इस निदर्शन में निदर्श चयनकर्ता उस स्थान पर पहुंचता है जहां समान प्रभार के लोग उपलब्ध हों। वह उनसे सूचनाएं एकत्र करता है तथा उन्हें समान प्रकार के सभी लोगों पर लागू मान लेता है। उदाहरणार्थ एक स्थान पर धर्म-संघ एकत्रित लोगों से सूचनाएं प्राप्त करने के आधार पर निष्कर्ष निकाल लेना।

2. **व्यवस्थित मिलान निदर्शन (Sampling based on Systematic Matching)**–कभी-कभी जब शोधकर्ता दो अलग-अलग आकार के समूहों की तुलना करना चाहता है तो वह छोटे आकार के समूह के सभी सदस्यों का चयन कर बड़े आकार के समूह से उतने ही सदस्यों का चयन कर लेता है। यह चयन दैव निदर्शन या दैव निदर्शन ही कर सकता है। उदाहरण के लिए यदि समान प्रकार का व्यवसाय करने वाले महिलाओं और पुरुषों की तुलना करनी हो तथा उनमें महिलाओं की संख्या कम हो तो समस्त महिलाओं को निदर्श में सम्मिलित कर उतने ही पुरुषों का चयन कर लिया जाता है।

3. **उत्तरदाता से उत्तरदाता की प्राप्ति आधारित निदर्शन (Sampling based on the availability of Responses from the Respondent to Respondent)**–इस पद्धति को अंग्रेजी में Snowball Sampling के नाम से जाना है। यह निदर्शन उस समय किया जाता है, जब उत्तरदाता फैले हुए हों तथा उनके बारे में जानकारी किसी अन्य विधि से प्राप्त न हो सकती हो। इस निदर्शन में पहले उनसे जिन्हें शोधकर्ता पता लगा लेता है, सूचनाएं प्राप्त करता है, फिर उन उत्तरदाताओं से प्राप्त जानकारी के आधार पर दूसरे उत्तरदाताओं से सम्पर्क करता है। यह क्रम तब तक चलता रहता है, जब तक कि पर्याप्त संख्या में साक्षात्कार न हो जाएं या जब नए उत्तरदाता मिलने बन्द हो जाएं।

उदाहरण के लिए एक विशेष नशा करने वालों या कॉल गर्ल्स के विषय में अध्ययन इस प्रकार का निदर्शन ही किया जा सकता है। इस निदर्शन का प्रयोग समग्र के लोगों के अज्ञात होने की स्थिति में किया जाता है कम लागत होने पर भी इस निदर्शन में पूर्वाग्रह की समस्या सदैव बनी रहती है।

4. **पैनल के रूप में निदर्शन** (**Sampling in the Form or a Panel**)–जब दो अलग-अलग समयों में उत्तरदाताओं के विचारों का अध्ययन करना हो तो विषय की जानकारी रखने वाले कुछ लोगों का चयन कर एक पैनल बना लिया जाता है, तथा कुछ अन्तरालों, जो कि पूर्व निर्धारित होंगे, पर उनसे समान प्रश्न पूछे जाते हैं। यह समकालिक अध्ययनों (synchronic studies) से भिन्न हैं, क्योंकि समकालिक अध्ययनों में हम भिन्न-भिन्न प्रकार यथा 20, 40, 60 वर्षों की आयु वाले व्यक्तियों से एक ही समय की सूचनाएं प्राप्त की जाती हैं। यह दिशा बताने वाले अध्ययनों (trend studies) से भी भिन्न है क्योंकि दिशा बताने वाले अध्ययनों में अलग-अलग समयों में अलग-अलग उत्तरदाताओं से सम्पर्क करते हैं। यह ध्यान देने योग्य है कि जहां दिशा बताने वाले अध्ययनों में केवल परिवर्तन का पता चलता है, वहीं पैनल अध्ययनों में परिवर्तन तथा जिनमें परिवर्तन हुआ है उसका भी अध्ययन किया जा सकता है। निदर्श चयन की आय विधियों की ही भांति इस विधि के भी लाभ और इसकी सीमाएं हैं।

सुविधाजनक निदर्शन (*Convenience Sampling*)

इस प्रणाली के अनुसार शोधकर्ता अपनी सुविधानुसार निदर्शन चुन लेता है और उसी के आधार पर अध्ययन करता है। एक प्रकार से यह प्रणाली अवैज्ञानिक एवं अवसरवादी है और सही अर्थों में इसे सही निदर्शन प्रणाली नहीं कहा जा सकता। जहां तक सम्भव हो इस प्रणाली का प्रयोग नहीं करना चाहिए।

स्वयं निर्वाचित निदर्शन (*Self Selected Sampling*)

इस प्रणाली के अनुसार निदर्शन का चुनाव स्वयं शोधकर्ता द्वारा नहीं किया जाता। निदर्शन अपने आप बन जाता है। मान लीजिए यदि किसी विषय का अध्ययन करना है तो उसे समाचार पत्रों में छपवा दिया जाता है। उस समस्या के संबंध में कुछ लोग अपने विचार भेजते हैं तथा यही विचार उस विषय का निदर्शन बन जाता है। इस प्रणाली का यह दोष है कि इस प्रणाली में वही वर्ग आयेगा जो इसमें रुचि रखता हो। अत: इसमें अन्य वर्गों का ज्ञान प्राप्त नहीं हो सकेगा।

निदर्शन प्रणाली की सीमाएं (Limitations of Sampling)

निदर्शन प्रणाली की कुछ सीमाएं हैं, जिनकी विवेचना कर लेना आवश्यक हो जाता है–

1. निदर्शन समग्र की अपेक्षा कम मात्रा में होता है। अत: उसमें किन इकाइयों को सम्मिलित किया जाए, यह समस्या सामने आती है।
2. इसमें पक्षपात आने की सम्भावना रहती है।
3. एकरूपता का अभाव पाया जाता है।
4. भ्रमात्मक परिणामों की आशंका रहती है।
5. नए अनुसंधानकर्ताओं के निमित्त अनुपयोगी होती है; क्योंकि इसमें विशेष ज्ञान, प्रशिक्षण, अनुभव एवं चतुरता की आवश्यकता होती है। यह उन्हीं शोधकर्ताओं के लिए उपयोगी होती है, जो अनुभवी प्रशिक्षित एवं परिश्रमी होते हैं।
6. विशिष्ट अनुसंधानों में अनुपयुक्त होती है। जब अनुसंधान किसी गुप्त कार्य के लिए किया जा रहा होता है तो ऐसी स्थिति में यह पद्धति अनुपयोगी सिद्ध होती है।
7. निदर्शन पर कायम रहने में कठिनाई का अनुभव होता है। निदर्शन की इकाइयां दूर-दूर बिखरी हो सकती हैं तथा कुछ लोग ऐसे हो सकते हैं, जो सहयोग करने से इनकार करते हैं। इसलिए निदर्शन पर कायम रहना कठिन हो जाता है।

8. निदर्शन प्रणाली की असंभाव्यता। जैसे–समग्र छोटा हो, उसमें एकरूपता का पूर्ण अभाव हो तो उसमें प्रतिनिधित्वपूर्ण निदर्शन का चुनाव सम्भव नहीं होता। ऐसी दशा में संगठन पद्धति मात्र उपयोगी रह जाती है। इस दशा में परिशुद्धता का स्तर कायम रखना होता है निदर्शन प्रणाली अनुपयुक्त होती है।

इस प्रकार निदर्शन अनुसंधान की अनेक समस्याएं आती हैं। इन सभी समस्याओं को बड़ी सावधानी से दूर कर लिया जाना चाहिए। तत्पश्चात् ही अनुसंधान कार्य आरम्भ करना चाहिए, अन्यथा निष्कर्ष गलत एवं भ्रमात्मक हो जाएंगे।

Notes

1. George A. Lundberg, *Social Research*, Longmans, Green & Co., New York, p. 212.
2. Ibid., p. 230.
3. W.J. Goode and P.K. Hatt, *Methods in Social Research*, McGraw-Hill, New York: 1952, p. 209.
4. P.V. Young, *Scientific Social Survey and Research*, Prentice Hall, New Delhi, 1960, p. 348.
5. E.S. Borgardus, *Sociology*, The Macmillan Company, New York, 1954, p. 548.
6. Mildrid Parten, *Survey, Polls and Samples, Practice Procedure*, Harper, New York, 1950, p. 106.
7. Frederick, F. Stephan, 'History of the Uses of Modern Sampling Procedure', *Journal of the American Stastistical Association*, Vol. 33–948, pp. 12–40.
8. M. Parten, op. cit. p. 106.
9. P.V. Young, op. cit. p. 330.
10. Adolf Jenson, *Report on the Reprenstative Method in Stastistics*, Bull Int., Statist. Inst., 1926, 22, pt. 1, 359–378.
11. Hsin Pao Yang, *Fact Finding in Rural People*, UNO Publication, 1955, p. 70.

12

वैयक्तिक अध्ययन

Case Study

सामाजिक अनुसंधान में केवल परिमाणात्मक विधियों के आधार पर ही अध्ययन नहीं होता वरन् कुछ प्रसंगों में गुणात्मक विधियों की भी आवश्यकता होती है। इस प्रकार के अध्ययनों में गहन अध्ययन की आवश्यकता होती है। इन प्रसंगों में अनेक विषयों के बारे में कुछ नहीं जाना जाता बल्कि एक ही विषय में सबसे अधिक जानने का प्रयास किया जाता है। सांख्यिकी विधि में विस्तृत क्षेत्र से आंकड़ों का संकलन किया जाता है जबकि वैयक्तिक अध्ययन अपेक्षाकृत थोड़े लोगों या गिनी हुई इकाइयों तक ही सीमित होता है। इसकी सीमितता के कारण से अध्ययन में गहनता पर विशेष ध्यान दिया जाता है। समाज वैज्ञानिकों ने इस विधि का प्रयोग विभिन्न क्षेत्रों में किया है। इसके अन्तर्गत स्थिति किसी व्यक्ति, घटना, संस्था अथवा समुदाय का ऐतिहासिक अध्ययन करके इनसे संबंधित समस्त भूत तथा वर्तमान के तथ्यों को एकत्र किया जाता है। तत्पश्चात् इन्हीं के आधार पर निष्कर्ष निकाल कर सामान्यीकरण करते हैं। इसके द्वारा हम मानव व्यवहार का अप्रत्यक्ष तथा अमूर्त विधियों से अध्ययन करने के बजाय प्रत्यक्ष रूप से अध्ययन करते हैं।

इस प्रणाली का प्रयोग सबसे पहले फेड्रिक लीप्ले (1806-1882) ने पारिवारिक बजट के अध्ययनों के संबंध में किया था। उसके पश्चात इसका प्रयोग समाज-वैज्ञानिकों ने किया। हरबर्ट स्पेन्सर ने (1820-1903) जो ब्रिटेन का दार्शनिक समाजशास्त्री था, ने इस प्रणाली का प्रयोग वर्णनात्मक एवं नृशास्त्रीय अध्ययनों में किया। आधुनिक सामाजिक शोधकर्ता सामाजिक घटनाओं की व्याख्या करने के लिए इस पद्धति का भी प्रयोग कर रहे हैं। मनोविश्लेषणात्मक अध्ययनों में विलियम हेरे ने इसका प्रयोग किया है। उसने बाल अपराधी के अध्ययन के लिए इस पद्धति का प्रयोग किया। इतिहासकारों ने भी व्यक्तियों, राष्ट्रों के विवरणात्मक विवेचन के लिए इस प्रणाली का प्रयोग किया है। इस संबंध में आर्थर इस. लिंक के अध्ययन महत्वपूर्ण हैं। मानवशास्त्रियों ने भी प्राचीन समाजों के अध्ययन में इस प्रणाली का प्रयोग किया है। इस संबंध में कोरा डब्वायज (Cora Du Bois), राबर्ट रैड फिल्ड (Robert Redfield) और आस्कर लुईस (Oscar Lewis) के अध्ययन महत्त्वपूर्ण माने जाते हैं। उपन्यासकारों और साहित्यकारों ने भी व्यक्तियों और परिवारों के चरित्र-चित्रण के लिए इस प्रणाली का प्रयोग किया है। इस क्षेत्र में एडना फर्बर (Edna Ferber), शैलम ऐश (Shalom Ash) और रॉबर्ट शेरवड (Robert Sherwod) के अध्ययन महत्त्वपूर्ण माने जाते हैं। मूरे के साथ ही सामाजिक मनोविज्ञान के क्षेत्र में इस प्रणाली का प्रयोग बहुलता से होने लगा।

समाजशास्त्रीय क्षेत्र में वैज्ञानिक तरीके से इस प्रणाली का प्रयोग थामस एवं नैनकी[1] ने अपनी पुस्तक *दि पॉलिस पीजेन्ट (The Polish Peasant)* में किया है। इन्होंने व्यक्तिगत तथ्यों को लेकर अध्ययन करने की चेष्टा की है। इस प्रकार समाजशास्त्र और मानवशास्त्रीय क्षेत्रों में इसका प्रयोग दिन–प्रतिदिन बढ़ता जा रहा है। इसके अन्तर्गत किसी विशेष इकाई को लेकर उसका प्रत्येक दृष्टिकोण से उसकी सम्पूर्णता में गहनता के साथ अध्ययन किया जाता है। इसमें गहन अध्ययन के लिए इकाइयों को सीमित संख्या में रखना आवश्यक होता है। इस प्रकार इस प्रणाली के माध्यम से छोटे क्षेत्र के माध्यम से विस्तृत ज्ञान प्राप्त करने का प्रयास किया जाता है।

पी.वी. यंग ने इसकी परिभाषा करते हुए लिखा है, 'व्यक्तिगत जीवन अध्ययन पद्धति किसी सामाजिक इकाई चाहे वह एक व्यक्ति, परिवार, संस्था, सांस्कृतिक वर्ग अथवा जाति हो के जीवन के अनुसंधान व उसकी विवेचना करने की पद्धति को कहते हैं।[2] इसका उद्देश्य उन तत्त्वों का निश्चित करना होता है जो कि इकाइयों के जटिल व्यवहार अथवा किसी समूह की व्यवहार विधि अथवा किसी इकाई के अपने आसपास के वर्गों के संबंधों को स्पष्ट करते हैं।

गुडे एवं हाट ने इसकी विवेचना करते हुए लिखा है, 'यह सामाजिक तथ्यों को संगठित करने की ऐसी विधि है जिससे अध्ययन किए जाने वाले सामाजिक विषय की एकात्मक प्रकृति की पूर्णतया रक्षा हो सकती है।'[3] दूसरे शब्दों में यह ऐसा दृष्टिकोण है जिससे किसी सामाजिक इकाई का उसके सम्पूर्ण स्वरूप में निदर्शन हो जाता है।

एल्फ्रेड मार्शल के अनुसार, 'वैयक्तिक अध्ययन सावधानी पूर्वक कुछ चुने हुए परिवारों के घरेलू जीवन के समस्त पहलुओं का गहन अध्ययन है।'[4]

ओडम का विचार है, 'वैयक्तिक अध्ययन वह प्रणाली है जिससे प्रत्येक व्यक्तिगत कारण चाहे वह एक संस्था हो या समूह, समूह के अन्य कारक के संबंध के रूप में विश्लेषित किया जाता है।'[5]

वैयक्तिक अध्ययन की विवेचना करते हुए सिनपाओ यांग ने कहा है, 'वैयक्तिक अध्ययन की परिभाषा व्यक्तिगत इकाई के गहन तथा सम्पूर्ण अध्ययन के रूप में दी जा सकती है, जिसमें अनुसंधानकर्ता अपनी समस्त निपुणता तथा विधियों का प्रयोग करता है। अथवा वह किसी व्यक्ति के संबंध में पर्याप्त सूचना का व्यवस्थित संकलन है, जिससे हम इसका पता लगा सकें कि वह समाज की इकाई के रूप में किस प्रकार कार्य करता है।'[6]

इनके अतिरिक्त क्लीफोर्ड आर.शा. ने लिखा है, 'एक दी हुई समस्या में सामाजिक अनुसंधान सामग्री के यथार्थ एवं विस्तृत व्यक्तिगत स्थितियों के रूप में सामग्री संकलन के साथ आरम्भ होता है। वैयक्तिक विषय एक व्यक्ति, एक संस्था, एक समुदाय या समूह हो सकता है, जिसे अध्ययन की इकाई के रूप में माना जाता है। वैयक्तिक अध्ययन प्रणाली सम्पूर्ण परिस्थिति के सम्मिलित रूप, प्रक्रिया के विवरण और घटनाओं के अनुक्रम, जिसमें व्यवहार घटित होते हैं, मानव व्यवहार का इसके सम्पूर्ण ढांचे में अध्ययन तथा उपकल्पनाओं के निर्माण में सहायक वैयक्तिक स्थितियों के विश्लेषण एवं तुलना पर जोर देती है।'[7] वीसेंज और वीसेंज ने भी इसके संबंध में लिखा है, 'वैयक्तिक अध्ययन एक गुणात्मक विश्लेषण का स्वरूप है, जिसमें एक व्यक्ति, परिस्थिति अथवा संस्था का अत्यन्त सावधानीपूर्वक और पूर्ण अवलोकन किया जाता है।'[8]

उपर्युक्त परिभाषाओं के आधार पर यह कहा जा सकता है कि वैयक्तिक अध्ययन प्रणाली का अर्थ किसी एक विशेष सामाजिक इकाई का गम्भीरता पूर्वक गहन अध्ययन करना होता है। बर्गेस ने इस पद्धति को सामाजिक सूक्ष्मदर्शी यंत्र के नाम से पुकारा है। सारांश में हम

कह सकते हैं कि वैयक्तिक अध्ययन प्रणाली के तहत व्यक्ति, संस्था, समुदाय अथवा किसी इकाई के विषय में प्रत्येक प्रकार से गहन एवं सूक्ष्म अध्ययन किया जाता है। इसमें सूचना को विशेषतया गुणात्मक रूप में प्रस्तुत किया जाता है। शोधकर्ता पर्याप्त समय तक अध्ययन करके सामाजिक इकाई के संबंध में प्रत्येक प्रकार की संबंधित जानकारी एकत्रित करने का प्रयास करता है। इसमें तथ्यों का संकलन करने के पश्चात सावधानीपूर्वक विश्लेषण द्वारा विभिन्न कारकों के परस्पर अन्तः संबंध को स्थापित किया जाता है।

इसमें व्यक्ति के सम्पूर्ण जीवन इतिहास का भी अध्ययन किया जा सकता है, जिसके अन्तर्गत उसके जीवन की सभी घटनाओं की व्याख्या की जाती है। जान डलार्ड ने जीवन इतिहास को जानने के लिए निम्नांकित बातों की खोज पर विशेष जोर दिया है–

1. जीवन इतिहास से संबंधित व्यक्ति किस संस्कृति का प्रतिनिधि है।
2. उसकी भावनाओं और मानसिक भावों में सामाजिक प्रभाव स्पष्ट रूप से प्रदर्शित होने चाहिए।
3. उसके जीवन पर पारिवारिक प्रभाव का उल्लेख होना चाहिए।
4. उसके संबंध में एकत्रित तथ्यों को उसके जीवन के व्यवहार के साथ सम्बद्ध करके तुलनात्मक व्याख्या करनी चाहिए।
5. उसका जीवन बचपन से लिखते समय तक सुन्दर रूप से प्रस्तुत करना चाहिए।
6. इसके जीवन को प्रेरणा देने वाली घटनाओं की विशेष व्याख्या करनी चाहिए।
7. जीवन इतिहास के तथ्यों को व्यवस्थित ढंग से प्रस्तुत करना चाहिए।

किसी व्यक्ति की सम्पूर्ण जीवन गाथा को प्रस्तुत करना तो सरल है, परन्तु उसके जीवन के किसी एक पक्ष का अध्ययन करना कठिन होता है। इस प्रकार प्रत्येक शोधकर्ता को इन बातों पर विशेष ध्यान देना चाहिए। जीवन के किसी एक स्वरूप का अध्ययन करने के लिए निम्नलिखित बातों पर विशेष ध्यान देना आवश्यक है–

1. **व्यक्ति के स्वरूप का संक्षिप्त परिचय** (**Brief Introduction of the Individual**)–इसके अन्तर्गत उसके पारिवारिक वातावरण, शिक्षा स्तर, पर्यावरण और जीवनवृत्त के, अध्ययन करते समय तक, विकास क्रम का उल्लेख होना चाहिए।

2. **अभिलाषाओं और कामनाओं का उल्लेख** (**Mention of the Expelation and Aspirations**)–इसके पश्चात व्यक्ति की अभिलाषाओं की जानकारी प्राप्त करना आवश्यक होता है। ये अभिलाषाएं, विवाह संबंधी, शिक्षा संबंधी, देश सेवा संबंधी, सामाजिक सफलताओं संबंधी हो सकती हैं।

3. **अभिलाषाओं को प्रेरित करने वाले कारकों का विश्लेषण** (**Analysis of the Motivating Factors of Aspirations**)–उस व्यक्ति की अभिलाषाओं को प्रभावित करने वाले पारिवारिक, व्यक्तिगत, शारीरिक, आर्थिक, सांस्कृतिक, राजनीतिक व दुर्घटनात्मक कारकों के प्रभावों की विवेचना की जानी चाहिए। और उसके मस्तिष्क में जो प्रवृत्तियां पैदा हुई हैं, उन सब की गम्भीरता और सावधानी के साथ खोज की जानी चाहिए। इसके साथ विभिन्न कारकों के संबंध क्रम को स्थापित किया जाना चाहिए।

वैयक्तिक अध्ययन की विशेषताएं (Characteristics of Case Study)

उपरोक्त परिभाषाओं के आधार पर हम वैयक्तिक अध्ययन की विशेषताओं के संबंध में निम्नलिखित तथ्य निकाल सकते हैं–

1. **एक या अधिक सामाजिक इकाइयों का अध्ययन** (Study of One or More Social Units)—इसमें अनुसंधान का आधार एक या अधिक सामाजिक इकाइयां होती हैं। यह इकाई कोई व्यक्ति, परिवार, संस्था अथवा समस्त जाति हो सकती है अथवा ऐसी अमूर्त वस्तु हो सकती है जैसे कोई संबंध या स्वभाव। तात्पर्य यह है कि अनुसंधान कुछ विशेष इकाइयों तक सीमित रहता है किन्तु इकाई हम कुछ भी मान सकते हैं।

2. **समस्या का गहन अध्ययन** (In-depth Study of the Problem)--व्यक्तिगत अध्ययन की द्वितीय विशेषता यह है कि इस पद्धति के अन्तर्गत समस्या से संबंधित इकाई का अत्यन्त गहन अध्ययन किया जाता है। यह गहन अध्ययन कितने ही लम्बे अरसे तक चल सकता है।

3. **ऐतिहासिक अध्ययन** (Historical Study)—इस प्रकार वैयक्तिक अध्ययन प्राय: ऐतिहासिक अथवा समय के क्रम से किया जाता है तथा समय इतना विस्तृत होता है कि उचित निष्कर्ष निकालने लायक सूचना प्रदान कर सके।

4. **कारक तथ्यों का पता लगाना** (Searching out the Factors)—वैयक्तिक अध्ययन प्रणाली का उद्देश्य इकाइयों की व्यावहारिक विधि में कारक तत्वों का लगाना भी होता है। यह व्यवहार दो या अधिक इकाइयों के पारस्परिक संबंध का हो सकता है अथवा दो वर्गों के पारस्परिक संबंध का। उनकी व्यवहार विधि का दीर्घकालीन आधार पर अध्ययन किया जाता है, जीवन की विभिन्न परिस्थितियों में उनकी क्या प्रतिक्रिया रही, इन आधारों पर कारक नियमों का निर्माण किया जाता है।

5. **सम्पूर्ण अध्ययन** (Complete Study)—यह ऐसी विधि है जो किसी सामाजिक इकाई के समस्त रूप को ग्रहण करती है। अर्थात यह पद्धति उस विशेष इकाई जिसका अध्ययन करना है, उसके किसी विशेष पक्ष या पहलू को न लेकर समस्त जीवन को ही अध्ययन केन्द्र बनाती है। समस्त जीवन से तात्पर्य अध्ययन को मनोवैज्ञानिक, सामाजिक, आर्थिक, भौगोलिक, धार्मिक, राजनीतिक, प्राणिशास्त्रीय आदि सभी दृष्टियों से सम्पन्न करना है।

6. **गुणात्मक अध्ययन न कि संख्यात्मक** (Qualitative, Non Quantitative Study)—इस पद्धति के अन्तर्गत गुणात्मक अध्ययन किया जाता है, संख्यात्मक नहीं। प्रथम तो इकाइयों का अध्ययन ही गुणात्मक होता है, साथ ही तथ्यों की विवेचना भी संख्यायों के रूप में नहीं होती और न ही निष्कर्ष निकालने में या कुछ व्यक्त करने में संख्याओं का सहारा लिया जाता है।

वैयक्तिक अध्ययन एवं सांख्यिकी विधि (Case Study and Statistical Method)

वैयक्तिक अध्ययन एवं सांख्यिकीय प्रणाली दो अलग-अलग विधियां हैं, जिसमें निम्न भेद हैं–

अन्तर *(Difference)*

1. वैयक्तिक अध्ययन गुणात्मक अध्ययन है। यह जीवन की परिस्थितियों का अध्ययन वर्णात्मक रूप से करता है जबकि साख्यिकीय प्रणाली उसके संख्यात्मक माप ढूंढ़ने का प्रयास करती है।

2. वैयक्तिक अध्ययन में थोड़ी-सी इकाइयों को लेकर उसका गहन अध्ययन किया जाता है जबकि सांख्यिकीय प्रणाली महांक जड़ता नियम (intertia of large number) पर आधारित है जिसके अनुसार निष्कर्षों को वैध करने के लिए यह आवश्यक है कि बहुत बड़ी संख्या में इकाइयां ली जाएं।
3. वैयक्तिक अध्ययन गहन होता है जबकि सांख्यिकीय प्रणाली में केवल कुछ सीमित बातों पर ही आंकड़े एकत्र किए जाते हैं।
4. वैयक्तिक अध्ययन प्रणाली में इकाइयों का चुनाव सांख्यिकीय विधि की भांति किसी निश्चित निदर्शन प्रणाली के आधार पर नहीं होता।
5. वैयक्तिक अध्ययन के निष्कर्ष प्रायः सामान्य ज्ञान, तर्कशास्त्रीय नियमों तथा विषय के सैद्धान्तिक ज्ञान के आधार पर होते हैं, जबकि सांख्यिकीय प्रणाली में निष्कर्षों का आधार संख्यात्मक होता है।
6. संख्यात्मक प्रणाली के विपरीत वैयक्तिक अध्ययन सामाजिक अनुसंधान के भावात्मक पक्ष पर अधिक बल देता है। इसकी मान्यता है कि जीवन का अध्ययन समस्त रूप में ही होना चाहिए तभी विभिन्न क्रियाओं तथा उसके प्रेरक कारकों का उचित अध्ययन किया जा सकता है।

समानताएं *(Similarities)*

उपरोक्त विभिन्नताओं के बावजूद दोनों प्रणालियों में कुछ समानताएं व एकात्मकता है, जो निम्नलिखित है–

1. अधिक सतर्कता व सावधानीपूर्वक वैयक्तिक अध्ययनों में भी निदर्शन (sample) प्रणाली का महत्त्व स्वीकार किया जाता है।
2. वैयक्तिक अध्ययन में भी सामान्य घटनाओं के उदाहरण मिलते हैं जो सांख्यिकीय विधियों में माध्य प्रवृत्ति से मिलते-जुलते हैं।
3. वैयक्तिक अध्ययन में भी स्वीकृत आदर्शों से विचलन ज्ञात करने का प्रयत्न किया जाता है।
4. वैयक्तिक अध्ययन में भी हम एक इकाई से प्राप्त सूचना की दूसरे इकाइयों से तुलना करते हैं जो सांख्यिकीय माप के संबंध (correlation) तथा सहविचलन (covariation) के समान ही है।

इस प्रकार यह स्पष्ट है कि दोनों प्रणालियां परस्पर एक-दूसरे की पूरक हो सकती हैं। वैयक्तिक अध्ययनों को अधिक शुद्ध बनाने का प्रयास किया जा रहा है तथा इस प्रकार वे सांख्यिकीय विधियों के अधिक निकट आते जा रहे हैं। साथ ही साथ सांख्यिकीय निष्कर्षों को भी वैयक्तिक इकाइयों पर लागू करके उन्हें अधिक व्यावहारिक बनाने का प्रयास भी हो रहा है।

वैयक्तिक अध्ययन की मान्यताएं (Basic Assumptions of Case Study)

1. **मानव की मौलिक एकता** (Fundamental Unity of Man)–वैयक्तिक अध्ययन की प्रथम मान्यता मानव की मौलिक एकता में विद्यमान है। अर्थात अनुसंधानकर्ता इस प्रणाली में यह मान कर चलता है कि मानव की मूल प्रवृत्ति सभी समान स्थितियों व घटनाओं में लगभग समान होती है।

2. **परिस्थितियों का आवृत्तियुक्त होना** (Repetitiveness of Situations)–मनुष्य का व्यवहार परिस्थितियों से विशेष प्रभावित होता है। अतएव वैयक्तिक अध्ययन की दूसरी

मान्यता इस बात की है कि वे परिस्थितियां मनुष्य जीवन में बार-बार आती हैं, जिनसे हम पहले ही उनके प्रभाव का अनुमान लगा सकते हैं।

3. **समय तत्व का प्रभाव** (Impact of Time)—मानवीय क्रियाओं में समय तत्व का प्रधान हाथ रहता है। अतएव वैयक्तिक अध्ययन समग्र क्रम से किया जाता है। जिससे कार्य कारण संबंध जानने में सुविधा हो। उदाहरणार्थ इस प्रणाली में यह मान लिया जाता है कि जो घटना आज घटित हो रही है, उसका बीजारोपण आज से कई साल पहले हुआ हो। जो परिवर्तन आज किया जा रहा है, उसका पूर्ण सामाजिक प्रभाव हमें दस साल बाद देखने को मिले।

इन्हीं आधारभूत मान्यताओं के आधार पर वैयक्तिक अध्ययन प्रणाली के अन्तर्गत केवल कुछ ही इकाइयों के जीवन का गहन अध्ययन करके उससे प्राप्त निष्कर्षों को समस्त समाज अथवा कम से कम विशेष वर्ग पर घटित किया जाता है।

वैयक्तिक अध्ययन की क्रियाविधि (Procedure of Case Study)

किसी भी वैयक्तिक अध्ययन की प्रक्रिया को निम्नांकित क्रमों के अनुसार सम्पन्न किया जाना चाहिए-

1. **समस्या का निर्धारण एवं विवेचन** (Determination and Explanation of Problem)—वैयक्तिक अध्ययन प्रणाली की प्रक्रिया में सर्वप्रथम कार्य अनुसंधानकर्ता को अपनी अध्ययन समस्या का निर्धारण करना है। उदाहरणार्थ अनुसंधानकर्ता यह निर्धारित कर ले कि उसे मेधावी छात्रों के विषय में वैयक्तिक अध्ययन करना है। समस्या के निर्धारण के अन्तर्गत उसे निम्न बातों को निर्धारित करना चाहिए :

(1) सर्वप्रथम उसे इस बात का निर्धारण कर लेना चाहिए कि किन-किन इकाइयों, व्यक्तियों के जीवन का अध्ययन करना है।

(2) नियत प्रकार की इकाइयों के चुनाव के पश्चात अनुसंधानकर्ता को अपने अनुसंधान के लिए कितनी इकाइयों के अध्ययन करने की आवश्यकता है, इस तथ्य का निर्धारण कर लेना चाहिए। उदाहरणार्थ यदि उसे मेधावी छात्रों का वैयक्तिक अध्ययन करना है तो उसे निर्धारित कर लेना चाहिए कि लगभग कितने मेधावी छात्रों का अध्ययन उसे करना है।

(3) इकाइयों के प्रकार, संख्या आदि के निर्धारण के पश्चात अनुसंधानकर्ता को इन बातों का निर्धारण कर लेना चाहिए कि समस्या के विश्लेषण के लिए किन-किन स्रोतों की आवश्यकता है, उसके विश्लेषण के अन्तर्गत कौन-कौन से तथ्य सहायक बनेंगे।

2. **समस्या की सहायक घटनाओं का विवरण** (Description of Phenomena Supportive to the Problem)—समस्या के निर्धारण, इकाइयों के प्रकार व संख्या आदि के निर्धारण के पश्चात अनुसंधानकर्ता का दूसरा कार्य वैयक्तिक अध्ययन प्रणाली की क्रियाविधि में यह है कि वह समस्या से संबंधित प्रमुख घटनाओं को निर्धारित कर ले। उदाहरणार्थ यदि उसे मेधावी छात्र का वैयक्तिक अध्ययन करना है तो इस बात का निर्धारण करना चाहिए कि उस छात्र के जीवन की महत्त्वपूर्ण घटनाएं क्या हैं? उसने किन-किन स्कूलों में अध्ययन किया, वह कितनी बार अपनी कक्षा में प्रथम आया, उसे कितनी बार पुरस्कार आदि मिला।

3. **निर्धारक कारक तत्त्व** (Determing Factors)—घटनाओं के निर्वचन के पश्चात अनुसंधानकर्ता को इन बातों का निर्धारण करना चाहिए कि समस्या में सहयोग देने वाले तत्त्व कौन-कौन से हैं। सामान्यतया निर्धारक तत्त्वों को दो भागों में बांटा जा सकता है : 1. सामान्य निर्धारक तत्त्व, 2. विशिष्ट निर्धारक तत्त्व।

सामान्य निर्धारक तत्त्व वे हैं, जो किसी समस्या के निर्धारण में सामान्य रूप से सभी स्थानों पर एक होते हैं। उदाहरणार्थ यह एक सामान्य कारक तत्व है कि मेधावी छात्रों को उनकी प्रतिभा के विकास में अच्छी संस्थाओं, अच्छे वातावरण का सहयोग रहा होगा। विशिष्ट निर्धारक तत्व समस्या से संबंधित विशिष्ट कारण है जो अलग-अलग व्यक्तियों, परिस्थितियों के अनुसार परिवर्तित होते रहते हैं। उदाहरणार्थ एक मेधावी छात्र के वैयक्तिक अध्ययन में विशिष्ट निर्धारक तत्व कई हो सकते हैं जैसे, किसी को अच्छे शिक्षकों का सहयोग प्राप्त हुआ, किसी को अच्छे साथियों का सहयोग मिला अथवा किसी को अपने परिवार में ही अनुकूल वातावरण मिला, अपनी प्रतिभा के विकास में।

4. **कारक तत्वों का विश्लेषण एवं निष्कर्ष (Analysis of Factors and Conclusion)**—विभिन्न निर्धारक तत्वों के वर्गीकरण के पश्चात अनुसंधानकर्ता को इस बात का विश्लेषण करना होगा कि किन-किन कारकों ने अध्ययन समस्या में (उदाहरणार्थ मेधावी बनाने में) सहयोग दिया। इन विश्लेषणों के आधार पर निष्कर्ष निकालना चाहिए। इस प्रकार वैयक्तिक अध्ययन प्रणाली की कार्यविधि पूर्ण हो जाएगी।

5. **वैयक्तिक अध्ययन के प्रयोग में आने वाले उपकरण व प्रविधियां (Tools and Techniques used in Case Study)**—वैयक्तिक अध्ययन प्रणाली का प्रयोग करते समय कुछ विशेष स्रोतों की आवश्यकता होती है। वैयक्तिक अध्ययन के स्रोतों को मुख्यतया दो भागों में बांटा जा सकता है—

1. लिखित सामग्री अथवा द्वैतीयक सामग्री।
2. संकलित सामग्री अथवा प्राथमिक सामग्री।

1. **लिखित सामग्री (Writen Material)**—लिखित सामग्री के अन्तर्गत व्यक्ति से संबंधित डायरियों, पत्र, रचनाएं, सामाजिक अभिव्यक्तियों, लेख, इच्छित पुस्तकें, वंशावली व जीवनगाथा, पारिवारिक फोटो एलबम, उससे संबंधित स्कूल, जेल, पुलिस कोर्ट, दफ्तर आदि के रिकॉर्ड इत्यादि सामग्रियां वैयक्तिक अध्ययन प्रक्रिया में सहायक होती हैं। ऐसे व्यक्तिगत प्रपत्र यद्यपि पर्याप्त रूप से व्यक्ति प्रधान होते हैं, फिर भी सामाजिक अनुसंधान में बड़ा महत्त्व रखते हैं। व्यक्तिगत प्रपत्र अनुभव की क्रमबद्धता प्रकट करते हैं जिनसे लेखक के व्यक्तित्व, सामाजिक संबंधों, जीवन दर्शन पर पर्याप्त प्रकाश पड़ता है। इस प्रकार वे किसी व्यक्ति की मानसिक विचारधारा तथा भावनाओं का अध्ययन करने में पर्याप्त महत्त्व रखते हैं। किन्तु उनकी अपनी निजी सीमाएं हैं। उनका प्रयोग बिल्कुल ही आंख मूंदकर नहीं करना चाहिए, साथ ही उत्तम उचित सन्दर्भ को जाने बिना किसी प्रकार का निष्कर्ष ही निकालना चाहिए।

2. **संकलित सामग्री (Collected Material)**—कभी-कभी वैयक्तिक अध्ययन की सामग्रियों को संबंधित व्यक्ति के साथ लम्बे साक्षात्कार द्वारा, अथवा प्रत्यक्ष अवलोकन विधि द्वारा एकत्र किया जा सकता है। साक्षात्कार अथवा अवलोकन के द्वारा व्यक्ति से संबंधित प्रमुख घटनाओं, विशिष्ट परिस्थितियों के प्रति व्यक्ति की प्रतिक्रिया ऐसी घटनाएं जो उस व्यक्ति के जीवन को प्रभावित करती हों, उसके अनुभव बदलती हुई परिस्थितियों के प्रभावों की जानकारी की जा सकती है। इन तथ्यों का संकलन साधारण सत्यापन जैसे सामाजिक कान्फ्रेंसों वार्तालापों, नाटकीय विधियों, अवलोकन तथा प्रयोगात्मक साक्षात्कारों से लेकर अत्यन्त जटिल विधियों, जैसे प्रायोगिक अध्ययन की परीक्षाओं, भावात्मक अध्ययन, मनोवैज्ञानिक सूझबूझ इत्यादि तक से भी किया जा सकता है। कोई भी विधि क्यों न प्रयोग की जाए, संबंधित व्यक्ति के समस्त जीवन का उसकी सम्पूर्णता में अध्ययन किया जाता है।

वैयक्तिक अध्ययन के प्रकार (Types of Case Study)

वैयक्तिक अध्ययन प्रणाली को अध्ययन की प्रकृति के आधार पर दो भागों में बांटा जा सकता है–

1. **व्यक्ति अथवा इकाई का वैयक्तिक अध्ययन (Case Study of an Individual or a Unit)**–इसके अन्तर्गत किसी एक व्यक्ति या उसके जीवन की किसी एक घटना का वैयक्तिक अध्ययन किया जाता है। जब व्यक्ति का अध्ययन किया जा रहा हो, उस स्थिति में स्वयं व्यक्ति से पारिवारिक सदस्यों, संबंधियों एवं परिचित व्यक्तियों से उसके बारे में साक्षात्कार करके सूचनाओं को एकत्रित किया जाता है। इसके साथ-साथ साक्षात्कार द्वारा प्राप्त सूचनाओं के विश्लेषण के लिए प्रलिखित स्रोतों, डायरियों, आत्मकथाओं आदि उपकरणों का प्रयोग किया जाता है। इसके साथ-साथ मनोवैज्ञानिक परीक्षण से संबंधित साधनों का भी प्रयोग होता है।

2. **समुदाय का वैयक्तिक अध्ययन (Case Study of a Community)**–इस वर्ग के अन्तर्गत किसी एक समूह, समुदाय अथवा उसके किसी एक पहलू का अध्ययन सम्मिलित होता है। इस प्रकार के अध्ययनों में बुद्धि कौशल, अनुभव, बौद्धिक ईमानदारी और शत प्रतिशत सतर्कता की आवश्यकता रहती है। इसके अन्तर्गत शोधकर्ता को अपनी अभिमतियों से बचना चाहिए। एक समुदाय का वैयक्तिक अध्ययन उसकी यांत्रिक स्थिति का पूर्ण रूप से सांगोर्वोपांग अध्ययन हेतु सामग्री संकलन की व्यवस्थित पद्धति है। इसमें उन सभी साधनों एवं यंत्रों का प्रयोग होता है जो वैयक्तिक अध्ययन प्रणाली में किए जाते हैं। इस प्रकार के अध्ययनों का प्रयोग पाश्चात्य देशों में बहुलता से हुआ है और समकालीन भारतीय समाज में भी मानवशास्त्रियों और समाजशास्त्रियों ने पिछड़ी हुई प्रजातियों, ग्रामीण समाजों के अध्ययन के संबंध में किया है।

वैयक्तिक अध्ययन की उपयोगिता (Utility of Case Study)

सामाजिक अनुसंधान कार्य में वैयक्तिक अध्ययन की निम्नलिखित उपयोगिताएं हैं–

1. **महत्त्वपूर्ण उपकल्पनाओं के स्रोत (Source of Important Hypothesis)**–वैयक्तिक अध्ययन प्रणाली में ईकाइयों का विस्तृत एवं सूक्ष्म अध्ययन किया जाता है और तब निष्कर्षों पर पहुंच जाता है। इन निष्कर्षों के आधार पर उपकल्पनाओं का निर्माण होता है। वस्तुतः संबंधित साहित्य का अध्ययन तथा वैयक्तिक अध्ययन ये ही दो उपकल्पनाओं के प्रधान स्रोत हैं।

2. **महत्त्वपूर्ण प्रपत्रों का साधन (Source or Important Documents)**–वैयक्तिक अध्ययन प्रणाली किसी वर्ग की विशेष इकाइयों के अध्ययन के पश्चात प्रश्नावली अनुसूची अथवा कई प्रकार के अन्य प्रपत्रों को तैयार करने में सहायक होती है।

3. **अति गहन अध्ययन (In-depth Study)**–इस पद्धति के अन्तर्गत इकाइयों के केवल समस्या से संबंधित विशिष्ट पहलुओं का ही नहीं वरन् इकाइयों के हर पहलू का समान दृष्टि से अध्ययन किया जाता है।

4. **इकाइयों का वर्गीकरण एवं विभाजन (Classification and Distribution of Units)**–वैयक्तिक अध्ययन विभिन्न इकाइयों को विभिन्न समूहों में विभाजित करने एवं एकीकृत करने में भी सहायक होता है क्योंकि इसके द्वारा समूह विभिन्न इकाइयों के गुण हमें ज्ञात हो जाते हैं। इससे निदर्शन निकालने में भी आसानी हो जाती है।

5. **व्यक्तिगत अनुभव का स्त्रोत** (Source of Personal Experience)—वैयक्तिक अध्ययन प्रणाली के अन्तर्गत एक इकाई के जीवन से संबंधित प्राय: सूक्ष्म पहलू का अध्ययन किया जाता है और इस रूप में स्वत: ही अनुसंधानकर्ता को अनेक प्रकार के अनुभव प्राप्त हो जाते हैं।

6. **व्यक्तिगत भावनाओं एवं मनोवृत्तियों का अध्ययन** (Study of Personal Feelings and Attitudes)—एक व्यक्ति की किन-किन परिस्थितियों में क्या भावनाएं तथा किस प्रकार की मनोवृतियां रहती हैं। इस पद्धति से मालूम होता है। इस प्रकार के ज्ञान से ही व्यक्तिगत भावनाओं एवं मनोवृत्तियों में परिवर्तन और इस प्रकार सामाजिक परिवर्तन का पूर्वानुमान लगाया जाना सम्भव है।

7. **सामग्री की सम्पूर्णता** (Completeness of Material)—इस पद्धति के द्वारा जो सामग्री संकलित की जाती है, वह अपने में सम्पूर्ण होती है।

8. **वर्गीकरण एवं तुलना का आधार** (Basic of Classification and Comparison)—वैयक्तिक अध्ययन के द्वारा इकाइयों के विविध गुणों व विशेषताओं की जानकारी प्राप्त हो जाती है और उनके आधारों पर वर्गीकरण व तुलनात्मक अध्ययन सम्भव हो पाता है।

9. **इकाई के महत्त्वपूर्ण कारकों का अध्ययन** (Study of Important Factors or a Unit)—वैयक्तिक अध्ययन द्वारा इकाई के जीवन से संबंधित विभिन्न महत्त्वपूर्ण घटनाओं, उसके कारकों की जानकारी हो जाती है।

10. **भूत व वर्तमान दोनों परिस्थितियों का अध्ययन** (Study or both Past and Present Situations)—वैयक्तिक अध्ययन प्रणाली के अन्तर्गत इकाइयों के जीवन से संबंधित सम्पूर्ण सूचनाओं की जानकारी प्राप्त की जाती है। इकाई अथवा व्यक्ति की पारिवारिक पृष्ठभूमि, कुछ महत्त्वपूर्ण व्यतीत घटनाएं, वर्तमान स्थिति सभी का ज्ञान इस पद्धति के द्वारा सम्भव हो पाता है।

11. **विरोधी इकाइयों का अध्ययन** (Study of Deviant Case)—व्यक्तिगत अध्ययन प्रणाली द्वारा हम विरोधी इकाइयों (deviant cases) का भी पता लगा सकते हैं जिनका अध्ययन सही निष्कर्षों के लिए आवश्यक होता है।

12. **इकाइयों को समुचित महत्त्व** (Appropriate Impatience to Units)—वैयक्तिक अध्ययन प्रणाली व्यक्तिगत इकाइयों को समुचित महत्त्व देती है जिसके बिना मानवीय क्रियाओं का सच्चा महत्त्व नहीं समझा जा सकता है, और इस प्रकार सामाजिक अनुसंधान के लिए इसका बहुत बड़ा महत्त्व है।

13. **सामान्यीकरण एवं सिद्धान्त प्रतिपादन का आधार** (Basic of Generalization and Theory Formulation)—वैयक्तिक अध्ययन प्रणाली में इकाइयों की सम्पूर्ण जानकारी हो जाती है। मानव की मौलिक एकता के सिद्धान्त पर वैयक्तिक अध्ययन प्रणाली द्वारा प्राप्त निष्कर्ष सामान्यीकरण व सिद्धान्त प्रतिपादन में सम्भव योगदान देते हैं।

वैयक्तिक अध्ययन की सीमाएं (Limitations of Case Study)

उपरोक्त महत्त्वों व उपयोगिताओं के बावजूद भी वैयक्तिक अध्ययन पद्धति का प्राय: कम प्रयोग होता है क्योंकि इसे प्रयुक्त करने में कई सीमाएं हैं—

1. **केवल कुछ ही इकाइयों पर आधारित निष्कर्ष** (Conclusions based on a Few Units only)—वैयक्तिक अध्ययन की सबसे प्रमुख कमी यह है कि इसके अन्तर्गत कुछ थोड़ी-सी इकाइयों के आधार पर वे निष्कर्ष निकाल लिए जाते हैं। परिणामस्वरूप ये निष्कर्ष सामान्य रूप से भी इकाइयों पर लागू नहीं किए जा सकते।

2. **अवैज्ञानिक विधि** (Unscientific Methods)—यह विधि बड़ी ही असंगठित तथा अवैज्ञानिक है। इकाइयों के चुनाव एवं सूचना प्राप्त करने पर किसी प्रकार के नियंत्रण ही रहते। इसके अतिरिक्त निष्कर्षों के सत्यापन की भी सम्भावना नहीं होती।

3. **पक्षपात की समस्या** (Problem of Bias)—इसके अन्तर्गत अनुसंधानकर्ता एक व्यक्ति से संबंधित प्राय: उन सभी घटनाओं एवं तथ्यों का अध्ययन करता है जो उसके स्वयं के जीवन में भी घटित होते हैं। इस प्रकार अनुसंधानकर्ता का अपना व्यक्तिगत पक्षपात समाविष्ट हो जाता है और अध्ययन अधिक पक्षपात पूर्ण हो जाता है।

4. **अधिक अशुद्धता** (Much Inaccuracy)—व्यक्तिगत अध्ययन में डायरी, पत्र, जीवन इतिहास इत्यादि से प्राप्त सामग्री का उपयोग होता है लेकिन ये सब रिकार्ड एवं प्रमाण दोषपूर्ण होते हैं। जिनपर आधारित अध्ययन एवं निष्कर्षों का भी दोषपूर्ण व अशुद्ध होना स्वाभाविक ही है।

5. **अप्रामाणिक तथ्य** (Unverified Facts)—अनुसंधानकर्ता एक व्यक्ति के जीवन से संबंधित जो कुछ भी सूचनाएं संकलित करता है उसका सत्यापन इसलिए सम्भव नहीं कि दूसरे व्यक्ति के जीवन में भी वही घटनाएं और वही परिस्थितियां घटित हों।

6. **निदर्शन प्रणाली का अभाव** (Lack of Sampling)—इस प्रणाली में निदर्शन प्रणाली का अभाव है परिणामस्वरूप सही प्रतिनिधिपूर्ण इकाइयों का अध्ययन नहीं हो पाता।

7. **अत्यधिक समय व धन की आवश्यकता** (Need for much Time and Money)—यह पद्धति अधिक खर्चीली व समय नष्ट करने वाली है क्योंकि इसके अन्तर्गत इकाई की सम्पूर्ण जानकारी प्राप्त की जाती है।

8. **दोषपूर्ण जीवन इतिहास** (Defective Life Histories)—वैयक्तिक अध्ययन प्रणाली के अन्तर्गत जीवन इतिहास (life history) का प्रयोग अधिक होता है किन्तु ये जीवन इतिहास दोषपूर्ण व अवैज्ञानिक होते हैं। इसी कारण निष्कर्ष में भी अवैज्ञानिकता व असत्यता की सम्भावना रहती है।

9. **केवल गुणात्मक अध्ययन** (Qualitative Study only)—वैयक्तिक अध्ययन प्रणाली द्वारा तथ्यों व इकाइयों का केवल गुणात्मक अध्ययन ही सम्भव हो पाता है, गणनात्मक अथवा संख्यात्मक विवेचन इस पद्धति द्वारा सम्भव नहीं है।

10. **सत्यापन की असुविधा** (Inconvenience in Verification)—वैयक्तिक अध्ययन द्वारा प्राप्त निष्कर्षों की सत्यता की जांच करना कठिन है क्योंकि प्रत्येक इकाई व व्यक्ति अपनी-अपनी भावनाओं एवं मनोवृत्तियों के आधार पर अलग-अलग विवरण देते हैं। विविध विवरणों की सत्यता का कोई निश्चित मापदंड नहीं है।

उपर्युक्त सीमाओं के कारण सामाजिक वैज्ञानिकों ने इसको अवैज्ञानिक और अनुपयुक्त मान कर छोड़ा नहीं है। परन्तु इस दिशा में विद्वानों ने सुधार करने की चेष्टा है। उनमें कार्ल राजर्स, मेयो, कोमारोवस्की, किन्से तथा जी. डोलार्ड के नाम विशेष रूप से महत्त्वपूर्ण हैं। इन्होंने आंकड़ों के एकत्रीकरण, लेखन, सम्पादन, और विश्लेषण की विधियों में पर्याप्त सुधार किए हैं। निदर्शन की विधियों का उपयोग तथा दूसरी प्रविधियों के प्रयोगों व नियंत्रणों द्वारा इस प्रणाली को अधिक वैज्ञानिक तथा शुद्ध बनाने का प्रयास किया है।

Notes

1. W.I. Thomas and Florian Znaniecki, *The Polish Peasant in Europe and America,* Richard G. Badger, The Corham Press, New York, 1927, pp. 832–836.
2. P.V. Young, *Scientific Social Survey and Research,* Prentice Hall, New Delhi, 1960, p. 252.
3. W.J. Goode and P.K. Hatt, *Methods in Social Research,* McGraw-Hill, New York, 1952, p. 320.
4. Alfred Marshal, *Principle of Economics,* Macmillan and Co. Ltd., London, 1930 p. 116.
5. Howard W. Odum, *An Introduction to Social Research,* H. Holt, New York, 1929, p. 229.
6. Yang Hisn Pao, *Fact Finding with Rural People,* UNO Publication, 1955.
7. Clifford R. Shaw, 'Case Study Method', *American Sociological Society,* Vol. 21. p. 149.
8. J. Biesanz and M. Biesanz, *Modern Society: An Introduction to Social Service,* Prentice Hall, Englewood Cliffs, NJ, 1964, p. 11.

13

अवलोकन

Observation

समस्त भौतिक विज्ञानों में अवलोकन एक मूलभूत पद्धति मानी जाती है, जिसका अर्थ होता है देखना, सुनना और समझना। अति प्राचीन काल से सामाजिक घटनाओं और सामाजिक समस्याओं का अध्ययन करने की यह महत्वपूर्ण पद्धति रही है। विभिन्न विज्ञानों में निहित ज्ञान सदियों के व्यवस्थित अवलोकन के आधार पर ही संग्रहीत किया जा सका है। वर्तमान समय के वैज्ञानिक भी किसी घटना या समस्या से संबंधित अध्ययन को तभी सार्थक, स्वीकार करता है, जब वह स्वयं उस तथ्य का अवलोकन कर लेता है। प्रारम्भ में अवलोकन भौतिक विज्ञानों में ही प्रयुक्त होता था परन्तु आगस्ट काम्टे के सुझाव के उपरान्त समाजशास्त्र में भी इसके अध्ययन को वैज्ञानिकता प्रदान करने के लिए इसका प्रयोग होने लगा।

आज अन्य विज्ञानों की तरह सामाजिक विज्ञानों में भी अवलोकन पद्धति अपना महत्वपूर्ण योगदान प्रदान कर रही है। इसीलिए गुडे एवं हाट ने भी इसे सामाजिक विज्ञानों में अध्ययन पद्धति के रूप में महत्वपूर्ण बतलाते हुए लिखा है कि 'विज्ञान अवलोकन से प्रारम्भ होता है एवं जब इसकी पुष्टि के लिए अन्ततः अवलोकन पर ही लौटकर आना पड़ता है, तब समाजशास्त्री को सावधानीपूर्वक अवलोकन करने में अपने आपको प्रशिक्षित बनाना चाहिए।'[1] उपरोक्त कथन स्पष्ट रूप से यह संकेत करता है कि विज्ञानों की उन्नति व्यवस्थित अवलोकन से ही सम्भव है। सामाजिक विज्ञानों को भी अपने-अपने अध्ययनों में वैषयिकता लाने के लिए सतर्क होकर तथा भावना एवं व्यक्तिगत पक्षपातों से दूर रहकर व्यवस्थित ढंग से अवलोकन करना चाहिए।

अवलोकन पद्धति के माध्यम से विभिन्न विद्वानों ने अपना अध्ययन विभिन्न क्षेत्रीय समस्याओं एवं सामाजिक घटनाओं में किया। लीप्ले ने अपना अध्ययन परिवारों में रहकर अवलोकन विधि द्वारा किया। बूथ ने भी अपने सर्वेक्षण 'लंदन का जीवन एवं श्रमिक' में विभिन्न परिवारों के साथ रहकर इसी पद्धति को अपनाया। मेलिनोवस्की ने 'टोब्रियाण्ड' द्वीपसमूह के लिए इसी पद्धति को अपनाया। मेलिनोवस्की ने 'टोब्रियाण्ड' द्वीपसमूह के गांवों की प्रथा, परम्परा का वास्तविक अध्ययन अवलोकन विधि से ही किया। सर्वप्रथम 1967 में ब्रिटेन में समूह अवलोकन विधि का प्रयोग चार्ल्स मेज एवं टाम हेरीसन ने किया। इसके बाद एडम कर्ल, इलियट जेक्स आदि ने इस विधि का प्रयोग किया। 'टेरिस्टाक इंस्टीट्यूट ऑफ ह्यूमेन रिलेसन्स' द्वारा इस अवलोकन प्रविधि को प्रोत्साहन मिला।

'ऑक्सफोर्ड कन्साइज डिक्शनरी' में अवलोकन का अर्थ 'घटनाओं को उसी प्रकार देखना और वर्णन करना जिस प्रकार वे कार्यकारण अथवा पारस्परिक संबंधों के अनुसार स्वाभाविक रूप से घटित है।'[2] इसको स्पष्ट करते हुए मोजर ने लिखा है कि सुन्दर ढंग के अवलोकन को वैज्ञानिक जांच पड़ताल की शास्त्रीय पद्धति कहा जा सकता है ... ठोस अर्थ में अवलोकन में कानों तथा वाणी की अपेक्षा आंखों का प्रयोग स्वतंत्र है।'[3]

जहोदा ने अवलोकन को वैज्ञानिक अवलोकन के स्तर पर लाने के लिए इसको कुछ विशिष्ट गुणयुक्त भी होना आवश्यक बताया है। उनके मत में 'देखने की विधि को हम वैज्ञानिक अवलोकन कहते हैं जब वह–

1. किसी विशेष उद्देश्य की पूर्ति हेतु की गई हो।
2. जब वह वैज्ञानिक रूप से क्रमबद्ध निर्धारित की गई हो
3. जब अध्ययन में प्राप्त तथ्यों को क्रमबद्ध रूप से अंकित किया जाए।
4. जिसके द्वारा प्राप्त तथ्यों का पुनः परीक्षण किया जा सके।[4]

इसी प्रकार पी.वी. यंग ने भी अवलोकन पद्धति को विश्लेषित करते हुए बताया है कि 'अवलोकन आंखों द्वारा विचारपूर्वक अध्ययन की एक प्रणाली के रूप में काम में लाया जाता है जिससे जटिल सामूहिक व्यवहार एवं सामाजिक संस्थाओं की पूर्ण इकाइयों का अध्ययन किया जा सके।'[5]

उपरोक्त समस्त परिभाषाओं को ध्यानपूर्वक देखने से यह ज्ञात होता है कि अवलोकन प्राथमिक तथ्यों के संकलन की एक सहज एवं महत्वपूर्ण प्रविधि है। अवलोकन की कुछ निम्नलिखित विशेषताएं हो सकती हैं–

अवलोकन की विशेषताएं (Characteristics of Observation)

1. प्राथमिक तथ्यों से संबंधित (Connected with Primary Facts)–अवलोकन प्रविधि के द्वारा तथ्यों के संबंध में प्राथमिक एवं पूर्ण जानकारी प्राप्त होती है जिसके आधार पर अध्ययनकर्ता अपने अध्ययन की दिशा, प्रविधि एवं अन्य आवश्यक सतर्कताओं के बारे में निर्णय लेता है और अध्ययन को पक्षपात रहित बनाने का प्रयास करता है।

2. मानवीय इन्द्रियों का पूर्ण उपयोग (Complete use of Human Senses)–अवलोकन पद्धति में शोधकर्ता को किसी यंत्र इत्यादि का प्रयोग नहीं करना पड़ता। इसके विपरीत वह इस प्रविधि से अध्ययन में अपनी आंख, कान व वाणी सभी का प्रयोग करता है किन्तु विशेषकर आंखों के ही प्रयोग पर बल दिया जाता है। इस प्रकार अवलोकन में मानवीय इन्द्रियों का ही पूर्णतया उपयोग होता है।

3. उद्देश्यपूर्ण एवं सूक्ष्म अध्ययन (Purposive and Minute Study)–वैज्ञानिक अवलोकन सदैव सामान्य अवलोकन से भिन्न होता है। सामाजिक घटनाएं सबके सामने ही घटित होती हैं। परन्तु सामान्य जन उस पर कुछ विशेष ध्यान नहीं देते या प्रायः अनदेखी करते हैं वहीं एक शोधकर्ता सदैव घटनाओं का उद्देश्यपूर्ण एवं सूक्ष्म ढंग से अवलोकन करके उनमें से ही किसी-न-किसी नए सिद्धान्त की खोज या पुराने प्राप्त सिद्धान्तों का सत्यापन प्राप्त करता है।

4. प्रत्यक्ष अध्ययन (Direct Study)–इस पद्धति में चूंकि शोधकर्ता स्वयं ही अध्ययन क्षेत्र तक जाता है। घटित घटनाओं का अपनी आंखों से निरीक्षण करता है तथा आंकड़ों का संकलन करता है।

5. पारस्परिक एवं कार्य कारण संबंधों का पता लगाना (Finding out Reciprocal and Cause effect Relations)—यद्यपि किसी भी प्रकार के गहन और उद्देश्यपूर्ण निरीक्षण को हम निरीक्षण की संज्ञा दे सकते हैं किन्तु वैज्ञानिक पद्धति के रूप में इसका उद्देश्य कार्यकारण संबंधों का पता लगाना होता है।

6. सामूहिक व्यवहार का अध्ययन (Study of Group Behavior)—समाज वैज्ञानिकों द्वारा प्रयुक्त अनेक प्रविधियों में व्यक्ति तथा संस्थाओं का अलग-अलग क्रियाकलाप ही परखा जा सकता है। जिस प्रकार वैयक्तिक अध्ययन प्रणाली के द्वारा व्यक्तिगत व्यवहार का अच्छी तरह से अध्ययन किया जा सकता है। ठीक उसी तरह सामाजिक व्यवहार के अध्ययन की सर्वोत्तम पद्धति अवलोकन विधि है।

7. विचारपूर्वक किया जाने वाला अध्ययन (Well Thought of Study)—अवलोकन एक प्रकार का विचारपूर्वक किया जाने वाला अध्ययन है। अन्य लोगों की तरह से अवलोकन का कार्य एक शोधकर्ता नहीं करता बल्कि वह घटित होने वाली सामाजिक घटनाओं पर विचारपूर्वक अवलोकन करता है तथा सामग्री का संग्रहण करता है।

इस तरह अवलोकन पद्धति की अपनी कुछ विशिष्टताएं होती हैं, जिनके कारण यह वैज्ञानिक और यथातथ्य अध्ययन प्रविधि की श्रेणी में आ जाता है।

अवलोकन के आधार पर उपकल्पनाओं को भी जन्म मिलता है और उपकल्पनाएं भी अवलोकन की दिशा निर्देशित करती हैं। कोई भी अध्ययन समस्या की प्रकृति, क्षेत्र और उसके उद्देश्य के द्वारा संचालित होता है। उपकल्पनाएं उसको संचालित करने में सहायता प्रदान करती हैं। उदाहरण के लिए यदि हम सड़कों पर दुर्घटनाओं का अध्ययन करना चाहें तो अन्वेषणात्मक उपकल्पना के आधार पर हम कह सकते हैं कि दुर्घटनाएं मोटरों के तेज चलने से और तंग सड़कों पर अधिक होती हैं।

अवलोकन के प्रकार (Types of Observation)

अवलोकन को निम्नलिखित रूप से विभक्त किया जा सकता है–

1. अनियंत्रित अवलोकन (Uncontrolled observation)।
   (अ) सहभागी अवलोकन (Participant observation)।
   (ब) असहभागी अवलोकन (Non-participant observation)।
   (स) अर्द्ध सहभागी अवलोकन (Quasi participant observation)।
2. नियंत्रित अवलोकन (Contolled observation)।
3. सामूहिक अवलोकन (Group observation)।

इसको हम निम्नलिखित तालिका के द्वारा भी प्रदर्शित कर सकते हैं–

सामाजिक अनुसंधान में विभिन्न प्रकार के अवलोकनों का प्रयोग किया जाता है। सहभागी ओर असहभागी अवलोकन अवधारणा का प्रयोग लिंडमैन की पुस्तक *सोशल डिस्कवरी* (1924) से प्रारम्भ हुआ। इन्होंने अनुसूची और प्रश्नावली के आधार पर अध्ययनों की आलोचना करते हुए इसके प्रयोग की सराहना की। इसके अतिरिक्त अमेरिका में नेल्स एण्डर्सन ने 'दीहोवो' के अध्ययन में भी इन दोनों प्रकार की अवलोकन पद्धतियों का प्रयोग किया। इस प्रकार मानवशास्त्र, समाजशास्त्र और सामाजिक विज्ञानों के क्षेत्र में अवलोकन का महत्त्व बढ़ता जा रहा है। अधिकतर सामाजिक संबंधों के संबंध में ज्ञान का एकत्रीकरण इन्हीं प्रविधियों के आधार पर होता है। अवलोकन करते समय इनकी सहायता करने वाली वस्तुओं

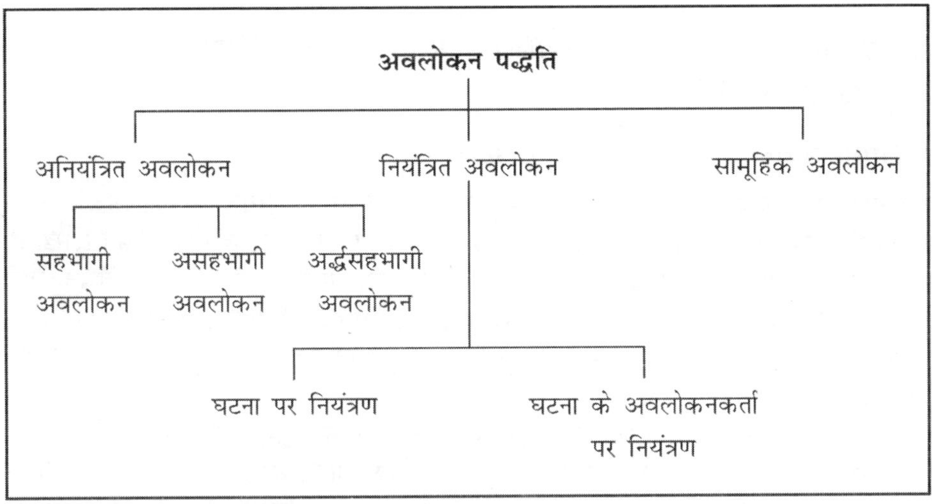

पर विशेष नियंत्रण और सावधानी बरतनी चाहिए। अतः वैज्ञानिक अवलोकन के लिए यह आवश्यक है कि शोधकर्ता सावधानीपूर्वक सामाजिक घटनाओं की व्याख्या करे।

अनियंत्रित अवलोकन (Uncontrolled Observation)

सामाजिक घटनाओं के अध्ययन के लिए नियंत्रित दोनों प्रकार की प्रविधियां प्रयोग की जा सकती हैं। साधारण भाषा में हम कह सकते हैं कि यह अवलोकन का वह प्रकार है जिससे अवलोकनकर्ता पर किसी भी प्रकार का नियंत्रण नहीं रहता है, और घटना का उसके वास्तविक रूप में अध्ययन किया जाता है।

गुडे एवं हाट ने लिखा है कि 'सामाजिक संबंधों के बारे में अधिकतर ज्ञान जो लोगों के पास है अनियंत्रित अवलोकन के द्वारा प्राप्त किया गया है।' इस कथन से सामाजिक विज्ञानों में इसकी भूमिका स्पष्ट हो जाती है। इन्हीं बातों को स्पष्ट करते हुए उसने आगे कहा है कि मानव सामाजिक व्यवहार के बारे में प्राप्त ज्ञान उन परिस्थितियों से सीखा है, जिनमें हमने स्वयं भाग लिया है। अनियंत्रित अवलोकन मानव इन्द्रियों के उपयोग का सरलतम स्वरूप है। अनियंत्रित अवलोकन का प्रयोग काफी प्रचलित हो गया। इसके उपर्युक्त लाभों के बावजूद इसमें कुछ दोष भी पाए जाते हैं। इसके आन्तरिक पक्ष की विवेचना करते हुए बर्नाल्ड ने इसके दोषों की व्याख्या करते हुए लिखा है- 'इसमें यह खतरा है कि अनियंत्रित अवलोकन सम्भवतया हमें यह भावना प्रदान करता है कि हमने जो कुछ देखा है, उसके बारे में हम जो वास्तव में करते हैं उसकी अपेक्षा हम ज्यादा जानते हैं। तथ्य इतने वास्तविक एवं सजीव होते हैं और इसलिए उनके बारे में हमारी भावनाएं इतनी दृढ़ होती हैं कि कभी-कभी हम ज्ञान की परिपुष्टता के लिए अपने भावों की पुष्टता की गलती करने लगते हैं।'[6]

इसके अतिरिक्त अनियंत्रित अवलोकन विश्वसनीय भी कम होता है। जो अवलोकन एक बार कर दिया जाता है, दुबारा उसका सत्यापन करना कठिन होता है। इस प्रकार के अवलोकन में शोधकर्ता अपने विचारों और अभिमति के प्रवेश में स्वतन्त्र होता है।

अनियन्त्रित अवलोकन को सफल बनाने में निम्न तत्व सहायक हैं–

1. अनुसंधान समस्या।

2. प्रायोगिक अध्ययनों (field experience) के रिकॉर्ड अथवा संग्रह।
3. अनुसूची का प्रयोग आदि।

सहभागी अवलोकन *(Participant Observation)*

सहभागी निरीक्षण शब्द का प्रयोग सर्वप्रथम लिण्डमैन[7] ने अपनी पुस्तक 'Social discovry' में 1924 में किया। यद्यपि विधि के रूप में इसका प्रयोग बहुत पहले हो चुका था। उसने लिखा है, सहभागी निरीक्षण इस सिद्धान्त पर आधारित है कि किसी घटना का निर्वचन तभी करीब-करीब शुद्ध हो सकता है, जब वह बाह्य तथा आन्तरिक दृष्टिकोण से मिलकर बना हो। लुण्डबर्ग[8] के अनुसार अधिकांश समाज वैज्ञानिक अनुसंधान सहभागी अवलोकन प्रविधि द्वारा ही हुआ है।

जोन मेज के अनुसार 'जब दृष्टा के हृदय की धड़कनें समूह के अन्य व्यक्तियों की धड़कनों से मिल जाती हैं तथा वह किसी दूरस्थ प्रयोगशाला से आए हुए तटस्थ प्रतिनिधि के समान नहीं रह जाता तो समझना चाहिए कि सहभागी दृष्टा कहलाने का अधिकार प्राप्त कर लिया।'[9]

गुडे एवं हाट ने इस तथ्य की पूर्ति करते हुए लिखा कि निरीक्षण कर्ता सहभागी कहलाने का हकदार उस समय हो जाता है, जब वह समूह के सदस्य के रूप में स्वीकार कर लिया जाता है।

सहभागी साक्षात्कार का उपयोग अनेक अनुसंधानों में किया गया है। जेल के कैदियों का अध्ययन करने के लिए जॉन हावर्ड कई साल जेल के कैदियों के साथ रहे। लीप्ले तथा चार्ल्स बुथ ने इसी पद्धति से निरीक्षण किया। प्रसिद्ध मानवशास्त्री मेलिनोवस्की ने पश्चिमी प्रशान्त महासागर के तट पर रहने वाली 'आग्रोनाट' जनजाति का एवं रेमण्ड फर्थ ने 'टिकोपिया' का अध्ययन इसी पद्धति से किया था।

सहभागी अवलोकन के गुण (Merits of Participant Observation)

1. सहभागी निरीक्षण में अनुसंधानकर्ता समूह का सदस्य बनकर उन सभी क्रियाओं तथा घटनाओं का अध्ययन कर सकता है, जिसके लिए प्राय: वह समूह किसी व्यक्ति को अवलोकन करने की अनुमति न दे।
2. इस प्रकार के अवलोकन में अनुसंधानकर्ता समूह में सामाजिक संबंध का अध्ययन भली प्रकार से कर सकता है।
3. सहभागी अवलोकन में अनुसंधानकर्ता भावनात्मक तथा गुणात्मक तथ्यों का भी विश्लेषण बहुत अच्छी तरह करता है।
4. सहभागी अवलोकन के अन्तर्गत अनुसंधानकर्ता जिन तथ्यों को समझने में असमर्थ होता है, अवलोकन समूह के सदस्यों से बातचीत करके स्पष्टीकरण कर सकता है।
5. सहभागी अवलोकन में चूंकि अनुसंधानकर्ता को अवलोकन समूह के लोग अपना सदस्य मान लेते हैं इसलिए उनके व्यवहारों में किसी प्रकार के परिवर्तन या बनावटीपन आने की सम्भावना बहुत कम हो जाती है।
6. सहभागी अवलोकन द्वारा अनुसंधानकर्ता तथ्यों को भलीभांति अंकित कर सकता है।
7. सहभागी अवलोकन सरल होता है एवं इसमें कम से कम समय में अधिक से अधिक तथ्यों का एकत्रीकरण कर सकते हैं।

8. सहभागी निरीक्षण दृष्टा की निगाह को अधिक सूक्ष्म बना देता है जिससे वह शीघ्रता से उपयुक्त तत्व को ग्रहण कर सके। समूह में कुछ समय तक रहने के पश्चात निरीक्षणकर्ता उसकी क्रियाओं तथा व्यवहारों से परिचित हो जाता है तथा उसमें पाई जाने वाली सूक्ष्म विकृति अथवा कृत्रिमता उसका ध्यान आकर्षित कर लेती है।

सहभागी अवलोकन की सीमाएं (Limitations of Participant Observation)

1. इस प्रकार अवलोकन में पूर्णतया: भाग लेने की बात कही जाती है, किन्तु वास्तव में यह असम्भव है। समूह की क्रियाओं पर अपना ध्यान केन्द्रित करता है किन्तु उसका ध्यान अवश्य ही समूह के प्रति उसकी अपनी मूल विचारधारा के कारण कुछ सीमा तक हट जाता है। साथ ही अपनी आयु, लिंग व सांस्कृतिक पृष्ठभूमि की भिन्नता के कारण वह समूह के जीवन में पूर्णत: भाग नहीं ले सकता।
2. सहभागी अवलोकन में क्योंकि अनुसंधानकर्ता अवलोकन समूह के सदस्यों के साथ रहता है इसलिए वह भी उस समूह के अनुरूप होने के कारण तथ्यों को त्रुटिपूर्ण बना देता है।
3. सहभागी अवलोकन में निरीक्षणकर्ता को कोई न कोई पद व स्थिति प्राप्त हो जाती है जिसके कारण अवलोकन समूह के सदस्य अनुसंधानकर्ता से उसी पद और स्थिति के अनुसार व्यवहार करते हैं, वास्तविकता के अनुसार नहीं।
4. सहभागी अवलोकन में अनुसंधानकर्ता के अवलोकन समूह में भावात्मक संबंध स्थापित होने की सम्भावना रहती है जिससे सभी तथ्य दूषित हो सकते हैं।
5. सहभागी अवलोकन में अवलोकन समूह में रहते-रहते अनुसंधानकर्ता बहुत सी बातों को जो कि अनुसंधान की दृष्टि से कम महत्वपूर्ण होती है, सामान्य समझने लगता है और उनको कम महत्वपूर्ण तथ्य मानकर छोड़ देता है।
6. सहभागी अवलोकन में तथ्यों का एकत्रीकरण समूह की क्रियाओं तथा घटनाओं पर निर्भर करता है जो कि अनुसंधानकर्ता की बिना इच्छा के स्वत: घटित होता है। कभी-कभी उन सभी घटनाओं का अवलोकन करने के लिए अनुसंधानकर्ता को बहुत अधिक समय व धन लगाना पड़ता।
7. सहभागी अवलोकन द्वारा छोटे व सीमित समूहों का ही अध्ययन किया जा सकता है।
8. सहभागी निरीक्षण एक व्यक्ति प्रधान प्रक्रिया है तथा इसकी सफलता बहुत कुछ निरीक्षण के व्यक्तिगत गुणों पर निर्भर है।

सहभागी अवलोकन विधि की पथ-प्रदर्शिका (Participant Observation Guide)

सहभागी अवलोकन द्वारा तथ्यों को एकत्र करने में निरीक्षणकर्ता को निम्नलिखित बातों पर ध्यान रखना चाहिए–

1. समस्या संबंधी पूर्ण जानकारी होनी चाहिए।
2. क्षेत्रीय लोगों के व्यवहार, प्रथा, परम्परा, भाषा आदि का ज्ञान होना चाहिए।
3. अनुसंधानकर्ता को नम्र एवं दूरदर्शी होना चाहिए।
4. अनुसंधानकर्ता को कार्यशील एवं व्यावहारिक होना चाहिए।
5. समूह एवं समूह के मुखिया (प्रमुख) के साथ अच्छा संबंध बनाए रखना चाहिए।
6. सामूहिक सूचनाओं, विज्ञप्तियों का परीक्षण करना चाहिए।

सहभागी अवलोकन के अन्तर्गत अनुसंधानकर्ता को इन बातों को नहीं करना चाहिए–

1. कोई ऐसा कार्य जिससे गलत शंका व क्रोध पैदा हो।
2. बहुत अधिक घनिष्ठ नहीं होना चाहिए।
3. समूह का नेतृत्व नहीं ग्रहण करना चाहिए।
4. समूह के ऊपर सहायता के लिए निर्भर नहीं होना चाहिए।
5. समूह के प्रति अज्ञात नहीं होना चाहिए।
6. समाज सुधार का भार स्वयं नहीं लेना चाहिए।
7. समूह के कार्यों का मूल्यांकन अपनी सामाजिक-सांस्कृतिक पृष्ठभूमि से नहीं करना चाहिए।

असहभागी अवलोकन *(Non-Participant Observation)*

जब अनुसंधानकर्ता केवल वैज्ञानिक के समान तटस्थ भाव से किसी समूह के जीवन में भाग लिए बिना अर्थात समूह की क्रियाओं से अलग रहकर किसी विशेष सामाजिक स्थिति का अवलोकन करता है तो उसे असहभागी अवलोकन पद्धति कहते हैं। उदाहरणार्थ मनोवैज्ञानिक अध्ययनों में अनुसंधानकर्ता अलग बैठकर बालकों की विभिन्न क्रियाओं का अध्ययन करता है, वह स्वयं उसके साथ खेलने नहीं लग जाता।

असहभागी अवलोकन की उपयोगिता (Utility of Non-Participant Observation)

1. असहभागी अवलोकन में अनुसंधानकर्ता को अवलोकन समूह के साथ किसी प्रकार का एकीकरण करने की आवश्यकता नहीं पड़ती।
2. असहभागी अवलोकन में चूंकि अनुसंधानकर्ता अवलोकन समूह से न किसी प्रकार का तादात्मयीकरण करता है और न ही उनके बीच रहता है इसलिए अवलोकन समूह की संस्कृति द्वारा या उनकी क्रियाओं द्वारा अनुसंधानकर्ता के विचारों पर किसी भी प्रकार का प्रभाव होने की सम्भावना नहीं होती।
3. अनुसंधानकर्ता अवैयक्तिकता को बनाए रखकर एक बाहरी व्यक्ति के रूप में तथ्यों का एकत्रीकरण कर सकता है।
4. सहभागी अवलोकन में जिस प्रकार अवलोकन समूह में रहते-रहते जिन बातों को सामान्य समझकर छोड़ सकता है, उसकी सम्भावना असहभागी अवलोकन में कम हो जाती है।
5. अनुसंधानकर्ता के भावनात्मक संबंध स्थापित होने की सम्भावना बहुत कम हो जाती है।
6. असहभागी अवलोकन में अपेक्षाकृत कम समय एवं कम धन की आवश्यकता पड़ती है।
7. इस पद्धति द्वारा तथ्यों की वास्तविक जानकारी मिलती है।

असहभागी अवलोकन की सीमाएं (Limitations of Non-Participant Observation)

1. असहभागी अवलोकन में अनुसंधानकर्ता अवलोकन समूह का बाहरी व्यक्ति के रूप में या दूर रहकर अवलोकन करता है। इसलिए वह सम्पूर्ण तथ्यों को नहीं देख पाता अथवा कुछ तथ्यों के छूट जाने की सम्भावना रहती है।
2. असहभागी अवलोकन में अनुसंधानकर्ता के प्रति लोगों के शंकित होने की सम्भावना अधिक होती है।

3. असहभागी अवलोकन में अनुसंधानकर्ता उन तथ्यों का, जो उसकी समझ के बाहर होते हैं या जिनकी व्याख्या वह स्वयं नहीं कर सकता, उनका स्पष्टीकरण करने में असमर्थ होता है।
4. इस प्रकार के अवलोकन विधि द्वारा कुछ सीमित क्षेत्रों में ही अध्ययन किए जा सकते हैं।
5. असहभागी अवलोकन में तथ्यों को अंकित करने की समस्या भी थोड़ी जटिल होती है।

अर्द्धसहभागी अवलोकन *(Quasi-Participant Observation)*

पूर्णरूपेण सहभागी एवं पूर्णरूपेण असहभागी अवलोकन दोनों ही पूर्णतः सम्भवः नहीं हो पाते। इसलिए गुडे एवं हाट ने दोनों के मध्यवर्ती मार्ग के अनुसरण पर बल दिया है जिसे उन्होंने अर्द्धसहभागी अवलोकन की संज्ञा दी है। इस प्रकार के अध्ययनों में अनुसंधानकर्ता अध्ययन किए जाने वाले समुदाय के कुछ साधारण कार्यों में भाग भी लेता है, यद्यपि अधिकांशतः वह तटस्थ भाव से बिना भाग लिए उसका निरीक्षण करता है। ह्वाइट के अनुसार, हमारे समाज की जटिलता के कारण पूर्ण एकीकरण का दृष्टिकोण अव्यावहारिक रहता है। एक वर्ग के साथ एकीकरण से उसका संबंध अन्य वर्गों से समाप्त हो जाता है, इसलिए अर्ध तटस्थ स्थिति बनाए रखना ही अधिक श्रेयस्कर होता है, जैसे–सामाजिक उत्सवों में भाग लेना, गेंद फेंकना, खेलना, साथ-साथ खाना पीना और फिर भी यह उद्देश्य बनाए रखना कि हमारा मुख्य उद्देश्य अनुसंधान है।

उपयोगिता (Utility)

इस प्रकार के अवलोकन में सहभागी और असहभागी दोनों प्रकार के अवलोकन के लाभ प्राप्त होने की सम्भावना रहती है। लीप्ले एवं लिण्ड ने अपने अध्ययन में इसी पद्धति को प्रयुक्त किया था। अधिकांश समाजवैज्ञानिक इसी पद्धति का प्रयोग करते हैं।

सीमाएं (Limitations)

1. इसके द्वारा समूह की वास्तविक प्रक्रियाओं का अध्ययन नहीं होता।
2. इसके द्वारा अवलोकन में अधिक शंका की गुंजाइश रहती है।

नियंत्रित अवलोकन (Controlled Observation)

नियंत्रित अवलोकन अनियंत्रित अवलोकन से अधिक विश्वसनीय एवं उपयोगी है क्योंकि इसमें अवलोकनकर्ता घटनाओं का निरीक्षण नियंत्रित पर्यावरण में करता है। नियंत्रित अवलोकन नियोजित, निश्चित एवं क्रमबद्ध रूप में किया जाता है। नियंत्रित अवलोकन के अन्तर्गत किसी घटना व परिस्थिति को पुनः निर्मित तथा प्रस्तुत किया जा सकता है। अवलोकनकर्ता पुनः अपनी उपकल्पनाओं एवं निष्कर्षों की जांच कर सकता है और इस प्रकार नियंत्रित अवलोकन में घटनाओं का पुनर्परीक्षण सम्भव है। तथ्यों का एकत्रीकरण क्रमबद्ध एवं नियोजित रूप से किया जाता है।

समाजविज्ञान की उन्नति के साथ-साथ उसकी अध्ययन प्रणालियों में भी विकास हुआ है। निरीक्षण अब स्वतंत्र तथा अनियंत्रित न होकर वैज्ञानिक रूप से नियंत्रित होता है। इन नियंत्रणों द्वारा निरीक्षण में होने वाली त्रुटियों को दूर किया जा सकता है तथा उसे अधिक शुद्ध और वैज्ञानिक बनाया जा सकता है। जहोदा के अनुसार 'नियंत्रित अवलोकन, अवलोकन करने

की वह विधि है, जिसमें अनुसंधान समस्या तथा उसके भिन्न-भिन्न पक्षों के बारे में पहले से निर्णय कर लिया जाता है।'

नियंत्रित अवलोकन का उद्देश्य समूह व समुदाय के सदस्यों के वास्तविक व्यवहार का अध्ययन करना होता है। निरीक्षणकर्ता को नियंत्रित अवलोकन के अन्तर्गत निम्न तथ्यों की जानकारी प्राप्त होनी चाहिए–

1. अनुसंधान समस्या व इकाई की साफ-साफ परिभाषा संबंधी जानकारी।
2. अवलोकन के लिए सही तथ्यों व उद्देश्यों का चयन।
3. उपकल्पना की जांच, परीक्षण एवं अवलोकन के लिए समय, स्थान तथा व्यक्तियों का निर्धारण।
4. तथ्यों को क्रमबद्ध रूप में अंकित करना।
5. सत्यता की जांच हेतु विभिन्न प्रविधियों का प्रयोग।

नियंत्रित अवलोकन की मुख्य विशेषता यह है कि इसमें निरीक्षणकर्ता पर तो नियंत्रण होता ही है साथ ही साथ निरीक्षण करने वाली सामाजिक घटनाओं पर भी नियंत्रण किया जाता है। नियंत्रित अवलोकन के लिए दो प्रकार के नियंत्रणों को कार्यरूप में परिणित किया जाता है।

सामाजिक घटना पर नियंत्रण *(Control on Social Phenomenon)*

इस पद्धति में निरीक्षण करने वाली घटना को नियंत्रित किया जाता है। इसे हम सामाजिक प्रयोग भी कह सकते हैं। जिस प्रकार भौतिक वैज्ञानिक भौतिक दुनिया की परिस्थितियों को प्रयोगशाला की नियंत्रित अवस्थाओं के अन्तर्गत लाकर अपने अध्ययन विषय का अध्ययन करता है, उसी प्रकार समाजवैज्ञानिक भी सामाजिक घटनाओं को सामाजिक परिस्थितियों के अन्तर्गत ही नियंत्रित करने तथा अध्ययन कार्य को संचालित करने का प्रयत्न करता है, यद्यपि यह कठिन कार्य है। इस पद्धति द्वारा किए गए कुछ अध्ययनों में थकान का अध्ययन, समय तथा गति का अध्ययन, उत्पादकता का अध्ययन आदि अर्द्धसामाजिक विषय उल्लेखनीय हैं। समाज मनोवैज्ञानिक क्षेत्र में बालकों के व्यवहारों से संबंधित कई अध्ययनों का उल्लेख किया जा सकता है।

निरीक्षणकर्ता पर नियंत्रण *(Control on Observer)*

नियंत्रित निरीक्षण की दूसरी पद्धति स्वयं निरीक्षणकर्ता पर नियंत्रण है ताकि निष्कर्ष निकालने में किसी प्रकार की भूल न हो। सामाजिक अनुसंधानकर्ता के लिए अनुसंधान विषय पर नियंत्रण रख सकना अत्यन्त कठिन होता है किन्तु वह कम-से-कम अपने ऊपर तो नियंत्रण रख ही सकता है। निरीक्षणकर्ता पर नियंत्रण अनेक प्रकार से रखा जा सकता है जैसे निरीक्षण की विस्तृत योजना पहले ही बना लेना अनुसूची तथा प्रश्नावली का प्रयोग, विस्तृत क्षेत्रीय नोट्स, मानचित्र का प्रयोग एवं अन्य यंत्र जैसे डायरी, फोटोग्राफी, कैमरा, टेपरिकॉर्ड, सिनेमाफिल्म आदि का प्रयोग।

नियंत्रित अवलोकन की उपयोगिता (Utility of Controlled Observation)

1. नियंत्रित अवलोकन निश्चित समस्यायों पर अनुसंधान करने में बहुत सहायक होता है।
2. नियंत्रित अवलोकन द्वारा उपकल्पनाओं के सत्यापन तथा विश्वस्थता की जांच की जा सकती है।

3. नियंत्रित अवलोकन द्वारा कार्य-कारण संबंधों की खोज की जा सकती है।
4. नियंत्रित अवलोकन द्वारा तथ्यों को मापा जा सकता है।
5. नियंत्रित अवलोकन द्वारा तथ्यों की वास्तविकता के अनुसार अवैयक्तिक रूप से अध्ययन किया जाता है।

नियंत्रित अवलोकन की सीमाएं (Limitations of Controlled Observation)

1. नियंत्रित अवलोकन के अन्तर्गत अनुसंधानकर्ता केवल उन्हीं पक्षों का अध्ययन कर सकता है जो पहले से निर्धारित हों। वह अवलोकन करते समय प्राप्त तथ्यों का विश्लेषण नहीं कर सकता।
2. नियंत्रित अवलोकन द्वारा तथ्यों का गहनतापूर्वक अध्ययन नहीं किया जा सकता।
3. नियंत्रित अवलोकन में अनुसंधानकर्ता को तथ्यों के एकत्रीकरण की विधियों में सम्पूर्ण जानकारी के लिए विशेष परीक्षण की आवश्यकता पड़ती है।
4. नियंत्रित अवलोकन में केवल कुछ सीमित क्षेत्रों में ही अध्ययन किया जा सकता है।

सामूहिक अवलोकन (Mass Observation)

सामूहिक अवलोकन नियंत्रित अवलोकनों का मिश्रण होता है। सामूहिक अवलोकन कई व्यक्तियों के समूह पर निर्भर करता है। इसमें कई व्यक्ति एक साथ मिलकर सामग्री एकत्रित करते हैं और बाद में वे सब मिलकर एक व्यक्ति से उस पर विचार विमर्श करते हैं। इस पद्धति में घर-घर जाकर पूछताछ करने अथवा प्रश्न समूह द्वारा सर्वेक्षण करने की आवश्यकता नहीं होती। इसमें अवलोकनकर्ताओं की संख्या अधिक होने के फलस्वरूप प्रत्येक वस्तु का भली-भांति प्रेक्षण होना सम्भव होता है तथा कोई भी महत्त्वपूर्ण बात दृष्टि से बचकर निकल नहीं पाती। यह पद्धति सरल, विश्वसनीय, सर्वप्रचलित, निरन्तर उपयोगी और सत्यापन की सुविधा प्रदान करने वाली अवश्य है किन्तु सभी परिस्थितियों अथवा घटनाओं में इस प्रकार का निरीक्षण करना सम्भव नहीं होता।

अवलोकन का संगठन (Organization of Observation)

अवलोकन के संगठन हेतु अथवा अवलोकन प्रणाली द्वारा अध्ययन हेतु अनुसंधानकर्ता को निम्नलिखित चरणों को ध्यान में रखना चाहिए–

1. अध्ययन समस्या व संबंधित घटना के संबंध में जानकारी।
2. ऐसे व्यक्तियों का चयन जो अवलोकन का अवसर दें।
3. अनुसंधान समस्या पर उपकल्पना का निर्माण।
4. उपस्थित उपकल्पना पर सही निष्कर्ष निकालने के लिए आवश्यक सूचनाओं को प्राप्त करने की विधि संबंधी जानकारी प्राप्त करना।
5. अनुसूची का निर्माण।
6. अवलोकन अथवा निरीक्षण।
7. निरीक्षण के समय विभिन्न आवश्यक तथा महत्त्वपूर्ण घटनाओं को शार्ट-हैंड के चिह्नों, संक्षिप्त शब्दों, अथवा अन्य निर्मित चिह्नों द्वारा सावधानीपूर्वक नोट करते रहना ताकि कोई महत्त्वपूर्ण बात छूटने न पाए।
8. एकत्रित सूचनाओं का वर्गीकरण एवं सारिणीकरण।

9. वर्गीकृत एवं सारिणीकृत सूचनाओं का निर्वचन।
10. रिपोर्टिंग तथा निष्कर्ष।

अवलोकन की उपयोगिता (Utility of Observation)

अवलोकन पद्धति की अनेक सीमाओं के होते हुए भी इस तथ्य से इन्कार नहीं किया जा सकता कि निरीक्षण पद्धति का सामाजिक अनुसंधान में अपना एक अलग ही महत्त्व है। इसके निम्नलिखित गुण हैं–

1. सरल एवं प्राथमिक पद्धति (Simple and Primary Method)–निरीक्षण पद्धति का सबसे प्रमुख गुण उसकी सरलता है। साक्षात्कार प्रणाली के लिए अधिक कौशल की आवश्यकता होती है, किन्तु किसी घटना का निरीक्षण अपेक्षाकृत अधिक सरल एवं प्राथमिक होता है।

2. यथार्थ एवं विश्वसनीय (Factual and Reliable)–यद्यपि इस पद्धति में भी अनेक अशुद्धियां हैं; किन्तु इसमें कोई सन्देह नहीं कि इस पद्धति द्वारा प्राप्त सूचनाएं अन्य पद्धतियों द्वारा प्राप्त सूचनाओं से कहीं अधिक विश्वसनीय एवं यथार्थ होती हैं। इसमें निरीक्षणकर्ता को स्वयं सब कुछ देखने का अवसर मिलता है।

3. उपकल्पना के निर्माण में सहायक (Helpful in Hypothesis Formulation)–निरीक्षणकर्ता अनेक घटनाओं का निरीक्षण करता रहता है और इस प्रकार उसका अनुभव बढ़ता जाता है, अनुभवों का स्रोत उपकल्पनाओं के निर्माण का मुख्य साधन है।

4. सर्वाधिक प्रचलित पद्धति (Very Common Method)–प्राय: प्रत्येक प्रकार के विज्ञानों में अनुसंधान कार्यों में इस पद्धति का प्रयोग होता है, इस रूप में यह और भी अधिक परिमार्जित पद्धति है।

5. सत्यापन की सुविधा (Easy Verification)–इस पद्धति से प्राप्त सूचनाओं के सत्यापन को भी आसानी से आंका जा सकता है, सम्भवत: अन्य पद्धतियों में यह सुविधा आसानी से प्राप्त नहीं होती।

6. निरन्तर उपयोग की सुविधा (Convenient for Continuous Use)–निरीक्षण विधि एकमात्र विधि है, जिसका निरन्तर उपयोग किया जा सकता है। विस्तृत समाज में नित्य प्रति हमारे चारों ओर असंख्य घटनाएं घटित होती रहती हैं, उनका समुचित निरीक्षण हमारे ज्ञान में आशातीत वृद्धि कर सकता है।

अवलोकन की सीमाएं (Limitations of Observation)

अब आवश्यक है कि अवलोकन के संगठन की प्रमुख बाधाओं का विवेचन कर लिया जाए। हरबर्ट स्पेन्सर[10] ने अपनी पुस्तक 'दि स्टडी ऑफ सोशियोलॉजी' में अवलोकन की समस्या बताते हुए लिखा है कि बहुत सी सामाजिक घटनाओं का भौतिक घटनाओं की भांति निरीक्षण नहीं हो सकता। इसके पश्चात स्पेन्सर ने बताया कि अवलोकनकर्ता अपनी भावनाओं तथा प्रवृत्तियों से प्रभावित होकर निरीक्षण वास्तविकता के अनुसार नहीं कर पाता, उसमें वैयक्तिकता छूट जाती है।

अवलोकन नि:सन्देह एक विश्वसनीय प्रणाली है, किन्तु सूक्ष्म रूप से विचार करने पर ज्ञात होगा कि निरीक्षण किसी घटना की सफलता का अचूक प्रमाण नहीं है। निरीक्षण की विश्वसनीयता की निम्न सीमाएं हैं–

1. ज्ञानेन्द्रियों की सीमाएं (Limitation of Senses)–निरीक्षण का साधन हमारी ज्ञानेन्द्रियों विशेष कर हमारे नेत्र होते हैं। किन्तु प्रयोगों द्वारा अब यह प्रमाणित हो चुका है कि ज्ञानेन्द्रियों की शक्ति अचूक नहीं होती। हमारी ज्ञानेन्द्रियां पर्याप्त रूप से विभिन्नतापूर्ण, अनिश्चित तथा पक्षपातपूर्ण ढंग से काम करती हैं। हमारे नेत्र तथा कान कुछ विशेष पदार्थों को अधिक शीघ्रता से ग्रहण करते हैं। इससे यह स्पष्ट है कि समाज में घटित होने वाली विभिन्न घटनाओं को समान रूप से ग्रहण करने में हम असमर्थ होते हैं।

2. व्यवहार की कृत्रिमता (Artificiality in Behaviors)–अधिकतर लोगों में यह प्रवृत्ति होती है कि जब कोई उनके व्यवहारों या कार्यों का अध्ययन करना चाहता है तो वे अपने व्यवहारों में अवश्य ही कृत्रिमता ले आते हैं। अत: जो कुछ हम देखते हैं, वह उनका स्वाभाविक रूप नहीं होता और उसके आधार पर प्राप्त निष्कर्ष भी सही नहीं होते।

3. निरीक्षण का प्राय: निर्वचन होना (Observation Usually being Perception)–निरीक्षण में अभिमति का एक बहुत बड़ा स्रोत निर्वचन के कारण होता है। प्राय: ही ऐसा होता है कि जिसे हम घटना समझते हैं वह हमारा उस घटना का निर्वचन होता है। बार्टलेट के प्रयोग से इस कथन की पुष्टि होती है। बार्टलेट ने अपने प्रयोग में एक धुंधला-सा चित्र लोगों को दिया, जिसमें एक ईंट की दीवार, एक बन्द फाटक तथा एक नोटिस बोर्ड पर कुछ लिखा था। बाद में लोगों से कागज पर उसी को साफ-साफ बनाने के लिए कहा गया। यद्यपि हर बोर्ड के अक्षर स्पष्ट न थे फिर भी 80 प्रतिशत लोगों ने यही लिखा 'बिना इजाजत अन्दर आने वालों का चालान किया जाएगा।' इस प्रकार स्पष्ट है कि सामाजिक घटनाओं में हम प्राय: उन घटनाओं के स्थान पर अपने अनुभव के आधार पर निष्कर्ष निकाल लेते हैं।

4. निरीक्षणकर्ता की अभिमति (Bias of the Observer)–सबसे प्रमुख सीमा इस पद्धति में निरीक्षणकर्ता की स्वयं की अभिमति है। वास्तव में निरीक्षणकर्ता अपने विचार आदि सभी के प्रयोगों में स्वतंत्र-सा ही होता है। तथ्यों या घटनाओं को देखने में व्यक्ति अपना दृष्टिकोण प्रयोग में लाता है। जिस संस्कृति में व्यक्ति पला है उसके आदर्श, मूल्य, आचार आदि उसे अवश्य ही प्रभावित करते हैं जो वैज्ञानिक अनुसंधान के लिए अत्यन्त हानिकारक हैं।

5. कुछ घटनाएं निरीक्षण का अवसर नहीं देतीं (Some Phenomena do not Permit Observation)–सभी घटनाओं का निरीक्षण नहीं हो सकता। सभी घटनाओं का निरीक्षण निरीक्षित व्यक्ति के सम्मुख नहीं हो सकता और न ही सभी घटनाएं ऐसी होती हैं जो निरीक्षण के योग्य हों।

प्रथम तो कुछ घटनाएं इस प्रकार की हैं, जिनका निरीक्षण करना प्राय: निषिद्ध होता है। जैसे प्रेमी-प्रेमिका के व्यक्तिगत व व्यावहारिक जीवन के अवलोकन के लिए कोई तैयार न होगा। द्वितीय कठिनाई यह है कि यद्यपि उन घटनाओं का निरीक्षण तो निषिद्ध नहीं है; किन्तु घटनाओं के घटने का कुछ निश्चित समय एवं स्थान नहीं है। यदि किसी को गृह कलह के कारणों तथा दशाओं का अध्ययन करना हो तो इन घटनाओं के घटने के कोई निश्चित स्थान नहीं है। तृतीय कठिनाई यह है कि कुछ घटनाएं ऐसी हैं जिनका निरीक्षण ही असम्भव है। उदाहरणार्थ व्यक्ति के विचार, भावनाएं, उद्वेग, प्रवृत्तियां आदि अमूर्त तथ्यों तथा व्यक्ति की भूतकालीन घटनाओं का निरीक्षण नहीं किया जा सकता।

इस प्रकार यह स्पष्ट है कि निरीक्षण से प्राप्त होने वाले निष्कर्ष अचूक नहीं होते वरन् उनमें भी भ्रम तथा अशुद्धता की बहुत बड़ी सम्भावना रहती है। अन्य विधियों के समान उसकी भी सीमाएं हैं, जिनका ध्यान रखना आवश्यक है। अवलोकन के कुछ दोष होते हुए भी इसके महत्त्व को कम नहीं किया जा सकता। इसीलिए समाजशास्त्रीय और मानवशास्त्रीय अध्ययनों में इसकी भूमिका बढ़ती जा रही है। शोधकर्ता के लिए इनकी त्रुटियों पर विशेष ध्यान देते हुए अध्ययन करना चाहिए, जिससे सामाजिक शोध में निश्चितता एवं संक्षिप्तता आ सके।

Notes

1. Goode William J. and Hatt Paul K., *Methods in Social Research,* McGraw Hill Book Co., New York, 1952, p. 119.
2. Oxford Concise Dictionary: Quoted by Moser, C.A. in his book *Survey Methods in Social Investigation,* Macmillan Company, New York, 1958, pp. 162–168.
3. C.A. Moser, ibid., pp. 166–168.
4. M. Jahoda, M. Deutsch and S.W. Cock, *Research Method in Social Relations,* Halt Dryden, New York, 1959.
5. P.V. Young, *Scientific Social Survey and Research,* Prentice Hall, Englewwod Cliff, NJ, 1954, p. 199.
6. Jessie Bernard, The Source and the Method in Social Psychology in Luther L. Bernard (ed.) *Field in Method, of Sociology,* R. Long and R.R. Smith, Inc., New York, 1934, p. 273.
7. E.C. Lindeman, *Social Discovery,* Republic Publishing Company, New York, 1924 pp. 178–179.
8. G.A. Lundberg, *Social Research: A Study in Method of Gathering Data,* Longmans, Green and Company, New York, 1964, p. 375.
9. John Madge, *The Tools of Social Sciences,* Longmans, Green and Company, New York, 1953, p. 112.
10. Herbert Spencer, *The Study of Sociology,* Henry S. King, London, 1873, p. 115.

14

साक्षात्कार

Interview

साक्षात्कार सामाजिक अनुसंधान की एक महत्वपूर्ण प्रविधि है। इसीलिए सामाजिक शोध में इस प्रणाली का व्यापक रूप से प्रयोग किया जाता है। इसके अन्तर्गत शोधकर्ता सूचनादाता से साक्षात्कार तथा भेंट करता है और प्रत्येक प्रश्नोत्तरों द्वारा जानकारी प्राप्त करता है। इस प्रकार सूचनादाताओं की भावनाओं, विचारों तथा उनके मन में होने वाली प्रतिक्रियाओं को मौखिक रूप से सुन सकता है। इस प्रकार की भेंट का उद्देश्य केवल औपचारिक बातें करना ही नहीं होता, बल्कि उत्तरदाता के आन्तरिक जीवन में प्रवेश करना भी होता है। इसलिए पी.वी. यंग ने लिखा है, 'साक्षात्कार एक ऐसी व्यवस्थित प्रविधि मानी जा सकती है, जिसके द्वारा एक व्यक्ति किसी अपेक्षाकृत अजनबी के जीवन में न्यूनाधिक कल्पनात्मक रूप से प्रवेश करता है।'[1] इस प्रकार भौतिक दूरी के साथ-साथ सामाजिक दूरी भी घट जाती है और दोनों ही एक दूसरे को प्रभावित करते हैं।

साक्षात्कार के अन्तर्गत वार्तालाप एवं विचार-विमर्श किसी निर्दिष्ट उद्देश्य के लिए किए जाते हैं और वह एक पूर्व नियोजित एवं पूर्वनिश्चित क्षेत्र तक सीमित होता है। आज का जीवन द्वैतीयक संबंधों से भरा हुआ है। मानव की क्रियाएं विभिन्न रूपों में घटित होती हैं। अत: इनके विषय में ज्ञान प्राप्त करने के लिए साक्षात्कार एक महत्वपूर्ण प्रणाली मानी जाती है। जीवन में किसी-न-किसी रूप में हर एक व्यक्ति साक्षात्कारकर्ता और साक्षात्कारदाता होता है। उसकी केवल भूमिकाएं बदलती रहती हैं और उसकी परिवर्तनशीलता के कारण से उसकी स्थिति बदल जाती है। कुछ व्यक्ति बहुत व्यवस्थित ढंग से साक्षात्कार करते हैं और दूसरों के जीवन में आसानी से प्रवेश कर सकते हैं। कुछ व्यक्ति इतने अकुशल साक्षात्कारकर्ता होते हैं जो साक्षात्कारदाता को नाराज कर देते हैं और उससे सूचनाएं प्राप्त करने में असमर्थ हो जाते हैं। अत: साक्षात्कार का प्रयोग कला के रूप किया जाना चाहिए। इस प्रकार कुछ विशेष प्रशिक्षण के बाद साक्षात्कारकर्ता में ये गुण पैदा किए जा सकते हैं।

ऐसा माना जाता है कि साक्षात्कार के प्रयोग में अभिमति एवं पक्षपातों के आने की पूर्ण सम्भावना रहती है। फिर भी यह प्रणाली सामाजिक तथ्यों के एकत्रीकरण के लिए उपयुक्त मानी गई है। पी.वी. यंग ने साक्षात्कार को एक व्यवस्थित प्रणाली के रूप में माना है। पामर ने साक्षात्कार की अधिक स्पष्ट परिभाषा करते हुए लिखा है, 'साक्षात्कार दो व्यक्तियों में एक

सामाजिक स्थिति का निर्माण करता है, जिसमें निहित मनोवैज्ञानिक प्रक्रिया के लिए आवश्यक है कि दोनों व्यक्ति परस्पर प्रत्युत्तर दें।'[2]

हैडर और लिण्डमैन ने इस प्रक्रिया की व्याख्या करते हुए लिखा है, 'साक्षात्कार के अन्तर्गत दो व्यक्तियों या कई व्यक्तियों के मध्य, संवाद या मौखिक प्रत्युत्तर जब मौखिक एवं कर्म विषयक होते हैं तो कई अन्य कारकों द्वारा निर्धारित होते हैं, जिसमें से कुछ वैषयिक होते हैं और कुछ कर्म विषयक।'[3] मोजर ने भी अपनी पुस्तक में इस प्रणाली की विस्तृत रूप से विवेचना की है। उसने साक्षात्कार के प्रकारों पर प्रकाश डालते हुए उसकी परिभाषा को स्पष्ट करने का प्रयत्न किया है। उसके अनुसार, 'औपचारिक साक्षात्कार जिसमें पूर्व निर्मित प्रश्नों को पूछा जाता है तथा उत्तरों को प्रमाणीकृत स्वरूप में प्रस्तुत किया जाता है, बड़े पैमाने पर सर्वेक्षण में यह निश्चित रूप से सामान्य है लेकिन हमें कम औपचारिक स्वरूपों को भी समझना चाहिए। जिसमें साक्षात्कारकर्ता प्रश्नों के क्रम को बदलने, उनके अर्थ की व्याख्या करने, तथा किसी अतिरिक्त प्रश्न को जोड़ने और शब्दावली में परिवर्तन करने के लिए स्वतंत्र है।'[4]

गुडे एवं हाट ने इसे सामाजिक अन्त:क्रिया की एक प्रक्रिया के रूप में माना है। उसके अनुसार, 'साक्षात्कार मूलत: सामाजिक अन्त:क्रिया की एक प्रक्रिया है।'[5] सिनपाओ यांग ने लिखा है, 'साक्षात्कार क्षेत्रीय कार्य की एक प्रविधि है जो कि एक व्यक्ति या व्यक्तियों के व्यवहार का अवलोकन करने, कथनों को क्रमबद्ध करने, समूह या सामाजिक अन्त:क्रियाओं के ठोस परिणामों का अवलोकन करने के लिए प्रयोग में लाई जाती है। इसलिए यह एक सामाजिक प्रक्रिया होती है। इसमें प्राय: दो व्यक्तियों के बीच अन्त:क्रिया निहित रहती है।'[6]

आलपोर्ट ने भी साक्षात्कार के संबंध में लिखा है कि यदि हम जानना चाहते हैं कि लोग क्या महसूस करते हैं, क्या अनुभव करते हैं, क्या स्मरण रखते हैं और उनके क्या उद्वेग और प्रेरणाएं हैं तो उनसे ही क्यों नहीं पूछ लेते हैं?

सारांश में हम कह सकते हैं कि साक्षात्कार एक ऐसी व्यवस्थित पद्धति है जिसमें किसी विशेष उद्देश्य को सामने रखकर व्यक्ति वार्तालाप करते हैं और इस प्रकार व्यक्ति के व्यवहारों का निरीक्षण करने व लिखने में सहायता प्रदान करते हैं। इसमें साक्षात्कारकर्ता को दो बातों पर विशेष ध्यान देना चाहिए। पहला सूचनादाता को विशेष सामग्री से संबंधित तथ्यों के बाहर आने से रोका जाए और दूसरा स्वाभाविक एवं स्वतन्त्र रूप से समस्या के संबंध में अपने अनुभवों को कहने के लिए प्रोत्साहित किया जाए। संक्षेप में हम यह कह सकते हैं कि साक्षात्कार प्रणाली की निम्नलिखित विशेषताएं हैं–

1. साक्षात्कार सामाजिक अनुसंधान की एक प्रविधि है जो सामग्री संग्रहण के निमित्त मौखिक व्यवहार अथवा वार्तालाप द्वारा घनिष्ठ वातावरण में तथ्यों का एकत्रीकरण करती है।
2. वार्तालाप के लिए दो या दो से अधिक व्यक्तियों का होना साक्षात्कार पद्धति के लिए आवश्यक है।
3. साक्षात्कार और वार्तालाप करते समय किसी विशेष उद्देश्य का होना आवश्यक है।
4. इसमें अनुसंधानकर्ता और सूचनादाता के बीच प्रत्यक्ष आमने-सामने का संबंध अथवा प्राथमिक संबंध होता है।
5. इसके द्वारा सामाजिक जीवन और सामाजिक घटनाओं के बारे में जानकारी या ज्ञान प्राप्त किया जाता है।
6. इस प्रविधि द्वारा सामाजिक शोध के लिए साक्षात्कारकर्ता और साक्षात्कारदाता के बीच व्यक्तिगत संबंध का होना अनिवार्य है।

साक्षात्कार के उद्देश्य (Aims of Interview)

साक्षात्कार के उद्देश्य निम्नांकित हैं–

1. **उपकल्पनाओं का स्रोत (Source of Hypotheses)**–साक्षात्कार से अध्ययनकर्ता को व्यक्तिगत व सामाजिक जीवन के संबंध में तथा विभिन्न व्यक्तियों की भावनाओं, विचारों व मनोवृत्तियों आदि के बारे में बहुमूल्य जानकारी प्राप्त होती है, जिसके आधार पर वह अपने अध्ययन से संबंधित कई नवीन उपकल्पनाओं का निर्माण करने में सफल होता है।

2. **प्रत्यक्ष सम्पर्क एवं आमने-सामने के सम्पर्क द्वारा सूचना प्राप्त करना (Obtaining Information through Direct and Face-to-Face Contact)**–प्रत्यक्ष रूप से आमने-सामने का संबंध स्थापित करके जो वार्तालाप किया जाता है, उससे अध्ययनकर्ता को साक्षात्कार लिए जाने वाले व्यक्ति के जीवन की आन्तरिक बातों, आन्तरिक भावनाओं, उद्वेगों और मनोवृत्तियों को जानने का अवसर प्राप्त होता है। इस प्रकार अज्ञात तथ्यों की खोज हो जाती है।

3. **निरीक्षण के लिए अवसर पाना (Getting Opportunity for Observation)**–जब अध्ययनकर्ता किसी व्यक्ति के पास साक्षात्कार के लिए पहुंचता है तो वह न केवल साक्षात्कार लेता है बल्कि उस व्यक्ति के घर का वातावरण, पड़ोस, घर के सदस्यों के व्यवहार के विविध प्रारूप आदि का निरीक्षण भी कर लेता है।

4. **आंतरिक एवं व्यक्तिगत सूचना प्राप्त करना (Getting Internal and Personal Information)**–अनेक गुणात्मक तथ्य जैसे व्यक्तिगत विचार, भावनाएं, लोकविश्वास, व्यक्तिगत उद्वेग, मनोवृत्तियां और प्रवृत्तियां आदि जो मानव के आन्तरिक जगत में विद्यमान रहती हैं, साक्षात्कार पद्धति द्वारा ही प्राप्त हो सकती हैं।

5. **अतिरिक्त सूचना प्राप्त करना (Getting Additional Information)**–साक्षात्कार विधि द्वारा व्यक्ति पूर्व निश्चित तथ्यों, उपकल्पनाओं के अतिरिक्त सूचनाओं को भी प्राप्त करने का अवसर प्राप्त करता है।

6. **व्यक्तिगत गोपनीय सूचनाएं लेना (Obtaining Personal Confidential Information)**–साक्षात्कार विधि द्वारा अनुसंधानकर्ता संबंधित व्यक्ति से ऐसी सूचनाएं प्राप्त करता है जो केवल उसी को ज्ञात हैं तथा जिसे अन्य किसी साधन से प्राप्त नहीं किया जा सकता है।

7. **शाब्दिक व्यवहार का ज्ञान (Knowing Verbal Expression)**–साक्षात्कार विधि द्वारा अनुसंधानकर्ता इस बात का अध्ययन करता है कि कोई व्यक्ति किसी विशेष परिस्थितियों में किस प्रकार का शाब्दिक व्यवहार करता है।

साक्षात्कार के प्रकार (Types of Interview)

साक्षात्कार का विभाजन कई प्रकार से किया जा सकता है कुछ विद्वानों ने साक्षात्कार को कार्यों, व्यक्तियों की संख्या, सम्पर्क का समय और उपागम के प्रकार के आधार पर वर्गीकृत किया है। यहां पर हम सारांश में साक्षात्कार को निम्नलिखित प्रकार से प्रस्तुत कर सकते हैं–

1. कार्यों के आधार पर वर्गीकरण (Classification on the basis of Functions)
   (क) निदानात्मक साक्षात्कार (Diagnostic Interview)।
   (ख) उपचारात्मक साक्षात्कार (Treatment Interview)।
   (ग) अनुसंधानात्मक साक्षात्कार (Research Interview)।

(घ) जिज्ञासात्मक साक्षात्कार (Curiosity Interview)।

2. औपचारिकता के आधार पर वर्गीकरण (Classification on the basis of Formality)
   (क) औपचारिक साक्षात्कार (Formal Interview)।
   (ख) अनौपचारिक साक्षात्कार (Informal Interview)।
3. भाग लेने वालों की संख्या के आधार पर वर्गीकरण (Classification on the basis of the Number of Participants)
   (क) व्यक्तिगत साक्षात्कार (Personal Interview)।
   (ख) समूह साक्षात्कार (Group Interview)।
4. साक्षात्कारकर्ता एवं सूचनादाताओं के कार्यों के आधार पर वर्गीकरण (Classification on the basis of the Actions of Interviewer and Informant)
   (क) अनिर्देशित साक्षात्कार (Non-Directive Interview)।
   (ख) केन्द्रित साक्षात्कार (Focused Interview)।
   (ग) पुनरावृत्ति साक्षात्कार (Repetitive Interview)।
   (घ) गहन साक्षात्कार (In-depth Interview)।
5. सम्पर्क की अवधि के आधार पर वर्गीकरण (Classification on the basis of Contact Time)
   (क) अल्प सम्पर्क साक्षात्कार (Short Interview)।
   (ख) दीर्घ सम्पर्क साक्षात्कार (Long Interview)।
6. विषय सामग्री के आधार पर वर्गीकरण (Classification on the basis of Subject Matter)
   (क) परिमाणात्मक साक्षात्कार (Quantitative Interview)।
   (ख) गुणात्मक साक्षात्कार (Qualitative Interview)।
   (ग) मिश्रित साक्षात्कार (Mixed Interview)।

इस वर्गीकरण को निम्न रूप से चार्ट द्वारा प्रदर्शित किया जा सकता है—

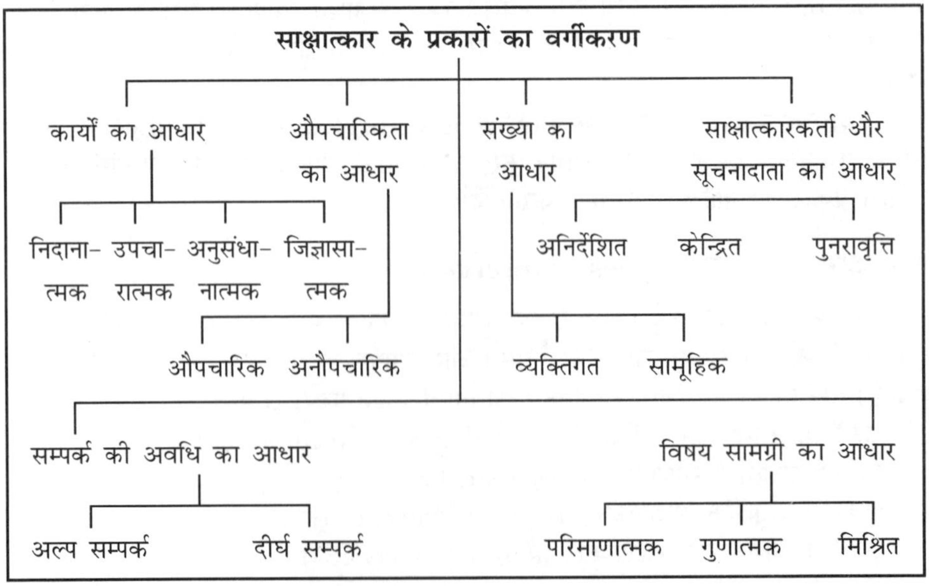

कार्यों के आधार पर वर्गीकरण

निदानात्मक साक्षात्कार मनोवैज्ञानिक क्षेत्रों में अधिक होता है। उदाहरण के लिए मनोचिकित्सक रोगी का साक्षात्कार करके, उसके मानसिक और मन के रोगों के निदान की चेष्टा करता है। इसमें साक्षात्कारकर्ता का उद्देश्य साक्षात्कारदाता द्वारा बतलाई गई बातों के मूल को समझना होता है, जिससे उसके पीछे छिपी हुई प्रेरणाओं का विश्लेषण करके उसकी व्याख्या की जा सके। *उपचारात्मक साक्षात्कार* में साक्षात्कारकर्ता किसी व्यक्तिगत समस्या के उपचार के लिए इसका प्रयोग करता है। चिकित्सा विज्ञान में इस प्रकार के साक्षात्कारों की बहुलता दिखाई देती है। मनोचिकित्सक अधिकतर रोगियों का मानसिक उपचार इसी साक्षात्कार के आधार पर करते हैं। *अनुसंधानात्मक साक्षात्कार* किसी विशेष क्षेत्र में अनुसंधान के उद्देश्य से किया जाता है। इसमें साक्षात्कार में पूछे जाने वाले प्रश्नों को पहले से ही निश्चित कर दिया जाता है, जिससे साक्षात्कार निर्दिष्ट दिशा में हो सके। इस प्रकार के साक्षात्कार में शोधकर्ता शोध की समस्या के चारों ओर दृष्टि जमाकर ही प्रयोग करता है। *जिज्ञासात्मक साक्षात्कार* में जिज्ञासा की पूर्ति करने के लिए लोगों से साक्षात्कार किया जाता है। विशेष क्षेत्रों में विशेषज्ञों और नेताओं की राय जानने के लिए इस प्रकार के साक्षात्कार किए जाते हैं।

औपचारिकता के आधार पर वर्गीकरण

औपचारिक साक्षात्कार

औपचारिक साक्षात्कार नियंत्रित होता है। इसमें अनुसंधानकर्ता पहले से भलीभांति तैयार की गई साक्षात्कार अनुसूची के आधार पर विधिपूर्वक साक्षात्कार करता है। वह अनुसूची के प्रश्नों की भाषा, उनके क्रम और उनकी संख्या में किसी भी प्रकार का परिवर्तन करने को स्वतंत्र नहीं होता। इस प्रकार औपचारिक साक्षात्कार संरचित, पूर्वनिश्चित एवं निर्देशित होता है।

औपचारिक (नियंत्रित) साक्षात्कार के उपयोग (Uses of Formal Interview)

1. नियंत्रण साक्षात्कार में प्रश्नों की भाषा को पूर्णरूपेण नियंत्रित किया जाता है।
2. इस साक्षात्कार में साक्षात्कारकर्ता द्वारा मूल विषय से भटकने तथा साक्षात्कारदाता द्वारा प्रश्नों के भाव को अन्यथा समझने की सम्भावना नहीं रहती।
3. औपचारिक साक्षात्कार द्वारा तथ्यों को भली प्रकार से मापा जाता है।

औपचारिक (नियंत्रित) साक्षात्कार की सीमाएं (Limitation of Formal Interview)

1. औपचारिक साक्षात्कार में यदि उत्तरदाता प्रश्नों को समझने में असमर्थ है तो स्पष्टीकरण नहीं किया जा सकता।
2. औपचारिक साक्षात्कार में तथ्यों का गहनतापूर्वक अध्ययन नहीं हो सकता।
3. यदि अनुसंधान समस्या के बारे में अनुसंधानकर्ता को पहले से प्राथमिक जानकारी नहीं रहती तो औपचारिक अध्ययन के पूर्णरूपेण सफल होने की सम्भावना कम होती है।
4. औपचारिक साक्षात्कार द्वारा भावनात्मक तथा गुणात्मक तथ्यों का अध्ययन तथा विश्लेषण अधिक सुगमता से नहीं हो सकता।

अनौपचारिक साक्षात्कार

अनौपचारिक साक्षात्कार अनियंत्रित होता है। इस प्रकार के साक्षात्कार में साक्षात्कारकर्ता को हर प्रकार की स्वतंत्रता रहती है। वह बिना साक्षात्कार-अनुसूची के साक्षात्कार कर सकता है, प्रश्नों को किसी क्रम के अनुसार पूछ सकता है। प्रश्नों का पूर्वनिर्धारित होना आवश्यक नहीं होता। इस प्रकार अनौपचारिक साक्षात्कार असंरचित, अनिर्देशित होता है। अनौपचारिक साक्षात्कार के निम्नलिखित तत्त्व हैं–

1. प्रश्नों की भाषा या उसके क्रम को पहले से निर्धारित नहीं किया जाता।
2. साक्षात्कार अनौपचारिक वातावरण में किया जाता है।
3. अनुसंधानकर्ता तथ्यों का अवलोकन भी अनौपचारिक ढंग से करता है।

अनौपचारिक साक्षात्कार का उपयोग (Uses of Informal Interview)

1. अनौपचारिक साक्षात्कार अनुसंधान समस्या के बारे में प्राथमिक जानकारी प्राप्त करने के लिए बहुत सहायक होता है।
2. अनौपचारिक साक्षात्कार में अनुसंधानकर्ता उत्तरदाताओं से एकीकरण बड़ी सरलता से कर लेता है।
3. अनौपचारिक साक्षात्कार से परिकल्पनाएं बनाने के लिए महत्त्वपूर्ण तथ्य मिलते हैं।
4. अनौपचारिक साक्षात्कार द्वारा भावनात्मक तथा गुणात्मक तथ्यों का भी विश्लेषण किया जा सकता है।

अनौपचारिक साक्षात्कार की सीमाएं (Limitations of Informal Interview)

1. अनौपचारिक साक्षात्कार द्वारा तथ्यों के एकत्रीकरण में बहुत अधिक समय लगता है।
2. अनौपचारिक साक्षात्कार द्वारा प्राथमिक जानकारी तो भली प्रकार मिल सकती है किन्तु निश्चित समस्याओं के बारे में अध्ययन नहीं किया जा सकता।
3. अनौपचारिक साक्षात्कार में व्यक्तिवादिता आने की सम्भावना रहती है।
4. अनौपचारिक साक्षात्कार द्वारा कुछ सीमित उत्तरदाताओं का ही अध्ययन किया जा सकता है, जिसके आधार पर सामान्यीकरण नहीं हो सकता।
5. अनौपचारिक साक्षात्कार से प्राप्त तथ्यों की माप नहीं की जा सकती है।

भाग लेने वालों की संख्या के आधार पर वर्गीकरण

व्यक्तिगत साक्षात्कार

व्यक्तिगत साक्षात्कार के अन्तर्गत एक व्यक्ति दूसरे व्यक्ति से वार्तालाप करता है और उसके द्वारा जानकारी एकत्रित करता है। इस प्रकार के साक्षात्कार में साक्षात्कारकर्ता साक्षात्कारदाता से प्रश्न पूछता है और साक्षात्कारदाता उसका उत्तर देता जाता है।

व्यक्तिगत साक्षात्कार के उपयोग (Uses of Personal Interview)

1. अन्य पद्धतियों की तुलना में इससे अधिक सही जानकारी प्राप्त होती है क्योंकि साक्षात्कारकर्ता उत्तरदाता के गलत उत्तरों को उसी समय ठीक कर सकता है।

2. साक्षात्कार अनुसूची के सभी प्रश्नों के उत्तर प्राप्त करने के लिए साक्षात्कारकर्ता दुबारा या कई बार उत्तरदाता के पास जा सकता है।
3. जिन प्रश्नों के बारे में उत्तरदाता संवेदनशील हो सकता है, उनको साक्षात्कारकर्ता व्यक्तिगत साक्षात्कार में कोमलतापूर्वक प्रस्तुत कर सकता है।
4. अनुसूची में कठिन भाषा में बनाए गए प्रश्नों को साक्षात्कारकर्ता सरल शब्दों में स्पष्ट कर सकता है।
5. भावनात्मक प्रश्नों का भी उत्तर पाया जा सकता है।

व्यक्तिगत साक्षात्कार की सीमाएं (Limitations of Personal Interview)

1. व्यक्तिगत साक्षात्कार में साक्षात्कारकर्ता का व्यक्तिगत पक्षपात समाविष्ट हो जाता है।
2. यह अत्यधिक खर्चीली व समय नष्ट करने वाली पद्धति है।
3. इस प्रकार के साक्षात्कार के लिए साक्षात्कारकर्ताओं के चुनाव, प्रशिक्षण और निरीक्षण की व्यवस्था जटिल तथा कठिन हो जाती है।

समूह साक्षात्कार

सामूहिक साक्षात्कार बहुत बड़ी सीमा तक व्यक्तिगत साक्षात्कार की कमियों को दूर करता है। साक्षात्कारकर्ता व्यक्तियों के कुछ समूहों से बारी-बारी से कुछ प्रश्न करता है, समूह के सभी व्यक्ति या कुछ व्यक्ति उसका उत्तर देते हैं।

समूह साक्षात्कार के उपयोग (Uses of Group Interview)

1. बड़ी संख्या में सामग्री संकलन का यह सर्वोत्तम ढंग है।
2. इसमें कम कुशलता से भी काम चल सकता है।
3. कम समय साध्य एवं कम खर्चीली विधि है।
4. व्यक्तिगत पक्षपात आने की सम्भावना बहुत कम रहती है।
5. प्राथमिक संबंध स्थापित करने की आवश्यकता नहीं पड़ती।

समूह साक्षात्कार की सीमाएं (Limitations of Group Interview)

1. समूह साक्षात्कार द्वारा सही तथ्यों का अध्ययन नहीं हो सकता।
2. यह पद्धति कम विश्वसनीय है।
3. इसमें सत्यता की कमी होती है क्योंकि विभिन्न उत्तरदाताओं के भिन्न-भिन्न उत्तर हो सकते हैं, उसमें किसे सत्य माना जाए, इसका कोई मापदंड नहीं है।

साक्षात्कारकर्ता और सूचनादाताओं के कार्यों के आधार पर वर्गीकरण

अनिर्देशित साक्षात्कार

निर्देशित साक्षात्कार अनियंत्रित अथवा असंचालित साक्षात्कार (uncontroled or unguided interview) से मिलता जुलता है। इसमें कोई निश्चित साक्षात्कार-अनुसूची नहीं होती, बल्कि साक्षात्कारकर्ता अपनी इच्छानुसार प्रश्नों को पूछने के लिए स्वतंत्र होता है। ऐसा साक्षात्कार मनोवैज्ञानिक अध्ययनों तथा वैयक्तिक अध्ययनों के लिए विशेष उपयोगी होता है।

अनिर्देशित साक्षात्कार प्राय: निम्नलिखित प्रकार के अनुसंधानों में प्रयुक्त होता है–

1. **पूर्वगामी अध्ययन में** **(In Pilot Study)**–प्राय: अनुसूची अथवा प्रश्नावली के निर्णय से पहले संबंधित व्यक्तियों से सम्पर्क स्थापित कर व्यावहारिक ज्ञान की आवश्यकता पड़ती है ताकि समस्या के विभिन्न पहलुओं तथा सम्पर्क स्थापित करने वाले व्यक्तियों की रुचियों, प्रवृत्तियों, सामाजिक परम्पराओं से परिचय हो सके। निश्चित रूप से इस प्रकार का साक्षात्कार बिना किसी प्रकार की अनुसूची के एक संलाप के रूप में ही हो सकता है।

2. **मनोवैज्ञानिक अध्ययन में** **(In Psychological Study)**–किसी सामाजिक घटना का किसी व्यक्ति की भावनाओं, विचारों पर प्रतिक्रिया की जानकारी हेतु प्रश्नावली व अनुसूची विधि का प्रयोग सहायक सिद्ध नहीं होता वरन् इसके लिए अनुसंधानको उसी प्रकार की परिस्थितियों का निर्माण करना पड़ता है। अतएव ऐसे अवसर पर भी अनिर्देशित, अनियंत्रित साक्षात्कार ही उपयुक्त समझा जाता है।

3. **शारीरिक चेष्टाओं में परिवर्तन के अध्ययन हेतु** **(For Studying Change in Physical Reaction)**–विशेष परिस्थितियों के कारण मानसिक व साथ-साथ शारीरिक प्रतिक्रियाएं भी होती हैं। कुछ लोग बड़ी जल्दी आवेश में आ जाते हैं, इसके विपरीत कुछ अन्य व्यक्ति उत्तेजनात्मक परिस्थितियों में भी शांत बने रहते हैं। इस प्रकार की शारीरिक प्रतिक्रियायों के अध्ययन के लिए स्वतंत्र संलाप की कोटि का साक्षात्कार ही अधिक उपयुक्त होता है।

अनिर्देशित साक्षात्कार की पथ प्रदर्शिका (Guide of Non-Directive Interview)

अनिर्देशित साक्षात्कार विधि के अन्तर्गत अनुसंधानकर्ता को निम्न बातों का ध्यान रखना चाहिए–

1. साक्षात्कारकर्ता को वक्ता की बातों को धैर्यपूर्वक सुनना चाहिए किन्तु साथ-साथ बोधपूर्ण व आलोचनात्मक रूप से दिशा-निर्देशन भी करते रहना चाहिए।
2. साक्षात्कारकर्ता को किसी प्रकार की सत्तात्मक भूमिका नहीं अदा करनी चाहिए।
3. अनुसंधानकर्ता को किसी प्रकार की सलाह एवं नैतिक प्रबोधन नहीं देना चाहिए।
4. साक्षात्कारकर्ता को उत्तरदाता से तर्क-वितर्क (बहस) नहीं करना चाहिए।
5. साक्षात्कारकर्ता को व्यक्तिगत बातचीत बढ़ाने के लिए, उत्तरदाता के भय व चिन्ता को दूर करने के लिए, उत्तरदाता के उचित उत्तर की प्रशंसा के लिए, कुछ परित्यक्त बातों पर वार्तालाप आदि के लिए परिस्थितियों के अन्तर्गत ही (उत्तरदाता से) प्रश्न पूछने चाहिए।

अनिर्देशित साक्षात्कार के उपयोग (Uses of Non-Directive Interviews)

1. इसमें साक्षात्कारकर्ता उत्तरदाता से प्रश्न पूछने में स्वतंत्र होता है। इसलिए वह समस्या से संबंधित विस्तृत जानकारी प्राप्त कर सकता है।
2. उत्तरदाताओं का उनके महत्त्व के अनुसार अध्ययन किया जा सकता है।
3. इस विधि द्वारा जटिल व अवांचित प्रश्नों को समझने में मदद मिलती है।
4. समस्या को विविध रूपों में समझा जा सकता है।
5. मनोवैज्ञानिक वैयक्तिक अध्ययन के लिए यह साक्षात्कार विशेष उपयोगी होता है।
6. अनिर्देशित साक्षात्कार उपकल्पनाओं के स्रोत रूप में सहायक होता है।

अनिर्देशित साक्षात्कार की सीमाएं (Limitations of Non-Directive Interview)

1. इस विधि द्वारा तथ्यों के एकत्रीकरण में बहुत अधिक समय लगता है और इसलिए कुछ सीमित उत्तरदाताओं का ही अध्ययन किया जा सकता है, जिसके आधार पर सामान्यीकरण नहीं किया जा सकता।
2. इस विधि द्वारा प्राथमिक जानकारी तो भली प्रकार हो सकती है; किन्तु निश्चित समस्याओं के बारे में अध्ययन नहीं हो सकता।
3. किसी एक योजना के अन्तर्गत उत्तरदाताओं के अनिश्चित, प्रतिबंधित विस्तारपूर्ण विषयों का रिकॉर्ड रखना मुश्किल है।
4. विभिन्न उत्तरदाताओं के वैयक्तिक विवरणों का सांख्यिकीय विश्लेषण व सारिणीकरण करना कठिन होता है।
5. अनिर्देशित साक्षात्कार सफल हो, इसके लिए साक्षात्कारकर्ता को विशिष्ट ज्ञान की आवश्यकता है।

केन्द्रित साक्षात्कार

केन्द्रित साक्षात्कार वह साक्षात्कार है जिसमें साक्षात्कार करने से पहले लोगों का ध्यान एक विशेष केन्द्र की ओर आकर्षित किया जाता है जो उत्तरदाताओं को अनुसंधान विषय की दिशा में सोचने के लिए उत्तेजित करता है। उत्तरदाताओं का ध्यान विशेष केन्द्र की ओर आकर्षित करने के बाद अध्ययन विषय से संबंधित निश्चित प्रश्नों के बारे में उत्तर पूछे जाते हैं। इसके लिए साक्षात्कार प्रदर्शिका (interview guide) की सहायता भी ली जा सकती है। यह साक्षात्कार सामाजिक अध्ययनों में प्रायः किसी विशेष कारक का प्रभाव जानने के लिए किया जाता है। केन्द्रित साक्षात्कार के मूल तत्व निम्नलिखित हैं–

1. निश्चित समस्याओं का अध्ययन।
2. उत्तरदाता का ध्यान विशेष केन्द्र की ओर आकर्षित करके अध्ययन विषय के प्रति उत्तरदाताओं को उत्तेजित करना।
3. केन्द्र को सन्दर्भ मानकर उत्तरदाताओं से प्रश्न पूछना।
4. एक प्रकार के कारकों का दूसरे प्रकार के कारकों पर प्रभाव देखना।

इसकी विशेषताएं निम्नलिखित हैं–

1. यह प्रायः उन परिस्थितियों से संबंधित है, जिनका विश्लेषण हो चुका है अथवा साक्षात्कार के पूर्व जिनका निरीक्षण हो चुका है।
2. साक्षात्कारदाता के आन्तरिक अनुभवों पर ध्यान केन्द्रित करता है।
3. यह प्रायः उन व्यक्तियों से संबंधित है जो समस्या से संबंधित परिस्थितियों में रह चुके हैं। उदाहरणार्थ साक्षात्कारकर्ता को किसी रेडियो प्रोग्राम अथवा किसी फिल्म के प्रभाव का अध्ययन करना है, इसके लिए उसे उन व्यक्तियों का अध्ययन केन्द्रित साक्षात्कार द्वारा करना होगा जो उपयुक्त रेडियो का प्रोग्राम सुन चुके हों अथवा उपर्युक्त फिल्म देख चुके हों।
4. यह साक्षात्कार कार्ड (interview card) के आधार पर पूरा किया जाता है।

केन्द्रित साक्षात्कार का सर्वप्रथम उपयोग मर्टन तथा केन्डाल ने सैनिकों पर पड़ने वाले प्रचार के प्रभाव के अध्ययन में किया। युद्धकाल में सैनिकों के उत्साह को कायम रखने के लिए रेडियो, फिल्म तथा प्रचार साहित्य का सहारा लिया जाता था। मर्टन तथा केन्डाल ने अपने

अध्ययन में इस बात का पता लगाया कि इन प्रचारात्मक उपायों का सैनिकों के साहस व नैतिक बल पर क्या प्रभाव पड़ा। इसके लिए उसने सैनिकों को पहले रेडियो का प्रोग्राम सुनवाया फिर उस संबंध में उनकी प्रतिक्रियाओं का अध्ययन किया।

केन्द्रित साक्षात्कार के निम्नलिखित चार लक्षण हैं–

1. **निर्देशन का अभाव** (Lack of Direction)–सामान्यत: उत्तरदाता से नियंत्रण की मात्रा के अनुसार तीन प्रकार के प्रश्न पूछे जा सकते हैं: (क) अनियंत्रित प्रश्न, जिसमें उत्तेजन-प्रतिक्रिया दोनों स्वतंत्र होते हैं। (ख) समनियंत्रित प्रश्न जो दो प्रकार का हो सकता है- पहला तो वह जिसमें उत्तर तो नियंत्रित होता है किन्तु प्रश्नकर्ता प्रश्न के लिए स्वतन्त्र होता है तथा दूसरा वह जिसमें प्रश्न नियंत्रित होता है किन्तु उत्तरदाता उत्तर देने के लिए स्वतंत्र होता है। (ग) पूर्णतया नियंत्रित प्रश्न, जिसका विस्तृत प्रयोग समूह साक्षात्कार में होता है, जिसमें सूचनादाता से कुछ प्रश्न व साथ-साथ कुछ सन्दर्भयुक्त उत्तर के साथ-साथ साक्षात्कार किया जाता है। केन्द्रित साक्षात्कार के अन्तर्गत प्रथम दो प्रकार के प्रश्न अर्थात् जिसमें उत्तरदाता उत्तर देने के लिए स्वतंत्र होता है, पूछा जाता है। इस प्रकार के साक्षात्कार में साक्षात्कारकर्ता विषय का संकेत तो कर सकता है उदाहरणार्थ क्या आपने रेडियो का अमुक प्रोग्राम सुना उसकी आप पर क्या प्रतिक्रिया हुई, किन्तु इसके आगे वह किसी प्रकार का निर्दशन नहीं दे सकता।

2. **विशिष्टता** (Specificity)–इस प्रकार के साक्षात्कार में साक्षात्कारकर्ता का उत्तरदाता के समस्त ज्ञान अथवा भावात्मक प्रतिक्रियाओं से संबंध नहीं रहता। वह केवल अपने विषय के संबंध में ही उसके विचार जानना चाहता है।

3. **क्षेत्र** (Subject Area)–साक्षात्कार के पहले उस विषय की विवेचना तथा तत्संबंधित अन्य आंकड़ों को एकत्र करके उसके आधार पर किसी उपकल्पना का निर्माण किया जाता है। साक्षात्कार द्वारा ऐसी सूचना उपलब्ध होनी चाहिए कि जो उस उपकल्पना का समर्थन अथवा खंडन कर सके।

4. **गहनता एवं व्यक्तिगत सम्पर्क** (In-depth and Personal Contact)–साक्षात्कार की गहनता उत्तर की भावनाओं की तीव्रता स्पष्ट करती है। साक्षात्कार की गहनता साक्षात्कारकर्ता के व्यक्तिगत सम्पर्क व मनोवैज्ञानिक ज्ञान पर आधारित है। केन्द्रित साक्षात्कार में साक्षात्कारकर्ता उत्तरदाता से व्यक्तिगत सम्पर्क स्थापित करके अनुसंधान के विषय में उसकी भावनाओं को उनकी पूर्ण तीव्रता से जानने की चेष्टा करता है।

पुनरावृत्ति साक्षात्कार

पुनरावृत्ति साक्षात्कार के अन्तर्गत एक से अधिक बार साक्षात्कार किया जाता है। कुछ सामाजिक परिवर्तनों अथवा सामाजिक समस्याओं की प्रकृति इस प्रकार होती है कि वे एक बार के अध्ययन से ही पूर्णतया स्पष्ट नहीं होती वरन् उन पर अधिकार प्राप्त करने के लिए बार-बार साक्षात्कार करना आवश्यक होता है। उदाहरणार्थ आय से आर्थिक सन्तुष्टि और जीवन स्तर आदि विषय इसी प्रकार हैं क्योंकि प्रत्येक व्यक्ति की आर्थिक संतुष्टि और जीवन स्तर की अवस्थाओं में समय-समय पर अन्तर आता रहता है। इस प्रकार के साक्षात्कार किसी विशेष व्यवहार के प्रतिमान या सामाजिक स्थिति का निर्धारण करने वाले सामाजिक-मनोवैज्ञानिक प्रक्रिया के विशिष्ट विकास को जानने में उपयोगी होते हैं। इसके बावजूद यह पद्धति अनेक सीमाओं से घिरी है। यह अधिक खर्चीली व समय चाहने वाली पद्धति है। इसके लिए स्थायी अनुसंधान संस्था का निर्माण करने की आवश्यकता पड़ेगी।

गहन साक्षात्कार

इस प्रकार के साक्षात्कार मनोवैज्ञानिक चिकित्सकों एवं समाज वैज्ञानिकों द्वारा किए गए हैं। इस प्रकार के साक्षात्कार में साक्षात्कारकर्ता के लिए विशेष प्रशिक्षण की आवश्यकता पड़ती है। इसमें घटनाओं का अध्ययन गहनता से किया जाता है। किन्से ने भी इसका प्रयोग यौन व्यवहार (sexual behaviour) के अध्ययनों में किया है। इस प्रकार समाजशास्त्रीय शोधों में इसका प्रयोग बढ़ता जा रहा है।

सम्पर्क की अवधि के आधार पर वर्गीकरण

भिन्न-भिन्न साक्षात्कारों में साक्षात्कारकर्ता और सूचनादाता में भिन्न-भिन्न समय तक सम्पर्क रहता है। अल्पसंख्यक साक्षात्कार में साक्षात्कारकर्ता साक्षात्कारदाता से लम्बे समय तक घनिष्ट संबंध न स्थापित करके थोड़े समय तक या अल्पकालिक सम्पर्क स्थापित करता है और अपनी समस्या से संबंधित समस्याओं को प्राप्त करता है। दीर्घ सम्पर्क साक्षात्कार का उद्देश्य अधिक विशिष्ट एवं गहन तथ्यों का पता लगाना होता है। इसलिए इस प्रकार के साक्षात्कार के सम्पर्क की अवधि लम्बी होती है। निदानात्मक और उपचारात्मक साक्षात्कार दीर्घकालीन साक्षात्कार होते हैं।

विषय सामग्री के आधार पर वर्गीकरण

इसके अन्तर्गत विषय के गुणों के आधार पर साक्षात्कार द्वारा तथ्यों का एकत्रीकरण किया जाता है। *परिमाणात्मक* जानकारी सीधी और सरल तरह से प्राप्त की जा सकती है। परन्तु इसमें समय अधिक लगने की सम्भावना होती है। *गुणात्मक सामग्री* एकत्र करने में कठिनाई का सामना करना पड़ता है। इसमें जटिलता अधिक होती है जिससे प्रशिक्षित साक्षात्कारकर्ताओं की आवश्यकता पड़ती है। इस प्रकार के साक्षात्कार में समय भी अधिक लग जाता है। *मिश्रित साक्षात्कार* में दोनों प्रकार के गुणों का समन्वय होता है और उन्हीं के आधार पर सामग्री का संकलन होता है।

साक्षात्कार की कार्यप्रणाली एवं विधि (Procedure and Technique of Interview)

साक्षात्कार एक वैज्ञानिक प्रविधि है। साक्षात्कार की कार्य प्रणाली क्रमबद्ध है। साक्षात्कारकर्ता को साक्षात्कार के संगठन हेतु निम्नलिखित प्रक्रियाओं को अपनाना चाहिए-

साक्षात्कार की तैयारी *(Preparation of Interview)*

साक्षात्कार की उचित विधि एवं वैधता हेतु पहले कुछ निम्नलिखित प्रकार की तैयारी करना आवश्यक है।

1. **समस्या का ठीक-ठीक ज्ञान (Correct Knowledge of the Problem)**—साक्षात्कारकर्ता को सबसे पहले समस्या, उसके महत्त्व, उसके विभिन्न पहलुओं तथा उससे उत्पन्न प्रभावों का अध्ययन आवश्यक होता है। अनुसंधान विषय या ठीक-ठीक परिचय न करा सकने पर प्रायः लोग साक्षात्कार देने से इनकार कर देते हैं। अतः सबसे पहला कार्य यह होना चाहिए कि साक्षात्कारकर्ता अनुसंधान विष्य का सैद्धान्तिकज्ञान अवश्य प्राप्त कर ले।

2. **साक्षात्कार प्रदर्शिका की रचना** (Formation of Interview Guide)—समस्या समझने के पश्चात् दूसरा कार्य साक्षात्कार प्रदर्शिका का निर्माण करना है। साक्षात्कार प्रदर्शिका एक लिखित प्रलेख होता है जिसमें साक्षात्कार की योजना का संक्षिप्त वर्णन रहता है। इसमें अनुसूची अथवा प्रश्नावली की भांति निश्चित प्रश्न नहीं होते वरन् साक्षात्कार की प्रविधि, समस्या के विभिन्न पहलू जिस पर सूचना प्राप्त करनी है, तथा विशेष परिस्थितियों के लिए आवश्यक निर्देश होते हैं। समस्या से संबंधित विभिन्न इकाइयों की सही परिभाषा तथा अर्थ ही दिया जाता है, ताकि इकाइयों का अर्थ समझने में विभिन्नता न हो।

किन्तु यह बात निश्चित रूप से ध्यान में रखनी चाहिए कि साक्षात्कार प्रदर्शिका साक्षात्कार की साधारण योजना का निर्देश देती है, यह अनुसूची की भांति साक्षात्कार को एक निश्चित ढांचे में नहीं ढालती।

साक्षात्कार प्रदर्शिका की सहायता से विभिन्न लोगों से सूचना प्राप्त करने में एकरूपता रहती है और प्राप्त सूचना को तुलनात्मक रूप से रखा जा सकता है। इस प्रकार साक्षात्कार विधि का प्रमाणीकरण हो जाता है। इसकी सहायता से प्रस्तुत समस्या से संबंधित किसी विशेष पहलू के छूट जाने की सम्भावना नहीं रहती। इसमें साक्षात्कारकर्ता को अपनी स्मरण शक्ति पर अनुचित जोर नहीं देना पड़ता। जिससे कार्यकर्ता के विषयांतर हो जाने की सम्भावना कम हो जाती है। प्रदर्शिका में विशेष परिस्थितियों के लिए आवश्यक निर्देश दिए जा सकते हैं, जिन्हें देखकर कार्यकर्ता सफलतापूर्वक साक्षात्कार का निर्वाह कर सकता है।

3. **साक्षात्कारदाताओं का चुनाव** (Selection of Interviewed)—समस्या के अध्ययन तथा साक्षात्कार प्रदर्शिका के निर्माण के पश्चात् उन व्यक्तियों का चुनाव करना पड़ता है, जिनसे कि साक्षात्कार किया जाना है। इसके लिए आवश्यक है कि चुने हुए व्यक्ति अनुसंधान से संबंधित हों तथा साक्षात्कार के लिए उपलब्ध हो सकें। साक्षात्कार से संबंधित बहुत-सी प्रारम्भिक कठिनाइयां जैसे साक्षात्कार देने से इनकार करना, ठीक-ठीक सूचना न दे सकना इत्यादि जो नए साक्षात्कारदाताओं के साथ उत्पन्न हो जाती हैं, को दूर करने के लिए साक्षात्कारदाताओं के स्थायी वर्ग का निर्माण कर लिया जाता है, जिनसे समय व लागत की भी बचत होती है तथा उन्हीं लोगों के बार-बार सूचना प्राप्त करने पर सूचना अधिक विश्वसनीय होती है।

4. **साक्षात्कारदाताओं के संबंध में ज्ञान** (Knowledge about Interviewers)—यदि स्थायी साक्षात्कारदाता का उपयोग नहीं किया गया हो तथा साक्षात्कारदाता नए हैं तो उनके संबंध में प्रारम्भिक ज्ञान प्राप्त कर लेना अधिक सुविधाजनक होगा। साक्षात्कारदाताओं के स्वभाव, रुचियों, पेशे, अवकाश-क्षण इत्यादि का पता लगा लेने से प्राय: साक्षात्कार के कार्य में बहुत सुविधा व सहायता मिलती है और साक्षात्कारकर्ता सजग व सतर्क रह सकता है ताकि ऐसी परिस्थिति न उत्पन्न हो, जिससे साक्षी रुष्ट हो जाए।

5. **अनुकूल समय तथा स्थान का निर्धारण** (Fixing up of Appropriate Time and Place)—प्राय: साक्षात्कार के लिए पहले से समय तथा स्थान निश्चित कर लेना अधिक उपयोगी होता है। इससे एक तो साक्षी यह समझता है कि कार्यकर्ता को उसके समय का महत्व मालूम है और इस प्रकार उसके अहं की तुष्टि होती है तथा दूसरे कार्यकर्ता के समय की बचत हो जाती है क्योंकि वह अप्रत्याशित रूप से नहीं पहुंचता वरन् साक्षात्कारदाता उसके आने की प्रतीक्षा में उत्तर देने के लिए तैयार रहता है।

साक्षात्कार की प्रक्रिया *(Process of Interview)*

साक्षात्कार करना एक विशेष कला है तथा उसके लिए उपर्युक्त व्यावहारिक तथा सैद्धान्तिक ज्ञान अपेक्षित है। साक्षात्कार करते समय निम्न प्रक्रियाएं अपेक्षित हैं–

1. **सम्पर्क स्थापित करना (To establish Contact)**–साक्षात्कार में सबसे पहला कार्य साक्षात्कारदाता से सम्पर्क स्थापित करना होता है ताकि वह उसे साक्षात्कार के लिए राजी कर सके।

2. **उद्देश्य का स्पष्टीकरण एवं सहयोग की प्रार्थना करना (To Clarify of Aims and Request for Cooperation)**–प्रारम्भिक शिष्टाचार के उपरान्त साक्षात्कारकर्ता को अपना परिचय तथा अपने अनुसंधान संस्था का परिचय देना चाहिए। इसके पश्चात् उसे बड़े ही सतर्क, संयत, गम्भीर तथा तटस्थ भाव से अपने अनुसंधान के उद्देश्यों का स्पष्टीकरण करना चाहिए।

इसके पश्चात साक्षात्कारकर्ता को साक्षात्कारदाता से सहयोग एवं अपने प्रश्नों के उत्तर देने की प्रार्थना करनी चाहिए। उसे स्पष्ट बता देना चाहिए कि साक्षात्कारदाता की सूचना पूर्णतया गुप्त रखी जाएगी। इसके पश्चात् उससे प्रश्न पूछने की अनुमति प्राप्त कर लेनी चाहिए।

3. **साक्षात्कार को नियंत्रित तथा वैधीकृत बनाना (To Control and Validate Interview)**–जब उत्तरदाता, साक्षात्कारकर्ता के अनुसंधान उद्देश्यों को स्वीकार कर लेता है तथा उसकी प्राप्ति के लिए आवश्यक सूचना देने में सहायता करता है तो समझना चाहिए कि दोनों के बीच उन्मुक्त वार्तालाप की स्थिति उत्पन्न हो गई है। कभी-कभी वर्णन करते समय साक्षी भावनाओं में इतना बह जाता है कि मुख्य विषय से दूर भटक जाता है। ऐसे अवसर पर सावधानी से साक्षात्कारकर्ता को उसे फिर से स्मरण दिलाना चाहिए। साक्षात्कार में कभी-कभी ऐसे भी अवसर आते हैं, जब साक्षी अनजाने व जान बूझकर किसी महत्वपूर्ण पहलू को बचा जाता है। साक्षात्कारकर्ता को ऐसी परिस्थितियों के प्रति अत्यन्त सजग रहना चाहिए। ऐसे अवसर पर उसे नम्रतापूर्वक याद दिला देना चाहिए। यदि साक्षात्कारदाता ने जानबूझकर उन्हें बचाया है तो उसे रास्ते पर लाने के लिए बहुत ही कौशल तथा चतुरतापूर्ण प्रयास की आवश्यकता होगी। साक्षात्कारकर्ता से प्रश्न इस प्रकार पूछना चाहिए, जिससे साक्षी को यह जान पड़े कि ये प्रश्न स्वाभाविक रूप से जिज्ञासावश ही उत्पन्न हुए हैं। साक्षात्कार के बीच में कई बार उत्तरदाता को प्रोत्साहित करने की भी आवश्यकता होती है जिससे उसे यह आभास हो कि साक्षात्कारकर्ता उसके वर्णन में रुचि ले रहा है तथा उसके दृष्टिकोण को समझ रहा है।

4. **सूचना को नोट करना (To Note Down Informations)**–जब साक्षात्कार स्वतंत्र वर्णन के रूप में होता है तो उसे दर्ज करना भी एक टेढ़ी समस्या होती है। साक्षात्कार के बीच नोट करने का काम जहां तक हो सके बचाना चाहिए, परन्तु साथ ही साथ अपनी स्मरणशक्ति पर अनुचित विश्वास भी नहीं करना चाहिए। अतएव साक्षात्कारकर्ता को मुख्य बातें संक्षेप में नोट करते रहना चाहिए। टेपरिकॉर्डर का भी प्रयोग किया जा सकता है, किन्तु उससे भी अनावश्यक सशंकता तथा सतर्कता उत्पन्न होती है और सच्ची सूचना प्राप्त करने में कठिनाई होती है। नोट करने में निजी संकेताक्षरों, संक्षिप्त शब्दों तथा संकेत लिपि का भी उपयोग किया जा सकता है।

5. **साक्षात्कार की समाप्ति (End of Interview)**–प्राय: साक्षात्कार समाप्त होने के पूर्व महत्वपूर्ण विचारों, भावनाओं तथा घटनाओं को फिर से दुहरा देना चाहिए। इससे समस्त बातों को याद रखने में भी सहूलियत होती है तथा साक्षात्कार अपनी स्वाभाविक समाप्ति की स्थिति पर आ जाता है।

6. **रिपोर्ट लेखन** (To Write Report)–रिपोर्ट लिखने का कार्य साक्षात्कारकर्ता को साक्षात्कार के पश्चात् घर लौटने पर तुरन्त करना चाहिए। रिपोर्ट लिखने के कार्य को किसी मूल्य पर स्थगित नहीं करना चाहिए, क्योंकि विभिन्न वर्णन, चेष्टाएं तथा प्रक्रियाएं साक्षात्कारकर्ता के समक्ष उस समय बिल्कुल स्पष्ट रहती हैं। इससे भूलने की सम्भावना नहीं रहती। रिपोर्ट स्पष्ट तथा पूर्ण हो और साक्षात्कारदाता की मनोदशाओं एवं घटनाओं का सजीव चित्रण करती हो, इसके लिए भाषा पर उचित नियंत्रण, शक्तिशाली लेखन शक्ति तथा विचारों की स्पष्टता मुख्य रूप से अपेक्षित है।

साक्षात्कार को सफल बनाने के लिए संकेत (Indications for a Successful Interview)

साक्षात्कार को सफल बनाने के लिए साक्षात्कारकर्ता को निम्नलिखित संकेतों पर ध्यान रखना चाहिए–

1. यदि साक्षात्कारदाता को साक्षात्कारकर्ता के उद्देश्यों, प्रश्नों आदि को समझने में कठिनाई हो तो साक्षात्कारकर्ता को कुछ शब्दों, वाक्यों की पुनरावृत्ति कर, फिर से स्पष्ट कर देना चाहिए।
2. साक्षात्कारकर्ता को साक्षात्कारदाता की बातों और उत्तरों को सहानुभूतिपूर्वक सुनना चाहिए।
3. उत्तेजक परिस्थितियों को उत्पन्न नहीं करना चाहिए। साक्षात्कारकर्ता को उत्तरदाता की बातों का विरोध नहीं करना चाहिए।
4. साक्षात्कारकर्ता को उपयुक्त समय व परिस्थिति के अनुसार प्रश्न पूछने चाहिए।
5. साक्षात्कारकर्ता तथा साक्षात्कारदाता के बीच उन्मुक्त वार्तालाप हो, ऐसी परिस्थिति का निर्माण करना चाहिए।
6. साक्षात्कारकर्ता को एक ही प्रश्न बार-बार नहीं दुहराना चाहिए।
7. साक्षात्कारकर्ता को ऐसे प्रश्न नहीं करने चाहिए, जिसका विस्तृत व विशद उत्तर हो।
8. साक्षात्कारकर्ता को जटिल, उलझनपूर्ण व आलोचनात्मक प्रश्नों को नहीं पूछना चाहिए।
9. साक्षात्कारकर्ता को सूचनादाता को विश्वास दिला देना चाहिए कि उसकी बातें गुप्त रखी जाएंगी। उसे इतना विश्वस्त बना देना चाहिए ताकि वह भावनात्मक प्रश्नों का जवाब देने में संकोच न करे–छिपाए नहीं।
10. साक्षात्कारकर्ता को सरल तथा स्पष्ट प्रश्न पूछने चाहिए।
11. साक्षात्कार को संकेतक अथवा सूचक प्रश्न नहीं पूछने चाहिए।
12. साक्षात्कारकर्ता को अव्यवस्थित, अनुपयुक्त, निषिद्ध एवं वर्जित प्रविधि को नहीं अपनाना चाहिए।

उपर्युक्त संकेतों के आधार पर सावधानी बरतते हुए साक्षात्कारदाता यदि सूचना प्राप्त करे तो साक्षात्कार अधिक सफल होने की सम्भावना रहती है।

साक्षात्कार की विश्वसनीयता एवं प्रामाणिकता (Reliability and Validity of Interview)

साक्षात्कार की विश्वसनीयता एवं प्रामाणिकता हेतु साक्षात्कारकर्ता को इस बात का ध्यान रखना आवश्यक है कि साक्षात्कार द्वारा प्राप्त सूचना तथा उसके निर्वचन में अभिनति न आने पाए।

साक्षात्कार द्वारा प्राप्त सामग्री कई कारणों से अनुपयुक्त तथा अवैध हो सकती है। सम्भव है साक्षी ने भावावेश में आकर तथ्यों को बहुत बढ़ा चढाकर कहा हो अथवा उसने साक्षात्कारकर्ता की निगाह में अपने आपको ऊंचा उठाने के लिए ऐसा किया हो। हो सकता है कि वह घटना के किसी महत्वपूर्ण अंश को दबा गया हो अथवा गलत कह गया हो। यह भी हो सकता है कि साक्षी अपनी बात को ठीक-ठीक ढंग से प्रकट करने में असमर्थ रहा हो तथा साक्षात्कारकर्ता ने गलत अर्थ निकाल लिया हो।

सामग्री को उपयुक्त तथा वैध बनाए रखने के लिए आवश्यक है कि साक्षात्कारकर्ता अभिनति के इन कारणों को सावधानी से दूर रखे। साक्षात्कार के पश्चात् भी प्राप्त सामग्री की जांच तथा सम्पादन की व्यवस्था करनी पड़ती है तथा असत्य एवं अनुपयुक्त सामग्री को निकाल दिया जाता है। कोमारोवस्की ने साक्षात्कार सामग्री के सत्यापन की निम्नलिखित विधियों का वर्णन किया है–

1. साक्षात्कारकर्ता महत्वपूर्ण मसलों पर विस्तृत सूचना मांगता है तथा अधिक खोजपूर्ण प्रश्न करता है। इस प्रकार की विशिष्ट सूचनाओं से असत्य कथन का पता लगाने में सुविधा रहती है।
2. यदि उसके पास पहले से कोई सूचना है तो वह उससे मिलान करता है।
3. वह इस बात का पता लगाने का प्रयास करता है कि उपस्थित घटना के कारण पुराने स्वाभाविक अन्तर्सबंधों पर क्या प्रभाव पड़ा है। इस प्रकार पूर्व संबंध तथा नए परिवर्तित संबंधों का तुलनात्मक अध्ययन हो सकता है।
4. वह तर्क के आधार पर कार्य-कारण संबंध की संगति बैठाने का प्रयास करता है। कोमारोवस्की द्वारा वर्णित उपर्युक्त विधियों के अतिरिक्त निम्नलिखित अन्य विधियां भी उपयोगी सिद्ध हो सकती हैं।
5. सामूहिक साक्षात्कार : साक्षात्कार एक विधि द्वारा न होकर कई साक्षात्कारदाताओं द्वारा सामूहिक रूप से हो, इससे साक्षी को निडर होकर गप मारने का साहस नहीं होगा और सूचना काफी सीमा तक सही होगी। साथ ही साथ घटनाओं को नोट करने तथा उनके निर्वचन में जो साक्षात्कारकर्ता के मानसिक पक्षपात के कारण असत्यता आ जाती है, उसका भी निराकरण हो सकेगा।

साक्षात्कार की उपयोगिता (Utility of Interview)

सामाजिक अनुसंधान में साक्षात्कार एक स्वतन्त्र रूप से प्रविधि नहीं है। इसको दूसरे प्रकार की प्रविधियों द्वारा सहायता प्रदान की जाती है। कभी-कभी अवलोकन साक्षात्कार और सांख्यिकी प्रविधियों के माध्यम से अच्छे परिणाम मिल सकते हैं। सामाजिक शोध में इसका अत्यधिक महत्वपूर्ण योगदान है। और इसका विकास एक उपयोगी प्रविधि के रूप में हुआ है। इसकी उपयोगिताओं को निम्नलिखित रूप से अभिव्यक्त कर सकते हैं–

1. **प्रत्यक्ष अध्ययन** (Direct Study)–इसमें वैज्ञानिक को सूचनादाताओं के चिंतन और दूसरी प्रकार की प्रक्रियाओं को प्रत्यक्ष रूप से जानने का अवसर प्राप्त होता है। इससे शोधकर्ता को घनिष्ठ व्यक्तिगत ज्ञान प्राप्त हो जाता है जो कि किसी अन्य विधि से प्राप्त नहीं हो सकता।

2. **प्रत्येक स्तर से सूचना प्राप्ति सम्भव** (Information from Each Stratum Possible)–इसके द्वारा प्रत्येक स्तरों से सूचनाओं को प्राप्त करना सम्भव हो जाता है। प्रत्येक

शैक्षणिक, सांस्कृतिक, राजनीतिक, धार्मिक आदि स्तरों के लोगों से भी साक्षात्कार द्वारा सूचनाएं प्राप्त की जा सकती हैं।

3. **गहन एवं मर्मवेधक अध्ययन** (In-depth and very Personal Study)–यह एक ऐसा सजीव साधन है जिससे साक्षात्कारकर्ता को सूचनादाता के बाह्य व्यवहार के मूल में छिपी प्रेरणाओं, संवेगात्मक प्रक्रियाओं और सामाजिक प्रक्रियाओं को भी जानने का अवसर मिलता है।

4. **मनोवैज्ञानिक महत्व** (Psychological Importance)–इसके द्वारा सूचनादाताओं के भावों के उतार-चढ़ाव का भी निरीक्षण हो जाता है और इसके साथ विभिन्न तथ्यों की सुदृढ़ता को भी देखा जा सकता है।

5. **भूतकालीन स्मृतियों एवं भविष्य का ज्ञान सम्भव** (Knowledge of Past Memories and the Possible Future)–इसके द्वारा भूतकालीन घटनाओं का भी अध्ययन सम्भव है और वह उतना ही विश्वसनीय एवं प्रामाणिक सिद्ध हो सकता है, जितना वर्तमान घटनाओं का अध्ययन होता है। इसी प्रकार भविष्य की घटनाओं के अध्ययन के लिए सूचनाओं को इस विधि से एकत्रित किया जा सकता है।

6. **विशिष्ट जानकारी की प्राप्ति सम्भव** (Achievement of Specific Knowledge Possible)–इसके अन्तर्गत अनुसंधानकर्ता और सूचनादाता आमने-सामने उपस्थित रहते हैं। इससे जो परस्पर उत्तेजनाएं होती हैं उनके कारण शोधकर्ता बहुत-सी ऐसी जानकारी प्राप्त कर सकते हैं जो अन्य प्रविधियों द्वारा सम्भव नहीं होतीं।

7. **पारस्परिक प्रोत्साहन** (Reciprocal Encouragement)–एक-दूसरे से बात करने की स्थिति में एक-दूसरे को विचार विनिमय के लिए प्रोत्साहन मिलता है, जिससे कि महत्वपूर्ण बातें ज्ञात नहीं होती हैं और जैसे-जैसे बातचीत का क्रम आगे बढ़ता है, वैसे-वैसे संबंधित बातें प्रगट होती जाती हैं।

8. **अनिरीक्षणीय तथ्यों की जानकारी सम्भव** (Knowledge of Unobservable Facts Possible)–जो तथ्य अवलोकन के द्वारा नहीं मिल पाते, उनका पता साक्षात्कार के द्वारा मिल जाता है। पारस्परिक सम्पर्क के माध्यम से बहुत से तथ्य सामने आ जाते हैं।

9. **प्राप्ति सूचनाओं की जांच सम्भव** (Verification of Collected Information Possible)–साक्षात्कार विधि में सूचनादाता जो सूचना देता है, उसकी पूर्ण सत्यता में संदेह होने पर अनुसंधानकर्ता तुरन्त अन्य प्रकार के प्रश्न को पूछकर सत्यता को जान सकता है। इस प्रकार प्राप्त सूचनाओं की जांच होती है।

साक्षात्कार की सीमाएं (Limitations of Interview)

1. **व्यक्तिगत अभिनति** (Personal Bias)–इस पद्धति में व्यक्तिगत पक्षपात या अभिनति आने की सम्भावना अधिक रहती है और इसलिए सामग्री की विश्वसनीयता सदैव संदिग्ध रहती है।

2. **साक्षात्कारदाता पर निर्भरता** (Dependence on Interviewer)–साक्षात्कार पद्धति में हमें साक्षात्कारदाता पर ही पूर्णतः निर्भर रहना पड़ता है। इसमें एक तो साक्षात्कारदाता को साक्षात्कार के लिए राजी करना एक समस्या होती है, दूसरे राजी हो भी जाएं तो स्वतंत्र वर्णन कोई-कोई ही पसन्द करता है। यदि साक्षात्कारकर्ता को किसी भावनात्मक घटना का पता लगाना हो तो जटिल समस्या उठ खड़ी होती है जैसे- प्रेम, विवाह या तलाक संबंधी खोज।

3. **स्मरण शक्ति पर निर्भरता** **(Dependence on Memorizing Power)**—इस पद्धति में पूर्णरूप से साक्षात्कारकर्ता को अपनी स्मरण शक्ति पर निर्भर रहना पड़ता है; क्योंकि साक्षात्कार लेते समय वह इस स्थिति में नहीं होता कि सभी सूचनाओं को नोट कर सके। सम्भव है वह बाद में गलत सूचना भी नोट कर ले जो निष्कर्षों में त्रुटि पैदा कर देते हैं।

4. **हीन भावना** **(Feeling of Inferiority)**—साक्षात्कार की प्रक्रिया में व्यक्तियों के तरह-तरह के व्यवहार के कारण उसमें हीन भावना पनप जाती है, जिसका असर सूचनाओं के संकलन पर पड़ता है। वह अनेक सूचनाओं का संकलन छोड़ देता है जो कि अध्ययन के लिए हानिकारक होती है।

5. **अशुद्ध रिपोर्ट** **(Incorrect Reporting)**—अनेक प्रकार की पक्षपातपूर्ण भावनाओं के कारण साक्षात्कारकर्ता द्वारा लिखी गई रिपोर्ट में अशुद्धता की मात्रा अत्यधिक होती है।

6. **कुशल साक्षात्कारकर्त्ता की समस्या** **(Problem of Competent Interviewer)**—प्राय: योग्य एवं मनोवैज्ञानिक साक्षात्कारकर्ता का अभाव होता है, जिसके परिणामस्वरूप अधिकतर संकलित तथ्य अप्रामाणिक, असत्य एवं अविश्वसनीय नहीं होते हैं।

7. **अत्यधिक समय की आवश्यकता** **(Much Time Required)**—साक्षात्कारकर्ता को कई व्यक्तियों के पास कई-कई बार जाना पड़ता है जो अनावश्यक बातें कहने में भी कभी-कभी काफी समय नष्ट कर देते हैं। इस प्रकार इन पद्धतियों में अधिक समय की आवश्यकता पड़ती है।

8. **सांख्यिकीय विवेचन की समस्या** **(Problem of Statistical Interpretation)**—साक्षात्कारदाता के वर्णन भावनाओं से पर्याप्त सीमा तक प्रभावित होते हैं। वे प्रमाणित नहीं होते। इसलिए सामग्री के वर्गीकरण तथा सारिणीकरण या सांख्यिकीय विवेचन में कठिनाई होती है।

उपर्युक्त विवेचनाओं से स्पष्ट हो जाता है कि साक्षात्कार सामाजिक तथ्यों के एकत्रीकरण की महत्वपूर्ण प्रणाली है। इसके द्वारा हम अमूर्त घटनाओं के विषय में भी ज्ञान प्राप्त कर सकते हैं। इस विधि की सबसे प्रमुख आलोचना यह की जाती है कि साक्षात्कार विधि के आधार पर तथ्यों के एकत्रीकरण में वैषयिकता अधिक नहीं होती है। इससे उसकी विश्वसनीयता अधिक नहीं होती है। कभी-कभी सूचनादाता घटनाओं के संबंध में बढ-चढकर बात करता है, जिससे विश्लेषण में कठिनाई हो सकती है। इस प्रकार इसकी कुछ कमियों के बावजूद भी साक्षात्कार का समाजशास्त्रीय शोध में महत्वपूर्ण स्थान माना जाता है।

Notes

1. P.V. Young, *Scientific Social Survey and Research*, Prentice Hall, New Delhi, 1968, pp. 126–133. p. 205.
2. V.M. Palmer, *Field Study is in Sociology*, Chicago University Press, Chicago, 1928, p. 170.
3. John J. Hader and Aduard C. Lindman, *Dynamics of Social Research*, London, 1938, p. 129.
4. C.A. Moser, *Survey Method in Social Investigation*, Macmillan Company, New York, 1958, p. 185.
5. William J. Goode and Paul K. Hatt, *Methods in Social Research*, McGraw Hill Book Co., New York, 1952, p. 186.
6. Hsin Pao Yang, *Fact Finding with Rural People*, UNO Publication, 1955, p. 38.

15

प्रश्नावली

Questionnaire

सामाजिक संबंधों को समझने के लिए जो शोध किए जा रहे हैं, उन्हें निरन्तर वैज्ञानिक आधार देने का प्रयत्न किया जा रहा है। इसी के परिणामस्वरूप अनेक प्रकार की पद्धतियों और प्रविधियों का प्रयोग हुआ है। प्रश्नावली इन तथ्यों को एकत्र करने के लिए अन्य प्रणालियों की अपेक्षा सरल और सस्ती प्रणाली है। जब विस्तृत क्षेत्र में अनुसंधान करना होता है तो प्रश्नावली प्रणाली का प्रयोग किया जाता है। इसका प्रयोग सामाजिक अभिवृत्तियों, जनमत, व्यवहार-प्रतिमानों, जीवनशैली आदि के अध्ययन के लिए किया जाता है। आजकल इसका प्रयोग अनुभवात्मक अध्ययनों के लिए भी अधिकता से किया जाने लगा है। समाजवैज्ञानिक परिमाणात्मक रूप से तथ्यों के एकत्रीकरण और अभिवृत्तियों को मापने के लिए इस प्रविधि का प्रयोग बहुलता से कर रहे हैं। इसके द्वारा बिखरे हुए व्यक्तियों के समूहों और विस्तृत क्षेत्र से तथ्यों का एकत्रीकरण किया जा सकता है। इसमें सूचनादाता, अनुसंधानकर्ता के प्रारम्भिक संबंध नहीं होते। साधारणतया प्रश्नावली डाक द्वारा भेजी जाती है, जिसमें पत्र द्वारा अपने उद्देश्य को स्पष्ट करते हुए उसको भरकर लौटाने की प्रार्थना की जाती है। इससे सही संदेशवाहन और सही उत्तर मिल जाते हैं। सही संदेशवाहन की उपलब्धि उस समय मान ली जाती है, जब सूचनादाता सर्वेक्षण के उद्देश्य को समझ लेते हैं और सही उत्तर की उपलब्धि तब मानते हैं, जब उनसे इच्छित सूचना प्राप्त हो तथा साथ ही साथ सारिणीयन संबंधी योजनाओं और विवेचना संबंधी कार्यक्रम में सुविधा हो सके।

इस प्रकार से प्राप्त तथ्यों और सूचनाओं द्वारा निष्कर्ष निकाले जाते हैं। इसका प्रयोग मापने योग्य सामाजिक घटनाओं के संबंध में सहायक यंत्र के रूप में किया जाता है। इसका तात्पर्य प्रश्नों की एक क्रमबद्ध तालिका से है, जो विषयवस्तु के संबंध में सूचनाएं प्राप्त करने में योगदान करती है। विल्सन गी ने इसकी विवेचना करते हुए लिखा है, 'प्रश्नावली बड़ी संख्या में लोगों से अथवा चुने हुए समूह से, जो विस्तृत क्षेत्र में फैला हुआ है सीमित मात्रा में सूचना प्राप्त करने की सुविधाजनक प्रणाली है।'[1]

बोगाड्र्स ने लिखा है, 'प्रश्नावली विभिन्न व्यक्तियों को प्रश्नों का उत्तर देने के लिए दी गई प्रश्नों की एक सूची है। यह प्रमाणीकृत प्रमाणों को प्राप्त करती है जिसका सारिणीयन तथा गणनात्मक उपयोग किया जा सकता है।'[2]

गुडे एवं हाट ने इसकी व्याख्या करते हुए लिखा है, 'समान रूप से प्रश्नावली से अर्थ प्रश्नों के उत्तर प्राप्त करने की उस प्रणाली से है, जिसमें एक प्रत्रक का प्रयोग किया जाता है, जिसे सूचनादाता स्वयं भरता है।'[3]

जे.डी. पोप के अनुसार 'एक प्रश्नावली प्रश्नों के एक समूह के रूप में, जिनका कि सूचनादाता को बिना अनुसंधानकर्ता की व्यक्तिगत सहायता के उत्तर देना होता है, परिभाषित किया जा सकता है। साधारणतया प्रश्नावली डाक द्वारा भेजी जाती है, लेकिन यह लोगों में भी वितरित की जा सकती है, प्रत्येक स्थिति में यह सूचना प्रदान करने वाले द्वारा भरी जाती है।'

लुण्डबर्ग ने कहा है, 'मूलरूप से प्रश्नावली प्रेरणाओं का एक समूह है, जिसके प्रति शिक्षित लोग इन प्रेरणाओं के अन्तर्गत अपने मौखिक व्यवहारों का अनुभव प्रकट करते हैं।'[4]

पी.वी. यंग ने लिखा है, 'समाज वैज्ञानिक प्रश्नावली का प्रधानतया माप योग्य सामाजिक घटना के अध्ययन के लिए एक सहायक संयंत्र के रूप में प्रयोग करते हैं'[5]

उपर्युक्त परिभाषाओं से स्पष्ट होता है कि प्रश्नावली प्रश्नों की वह सूची है, जिसके द्वारा सरलता से विस्तृत एवं बिखरे क्षेत्र में, बिना शोधकर्ता के सहयोग से, साधारणतया शिक्षित व्यक्तियों से और कम-से-कम समय में सूचनाएं एकत्र की जाती हैं। इस प्रविधि के अन्तर्गत तथ्यों एवं सूचनाओं को एकत्र करने के लिए शोधकर्ता को स्वयं क्षेत्र में उपस्थित नहीं होना पड़ता। यह डाक द्वारा उन व्यक्तियों को भेज दी जाती है, जो शिक्षित हैं तथा जिन्हें विषय के संबंध में ज्ञान है। इस प्रकार इस प्रविधि द्वारा तथ्यों को एकत्रित करने में समय भी कम लगता है और व्यय की मात्रा भी कम हो जाती है। इससे यह आवश्यक हो जाता है कि प्रश्नावली में ऐसी सभी संभव विशेषताएं शामिल हों, जिनसे प्रेरित होकर उत्तरदाता तुरन्त वांछित जानकारी प्रदान करे।

इन परिभाषाओं की व्याख्या के आधार पर प्रश्नावली की निम्नलिखित विशेषताएं कही जा सकती हैं–

1. प्रश्नावली सामाजिक घटनाओं के अध्ययन के लिए प्रयोग में लाई जाने वाली विधि है।
2. यह प्रश्नों की एक सूची होती है, जिसमें प्रश्नों का संकलन होता है।
3. इसका निर्माण समस्या के उद्देश्य और प्रकृति को दृष्टि में रखकर किया जाता है।
4. यह सूचनादाताओं के पास डाक या अन्य साधनों द्वारा भेजी जाती है।
5. इसका प्रयोग केवल शिक्षित व्यक्तियों पर ही हो सकता है।
6. सूचनादाता प्रश्नावली के प्रश्नों के उत्तर स्वयं देते हैं और उत्तरों को निर्दिष्ट जगहों में भर देते हैं।
7. इसके प्रश्न स्पष्ट और सरल होते हैं।
8. प्रश्नावली द्वारा सूचनाएं एकत्रित करने में कम समय लगता है।
9. प्रश्नावली में पूछे जाने वाले प्रश्न पूर्वनिश्चित एवं पूर्वनिर्धारित होते हैं।
10. प्रश्न समूह के अन्तर्गत शोधकर्ता सक्रिय तथा सूचनादाता सक्रिय होता है।
11. प्रश्नों की भाषा एवं क्रम को परिवर्तित नहीं किया जा सकता।
12. प्रश्नावली एक प्रकार से पूर्व नियंत्रित साक्षात्कार है।
13. प्रश्नों का उत्तर देते समय शोधकर्ता किसी भी प्रकार का हस्तक्षेप नहीं कर सकता।
14. प्रश्नावली द्वारा दूर-दूर तक फैले क्षेत्रों में व्यक्तियों का अध्ययन किया जा सकता है।

इन्हीं विशेषताओं को ध्यान में रखकर प्रश्नावली का प्रयोग तथ्यों के एकत्रीकरण के लिए किया जाता है।

प्रश्नावली के उद्देश्य (Aims of Questionnaire)

प्रश्नावली विधि के निम्नलिखित उद्देश्य हो सकते हैं–

1. **बड़ी संख्या में तथ्य संकलन करना (Collection of Facts on Large Scale)**–वस्तुत: प्रश्नावली द्वारा साक्षात्कार अनुसूची से कम समय लगता है तथा प्रश्नों की सूची को डाक द्वारा भेजकर कई व्यक्तियों से अर्थात् बड़ी संख्या में तथ्य संकलित किए जा सकते हैं।

2. **न्यूनतम खर्च** (Minimum Expenses)–प्रश्नावली का द्वितीय उद्देश्य कम खर्च द्वारा बड़ी संख्या में तथ्य संकलित करना है। प्रश्नावली अर्थात् प्रश्नों की सूची को भेजने में डाक खर्च के अलावा अन्य खर्च नहीं लगता, जबकि अनुसूची भरवाने में व साक्षात्कार करने में अधिक खर्च की व्यवस्था करनी पड़ेगी।

3. **समय की बचत (Time Saving)**–अनुसूची द्वारा साक्षात्कार करने में प्रत्येक सूचनादाता से अधिक समय देना पड़ता है जबकि प्रश्नावली को डाक से भेजकर अनुसंधानकर्ता निश्चिंत हो जाता है, उसे प्रत्येक सूचनादाता के पास जाकर भरवाना नहीं पड़ता और इस प्रकार उसके समय की बचत हो जाती है।

4. **बारम्बार सूचना प्राप्त करना (To get Repetitive Information)**–यदि एक बार में भेजी हुई सूचना गलत हो, तो प्रश्नावली विधि द्वारा पता आदि की जानकारी रहने पर फिर से प्रश्नों की सूची भेजकर सूचना एकत्र की जा सकती है, वहां जाने की आवश्यकता नहीं पड़ती।

5. **स्वतंत्र तथा सत्यपूर्ण उत्तर (Free and Valid Information)**–प्रश्नावली में अनुसंधानकर्ता सूचनादाता के समक्ष नहीं होता वरन् उत्तरदाता स्वतंत्र रूप से अपने मन से उत्तर देता है और इस प्रकार सत्यपूर्ण उत्तर सम्भव होता है।

6. **बिना पक्षपातपूर्ण उत्तर (Answer without Bias)**–इस विधि के अन्तर्गत अनुसंधानकर्ता को सूचनादाता के पास जाकर प्रश्न सूची को भरवाने की आवश्यकता नहीं पड़ती वरन् उत्तरदाता अपने मन से उत्तर देता है। इस प्रकार अनुसंधानकर्ता का कोई प्रभाव उत्तरदाता पर सूचना देते समय नहीं पड़ता और बिना पक्षपातपूर्ण उत्तर सम्भव हो पाता है।

7. **स्वअनुशासित उत्तर (Self-administered Answer)**–इस विधि में उत्तर देने में सूचनादाता अपने आप अर्थात् अपनी जानकारी के अनुसार उत्तर देता है। अनुसंधानकर्ता द्वारा अनुशासित होकर नहीं।

प्रश्नावली के प्रकार (Types of Questionnaires)

संरचना के आधार पर पी.वी. यंग ने प्रश्नावली के दो प्रकार बताए हैं–

1. **निर्दिष्ट प्रश्नावली (Structured Questionnaire)**–इसमें निश्चित, स्पष्ट, पूर्वनियोजित प्रश्न होते हैं। इन प्रश्नावलियों में प्रश्न सीमित होते हैं तथा उनके निर्माण में पर्याप्त सावधानी की आवश्यकता पड़ती है।

2. **अनिर्दिष्ट प्रश्नावली (Unstructured Questionnaire)**–अनिर्दिष्ट प्रश्नावली प्राय: साक्षात्कार प्रदर्शिका (interview guide) के नाम से विख्यात है तथा इसमें निश्चित प्रश्नों के स्थान पर वह विषय अथवा उप विषय दिया रहता है, जिसके संबंध में प्रश्न पूछे जाते हैं। प्रश्नकर्ता को इस बात की स्वतंत्रता रहती है कि वह प्रश्नों की भाषा तथा उनका क्रम अपनी सुविधा एवं परिस्थितियों के अनुसार निश्चित करे।

लुण्डबर्ग (Lundberg) के अनुसार, प्रश्नावली के दो वर्ग इस प्रकार बन सकते हैं–

1. तथ्य संबंधी प्रश्नावली, जिसमें किसी तथ्य के संबंध में सूचना प्राप्त की जाती है।
2. सम्मति संबंधी प्रश्नावली, जिसमें सूचनादाता की सम्मति, प्रवृत्ति अथवा अभिरुचि के संबंध में सूचना प्राप्त की जाती है।

प्रश्नों की इस प्रकृति के आधार पर प्रश्नावली के निम्नलिखित प्रकार हो सकते हैं–

1. प्रतिबंधित प्रश्नावली।
2. अप्रतिबंधित प्रश्नावली।
3. चित्रमय प्रश्नावली।
4. मिश्रित प्रश्नावली।

1. प्रतिबंधित प्रश्नावली (Closed Questionnaire)–इस प्रकार की प्रश्नावली में प्रश्नों की प्रकृति ऐसी होती है, जिसमें उनके उत्तर सीमित होते हैं। कभी-कभी तो उत्तर 'हां' और 'नहीं' में होते हैं और कई बार उनके उत्तरों को श्रेणीबद्ध कर दिया जाता है। इसमें शोधकर्ता प्रश्नों के आगे कुछ उत्तरों को लिख देता है और सूचनादाता को अपना उत्तर इन्हीं श्रेणीबद्ध उत्तरों में से छांटना पड़ता है। वह इनका उत्तर उन लिखे हुए उत्तरों के बाहर नहीं दे सकता। इस प्रकार प्रश्नों से इधर-उधर भागने की गुंजाइश नहीं होती।

उदाहरण के लिए (अ) क्या आपका विवाह आप के माता-पिता ने आपकी राय से तय किया था? हाँ ... नहीं।

(ब) क्या आप शिक्षित हैं? हां ... नहीं।

(स) आप की व्यावहारिक स्थिति क्या है? अविवाहित-विवाहित ... विधवा ... विधुर।

2. **अप्रतिबंधित प्रश्नावली (Open Questionnaire)**–इस प्रकार की प्रश्नावली प्रतिबंधित प्रश्नावली के बिलकुल विपरीत होती है। इसमें केवल प्रश्न लिखे होते हैं और उत्तर के लिए खाली स्थान छोड़ दिया जाता है। सूचनादाता को यह स्वतंत्रता रहती है कि अपनी इच्छानुसार उत्तर दे। सूचनादाता उत्तरों की श्रेणीबद्धता में न बंधकर इच्छानुसार अपनी भाषा में उत्तर दे सकता है। इसमें सूचनादाता को स्वतंत्र मत व्यक्त करने की सुविधा रहती है। इस प्रकार के प्रश्नों के उदाहरण कुछ निम्नलिखित प्रकार से दिए जा रहे हैं–

(अ) आप की दृष्टि से आपके शहर की कौन-सी प्रमुख समस्याएं हैं?

(ब) बाल-अपराध के कौन-कौन से कारण हैं?

(स) अपने शहर को स्वच्छ रखने के लिए कौन-कौन से सुझाव आप देना चाहते हैं?

इसका प्रयोग वहां पर किया जाता है जहां पर गहन अध्ययन की आवश्यकता होती है। इसके द्वारा नवीन तथ्यों की प्राप्ति सम्भव हो सकती है। इस प्रकार की प्रश्नावली द्वारा गुणात्मक तथ्यों को प्राप्त करने की अधिक सम्भावना रहती है।

3. **चित्रमय प्रश्नावली (Pictorial Questionnaire)**–आधुनिक मानव औद्योगीकरण के कारण से अधिकाधिक तर्कयुक्त होता जा रहा है। उसके यांत्रिक जीवन में इतना समय नहीं होता कि वह लम्बे प्रश्नों का उत्तर दे सके। इसके अतिरिक्त मानव आज नवीनता एवं रुचि उत्पन्न करने वाली वस्तुओं की ओर अधिक आकर्षित हो रहा है। अत: यह आवश्यक है कि सूचनादाताओं से सरलता से उत्तर प्राप्त करने के लिए प्रश्नावली को आकर्षक बनाया जाए। चित्रमय प्रणाली इसी का परिणाम है। अधिकतर व्यक्ति व्यस्त होते हुए भी इन चित्रों से आकर्षित होकर उत्तर देने को प्रेरित होते हैं। इस प्रकार की प्रणाली में सामान्य व्यक्ति की समझ में आने वाली भाषा का प्रयोग किया जाता है। इसका प्रयोग कुछ विशेष समस्याओं के अध्ययन के लिए अशिक्षित समूहों में किया जाता है।

4. **मिश्रित प्रश्नावली** **(Mixed Questionnaire)**–यह वह प्रश्नावली है, जिसमें कई प्रकार के प्रश्नों का सम्मिश्रण होता है। इसमें उपर्युक्त प्रकार के प्रश्नों में से किसी दो प्रकार के प्रश्न पाए जाते हैं। यह प्रश्नावली न तो पूर्ण रूप से प्रतिबंधित होती है और न पूर्ण रूप से अप्रतिबंधित। आधुनिक समाज के अध्ययन में इस प्रकार के प्रश्नावली की प्रयोग में निरन्तर वृद्धि होती जा रही है। इसका कारण यह भी है कि सामाजिक घटनाओं के संबंध में जो सूचना प्राप्त करना चाहते हैं उन्हें निश्चित उत्तर के दायरे में नहीं बांधा जा सकता।

अच्छी प्रश्नावली की अनिवार्यताएं (Requirements of a Good Questionnaire)

ए.एल. बाउले (A.L. Bowley) ने एक उत्तम प्रश्नावली की निम्नलिखित अनिवार्यताओं (विशेषताओं) का वर्णन किया है–

1. तुलनात्मक दृष्टि से प्रश्नों की संख्या कम होनी चाहिए।
2. ऐसे प्रश्नों का होना श्रेष्ठ है, जिनका उत्तर संख्या में अथवा हां या नहीं में दिया जाता है।
3. प्रश्न इतने सीधे, सरल व एकअर्थक हों कि शीघ्र समझे जा सकें।
4. प्रश्नों की रचना इस प्रकार की जाए कि उनका उत्तर देते समय मिथ्या झुकाव के प्रवेश की सम्भावना न्यूनतम हो।
5. प्रश्न अशिष्टतापूर्ण, धृष्टतापूर्ण एवं परीक्षात्मक नहीं होने चाहिए।
6. प्रश्न जहां तक सम्भव हो एक-दूसरे की पुष्टि करने वाले हों।
7. प्रश्न इस प्रकार का हो कि इच्छित सूचना प्रत्यक्ष रूप से प्राप्त की जा सके।

इगल बर्नर (Eigel Berner) के अनुसार अच्छी प्रश्नावली की निम्नलिखित अनिवार्यताएं हैं–

1. उस विषय अथवा समस्या पर वार्तालाप, जिस पर प्रश्नावली तैयार करनी है।
2. प्रश्न क्रमबद्ध रूप से एवं तार्किक रूप से व्यवस्थित होना।
3. बड़े एवं लम्बे प्रश्नों का परित्याग।
4. प्रश्नों का निर्माण पक्षपातपूर्ण ढंग से नहीं होना।
5. प्रश्न सरल तथा स्पष्ट होना।
6. विरोधात्मक प्रश्नों का परित्याग।
7. प्रश्नावली भेजने के लिए उपयुक्त उत्तरदाताओं का चुनाव।

प्रश्नावली के सफल उपयोगी होने की अनिवार्यताएं (Requirements for Making Questionnaire Successful)

प्रश्नावली की सफलता के लिए कुछ आवश्यक शर्तें हैं, जिनके अभाव में प्रश्नावली का सफल व उपयोगी होना सम्भव नहीं। ये आवश्यक शर्तें निम्नलिखित हैं–

1. **सूचनादाताओं का शिक्षित होना** **(Educated Respondent)**–प्रश्नावली विधि में उत्तरों को भरने का कार्य स्वयं सूचनादाताओं को करना पड़ता है, इसलिए उत्तरदाताओं का शिक्षित होना आवश्यक है।

2. **उत्तर देने की उत्सुकता (तत्परता)** **(Willingness to Reply)**–सूचनादाता ऐसे होने चाहिए जो उत्तर देने में हिचकिचाहट न महसूस करें, वरन् उत्तर देने के लिए तत्पर हों। तभी जाकर सभी उत्तरों के भरे जाने तथा विचारपूर्ण उत्तर की सम्भावना बनती है।

3. **सूचनादाताओं का विषय वस्तु से परिचित होना** (**Familiarity of the Respondents with the Subject**)–प्रश्नावली की सफलता के लिए आवश्यक है कि सूचनादाता अनुसंधान विषय अथवा अनुसंधान समस्या के विषय में प्राथमिक जानकारी रखते हों अन्यथा वे सही-सही उत्तर देने में असमर्थ रहेंगे।

4. **अतिरिक्त सूचनाओं की जानकारी** (**Knowledge of Additional Information**)–विषयवस्तु के अलावा कुछ उनसे संबंधित अतिरिक्त सूचनाओं की जानकारी भी आवश्यक है क्योंकि विषयवस्तु को मुख्य तत्त्वों के अतिरिक्त कुछ सहायक तत्त्वों की भी आवश्यकता पड़ती रहती है।

प्रश्नावली का निर्माण एवं उसकी विधियां (Formation of Questionnaire and Its Techniques)

प्रश्नावली के निर्माण की निम्नलिखित विधियां हैं–

1. प्रश्नावली की समस्या का विश्लेषण–समस्या के विश्लेषण के अन्तर्गत निम्नलिखित चरण हैं–
   (क) विषयवस्तु से संबंधित पूर्वानुभवों का प्रयोग।
   (ख) विषयवस्तु से संबंधित साहित्य का अध्ययन।
   (ग) विशेषज्ञों एवं प्रवर ज्ञानों का उपयोग।
   (घ) स्थानीय घटनाओं, परिस्थितियों तथा दशाओं का ज्ञान।
2. उपयोगी प्रश्नों का निर्माण।
3. संदेशवाहन की समस्या सुलझाना।
4. प्रश्नों की प्रकृति–प्रश्नावली के निर्माण में प्रश्नों को आवश्यकतानुसार मोड़ कर उपर्युक्त तथा परिस्थितिनुकूल बनाना चाहिए। प्रश्नों की प्रकृति निम्नलिखित होनी चाहिए–
   (क) स्पष्ट एवं विशिष्ट प्रश्न।
   (ख) सरल प्रश्न।
   (ग) इकाइयों की स्पष्ट परिभाषा।
   (घ) सूचनाओं के एकत्रीकरण हेतु सही प्रश्नों का निर्माण।
   (ङ) प्रश्नों की संख्या कम होना।
   (च) निर्देशक प्रश्नों का परित्याग।
   (छ) तकनीकी शब्दों तथा प्रत्ययों की परिभाषा।
   (ज) आनुमानिक अथवा परिकल्पित प्रश्नों का परित्याग।
   (झ) भावात्मक एवं रूढ़िगत प्रश्नों का परित्याग।
   (ञ) मूल्यात्मक प्रश्नों का परित्याग।

प्रश्नावली का प्रारूप (Format of Questionnaire)

प्रश्नावली की रूपरेखा अनुसूची के समान होती है, किन्तु प्रश्नावली का प्रयोग प्रत्यक्ष साक्षात्कार के स्थान पर डाक सूचना प्राप्त करने के लिए किया जाता है इसलिए उसकी कुछ विशेषताएं निम्नलिखित हैं–

1. **प्रश्नावली का आकार** (**Size of Questionnaire**)–प्रश्नावली का आकार अनुसूची से छोटा होना चाहिए। इसका आकार 5×8 इंच होना चाहिए। छोटी प्रश्नावली अधिक उपयोगी व उपर्युक्त मानी जाती है।

2. **प्रश्नावली का स्वरूप** (Shape of Questionnaire)–प्रश्नावली का स्वरूप आकर्षक होना चाहिए। उत्तम किस्म का कागज, उच्च कोटि की छपाई, आकर्षक रचना तथा बढ़िया पत्र शीर्षक सूचनादाता के मन पर अच्छा प्रभाव डालते हैं और उत्तर मिलने में सुविधा रहती है।

3. **स्पष्टता** (Clarity)–अनुसूची में कार्यकर्ता की व्यक्तिगत उपस्थिति प्रश्नों की अस्पष्टता का दोष निवारण कर देती है, किन्तु प्रश्नावली में वह सुविधा प्राप्त नहीं होती। प्रश्नावली में कार्यकर्ता उत्तरदाता को सहायता देने के लिए उपस्थित नहीं रहता, इसलिए प्रश्नावली के निर्माण, उसकी भाषा, उसकी स्पष्टता व सुनिश्चितता पर ध्यान देना आवश्यक है तथा अप्रचलित शब्दों, अस्पष्ट, दोषपूर्ण वाक्य-विन्यास बहुअर्थक तथा पारिभाषिक शब्दों के प्रयोग से बचा जाना चाहिए।

4. **प्रश्नों का क्रम** (Sequence of Questions)–प्रश्नों की क्रमबद्धता तथा विषय का क्रमिक विकास प्रश्नावली का आवश्यक तत्व होता है क्योंकि अनुसूची प्रणाली में कार्यकर्ता व्यक्तिगत वार्तालाप तथा सहायक प्रश्नों द्वारा इस दोष का निवारण कर सकता है किन्तु प्रश्नावली में यह सुविधा प्राप्त नहीं होती।

5. **आकर्षक तत्व** (Attractive Element)–प्रश्नावली का आकर्षक तत्व इसकी प्रधान विशेषता है ताकि यह उत्तरदाता का ध्यान अपनी ओर आकृष्ट कर सके। यह आकर्षण अनुसंधान संस्था की महानता तथा साख, अनुसंधान विषय की उपयुक्तता तथा प्रश्नावली के स्वरूप द्वारा उत्पन्न किया जा सकता है।

प्रश्नावली का पूर्व परीक्षण (Pre-testing of Questionnaire)

प्रश्नावली के उत्तरदाता पर प्रयोग करने के पूर्व उसका परीक्षण कर लिया जाता है ताकि उसके दोषों का निवारण हो जाए। निम्नलिखित बातें प्रश्नावली के दोषों को स्पष्ट कर देंगी और उन्हीं के आधार पर हम दोषपूर्ण तथ्यों को निकाल सकेंगे–

1. यदि प्रश्नों के उत्तर न दिए जाएं अथवा उत्तरदाता यह जवाब दे कि 'मालूम नहीं' तो समझना चाहिए कि प्रश्नावली दोषपूर्ण है। अतः इन दोषों के कारणों का पता लगाना चाहिए और उन्हें दूर करने का प्रयास करना चाहिए।
2. यदि अनावश्यक एवं सन्दर्भरहित उत्तर मिले तो समझना चाहिए कि प्रश्नावली दोषपूर्ण है।
3. यदि प्रश्नावली बिना उत्तर दिए लौटा दी जाए तो समझना चाहिए कि इसमें कहीं दोष है।

उपर्युक्त तथ्यों को ध्यान में रखकर प्रश्नावली के निर्माण के पश्चात् एक सैम्पल के लिए किसी के पास भेजकर उसकी जांच कर सकते हैं और उसके दोषों का निवारण कर सकते हैं।

प्रश्नावली के प्रत्युत्तर न प्राप्त होने के कारण (Causes of Non-reply of Questionnaire)

प्रश्नावली की सबसे बड़ी समस्या उत्तर प्राप्त करने की होती है। साक्षात्कार में कार्यकर्ता व्यक्तिगत रूप में उपस्थित रहता है तथा इच्छा न होते हुए भी प्रायः शिष्टाचारवश भी उत्तरदाता को इन्कार करने में संकोच होता है। प्रायः ऐसा होता है कि प्रश्नावली के उत्तर बहुत कम संख्या में प्राप्त होते हैं, इसके निम्नलिखित कारण हैं–

1. उत्तरदाता अपने घर से बाहर रहता हो।
2. उत्तरदाता की विस्मरणशीलता (भुलक्कड़पनता)।
3. उत्तरदाता की प्रश्नावली भरने में अनिच्छा।
4. उत्तरदाता का विषयवस्तु से परिचित न होना।
5. उत्तरदाता का कम शिक्षित होना।
6. इकाई का सम्पूर्ण रूप में उपलब्ध न होना।
7. समयाभाव।

उत्तरदाता को प्रभावित करने वाले तत्व (Elements Influencing the Respondents)

प्रश्नावलियों के उत्तरों को प्रभावित करने वाले तत्व निम्नलिखित हैं–

1. **अनुसंधान संस्था की ख्याति** (Reputation of the Research Institute)–यदि अनुसंधान करने वाली संस्था की साख व ख्याति अच्छी है तो उत्तरों का प्रतिशत भी अधिक होगा। इसके विपरीत अनुसंधान संस्था की साख अच्छी न हो तो प्रायः लोग प्रश्नावली भरने को समय का अपव्यय मात्र मानते हैं और उत्तर कम प्राप्त होने की संभावना रहती है।

2. **समस्या का महत्व** (Importance of the Problem)–यदि समस्या वर्तमान परिस्थितियों में महत्वपूर्ण तथा उत्तरदाताओं के मन को प्रभावित करने वाली होने के साथ ही उत्तरदाताओं से संबंध रखती है तो सहयोग की मात्रा अच्छी रहती है।

3. **प्रश्नावली की प्रकृति** (Nature of Questionnaire)–यदि प्रश्नावली छोटी और सरल हो तथा उसका स्वरूप आकर्षक हो तो अधिक संख्या में उत्तरों के मिलने की संभावना रहती है।

4. **प्रश्नावली का आकार** (Size of Questionnaire)–प्रश्नावली का आकार भी उत्तरों की संख्या को निर्धारित करने में एक महत्वपूर्ण तत्व होता है। एक छोटी प्रश्नावली में लम्बी प्रश्नावली की अपेक्षा उत्तर पाने की सम्भावना अधिक रहती है।

5. **प्रश्नों की सम्बद्धता** (Cohesiveness of Questions)–प्रश्नावली की लम्बाई उत्तरों को उतना प्रभावित नहीं करती, जितना उसमें वर्णन किए हुए परस्पर असम्बद्ध विषय। यदि प्रश्न परस्पर सम्बद्ध नहीं हैं, बीच-बीच में विषयान्तर है तो उत्तरों की मात्रा कम हो जाती है।

प्रत्युत्तर प्राप्त करने की पद्धति (Technique of Getting Response)

प्रत्युत्तर प्राप्त करने के लिए कुछ विशेष प्रकार का प्रोत्साहन देने से अधिक प्रतिशत में उत्तरों का मिलना संभव हो पाता है। यह प्रोत्साहन निम्नलिखित प्रकार के हो सकते हैं–

1. **स्पष्ट, विश्वासोत्पादक, आकर्षक, शिष्ट एवं नम्र पत्र** (Clear, Reliable, Attractive and Polite Letter)–उत्तरदाताओं को प्रभावित करने के लिए अनुसंधानकर्ता उसके पास विश्वासोत्पादक तथा शिष्ट पत्र लिखता है। ऐसे पत्रों से प्रभावित होकर उत्तरदाता संकोचवश उत्तर देने से इन्कार नहीं करेगा।

2. **द्रव्य संबंधी प्रोत्साहन** (Monetary Incentive)–इस प्रकार के प्रोत्साहन में उत्तरदाता को द्रव्य अथवा द्रव्य के मूल्य के बराबर कोई वस्तु प्रोत्साहन के रूप में दी जाती है जो उत्तरों की मात्रा को पर्याप्त सीमा तक प्रभावित करती है।

3. **अनुगामी पत्र (Follow-up Letters)**—इस पद्धति के अनुसार प्रश्नावली वापस न करने वालों के पास एक के बाद एक करके तकाजे के पत्र भेजे जाते हैं। टुप्स (Toops) तथा स्टैन्टन (Stanton) आदि ने तकाजे के पत्र लिखकर शत प्रतिशत उत्तर प्राप्त किए थे। लिण्डसे (Lindsey) का कथन है कि अनुगामी पत्र तथा कार्ड प्रारम्भिक प्रश्नावली में भी अधिक उपयोगी सिद्ध हुए हैं। तकाजे के लिए कितने पत्र भेजने चाहिए, यह उत्तरदाताओं की प्रकृति तथा उत्तरों के प्रतिशत पर निर्भर करता है। लिण्डसे के अनुसार, क्रमिक तकाजे के पत्रों का समय इस प्रकार दिया जा सकता है।

पहला दौर – 23 दिन पश्चात्।
दूसरा दौर – पहले दौर के एक सप्ताह पश्चात्।
तीसरा दौर – दूसरे दौर के दो सप्ताह पश्चात्।

4. **अन्य प्रोत्साहन (Other Incentive)**—बिना द्रव्य के भी उत्तर भेजने का प्रोत्साहन दिया जाता है। उदाहरणार्थ उत्तरदाता को इस बात का लालच दिया जा सकता है कि अनुसंधान द्वारा उसे क्या लाभ होगा। वाट्सन (Watson) का कथन है कि 'सहयोग की अपील का छोटे-मोटे पुरस्कार अथवा मिलने वाले लालच की अपेक्षा कहीं अधिक प्रभाव पड़ता है।'

5. **मध्यस्थों द्वारा प्रश्नावली भेजना (Sending Questionnaire through Mediators)**—कभी-कभी प्रश्नावली डाक से भेजने के स्थान पर मध्यस्थों द्वारा भेजी जाती है जैसे दफ्तर के सुपरिण्टेन्डेन्ट, किसी संस्था के अध्यक्ष अथवा अभिभावकों के पास उनके संरक्षितों द्वारा। इस प्रकार की प्रश्नावलियों में उत्तरों का प्रतिशत बहुत ऊंचा रहता है, किन्तु इसमें एक बड़ा दोष यह है कि उत्तरदाता इस प्रकार की नीति से बुरा मान सकते हैं और बनावटी उत्तर दे सकते हैं।

6. **प्रश्नावली उचित समय पर भेजना (Sending Questionnaire at Proper Time)**—प्रश्नावली भेजने का उचित समय भी उत्तरों को पर्याप्त सीमा तक प्रभावित करता है। उपयुक्त समय पर, अवकाशकाल में प्रश्नावली पहुंचने पर उत्तरदाता उसे प्राय: भरकर भेज देता है। प्रश्नावली के काफी समय तक यों ही पड़े रहने से खो जाने का भय रहता है।

7. **प्रश्नावली उत्तरदाता के पास पहुंचने की निश्चितता (Assuring that Questionnaire reaches to the Respondent)**—कभी-कभी गलत पता लिखने के कारण, उत्तरदाता के छुट्टी पर रहने के कारण, अथवा मकान बदल देने के कारण, प्रश्नावली उत्तरदाता के पास पहुंचती ही नहीं। अत: इस बात की पूर्ण सावधानी रखनी चाहिए कि प्रश्नावली उत्तरदाता के पास अवश्य पहुंच जाए, तभी प्रश्नावली के प्रत्युत्तर की निश्चितता बनी रह सकती है।

प्रश्नावली की विश्वसनीयता एवं प्रामाणिकता (Reliability and Validity of Questionnaire)

प्रश्नावली द्वारा प्राप्त सूचना की विश्वसनीयता तथा उपयुक्तता के संबंध में पर्याप्त शंका व्यक्त की गई है। प्रश्नों के भ्रमपूर्ण, अस्पष्ट व बहुअर्थक होने तथा प्रतिनिधित्वपूर्ण निदर्शन (sample) के अभाव के कारण प्रश्नावली अशुद्ध भरी जा सकती है। इसके अतिरिक्त बहुत से लोग अपनी हस्तलिपि में स्पष्ट राय प्रकट करने में भी डरते हैं, विशेषकर उस समय जब किसी अन्य व्यक्ति द्वारा उसके दुरुपयोग किए जाने पर उनके अनिष्ट की संभावना हो।

प्रश्नावली में दी हुई सूचना पर कहां तक विश्वास किया जा सकता है, इसकी परख निम्नलिखित विधियों से की जा सकती है—

1. वही प्रश्नावली कुछ समय पश्चात् उन्हीं व्यक्तियों के पास फिर भेजी जाए और यदि उत्तरों में पर्याप्त अन्तर हो तो प्रश्नावली को अविश्वसनीय माना जाए। किन्तु यह परख कई मान्यताओं पर आधारित है जैसे इस बीच उत्तरदाता की स्थिति, मानसिक प्रवृत्तियों तथा अनुसंधान की विषयवस्तु में कोई परिवर्तन न हुआ हो।
2. उसी प्रश्नावली को एक दूसरे समान वर्ग के पास भेजकर तथा दोनों सूचनाओं की परस्पर तुलना एवं विभिन्न प्रकार के सांख्यिकीय मापों के आधार पर इस बात की विवेचना की जा सकती है कि उत्तरों में कहां तक समानता है।
3. प्रधान सैंपल में से एक उप सैंपल चुनकर अनुसूची प्रणाली द्वारा इनकी जांच की जाए तथा यदि दोनों प्रकार की सूचनाओं में पर्याप्त अन्तर हो तो समझना चाहिए कि प्रश्नावली की सूचना संदेहपूर्ण है।
4. कभी-कभी विश्वसनीयता की परख पूर्वज्ञान के आधार पर भी की जा सकती है। उदाहरणार्थ हमें ऐसी सूचना प्राप्त हो जो पूर्व सूचना के विरुद्ध हो अथवा ऐसे आंकड़े हों जो विशेष परिस्थितियों में असम्भव जान पड़ते हों तो भी प्रश्नावली को संदेहयुक्त माना जा सकता है। किन्तु यह विधि भी पूर्णतया मान्यतापूर्ण नहीं कही जा सकती, पूर्व सूचना को कोई प्रामाणिक आधार नहीं माना जा सकता; क्योंकि बहुत सम्भव है कि पूर्व सूचना ही असत्य तथा भ्रमपूर्ण हो।

प्रश्नावली विधि की उपयोगिता (Utility of Questionnaire Technique)

प्रश्नावली विधि सामाजिक अनुसंधानों में बहुत उपयोगी सिद्ध होती है। इसके निम्नलिखित गुण हैं-

1. प्रश्नावली प्रणाली की सबसे बड़ी उपयोगिता यह है कि इसकी सहायता से विशाल क्षेत्र में बिखरे हुए लोगों का अध्ययन करना सरल होता है।
2. प्रश्नावली प्रणाली का एक और लाभ यह भी है कि इस पद्धति को अपनाने पर अध्ययन कार्य पर होने वाला व्यय बहुत कम होता है क्योंकि कार्यकर्ताओं को एक स्थान से दूसरे स्थान पर नहीं जाना पड़ता।
3. प्रश्नावली विधि द्वारा सूचना बहुत शीघ्रता से मिलती है तथा सर्वेक्षण में समय कम लगता है।
4. कुछ अनुसंधान ऐसे होते हैं, जिनमें उत्तरदाताओं से एक निश्चित समय के बाद भी कई बार सूचना प्राप्त करनी होती है, जैसे-पारिवारिक बजट संबंधी आंकड़े। ऐसे समस्त अनुसंधानों में प्रश्नावली प्रणाली सबसे अच्छी रहती है क्योंकि इसमें लागत कम आती है।
5. प्रश्नावली प्रणाली में सूचनादाता को सूचना देने के मामले में पूर्ण स्वतंत्रता रहती है।
6. इसमें अनुसंधानकर्ता के व्यक्तित्व का प्रभाव सूचनादाता पर नहीं पड़ता। ऐसी स्थिति में पक्षपात रहित, विश्वसनीय व प्रामाणिक सूचनाओं को प्राप्त करने की सम्भावनाएं अधिक होती हैं।
7. प्रश्नावली प्रणाली के अन्तर्गत सूचनाओं को एकत्रित करना सरल है।
8. प्रश्न समूह द्वारा बहुत से उत्तरदाताओं से तथ्य प्राप्त किए जा सकते हैं।

गुडे एवं हाट के अनुसार

1. प्रश्नावली द्वारा निश्चित समस्याओं का भलीभांति अध्ययन हो सकता है।

2. प्रश्नसमूह द्वारा उत्तरदाताओं को अपनी इच्छानुसार सोच-समझ कर उत्तर देने में सुविधा होती है।
3. प्रश्नसमूह द्वारा लोगों के विचारों, विश्वासों, मूल्यों इत्यादि में परिवर्तन का अध्ययन किया जा सकता है।
4. प्रश्नसमूह विधि में अधिक अवैयक्तिकता होती है।
5. प्रश्नसमूह में एकीकरण की अधिक आवश्यकता नहीं होती।
6. प्रश्नसमूह द्वारा दूर रहने वाले लोगों का साक्षात्कार किया जा सकता है तथा प्रश्नसमूह को डाक द्वारा भेजकर उत्तरदाताओं से तथ्य प्राप्त किए जा सकते हैं।

प्रश्नावली विधि की सीमाएं (Limitations of Questionnaire Techniques)

उपर्युक्त उपयोगिताओं के बावजूद इस पद्धति की निम्नलिखित सीमाएं हैं–

1. प्रश्नसमूह का प्रयोग केवल शिक्षित लोगों पर किया जा सकता है।
2. प्रश्नसमूह की विधि में यदि प्रश्न उत्तरदाताओं को स्पष्ट नहीं है तो स्पष्टीकरण नहीं किया जा सकता।
3. प्रश्नावली द्वारा प्राप्त उत्तरों की व्याख्या में कठिनाई आती है।
4. अधिकांश व्यक्ति प्रश्नसमूह भरने में बोझ का अनुभव करते हैं।
5. उत्तरदाताओं को अधिक से अधिक भावनात्मक प्रेरणा देकर जानकारी निकालने का प्रयत्न इस पद्धति में नहीं हो सकता है।
6. प्राय: प्रश्नसमूहों में जो सूचना प्रदान की जाती है वह अस्पष्ट व गंदी लिखावट में लिखी होती है जिसे समझना कठिन हो जाता है।
7. प्रतिनिधि निदर्शन (sample) के आधार पर किए गए अध्ययन में पद्धति अनुपयुक्त रहती है।
8. इसे भेजने व अनुगामी पत्रों में पर्याप्त व्यय लगता है। यह व्यय कई बार साक्षात्कार व्यय के बराबर हो सकता है।
9. प्राय: 10 प्रतिशत व 20 प्रतिशत से अधिक उत्तर मिलना कठिन हो जाता है।
10. सभी उत्तरदाताओं के सही पते प्राप्त करना कठिन होता है।
11. प्रश्नावली में अनुसूची की भांति ही ऐसे प्रामाणिक सार्वभौमिक प्रश्नों का निर्माण सम्भव नहीं हो पाता है जो कि प्रत्येक प्रकार के समूह, सांस्कृतिक प्रतिमान पड़ने वाले लोगों तथा सभी आर्थिक व सामाजिक स्तर के लोगों के लिए उपयुक्त हों।
12. प्रश्नावली पद्धति का उपयोग साधारण अध्ययन हेतु समस्यायों से संबंधित सूचनाओं को एकत्रित करने के लिए किया जा सकता है। यदि किसी गहन समस्या का कुछ समय तक निरन्तर अध्ययन करना हो तो यह प्रणाली प्राय: अनुपयुक्त सिद्ध हुई है।

सारांश रूप में हम कह सकते हैं कि प्रश्नावली स्वतंत्र रूप से सामाजिक शोध में तथ्यों को एकत्र करने के लिए स्वतंत्र यंत्र है। सामाजिक तथ्यों के एकत्रीकरण के लिए यह आवश्यक है कि प्रश्नावली के प्रश्नों में निश्चितता, सरलता और व्यक्तिगत वैयक्तिकता को कम करने का प्रयास होना चाहिए। प्रश्नों को संक्षिप्त होना चाहिए, जिनसे सही सूचनाएं प्राप्त हो सकें। प्रश्नों की रचना और क्रमबद्धता इस प्रकार हो कि सारिणीयन की योजना में उनका प्रयोग तार्किक और वैज्ञानिक रूप से हो सके। इनके अतिरिक्त प्रश्न इस प्रकार के हों कि सूचनादाताओं को उनके उत्तर देने में कोई हिचकिचाहट न हो। इसकी बहुत सी सीमाओं के

बावजूद भी इसका प्रयोग सामाजिक अनुसंधानाओं में दिन प्रतिदिन बढ़ता जा रहा है। इसकी सफलता के लिए उत्तरदाताओं को योग्य, शिक्षित एवं उत्तरदायित्वपूर्ण होना आवश्यक है। व्यक्तियों की अभिवृत्तियों को जानने तथा उत्तरदाताओं का भौगोलिक रूप से बिखरे होने के कारण इस विधि का उपयोग सबसे उपयुक्त माना जाता है। इन्हीं कारणों से जनमत संग्रह अथवा बाजार संबंधी सर्वेक्षणों में प्रश्नावली विधि का उपयोग बहुत विस्तृत रूप से होता है।

Notes

1. Willson Gee, *Social Science Research Method*, Appleton-Century-Crofts, Inc., New York, 1950, p. 314.
2. E.S. Bogardus, *Sociology*, Macmillan Company, New York, 1954, p. 549.
3. William J. Goode and Paul K. Hatt, *Methods in Social Research*, McGraw Hill Book Co., New York, 1952, p. 133.
4. Georg A. Lundberg, *Social Research*, Longmans, Green and Co., New York, 1951, p. 183.
5. P.V. Young, *Scientific Social Survey and Research*, Prentice Hall, Englewood Cliffs NJ, 1954, p. 230.

16

अनुसूची

Schedule

सामाजिक अनुसंधान में विश्वसनीयता और निश्चितता लाने के लिए परोक्ष साधनों की अपेक्षा प्रत्यक्ष साधनों पर बहुत बल दिया जाने लगा है। ऐसे साधनों में अनुसूची का महत्वपूर्ण स्थान है। यह सामाजिक व्यवहार के संबंध में सामग्री एकत्रित करने की महत्वपूर्ण प्रविधि है। साक्षात्कार को वैज्ञानिकता प्रदान करने और उनसे गहरी जानकारी संगृहीत करवाने में यह प्रणाली बहुत सफल रही है। इसमें समस्या के सन्दर्भ में, उसकी प्रकृति और व्यापकता का यथोचित मूल्यांकन करके, प्रश्नों को तैयार किया जाता है, जिससे समस्या के संबंध में पूर्ण जानकारी प्राप्त हो सके। समकालीन सामाजिक शोधों में अनुसूची का प्रयोग अत्यन्त व्यापक है और दिन–प्रतिदिन बढ़ता जा रहा है। जहां प्रश्नावली सूचनादाता स्वयं भरता है, वहां अनुसूची प्रणाली में प्रश्नों का उत्तर सूचनादाता के साथ प्रत्यक्ष साक्षात्कार एवं अवलोकन करके, शोधकर्ता स्वयं भरता है प्रश्नावली से दूर रह कर किसी समस्या का गहन अध्ययन किया जा सकता। प्रत्यक्ष अवलोकन एवं सूचना देने में आने वाली कठिनाइयों के निराकरण हेतु अनुसूची की उपयोगिता में आज वृद्धि हुई है। अनुसूची एवं प्रश्नावली दोनों का प्रयोग सामग्री एकत्रित करने के लिए किया जाता है; परन्तु अनुसूची ऐसे ढंग से विकसित हुई है, जिसके अनुसार शोधकर्ता स्वयं क्षेत्र में उपस्थित होकर तथ्यों का एकत्रीकरण करता है। यह यथार्थ सामग्री संकलन की उपयोगी पद्धति है।

गुडे एवं हाट ने अनुसूची की परिभाषा करते हुए लिखा है, 'अनुसूची एक नाम है जो साधारण प्रश्नों के एक समूह के लिए लागू होती है। जो एक साक्षात्कारकर्ता द्वारा दूसरे व्यक्ति के आमने–सामने की स्थिति में पूछे एवं भरे जाते हैं।'[1]

बोगाडर्स ने भी इस संबंध में लिखा है, 'अनुसूची तथ्यों को प्राप्त करने के लिए एक औपचारिक प्रणाली का प्रतिनिधित्व करती है, जो कर्मविषयक स्वरूप में है और आसानी से प्रत्यक्ष अनुभव योग्य है। अनुसूची स्वयं अनुसंधानकर्ता द्वारा भरी जाती है।'[2]

इसी प्रकार थॉमस कार्जन मेककोर्मिक ने कहा है, 'अनुसूची प्रश्नों की एक सूची से अधिक कुछ नहीं है, जिसका उपकल्पनाओं की जांच के लिए उत्तर देना अनिवार्य दिखाई देता है।'[3]

लुण्डबर्ग ने इसकी ओर संकेत करते हुए लिखा है, 'अनुसूची एक समय में एक तत्व को अलग करने और इस प्रकार हमारे निरीक्षण में गहराई लाने की एक विधि है।'[4]

उपर्युक्त विवेचना से स्पष्ट है कि अनुसूची विधि में साक्षात्कारकर्ता का विशेष महत्व होता है। उसकी सफलता साक्षात्कारकर्ता पर निर्भर करती है, न कि उसकी आकर्षकता पर। इसलिए अनुसूची को आकर्षक बनाने की चेष्टा नहीं की जाती। यह एक औपचारिक प्रलेख मात्र होती हैं इसके विषय में मोजर ने लिखा है, 'चूंकि यह साक्षात्कारकर्ताओं द्वारा प्रयोग की जाती है, इसलिए यह अत्यधिक औपचारिक प्रलेख हो सकती है, जिसमें उद्देश्य पूर्ति के लिए आकर्षकता नहीं, बल्कि कुशल क्षेत्र संचालन ही मुख्य विचार है,[5] इस प्रकार सामाजिक अनुसंधान में इसकी उपयोगिता बहुत अधिक है। क्योंकि यह एक ऐसी पद्धति है, जिसके द्वारा शोधकर्ता की अवलोकन शक्ति में अधिकाधिक वृद्धि होती है। इन परिभाषाओं की विवेचना से अनुसूची की निम्नलिखित विशेषताएं स्पष्ट होती हैं।

1. साक्षात्कार अनुसूची में अनुसंधान समस्या, उसके भिन्न-भिन्न पक्षों, तथा पूछे जाने वाले प्रश्नों को पहले से निश्चित किया जा सकता है।
2. अनुसूची में अनुसंधानकर्ता प्रपत्र से पढ़कर स्वयं उत्तरदाताओं से पूछता है।
3. अनुसंधानकर्ता स्वयं ही प्रपत्र में उत्तरदाताओं से प्राप्त उत्तर भरता है।
4. अनुसूची में अनुसंधानकर्ता तथा उत्तरदाता दोनों ही सक्रिय होते हैं।
5. अनुसूची तथ्यों, घटनाओं के निरीक्षण में सहायता करती है।

अनुसूची के उद्देश्य (Aims of Schedule)

1. अनुसूची का प्रथम उद्देश्य अवलोकन तथा साक्षात्कार के लिए प्रमाणित साधन प्रस्तुत करना होता है, जिससे अनुसंधान में वैषयिकता को उत्पन्न किया जा सके तथा विश्वसनीयता लाई जा सके।
2. अनुसूची का उद्देश्य द्वितीय उत्तरदाताओं से सूचना संकलन की प्रक्रिया को क्रमबद्ध तथा पूर्ण बनाना है। अनुसूची अपनी स्मरणशक्ति पर अनावश्यक रूप में भरोसा करने के जोखिम से अनुसंधानकर्ता को बचाती है।
3. अनुसूची का एक अन्य उद्देश्य सारिणीकरण तथा विवेचन के कार्य को सरल बनाना होता है।
4. अनुसूची जहां एक ओर किसी आवश्यक सामग्री को छूटने नहीं देती, वहीं दूसरी ओर अनावश्यक तथ्यों को भी अध्ययन में सम्मिलित होने का अवसर नहीं देती।

अनुसूची के प्रकार (Types of Schedule)

अनुसूचियों को विद्वानों ने विभिन्न दृष्टिकोणों से वर्गीकृत किया है। लुण्डबर्ग ने अनुसूचियों को तीन भागों में बांटा है, जबकि पी.वी. यंग ने अनुसूचियों के चार प्रकार बताए हैं। अतः आवश्यक है कि इसके वर्गीकरण की विवेचना कर ली जाए।

लुण्डबर्ग के वर्गीकरण के अनुसार अनुसूची के निम्नलिखित तीन प्रकार होते हैं–

1. यथार्थ तथ्यों को लेखबद्ध करने से संबंधित अनुसूचियां (Schedules relating to the recording of effective facts)
   (अ) शोधकर्ता के प्रत्यक्ष अवलोकन द्वारा (From the direct observation of the investigator)।

(ब) लोगों के साक्षात्कार द्वारा जिसके पास वांछित तथ्य उपलब्ध हैं (From interviews with people who possess the desired facts)।

(स) प्रश्नावलियों द्वारा जो बिना एक अनुसंधानकर्ता के व्यक्तिगत साक्षात्कार के लोगों द्वारा भरी जाती है (From questionnairs filled out by people without personal interview by an investigator)।

2. धारणाओं एवं विचारों को निर्धारित करने एवं मापने से संबंधित अनुसूची (Schedule relating to the determination and measurement or attitude and opinion)।
3. सामाजिक संगठनों एवं संस्थाओं के क्रिया संचालन एवं स्थिति के अंकन से संबंधित अनुसूची (Schedule relating to the scoring of the status and functions of social organizations and institutions)।

उपर्युक्त वर्गीकरण के संबंध में लुण्डबर्ग ने लिखा है कि यह वर्गीकरण पूर्णतया अपवर्जी नहीं है। क्योंकि कई अनुसूचियां ऐसी हैं जो दो या दो से अधिक वर्गों में आ सकती हैं।

पी.वी. यंग ने अनुसूची के निम्न प्रकार बनाए हैं। इनके अनुसार यह वर्गीकरण अपवर्जी नहीं है।

1. अवलोकन अनुसूची (Observation Schedule)।
2. मान निर्धारण अनुसूची (RatingSchedule)।
3. संस्था सर्वेक्षण अनुसूची (Institution Survey Schedule)।
4. साक्षात्कार अनुसूची (Interview Schedule)।

इसके अतिरिक्त कुछ विद्वानों ने अनुसूचियों का वर्गीकरण निम्नलिखित प्रकार से भी किया है–

1. **निरीक्षण अनुसूची (Observation Schedule)**–इन अनुसूचियों का प्रयोग उस समय किया जाता है, जब अनुसंधान निरीक्षण प्रणाली द्वारा किया जाता है। यह प्राय: सारिणी के रूप में होते हैं। निरीक्षणकर्ता अनुसूची को अपने पास रखता है तथा अनुसंधान की जाने वाली सामाजिक घटना को देखकर अनुसूची में लिखी हुई सूचना भरता जाता है।

2. **मूल्यांकन अनुसूची (Rating Schedule)**–इसका उपयोग सामाजिक तथा मनोवैज्ञानिक अनुसंधान तथा पेशों से संबंधित परामर्श के लिए किया जाता है। इसका उपयोग उस समय भी किया जाता है, जब उत्तरदाता की प्रवृत्ति, राय, पसन्द आदि की सांख्यिकीय माप करनी होती है। इस प्रकार की अनुसूची के उत्तरों का क्रमिक महत्व संख्या द्वारा प्रकट किया जाता है कि कोई व्यक्ति किसी घटना अथवा वस्तु के कितने पक्ष या विपक्ष में है।

3. **प्रलेखीय अनुसूची (Documentary Schedule)**–इस प्रकार की अनुसूची का प्रयोग लिखित प्रलेखों जैसे आत्मकथा, डायरी, सरकारी अथवा गैर-सरकारी कागजात तथा अन्य लिखित स्रोतों से सूचना एकत्र करने में किया जाता है। इस प्रकार की अनुसूचियों का उपयोग सामग्री की इकाइयों के संबंध में प्रारम्भिक सूचना प्राप्त करने के लिए भी किया जाता है।

4. **साक्षात्कार अनुसूची (Interview Schedule)**–साक्षात्कार को व्यवस्थित तथा क्रमबद्ध रूप में संचालित करने के लिए इस प्रकार की अनुसूची का प्रयोग किया जाता है। इस प्रकार की अनुसूची में निश्चित प्रश्न अथवा खाली सारिणी दी जाती है, जिन्हें साक्षात्कारकर्ता उत्तरदाता से पूछकर भरता है।

5. **संस्था सर्वेक्षण अनुसूची (Institution Survey Schedule)**–इस प्रकार की अनुसूची द्वारा किसी संस्था से संबंधित समस्याओं का मूल्यांकन किया जाता है।

एक श्रेष्ठ अनुसूची की विशेषताएं (Characteristics of a Good Schedule)

पी.वी. यंग के अनुसार एक उत्तम अनुसूची के दो प्रधान लक्षण हैं–

1. सही संदेशवाहन तथा
2. सही उत्तर।

1. **सही सन्देशवाहन** (Accurate Communication)–उत्तम अनुसूची की पहली शर्त यह है कि उसके प्रश्नों की भाषा ऐसी हो कि उसमें सन्निहित भाव स्पष्ट रूप से व्यक्त हो सकें तथा पढ़ने वाला उसी रूप में समझे जो अनुसंधानकर्ता का उद्देश्य है। यदि उसकी भाषा जटिल, बहुअर्थक तथा अस्पष्ट है तो संभव है कि पढ़ने वाला उसका कुछ और ही अर्थ लगाए ऐसी स्थिति में प्रदत्त सूचना कभी भी विश्वसनीय नहीं मानी जा सकती।

2. **सही उत्तर** (Accurate Response)–एक उत्तम अनुसूची की यह भी पहचान है कि अनुसूची इस प्रकार की हो कि सूचनादाता वही उत्तर दे जो अनुसंधानकर्ता के लिए उपयोगी तथा आवश्यक है। सही सन्देशवाहन के लिए निम्नलिखित उपाय किए जा सकते हैं।

1. प्रश्न स्पष्ट, सरल, भ्रमरहित तथा समझने योग्य हों।
2. उचित विशिष्ट प्रकार के प्रश्न पूछे जाएं, जिनका उत्तर देने में उत्तरदाता को संकोच या झिझक न हो।
3. उपयोगी व प्रचलित प्रश्न पूछे जाएं।
4. जो प्रश्न पूछे जाएं वे अनुसंधान के लिए उपर्युक्त तथा पर्याप्त होने चाहिए ताकि उसके आधार पर वैध निष्कर्ष निकाले जा सकें।
5. प्राप्त सूचना न केवल वैध होनी चाहिए वरन् ऐसी भी होनी चाहिए जिनका सारिणीकरण अथवा सांख्यिकीय विवेचन किया जा सके।

अनुसूची के निर्माण की प्रक्रिया (Process of Schedule Formation)

अनुसूची निर्माण में पहला कार्य अनुसंधानकर्ता के द्वारा समस्या की प्रकृति का पूरा-पूरा ज्ञान करना है। समस्या की विस्तृत जानकारी के पश्चात् ही अनुसंधानकर्ता समस्या को विभिन्न पहलुओं में विभाजित कर प्रश्नों का निर्माण कर सकता है।

अनुसूची निर्माण में दूसरा चरण इस बात का निश्चय करना है कि प्रत्येक पहलू के संबंध में कौन-सी सूचना प्राप्त करना आवश्यक है, जिससे वैध निष्कर्ष निकाले जा सकें। इसके लिए प्रत्येक पहलू को फिर से अनेक उपविभागों में बांटना पड़ेगा।

तीसरा चरण प्रश्नों का निर्माण है। यह भाग प्रश्नों की भाषा तथा वाक्यों की बनावट अथवा सारिणी के निर्माण से संबंधित है। भाषा सरल, सुस्पष्ट तथा भ्रमरहित होनी चाहिए।

अनुसूची निर्माण प्रक्रिया में चौथा चरण प्रश्नों को क्रमबद्ध रूप में व्यवस्थित करना है; क्योंकि प्रश्नों का क्रम भी उत्तरों को पर्याप्त सीमा तक प्रभावित करता है।

अन्तिम चरण अनुसूची की वैधता की जांच है। वैध अनुसूची वह है, जब प्रश्नों के उत्तर बिना किसी बनावट के स्वच्छन्द रूप में दिए जाएं। अनुसूची की वैधता हेतु अनुसंधानकर्ता को अनुसूची बनाने के पश्चात् थोड़े व्यक्तियों का सैंपल लेकर उसमें प्रयोग कर लेना चाहिए तथा यदि किसी प्रकार की कमी व त्रुटि ज्ञात हो तो उसे तुरन्त सुधार लेना चाहिए। इस प्रकार का सुधार कुछ प्रश्नों को बिल्कुल हटाकर या उसकी भाषा बदलकर, उनके क्रम में परिवर्तन करके अथवा नए प्रश्नों को जोड़कर किया जा सकता है।

अनुसूची का स्वरूप (Form of Schedule)

अनुसूची का आकर्षक स्वरूप उत्तरों को पर्याप्त सीमा तक प्रभावित करता है। अनुसूची का आकर्षक स्वरूप इसकी रचना पर निर्भर है। इस संबंध में निम्नलिखित बातें विचारणीय हैं–

1. **अनुसूची का कागज** (Paper of Schedule)–अनुसूची में प्रयुक्त होने वाला कागज अच्छी किस्म का व टिकाऊ होना चाहिए। कागज का एक ही ओर प्रयोग करना चाहिए।

2. **अनुसूची का आकार** (Size of Schedule)–अनुसूची का प्राय: छोटा आकार अधिक उपयुक्त होता है। सबसे अधिक प्रचलित साइज साढ़े 8×11 इंच की होती है।

3. **हाशिया तथा जगह छोड़ना** (Leaving Margin and Space)–अनुसूची को आकर्षक बनाने तथा कुछ संबंधित टिप्पणी लिखने हेतु, अनुसूची के बाईं ओर कम से कम 218 इंच तथा दाहिनी ओर 116 इंच का हाशिया छोड़ देना चाहिए। एक प्रश्न तथा दूसरे प्रश्न के बीच पर्याप्त स्थान छूटा होना चाहिए। यदि प्रश्न का उत्तर देने के लिए स्थान छोड़ा जाए तो इतना पर्याप्त होना चाहिए कि उत्तर ठीक-ठीक लिखा जा सके।

4. **छपाई** (Printing)–यदि बहुत थोड़ी संख्या में प्रतियों की आवश्यकता हो तो अनुसूची को टाइप किया जा सकता है। जहां तक हो सके अनुसूची छपी होनी चाहिए। धनाभाव के कारण साफ-साफ साइक्लोस्टाइल भी किया जा सकता है।

5. **चित्रों का प्रयोग** (Use of Pictures)–कभी-कभी प्रश्नों के साथ-साथ चित्रों का भी उपयोग किया जा सकता है। चित्रों से न केवल अनुसूची आकर्षक बन जाती है वरन् उत्तरदाता के मन पर संबंधित विषय की ठीक-ठीक छाप पड़ती है।

अनुसूची की अन्तर्वस्तु (Content of Schedule)

अनुसूची में लिए गए विषयों को निम्नलिखित तीन भागों में बांटा जा सकता है–

1. प्रारम्भिक भाग।
2. मुख्य अनुसूची।
3. साक्षात्कारकर्ताओं अथवा निरीक्षकों को निर्देश।

1. **प्रारम्भिक भाग** (Introductory Part)–अनुसूची के प्रारम्भिक भाग, जिसमें अनुसंधान तथा उत्तरदाता से संबंधित सूचना मांगी जाती है, इसमें निम्नलिखित प्रकार की सूचनाएं रहती हैं–

(क) सर्वेक्षण का नाम तथा सर्वेक्षण करने वाली संस्था का नाम।
(ख) क्रम संख्या।
(ग) उत्तरदाता से संबंधित सूचना तथा उसका नाम, पता, लिंग, आयु, पेशे तथा शिक्षा इत्यादि।
(घ) साक्षात्कार का स्थान।
(ङ) साक्षात्कार की तारीख तथा समय।

2. **मुख्य अनुसूची** (Main Schedule)–प्रारम्भिक भाग के पश्चात् मुख्य अनुसूची आती है, जिसमें प्रश्न तथा सारिणी दोनों ही हो सकते हैं। प्रश्न अनिर्दिष्ट, निर्दिष्ट, द्वन्द्वात्मक, वैकल्पिक, निर्देशक, श्रेणीबद्ध कोई भी हो सकता है। प्रश्न थोड़े, सूक्ष्म, स्पष्ट शब्दों में वर्णित तथा उत्तर देने में सहज और सरल होने चाहिए। प्रश्न अनुसंधान विषय से संबंधित, वैषयिक तथा क्रमबद्ध रूप में होने चाहिए।

3. **साक्षात्कारकर्ताओं को निर्देश** (Instructions for Investigators)–अनुसूची में साक्षात्कारकर्ताओं के लिए विस्तृत निर्देश दिए जाते हैं। कार्यकर्ताओं को दिए गए निर्देश अत्यन्त स्पष्ट तथा विस्तृत होने चाहिए। उसमें विभिन्न इकाइयों तथा विशिष्ट शब्दों का अर्थ, अनुसूची भरने के नियम तथा साक्षात्कार करने की विधि का स्पष्ट रूप से वर्णन होना चाहिए।

अनुसूची प्रश्नों की रचना (Formation of Schedule Questions)

अनुसूची की शब्दावली के बारे में आज जो साहित्य हमें मिलता है, उनके प्रश्नों की समुचित शब्दावली के लाभों का विस्तृत वर्णन है। लेकिन इनके संबंध में कोई सामान्य सिद्धान्त नहीं थे। सामाजिक अनुसंधान में सामान्य महत्व रखने वाली शब्दावली के संबंध में शोधकर्ताओं को निम्नलिखित बातों पर विशेष ध्यान देना चाहिए–

1. प्रश्न विशिष्ट होने चाहिए, जिससे प्रत्येक व्यक्ति उनका समान अर्थ समझे। प्रश्न को सुनकर सूचनादाताओं के मस्तिष्क में केवल एक ही प्रकार के विचार उठने चाहिए।
2. प्रश्नों की भाषा सरल होनी चाहिए। इसके लिए सरलतम शब्दों का प्रयोग किया जाना चाहिए, ताकि साधारण बुद्धि वाला व्यक्ति भी उसके प्रश्नों को समझ सके।
3. उत्तर संक्षिप्त होने चाहिए। अनुसूची में प्रश्न ऐसे हों कि उसके उत्तर संक्षिप्त रूप में प्राप्त हो सकें।
4. प्रश्न पूर्णतया अपवर्जी होने चाहिए। अनुसूची के प्रश्नों का निर्माण करते समय यह ध्यान रखना चाहिए कि प्रश्न अपवर्जी हों और जिनके वर्ग में आने वाले उत्तर दूसरे वर्ग के उत्तरों से आंशिक रूप से समान हों।
5. संदेहपूर्ण प्रश्नों से बचना चाहिए।
6. अनिर्दिष्ट प्रश्न नहीं पूछने चाहिए।
7. पथप्रदर्शक प्रश्नों से बचना चाहिए।
8. इकाइयों एवं शब्दों को स्पष्ट रूप से परिभाषित कर देना चाहिए।
9. ऐसे प्रश्न नहीं पूछने चाहिए जो उत्तरदाताओं के गुप्त सूचना मांगने की बात प्रकट करते हो।
10. विरोधी भावना उत्पन्न करने वाले प्रश्न नहीं पूछने चाहिए।
11. अनुमानित प्रश्न नहीं पूछने चाहिए, जिससे उससे उत्तरदाता के बारे में पहले ही किसी चीज का अनुमान लगाया जा सके।
12. प्रश्नों में वैषयिकता होनी चाहिए।
13. उपकल्पनात्मक प्रश्नों से बचना चाहिए।
14. वैयक्तिक प्रश्नों से बचना चाहिए।
15. अनुसूची में ऐसे प्रश्नों का भी समावेश होना चाहिए, जिसके उत्तर एक-दूसरे की पुष्टि करते हों।

अनुसूची की उपयोगिता (Utility of Schedule)

अनुसूचियों द्वारा अनुसंधान के निम्नलिखित लाभ होते हैं–

1. अनुसूची के प्रयोग से अध्ययन विषय से संबंधित ठोस एवं यथार्थ सूचनाएं एकत्र की जा सकती हैं क्योंकि इसमें अनुसंधानकर्ता सूचना को एकत्रित करने के साथ-साथ वास्तविक निरीक्षण भी करता जाता है।

2. दूसरा प्रमुख लाभ यह है कि इसके द्वारा प्रश्नों का स्पष्ट एवं वास्तविक उत्तर प्राप्त हो जाता है।
3. कार्यकर्ता व्यक्तिगत रूप से इस प्रणाली में उपस्थित रहता है तथा उत्तरदाता के मन में आने वाले किसी भी भ्रम अथवा संदेह का निराकरण कर सकता है।
4. अनुसूची प्रणाली के अन्तर्गत अनुसंधानकर्ता उत्तरदाताओं पर अपने व्यक्तित्व का पूरा प्रभाव डाल सकता है। वह इस प्रकार का वातावरण उपस्थित कर सकता है कि वास्तविकता को छिपाना उत्तरदाता के लिए कठिन हो जाए।
5. अनुसूची के उपयोग द्वारा अवलोकनकर्ता की निरीक्षण शक्ति में अत्यधिक वृद्धि होती है।
6. अनुसूची के प्रयोग से तथ्य संकलन की प्रक्रिया संक्षिप्त हो जाती है।
7. प्रश्नों की अनुसूची पहले से ही बनी रहने के कारण तथा लिखित होने के कारण कोई भी आवश्यक सूचना छूट जाने का भय नहीं रहता।
8. अनुसूची प्रणाली में मानवीय तथ्य आरम्भ से अन्त तक छाया हुआ होता है, जिसके कारण सूचना एकत्रित करने की प्रक्रिया अधिक सरस, रोचक तथा आकर्षक हो जाती है।
9. साक्षात्कार अनुसूची द्वारा अशिक्षित उत्तरदाताओं से भली प्रकार तथ्य प्राप्त किए जा सकते हैं।
10. साक्षात्कार अनुसूची द्वारा प्रश्नों के भावों को नियंत्रित किया जा सकता है।
11. साक्षात्कार अनुसूची का महत्वपूर्ण लाभ यह है कि इस प्रणाली द्वारा लोगों से मिलने वाले उत्तरों का प्रतिशत अधिक रहता है।
12. इस प्रणाली द्वारा उत्तरदाता से व्यक्तिगत सम्पर्क कायम हो सकता है। इस प्रकार साक्षात्कारकर्ता को उसके चरित्र, रहन-सहन की दशा तथा जीवन की अन्य परिस्थितियों का यथार्थ ज्ञान हो सकता है। साक्षात्कार यदि उचित रीति से किया जाए तो इच्छित सूचना के अतिरिक्त अन्य बहुत-सी बहुमूल्य सूचनाएं प्राप्त हो सकती हैं तथा वह भविष्य के अनुसंधान के लिए आधार बन सकती है।

अनुसूची की सीमाएं (Limitations of Schedule)

उपर्युक्त उपयोगिताओं के बावजूद अनुसूची प्रणाली की निम्नलिखित सीमाएं हैं–

1. अनुसूची को बनाते समय सबसे बड़ी समस्या यह होती है कि विषय में सार्वभौमिक प्रश्नों को किस प्रकार रखा जाए या उसका निर्माण किया जाए, जिनका सभी उत्तरदाता एक ही अर्थ लगाकर उत्तर दें।
2. अनुसूची द्वारा बहुत विशाल क्षेत्र का अध्ययन नहीं किया जा सकता क्योंकि इसमें सूचना एकत्रित करने के लिए उसे सूचनादाता के पास व्यक्तिगत रूप से जाना पड़ता है।
3. अनुसूची प्रणाली अत्यधिक महंगी होती है क्योंकि साक्षात्कार की व्यवस्था करने, सूचना एकत्रित करने, कार्यकर्ताओं को रखने तथा उन्हें प्रशिक्षित करने में काफी धन व्यय करना पड़ता है।
4. साक्षात्कार अनुसूची द्वारा तथ्यों के एकत्रीकरण करने में उत्तरदाताओं से समय लेने में अधिक कठिनाई आ सकती है।
5. साक्षात्कार अनुसूची में अनुसंधानकर्ता के व्यक्तित्व का उत्तरदाताओं के उत्तरों पर प्रभाव पड़ता है।

6. साक्षात्कार अनुसूची द्वारा तथ्यों के एकत्रीकरण करने में प्रश्नावली की अपेक्षा अधिक समय लगता है।
7. साक्षात्कार अनुसूची द्वारा तथ्यों के एकत्रीकरण में उत्तरदाताओं के व्यक्तित्व का भी अनुसंधानकर्ता पर प्रभाव पड़ता है।
8. उपर्युक्त प्रतिनिधित्वपूर्ण उत्तरदाताओं का निदर्शन (sample) चुनना कठिन है।
9. प्रश्नकर्ता एवं उत्तरदाता में असहमति की सम्भावना रहती है।

प्रश्नावली तथा अनुसूची में अन्तर (Difference between Questionnaire and Schedule)

प्रश्नावली तथा अनुसूची दोनों ही प्रणाली अध्ययन विषय से संबंधित प्राथमिक तथ्यों को एकत्र करने के उद्देश्य से पूछे गए प्रश्नों की एक सूची होती है। इस अर्थ में दोनों ही किसी समस्या या अध्ययन विषय से संबंधित प्रश्नों की एक व्यवस्थित तथा सुनिश्चित सूची होती है और दोनों का ही उद्देश्य प्राथमिक तथ्यों को एकत्रित करना होता है। इसके अतिरिक्त प्रश्नों के निर्माण में किन प्रश्नों से बचना चाहिए आदि विषयों से संबंधित सिद्धान्त अनुसूची व प्रश्नावली दोनों में ही समान होते हैं। इन समानताओं के बावजूद दोनों में निम्नलिखित आधारभूत भिन्नताएं हैं–

1. अनुसूची में प्रश्नों के उत्तर लिखने का कार्य स्वयं अनुसंधानकर्ता को करना पड़ता है, इसके विपरीत प्रश्नावली में उत्तर लिखने का काम स्वयं सूचनादाता ही करता है।
2. अनुसूची प्रणाली में सूचना प्राप्त करने के लिए स्वयं अनुसंधानकर्ता को सूचनादाता से साक्षात्कार करके सम्पर्क स्थापित करना पड़ता है, जबकि प्रश्नावली को डाक द्वारा सूचनादाता के पास भेज दिया जाता है।
3. साक्षात्कार अनुसूची में प्रश्नों को समझने के लिए सूचनादाता आवश्यकतानुसार अनुसंधानकर्ता की सहायता ले सकता है; किन्तु प्रश्नावली के प्रश्नों का उत्तर देते समय सूचनादाता को इस प्रकार की कोई सहायता नहीं मिल सकती।
4. अनुसूची का प्रयोग केवल सीमित क्षेत्र में सूचना प्राप्त करने के लिए किया जा सकता है क्योंकि इसमें सूचनादाताओं से व्यक्तिगत सम्पर्क स्थापित करने की आवश्यकता पड़ती है, इसके विपरीत प्रश्नावली का प्रयोग अत्यन्त विस्तृत क्षेत्र में बिखरे हुए सूचनादाताओं से भी सूचना प्राप्त करने के लिए किया जा सकता है।
5. अनुसूची की सहायता से प्रत्येक सांस्कृतिक तथा शैक्षणिक स्तर के लोगों से सूचना प्राप्त की जा सकती है क्योंकि इसमें स्वयं अनुसंधानकर्ता सूचनादाता को प्रश्न समझाकर उनसे उत्तर प्राप्त कर सकता है, किन्तु प्रश्नावली द्वारा केवल शिक्षित लोगों से ही सूचना प्राप्त की जा सकती है।
6. अनुसूची में सूचनादाता स्वतंत्र होकर यथार्थ एवं सही उत्तर नहीं प्रदान कर पाता; क्योंकि उसके समक्ष अनुसंधानकर्ता उपस्थित रहता है पर प्रश्नावली भरते समय अनुसंधानकर्ता के अनुपस्थित रहने के कारण सूचनादाता निःसंकोच होकर अपनी इच्छानुसार उत्तर देता है।
7. अनुसूची में प्रतिनिधिपूर्ण निदर्शन का चुनाव करने में कोई कठिनाई नहीं होती है क्योंकि निदर्शन के अन्तर्गत शिक्षित, अशिक्षित सभी प्रकार के लोगों को सम्मिलित किया जा सकता है। इसके विपरीत प्रश्नावली में केवल शिक्षित लोगों से ही सूचना प्राप्त करने के कारण प्रतिनिधित्वपूर्ण निदर्शन का चुनाव एक समस्या बन जाती है।

8. अनुसूची में प्रत्युत्तर की सम्भावना अधिक रहती है क्योंकि अनुसंधानकर्ता अपनी व्यक्तिगत उपस्थिति, बातचीत, अनुरोध आदि द्वारा सूचनादाता को उत्तर देने के लिए प्रेरित कर सकता है। किन्तु प्रश्नावली में प्रत्युत्तर की सम्भावना कम रहती है।
9. अनुसूची सूचना प्राप्ति का एक महंगा और अधिक समय लेने वाला साधन है क्योंकि इसमें व्यक्तिगत सम्पर्क स्थापित करने का प्रश्न आता है, जबकि प्रश्नावली तुलनात्मक रूप से कम खर्चीला व सरल साधन है।
10. अनुसूची का प्रयोग करते समय साथ में निरीक्षण भी हो सकता है, जबकि प्रश्नावली के प्रयोग में निरीक्षण का कोई अवसर नहीं रहता।
11. अनुसूची द्वारा गहन सूचना प्राप्त हो जाती है, जबकि प्रश्नावली द्वारा गहन सूचना प्राप्त करना कठिन होता है।
12. अनुसूची की रचना करते समय किसी प्रकार के फुटनोट देने की आवश्यकता नहीं पड़ती क्योंकि इसमें अनुसंधानकर्ता स्वयं उपस्थित रहता है और उत्तरदाताओं की किसी शंका का समाधान स्वयं कर सकता है। किन्तु प्रश्नावली के अन्तर्गत फुटनोट देने की आवश्यकता पड़ती है।
13. अनुसूची प्रणाली में अनुसंधानकर्ता व उत्तरदाता दोनों में प्राथमिक, अनौपचारिक व आमने सामने का संबंध होता है, जबकि प्रश्नावली विधि के अन्तर्गत अनुसंधानकर्ता व उत्तरदाता के बीच द्वैतीयक तथा औपचारिक संबंध होता है।

प्रश्नावली की तरह अनुसूची की विश्वसनीयता एवं प्रामाणिकता की परीक्षा करना भी अत्यन्त आवश्यक है। तभी इसके द्वारा प्राप्त परिणामों में यथार्थता आ सकेगी। यहां यह बता देना आवश्यक है कि इसकी प्रामाणिकता की परीक्षा उसी प्रकार से होती है जिस प्रकार से प्रश्नावली की। फिर भी शोधकर्ता के लिए प्रियगणकों का चुनाव और प्रियगणकों को प्रशिक्षित करना चाहिए। इसके अतिरिक्त अनुसूची भरने में आने वाले दोषों को ध्यान में रखते हुए क्षेत्रीय कार्यकर्ताओं को प्रश्नों की परिभाषा और शब्दों को ठीक से समझ लेना चाहिए। जिससे कार्य करने में शोधकर्ता को कठिनाई न हो। कभी-कभी अनुसूचियों के प्रयोगों से विभ्रम प्रवेश हो जाते हैं, जिससे बचने की अत्यन्त आवश्यकता है। इन विभ्रमों के साक्षात्कारकर्ता की अभिमति, संरक्षकों की अभिमति, अनुसूचियों के स्वरूप की अपूर्णताएं, स्थितियों एवं घटनाओं की अपूर्ण व्याख्या प्रत्युत्तर आदि भी हो सकते हैं। इन सभी बातों के प्रति शोधकर्ता को विशेष सतर्क रहना चाहिए। इन सीमाओं के होते हुए भी अनुसूची विधि सामाजिक अनुसंधान की महत्त्वपूर्ण विधि मानी जाती है।

Notes

1. Goode William J. and Hatt Paul K., *Methods in Social Research*, McGraw Hill Book Co., New York, 1952, p. 133.
2. E.S. Bagardus, *Introduction to Social Research*, Suttonhouse, Los Angeles, 1936, p. 45.
3. Thomas Carson Mc. Cormick, *Elementry Social Statistics*, McGraw Hill Book Company, New York, p. 37.
4. G.A. Lundberg (with Otto N. Larson and Clarence C. Schrag), *Sociology*, Harper & Row, New York, 1958, p. 78.
5. C.A. Moser, *Survey Method in Social Investigation*, Macmillan Company, New York, 1958, p. 213.

17

अन्तर्वस्तु विश्लेषण
Content Analysis

सामाजिक घटनाओं की प्रकृति भौतिक घटनाओं की प्रकृति से भिन्न होती है, क्योंकि भौतिक घटनाएं गणनात्मक होती हैं जबकि सामाजिक घटनाएं स्वभाव से ही अमूर्त एवं गुणात्मक होती हैं। इसी कारण से सामाजिक विज्ञानों में निष्कर्ष एवं सामान्यीकरण सरलता से प्राप्त नहीं हो पाते। अन्तर्वस्तु विश्लेषण पद्धति एक महत्वपूर्ण पद्धति मानी जाती है। इसके द्वारा गुणात्मक तथ्यों को वैज्ञानिक एवं वस्तुनिष्ठ तथ्यों में बदला जाता है। उसे वर्गीकृत करना परम आवश्यक होता है। कुछ शोधकर्ता तथ्यों को उचित श्रेणियों के अधीन वर्गीकृत करना ही अन्तर्वस्तु विश्लेषण मानते हैं।

यह पद्धति लगभग 70 वर्षों से सामाजिक घटनाओं के अध्ययन के लिए प्रयोग की जा रही है। सर्वप्रथम इसका प्रयोग मल्कौम बिल्ली ने 1926 में 'अमेरिका के समाचार पत्रों का विश्लेषण' नामक शीर्षक से किया था। इसके बाद 1930 में बुडलैन्ड, हैराल्ड और डीलासेक्ल ने इसी प्रकार का दूसरा अध्ययन 'फॉरेन न्यूज इन अमेरिकन मार्निग न्यूज पेपर' शीर्षक के अन्तर्गत किया था। इस पत्र में समाचार पत्रों की भाषा का विश्लेषण किया गया था और उसके आधार पर कुछ निष्कर्ष निकाले गए थे। इन प्रयोगों को इस पद्धति का प्रारम्भिक प्रयास कहा जा सकता है। इनके शोधकर्ता समाचार पत्रों से ही संबंधित कार्यकर्ता थे। इनको देखकर कुछ साहित्यकारों ने साहित्यिक शैली के अध्ययन में इस पद्धति का प्रयोग किया है, जिसमें रिकर्ट और स्पर्जिनमाइल्स प्रमुख हैं। धीरे-धीरे जनमत के अध्ययनों में भी इस पद्धति का प्रयोग होने लगा। 1930 और 1940 में हेराल्डलेल्वेल व अन्य विद्वानों ने प्रचार व जनमत से संबंधित अध्ययनों में इसका प्रयोग किया। इसके पश्चात् धीरे-धीरे समाजशास्त्र में भी इसका प्रयोग होने लगा। द्वितीय महायुद्ध के पूर्व इसकी लोकप्रियता बढ़ रही थी, परन्तु महायुद्ध के बाद इसका प्रयोग कम होने लगा। समकालीन अध्ययनों में पुनः इस पद्धति का प्रयोग संगीत, शिक्षा, राजनीति आदि क्षेत्रों में होने लगा है।

विभिन्न विद्वानों ने इस पद्धति की परिभाषा अलग-अलग प्रकार से की है, जिसका उल्लेख करना अत्यन्त आवश्यक है। वैपिल्स व बेरिल्सन ने इसकी परिभाषा करते हुए लिखा है कि 'सुव्यवस्थित अंर्तवस्तु विश्लेषण पद्धति सामग्री के विवरणों की अपेक्षा अधिक स्पष्ट व्याख्या करने का प्रयास करती है, जिससे कि पाठकों को प्रदान की जाने वाली प्रेरणाओं की प्रकृति व सापेक्षिक सत्य को वस्तुनिष्ठ रूप में प्रगट किया जा सके।'[1] दूसरे शब्दों में हम कह

सकते हैं कि यह संचार की अभिव्यक्ति अंतर्वस्तु के वस्तुनिष्ठ व्यवस्थित और गणनात्मक वर्णन के लिए अनुसंधान की एक प्रविधि है। इस परिभाषा से स्पष्ट होता है कि यह अन्तर्वस्तु विश्लेषण सामाजिक अनुसंधान की एक महत्त्वपूर्ण पद्धति है। इसके द्वारा सामाजिक घटनाओं के गुणात्मक तथ्यों को वस्तुनिष्ठ तथा व्यवस्थित ढंग से प्रस्तुत किया जाता है। कैपलान ने लिखा है 'अन्तर्वस्तु विश्लेषण पद्धति एक दी गई वार्ता के अर्थों की एक व्यवस्थित एवं परिमाणात्मक रूप से व्याख्या करती है।'[2] इसके अतिरिक्त कैपलान व गोल्डसन ने लिखा है कि 'इस पद्धति का उद्देश्य एक दी गई सामग्री का एकमात्र वर्गीकरण उस सामग्री से संबंधित उपकल्पनाओं से संबंधित तथ्य प्राप्त करना है।'[3] बैरिल्सन ने इस पद्धति की विवेचना करते हुए लिखा है कि अन्तर्वस्तु विश्लेषण संचार के प्रकार विश्लेषण के उद्देश्यात्मक व्यवस्थित और गुणात्मक विवरण हेतु अनुसंधान की एक प्रविधि है।[4] उपरोक्त परिभाषाओं से यह स्पष्ट होता है कि अन्तर्वस्तु विश्लेषण प्रविधि के द्वारा सामाजिक घटनाओं का व्यवस्थित एवं परिमाणात्मक अध्ययन किया जाता है। इन परिभाषाओं की विवेचना करने से उसकी निम्नलिखित विशेषताएं प्रगट होती हैं–

1. इसका प्रयोग सामाजिक सामान्यीकरण के लिए किया जाता है।
2. मूलतः यह प्रविधि संचार के प्रभावों से संबंधित होती है।
3. इसमें वैषयिकता या वस्तुनिष्ठता पाई जाती है। अर्थात् इन अध्ययनों से सत्यता और पुनर्सत्यता की जांच की जा सकती है।
4. इसका प्रयोग भाषाओं के समन्वयात्मक और अर्थ-विषयक आयामों में भी होता है।
5. यह प्रविधि व्यवस्थित होती है।
6. ये अध्ययन गणनात्मक होने चाहिए।

इस प्रकार इस प्रविधि की दो अनिवार्यताएं कही जा सकती हैं।

1. दी गई समस्या को सभी सम्बद्ध सामग्रियों को उपयुक्त श्रेणियों में विभाजित किया जाए।
2. विश्लेषण वैज्ञानिक ढंग से किया जाए, जिससे उसका उपयोग विस्तृत रूप से हो सके।

अन्तर्वस्तु विश्लेषण की इकाइयां (Units of Content Analysis)

इस पद्धति में सबसे महत्त्वपूर्ण समस्या होती है–दिए गए सामग्री के अंश के विश्लेषण करने के लिए इकाइयों का चुनाव किस प्रकार किया जाए। इन इकाइयों के कई प्रकार हो सकते हैं, जैसे-शब्द, वाक्य, अनुच्छेद, प्रसंग पात्र और स्थान व समय की माप आदि। इनमें पहली तीन व्याकरण संबंधी इकाइयां हैं और अन्य अव्याकरण संबंधी। इस प्रकार की इकाइयों के दो भेद किए जा सकते हैं–

1. **वर्गीकरण की इकाइयां** (Units of Categorization)–जिनके आधार पर तथ्यों व सामग्रियों का वर्गीकरण किया जा सकता है।

2. **परिगणन की इकाइयां** (Units of Enumeration)–जिनके आधार पर तथ्यों का सारिणीयन व प्रतिवेदन प्रस्तुत किया जा सकता है।

इन इकाइयों में शब्द और वाक्य का महत्त्वपूर्ण स्थान है। शब्द दिए गए भाषण, लेख लिखित सामाग्री आदि में कुछ विशेष शब्दों, प्रमुख सांकेतिक पदों की आवृत्ति कितनी बार हुई है और उनके आधार पर पृथक-पृथक गिनकर निष्कर्ष निकाले जा सकते हैं। वाक्यों और मुहावरों के आधार पर भी किसी विषयवस्तु का विश्लेषण करना उचित हो सकता है। शब्दों के एक समूह को जो कि किसी संचार से परस्पर आबद्ध हैं, वाक्य कहा जा सकता है। उसके

आधार पर ऐसी विषयवस्तु जैसे भाषण, लेख, वार्तालाप आदि का विश्लेषण किया जा सकता है। छोटी कहानियां, नाटक, सिनेमा, रेडियो आदि में पात्रों को सामग्री विश्लेषण की इकाइयां माना जा सकता है।

अन्तर्वस्तु विश्लेषण में सबसे अधिक प्रयोग में लाई जाने वाली इकाई प्रकरण है। विभिन्न सामग्रियों में प्रकरण भी अलग-अलग हो सकते हैं। प्रकरण एक पुस्तक, एक पत्रिका, एक लेख, एक भाषण, एक कहानी आदि का सुझाया गया विचार हो सकता है। इसका प्रयोग अधिकतर अध्ययनों में हो सकता है। कभी-कभी स्तम्भ, पूर्णपेज, रेडियो कार्यक्रम, पंक्ति आदि को अन्तर्वस्तु विश्लेषण की इकाइयां मानकर उनसे संबंधित इकाइयों का अध्ययन किया जा सकता है।

अन्तर्वस्तु विश्लेषण के चरण (Steps of Content Analysis)

अन्तर्वस्तु विश्लेषण के प्रमुख चरणों को निम्नलिखित भागों में बांटा जा सकता है–

1. **विषय से संबंधित तथ्यों का संग्रह** (Collection of Data about the Topic)–आरम्भ करने से पूर्व दी गई समस्या से संबंधित सभी आवश्यक तथ्यों का संग्रह किया जाता है। यदि तथ्यों की संख्या अधिक होती है तो निदर्शन विधि को अपनाया जाता है।

2. **अध्ययन इकाइयों का चुनाव** (Selection of the Units of Study)–प्राप्त सामग्री का भली भांति अध्ययन कर लेने के पश्चात इकाइयों का चुनाव किया जाता है, जिनके आधार पर विश्लेषण किया जा सके।

3. **सारिणियों का निर्माण** (Formation of Tables)–अन्तर्वस्तु विश्लेषण में सारिणी का महत्त्वपूर्ण स्थान होता है। सारिणियों का पहले ही निर्माण कर देने से बाद में कठिनाई नहीं होती। इनसे विश्लेषण के दौरान तथ्यों को अभीष्ट स्थान पर नोट करने में भी कठिनाई नहीं होती। इस प्रकार सारिणियों के प्रयोग से विश्लेषण से संबंधित किसी तथ्य के छूटने की सम्भावना नहीं रहती।

4. **श्रेणियों का निर्माण** (Formation of Categories)–प्रत्येक समस्या के अनेक परिवर्त्य होते हैं और उनके आधार पर अनेक श्रेणियों का निर्माण किया जाता है। श्रेणी इतनी होनी चाहिए कि उनमें तथ्यों को आसानी से रखा जा सके।

5. **श्रेणियों का परीक्षण** (Verification of Categories)–अन्तर्वस्तु विश्लेषण वैषयिक हो सके, इसके लिए श्रेणियों की सत्यता तथा सार्थकता को ध्यान में रखकर श्रेणियों की परीक्षा करनी चाहिए। ऐसा करने के पश्चात ही श्रेणियों को अन्तिम स्वरूप प्रदान किया जाना चाहिए।

6. **अध्ययन की रूपरेखा तैयार करना** (Preparation of the Outline of the Study)–सारिणीयों के तैयार हो जाने के बाद अध्ययन की रूपरेखा तैयार की जाती है। इस रूपरेखा को आवश्यकता के अनुसार संशोधित किया जा सकता है।

7. **श्रेणियों में डाली गई सामग्री की इकाइयों को मापना** (Measurement of the Units Placed in Categories)–इसमें सामग्री की इकाइयों को गिनकर उसका सरल सांख्यिकीय रूपान्तर किया जाता है।

8. **परिभाषाओं को निर्धारित करना** (Deciding the Definitions)–इसमें दो तत्व अत्यन्त महत्वपूर्ण होते हैं–परिवर्त्य और श्रेणियां। इन्हीं पर सम्पूर्ण अनुसंधान आधारित होता है।

अतः इनको स्पष्ट रूप से परिभाषित करना चाहिए। इस प्रकार के पारिभाषिक अध्ययन में वैषयिकता और वैज्ञानिकता का अधिक समावेश किया जा सकता है।

9. **निर्धारित प्रणाली का प्रयोग** (Use of Decided Procedure)–निर्धारित प्रणाली का प्रयोग अध्ययन के पूर्व निर्धारित प्रणाली के आधार पर ही होना चाहिए। यदि कहीं संशोधन की आवश्यकता हो तो बहुत सूझ बूझकर ही करनी चाहिए।

10. **विश्लेषणात्मक उल्लेख** (Analytical Interpretation)–विभिन्न श्रेणियों से प्राप्त सामग्री का समानताओं के आधार पर विश्लेषण करना चाहिए और उन्हीं से निष्कर्ष निकालकर साधारणीकरण करना चाहिए।

11. **प्रतिवेदन का निर्माण** (Preparation of the Report)–प्रतिवेदन में अध्ययन को व्यवस्थित व अंतिम स्वरूप प्राप्त हो जाता है। अतः सहायक ग्रन्थों, सहायक सामग्री तथा उस सामग्री की एक प्रति, जिसका अन्तर्वस्तु विश्लेषण किया गया है। संलग्न पत्रों के रूप प्रतिवेदन के साथ लगाना उपयुक्त है। इसमें ग्राफ, चार्ट आदि की सहायता से प्राप्त निष्कर्षों को दिखाने का यत्न किया जाता है।

अन्तर्वस्तु विश्लेषण का महत्व (Importance of Content Analysis)

सामाजिक अध्ययन की प्रविधियों में इस प्रविधि का महत्वपूर्ण स्थान है। इसका प्रयोग गुणात्मक घटनाओं के अध्ययन के साथ-साथ संचार संबंधी अध्ययनों तथा मनोवैज्ञानिक अध्ययनों में विशेष उपयोगी होता है। इसके महत्व को निम्नलिखित प्रकार से प्रस्तुत किया जा सकता है।

1. **गुणात्मक अध्ययनों को वैषयिकता प्रदान करना** (Giving Objectivity of Qualitative Studies)–इसके द्वारा गुणात्मक अध्ययनों को गणनात्मक और वैज्ञानिक बनाया जाता है। क्योंकि इसके अन्तर्गत गुणात्मक तथ्यों को वर्गीकृत करके, तालिकाओं को प्रतिस्थापित करने योग्य बनाया जाता है।

2. **संचार संबंधी अध्ययनों में महत्व** (Useful in Communication Studies)–संचार की अन्तर्वस्तु की मुख्य प्रवृत्तियों की विवेचना इस प्रविधि द्वारा की जा सकती है। आजकल संचार के साधन पर्याप्त रूप से विकसित हो गए हैं। इसके द्वारा संचार के साधनों के प्रभावों का अध्ययन किया जा सकता है। सामान्य जनता के विचारों, धारणाओं आदि पर संचार के साधनों का विशेष प्रभाव पड़ता है। इनके अध्ययन के लिए इस विधि का अधिक प्रयोग होता है।

3. **प्रचार के साधनों का विकास** (Developing of Means of Propaganda)–इसकी सहायता से प्रचार के अच्छे साधनों का विकास किया जा सकता है।

4. **समूह को मनोवैज्ञानिक स्थिति का निर्धारण** (Deciding the Psychological State of the Group)–गणनात्मक तथ्यों को परिवर्तित करके उनको व्यवस्थित व वैषयिक रूप में प्रस्तुत करने में सहायता प्रदान करता है।

5. **व्यक्तित्व का अध्ययन** (Study of Personality)–व्यक्तित्व के अध्ययन में श्रेणियों एवं वर्गों का निर्माण इसी के द्वारा किया जाता है।

6. **जनमत को जानने का प्रयास** (Effort to Understand Public Opinion)–प्रजातंत्र में जनमत का अत्यन्त महत्व होता है और इस विधि के प्रयोग से जनमत को जानने का प्रयास किया जाता है।

7. **अन्तरराष्ट्रीय तथ्यों का उद्घाटन** **(Exposing International Facts)**—इसकी सहायता से अनेक महत्वपूर्ण अन्तरराष्ट्रीय तथ्यों का उद्घाटन किया जा सकता है।

अंतर्वस्तु विश्लेषण समस्याएं (Problems of Content Analysis)

अन्तर्वस्तु विश्लेषण कोई सरल कार्य नहीं है। इसके अन्तर्गत किसी भी सामाजिक घटना के विश्लेषण में दो समस्याएं आती हैं।

1. **विश्वसनीयता की समस्या (Problem of Validation)**—यह वैज्ञानिक प्रविधि है और वैज्ञानिक अध्ययन की मुख्य विशेषता विश्वसनीयता होती है। इसका विश्लेषण करते समय प्राप्त तथ्यों की विश्वसनीयता की जांच करना बड़ा कठिन होता है। जिन तथ्यों का उल्लेख सर्वेक्षण विज्ञप्ति में किया जाता है, वे कहां तक विश्वसनीय हैं, उनका परीक्षण कर लेना चाहिए। इस समस्या से बचने के लिए शोधकर्ता को विशेष सावधानी बरतनी चाहिए और व्याख्या करते समय उन आधारों का स्पष्ट वर्णन कर देना चाहिए, जिन पर निर्भर होकर तथ्य एकत्र किए गए हैं।

2. **सामान्यीकरण की समस्या (Problem of Generalization)**—सर्वेक्षण द्वारा एक सीमित संख्या में तथ्य एकत्र किए जाते हैं और उन्हीं के आधार पर निष्कर्ष निकालते हैं। अब समस्या यह उठती है कि क्या उन एकत्रित तथ्यों से नियमित परिणाम वास्तव में उस विषय के सामान्य निष्कर्ष हैं। इस समस्या से बचने के लिए कुछ सावधानियां अपनानी आवश्यक हैं-

सबसे पहले यह ध्यान रखना चाहिए कि सूचनादाताओं से प्राप्त समूह अपने वर्ग समूह का पूर्ण प्रतिनिधित्व करते हों। इसके अतिरिक्त जिन दशाओं में सर्वेक्षण किया जाना चाहिए, इससे सामान्यीकरण में सहायता मिलती है।

इसकी सीमाओं और दोषों की व्याख्या करते हुए विद्वानों ने लिखा है कि इसके दो महत्वपूर्ण दोष हैं–

1. क्षेत्र अध्ययन कार्य के लए इस विधि का प्रयोग नहीं किया जा सकता।
2. इस प्रविधि से सामाजिक घटनाओं की केवल संख्यात्मक व्याख्या ही की जा सकती है। गुणात्मक व्याख्या के लिए यह बहुत उपयुक्त नहीं है।

आजकल भारत वर्ष में जो समाजशास्त्रीय अध्ययन हो रहे हैं, उनमें अंतर्वस्तु विश्लेषण प्रविधि का बहुत कम प्रयोग हुआ है। शिक्षण संस्थाओं में इस प्रविधि के बारे में भी चर्चाएं कम होती हैं। परन्तु इसका उपयोग करके, हमारे देश में, असन्तोष, छात्र असंतोष, जातिवाद, साम्प्रदायिकता, सामाजिक तनावों, प्रशासनिक नीतियों आदि का महत्वपूर्ण अध्ययन किया जा सकता है।

Notes

1. Waples and Berilson, *What the Voters Over Told: An essay in Content Analysis*, University of Chicago, 1941.
2. A. Kaplan, 'Content Analysis and the Theory of Science', *Journal of Philosophy Science*, Vol. X, 1943, p. 230.
3. A. Kaplan and J. Golason, Reliability and Certain Category for Classifying Certain News Papers Headlines, Washington D.C., 1913.
4. Bernard Berelson, 'Content Analysis in Communication Research', in Festinger's Book, *Research Methods in Behavioural Science*, Dryden, New York, 1953, p. 424.

18

समाजमिति
Sociometry

सामाजिक अनुसंधान की विविध पद्धतियों व प्रविधियों में समाजमिति महत्वपूर्ण स्थान रखती है। इनका प्रयोग समाज विज्ञान, मनोविज्ञान तथा शिक्षा संबंधी अध्ययनों में होने लगा है। इस प्रविधि का प्रयोग जैकोव एल मोरीनो ने किया है। ये ऑस्ट्रियन मनोवैज्ञानिक थे और अमेरिका में जाकर बस गए थे। प्रथम विश्वयुद्ध के पश्चात् उनको शिविर का प्रशासक बनाया गया था। वहां उन्होंने शिविर के शरणार्थियों के तनावों को कम करने के लिए छोटे-छोटे समूहों को बनाने में सहायक प्रविधियों की खोज की। इसका प्रयोग सामाजिक दूरी तथा अंतर्संबंधों को नापने के लिए किया जाता है। इसके मुख्य नियम और तरीके मोरीनों की पुस्तक 'हू शैल सर्वाइव' में विस्तृत रूप से विवेचित की गई है।[1] 1953 में इस पुस्तक का दूसरा संशोधित संस्करण आया, जिसमें इसके इतिहास, सिद्धान्त, पुस्तकों की परिभाषा और सूची आदि विस्तृत रूप से दी गई। समाजमिति प्रविधि का प्रयोग, समाजशास्त्रियों तथा मनोवैज्ञानिकों ने समूह की संरचना, सामाजिक प्रतिष्ठा और व्यक्तित्वों की विशेषताओं के अध्ययन के लिए किया है। इसके द्वारा हम समूह के संबंधों की विशेषताओं, आकार, सदस्यों की सामाजिक प्रतिष्ठा, एक समूह का दूसरे समूह पर प्रभाव, गुटबंदी आदि का अध्ययन कर सकते हैं। लूमिस, क्रिसवेल, रेमन्ट वैसेट न्यूजरेटर आदि विद्वानों के अध्ययन इस संबंध में बहुत लाभदायक सिद्ध हुए हैं। समाजमिति के अध्ययन संपूर्ण समुदायों स्कूल, कॉलेज, कैंपस, कारखानों आदि में प्रयोग किए गए हैं। इसके अतिरिक्त नेतृत्व के अध्ययनों में भी इसका प्रयोग बहुलता से किया गया है। प्रजाति के संबंधों, जाति के संबंधों, राजनीतिक संबंधों सामाजिक सामंजस्यों के जनमत को जानने के लिए इसका प्रयोग लाभदायक सिद्ध हुआ है।

अर्थ एवं परिभाषा (Meaning and Definition)

समाजमिति की परिभाषा करते हुए जेनिग्स ने लिखा है, 'यह साधारण रूप से या ग्राफ के द्वारा किसी विशेष अवसर पर किसी समूह के सदस्यों के पारस्परिक संबंधों को प्रकट करने की विधि है।'[2]

यूरी ब्रान फैनब्रीनर ने इसके संबंध में लिखा है कि 'इस पद्धति का उद्देश्य व्यक्तियों के समूह में स्वीकृति या अस्वीकृति को जानने के साथ-साथ सामाजिक प्रतिष्ठा के मूल्यांकन के

वर्णन के लिए प्रयोग किया जाता है।[3] इसके अतिरिक्त फ्रेंज ने इसकी व्याख्या करते हुए लिखा है कि 'यह एक पद्धति है, जिसके द्वारा हम समूह में व्यक्तियों के प्रति आकर्षण और विकर्षण के मापने की खोज करने का यत्न करते हैं।' इन परिभाषाओं को एक उदाहरण द्वारा स्पष्ट किया जा सकता है। किसी भी समूह के सदस्यों में पारस्परिक प्रेम अथवा घृणा की अनुकूलता और प्रतिकूलता को जानने के लिए प्रत्येक सदस्य को एक पर्ची देकर, उससे क्रमवार अपने तीन मित्रों को चुनने का आदेश देते हैं। प्रत्येक सदस्य को यह चुनाव अपने समूह तक ही सीमित रखना होता है। इस प्रकार जितने चुनने वाले होते हैं, उतने ही लोगों में से चुनाव करना होता है। जब लोगों के चुनाव का पता लग जाए तो उसे चित्र के रूप में दिखाकर निष्कर्ष निकाला जा सकता है। समाजमिति की आधारभूत प्रविधि 'समाजमितीय परीक्षण' के नाम से पुकारी जाती है। समाजमितीय परीक्षण में यह स्वच्छंदता होती है कि समूह के सदस्य विशेष परिस्थिति में अपने समूह के सदस्यों के साथ संबंध स्थापित कर सकते हैं। मोरीनो ने सर्वप्रथम इसका प्रयोग पब्लिक स्कूल के समूहों में किया और कुछ समय पश्चात राज्य बालिका प्रशिक्षण विद्यालयों, हडसन न्यूयॉर्क में प्रयोग किया। इस संस्था में 500 बालिकाएं 16 मकानों में रहती थीं। हर बालिका से पांच लड़कियों के नाम मांगे गए, जिनके साथ वह रह सकती है, काम कर सकती है और पांच उन बालिकाओं के भी नाम मांगे गए, जिनसे वह बिल्कुल संबंध नहीं रखना चाहती। इस प्रकार स्वीकृत और अस्वीकृत को वर्गीकृत करने के लिए साथ रहना, साथ घूमना, साथ काम करना आदि परिस्थितियां बनाई गईं। इन अध्ययनों से यह स्पष्ट होता है कि कुछ व्यक्ति सभी परिस्थितियों में चुने जाते हैं और अधिकतर व्यक्तियों का चुनाव विभिन्न क्रियाओं और रुचियों के आधार पर होता है। इसे निम्नलिखित चित्र द्वारा दिखाया जा सकता है।

समाजमिति की प्रविधि

प्रतीक (Legand)

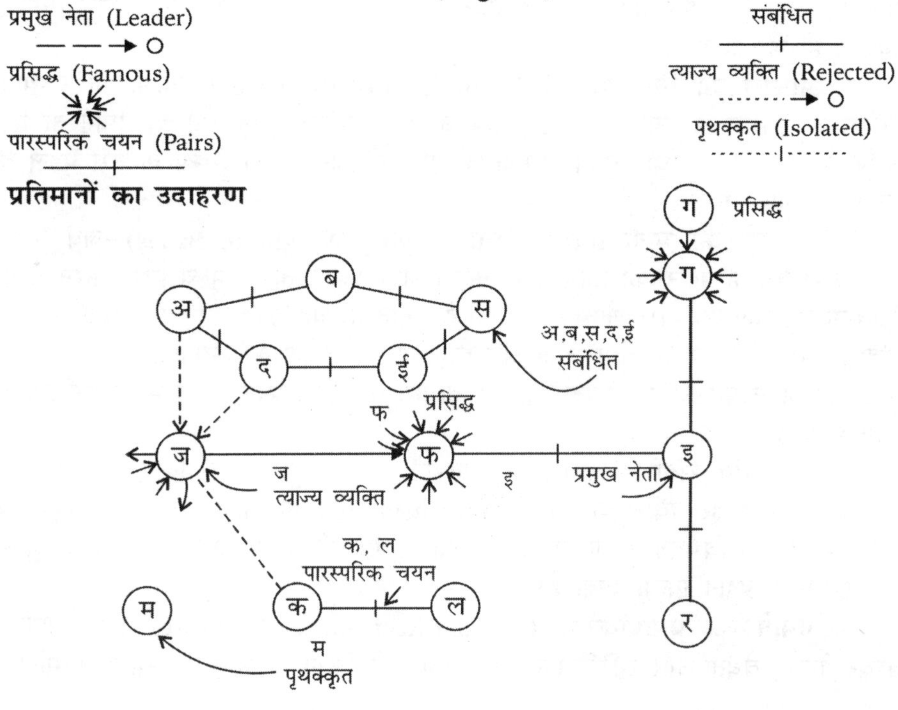

कभी-कभी समाजमिति के परिणामों का परीक्षण व्यक्तिगत साक्षात्कारों द्वारा भी किया जाता है। इस विधि का प्रयोग मौलिक रूप से मोरीनो ने बालिका प्रशिक्षण विद्यालय के अध्ययन में किया था। साक्षात्कार में प्रत्येक बालिका से अपने मित्रों के प्रति मनोवृत्तियों को जानने के लिए प्रश्न पूछे गए। उसमें उसकी पसंद, नापसंद, उदासीनता के संबंध में प्रश्न पूछ कर एक-दूसरे के प्रति आकर्षण और विकर्षण के संबंध में अध्ययन किया गया। आकर्षण और विकर्षण के भी कारणों के बारे में साक्षात्कार के द्वारा प्रश्न पूछे गए, जिससे सामाजिक संरचना में बालिकाओं की स्थिति का पता लग सके। इस प्रकार की प्रविधियों के द्वारा हम किसी समूह के सदस्यों के पारस्परिक संबंधों में सहानुभूति, भय, घृणा, प्रेम आदि भावनाओं का पता लगा सकते हैं। इस साइको ड्रामा (psycho-drama) की विधि का उपयोग मानसिक रूप से त्रस्त रोगियों की मनस्थिति को जानने के लिए किया जाता है।

समाजमितीय पैमाने के निर्माण की प्रक्रिया (Process of the Formulation of Sociometric Scale)

इस पैमाने के निर्माण की प्रक्रिया में मुख्य चरण निम्नलिखित हो सकते हैं–

1. **विषय अध्ययन का चुनाव (Selection of the Subject of Study)**–इसके अंतर्गत हमें पहले यह निश्चित करना होता है कि हम किस संस्था, समुदाय या समूह का अध्ययन करने जा रहे हैं। तत्पश्चात संस्था की प्रकृति के संबंध में निश्चित करना होगा कि वह प्राथमिक है या द्वैतीयक। विषय का चुनाव करते समय यह ध्यान रखना चाहिए कि विषय पूर्ण रूप से स्पष्ट एवं सुनिश्चित हो। इससे पैमाने के निर्माण में सुविधा होती है।

2. **विषय के स्वरूपों का चुनाव (Selection of the Aspects of the Subject)**–विषय के चुनाव के पश्चात् उसके स्वरूप छांटने होते हैं, जिनका कि अध्ययन आवश्यक होता है। प्रत्येक घटना के कई पहलू होते हैं और उनमें से आवश्यक पहलुओं का ही अध्ययन हो सकता है।

3. **आधारों का निर्धारण (Defermination of the Bases)**–किसी भी संस्थागत व्यवहार के स्वरूप को नापने के लिए कुछ आधार निश्चित करने होते हैं। पैमाने के लिए निर्माण के लिए ऐसे आधार चुनने लाभदायक होते हैं, जिनके द्वारा संस्था के उस पहलू को सरलता से नापा जा सके।

4. **आधारों को मूल्य प्रदान करना (Giving Weight to Bases)**–जब आधार निर्धारित हो जाते हैं तो उनको मूल्य प्रदान करना आवश्यक होता है। मूल्य प्रदान करने से हम गुणात्मक घटनाओं का परिमाणात्मक विवरण दे सकते हैं। यह कार्य बहुत सूझ-बूझ से करना चाहिए। इसको करते समय वैषयिकता और वैज्ञानिक दृष्टिकोण को अपनाना बहुत आवश्यक है। उसको अपने पूर्वाग्रहों से बचना चाहिए। आधारों को मूल्य प्रदान करने में दो विधियों का प्रयोग होता है।

1. *सामान्य विधि*–संबंधित आधारों को मनमाने तौर पर मूल्य प्रदान किए जाते हैं।
2. *अंतर विधि*–इस विधि का लीथि (Leeathey) ने प्रयोग किया था। इसमें समूहों को उपसमूहों में विभक्त करके, उनमें संबंधित आधार की उपस्थिति के प्रतिशत के आधार पर मूल्य प्रदान किया जाता है।

5. **पैमाने का प्रमापीकरण (Standardization of the Scale)**–इन पैमानों में विश्वसनीयता, वैधता और सुनिश्चितता का दावा नहीं किया जा सकता, क्योंकि निर्माण के

लिए उसके आंकिक मूल्य, प्राप्त निदर्शन के आधार पर प्रदान किए जाते हैं। यदि निदर्शन संबंधित समूहों का प्रतिनिधित्व नहीं करता तो इस स्थिति में उन्हीं आधारों पर निर्मित पैमाना त्रुटिपूर्ण रहेगा।

उत्तम समाजमितीय पैमाने के गुण (Features of Good Sociometric Scale)

प्रत्येक समाजमितीय पैमाने की कुछ विशेषताएं होती हैं, जिनमें निम्नलिखित प्रमुख हैं–

1. **विश्वसनीयता** (Reliability)–इसका मुख्य आवश्यक गुण है। एक पैमाने द्वारा समान परिस्थितियों में समान परिणाम ही प्राप्त होने चाहिए। यदि एक पैमाने की उन्हीं परिस्थितियों में अलग-अलग गुण हों तो पैमाने को त्रुटिपूर्ण समझना चाहिए।

2. **प्रामाणिकता** (Validity)–इसका अर्थ पैमाने द्वारा संबंधित तथ्य की सही-सही माप। प्रत्येक पैमाना एक तथ्य को नापने के लिए बनाया जाता है। यदि वह पैमाना सही मान करने में सफल नहीं होता तो उसे प्रामाणिक नहीं मानना चाहिए। इसकी सफलता और असफलता को जानने की कोई वैज्ञानिक कसौटी नहीं है। अतः इसकी प्रामाणिकता की जांच सामान्य ज्ञान तथा सूझ-बूझ द्वारा की जा सकती है।

3. **सरलता** (Simplicity)–पैमाना सरल होता है। इस गुण के कारण इस पैमाने का उपयोग एवं प्रचलन अधिक हो सकता है। अधिक उपयोग होने से उसमें सुधार के अवसर बढ़ सकते हैं।

4. **व्यावहारिकता** (Practicability)–इसका आशय यह है कि पैमाने का निर्माण जिन आधारों पर किया गया हो, वे आधार वास्तविक क्षेत्र में सरलता से प्राप्त किए जा सकते हों, पैमाने के निर्माण में अमूर्त व काल्पनिक आधारों का समावेश नहीं करना चाहिए।

5. **सर्वव्यापकता** (Universality)–प्राकृतिक विज्ञानों में पैमाने सार्वभौमिक और व्यापक होते हैं, जबकि सामाजिक विज्ञानों के पैमानों में उतनी व्यापकता और सार्वभौमिकता नहीं आ पाती फिर भी यह प्रयास किया जाता है कि पैमाने अधिकाधिक व्यापक हों।

6. **आदर्श प्रमाणों पर आधारित** (Based on Ideal Proofs)–ये पैमाने समाज अथवा समूह में प्रचलित आदर्शों के प्रमाणों पर आधारित होने चाहिए। यदि यह ध्यान में नहीं रखा जाएगा तो पैमानों में सरलता और व्यापकता का गुण लाना संभव नहीं हो सकेगा।

प्रत्येक समाजमितीय पैमाने के निर्माण में लिए गए आधारों को मूल्य प्रदान किया जाता है। उत्तम पैमाने की विशेषता है कि उसमें लिए गए पैमानों को उचित और सही मूल्य प्रदान किया जा सके। इस कार्य में जितनी वैषयिकता अपनाई जाएगी, पैमाना उतना ही शुद्ध बनेगा।

समाजमिति पैमाने की सीमाएं (Limitation of Sociometric Scale)

समाजमिति परीक्षण के आधार पर एकत्रित सत्य सूचनाएं प्राप्त करने में कठिनाई होती है। ये समस्याएं मनोवृत्तियों के मापन प्रविधियों के प्रश्नावली आदि में भी पाई जाती हैं। अतः इसका प्रयोग सूझ-बूझ के साथ परिस्थितियों के अनुसार करना चाहिए। इसका प्रयोग उद्योगों, समुदायों तथा अन्य क्षेत्रों में भी किया गया है। इसके द्वारा कभी-कभी व्यक्तियों की मनोवृत्तियां भी इसके विकास में अवरोध पैदा करती हैं। इस प्रकार के प्रयोगों में अगर वास्तविकताओं और मूल्यों को प्रदान करने की स्थिति को सही ढंग से नहीं प्रस्तुत किया जाता तो पैमाने उचित सिद्ध नहीं होते।

Notes

1. J.L. Moreno, Contributions of Sociometry to Research Methodology in Sociology, American Sociological Review, Vol. XII, pp. 287–292.
2. Hellin H. Jennings, Sociometry in Group Relation, American Council on Education, Wastington DC, 1946, p. 11.
3. Urie Bron fen Brenner, 'A Constant Frame of Reference for Sociometric Research', *Sociometry*, Vol. VI, pp. 363–372.

19

प्रक्षेपण प्रविधियां

Projective Techniques

प्राय: व्यक्तित्व के कुछ ऐसे पहलुओं का मापन व्यक्तियों, सूचियों या अन्य विधियों द्वारा असंभव हो जाता है, तब उस स्थिति में प्रक्षेपी प्रविधियों का प्रयोग किया जाता है, क्योंकि इनके माध्यम से व्यक्तित्व की आंतरिक सतह तक की दमित इच्छाओं एवं व्यक्तित्व संरचना का ज्ञान होता है।

कभी-कभी जिस व्यक्ति के व्यक्तित्व का अध्ययन किया जाता है, वह आवश्यकता से अधिक सतर्क होकर अपने व्यक्तित्व का अध्ययन कराता है। परिणाम यह होता है कि व्यक्ति अपने व्यक्तित्व संबंधी तथ्यों को छिपाने का प्रयास करता है। इस त्रुटि को दूर करने के लिए व्यक्तित्व में प्रक्षेपी प्रविधियों का उपयोग किया जाता है।

प्रक्षेपी प्रविधियों का सैद्धांतिक आधार फ्रायड द्वारा वर्णित अचेतन मन और उससे संबंधित वे युक्तियां (mechanisms) हैं, जिनका व्यवहार व्यक्ति अपने अहं के बचाव के लिए करता है। इसीलिए प्रक्षेपी प्रविधियों को व्यक्तित्व मापन की सर्वोत्तम विधियां समझा जाता है जो कि प्रक्षेपण रक्षायुक्ति (projection mechanism) पर आधारित होती हैं।

प्रक्षेपण का अर्थ (Meaning of Projection)

प्रक्षेपण का शाब्दिक अर्थ तो यह है कि व्यक्ति अपने को उभार कर अपने ही सामने लाए। प्रक्षेपण शब्द का सर्वप्रथम प्रयोग प्रसिद्ध मनोविश्लेषणवादी विचारक फ्रायड ने सन् 1849 में किया। उनके अनुसार प्रक्षेण वह प्रक्रिया है, जिसमें कि प्रत्येक व्यक्ति अपने अभावों, विचारों, भावनाओं, इच्छाओं, संवेगों, स्थायी भावों एवं आंतरिक संघर्षों को अन्य व्यक्तियों या बाह्य जगत के माध्यम से सुरक्षात्मक रूप से प्रस्तुत करता है। अर्थात् अपने विचारों, बातों पर कमियों को अन्य व्यक्तियों या पदार्थों के माध्यम से व्यक्त करता है।

ब्राउन ने प्रक्षेपण की परिभाषा करते हुए लिखा है कि प्रक्षेपण अन्त:क्षेपण का विलोम है। इसमें 'स्व' संबंधित बातें बाह्य जगत की वस्तुओं अथवा व्यक्तियों पर आरोपित की जाती हैं। विशेषत: वे बातें जो व्यक्ति के अहं को स्वीकार नहीं होती हैं। 'यह अपनी अद्वैतचेतना अवस्था में अपनी त्रुटियों को दूसरों में देखने की प्रवृत्ति है'।

अत: स्पष्ट है कि प्रक्षेपण द्वारा व्यक्ति अपनी कमजोरियों को अचेतन रूप से किसी दूसरे व्यक्ति पर आरोपित करने का प्रयास करता है। ऐसा करके व्यक्ति अपने को सुरक्षित अनुभव

करता है। जेम्स डी. पेज ने प्रक्षेपण के स्वरूप को स्पष्ट करते हुए लिखा है कि प्रक्षेपण इस प्रकार की ऐसी मानसिक युक्ति है, जिसके द्वारा व्यक्ति अपने व्यक्तिगत दोषों को किसी अन्य पर आरोपित करता है। इस प्रकार पेज का मत है कि प्रक्षेपण के माध्यम से व्यक्ति अचेतन रूप से अपनी त्रुटियों के लिए दूसरों को दोषी ठहराता है। 'प्रक्षेपण एक ऐसी मानसिक युक्ति है, जिसके द्वारा व्यक्ति परोक्ष रूप से अपने वैयक्तिक दोषों तथा समाज द्वारा निन्दित प्रेरकों को दूसरों में देखता है।'

पेज की भांति जेम्स सी. कोलपेन ने भी प्रक्षेपण का अहम् संबंधी रक्षायुक्ति मानकर, इस बात पर बल दिया है कि व्यक्ति प्रक्षेपण द्वारा प्रमुख रूप से दो कार्य करता है–

1. वह अपने दोषों एवं त्रुटियों को दूसरे पर आरोपित करता है।
2. जिन बातों को वह स्वयं अच्छा नहीं समझता या जिनके स्वीकार करने में उसमें हिचक है, उन बातों को वह दूसरों पर आरोपित करता है।

प्रक्षेपी विधि की विशेषताएं (Characteristics)

उपर्युक्त परिभाषाओं के आधार पर इसकी निम्नलिखित विशेषताएं हो सकती हैं–

1. **प्रतिक्रियाओं की अभिव्यक्ति** (Expression of Reaction)–इसकी सहायता से मनुष्य की विभिन्न प्रक्रियाओं को उत्तेजित और जाग्रत करने का प्रयास किया जाता है। ऐसी परिस्थितियों में उत्तरदाता के सम्मुख समस्या खड़ी हो जाती है। इसका कोई स्पष्ट उत्तर नहीं होता है, और न वह सही उत्तर देने की क्षमता रखता है न ही गलत। ऐसी स्थितियों का उत्तर देने के लिए मनुष्य अपनी प्रक्रियाओं की अभिव्यक्ति करता है। यह अभिव्यक्ति उनके अनुभव और विवेक के आधार पर होती है।

2. **मनोवैज्ञानिक प्रकृति का ज्ञान** (Knowledge of Psychological Nature)–इसकी दूसरी विशेषता मनोवैज्ञानिक प्रकृति के ज्ञान से संबंधित है। व्यक्ति जो विचार प्रकट करता है, उसके केन्द्र में उस व्यक्ति विशेष की मनोवैज्ञानिक विशेषताएं परिलक्षित होती हैं।

3. **व्यक्तित्व विश्लेषण** (Personality Analysis)–अनुकूल परिस्थिति में व्यक्ति अपने व्यवहारों द्वारा किस प्रकार का निर्णय लेता है, इससे किस आशय की जानकारी प्राप्त होती है। व्यक्तित्व विश्लेषण के आधार पर ही सामाजिक जीवन और घटनाओं के समझने में सहायता मिलती है।

4. **वास्तविकता का ज्ञान** (Knowledge of Reality)–इसके द्वारा व्यक्ति की वास्तविकताओं का ज्ञान होता है। इसके साथ ही मानव के मूल्य, आदर्श, मापदंड और विचारों में होने वाले संघर्ष की जानकारी प्राप्त होती है।

5. **जनमत का ज्ञान** (Knowledge of Public Opinion)–इसके द्वारा सामान्य और असामान्य चित्रों को दिखाकर उत्तरदाताओं के मन को जानने का प्रयास किया जाता है।

6. **कार्य-कारण का ज्ञान** (Knowledge of Cause-effect)–इसके प्रयोग से घटनाओं के कार्य-कारण संबंधों की जानकारी प्राप्त की जा सकती है। इसमें चित्रों के आधार पर घटनाओं को कार्य-कारण की दृष्टि से क्रमबद्ध रूप में प्रदर्शित करने के लिए कहा जाता है।

प्रमुख प्रक्षेपण की प्रविधियां (Main Projective Techniques)

प्रमुख रूप से प्रयोग की जाने वाली प्रक्षेपी प्रविधियां निम्नलिखित हैं–

1. शब्द साहचर्य परीक्षण ('WAT' Word Association Test)।
   (अ) मुक्त साहचर्य परीक्षण (Free Association Test)।
   (ब) आंशिक साहचर्य परीक्षण (Constrained Association Test)।
   (स) नियंत्रित साहचर्य परीक्षण (Controlled Association Test)।
2. चित्र साहचर्य परीक्षण ('PAT' Picture Association Test)।
   (अ) रोजेन्जवारग पी.एफ. स्टडी (Rosenzweig P.F. Study)।
3. वाक्य पूर्ति परीक्षण ('SCT' Sentence Completion Test)।
4. मनोनाटकीय विधि (Psychodrama Method)।
5. खेल प्रविधि (Play Technique)।
6. शाब्दिक प्रक्षेण (Verbal Projection Test)।
7. स्याही के धब्बों का परीक्षण (Ink Blot Test)।
   (अ) रोशी स्याही धब्बों का परीक्षण (Rorschach Ink Blot Test)।
   (ब) होल्जमैन स्याही के धब्बों का परीक्षण (Holgeman Ink Bolt Test)।
8. बोध परीक्षण (Apperception Test)।
   (अ) प्रसंगात्मक बोध परीक्षण ('TAT' Thematic Apperception Test)।
   (ब) बालक बोध परीक्षण (Children Apperception Test)।

प्रक्षेपी प्रविधियों में सबसे अधिक प्रचलित प्रविधियां दो हैं–

1. रोशी प्रविधि (Rorschach Technique)।
2. टी.ए.टी. (Thematic Apperception Test)।

रोशी प्रविधि (Rorschach Technique)

सन् 1942 में स्विस मनोचिकित्सक (psychiatrist) हर्मनरोशी (Herman Rorschach) ने स्याही के धब्बों वाले परीक्षण का निर्माण किया (चूंकि इसमें स्याही के धब्बे हैं, इसलिए इसे प्रायः स्याही के धब्बों का परीक्षण (Ink Bolt Test) भी कहते हैं। व्यक्तित्व को समझने के लिए इस विधि का उपयोग किया गया है। रोशी ने स्याही के धब्बों के आधार पर ऐसी उद्दीपन सामग्री तैयार की, जो देखने में अस्पष्ट थी, जिसमें आंशिक सममिति (Symmertry) भी पाई जाती थी। यह स्याही के धब्बे अर्थहीन होते थे और जिन व्यक्तियों के सम्मुख इन्हें प्रस्तुत किया जाता था, वे अपनी आंतरिक भावनाओं के आधार पर विभिन्न वस्तुओं का वर्णन करते थे। अतः प्रक्षेपण विधि की विशेषता अस्पष्टता है। संवेगों का संबंध रंगों से होता है। अर्थात् भावना और रंग का आपस में संबंध होता है। परिपक्वता के साथ रंग का चुनाव भी बदलता जाता है। इन दृष्टिकोणों के आधार पर रोशी ने बच्चों का प्रयोग किया।

रोशी प्रविधि में प्रायः वे सभी विशेषताएं पाई जाती हैं, जो कि एक अच्छी प्रक्षेपी प्रविधि में होनी चाहिए। प्रक्षेपी प्रविधि की सर्वप्रथम विशेषता अस्पष्ट उद्दीपन प्रस्तुत करना है। अस्पष्ट उद्दीपन प्रस्तुत होते ही व्यक्ति अपनी आन्तरिक जगत की बातों को सरलता से प्रकट कर देता है। ऐसा करते समय उसे यह मालूम नहीं होता कि वह परोक्ष रूप से उन बातों की चर्चा कर रहा, जिन्हें वह अचेतन रूप में छिपाना चाहता है। मानसिक एवं भावात्मक द्वन्द्वों के कारण व्यक्ति का व्यक्तित्व अनेक समस्याओं से ग्रस्त हो जाता है। रोशी प्रविधि इन समस्याओं के विश्लेषण में अत्यधिक सहायक होती है।

आलोचना (Criticism)

यद्यपि रोशी प्रविधि का प्रयोग व्यक्तित्व के अध्ययन में अत्यधिक होता है फिर भी इसकी आलोचना निम्नलिखित आधार पर की जाती है–

1. रोशी प्रविधि में वस्तुनिष्ठता, विश्वसनीयता तथा वैधता पर्याप्त मात्रा में नहीं है।
2. रोशी प्रविधि का आधार वैज्ञानिक नहीं है।
3. रोशी प्रविधि द्वारा एकत्र-दत्त सामग्री की व्याख्या करते समय भिन्न-भिन्न लोग भिन्न-भिन्न प्रकार की बातें कहते हैं।
4. रोशी प्रविधि द्वारा दत्त सामग्री की व्याख्या में सहज बोध से काम लेना पड़ता है और इस प्रकार व्याख्या व्यक्तिनिष्ठ हो जाती है।

रोशी प्रविधि की उपयोगिता के पक्ष में जो तथ्य एकत्र किए गए हैं, उनसे यह सिद्ध है कि रोशी प्रविधि विभिन्न मानसिक रोगों के विश्लेषण में सहायक रही है। इससे इतर इसे व्यापक स्वीकृति नहीं प्राप्त हो सकी है।

प्रसंगात्मक बोध परीक्षण (Thematic Apperception Text)

रोशी के पश्चात दूसरी प्रसिद्ध प्रक्षेपी प्रविधि TAT है, जो कि सम्पूर्ण व्यक्तित्व का मापन करती है। इसका निर्माण सन् 1935 में मूरे एवं मोर्गन (Murray and Morgan) द्वारा किया गया। इस परीक्षण द्वारा सामान्य एवं स्नायुदौर्बल्य व्यक्तियों के व्यक्तित्व को समझा जा सकता है। मूरे एवं मोर्गन ने तीन चित्रों का एक सेट तैयार किया था। इस चित्र को देखकर अध्ययन किए जाने वाले व्यक्ति को कुछ कहना पड़ता है। मूरे एवं मोर्गन ने टी.ए.टी. में जो तीस चित्र इकट्ठे किए हैं, उनमें से दस पुरुषों के लिए, दस स्त्रियों के लिए और दस ऐसे हैं, जो पुरुष और स्त्री दोनों के लिए हैं। इन चित्रों के माध्यम से व्यक्ति अपनी मनोवैज्ञानिक आवश्यकताओं, भावनाओं, द्वन्द्वों एवं दुश्चिन्ताओं को सरलता से व्यक्त करता है।

टी.ए.टी. परीक्षण मुख्य रूप से प्रक्षेपण की रक्षा युक्ति पर आधारित है। परीक्षण में 30 मानकीकृत तस्वीरों वाले कार्ड तथा एक खाली कार्ड निहित हैं। ये समस्त तस्वीरें कम या अधिक रूप से अर्द्धनिर्देशित होती हैं, जिससे व्यक्ति के प्रक्षेपण की अधिक संभावना रहती है। इस परीक्षण में 10 कार्ड केवल लड़कों के लिए होते हैं, 10 कार्ड लड़कियों के लिए होते हैं, तथा 10 कार्ड ऐसे होते हैं, जो पुरुषों तथा स्त्रियों दोनों के लिए हो सकते हैं। इस प्रकार से एक प्रयोज्य पर अधिकांशतः 20 कार्डों का प्रयोग किया जा सकता है तथा इनको भी दो अवसरों (session) प्रत्येक में 10 कार्ड को प्रशासित किया जा सकता है।

बहुधा टी.ए.टी. परीक्षण का प्रशासन व्यक्तिगत रूप से होता है, किन्तु विभिन्न अनुसंधान कार्यों में इसका प्रयोग प्रोजेक्टर के माध्यम से सामूहिक रूप में भी किया जा सकता है। एक समय में अधिक से अधिक 10 कार्डों को प्रशासित किया जाता है, जिनके प्रशासन में लगभग 1 घंटे का समय व्यय होता है। परीक्षण का वास्तविक रूप से प्रशासन करने से पूर्व सामरस्य स्थापित करना होता है। इसमें परीक्षार्थी परीक्षणकर्ता के सम्मुख बैठता है तथा परीक्षण करने वाले कमरे का वातावरण पूर्णरूप से शान्त तथा अन्य बाह्य विघ्नों से मुक्त होता है। जब परीक्षार्थी तथा परीक्षणकर्ता के मध्य उचित सामरस्य स्थापित हो जाता है, तब परीक्षणकर्ता प्रयोज्य को निर्देश देता है कि उसे कार्डों में दिखाए चित्र के अनुसार प्रत्येक पर अलग-अलग एक कहानी लिखनी है। कहानी बनाने में उसे इन चार बातों का ध्यान रखना है–

1. पहले क्या-क्या बातें हुईं जिससे यह घटना चित्र में दिखाई गई है?
2. इस समय क्या हो रहा है?
3. चित्र में कौन-कौन लोग हैं, वे क्या सोच रहे हैं? तथा उनके मन में क्या-क्या भाव उठ रहे हैं?
4. इसका अन्त क्या होगा?

अतः खुलकर अपने विचारों को स्वतंत्रतापूर्वक अभिव्यक्त करते हुए कहानी बनाएं। प्रत्येक कहानी बनाने में लगभग 5 मिनट का समय है।

इस प्रकार से समस्त तस्वीरों से व्यक्ति को उपयुक्त मानकीकृत आदेश दिए जाते हैं, किन्तु खाली कार्ड में प्रयोज्य को निम्नलिखित कुछ विशेष निर्देश दिए जाते हैं–

'यह अंतिम परन्तु खाली कार्ड है। इसमें कोई भी चित्र नहीं बना है। वह जो भी चित्र चाहे सोच सकते हैं। इस खाली कार्ड में पहले की तरह चार बातों का ध्यान रखते हुए एक कहानी बनाएं।'

परीक्षण में कहानी प्रयोज्य से भी लिखाई जा सकती है या परीक्षणकर्ता स्वयं भी सुनकर लिख सकता है। इसमें प्रत्येक तस्वीर के ऊपर नंबर लिखे होते हैं, जैसे-जैसे तस्वीरों के नंबर बढ़ते जाते हैं, -संदिग्धता' का अंश बढ़ता जाता है। अतएव प्रयोज्य को तस्वीर देने में नंबरों का ध्यान रखना आवश्यक हो जाता है। मुरे के अनुसार, समस्त परीक्षण के प्रशासन में अधिक से अधिक एक घंटा समय लगना चाहिए तथा परीक्षण दो बैठकों में दिया जाना चाहिए। परीक्षण प्रशासन के पश्चात एक संक्षिप्त व्यक्तिगत साक्षात्कार या पूछताछ होनी चाहिए, जिससे संदेहयुक्त विषयों पर विचार किया जा सके।

इन तस्वीरों को दिखाते समय प्रयोगकर्ता को जहां आवश्यक होता है, प्रयोज्य से चार बातों के अन्तर्गत पूछताछ कर अपने प्रयोग का परिणाम देना होता है।

टी.ए.टी. प्रक्षेपी प्रविधि में ऐसे चित्रों का प्रयोग किया जाता है, जो कि अस्पष्ट हैं और जिनमें विभिन्न व्यक्तियों को भिन्न-भिन्न परिस्थितियों में दिखाया गया है। जब कोई व्यक्ति किसी टी.ए.टी. चित्र को देखता है, तब वह अपने चित्र को किसी एक चरित्र से तादात्मय करता है और फिर उसी के माध्यम से अपनी आंतरिक आवश्यकताओं तथा पर्यावरण के प्रभावों का उल्लेख करता है।

इस प्रकार जो वह कहानी कहता है, वास्तव में वह उसी की है। कहानी कहने वाले को लगता है कि वह चित्र की कहानी बता रहा है। लेकिन टी.ए.टी. चित्र कहानी के अनुसार, यह कहानी उसकी अपनी है और फिर विभिन्न चित्रों से संबंधित जितनी कहानियां व्यक्ति बताता है, उन सबका बड़ी कुशलता से विश्लेषण करके, व्यक्ति के व्यक्तित्व के संबंध में समुचित जानकारी प्राप्त की जाती है।

आलोचना (Criticism)

टी.ए.टी. प्रक्षेपी प्रविधि के विषय में वही आलोचना की जाती है, जो रोशी प्रक्षेपी के विषय में है। दूसरे शब्दों में टी.ए.टी. प्रक्षेपी प्रविधि वैध नहीं है, यह अविश्वसनीय है और इसमें वस्तुनिष्ठता का अभाव है। टी.ए.टी. प्रक्षेपी प्रविधि का प्रयोग करने वाले मनोवैज्ञानिकों एवं समाजविज्ञानियों ने बड़े परिश्रम से इसमें वैधता, विश्वसनीयता, वस्तुनिष्ठता लाने का प्रयास किया है और इसमें उन्हें कुछ सफलता भी प्राप्त हुई है।

प्रक्षेपण प्रविधियों का मूल्यांकन (Evaluation of Projective Techniques)

प्रक्षेपण प्रविधियों का मूल्यांकन करने के लिए यह आवश्यक है कि हम इन प्रविधियों की विशेषताओं तथा सीमाओं का अध्ययन करें। बिना किन्हीं प्रविधियों के गुणों एवं दोषों को जाने किसी भी प्रविधि का मूल्यांकन करना असंभव है। इसलिए प्रक्षेपण प्रविधियों के मूल्यांकन के लिए पहले हम उसकी विशेषताओं तथा उनकी सीमाओं का अध्ययन करेंगे।

1. प्रक्षेपी प्रविधियों की पहली विशेषता यह है कि यह व्यक्ति के विचारों, अभिवृत्तियों, संवेगों, गुणों, अभावों एवं स्थाई भावों आदि का अन्य बाह्य पदार्थों के माध्यम से अप्रत्यक्ष रूप में अध्ययन करती है जिससे व्यक्ति के संबंध में सही रूप से जानकारी होती है एवं उसे किसी बात को छिपाने का अवसर नहीं मिल पाता।
2. यह व्यक्ति की आंतरिक सतह पर दबे हुए विचारों को प्रकट करने में सहायक होती है।
3. इनकी परीक्षण सामग्री पूर्णतः अनिर्देशित अथवा अर्द्धनिर्देशित होती है।
4. यह प्रविधि व्यक्ति के चेतन एवं अचेतन दोनों पहलुओं का मापन करती है। अचेतन मन को समझने का यह एक मात्र उपकरण है।
5. इनकी स्थिति प्रायः संदिग्ध होती है। अतएव व्यक्ति को अनुमान लगाने का अवसर नहीं मिल पाता है।
6. चूंकि प्रक्षेपी प्रविधियों की विषय सामग्री सदैव अनेकार्थक होती है। इसलिए व्यक्ति गलत तथा सही प्रत्युत्तरों में अंतर नहीं कर सकता।
7. बहुधा सम्पूर्ण परीक्षण सामग्री प्रकाशित रूप में होती है अतएव इनका प्रशासन प्रायः स्थिर होता है।
8. इनके निर्देश प्रायः मानकीकृत होते हैं। इसलिए इनके आदेश प्रदान करने में कोई भेद नहीं मिलता है।
9. इन पर परीक्षण का व्यक्तिकरण बहुत कम रहता है।
10. इनके प्रशासन काल में परीक्षक एवं प्रयोज्य के बीच उचित सामरस्य का होना अत्यंत आवश्यक है।
11. इनका प्रशासन बहुधा व्यक्तिगत रूप से संभव होता है।
12. इन प्रविधियों का प्रयोग सामान्य तथा असामान्य दोनों भांति के व्यक्तियों के व्यक्तित्व का मूल्यांकन करने के लिए किया जाता है।
13. इनकी विश्वसनीयता एवं वैधता सामान्य होती है।
14. ये व्यक्ति के समस्त व्यक्तित्व का स्पष्ट चित्र उपस्थित कर व्यक्ति को समझने में सहायक होती हैं।

सीमाएं (Limitation)

उपर्युक्त विशेषताओं के साथ ही साथ प्रक्षेपण प्रविधियों की अपनी कुछ सीमाएं भी हैं, जिनके कारण हमें इनका प्रयोग करने में कुछ कठिनाई मालूम होती है। इस प्रविधि की प्रमुख सीमाएं निम्नलिखित हैं–

1. प्रक्षेपण प्रविधियों की रचना एवं मानकीकरण प्रायः एक अत्यंत दुर्लभ तथा कठिन कार्य है।

2. इन प्रविधियों का प्रशासन, गणना एवं विवेचन एक साधारण व्यक्ति या नवीन शोध वैज्ञानिकों तथा मनोवैज्ञानिकों द्वारा संभव नहीं होता है, बल्कि इसके लिए विशिष्ट योग्य एवं अनुभवी तथा प्रशिक्षित व्यक्ति की नितांत आवश्यकता होती है।
3. इस प्रकार के परीक्षणों में समय का अधिक व्यय होता है, जिससे व्यक्ति थकान एवं अरोचकता का अनुभव करने लगता है। इससे उनके व्यक्तित्व के मूल्यांकन पर प्रभाव पड़ सकता है।
4. इन प्रविधियों का संबंध मुख्य रूप से व्यक्ति के अचेतन पक्ष से ही रहता है, जबकि व्यक्तित्व चेतन एवं अचेतन दोनों पक्षों का मिश्रित रूप है।
5. सामान्य व्यक्तियों की अपेक्षाकृत असामान्य व्यक्तियों के व्यक्तित्व का मूल्यांकन करने में यह प्रविधि अत्यधिक उपयोगी होती है।
6. इनकी विश्वसनीयता एवं वैधता निर्धारित करना बहुत कठिन कार्य है।
7. अनुसंधान कार्यों की अपेक्षा चिकित्सकीय क्षेत्रों में इनका व्यापक रूप से प्रयोग संभव होता है।

समाज वैज्ञानिक शोधों में प्रक्षेपी प्रविधि का प्रयोग (Use of Projective Techniques in Social Science Researches)

किसी भी सामाजिक व्यवस्था में सामाजिक संबंध अत्यंत जटिल होते हैं, जिनको समझना आधुनिक युग में असंभव तो नहीं कठिन अवश्य हो जाता है। मानव का व्यवहार, भावनाएं और उसकी मनोवृत्तियां विषयीकृत होती हैं। अतः इनको समझना, परीक्षण करना और निष्कर्ष के आधार पर सामान्यीकरण करना कठिन है। मनुष्य चेतन प्राणी है, इसके साथ-साथ उसमें सोचने की भी प्रवृत्ति होती है। इसका परिणाम यह होता है कि उसके द्वारा जो जानकारी प्राप्त होती है वह अधूरी होती है और उसके विवेक के पीछे कई तथ्य छिपे रहते हैं। मानव प्रकृति की गूढ़ता और समाज की जटिलता के कारण सामाजिक जीवन और घटनाओं को समझने में जो कठिनाइयां होती हैं, उनको दूर करने और वैज्ञानिक व व्यवस्थित निष्कर्ष निकालने के लिए सामाजिक शोध में प्रक्षेपी प्रविधियों का प्रयोग किया जाता है। समकालीन औद्योगिक समाजों में मानव की विभिन्न भूमिकाओं के कारण से इसका महत्व और भी बढ़ गया है।

इस प्रविधि की सहायता से मानव व्यक्तित्व तथा उसकी मनोवृत्तियों और भावनाओं को स्पष्ट रूप से समझने में मदद मिलती है। इसके साथ-साथ यह प्रविधि विषय सामग्री को सरल बनाती है। आधुनिक समाज में इसके द्वारा संस्कृति और व्यक्तित्व का अध्ययन किया जा सकता है। इससे व्यक्तिगत कुंठाओं का भी बोध होता है।

इसके अनेक गुणों के बावजूद भी इसकी कुछ सीमाएं होती हैं। बहुत से समाज वैज्ञानिक यह मानते हैं कि यह प्रविधि विषय के उद्देश्य को गुप्त रखने में बाधक होती है। इसके द्वारा व्यक्तियों को गलत उत्तर देने की प्रेरणा प्राप्त होती है, जिसके कारण झूठे उद्देश्य का निर्माण हो जाता है। इसके अतिरिक्त जो उत्तर प्राप्त होते हैं, उनकी सत्यापनशीलता का मूल्यांकन या परीक्षण नहीं किया जा सकता। इसके साथ-साथ इस प्रविधि द्वारा जो उत्तर प्राप्त होते हैं, उनके प्रस्तुतिकरण का सामान्यीकरण करना कठिन हो जाता है।

सारांश में हम कह सकते हैं कि इन सीमाओं के बावजूद यह प्रविधि सामाजिक अनुसंधान की एक उपयोगी विधि है। इस विधि का प्रयोग करते समय शोधकर्ता को कुछ सावधानियां ध्यान में रखनी आवश्यक हैं, जिससे इस विधि को और उपयोगी बनाया जा सकता है।

20

अनुमापन

Scaling

किसी भी वस्तु को पूर्णरूप से जानने के लिए उसकी कई प्रकार से माप करनी पड़ती है। स्केल या पैमाना वह साधन है, जिसके द्वारा हम किसी वस्तु को मापते हैं। भौतिक पदार्थों के लिए विभिन्न प्रकार के पैमानों का उपयोग होता है, जैसे–गर्मी या सर्दी को डिग्रियों, लम्बाई को गज, फुट, इंच या मीटर, सेंटीमीटर में व द्रव को गैलन में। विभिन्न प्रकार की वस्तुओं के लिए अलग-अलग माप का पैमाना प्रयोग किया जाता है। सामाजिक घटनाओं के मापन की समस्या इससे थोड़ी भिन्न एवं जटिल है। सामाजिक अध्ययनों में दो प्रकार की माप की जाती है। प्रथम प्रकार की माप के अन्तर्गत व्यक्तियों की आयु, परिवारों का आकार, विवाह, हत्याओं तथा आत्म हत्याओं की संख्या आदि की संख्यात्मक माप की जाती है। दूसरे प्रकार की माप का संबंध गुणात्मक एवं अमूर्त सामाजिक घटनाओं की माप से है जो अत्यधिक जटिल होती है। परन्तु सामाजिक अनुसंधान को शुद्ध एवं वैज्ञानिक बनाने के लिए इन मूर्त घटनाओं को सही-सही मापना आवश्यक है। इस प्रकार की गुणात्मक घटनाओं के मापन के लिए समाजशास्त्र में कुछ प्रविधियों का निर्माण किया गया है। इन प्रविधियों को अनुमापन प्रविधियां (scaling techniques) कहा जाता है। इस प्रकार अनुमापन प्रविधियां सामाजिक अनुसंधान की वे प्रविधियां हैं, जिनके द्वारा गुणात्मक एवं अमूर्त सामाजिक घटनाओं एवं समस्याओं की संख्यात्मक माप की जाती है। अनुमापन प्रविधियों के विषय में गुडे तथा हाट का कथन इस प्रकार है 'अनुमापन प्रविधियों की अन्तर्निहित समस्या इकाइयों की श्रेणियों को एक क्रम के अन्तर्गत व्यवस्थित करने की है। दूसरे शब्दों में, अनुमापन प्रविधियां गुणात्मक तथ्यों की श्रेणियों को गणनात्मक श्रेणियों में बदलने की पद्धतियां हैं।'[1]

अनुमापनों की उपयोगिता (Use of Scaling)

हम पहले ही लिख चुके हैं कि परिशुद्ध एवं सही माप करने की क्षमता इस बात का द्योतक है कि एक विज्ञान कितना प्रगति कर चुका है। समाजशास्त्र के लिए यह काम सरल नहीं है; क्योंकि इसकी मनोवृत्ति, विचार, सामाजिक स्थिति, सामाजिक दूरी आदि अमूर्त व गुणात्मक घटनाओं को मापना पड़ता है और इनका प्रत्यक्ष व सही माप असंभव है। उदाहरणार्थ, हरिजनों के प्रति एक ब्राह्मण के मनोभाव की माप करना उतना आसान नहीं है, जितना कि किसी भौतिक वस्तु के वजन, लम्बाई तथा चौड़ाई का ज्ञान करना है। इसका प्रमुख कारण यही है कि

अधिकांश सामाजिक घटनाएं न केवल जटिल हैं अपितु वे परिवर्तनशील तथा गुणात्मक भी हैं। उनकी प्रकृति गुणात्मक होने के कारण उनका वैषयिक (objective) एवं गणनात्मक माप एक कठिन समस्या बन जाता है। पर विज्ञान का काम तो समस्याओं व बाधाओं की चुनौतियों को स्वीकार करना है और समाजशास्त्र ने भी यही किया है; क्योंकि घटनाओं को ठीक-ठीक मापने की क्षमता को विकसित किए बिना समाजशास्त्र के लिए अपनी वैज्ञानिक प्रस्थिति (scientific status) को बनाए रखना संभव नहीं हो सकता। वैसे भी अनुमापों की आवश्यकता व उपयोगिता सभी विज्ञानों के लिए है और विकासशील सामाजिक विज्ञान के रूप में समाजशास्त्र के लिए तो अनुमापों की उपयोगिता और भी अधिक है। निम्नलिखित विवेचना से यह बात और भी स्पष्ट हो जाएगी–

1. **वैज्ञानिक परिपक्वता के लिए (For Scientific Maturity)**–अनुमापों की प्रथम उपयोगिता यह है कि ये विज्ञान को इस योग्य बना देते हैं कि वह अपने अध्ययन विषय के अन्तर्गत आने वाली घटनाओं का सही व प्रामाणिक माप कर सके। इसके बना कोई भी विज्ञान परिपक्वता व प्रगति की ओर आगे नहीं बढ़ सकता है। प्रगतिशील व विकासशील होना प्रत्येक विज्ञान की उल्लेखनीय आवश्यकता है और इसकी पूर्ति तब तक नहीं हो सकती, जब तक अनुमापन प्रविधियों की भी उत्तरोत्तर वृद्धि न होती जाए। गुडे तथा हाट ने लिखा है, 'सभी विज्ञान अधिकतम परिशुद्धता की दिशा में अग्रसर होते हैं। इस परिशुद्धता के अनेक रूप होते हैं, पर उसका एक आधारभूत रूप है क्रमबद्ध श्रेणियों का माप'[2] यह माप अनुमापन प्रविधियों की सहायता से ही संभव हो सकता है। अत: स्पष्ट है कि अधिकतम परिशुद्धता की प्राप्ति के लिए ये प्रविधियां आवश्यक हैं।

2. **वैषयिक माप के लिए (For Objective Measurement)**–सामाजिक अनुसंधानों में सामाजिक घटनाओं की वास्तविकताओं का अध्ययन और उस अध्ययन द्वारा यथार्थ व निर्भर योग्य निष्कर्ष निकालना तभी संभव हो सकता है, जबकि हम एक घटना विशेष की वैषयिक माप कर सकें। वास्तविक स्थिति का पता लगाने के लिए गणनात्मक विवेचना अत्यंत आवश्यक होती है और यह काम अनुमापन प्रविधियों की सहायता से ही संभव हो सकता है। यदि सामाजिक घटनाओं का वैषयिक मापन न किया गया तो सदैव ही यह भय बना रहेगा कि सामाजिक घटनाएं गुणात्मक होने के कारण प्रत्येक अनुसंधानकर्ता उनके अलग-अलग अर्थ लगाएगा, जिसके परिणामस्वरूप घटनाओं के विश्लेषण में किसी भी प्रकार की सुस्पष्टता पनप ही नहीं सकेगी। सभी के लिए समान वैषयिक व तटस्थ निष्कर्ष निकालना तभी संभव है, जबकि विभिन्न सामाजिक घटनाओं को मापने की सुनिश्चित प्रणाली या पैमाना हमारे पास हो। अत: सामाजिक घटनाओं के वैषयिक माप के लिए भी अनुमापन प्रविधियों की अत्यंत आवश्यकता है।

भौतिक विज्ञान अधिक परिपक्व व परिशुद्ध है; क्योंकि इसमें संख्यात्मक माप की प्रविधियां अत्यंत विकसित रूप में हैं। इन प्रविधियों का इतना अधिक विकास समाजशास्त्र अभी नहीं कर पाया है फिर भी इस दिशा में प्रयत्नशीलता की कुछ भी कमी नहीं है। कोई भी विज्ञान आरंभ से ही गणनात्मक परिशुद्धता को प्राप्त नहीं कर लेता है। जैसे-जैसे उस विज्ञान की प्रगति होती जाती है वैसे-वैसे गणनात्मक परिशुद्धता भी बढ़ती जाती है; क्योंकि धीरे-धीरे अनुमापन प्रविधियों का भी विकास होता जाता है। यही स्थिति समाजशास्त्र की भी है। पी.वी. यंग ने उचित ही लिखा है कि यद्यपि अनुमापन प्रविधियों के विकास के क्षेत्र में बहुत-सा कार्य अभी आरंभिक स्तर पर है फिर भी यह कहा जा सकता है कि इस विज्ञान के रूप में जैसे-जैसे समाजशास्त्र परिपक्व होता

जाएगा, वैसे-वैसे विद्यमान मापन यंत्रों तथा प्रविधियों में अधिक उन्नति होगी और साथ ही अन्य अनेक नवीन व अधिक परिशुद्ध मापक प्रविधियां विकसित होंगी।[3]

अनुमापों के प्रकार (Types of Scales)

सामाजिक घटनाओं या तथ्यों को मापने के लिए अब तक कुछ पैमानों का विकास किया गया है, इनके संबंध में यहां जान लेना उपयोगी सिद्ध होगा। पर इस संबंध में यह स्मरणीय है कि इन विद्यमान अनुमापों या पैमानों को अधिक सुनिश्चित तथा परिशुद्ध बनाने के लिए भी निरन्तर प्रयास किया जा रहा है। समाजशास्त्रीय अध्ययन में जिन पैमानों का प्रयोग किया जाता है, वे इस प्रकार हैं–

1. **अंक पैमाने (Point Scale)**–अंक पैमानों के अन्तर्गत हम रुचियों, मतों, इच्छाओं पर अंक प्रदान करते हैं। पैमानों में यह सबसे सरल पैमाना माना जाता है। चाहे तो हम अंक प्रदान करने के लिए स्थितियां ले सकते हैं, जिन पर उत्तरदाता अपनी इच्छा-अनिच्छा प्रकट करता है या विभिन्न प्रकार के शब्द। स्थतियों के उदाहरण के रूप में हम किसी मनोरंजन कार्यक्रम, चुनाव, हड़ताल या धार्मिक रीतियां ले सकते हैं। उत्तरदाता के समक्ष हम ऐसी स्थितियों को रखते हैं और उनके मत जानने के लिए पक्ष, विपक्ष, तथा तटस्थता की राय जानना चाहते हैं। इस प्रकार हम ऐसी स्थितियों के 'सेट' तैयार कर सकते हैं, जिसके बारे में पक्ष, विपक्ष या तटस्थता को जानकर उत्तरदाता की व्यक्तित्व शैली (personality style) का हम पता लगा लेते हैं। इस प्रकार के सेट परंपरावादी, प्रतिक्रियावादी, धार्मिकता, आधुनिकता आदि शैलियों का पता लगाने के लिए निर्मित किए जा सकते हैं।

स्थितियों के आधार पर (On the Basis of Situations)–यदि उत्तरदाता ने किसी हड़ताल में भाग लिया है या हड़ताल की स्थिति से पूर्णतः अवगत है तो हड़ताल की ही स्थिति से संबंधित हम उसके समक्ष विभिन्न प्रश्न रखते हैं, जिन पर वह अपनी सहमति या असहमति प्रदर्शित कर सकता है। यदि हड़ताल से उसके मन में प्रसन्नता हुई है या दोष उत्पन्न हुआ है तो उसी के अनुसार वह प्रश्न के आगे चिह्नित (×) कर सकता है। ऐसे सभी प्रश्नों में अंक प्रदान किए गए रहते हैं। किसी व्यक्ति के अभिमत का पता ऐसे ही स्वीकारात्मक, अस्वीकारात्मक इत्यादि के साथ दिए गए अंकों को जोड़कर किया जाता है।

शब्दों के आधार पर (On the Basis of Statement)–इसमें वक्तव्य जैसे वाक्य दिए रहते हैं, जैसे–पूजा से चित्त शुद्ध होता है आदि। पक्ष या विपक्ष में अंक दिए रहते हैं और उत्तरदाता इन लघु वक्तव्यों पर अपने विचार व्यक्त करता है। बाद में हम उन अंकों को जोड़ते हैं और अभिमतों को संख्यात्मक रूप देते हैं। कभी-कभी किसी अंक पैमाने में पक्ष और विपक्ष भावनाओं को अभिव्यक्त करने वाले दोनों वक्तव्य साथ-साथ दिए रहते हैं।

2. **सामाजिक दूरी का पैमाना (Social Distance Scale)**–प्रायः हम ऐसा अनुभव करते हैं कि साथ-साथ या पड़ोस में रहने वाले व्यक्ति से हम बहुत दूर हैं या दूर रहने वाले व्यक्ति से हम बहुत नजदीक हैं। एक जाति के लोग दूसरी जाति से अपने को दूर पा सकते हैं। नीग्रो तथा श्वेत प्रजातियों के लोग एक-दूसरे से सामाजिक दूरी का अनुभव करते हैं। अतः विभिन्न व्यक्तियों व समूहों के बीच सामाजिक दूरी या सामाजिक निकटता को हम विभिन्न मात्राओं में पाते हैं। इन्हीं मात्राओं को हम इस पैमाने से मापते हैं। सामाजिक दूरी को प्रकट करने वाली प्रवृत्तियों का हमें ज्ञान होना चाहिए तथा विभिन्न व्यक्तियों या समुदायों में ऐसी प्रवृत्तियों का पता लगाकर सामाजिक दूरी या निकटता का पता चलाते हैं।

सामाजिक दूरी को मापने के लिए बोगाड्र्स (E.S. Bogardus) ने ऐसी ही कुछ परिस्थितियों को चुना है, जिससे हम सामाजिक दूरी का ज्ञान प्राप्त कर सकें। बोगाड्र्स का पैमाना इस प्रकार है–

क्रमांक	*वर्ग*	*अंग्रेज*	*स्वीडिश*	*पोल*	*कोरियन*
1.	विवाह करने की स्वीकृति।				
2.	क्लब में साथी बनाने की स्वीकृति।				
3.	पड़ोस में रहने की स्वीकृति।				
4.	एक ही दफ्तर में साथ-साथ काम करने की स्वीकृति।				
5.	अपने देश में नागरिक के रूप में स्वीकार करने को तैयार।				
6.	देश में केवल पर्यटन के रूप में आने देने की स्वीकृति।				
7.	अपने देश से बाहर निकाल देने की इच्छा।				

उपर्युक्त अनुसूची, जो विभिन्न व्यक्तियों को दी गई, कुछ आवश्यक निर्देशों के साथ संलग्न थी। ये निर्देश निम्नांकित थे–

1. प्रत्येक दशा में अपनी प्रारंभिक प्रतिक्रिया ही दीजिए।
2. अपनी प्रतिक्रिया समस्त वर्ग (जैसे समस्त अंग्रेज वर्ग) के लिए ही दीजिए। अपनी प्रतिक्रिया व्यक्त करते समय किसी व्यक्ति विशेष को ही ध्यान में मत रखिए। और
3. प्रत्येक देश के खाने में सात वर्गों में से उतने ही वर्गों के सामने निशान लगाइए जिनसे आप सहमत हों।

बोगाड्र्स की इस अनुसूची को 1725 में अमेरिकन नागरिकों में विपरीत किया गया और उनसे प्राप्त सूचनाओं के आधार पर प्रत्येक वर्ग का योग निकाला गया। बाद में इन तथ्यों को प्रतिशत में बदलने के लिए कुछ उत्तरों (1725) को 100 के बराबर मानकर निम्नलिखित सारिणी द्वारा प्रकट किया गया–

वर्ग	*विभिन्न वर्गों में अलग-अलग प्रश्नों के उत्तरों का प्रतिशत*						
	1	*2*	*3*	*4*	*5*	*6*	*7*
अंग्रेज	93.7	96.7	97.3	95.4	95.9	1.7	1.0
स्वीडिश	45.3	62.1	75.6	78.0	86.3	5.4	1.0
पोल	11.0	11.6	28.3	44.3	58.3	19.7	4.7
कोरियन	1.1	6.8	13.0	21.4	23.7	47.1	19.1

इसी प्रतिशत में प्राप्त आंकड़ों को हम ग्राफ द्वारा प्रदर्शित करके, इसे और भी स्पष्ट बना सकते हैं।

सामाजिक दूरी के मापन के लिए हम समाजमितीय पद्धति (sociometric method) का भी प्रयोग करते हैं।

3. **तीव्रता मापन पैमाने (Rating or Intensity Scales)**–इस प्रकार के पैमानों द्वारा लोगों के विचारों, मनोभावों आदि की तीव्रता की माप की जाती है। यह पैमाना उस समय अधिक

उपयोगी सिद्ध होता है, जबकि किसी विषय के संबंध में केवल दो विरोधी विचार न होकर इन दोनों के बीच अन्य विकल्प भी होता है। उदाहरण के लिए एक अफसर के प्रति उसे दफ्तर के कर्मचारियों का मनोभाव केवल अच्छा या बुरा नहीं हो पाता, बल्कि कुछ लोग उसे बहुत अच्छा, कुछ लोग बहुत खराब और कुछ लोग औसत दर्जे का भी मान सकते हैं। इस पसंदगी या नापसंदगी को तीव्रता के आधार पर एक क्रम से लगा दिया जाता है जैसे–बहुत अच्छा, अच्छा, सामान्य, बुरा, बहुत बुरा। फिर इस पैमाने के प्रति विभिन्न कर्मचारियों के मनोभावों को मालूम किया जाता है और उसी के आधार पर यह मालूम किया जाता है कि अधिकांश कर्मचारी उस ऑफिसर को किस सीमा तक पसंद करते हैं या नापसंद करते हैं अथवा उसे औसत दर्जे का (न अच्छा, न बुरा) मानते हैं।

4. **श्रेणी सूचक पैमाना (Ranking Scale)**–इस प्रकार के पैमानों में परिस्थितियों या तथ्यों को कुछ श्रेणियों में प्रस्तुत किया जाता है और उन्हें ऐसे क्रम में रखा जाता है कि उससे यह पता चल जाए कि तुलना में किस दूसरे को लोग अधिक पसंद करते हैं।

अनुमापन की सीमाएं (Limitations of Scaling)

अनुमापन प्रविधियों के प्रयोग में हमें कुछ सामान्य कठिनाइयों का सामना करना पड़ता है। लेकिन इन सभी पद्धतियों से अधिकतम लाभ तभी ले सकते हैं, जबकि इनकी सीमाओं के बारे में जानकारी हो। गुडे एवं हाट ने भी अनुमापन की सामान्य सीमाओं की चर्चा भली-भांति की है। अनुमापन की सामान्य सीमाएं निम्नलिखित हैं–

1. **संवेदिता (Sensitivity)**–अनुमापन की सर्वप्रथम सीमा यह है कि पैमाना बनाने से पहले यह ज्ञात करना आवश्यक है कि तथ्य पैमाना द्वारा नापे जा सकते हैं या नहीं। प्रायः सामाजिक घटना तथा विशेषकर लोगों की राय एवं प्रवृत्ति का पता हम मौखिक वर्णनों द्वारा ही करते हैं। किसी एक जाति के लोग दूसरी जाति से यदि घृणा करते हों, तब भी घृणा की तीव्रता सभी सदस्यों में समान नहीं होती। इस तथ्य का प्रस्तुतीकरण हम अनुमापन द्वारा कर सकते हैं। जैसे–हम यह मान लें कि (किसी जाति के लोगों का अन्त जाति के प्रति) प्रेम से घृणा तक एक क्रमबद्ध दूरी है। लोगों के विभिन्न बिन्दुओं पर स्थान देंगे। इन बिन्दुओं को हम क्रमानुसार अंकबद्ध करेंगे। उदाहरणार्थ–

'मैं किसी दलित के साथ विवाह करने को तैयार हूं।'

पूर्ण सहमति	सहमति	अनिश्चित मत	असहमति	पूर्ण असहमति
4	3	2	1	0

उपर्युक्त तथ्य को इस प्रकार रखा गया है कि वे एक के बाद एक बढ़ती दूरी को प्रकट करें। विभिन्न मतों को अंक देने से लोगों की अभिवृत्तियों को हम संख्यात्मक रूप में प्रस्तुत कर सकते हैं। क्रम निर्धारण में हमें दो प्रमुख बातों को ध्यान में रखना पड़ता है, एक जिस तथ्य को हम मापना चाहते हैं, उसके संबंध में पूर्ण ज्ञान–साक्षात्कार, निरीक्षण या उपलब्ध साहित्य द्वारा तभी हम विषयों में क्रमों को ढूंढ़ सकते हैं। दूसरा, जनसंख्या की प्रकृति। 'अनुक्रमों को परिभाषित करने के लिए उस जनसंख्या की प्रकृति से हमें अवगत होना पड़ेगा, जिसका हम अनुमापन कर रहे हैं, हो सकता है जो अभिवृत्ति-क्रम एक समूह में पाया जाता है, वही दूसरे समूह में नहीं पाया जाता।'[4]

2. **विश्वसनीयता (Reliability)**–अनुमापन की दूसरी सीमा यह होती है कि पैमाने विश्वसनीय नहीं होते हैं। अत: पैमाने का विश्वसनीय होना आवश्यक है। पैमाना विश्वसनीय उस समय माना जाता है, जब वह समान दशाओं में एक ही माप दे। इसी प्रकार यदि हम आर्थिक स्तर को मापने के लिए पैमाना तैयार करें तो उसे विश्वसनीय तभी माना जाएगा, जब एक ही सामाजिक स्थिति के दो व्यक्तियों को बराबर अंक प्राप्त हों। यदि एक ही स्थिति के दो व्यक्तियों में से एक को अधिक अंक तथा दूसरे को कम प्राप्त हों तो पैमाना विश्वसनीय नहीं माना जाएगा।

पैमाने की विश्वसनीयता की परख के लिए निम्नलिखित साधनों का उपयोग किया जाता है–

1. *परीक्षण-पुन:परीक्षण विश्वसनीयता (Text-Retest Reliability)*–इस विधि के अनुसार पैमाने का एक ही समूह पर दो बार प्रयोग किया जाता है तथा मिलने वाले फलों की तुलना की जाती है। यदि दोनों में समानता हो तो समझा जाएगा कि पैमाना विश्वसनीय है। इसके लिए हम नियंत्रण वर्ग का उपयोग कर सकते हैं। यदि दुबारा परीक्षा करने में काफी समय लग गया हो तो हमें इस बात का विचार कर लेना चाहिए कि इस बीच में तथ्य को विचलित करने वाले कारण तो उत्पन्न नहीं हो गए हैं। इस कठिनाई को दूर करने के लिए दो मानव वर्ग चुने जा सकते हैं तथा दोनों में पैमाने का उपयोग करने पर यदि समान फल प्राप्त हों तो पैमाना विश्वसनीय माना जाएगा।
2. *समरूपी स्वरूप विश्वसनीयता (Multiple Form Reliability)*–इसके लिए एक ही स्केल को दो रूपों में प्रकट किया जाता है तथा उन्हें एक-एक करके, उसी समूह पर लागू किया जाता है। यदि उनके फलों में पर्याप्त समानता हो तो माना जाएगा कि पैमाना विश्वसनीय है।
3. *अर्द्धक विश्वसनीयता (Split-half Reliability)*–इस प्रणाली में स्केल को दो समान हिस्सों में बांट लिया जाता है तथा प्रत्येक हिस्से को पूर्ण स्केल मानकर एक ही समूह पर प्रयोग किया जाता है। इसके पश्चात दोनों में सह-संबंध ज्ञात करने का प्रयास किया जाता है। यदि दोनों में पर्याप्त मात्रा में सह-संबंध हो तो माना जाएगा कि स्केल विश्वसनीय है।

3. **वैधता (Validity)**–पैमाने को उस समय वैध माना जाएगा, जबकि वह मापे जाने वाले तथ्य की सही-सही माप बतला सके। वैधता तथा विश्वसनीयता का अंतर समझ लेना आवश्यक है। विश्वसनीयता उस समय प्राप्त हो जाती है, जबकि एक ही फल समान स्थितियों में बार-बार हो। वैधता उस समय मानी जाती है, जबकि सही-सही माप प्रदान करे। यदि पैमाने में हर बार समान गलती हो तो समान फल प्राप्त होगा, परन्तु वैध नहीं माना जा सकता। विश्वसनीयता की पहचान यह है कि पैमाने से अनिश्चित फल प्राप्त न हो, वैधता से तात्पर्य यह है कि माप ठीक तथा वास्तविक हो।

गुडे तथा हाट के अनुसार पैमाने की वैधता का निर्धारण निम्नलिखित चार आधारों पर हो सकता है–

1. *तर्क के आधार पर वैधीकरण (Logical Validation)*–पैमाने को उस समय वैध माना जाएगा, जबकि उसके फल हमारे तर्क अथवा सामान्य ज्ञान के अनुसार सही हों। उदाहरणार्थ यदि अछूतों के प्रति दूरी का पता लगाया जाए और उच्च जाति के लोगों में नीची जाति के लोगों से अधिक निकटता प्रकट हो तो ऐसा समझा जाएगा कि पैमाना वैध नहीं है; क्योंकि सामान्य ज्ञान के अनुसार, उच्च जाति के लोगों में दूरी अधिक होनी

चाहिए। इसी प्रकार यदि स्केल द्वारा अमेरिकन लोगों में अंग्रेजों की अपेक्षा चीनियों से अधिक निकटता प्रकट होती है तो उसे वैध नहीं माना जा सकता है।
यह विधि वास्तव में अधिक विश्वसनीय नहीं हैं, क्योंकि इसमें पर्याप्त व्यक्ति प्रधानता है। हमारा सामान्य ज्ञान प्रायः हमारी निजी विचार परंपरा, अनुभव, संस्कृति तथा परिस्थितियों से प्रभावित रहता है। इसके अलावा कभी-कभी अंतर इतना कम रहता है कि सामान्य ज्ञान द्वारा उसका पता नहीं लगाया जा सकता, अतएव यह विधि उसी समय प्रयुक्त हो सकती है, जबकि अंतर बहुत काफी हो तथा उसकी वैधता का केवल साधारण अनुमान लगाना हो।

2. *लोगों के मत के आधार पर वैधीकरण (Validation on the basis of Jury Opinion)*—जिस समूह में हम अपने पैमाने का प्रयोग करते हैं, उसी समूह में अनुमापन फल को प्रस्तुत करते हैं। यदि अधिकांश लोगों की राय हो कि अनुमापन सही है तो पैमाने की वैधता हम स्वीकार कर लेंगे।
3. *ज्ञात वर्ग के प्रयोग के आधार पर वैधीकरण (Validation on the basis of Groups Known)*—इस विधि के अनुसार पैमाने का उपयोग सबसे अधिक उन लोगों पर किया जाता है, जिनके विषय में हमें पहले से ज्ञान हो। उदाहरण के लिए यदि साम्यवाद के पक्ष या विपक्ष में किसी की राय जाननी हो तो पहले स्केल का प्रयोग उन लोगों पर किया जाए, जिनकी साम्यवाद के प्रति आस्था का हमें ज्ञान है। यदि जाना हुआ साम्यवादी इस स्केल द्वारा एक तटस्थ व्यक्ति सिद्ध हो तो समझा जाएगा कि पैमाना वैध नहीं है। परन्तु यदि उसके फल पूर्व ज्ञात फलों से मिलते हों तो पैमाने को वैध माना जाएगा।
4. *स्वतंत्र परीक्षण के आधार पर वैधीकरण (Validation on the basis of Independent Criterion)*—इस विधि के अन्तर्गत पैमाने की परीक्षा समस्त घटना पर न करके विभिन्न सन्निहित तथ्यों पर की जाती है। यदि सभी में समान फल प्राप्त हों तो उसे वैध माना जाएगा। उदाहरणार्थ—किसी व्यक्ति का सामाजिक स्तर उसकी आर्थिक स्थिति, शिक्षा, सामाजिकता इत्यादि अनेक तथ्यों पर आधारित है। यदि एक ही व्यक्ति द्वारा विभिन्न तथ्यों पर अंक समान या करीब-करीब समान हों तो ऐसा माना जाएगा कि पैमाना वैध है। परन्तु यदि विभिन्न तथ्यों पर प्राप्तांकों में काफी असमानता हो तो स्केल की वैधता भी संदेहपूर्ण ही रहेगी। इस विधि का सबसे बड़ा दोष यह है कि विभिन्न तथ्य पूर्णतया संबंधित नहीं होते, जैसे—एक व्यक्ति को शिक्षा में कम अंक तथा सामाजिकता में बहुत अधिक अंक प्राप्त हो सकते हैं।

समाजमितीय अनुमापन की अन्य सीमाएं (Other Limitations of Sociometric Scaling)

पैमानों के निर्माण में आने वाली उपर्युक्त सीमाओं के अतिरिक्त भी अनुमापों के निर्माण में कुछ और भी सीमाएं आती हैं, जो निम्नलिखित हैं–

1. सामाजिक घटनाएं स्वभावतः जटिल होती हैं तथा उनकी संख्यात्मक माप अत्यंत कठिन है, उदाहरणार्थ हममें से अधिकतर लोग अपनी दैनिक बातचीत में मध्यम श्रेणी के व्यक्ति का प्रयोग करते हैं हमें थोड़ा आभास तो होता है, परन्तु यदि हमें उसकी निश्चित संख्यात्मक माप देनी हो तो यह काम अत्यंत कठिन होगा।

2. सामाजिक मूल्यों के लिए कोई सर्व प्रचलित माप नहीं है। अर्थशास्त्र में द्रव्य अधिकांश मूल्यों की माप कही जा सकती है। लेकिन चोरी तथा घूसखोरी में देश के लिए कौन अधिक घातक है, इसका निर्णय कैसे किया जाए।

3. मानवीय व्यवहार निरंतर परिवर्तनशील है, लोग अपने वातावरण तथा परिस्थितियों के अनुसार अपने आप को बदलते रहते हैं, इसलिए कभी-कभी सही पैमाना भी उनके व्यवहार तथा प्रवृत्तियों को अनिश्चित फल प्रदान करता है और लोगों में इसके प्रति अविश्वास उत्पन्न हो जाता है।

4. मानव में सबसे अधिक असमानता पाई जाती है। उसमें संस्कृति, सामाजिक परंपराओं, विचारों, भाषा, धर्म, जाति आदि न जाने कितने विभेद उत्पन्न करने वाले कारण होते हैं। इस प्रकार एक वर्ग के लिए निर्मित स्केल का उपयोग दूसरे वर्ग में पूरी तौर पर लागू नहीं हो पाता। उदाहरणार्थ–सामाजिक स्तर पर जो पैमाना अमेरिकन लोगों के लिए बनाया जाएगा, उसे पूर्णतया भारतीय जीवन पर लागू नहीं किया जा सकता।

5. अधिकतर सामाजिक घटनाएं अमूर्त तथा इंद्रियों द्वारा समझे जाने के अयोग्य होती हैं। इस कारण स्केल की वैधता की परख करने में कठिनाई होती है। उदाहरण के लिए सामाजिक दूरी के स्केल को ले लीजिए। सामाजिक दूरी की समझ इंद्रियों द्वारा संभव नहीं है। अतएव इस बात का निश्चित रूप से पता लगाना अत्यंत कठिन होता है कि स्केल से सही ही फल प्राप्त हुआ है। किसी निश्चित पहचान के अभाव में हमें अपने सामान्य ज्ञान पर भरोसा करना पड़ता है। जो हमेशा ही विश्वसनीय नहीं होता।

6. सबसे बड़ी कठिनाई प्रायोगिक विधि के उपयोग की असंभावना है। प्रायोगिक विधि के उपयोग न हो सकने के कारण घटना के संबंध में सही-सही ज्ञान, उसमें पाए जाने वाले विभिन्न तथ्य तथा उनके सापेक्षिक महत्व का पता लगाना अत्यंत कठिन होता है। अतएव सामाजिक घटनाओं की निश्चित सांख्यिकीय माप ज्ञात करना और भी कठिन होता है।

मापन की प्रविधियां (Measuring Scales)

वैसे तो समाज मनोविज्ञान में मापने की अनेक प्रविधियां प्रचलित हैं, किन्तु मुख्य और महत्वपूर्ण मापदण्ड निम्नलिखित हैं–

1. थर्स्टन मापदण्ड रचना विधि।
2. लिकर्ट मापदण्ड रचना विधि।
3. गटमैन मापदण्ड रचना विधि।

थर्स्टन मापदण्ड *(Thurston Scale)*

थर्स्टन ने किसी विशेष विषय पर किसी समूह की राय जानने के लिए एक ऐसे पैमाने का उपयोग किया जो आवृत्ति बंटन के रूप में हो। इसकी आधार रेखा प्रवृत्तियों के पूर्ण विस्तार को प्रकट करती है, जिसके एक सिरे पर पूर्ण सहमति तथा दूसरे सिरे पर पूर्ण असहमति के बिन्दु हैं। औसत अथवा तटस्थ स्थिति उसके ठीक मध्य में है।

रचना विधि (Procedure)

थर्स्टन मापदण्ड रचना विधि में निम्नलिखित पद होते हैं–

1. प्रस्तुत प्रश्न अथवा वस्तु से संबंधित बहुत से सरल कथनों या मतों को इकट्ठा करना।

2. इन मतों के मापदण्ड के मूल्य को कुछ निश्चित निर्णायकों द्वारा निर्धारित करना। इस मूल्यांकन से विवादास्पद कथन निकाल दिए जाते हैं और केवल वे ही कथन रहने दिए जाते हैं, जिनके विषय में सारे विशेषज्ञ निर्णायक एकमत होते हैं। मतों का विस्तार एक अभावात्मक (negative) से एक भावात्मक (positive) सीमा तक होता है।
3. विशेषज्ञ निर्णायकों के मत के अनुसार, हर एक कथन की एक मध्य बिंदु (median) संख्या निर्धारित की जाती है।
4. अंत में यह देखना जरूरी है कि मापदण्ड के सारे कथन एक विशेष क्रम में आ गए हैं या नहीं। कथनों का क्रम इस प्रकार होना चाहिए कि वे अधिकतम स्वीकृति से प्रारंभ होकर न्यूनतम स्वीकृति तक जाएं।

एक बार सभी निर्णायकों द्वारा प्रत्येक मद को अंक प्रदान कर दिए जाते हैं तो उन मदों को, जिन्हें अस्पष्ट मानकर निर्णायक अस्वीकार कर देते हैं, त्याग दिया जाता है।

सावधानियां (Cautions)

थर्स्टन मापदण्ड रचना विधि में निम्नलिखित सावधानियां रखी जाती हैं–

1. मापदण्ड का प्रत्येक कथन स्पष्ट शब्दों में होना चाहिए।
2. निर्णायक विशेषज्ञों की संख्या इतनी पर्याप्त होनी चाहिए कि यह बात भली प्रकार मालूम हो सके कि विषयों द्वारा प्रकाशित मत को कौन–सा स्थान दिया जा सकता है।
3. मापदण्ड में केवल वे ही कथन रखे जाने चाहिए, जिनको निर्णायक लोग एक मत से स्वीकार करते हैं।

आजकल अनुसंधान में प्राय: थर्स्टन पैमाना प्रयोग में नहीं लाया जाता क्योंकि इस हेतु 10–15 निर्णायकों की आवश्यकता होती है। साथ ही ऐसे प्रोफेशनल क्षमता वाले और अनुभवी निर्णायकों का मिल पाना कठिन है।

लिकर्ट मापदण्ड *(Likert Scale)*

सन् 1932 में लिकर्ट ने थर्स्टन से भिन्न एक मापदण्ड का निर्माण किया। इस मापदण्ड में साम्राज्यवाद, अन्तरराष्ट्रीयता और नीग्रो लोगों के प्रति प्रयोज्य समूहों के मतों तथा अभिवृत्तियों को जानने की चेष्टा की गई।

रचना विधि (Procedure)

लिकर्ट की मापदण्ड रचना विधि में निम्न विभिन्न पद हैं–

1. बहुत से ऐसे कथनों की रचना जो कि उस समस्या अथवा वस्तु से संबंधित हो, जिससे संबंधित मनोवृत्ति का अध्ययन करना है।
2. प्रयोज्यों को यह कथन दिखाकर, उनसे उनका निम्नलिखित वर्गों में वर्गीकरण करना।

पूर्णतया स्वीकार (Strongly approved)	स्वीकार (Approved)	अनिश्चित (Undecided)	अस्वीकार (Dis-approved)	पूर्ण से अस्वीकार (Strongly Dis-approved)

3. उपर्युक्त वर्गों में उपर्युक्त क्रम में निम्न अंक प्राप्त करना–

5	4	3	2	1

4. प्रयोज्य के सम्पूर्ण प्राप्त अंक और कथनों के व्यक्तिगत अंकों के बीच में सह-संबंध ज्ञात करना।
5. उन कथनों को निकाल देना, जिनका सम्पूर्ण प्राप्तांक से अत्यंत निम्न अंश का सह-संबंध है।

गटमैन मापदण्ड *(Guttman Scale)*

गटमैन ने 1941-44 में अमेरिकी सैनिकों के नैतिक स्तर का अध्ययन करने के लिए एक मापदण्ड का निर्माण किया। गटमैन के मापदण्ड के मुख्य तत्व निम्नलिखित हैं-

1. यह ज्ञात करना कि कोई कथन मापदण्ड पर अंकित किया जा सकता है या नहीं।
2. किसी कथन की समीचीनता (consistancy) की परीक्षा के लिए स्केलोग्राम तैयार करना।
3. एक ही समस्या पर प्रश्नों को इस प्रकार घुमाकर पूछना जिससे कि यह ज्ञात हो सके कि प्रयोज्य के मत में समीचीनता है।

गटमैन का पैमाना एक आयामी एवं संचयी है। संचयी होने का अभिप्राय है कि समस्या से संबंधित मदों को उनकी कठिनता की मात्रा के अनुसार व्यवस्थित किया जा सकता है, तथा उत्तरदाता जो कि कठिन या जटिल मद पर सकारात्मक उत्तर देगा, वह उससे कम कठिन मद पर भी सकारात्मक उत्तर देगा। इसी प्रकार कठिन पर नकारात्मक उत्तर देने वाला, उससे कम कठिन मद पर भी नकारात्मक उत्तर देगा। इस प्रकार गटमैन पैमाना इस विचार पर आधारित है कि यदि कोई किसी चर के विषय में मजबूत सूचक देता है तो वह उस चर के विषय में सरल और कमजोर सूचक भी देगा।

समाज विज्ञान शोध में मापन का प्रयोग (Use of Scaling in Social Science Research)

सामाजिक घटना में अधिकतर तथ्य गुणात्मक होते हैं तथा उनकी संख्यात्मक माप संभव नहीं है। प्रश्न यह है कि समाजविज्ञान शोध में मापन का क्या प्रयोग है? शोध में मापन का प्रयोग इसलिए होता है कि उसमें तथ्यों की संख्यात्मक तथा वैषयिक माप हो सके। गुणात्मक माप व्यक्ति प्रधान होती है तथा एक ही घटना की विभिन्न माप दी जा सकती है। इससे हमें वस्तु स्थिति का पता नहीं लग पाता। उदाहरणार्थ-हम अक्सर लोगों को अनुशासनहीनता, अनैतिकता, बढ़ते हुए रहन-सहन के खर्च की बात करते सुनते हैं, परन्तु उसमें हमें इन तथ्यों कि स्थिति का ठीक-ठीक आभास नहीं मिल पाता।

संख्यात्मक वर्णन से ही वैषयिक माप संभव है तथा इसी के द्वारा हमको स्थिति का सच पता लग सकता है। इससे समस्या का विवेचन गणितीय आधार पर कर सकते हैं। हर प्रकार की उच्चतर विवेचना गणितीय होती है तथा उसके लिए तथ्यों को संख्या में व्यक्त किया जाना आवश्यक है। प्राय: सभी विज्ञान प्रारंभ में तो गुणात्मक होते हैं; परन्तु धीरे-धीरे वे संख्यात्मक हो जाते हैं।

सामाजिक विज्ञानों में संख्यात्मक माप के लिए विभिन्न प्रकार की सामाजिक मापों का प्रयोग किया जा रहा है। सामाजिक घटना प्राय: जटिल तथा अमूर्त होती है। इसलिए उसके संबंध में हमारा ज्ञान इतना पूर्ण नहीं होता और हमें वह संख्यात्मक रूप से मापने के अयोग्य जान पड़ती है। अत: शुद्ध तथा संख्यात्मक माप के लिए सामाजिक विज्ञान में विवेचनात्मक उपकरण तथा मापों का प्रयोग किया जा रहा है।

Notes

1. William J. Goode and Paul K. Hatt, *Methods in Social Research*, McGraw Hill Book Company, New York. 1952, p. 232.
2. Ibid., p. 232.
3. Pauline V. Young, *Scientific Social Surveys and Reaearch*, Asia Publishing House, Bombay, 1960, p. 323.
4. Ibid., p. 234.

21

अन्तरानुशासनीय अभिगम

Inter-Disciplinary Approach

प्रत्येक विज्ञान एक विशिष्ट दृष्टिकोण से मानव का अध्ययन करता है। जैसे—अर्थशास्त्र मानव की उन क्रियाओं का अध्ययन करता है जो धन के उपार्जन तथा व्यय से संबंधित होती है। मनोविज्ञान मन की मानसिक क्रियाओं से संबंधित होता है। समाजशास्त्र उनका अध्ययन एक सामाजिक प्राणी के रूप में करता है। इस प्रकार अधिकांश सामाजिक विज्ञानों का केन्द्र मानव ही है। परन्तु उनका दृष्टिकोण अलग-अलग है तथा वे उनके विभिन्न पहलुओं का अध्ययन करते हैं। इसी प्रकार प्रत्येक विज्ञान का दृष्टिकोणों की भिन्नता के साथ-साथ उनकी अध्ययन पद्धतियों में भी भिन्नता होती है। इन्हीं अध्ययन पद्धतियों के आधार पर एक विज्ञान दूसरे विज्ञान से पृथक होता है।

प्रत्येक विषय का अपना इतिहास होता है और अपनी पारिभाषिक शब्दावली भी होती है। इन्हीं के आधार पर उसका विकास होता है। किसी भी विषय के विद्यार्थी के लिए उसके अध्ययन व अनुसंधान के लिए उनका अनुसरण करना आवश्यक होता है। इसीलिए इसे अनुशासन की संज्ञा दी जाती है। इस प्रकार हम कह सकते हैं कि प्रत्येक विषय का अपना निजी अनुशासन होता है। उसकी मौलिक अवधारणाएं होती हैं और उसकी अपनी विषय-वस्तु होती है, जिनके आधार पर उस विज्ञान को आगे बढ़ाया जाता है।

अधिकतर सामाजिक अनुसंधान स्वयं शोधकर्ता द्वारा किए जाते हैं। ऐसा करना एक बड़ी सीमा तक उपयोगी होता है; क्योंकि प्राय: अध्ययनकर्ता अपनी समस्या को अन्य व्यक्तियों की अपेक्षा भली-भांति समझ सकता है। वह अपने शिक्षण व रुचि तथा कठोर परिश्रम से उसका विश्लेषण कर सकता है। लेकिन एक व्यक्ति के ज्ञान की कुछ सीमाएं होती हैं और किसी एक व्यक्ति से बहुत से अध्ययन विषयों में दक्ष होने की आशा नहीं की जा सकती। विविध पक्षीय, बहुकारकीय समस्या के अध्ययन के लिए एक से अधिक विद्वानों के साथ मिलकर कार्य करना आवश्यक होता है। इसके अतिरिक्त कुछ सामाजिक समस्याएं ऐसी भी होती हैं, जिनका संबंध दो या दो से अधिक सामाजिक विज्ञानों से होता है। इन समस्याओं के अध्ययन के लिए विषय को अपनी सीमाओं से बाहर जाकर अन्य विषयों से सहायता लेनी पड़ती है। ऐसी समस्याओं के समाधान के लिए एक साथ कई विज्ञानों की प्रविधियों का उपयोग करना पड़ता है। इस प्रकार सरल तरीके से हम कह सकते हैं कि यह सम्मिलित अध्ययन पद्धति ही

अन्तरानुशासनीय अभिगम है। अर्थात् जब एक सामाजिक समस्या के अध्ययन के लिए विभिन्न विज्ञानों की प्रविधियों की एक साथ सहायता ली जाए तो अध्ययन की उस जटिल विधि को अन्तरानुशासनीय अभिगम कहा जा सकता है। इस अभिगम के अन्तर्गत समस्या का अध्ययन समन्वयात्मक दृष्टिकोण से होता है।

किसी भी विषय के विकास में पहले समस्याओं का अध्ययन उस विषय तक ही सीमित रहता था और इस प्रकार विज्ञान का कृत्रिम विभागीकरण होता चला गया, उससे कुछ समस्याओं के अध्ययन में गहनता अवश्य आई; परन्तु समस्या के अन्य पक्ष उपेक्षित रह गए। उन पक्षों को साथ में लाने के लिए ही इस अभिगम का प्रादुर्भाव हुआ है। अनुसंधान दल प्राय: दो प्रकार के हो सकते हैं–

1. एकल अनुशासनीय दल अनुसंधान (Unidisciplinary Team Research)
2. अंतर अनुशासनीय दल अनुसंधान (Interdisciplinary Team Research)

एकल अनुशासनीय दल अनुसंधान में एक ही अनुशासन में शिक्षित अनुसंधानकर्ताओं का आवश्यकतानुसार एक दल बना दिया जाता है और उसे अमुक समस्या पर अध्ययन करने को कहा जाता है। ऐसा करना दल के संगठन, अध्ययन की प्रवृति व निष्कर्षों की सार्थकता के लिए उपयुक्त होता है। इन अध्ययनों के लिए आवश्यक है कि समस्या ऐसी हो, जो किसी एक ही अनुशासन से संबंधित हो।

जब अध्ययन की समस्या एक से अधिक अनुशास्त्रों और विषयों से संबंधित होती है तो उसके समुचित अध्ययन के लिए विभिन्न विज्ञानों, विशेषज्ञों और विधियों की सहायता ली जाती है। जब ये विभिन्न विद्वान और विशेषज्ञ विभिन्न विधियों की सहायता से किसी समस्या का अध्ययन करते हैं तो इसे अन्तरानुशासनीय दल अनुसंधान के नाम से पुकारते हैं। साथ ही इस दल से यह आशा की जाती है कि वे एक समान शोध प्रारूप के अनुसार एक-दूसरे के उपागमों, दृष्टिकोणों व अध्ययन पद्धतियों को समझते हुए परस्पर सहयोग स्थापित करें।

बैरन ने इसकी परिभाषा करते हुए लिखा है कि एक अन्तरानुशासनीय दल ऐसे व्यक्तियों का एक समूह होता है, जो विभिन्न प्रविधि व अवधारणाओं के प्रयोग में प्रशिक्षित होते हैं। जिनमें प्रत्येक सदस्य अपनी ही प्रविधियों का प्रयोग करता है और साथ ही साथ अन्य सदस्यों के कार्य द्वारा प्रस्तुत सीमाओं के संदर्भ में अंत: संचार व सैद्धांतिक तत्वों की पुनर्परीक्षा करता रहता है और अंत में प्राप्त हुए निष्कर्षों के लिए सामूहिक उत्तरदायित्व का अनुभव करता है।[1] स्पष्ट है कि इससे जब किसी अनुसंधान में विभिन्न संबंधित विधियों तथा विज्ञानों का उपयोग किया जाता है तो उसे अन्तरानुशासनीय दल अनुसंधान कहते हैं। इसके अन्तर्गत विभिन्न विशेषज्ञों के योगदान से उनकी विधियों में एकीकरण स्थापित हो जाता है।

उपर्युक्त परिभाषा की विवेचना के आधार पर अन्तरानुशासनीय अभिगम की निम्नलिखित विशेषताएं कही जा सकती हैं–

1. अंतर अनुशासनीय अभिगम अनुसंधान की एक प्रविधि है।
2. इसके अन्तर्गत अनुसंधानकार्य सामूहिक रूप से किया जाता है, जिसमें विभिन्न विशेषज्ञ विभिन्न प्रविधियों और साधनों के साथ समस्या का विवेचन करते हैं।
3. विभिन्न विषयों के प्रतिनिधि परस्पर मिलकर काम करना स्वीकार करते हैं और वे सामान्य अनुसंधान से संबंधित अनुशासन का पालन करते हैं। उन्हें अपने विषय के प्रति अत्यधिक कटिबद्ध होना चाहिए, परन्तु साथ ही शोध में दूसरे विषयों के दृष्टिकोणों को भी समझने का प्रयास करना चाहिए।

4. इन शोधों में सभी सम्मिलित विशेषज्ञ समान होते हैं और इनमें न तो कोई ऊंचा होता है और न नीचा।
5. इसका उद्देश्य उपयोगितावादी होता है और इस प्रविधि का प्रयोग व्याधिशास्त्रीय समस्याओं के लिए किया जाता है।
6. इन शोधों में दल के सभी सदस्य केवल संबंधित समस्या के लिए ही अनुसंधान करते हैं।

अन्तरानुशासनीय अभिगम की प्रक्रियाएं (Process of Interdiscipinary Approach)

अंतर अनुशासनीय विधि एक जटिल विधि है; क्योंकि इसमें अनेक विद्वानों तथा अनेक वैज्ञानिक प्रविधियों एवं विज्ञानों द्वारा समस्या का अध्ययन होता है। अतः इसकी रूपरेखा बड़ी सूझ-बूझ से तैयार की जाती है। इस प्रविधि की प्रक्रिया के मुख्य चरण निम्नलिखित हो सकते हैं–

1. **शोध प्रारूप का निर्माण (Formulation of Research Design)**–सर्वप्रथम अनुसंधान के लिए एक समिति का गठन किया जाता है, जिसका उद्देश्य अनुसंधान की समस्या को निश्चित करना होता है। इसके प्रारूप का निर्माण तीन तत्वों को ध्यान में रखकर किया जाता है–

1. अध्ययन विषय की स्पष्टता।
2. अध्ययन क्षेत्र का निर्धारण और
3. अध्ययन उद्देश्य का स्पष्टीकरण। किसी भी शोधकर्ता को इन बातों पर विशेष ध्यान देना चाहिए।

2. **आवश्यक विषयों एवं विज्ञानों की भूमिका का निश्चय करना (Determination of the Role of Needed Subjects and Sciences)**–जब शोध की समस्या, योजना और क्षेत्र निर्धारित हो जाते हैं तो यह आवश्यक हो जाता है कि उन विषयों को चुना जाए, जिनसे कि व्यक्ति को सहायता मिलती है। इसके साथ ही साथ यह भी निर्णय आवश्यक होता है कि किस सीमा तक उनका उपयोग किया जाए।

3. **विभिन्न विज्ञानों के विशेषज्ञों की भूमिका का निश्चय (Determination of the Role of the Experts of Various Sciences)**–विभिन्न विषयों और विज्ञानों को चुन लेने के पश्चात उनके कार्यों को चुन लेना चाहिए, जिससे अध्ययन क्षेत्र में उनके बीच भूमिकागत संघर्ष न हो सके।

4. **परिणामों का समन्वय (Synthesis of Result)**–इस विधि के अन्तर्गत विभिन्न विशेषज्ञ अपने-अपने दृष्टिकोणों से अध्ययन करके, निष्कर्ष निकालते हैं। यह परिणाम विभिन्न पहलुओं के प्रति सीमित ज्ञान प्रदान करते हैं। अतः समस्या के प्रति समग्र ज्ञान प्राप्त करने के लिए इन विभिन्न निष्किर्षों का समन्वय आवश्यक है। इस कार्य का कार्यान्वयन में विशेष सावधान रहना चाहिए।

अन्तरानुशासनीय अधिगम में कठिनाइयां (Problems in Interdisciplinary Approach)

इस प्रकार के अध्ययनों को संपन्न करने के लिए अनेक व्यावहारिक कठिनाइयां सामने आती हैं। प्रो. डी.पी. मुकर्जी ने इन समस्याओं के प्रति सचेत करते हुए लिखा है कि 'सामाजिक अनुशासन समान स्तर के नहीं हैं, विशेषज्ञों को दल में संगठित होकर कार्य करने की आदत

नहीं है और प्रत्येक अनुशासन एक संकाय के अन्तर्गत एक विभाग के इर्द-गिर्द अपने स्वार्थों की रचना कर सकता है। ऐसे आवश्यक कार्यकर्ता जो विशेषज्ञ अभिरुचि के ऊपर उठ सकें भी प्राय: उपलब्ध नहीं होते।[2] इनमें निम्नलिखित समस्याएं प्रमुख हैं–

1. **अपने-अपने विज्ञान को श्रेष्ठ मानना (Considering one's own Science the Best)**–प्राय: यह देखा जाता है कि दल का विशेषज्ञ अपने ही कार्य को महत्वपूर्ण समझता है और अपने विज्ञान को ही श्रेष्ठ मानता है। अत: इस प्रकार की धारणा के पनपने से सभी शोधकर्ताओं में पूर्ण सहयोग नहीं रह पाता। फलत: उद्देश्यात्मक सफलता नहीं मिलती।

2. **दल में हम भावना का अभाव (Lack of Team Spirt in the Group)**–जब विशेषज्ञों में अपने विज्ञान की श्रेष्ठता एवं स्वीकार्य को ही प्रधान मानने की भावना बढ़ती है तो दल के सदस्यों में हम भावना की कमी हो जाती है, जिससे इस विधि की मुख्य विशेषता ही समाप्त हो जाती है। वास्तव में प्रत्येक वैज्ञानिक को दल के हित में ही कार्य करना उचित होता है। साथ ही उन्हें एक-दूसरे के प्रति सहिष्णु विचार रखना चाहिए।

3. **वैज्ञानिकों के पूर्वाग्रह एवं दृष्टिकोणों में अंतर (Bais and Difference in the View Points of Scientists)**–प्रत्येक विषय का अपना परिवेश होता है वस्तुत: वैज्ञानिक उसी परिवेश को महत्व देता है। यह दृष्टिकोण दूसरे वैज्ञानिकों को उचित नहीं दिखाई देता है। इस कारण से विभिन्न विद्वानों में विवाद एवं मतभेद उत्पन्न हो जाते हैं। जिससे वास्तविक अध्ययन में परेशानी उत्पन्न हो जाती है।

4. **पृष्ठभूमियों में अंतर (Difference of Backgrounds)**–इस प्रविधि का संपादन अनेक विद्वानों और विशेषज्ञों के माध्यम से होता है। फलस्वरूप विभिन्न पृष्ठभूमि से आए वैज्ञानिकों का मत एक नहीं हो पाता। अत: वे किसी भी निष्कर्ष को समन्वित रूप नहीं दे पाते और न ही वे किसी प्रविधि को अपनाने पर तैयार होते हैं। फलत: अनुसंधान का उद्देश्य अधूरा ही रह जाता है।

5. **निष्कर्षों के समन्वय की समस्या (Problem of Synthesis of the Results)**–विभिन्न विद्वान अपनी-अपनी विधियों से समस्या का अध्ययन करके निष्कर्ष निकालते हैं। तत्पश्चात इन निष्कर्षों के समन्वय का कार्य एक जटिल समस्या हो जाती है।

6. **सरकारी तथा अर्ध सरकारी अध्ययन से संबंधित समस्यायें (Problem Relating to Government and Semi-government Studies)**–सरकारी और अर्धसरकारी संस्थाओं में किए गए अध्ययनों में यह देखने में आता है कि विभिन्न पदों पर स्थायी कर्मचारी लापरवाही और असहयोग प्रदर्शित करते हैं और निजी संस्थाओं में कर्मचारी भयभीत रहते हैं। अत: वे पूर्ण साहस और बौद्धिक ईमानदारी से कार्य नहीं कर पाते।

7. **अध्ययन दल की संख्या (Number of Study Teams)**–अध्ययन दल के सदस्यों की संख्या अधिक हो जाने से उनको नियंत्रित करने और काम लेने में भी कठिनाई होती है।

इन सब समस्याओं के होते हुए भी इस प्रविधि का महत्व कम नहीं हो जाता, बल्कि दिन पर दिन इसका प्रचलन बढ़ता जा रहा है। साथ ही इससे समस्याओं के समाधान की दिशा में भी प्रगति हो रही है।

अन्तरानुशासनीय अभिगम का महत्व (Importance of Interdisciplinary Approach)

इस प्रकार की प्रविधि के उपयोग करने का महत्व तथा विशेषीकरण की बढ़ती हुई प्रवृत्ति के फलस्वरूप विद्वानों ने एकीकरण पर जोर दिया है। इसके गुण निम्नलिखित हो सकते हैं–

1. इस विधि की सहायता से विस्तृत गहन और सर्वपक्षीय अध्ययन हो सकते हैं। भारत जैसे विकासशील देश में इसका और भी महत्वपूर्ण स्थान है। इसमें समस्या के प्रत्येक पक्ष का गहन एवं सफल अध्ययन होता है।
2. इससे विभिन्न विज्ञानों के बीच विरोध की मात्रा समाप्त हो जाती है, उसके स्थान पर एकता और सहनशीलता बढ़ती है। एक-दूसरे के दृष्टिकोणों को समझने से भ्रांतिपूर्ण धारणाएं समाप्त हो जाती हैं।
3. इसके निष्कर्ष वैज्ञानिक होते हैं और उनका कभी भी पुनर्परीक्षण किया जा सकता है।
4. इन अध्ययनों से वैषयिकता को प्रोत्साहन मिलता है। इसके अन्तर्गत अनेक विशेषज्ञों के काम करने से पूर्वी ग्रहों की तीव्रता घटती है और वस्तुनिष्ठता अपेक्षाकृत बढ़ जाती है।
5. विषयों की रूढ़िवादिता समाप्त होती है तथा उनमें समन्वय की भावना उत्पन्न होती है।
6. सामाजिक समस्याओं के मूल कारणों की जानकारी कराकर, उन समस्याओं के समाधान में सहायता प्रदान करता है।
7. सिद्धांत निर्माण के दृष्टिकोण से यह विधि भी अत्यंत उपयोगी है।

भारत में सामाजिक विज्ञानों के क्षेत्र में इसका प्रचलन बढ़ता जा रहा है। कई प्रकार की गोष्ठियों और पाठ्यक्रमों में इस विधि के कार्यान्वयन पर विशेष जोर दिया जा रहा है। आजकल न केवल पाश्चात्य अपितु विकासोन्मुख अनेक देशों में इसका प्रयोग तीव्रता से बढ़ा है।

अन्तरानुशासनीय अभिगम की सीमाएं (Limitations of Interdisciplinary Approach)

इस विधि के अनेक गुणों के बावजूद यह विधि दोषों से मुक्त नहीं है। इस विधि की निम्नलिखित सीमाएं कही जा सकती हैं–

1. इसके द्वारा कुछ सामान्यत: व्यावहारिक समस्याओं का ही अध्ययन हो सकता है। गहन तथा सैद्धांतिक अध्ययन के लिए यह विधि उपयोगी नहीं होगी।
2. इस विधि में अध्ययन असंगठित तथा अकेन्द्रित हो जाता है। विभिन्न पद्धतियों के मेल से बनी योजना कहां तक वैषयिक और वैज्ञानिक अध्ययन में समर्थ होगी यह भी संदेहास्पद है।
3. यह विधि अधिक व्यय साध्य है।
4. इस योजना में समस्या का सही हल निकालने के स्थान पर विभिन्न अनुशासनों में समन्वय स्थापित करने में कठिनाई होती है।
5. इस विधि द्वारा प्राप्त निष्कर्षों का समन्वय करना कठिन हो जाता है और उस दशा में किसी निश्चित परिणाम पर पहुंचना कठिन हो जाता है।
6. कुछ लोग यह मानते हैं कि कार्यकर्ताओं के बीच एकता की स्थापना नहीं हो पाती, जिससे अध्ययन में कठिनाई होती है।

इन सीमाओं के होते हुए भी इस तथ्य से इंकार नहीं किया जा सकता कि अन्तरानुशासनीय अभिगम समाजशास्त्रीय समस्याओं के अध्ययन एवं समाधान का रास्ता प्रस्तुत करता है। इस संबंध में स्मिथ और ह्वाइट ने लिखा है 'वास्तव में जैसा कि हम आज और अधिक देखते हैं कि सामाजिक विज्ञानों को वास्तविक रूप में विज्ञान होने के लिए आवश्यक है कि वे साथ-साथ विकास करें।

राइट मिल्स ने लिखा है कि 'हमें शैक्षणिक विभागों के बलात विशेषीकरण को दूर करना होगा और अपने कार्य को प्रसंग तथा उससे भी अधिक समस्या के अनुसार विशेषीकरण करना होगा।'[3]

कोल का भी सुझाव अत्यंत महत्वपूर्ण है, जिन्होंने विश्वविद्यालयों में इतिहास, समाजशास्त्र, राजनीतिशास्त्र आदि सामाजिक विज्ञानों के पृथक-पृथक विभाग खोलने के स्थान पर एक सामाजिक अध्ययनों के सर्वांगीण विभाग होने की बात की।[4]

अंत में हम कह सकते हैं कि इन अध्ययनों की उपर्युक्त बाधाओं से शोधकर्ता को भयभीत नहीं होना चाहिए, बल्कि इन चुनौतियों का साहसपूर्वक सामना करना चाहिए। ऐसे अध्ययन ज्ञान के क्षितिज को विस्तृत करते हैं और नई प्रविधियों के क्षेत्र में सहायता प्रदान करते हैं।

Notes

1. Luszki, M. Barron, *Interdisciplinary Team Research Method and Problems,* Washington National Training Laboratories, 1958, p. 10.
2. D.P. Mukerjee, *Indian Sociology and Tradition,* Address to All India Sociological Society, 1956.
3. C. Wright Mill, *Sociological Imagination,* Macmillan, New York, 1961, p. 45.
4. G.D.H. Coal, *Essays in Social Theory,* Macmillan and Co. Ltd., London, 1950, p. 33.

22

समंकों (आंकड़ों) का संग्रहण

Collection of Data

वैज्ञानिक तौर पर किसी भी समस्या या घटना के संबंध में ज्ञान प्राप्त करने तथा उससे संबंधित किसी भी नियम को ढूंढने के लिए सर्वप्रथम आवश्यकता इस बात की है कि वास्तविक निरीक्षण द्वारा तथा अन्य स्रोतों से उस घटना या समस्या के संबंध में वास्तविक तथ्यों का संकलन किया जाए। तथ्यों के संकलन बिना वैज्ञानिक अध्ययन का कार्य आगे नहीं बढ़ सकता। किसी भी घटना या समस्या के संबंध में वास्तविक कारणों को खोजा नहीं जा सकता। समस्त सर्वेक्षण तथा शोधों का आधार तथ्यों या समंकों का संकलन है। सांख्यिकीय रीतियों में समंकों का संग्रहण प्रथम तथा महत्वपूर्ण रीति है। एकत्रित समंकों का वर्गीकरण, विश्लेषण, निर्वचन आदि करके ही हम किसी सामान्य निष्कर्ष पर पहुंचते हैं।

समंकों के प्रकार (Types of Data)

संग्रहण की दृष्टि से समंक प्राय: दो प्रकार के होते हैं–

1. **प्राथमिक सामग्री (Primary Data)**–प्राथमिक सामग्री का अभिप्राय ऐसी सूचनाओं, तथ्यों या आंकड़ों से है, जिनका संग्रह प्रारंभ से अंत तक नए सिरे से होता है एवं जिनको पहली बार एकत्र किया जा रहा है। इस तरह की सामग्री मौलिक होती है। इस सामग्री का संग्रह करते समय अनुसंधानकर्ता अपने वास्तविक अध्ययन क्षेत्र में जाता है और वहां समस्या या विषय से संबंधित जीवित व्यक्तियों से साक्षात्कार करके या स्वयं निरीक्षण करके अथवा अनुसूची या प्रश्नावली के माध्यम से तथ्यों का संग्रह करता है। प्राथमिक सामग्री एक प्रकार से कच्चे माल (raw materials) के रूप में होती हैं, जिनका विश्लेषण एवं निर्वचन बाकी रहता है।

2. **द्वितीयक सामग्री (Secondary Data)**–द्वितीयक सामग्री का अभिप्राय ऐसी सूचनाओं, तथ्यों या आंकड़ों से है, जिन्हें अनुसंधानकर्ता प्रकाशित या अप्रकाशित प्रलेखों (documents) रिपोर्ट, पत्र-डायरी, आत्मकथा, पाण्डुलिपि आदि से प्राप्त करता है। द्वितीयक सामग्री का संकलन पहले से ही हो चुका रहता है। केवल अनुसंधानकर्ता उन्हें अपने प्रयोग में लाता है। वह स्वयं संग्रहण कार्य नहीं करता। किसी अन्य उद्देश्य के लिए संकलित सामग्री को अपने प्रयोग में लाता है।

प्राथमिक सामग्री को एकत्र करने की रीतियां *(Procedures of Primary Data Collection)*

प्राथमिक सामग्री को एकत्र करने की कई रीतियां हैं। सर्वेक्षणकर्ता अपनी सुविधा के अनुसार इनमें से किसी एक रीति द्वारा सामग्री का संग्रहण करता है। कुछ प्रमुख रीतियां निम्नलिखित हैं–

1. प्रत्यक्ष व्यक्तिगत अनुसंधान रीति (Direct Personal Investigation)।
2. अप्रत्यक्ष मौखिक अनुसंधान रीति (Indirect Oral Investigation)।
3. स्थानीय स्त्रोतों द्वारा सूचना प्राप्ति (Information through Local Sources)।
4. प्रश्नावली तथा अनुसूचियों द्वारा सूचना प्राप्ति (Information through Questionnaires and Schedules)।

1. **प्रत्यक्ष व्यक्तिगत अनुसंधान रीति**–इस रीति में शोधकर्ता स्वयं अध्ययन स्थल पर जाकर अपने विषय से संबंधित घटनाओं, वस्तुओं तथा व्यवहारों का स्वयं निरीक्षण करके, सूचना एकत्रित करता है। वह सीधे उन व्यक्तियों के सम्पर्क में जाकर रहता है, जिनसे उसे सूचना प्राप्त करनी होती है। वह समूह के बीच अपरिचित की तरह न रहकर उसका एक अंग बन कर रहता है। इस रीति के लिए आवश्यक है कि शोधकर्ता संबंधित प्रदेश की भावना, रीति-रिवाज, व्यवहार एवं परंपराओं का पूरा-पूरा ज्ञान रखे, ताकि विभिन्न प्रकार के व्यक्तियों से सीधे प्रश्न कर उनके उत्तर स्पष्ट एवं शुद्ध रूप से प्राप्त कर सके। इस रीति से प्राप्त सामग्री अधिक विश्वसनीय एवं प्रामाणिक तभी हो सकती है, जबकि वह शोधकर्ता की अभिमति एवं पक्षपात से प्रभावित न हुई हो।

यह रीति केवल सीमित क्षेत्र में ही संभव है। इसका उपयोग केवल गहन एवं स्थानीय सर्वेक्षणों में ही किया जा सकता है। इस प्रकार के अध्ययन में कार्य की प्रगति बड़ी मंद होती है। समय-धन एवं श्रम का भी अपव्यय होता है। यदि अध्ययन का क्षेत्र छोटा हो और शोधकर्ता पक्षपात रहित कार्य करे तो शुद्ध एवं विश्वसनीय परिणाम प्राप्त हो सकते हैं।

समंकों के एकत्रीकरण के लिए इस रीति का प्रयोग अनेक अनुसंधानों में किया गया है। जेल के कैदियों का अध्ययन करने के लिए 'जोनहोवर्ड' स्वयं जेलों में उनके साथ रहे। लंदन के जीवन तथा श्रम सर्वेक्षण के लिए चार्ल्स बूथ ईस्ट एंड में अनेक परिवारों के साथ रहे। ब्रिटेन की मास ऑब्जर्वेशन नामक संस्था ने अनेक अनुसंधानों में इस विधि का प्रयोग किया है। मैलिनोवस्की ने पश्चिमी प्रशांत महासागर के तट पर बसने वाले 'आर्गोनाट' जाति के अध्ययन में इसी विधि का उपयोग किया। यूरोप में लिप्ले (Le Paly) ने इस रीति द्वारा मजदूरों के आय-व्यय संबंधी आंकड़े एकत्र किए थे। आर्थर यंग द्वारा भी इस रीति का उपयोग कृषि उत्पादन के अध्ययन में किया गया।

2. **अप्रत्यक्ष मौखिक अनुसंधान रीति**–अप्रत्यक्ष मौखिक अनुसंधान रीति में अप्रत्यक्ष साधनों द्वारा सामग्री का संग्रहण किया जाता है। इस रीति का प्रयोग तब होता है, जबकि अनुसंधान का क्षेत्र विस्तृत होता है या अनुसंधानकर्ता प्रत्यक्ष रूप से सबसे सम्पर्क स्थापित करके, आंकडों का एकत्रीकरण नहीं कर पाता या सूचना देने वाले इसमें रुचि न ले रहे हों या वे प्रश्नों के लिए योग्य न हों या समंक ही जटिल प्रकृति के हों। ऐसी दशा में अनुसंधानकर्ता ऐसे व्यक्तियों से सूचनाएं प्राप्त करता है, जिन्हें उस विषय की ठीक-ठाक जानकारी होती है। साधारणत: आयोग एवं जांच कमेटियां इसी रीति का प्रयोग करते हैं। यह रीति समय, धन एवं परिश्रम की बचत करती है साथ ही सामग्री संग्रहण में अनुसंधानकर्ता की व्यक्तिगत अभिमति एवं पक्षपात से भी दूर रहती है।

इसी रीति द्वारा एकत्रित सामग्री की शुद्धता उन व्यक्तियों के स्वभाव एवं प्रकार पर निर्भर करती है, जिनसे सूचनाएं प्राप्त की जाती हैं। अतः ऐसे व्यक्तियों का चुनाव करते समय निम्नलिखित बातों का ध्यान रखना चाहिए–

1. सूचना देने वालों की संख्या पर्याप्त होनी चाहिए, ताकि थोड़े से व्यक्ति ही अध्ययन को प्रभावित न करें।
2. पक्ष एवं विपक्ष दोनों प्रकार के व्यक्तियों से सूचनाएं एकत्र करनी चाहिए।
3. सूचना ऐसे व्यक्तियों से ही ली जानी चाहिए जो संबंधित विषय के बारे में पूर्ण तथ्यों को जानते हों तथा सूचना देने में रुचि भी रखते हों।
4. सूचना देने वाले व्यक्ति विषय के पक्ष एवं विपक्ष में पक्षपातपूर्ण धारणाएं न रखते हों अन्यथा परिणाम भ्रामक होंगे।
5. जो तथ्यों को बढ़ा-चढ़ा कर नहीं बताते हों।
6. सूचना देने वाले की सद्भावना एवं विश्वास प्राप्त करना अनिवार्य है।

3. **स्थानीय स्त्रोतों द्वारा सूचना प्राप्ति**–जब अनुसंधान का क्षेत्र विस्तृत होता है, तथ्यों की केवल सापेक्षिक शुद्धता ही पर्याप्त होती है, तब इस प्रकार की सरल एवं कम खर्चीली रीति का उपयोग किया जाता है। इस रीति में स्थानीय व्यक्ति या चुने हुए संवाददाता सामग्री एकत्र करने के लिए नियुक्त किए जाते हैं। स्थानीय परिस्थितियों से भली-भांति परिचित होने के कारण ये अपने अनुभव के आधार पर वस्तु स्थिति के बारे में अनुमानतः सूचनाएं भेज देते हैं। मंडियों से बाजार भाव संबंधी सूचनाएं सरकार इसी रीति प्राप्त कर करती है। लेकिन इस रीति द्वारा एकत्रित सामग्री पक्षपात पूर्ण, एकपक्षीय या अधूरी हो सकती है। अतः इनकी मौलिकता, प्रामाणिकता एवं शुद्धता संदिग्ध बनी रहती है।

4. **प्रश्नावली एवं अनुसूची द्वारा सूचना प्राप्ति**–प्राथमिक सामग्री को एकत्र करने का एक महत्वपूर्ण स्त्रोत प्रश्नावलियां एवं अनुसूचियां भी हैं। इनकी विस्तृत चर्चा पिछले अध्यायों में की जा चुकी है।

द्वैतीयक सामग्री को एकत्र करने की रीतियां *(Procedure of Secondary Data Collection)*

द्वैतीयक सामग्री से तात्पर्य ऐसी सामग्री से है, जो पहले से ही किसी व्यक्ति, संस्था या सरकार द्वारा एकत्रित की जा चुकी है। द्वैतीयक समंक पहले से ही अस्तित्व में होते हैं और जो वर्तमान प्रश्नों के उत्तर में नहीं किन्तु किसी दूसरे उद्देश्य के लिए एकत्र किए गए होते हैं। ऐसी सामग्री हमें किसी संस्था के वैयक्तिक प्रतिवेदनों, समाचार-पत्र, पत्रिकाओं, सरकारी गजटों, व्यापारिक पत्रों आदि से प्राप्त होती हैं। द्वैतीयक सामग्री के निम्नलिखित प्रमुख स्त्रोत हैं–

प्रकाशित स्त्रोत (Published Sources)

1. **अंतरराष्ट्रीय प्रकाशन (International Publications)**–आज के युग में अनेक अंतरराष्ट्रीय संगठन एवं संस्थाएं कार्य कर रही हैं। समय-समय पर वे अनेक प्रकार की सूचनाएं प्रकाशित करती रहती हैं।
2. **सरकारी प्रकाशन (Government Publications)**–प्रत्येक देश की केन्द्रीय एवं प्रान्तीय सरकारें समय-समय पर विभिन्न विषयों से संबंधित आंकड़े प्रकाशित करवाती रहती हैं। ये आंकड़े बहुत विश्वसनीय एवं महत्वपूर्ण होते हैं।

3. **अर्द्धसरकारी प्रकाशन (Semi-governments Publications)**—इसके अन्तर्गत नगरपालिकाओं, नगर-निगम, जिला बोर्ड आदि द्वारा प्रकाशित रिपोर्टें (जैसे—जन्म-मरण, स्वास्थ्य, शिक्षा, सफाई के आंकड़े) आदि सम्मिलित हैं।
4. **शोध-संस्थाओं के प्रकाशन (Publications of Research Institutes)**—समय-समय पर विश्वविद्यालयों के शोध विभाग, रिसर्च इंस्टीट्यूट, ब्यूरो आदि अपने क्षेत्र से संबंधित आंकड़े एकत्र करते हैं और उन्हें प्रकाशित करवाते रहते हैं।
5. **व्यक्तियों द्वारा प्राप्त समंक (Data from Individual)**—बहुत से व्यक्ति शोध या खोज के लिए आंकड़े एकत्र करते हैं और उन्हें प्रकाशित करते हैं।
6. **पत्र-पत्रिकाओं द्वारा प्राप्त समंक (Data from Magazines)**—बहुत-सी पत्र-पत्रिकाएं विभिन्न प्रकार के आंकड़े एकत्र करके उन्हें प्रकाशित करती रहती हैं, जैसे समाचार-पत्र प्रायः बाजार भाव देते रहते हैं।
7. **संघों एवं संगठनों द्वारा प्राप्त समंक (Data from Organizations)**—बहुत से संघ एवं संगठन अपने से संबंधित आंकड़े एकत्र करवाकर अपने संगठन के सदस्यों के लिए प्रकाशित करवा देते हैं।
8. **आयोग एवं समितियों की रिपोर्ट (Reports of Commissions or Organizations)**—प्रायः सरकार या किसी अन्य संस्था द्वारा आयोग या समितियां नियुक्त की जाती रहती हैं, जो समस्याओं का गहन अध्ययन करके अपना आवेदन प्रस्तुत करती हैं, जैसे—स्वास्थ्य आयोग की रिपोर्ट, वित्त आयोग की रिपोर्ट इत्यादि।

अप्रकाशित स्रोत (Unpublished Sources)

अप्रकाशित स्रोत के अन्तर्गत वे विभिन्न प्रकार के आंकड़े आते हैं, जो अनेक योग्य एवं अनुभवी व्यक्तियों, अनुसंधानकर्ताओं, आयोगों, समितियों, संस्थाओं या सरकार के पास पाए जाते हैं। इसका उपयोग स्वयं के लिए होने के कारण प्रकाशित नहीं कराया गया होता है। यदि ये उपलब्ध हों तो इनका प्रयोग किया जा सकता है।

द्वैतीयक सामग्री की विश्वसनीयता *(Reliability of Secondary Data)*

द्वैतीयक सामग्री की विश्वसनीयता निम्नलिखित प्रश्नों के उत्तर पर निर्भर करती है—

1. आंकड़ों का एकत्रीकरण किसके द्वारा हुआ है? इसमें शोधकर्ता की योग्यता, ईमानदारी, कार्यक्षमता, साधन आदि पर विचार करना होगा। यदि शोधकर्ता योग्य, ईमानदार तथा पक्षपात रहित होगा तो आंकड़े विश्वसनीय होंगे।
2. आंकड़ों के एकत्रीकरण में शोधकर्ता ने संगणन प्रणाली का उपयोग किया अथवा निदर्शन विधि का? यदि निदर्शन प्रणाली का उपयोग किया है तो सैम्पल निकालने की विधि क्या थी? वह सैम्पल किस सीमा तक प्रतिनिधित्वपूर्ण है? वर्तमान समय में अधिकांश अनुसंधान निदर्शन विधि द्वारा होते हैं तथा सैम्पल का चुनाव गलत होने पर निष्कर्ष गलत या भ्रमपूर्ण हो सकते हैं।
3. संकलन कार्य का संगठन क्या था? प्रश्नावली क्या थी? उसमें विभिन्न इकाइयों का क्या अर्थ था? यदि गणकों का उपयोग किया गया तो उनके चुनाव, प्रशिक्षण एवं काम की निगरानी की विधि क्या थी? इसमें हमें संकलन कार्य में अशुद्धता का अनुमान लगाने में सहायता मिलेगी।

4. सारिणीयन तथा अन्य प्रकार की गणना के लिए क्या मशीनों का प्रयोग किया गया? यदि ऐसा हुआ तो निश्चय ही विश्वसनीयता अधिक होगी।
5. समंकों का संकलन शोधकर्ता ने किस सीमा तक खुद किया तथा किस सीमा तक पुराने समंकों का प्रयोग किया? प्रायः बहुत से शोधकर्ता आंशिक रूप से ही समंकों का संग्रहण करते हैं। ऐसी दशा में आंकड़ों की विश्वसनीयता घट जाती है।
6. प्रथम अनुसंधान में शुद्धता का स्तर क्या था? यदि शुद्धता का स्तर ऊंचा हो तो उन समंकों पर विश्वास किया जा सकता है।
7. क्या उसी विषय पर किसी अन्य व्यक्ति द्वारा समंकों का संकलन हुआ है? यदि हां, तो दोनों की तुलना करके, देख लेना चाहिए कि समंक कितने विश्वसनीय हैं।
8. यदि आंकड़े विश्वसनीय हों तो भी उनकी जांच करके ही प्रयोग में लाना चाहिए।

उपर्युक्त आधारों पर परीक्षात्मक जांच कर लेने के बाद ही द्वैतीयक स्रोतों से प्राप्त सूचनाओं व आंकड़ों की विश्वसनीयता के संबंध में आश्वस्त हुआ जा सकता है और अनुसंधान कार्य में अत्यधिक परिशुद्धता व यथार्थता पनपने की संभावना रहती है।

23

समंकों का वर्गीकरण तथा सारिणीकरण

Classification and Tabulation of Data

अवलोकन, साक्षात्कार, प्रश्नावली, अनुसूची आदि की सहायता से जो सूचनाएं एकत्र की जाती हैं, वे बहुत ही जटिल, असम्बद्ध तथा बिखरी हुई होती हैं। वे सरलता से न तो समझ में आती हैं और न ही उसके द्वारा किसी निश्चित निष्कर्ष पर पहुंचा जा सकता है। अत: संकलित सामग्री को संक्षिप्त करने में सरल एवं समझने योग्य बनाने के लिए उसके वर्गीकरण तथा सारिणीकरण की आवश्यकता पड़ती है। जब हम तथ्यों को उनमें पाई जाने वाली समानता या असमानता के आधार पर विभिन्न श्रेणियों में व्यवस्थित रूप में विभाजित करते हैं तो वह वर्गीकरण कहलाता है और जब वर्गीकृत तथ्यों को एक तालिका के रूप में कुछ स्तंभों तथा पंक्तियों में व्यवस्थित कर देते हैं तो वह सारिणीकरण कहलाता है। इस प्रकार विस्तृत एवं घिरी हुई सामग्री को सरल बनाने के लिए हमें ये दोनों प्रक्रियाएं करना अनिवार्य हो जाता है। सामाजिक अनुसंधान में इन दोनों की महत्ता स्वयं सिद्ध है।

वर्गीकरण का अर्थ (Meaning of Classification)

किसी विषय पर सर्वेक्षण कार्य के दौरान हम जिस सामग्री को एकत्रित करते हैं, वह बड़ी मात्रा में और बिखरी हुई दशा में होती है। उसमें किसी भी प्रकार की व्यवस्था दिखाई नहीं देती और न ही तथ्यों के इस ढेर से हम किसी भी प्रकार का विवेचनात्मक अध्ययन कर सकते हैं। अत: तथ्यों के अव्यवस्थित विशाल ढेर को व्यवस्थित रूप देने के लिए उन्हें उनकी समानता एवं असमानता के आधार पर कुछ निश्चित श्रेणियों में व्यवस्थित कर लेना आवश्यक हो जाता है। इसी को वर्गीकरण कहते हैं। उदाहरणार्थ, किसी नगर की जनसंख्या में बूढ़े पुरुष, बूढ़ी स्त्रियां, युवक, युवतियां, बच्चे तथा बच्चियां हैं। इनको पुरुष एवं स्त्री दो वर्गों में आसानी से बांटा जा सकता है। फिर आयु, शिक्षा या अन्य किसी गुण के आधार पर इनको और भी उप-विभागों में बांटा जा सकता है। इसी प्रक्रिया को वर्गीकरण कहते हैं।

उपर्युक्त विवेचन के आधार पर हम यह कह सकते हैं कि वर्गीकरण वह प्रक्रिया है, जिसके अन्तर्गत संकलित तथ्यों को उनकी समानता एवं असमानता के आधार पर विभिन्न वर्गों में व्यवस्थित किया जाता है। एलहंस के अनुसार, 'एकरूपता एवं समानताओं के अनुसार तथ्यों को समूह एवं वर्गों में व्यवस्थित करने की प्रक्रिया पारिभाषिक दृष्टि से वर्गीकरण कहलाती

है।'[1] कोनोर के अनुसार, 'वर्गीकरण तथ्यों को उनकी समानता एवं सादृश्यता के आधार पर वर्गों या विभागों में क्रमानुसार रखने की क्रिया है और यह व्यक्तिगत पदों की विभिन्नता के बीच उनके गुणों की एकता को व्यक्त करता है।'[2]

उपर्युक्त परिभाषाओं के आधार पर वर्गीकरण की निम्नलिखित विशेषताओं का उल्लेख किया जा सकता है–

1. वर्गीकरण तथ्यों के विशाल ढेर को कुछ निश्चित वर्गों अथवा समूहों में विभक्त कर देता है। इससे बिखरे हुए आंकड़ों के समूह के स्थान पर थोड़े से सजातीय वर्ग बन जाते हैं और सामग्री का विवेचन तथा गुणों का अनुमान अधिक सुविधापूर्वक होता है।
2. वर्गीकरण का आधार गुणों की एकता है। समान गुण वाले तथ्यों को एक श्रेणी में तथा भिन्न गुण वाले तथ्यों को दूसरे समूह में सुव्यवस्थित करना वर्गीकरण का काम है। इससे प्रत्येक वर्ग में कुछ विशिष्ट गुण वाले तथ्य आ जाते हैं।
3. वर्गीकरण उन्हीं तथ्यों का होता है, जिनकी इकाइयों में भिन्नता होती है। यदि सभी इकाइयां एक समान हों तो वर्गीकरण की आवश्यकता नहीं होगी क्योंकि सभी इकाइयों के समान होने पर उन्हें विभिन्न इकाइयों के अन्तर्गत नहीं रखा जा सकता। अतः तथ्यों की इकाइयों में किसी न किसी प्रकार की भिन्नता होना आवश्यक है।
4. वर्गीकरण का आधार वास्तविक, काल्पनिक या भावात्मक हो सकता है। वह या तो इकाइयों के प्राकृतिक गुणों के आधार पर किया जा सकता है अथवा सांख्यिक उसके लिए अपनी इच्छा से कोई काल्पनिक आधार ले सकता है।

वर्गीकरण के उद्देश्य (Aims of Classification)

1. वर्गीकरण जटिल, बिखरे हुए, परस्पर असंबद्ध तथ्यों को थोड़े से समझने योग्य तर्कसंगत समूहों में रखता है। जैसे 500 विद्यार्थियों के विभिन्न विषयों के प्राप्तांकों से हम कोई निष्कर्ष नहीं निकाल सकते, परन्तु जब उन्हें प्रथम, द्वितीय, तृतीय एवं फेल की चार श्रेणियों में विभक्त कर देते हैं तो उनका समझना सरल हो जाता है।
2. वर्गीकरण द्वारा विभिन्न इकाइयों की समानता तथा असमानता स्पष्ट हो जाती है। इससे उसके बारे में ज्ञान प्राप्त करने में भी सरलता होती है। जैसे – यदि वर्गीकरण से किसी समुदाय के लोगों की वैवाहिक स्थिति मालूम हो जाए तो उनके बारे में अन्य बहुत-सी बातों को भी जाना जा सकता है।
3. वर्गीकरण द्वारा दो वर्गों के तुलनात्मक अध्ययन का कार्य सरल हो जाता है। जैसे, यदि दो नगरों के लोगों को शिक्षित एवं अशिक्षित दो वर्गों में विभक्त कर दिया जाए तो तुलनात्मक रूप से हम यह बता सकते हैं कि किस नगर के लोग अधिक संख्या में शिक्षित हैं।
4. वर्गीकरण जटिल सामग्री को थोड़े से वर्गों में विभक्त कर देता है। इससे उन्हें समझने के लिए मस्तिष्क पर अनावश्यक जोर नहीं देना पड़ता। उनकी वास्तविकताएं स्वतः ही प्रकट हो जाती हैं।
5. वर्गीकरण बिखरे हुए आंकड़ों के ढेर को संक्षिप्त रूप देकर उन्हें आकर्षक तथा सांख्यिकीय विवेचना के योग्य बनाता है।
6. वर्गीकरण उचित निष्कर्ष निकालने के लिए सामग्री की तर्कसंगत व्यवस्था तथा प्रबंध करता है।

अच्छे प्रकार के वर्गीकरण के मुख्य गुण (Main Features of Good Classification)

वर्गीकरण का कोई स्थाई नियम नहीं है। वर्गीकरण किस विधि से किया जाएगा, यह बहुत कुछ अध्ययन-विषय की प्रकृति, उद्देश्य एवं लक्षण पर निर्भर करता है। फिर भी एक अच्छे प्रकार के वर्गीकरण में निम्न-गुण अवश्य होने चाहिए–

1. **स्पष्टता एवं निश्चितता** (Clarity and Dedication)–एक अच्छे वर्गीकरण की सबसे बड़ी विशेषता यह है कि उसमें स्पष्टता एवं निश्चितता होनी चाहिए। यह भी ध्यान रखना चाहिए कि प्रत्येक इकाई को किसी न किसी वर्ग में स्थान अवश्य मिल जाना चाहिए। साथ ही यह भी ध्यान रखना होगा कि कोई भी इकाई एक से अधिक वर्गों में न आ जाए।

2. **स्थिरता** (Stability)–अच्छे वर्गीकरण के लिए स्थिरता का होना आवश्यक है। यदि वह स्थिर नहीं है, यदि वर्गीकरण की प्रत्येक पुनरावृत्ति पर भिन्नता पैदा होती है तो इससे तुलनात्मक अध्ययन करना असंभव हो जाएगा।

3. **परिवर्तनशीलता** (Changeability)–वर्गीकरण में स्थिरता का यह अर्थ कदापि नहीं होता कि एक बार जो वर्गीकरण कर लिया गया है, उसमें कभी परिवर्तन किया ही नहीं जा सकता, एक अच्छे वर्गीकरण के लिए यह आवश्यक है कि इसमें समय तथा परिस्थितियों के साथ सामंजस्य करने की पूर्ण क्षमता हो। स्थिरता केवल सापेक्षिक रूप से आवश्यक है, निरपेक्ष रूप से नहीं।

4. **पर्याप्त आकार** (Adequate Size)–एक अच्छे वर्गीकरण के लिए यह भी आवश्यक है कि उसके अन्तर्गत आने वाले वर्ग न तो अधिक विस्तृत हों और न ही अधिक सीमित। वर्गों की संख्या तथा उनके अंतर को सामग्री की मात्रा एवं गुणों को देखकर ही निश्चित करना चाहिए। यदि वर्ग-विस्तार बहुत अधिक रख दिया गया हैं तो संभव है कि वर्गों की संख्या काफी कम हो जाएगी, इससे वर्ग तुलना की दृष्टि से अधिक उपयोगी एवं विश्वसनीय नहीं रह सकेंगे।

5. **अनुसंधान के अनुकूल** (Suitable for Research)–एक अच्छे वर्गीकरण को अनुसंधान के उद्देश्यों के पूर्णतया अनुकूल होना चाहिए। जैसे – यदि दो नगरों के लोगों की आर्थिक दशा की तुलना करनी है तो वहां के लोगों की आयु के अनुसार वर्गीकरण उचित नहीं होगा। यह वर्गीकरण आमदनी के आधार पर ठीक रहेगा।

वर्गीकरण की रीतियां (Procedures of Classification)

आंकड़ों के वर्गीकरण की प्रमुख रीतियां निम्नलिखित हैं–

1. गुणात्मक वर्गीकरण (Classification according to Attributes)
2. वर्गान्तरों के अनुसार वर्गीकरण (Classification according to Class Intervals)

गुणात्मक वर्गीकरण

इस प्रकार के वर्गीकरण में वर्गीकरण का आधार कोई गुण होता है। इकाइयों की गणना किसी एक विशेष गुण अथवा अनेक गुणों के आधार पर की जाती है कि कितनी इकाइयों में वह विशेष गुण विद्यमान है और कितनों में नहीं। उदाहरणार्थ, यदि वैवाहिक स्थिति के आधार पर 200 व्यक्तियों का वर्गीकरण करना है तो वह इस प्रकार होगा–

विवाहित	75
अविवाहित	80
विधवा	20
विधुर	15
तलाक प्राप्त	7
परित्यक्त	3
कुल योग	200

गुणात्मक वर्गीकरण दो प्रकार का हो सकता है–

सरल या द्वन्द्व भाजन वर्गीकरण (Simple Classification or Classification by Dichotomy)

इस प्रकार के वर्गीकरण में तथ्यों को किसी विशिष्ट गुण की उपस्थिति या अनुपस्थिति के आधार पर दो वर्गों में बांटते हैं, ताकि प्रत्येक भाग में समान लक्षण वाली सामग्री व्यवस्थित हो सके। वर्गीकरण की इन पद्धतियों के अनुसार एक वर्ग के अन्तर्गत सम्मिलित सामग्री दूसरे वर्ग के लिए पूर्णतया अपवर्जी (exclusive) होती है। जैसे – शिक्षित-अशिक्षित, पुरुष-स्त्री, स्वस्थ-अस्वस्थ, भारतीय-अभारतीय इत्यादि।

बहुगुणी वर्गीकरण (Manifold Classification)

जब तथ्यों को उनके गुणों के आधार पर दो से अधिक वर्गों में बांटा जाता है तो उसे बहुगुणी वर्गीकरण कहते हैं। उदाहरणार्थ, यदि भाषा के आधार पर 100 व्यक्तियों को हिन्दी भाषी, गुजराती भाषी, बांग्ला भाषी आदि के अन्तर्गत बांट देते हैं तो वह बहुगुणी वर्गीकरण होगा। इनमें से प्रत्येक का आगे और भी विभाजन हो सकता है। शिक्षा के आधार पर एक बहुगुणी वर्गीकरण इस प्रकार हो सकता है–

वयस्क शिक्षित पुरुष	वयस्क शिक्षित हिन्दू पुरुष
	वयस्क शिक्षित मुस्लिम पुरुष
	वयस्क शिक्षित ईसाई पुरुष
वयस्क शिक्षित स्त्रियां	वयस्क शिक्षित हिन्दू स्त्रियां
	वयस्क शिक्षित मुस्लिम स्त्रियां
	वयस्क शिक्षित ईसाई स्त्रियां
अवयस्क शिक्षित पुरुष	अवयस्क शिक्षित हिन्दू पुरुष
	अवयस्क शिक्षित मुस्लिम पुरुष
	अवयस्क शिक्षित ईसाई पुरुष
अवयस्क शिक्षित स्त्रियां	अवयस्क शिक्षित हिन्दू स्त्रियां
	अवयस्क शिक्षित मुस्लिम स्त्रियां

	अवयस्क शिक्षित ईसाई स्त्रियां
वयस्क अशिक्षित पुरुष	वयस्क अशिक्षित हिन्दू पुरुष
	वयस्क अशिक्षित मुस्लिम पुरुष
	वयस्क अशिक्षित ईसाई पुरुष
वयस्क अशिक्षित स्त्रियां	वयस्क अशिक्षित हिन्दू स्त्रियां
	वयस्क अशिक्षित मुस्लिम स्त्रियां
	वयस्क अशिक्षित ईसाई स्त्रियां
अवयस्क अशिक्षित पुरुष	अवयस्क अशिक्षित हिन्दू पुरुष
	अवयस्क अशिक्षित मुस्लिम पुरुष
	अवयस्क अशिक्षित ईसाई पुरुष
अवयस्क अशिक्षित स्त्रियां	अवयस्क अशिक्षित हिन्दू स्त्रियां
	अवयस्क अशिक्षित मुस्लिम स्त्रियां
	अवयस्क अशिक्षित ईसाई स्त्रियां

गुणात्मक वर्गीकरण का कोई निश्चित नियम या आधार नहीं होता। यह अनुसंधानकर्ता पर निर्भर करता है कि वह तथ्यों की इकाइयों को कितने वर्गों में बांटेगा। गुणात्मक वर्गीकरण में कभी-कभी ऐसी व्यावहारिक कठिनाइयां आ जाती हैं कि यह तय करना कठिन हो जाता है कि किसी इकाई को किस वर्ग में रखा जाए। उदाहरणार्थ, किसी विद्यार्थी का परीक्षाफल रोक लिया गया है तो यह निश्चित करने में कठिनाई होती है कि हम उसे किस वर्ग में रखें – अर्थात् प्रथम श्रेणी, द्वितीय श्रेणी, तृतीय श्रेणी या अनुत्तीर्ण वाले वर्ग में। अतः गुणात्मक वर्गीकरण में अत्यंत सावधानी बरतने की आवश्यकता होती है।

वर्गान्तरों के अनुसार वर्गीकरण

संख्यात्मक अथवा वर्गान्तरों के अनुसार वर्गीकरण को जब हम सारिणी के रूप में प्रस्तुत करते हैं, तो उसे सांख्यिकीय श्रेणी या माला (statical series) कहा जाता है।

सांख्यिकीय श्रेणियां निम्न प्रकार की हो सकती हैं–

कालान्तर श्रेणी (Time Series)

कालान्तर श्रेणी का अभिप्राय उस श्रेणी से है, जिसमें तथ्यों पर विचार उसके कालक्रम के संदर्भ में किया जाता है। इसमें संकलित सामग्री को दिन, सप्ताह, मास या वर्ष अथवा ऐतिहासिक क्रम के अनुसार व्यवस्थित किया जाता है। इस श्रेणी में समय की प्रधानता होती है। उदाहरणार्थ, यदि काशी हिन्दू विश्वविद्यालय के सामाजिक विज्ञान संकाय के 1970 से 1975 तक के छात्रों की संख्या का वर्गीकरण निम्नलिखित प्रकार से करें तो उसे कालान्तर श्रेणी कहेंगे–

छात्रों की संख्या

वर्ष	*समाजविज्ञान*	*मनोविज्ञान*	*अर्थशास्त्र*	*इतिहास*	*राजनीतिशास्त्र*
1970–71	40	30	55	60	70
1971–72	50	40	64	85	100
1972–73	60	50	70	90	120
1973–74	70	60	85	135	150
1974–75	80	70	100	150	200

स्थानिक श्रेणी (Spatial Series)

जब तथ्यों का वर्गीकरण राज्य, क्षेत्र, स्थान या किसी भौगोलिक स्थिति के आधार पर किया जाता है तो उसे स्थानिक श्रेणी कहते हैं। इस श्रेणी में समय स्थिर रहता है पर स्थान बदलता रहता है। उदाहरणार्थ – 1951 की जनगणना के अनुसार भारत में अनावश्यक मातृत्व की दर अन्य देशों की तुलना में नीचे की सारिणी में दिखाई गई है–

देश	*अनावश्यक मातृत्व की दर*
भारत	42.7
संयुक्त राष्ट्र अमेरिका	19.2
फ्रांस	19.7
संयुक्त राज्य	14.3
जर्मनी (रिपब्लिक)	12.3
जापान	33.9

परिस्थिति श्रेणी (Condition Series)

इस श्रेणी में तथ्यों का वर्गीकरण किसी परिस्थिति में होने वाले परिवर्तनों के आधार पर किया जाता है। इसीलिए इसे परिस्थिति श्रेणी कहते हैं। वजन, लम्बाई, आयु आदि संबंधी श्रेणियां इसके अन्तर्गत आती हैं। उदाहरणार्थ–

किसी कक्षा के विद्यार्थियों के परीक्षा में प्राप्तांक

प्राप्तांक	*विद्यार्थियों की संख्या*
0–20	10
20–40	24
40–60	56
60–80	16
80–100	14
कुल योग	120

श्रेणियों का वर्गीकरण बनावट के आधार पर भी होता है। बनावट की दृष्टि से निम्न प्रकार की श्रेणियां होती हैं–

1. व्यक्तिगत श्रेणी (Individual Series)
2. खण्डित श्रेणी (Discrete Series)
3. अखण्डित श्रेणी (Continuous Series)

1. **व्यक्तिगत श्रेणी**–इस श्रेणी में प्रत्येक पद स्वतंत्र रहता है और उसे अलग लिखा जाता है। उसे किसी समूह या वर्ग में नहीं रखा जाता किन्तु वह पूर्णतया स्वतंत्र होता है। उदाहरणार्थ, किसी कक्षा के पांच विद्यार्थियों क, ख, ग, घ, और ङ के प्राप्तांक अधोलिखित हैं–

विद्यार्थियों के नाम	*प्राप्तांक*
क	25
ख	31
ग	37
घ	18
ङ	12

2. **खण्डित श्रेणी**–कुछ तथ्य ऐसे होते हैं, जिन्हें पूर्णांक में ही व्यक्त किया जा सकता है, जैसे – बालकों की संख्या, पुस्तकों के पृष्ठों की संख्या या परिवारों की संख्या आदि। बच्चों की संख्या 1, 2, 3, 4, 5 आदि पूर्ण अंक में ही होगी न कि 1.5, 2.5, 3.5 या 4.7 में। इस प्रकार के अंकों को विच्छिन्न माला या खण्डित श्रेणी कहते हैं। कभी-कभी ऐसा होता है कि इस श्रेणी में आने वाली इकाई बार-बार प्रकट होती है, ऐसी अवस्था में उस बार-बार आने वाली संख्या को हम उस श्रेणी की आवृत्ति (frequency) कहते हैं। इस आवृत्ति को तथ्य की किसी खण्डित श्रेणी के सामने रखकर जब वर्गीकरण किया जाता है तो उसे आवृत्ति सारिणी (frequency table) कहते हैं। उदाहरणार्थ – यदि 30 परिवारों के बच्चों की संख्या 3, 5, 4, 7, 6, 2, 1, 3, 8, 4, 5, 1, 5, 3, 4, 1, 6, 5, 4, 2, 7, 5, 3, 4, 1, 2, 5, 3, 2 और 6 है तो खण्डित श्रेणी के अनुसार आवृत्ति वितरण इस प्रकार किया जाएगा–

बच्चों की संख्या	*परिवारों की संख्या (आवृत्ति)*
1	4
2	4
3	5
4	5
5	6
6	3
7	2
8	1
कुल योग	30

3. **अखण्डित श्रेणी**–जब किसी श्रेणी के पद अंकगणितीय शुद्धता के साथ निर्धारित करने के योग्य नहीं होते या जब प्रत्येक पद का मूल्य पूर्ण शुद्धता के साथ प्राप्त करना संभव नहीं हो पाता या जब विभिन्न पद थोड़ी बहुत मात्रा में बदलते रहते हैं या जब संकलित तथ्यों के सबसे बड़े एवं सबसे छोटे पद में बहुत अधिक अंतर रहता है, तो ऐसी परिस्थिति में उस श्रेणी में कुछ ऐसे वर्ग बना लिए जाते हैं, जिनसे संततता (continuity) टूटती नहीं है और जहां एक वर्ग समाप्त होता है, वहीं से दूसरा वर्ग प्रारंभ हो जाता है। इस प्रकार प्रत्येक मूल्य के पद के लिए कहीं न कहीं स्थान रहता है। इसे अखण्डित श्रेणी या अविच्छिन्न माला कहते हैं। प्राय: वजन, लम्बाई, विस्तार, आय, उत्पादन आदि के मापन में अखण्डित श्रेणी बनती है। यदि हमने किसी सरकारी संस्थान के कर्मचारियों की आय के संबंध में आंकड़े एकत्र किए हैं और इन आंकड़ों को देखने से यह पता चलता है कि सबसे कम आय 100 रुपये है और सबसे अधिक 1000 रुपये है तो इन दोनों वर्ग सीमाओं के अन्तर्गत हम कुछ वर्गों का निर्माण कर लेंगे जैसे –100–200, 200–300, 300–400 इत्यादि। अखण्डित श्रेणी के अनुसार वर्गीकरण को निम्न सारिणी से भी दिखाया गया है–

वजन (किलोग्राम में)	*छात्रों की संख्या*
40–45	3
45–50	17
50–55	30
55–60	35
60–65	10
65–70	2
70–75	3
कुल योग	100

अखण्डित श्रेणी में कुछ पारिभाषित शब्दों का भी प्रयोग होता है, जैसे – प्राप्तांकों को हम आकार या माप (measurement) कहते हैं। प्रत्येक माप वर्ग में दो सीमाएं होती हैं, जिन्हें हम वर्ग सीमा (class limit) कहते हैं। उन्हें क्रमश: निचली सीमा (lower limit) तथा ऊपरी सीमा (upper limit) कहा जाता है। दोनों के बीच का अंतर वर्गान्तर (class interval) कहलाता है। छात्रों की संख्या को आवृत्ति कहेंगे। इस प्रकार प्रथम वर्ग में 40 निम्न सीमा, 45 ऊपरी सीमा तथा 5 वर्गान्तर है।

सारिणीकरण (Tabulation)

सामाजिक अनुसंधान में संकलित तथ्यों के वर्गीकरण की प्रक्रिया पूर्ण हो जाने के बाद हम जिस आगे की प्रक्रिया की ओर बढ़ते हैं, उसे सारिणीकरण कहते हैं। सारिणीकरण द्वारा एकत्रित तथ्यों को सरल, संक्षिप्त, सुबोध एवं व्यवस्थित रूपरेखा प्रदान की जाती है, ताकि उसे समझने एवं याद करने में सुविधा हो, इससे परिणाम निकालने और निर्वचन करने में भी सुविधा होती है। सारिणीकरण द्वारा तथ्यों के महत्व पर जिस सीमा तक प्रकाश डाला जा सकता है, उतना शायद ही किसी अन्य विधि द्वारा संभव है।

सारिणीकरण का अर्थ (Meaning of Tabulation)

सारिणीकरण की विभिन्न विद्वानों ने अपनी-अपनी परिभाषाएं दी हैं। प्रो. नीस्वेंगर ने सांख्यिकीय सारिणी को 'स्तंभों तथा कतारों में आंकड़ों का क्रमबद्ध संगठन' बतलाया है।[3] सिक्राइस्ट के मतानुसार, 'सारिणी वह साधन है, जिससे वर्गीकरण द्वारा की हुई विवेचना को निश्चित रूपरेखा प्रदान की जाती है तथा समान और तुलना योग्य इकाइयों को उचित स्थान पर रखा जाता है।'[4] प्रसिद्ध संख्याशास्त्री कांनर के अनुसार, 'सारिणीकरण किसी विशेष समस्या को स्पष्ट करने के लिए आंकड़ों को नियमित तथा सुव्यवस्थित रूप से रखने का नाम है।[5] कानर से ही मिलती-जुलती परिभाषा घोष एवं चौधरी ने दी है। इनके अनुसार, 'सारिणीयन गणनात्मक तथ्यों का ऐसा व्यवस्थित एवं वैज्ञानिक प्रदर्शन करना है, ताकि विचाराधीन समस्या स्पष्ट हो जाए।'[6]

उपर्युक्त परिभाषाओं से यह स्पष्ट है कि सारिणीकरण गणनात्मक तथ्यों के प्रदर्शन की ऐसी वैज्ञानिक एवं व्यवस्थित प्रक्रिया है, जिसके अन्तर्गत तथ्यों को कॉलमों एवं कतारों में प्रस्तुत किया जाता है, ताकि तथ्यों की विशेषताएं एवं तुलनात्मक महत्व स्पष्ट हो जाए और विचाराधीन समस्या पर प्रकाश पड़ सके।

सारिणीकरण का उद्देश्य (Aims of Tabulation)

सामाजिक अनुसंधान में सारिणीकरण का अत्यधिक महत्व है; क्योंकि यह कुछ निश्चित उद्देश्यों की पूर्ति करता है। सारिणीकरण के मुख्य उद्देश्य इस प्रकार हैं–

1. सारिणीकरण अनुसंधान द्वारा प्राप्त सामग्री को पूर्णरूप से व्यवस्थित करके एक स्थान पर रखता है, ताकि तथ्य सुस्पष्ट एवं बोधगम्य हो सकें।
2. सारिणीकरण तथ्यों की विशेषताओं को प्रदर्शित करता है। इसके अन्तर्गत तथ्यों को कुछ तालिकाओं और स्तम्भों में रखा जाता है, जिससे उसकी विशेषताएं स्वतः ही स्पष्ट हो जाती हैं।
3. सारिणीकरण तुलनात्मक अध्ययन की सुविधा प्रदान करता है। इसकी सहायता से दो या अधिक श्रेणियों में तुलना सरल हो जाती है; क्योंकि वे पास-पास क्रम से होते हैं।
4. सारिणीकरण तथ्यों को संक्षिप्त रूप प्रदान करता है। यह उनके महत्वपूर्ण गुणों को न छिपाते हुए उन्हें कम से कम स्थान के अंदर प्रदर्शित करता है, ताकि अवलोकन आसानी से हो सके। इसीलिए श्रीमती यंग ने 'सांख्यिकीय सारणियों को सांख्यिकी की आशुलिपि[7] (shrot hand) ठीक ही कहा है।

सारिणीकरण की उपयोगिता (Advantages of Tabulation)

संग्रहीत सामग्री को संक्षिप्त एवं सरल स्वरूप प्रदान करने की दृष्टि से सारिणीयन अत्यंत उपयोगी है। इसकी उपयोगिता का स्पष्टीकरण निम्न प्रकार से किया जा सकता है–

1. सारिणीयन जटिल आंकड़ों के समूह को सरल एवं स्पष्ट रूप से सामने लाता है। इससे उसे समझना अत्यंत सरल हो जाता है। बाउले के अनुसार, 'सारिणीयन से अत्यंत विभिन्नतापूर्ण जटिल समूह के स्थान पर विद्यमान सम्पूर्ण समूह की एक निश्चित रूपरेखा मिल जाती है।[8] इससे विश्लेषणात्मक कार्य में मदद मिलती है।

2. सारिणीयन समय एवं स्थान की बचत करता है। यह संकलित तथ्यों को कम स्थान में प्रस्तुत करता है। इससे एक ही निगाह में समस्त सूचनाओं या तथ्यों का दिग्दर्शन हो जाता है तथा आंखों या मस्तिष्क पर अनावश्यक जोर नहीं पड़ता।
3. सारिणीयन विवेचना के कार्य को सरल बनाता है। तथ्यों के विवेचन की अनेक सांख्यिकीय प्रक्रियाओं जैसे – माध्यम, विचलन, सह–संबंध इत्यादि में सारिणीयन की महत्ता स्वयं सिद्ध है। ग्राफ अथवा चित्रों द्वारा प्रदर्शन में भी सारिणीयन का महत्व कुछ कम नहीं है।
4. सारिणीयन तुलनात्मक अध्ययन कार्य को अत्यंत सरल बना देता है। इसके द्वारा बगैर गणितीय विवेचना के भी तथ्यों की विशेषताओं के बारे में अनुमान लगाया जा सकता है। उदाहरणार्थ दो कॉलेजों के विद्यार्थियों के प्राप्तांक आदि सारिणी के रूप में लिखे हों तो बिना गणना के भी हम दोनों की तुलनात्मक स्थिति का मोटा अनुमान लगा सकते हैं।

सारिणीकरण की सीमाएं (Limitation of Tabulation)

एकत्रित तथ्यों के वैज्ञानिक विश्लेषण के लिए यद्यपि सारिणीकरण एक आवश्यक प्रक्रिया एवं साधन है तथापि इसकी कुछ अपनी सीमाएं भी हैं। इन सीमाओं को हम निम्नलिखित प्रकार से प्रस्तुत कर सकते हैं–

1. सारिणी के द्वारा केवल संख्यात्मक तथ्यों को ही प्रदर्शित किया जा सकता है। सामाजिक तथ्य प्रायः गुणात्मक होते हैं और उनका प्रदर्शन सारिणी द्वारा नहीं किया जा सकता। इतना ही नहीं, एक सारिणी में जिन संख्यात्मक तथ्यों का प्रदर्शन किया जाता है उनके वर्णन के लिए उनमें पर्याप्त स्थान नहीं होता, जिससे कि साधारण व्यक्ति के लिए उसे समझना कठिन हो जाता है।
2. साधारण व्यक्तियों के लिए सारिणीयां प्रायः बड़ी ही अनाकर्षक तथा उबाने वाली होती हैं। लोग उन्हें देखकर घबरा जाते हैं। अतः इसका महत्व केवल विशिष्ट ज्ञान वाले व्यक्तियों तक ही सीमित रह जाता है।
3. सारिणी की एक और सीमा यह है कि इसके अन्तर्गत किसी भी इकाई (item) अथवा पद का महत्व स्वतंत्र रूप से दिखाना संभव नहीं होता है। इसलिए कई महत्वपूर्ण पद गौण बन जाते हैं एवं सारिणी की परिशुद्धता प्रायः समाप्त हो जाती है।

ऊपर उपर्युक्त सीमाओं का यह अर्थ कदापि नहीं है कि सारिणीकरण का परित्याग कर देना चाहिए। वास्तव में इसकी सीमाएं इसकी उपयोगिताओं से कहीं अधिक गौण हैं। हम वैषयिक अनुसंधान की कल्पना तब तक नहीं कर सकते जब तक कि उस अनुसंधान कार्य में सारिणीकरण को भी उचित स्थान न प्राप्त हो।

एक सारिणी के मुख्य अंग (Main Parts of a Table)

एक अच्छी सारिणी के कुछ प्रमुख भाग उसकी संख्या, शीर्षक, उपशीर्षक, स्तंभों का आकार, क्रम, विभाजन, योग, टिप्पणियां, मुख्य कलेवर, पदों का समायोजन आदि हैं। इनका विस्तृत विवेचन आगे सारिणी रचना के नियमों में किया गया है।

सारिणी के प्रकार (Types of Table)

सांख्यिकीय सारिणियों के प्रकारों का उल्लेख दो आधारों पर किया जा सकता है। प्रथम तो उद्देश्य के आधार पर और द्वितीय आकार के आधार पर। उद्देश्य के आधार पर सारिणीयों को

दो भागों में बांटा जाता है (क) सामान्य उद्देश्यीय सारिणी तथा (ख) विशिष्ट उद्देश्यीय या संक्षिप्त सारिणी। इसी प्रकार आकार के आधार पर भी सारिणी को दो भागों में बांटा जाता है (अ) सरल सारिणी तथा (ब) जटिल सारिणी। आगामी विवेचन में इस सभी प्रकार की सारिणीयों को स्पष्ट किया जा रहा है–

उद्देश्य के आधार पर *(On the basis of Purpose)*

सामान्य उद्देश्यीय सारिणी (General Purpose Table)

इस प्रकार की सारिणी का कोई विशेष उद्देश्य नहीं होता। यह प्राय: प्रकाशित प्रतिवेदनों के पीछे दी हुई रहती है। ऐसी सारिणी में तथ्यों को तुलनात्मक दृष्टिकोण से प्रस्तुत न करके उन्हें ज्यों का त्यों रख दिया जाता है। क्राक्सटन तथा काउडेन के अनुसार, 'सामान्य उद्देश्यीय सारिणी का सबसे पहला और सामान्यत: एक मात्र उद्देश्य समंकों को इस प्रकार रखना होता है कि व्यक्तिगत पद पाठक द्वारा शीघ्र ढूंढे जा सकें।'[9]

विशिष्ट उद्देश्यीय या संक्षिप्त सारिणी (Special Purpose or Precise Table)

विशिष्ट उद्देश्यीय या संक्षिप्त सारिणी किसी विशेष उद्देश्य की पूर्ति के लिए तैयार की जाती है। वास्तव में यह सामान्य उद्देश्यीय सारिणी का ही एक छोटा रूप होता है। क्राक्सटन तथा काउडेन के अनुसार, 'संक्षिप्त सारिणी जो प्राय: आकार में छोटी है, किसी एक निष्कर्ष अथवा कुछ निकट संबंध वाले निष्कर्षों को अधिक से अधिक प्रभावपूर्ण ढंग से रखने के लिए तैयार की जाती है।' अत: इस सारिणी में उन तथ्यों को सम्मिलित नहीं किया जाता जो हमारे विशिष्ट उद्देश्य से सम्बद्ध नहीं होते।

आकार के आधार पर *(On the basis of Construction)*

सरल सारिणी (Simple Table)

सरल सारिणी में एक ही गुण की तुलना की जाती है। अत: इसे एक गुणीय सारिणी भी कहते हैं। इस प्रकार की सारिणी में केवल दो ही खाने होते हैं। नीचे उक्त सारिणी का नमूना है–

अर्थशास्त्र में 100 विद्यार्थियों के प्राप्तांक

प्राप्तांक	*विद्यार्थियों की संख्या*
15–25	14
25–35	23
35–45	24
45–55	35
55–65	4
योग	100

उपर्युक्त सारिणी से 100 विद्यार्थियों के केवल एक गुण का प्रदर्शन होता है अर्थात् अर्थशास्त्र में उन्हें कितने नंबर मिले हैं। परन्तु इस सारिणी से यह पता नहीं चलता कि अन्य विषयों में उन विद्यार्थियों को कितने नंबर मिले हैं। इसीलिए इसे एकगुणीय सारिणी कहते हैं।

जटिल सारिणी (Complex Table)

जटिल सारिणी में सरल सारिणी की तरह केवल एक गुण या लक्षण का विवेचन न होकर एक से अधिक गुणों या लक्षणों का विवेचन होता है। जटिल सारिणी के अनेक प्रकार होते हैं जैसे – द्विगुणीय सारिणी, त्रिगुणीय सारिणी एवं बहुगुणीय सारिणी। निम्नलिखित विवेचना में इन्हें स्पष्ट किया जा रहा है।

1. **द्विगुणीय सारिणी (Double Table)**–द्विगुणीय सारिणी वह सारिणी है, जिसमें किसी तथ्य के परस्पर संबंधित दो गुणों या लक्षणों पर एक साथ ही प्रकाश डाला जाता है। द्विगुणीय सारिणी का एक नमूना देखिए–

अर्थशास्त्र में 100 विद्यार्थियों के प्राप्तांक

	विद्यार्थियों की संख्या		
प्राप्तांक	*छात्र*	*छात्राएं*	*योग*
15–25	8	6	14
25–35	10	13	23
35–45	14	10	24
45–55	22	13	35
55–65	3	1	4
योग	57	43	100

उपर्युक्त सारिणी को देखने से स्पष्ट हो जाता है कि इसमें तथ्य के दो गुणों पर एक साथ प्रकाश डाला गया है 14 छात्र और 10 छात्राओं ने 35 से 45 के बीच अंक प्राप्त किए हैं। इसी प्रकार 22 छात्र और 13 छात्राओं ने 55 के बीच अंक प्राप्त किए हैं।

2. **त्रिगुणीय सारिणी (Treble Table)**–इस प्रकार की सारिणी घटना या तथ्य की परस्पर संबंधित तीन विशेषताओं पर प्रकाश डालती है। उदाहरणार्थ उपर्युक्त द्विगुणीय सारिणी में छात्र व छात्राओं का छात्रावास में रहने और न रहने के आधार पर आगे और विभाजन कर दें तो वह सारिणी त्रिगुणीय होगी क्योंकि विद्यार्थियों की संख्या, छात्रावास में रहना और छात्रावास में न रहना ये तीन परस्पर संबंधित सूचनाएं उस सारिणी से प्राप्त हो सकेंगी। निम्न सारिणी में त्रिगुणीय सारिणी का स्वरूप स्पष्ट है–

अर्थशास्त्र में 100 विद्यार्थियों के प्राप्तांक (छात्रावास में रहने और न रहने के आधार पर)

	विद्यार्थियों की संख्या								
	छात्र			*छात्राएं*			*कुल योग*		
प्राप्तांक	*छात्रावास में रहने वाले*	*छात्रावास में न रहने वाले*	*योग*	*छात्रावास में रहने वाली*	*छात्रावास में न रहने वाली*	*योग*	*छात्रावास में रहने वाले*	*छात्रावास में न रहने वाले*	*योग*
15–25	5	3	8	2	4	6	7	7	14
25–35	8	2	10	4	9	13	12	11	23
35–45	9	5	14	7	3	10	16	8	24
45–55	5	17	22	3	10	13	8	27	35
55–65	2	1	3	1	0	1	3	1	4
योग	29	28	57	17	26	43	46	54	100

3. **बहुगुणीय सारिणी** (**Manifold Table**)–बहुगुणीय सारिणी में आंकड़ों के अनेक गुणों पर एक साथ ही प्रकाश डाला जाता है। इस प्रकार की सारिणी आंकड़ों की तीन से अधिक विशेषताओं को प्रकट करती है। यह सारिणी जटिल प्रकृति की होती है, पर सामाजिक अनुसंधान में विशेष कर गहन अध्ययन के हेतु इस प्रकार की सारिणी की अत्यंत आवश्यकता होती है, क्योंकि इसके द्वारा एक तथ्य से संबंधित अनेक लक्षण या गुण एक साथ स्पष्ट हो जाते हैं, जिससे तुलनात्मक अध्ययन तथा विश्लेषण का कार्य पर्याप्त सरल हो जाता है। यदि उपर्युक्त त्रिगुणीय सारिणी में प्रदर्शित सूचनाओं के साथ-साथ हम विद्यार्थियों की वैवाहिक स्थिति को भी दर्शा दें तो वह सारिणी हो जाएगी जैसा कि अधोलिखित उदाहरण से स्पष्ट है–

अर्थशास्त्र में 100 विद्यार्थियों के प्राप्तांक
(लिंग रहने की दशा और वैवाहिक स्थिति के अनुसार)

	विद्यार्थियों की संख्या								
प्राप्तांक	*छात्र*			*छात्राएं*			*योग*		
	विवाहित	*अविवाहित*	*योग*	*विवाहित*	*अविवाहित*	*योग*	*विवाहित*	*अविवाहित*	*योग*
छात्रावास में रहने वाले									
15-25	2	3	5	0	2	2	2	5	7
25-35	4	4	8	1	3	4	5	7	12
35-45	4	5	9	5	2	7	9	7	16
45-55	2	3	5	2	1	3	4	4	8
55-65	1	1	2	1	0	1	2	1	3
योग	13	16	29	9	8	17	22	24	46
छात्रावास में न रहने वाले									
15-25	1	2	3	2	2	4	3	4	7
25-35	1	1	2	5	4	9	6	5	11
35-45	3	2	5	2	1	3	5	3	8
45-55	7	10	17	4	6	10	11	16	27
55-65	1	0	1	0	0	0	1	0	1
योग	13	15	28	13	16	26	26	28	54
योग									
15-25	3	5	8	2	4	6	5	9	14
25-35	5	5	10	6	7	13	11	12	23
35-45	7	7	14	7	3	10	14	10	24
45-55	9	13	22	6	7	13	15	20	35
55-65	2	1	3	1	0	1	3	1	4
योग	26	31	57	22	21	43	48	52	100

उपर्युक्त सारिणी में हमें अनेक परस्पर संबंधित प्रश्नों के विषय में सूचनाएं मिलती हैं, जैसे – 1. छात्रों द्वारा प्राप्तांक, 2. उनके लिंग के अनुसार वितरण, 3. छात्रावास में रहने न रहने के अनुसार वितरण, 4. वैवाहिक स्थिति के अनुसार वितरण इत्यादि।

सारिणीकरण की विधियां (Methods of Tabulation)

तथ्यों के ढेर को एक सारिणी के रूप में व्यवस्थित करने के लिए मुख्यतया दो विधियां अपनायी जाती हैं – प्रथम हस्त सारिणीकरण और द्वितीय यांत्रिक सारिणीकरण। दोनों विधियों का संक्षिप्त परिचय आगे दिया जा रहा है–

हस्त सारिणीकरण *(Manual Tabulation)*

जब अनुसंधान का क्षेत्र छोटा होता है अर्थात् अवलोकनों की संख्या कम होती है तो हाथ द्वारा सारिणीयन ठीक होता है। हाथ द्वारा सारिणीकरण करने के लिए सबसे पहले टैलीशीट (Taily Sheet) बनाई जाती है, जिस पर समस्त संकलित सामग्री को वर्गीकृत करने के लिए विभिन्न वर्गों या वर्गान्तरों (class intervals) को बनाया जाता है। इसके पश्चात सामग्री के प्रत्येक तथ्य को उपयुक्त वर्ग में अंकित करने के लिए एक लाइन खींच देते हैं। किसी भी वर्गान्तर के अन्तर्गत जब चार लाइनें हो जाएं तो पांचवीं लाइन उसके समानान्तर खींचने के बजाय चारों लाइनों को काटते हुए खींचना चाहिए। इससे गिनती में सहूलियत होती है। जब समस्त तथ्यों को किसी न किसी वर्गान्तर के अन्तर्गत सम्मिलित कर लिया जाता है तो प्रत्येक वर्गान्तर के सामने की लकीरों को मिलाकर उनका योग लिख दिया जाता है। निम्नलिखित उदाहरण से इस प्रक्रिया का और भी स्पष्टीकरण हो सकेगा–

प्राप्तांक	*विद्यार्थियों की संख्या*	*योग*
0–10	卌 卌 ।	11
10–20	卌 卌 卌 ।।	17
20–30	卌 卌 ।।	12
30–40	卌 卌 卌 卌 卌 卌 ।	31
40–50	卌 卌 卌 卌 卌 ।।।।	29
		योग 100

यांत्रिक सारिणीकरण *(Mechanical Tabulation)*

हाथ के द्वारा सारिणीकरण वहीं संभव है, जहां सांख्यिकीय सामग्री थोड़ी हो। परन्तु किसी बड़े अनुसंधान में जहां सामग्री अधिक मात्रा में होती है, हाथ द्वारा सारिणीकरण में समय व मानवीय श्रम अधिक लगता है। ऐसे स्थानों पर मशीनों या कम्प्यूटर का प्रयोग अधिक अच्छा होता है। यांत्रिक सारिणीकरण का कार्य आरंभ करने के पहले सामग्री के समस्त दोषों को निकालने की क्रिया की जाती है, संग्रहीत तथ्यों की जांच की जाती है, भूलों की पूर्ति की जाती है, सामग्री एवं तथ्यों को वर्गों या समूहों में बांट लिया जा सकता है। इतना कर लेने के बाद ही यांत्रिक सारिणीकरण का कार्य प्रारंभ किया जाता है। यांत्रिक सारिणीकरण में निम्न क्रियाएं संपन्न करनी पड़ती हैं–

(क) संकेतन (Codification)–इस प्रक्रिया के अन्तर्गत प्रश्नावली अथवा अनुसूची से प्राप्त प्रत्येक उत्तर को किसी संख्या, चिह्न अथवा प्रतीक में बदल दिया जाता है। उदाहरणार्थ – विवाहित, अविवाहित, विधुर और तलाकशुदा के लिए क्रमशः 0, 1, 2, 3 आदि कोड संख्याओं का प्रयोग किया जा सकता है। इसका अर्थ हुआ कि अविवाहित व्यक्ति को 0, विवाहित व्यक्ति को 1, विधुर को 2 तथा तलाकशुदा को 3 प्रदर्शित करता है।

(ख) कोड नंबरों को सारिणीकरण कार्ड में दर्ज करना (Transcription)–पहले संकेतन की प्रक्रिया समाप्त हो जाने पर अर्थात् सभी सूचनाओं के लिए एक कोड नंबर निश्चित कर

लेने के बाद सारिणीकरण कार्ड पर वांछनीय छेद करके प्रत्येक नंबर को दर्ज कर दिया जाता था। प्रत्येक कार्ड में 0 से लेकर 9 तक संख्याएं लिखी होती थीं। प्रत्येक सूचनादाता के लिए एक पृथक कार्ड होता था। प्रश्नावली अथवा अनुसूची में दिए गए समस्त उत्तरों के कोड नंबरों को उसी कार्ड में दर्ज कर दिया जाता था। अब यह समस्त कार्य कम्प्यूटर की सहायता से आसानी से हो सकता है तथा किया जाता है।

(ग) गणना (Counting)—जब सारिणीकरण कार्डों को छांट लिया जाता था तो उसके पश्चात प्रत्येक पद (item) की आवृत्ति की गणना का यह कार्य योग एवं सारिणीकरण मशीन की सहायता से किया जाता था। यह मशीन एक ही साथ कई चीजों का योग भी कर देती थी। अब यह सभी कार्य कम्प्यूटर करता है।

(घ) सारिणीकरण (Tabulation)—उपर्युक्त समस्त क्रियाओं को कर लेने के पश्चात वास्तविक सारिणीकरण की क्रिया आती है। इसमें समस्त उपलब्ध सूचनाओं से सारिणी तैयार कर ली जाती है। सारिणी तैयार करने के कार्य को कम्प्यूटर द्वारा भी किया जा सकता है।

यांत्रिक या कम्प्यूटर सारिणीकरण से लाभ *(Merits of Mechanical Tabulation or Tabulation by Computer)*

यांत्रिक अथवा कम्प्यूटर सारिणीयन से निम्न लाभ हैं–

1. इस रीति से सारिणीयन करने में बहुत कम समय लगता है।
2. इस रीति में उच्च मात्रा की शुद्धता पाई जाती है।
3. सारिणीयन सुव्यवस्थित और मितव्ययी होता है।
4. मानवीय श्रम की बचत होती है।
5. अशुद्धियों की जांच अत्यंत सरलतापूर्वक किसी भी समय हो सकती है।

सारिणी की रचना के नियम (Rules of Preparing Table)

सारिणी रचना एक मुख्य कार्य है। इसके लिए पर्याप्त अनुभव, ज्ञान एवं कार्यकुशलता की आवश्यकता पड़ती है। इसकी रचना के कुछ निश्चित नियम होते हैं, जिनका पालन करना आवश्यक होता है इन नियमों और सावधानियों को हम इस प्रकार प्रस्तुत कर सकते हैं।

1. **सारिणी संख्या (Table Number)**—सारिणी के सबसे ऊपर, प्रारंभ में संख्या दी जाती है। संख्या होने से सरलता से किसी भी सारिणी का उल्लेख किया जा सकता है।

2. **सारिणी का शीर्षक (Title of the Table)**—प्रत्येक सारिणी का एक शीर्षक होता है। शीर्षक देते समय यह प्रयत्न किया जाता है कि शीर्षक संक्षिप्त, स्पष्ट तथा सारिणी के उद्देश्य को प्रकट करने वाला हो।

3. **स्तंभों का आकार (Size or Columns)**—सारिणी में जितने स्तंभ हों उतनी ही रेखाएं खींच लेनी चाहिए। कागज के आधार पर ही स्तंभों की लंबाई, चौड़ाई निश्चित की जानी चाहिए। उदय स्तंभों (vertical columns) की संख्या जितनी कम हो उतना ही अच्छा है। प्रत्येक सारिणी में योग का स्तंभ भी होना आवश्यक है।

4. **उपशीर्षक (Sub-title)**—प्रत्येक सारिणी में कई स्तंभ या कॉलम होते हैं। सारिणी को सुंदर और बोधगम्य बनाने के लिए यह आवश्यक है कि हम स्तंभों और कॉलमों का एक उपयुक्त उपशीर्षक दे दें। उपशीर्षक ऐसा होना चाहिए जिसे देखते ही यह पता चल जाए कि अमुक कॉलम के अन्तर्गत किन तथ्यों को रखा गया है। कभी-कभी संख्याएं इतनी बड़ी होती हैं कि उनके स्थान पर कुछ संख्याओं का प्रयोग किया जाता है। इन संकेतों को उपशीर्षक में लिख देना चाहिए।

5. **पंक्तियों में सूचना लिखना** **(Writing Information in Rows)**—सारिणी में तथ्यों को पंक्तियों या कतारों में इस प्रकार लिखा जाता है – सूचना कतारों में किस प्रकार लिखी जाए, इसकी कई विधियां होती हैं जैसे – वर्णात्मक विधि-जिसमें वर्गों को उनके प्रारंभिक अक्षर के क्रम से लिखा जाता है। इसी प्रकार, सूचनाओं को स्थान, समय और महत्व के अनुसार भी लिखा जाता है। इसमें किसी विधि को अपनाना अनुसंधान के उद्देश्य पर निर्भर करता है।

6. **स्तंभों का क्रम** **(Sequence of Columns)**—कतारों के समान ही कॉलमों को भी कई प्रकार के क्रमों में लिखा जा सकता है। इसके लिए हमें कुछ बातों को ध्यान में रखना आवश्यक है; जैसे–(1) प्रथम कॉलम में प्राय: विवरण लिखा जाता है, जिससे कि आगे लिखी संख्याओं का परिचय प्राप्त हो। (2) महत्वपूर्ण सूचनाओं को बाईं ओर लिखना चाहिए। (3) तुलना की जाने वाली संख्याओं को पास-पास देना चाहिए; जैसे – स्त्री-पुरुष, शिक्षित-अशिक्षित, विवाहित आदि। (4) यदि निरपेक्ष संख्याओं के प्रतिशत, माध्य अथवा अनुपात निकाले गए हों तो उन संख्याओं के बगल में ही रखना चाहिए।

7. **स्तंभों का विभाजन** **(Division of Columns)**—यदि सूचना कई वर्गों तथा उपवर्गों में बंटी हो तो स्तंभों का विभाजन इस प्रकार करना चाहिए कि किसी वर्ग अथवा उपवर्ग की स्तंभ-रेखा को सरलतापूर्वक पहचाना जा सके। इसके उपवर्ग की रेखा प्राय: पतली तथा वर्गों की रेखा गहरी या दुहरी अथवा लाल स्याही से बनाई जाती है। योग की रेखा भी प्राय: गहरी या लाल स्याही से खींची जाती है।

8. **योग** **(Total)**—यदि सारिणी में कई वर्ग एवं उपवर्ग हैं तो प्रत्येक का योग अलग-अलग देना चाहिए। आवश्यकतानुसार प्रत्येक कॉलम का योग खड़े और पड़े दोनों रूप में दे देना अधिक सुविधाजनक होता है।

9. **टिप्पणियां** **(Notes)**—यदि तथ्यों अथवा समस्त सारिणी के संबंध में कोई विशेष बात बतलानी हो तो उसे एक या एकाधिक टिप्पणियों द्वारा प्रकट किया जाता है। प्राय: उसमें सूचना के स्रोतों अथवा कुछ विशिष्ट अपवादों का वर्णन किया जाता है। यदि हमें किसी आंकड़े विशेष के बारे में बतलाना है तो उसके ऊपर 'स्टार' या अन्य कोई चिह्न लगाकर उससे संबंधित सूचना दे दी जाती है।

Notes

1. D.N. Elhance, *Fundamentals of Statistics*, Kitab Maha, Allahabad, 1958, p. 56.
2. L.R. Connor, *Statistics in Theory and Practice*, Pitman and Sons, London, 1936, p. 18.
3. W.A. Neiswanger, Elementary Statistical Method, The Macmillan Co., New York, 1956, p. 65.
4. H. Secrist, *An Introduction to Statistical Method*, The Macmillian Co., New York, 1933.
5. L.R. Connor,op. cit.
6. M.K. Ghosh and S.C. Chaudhari, *Statistics: Theory and Practice*, Indian Press, Allahabad, 1958, p. 94.
7. P.V. Young, *Scientific Social Surveys and Research*, Prentice Hall, New York, 1953, p. 239.
8. A.L. Bowley, *Elements of Statistics*, P.S. King and Sons, London, 1956.
9. F.E. Croxton, D.J. Cowden and S. Keein, *Applied General Statistics* (3rd ed.), Prentice Hall, New Delhi, 1975.

24

चित्रों द्वारा समंकों का प्रदर्शन

Diagrammatic Presentation of Data

किसी भी सामाजिक शोध के विद्यार्थी के लिए तथ्यों का चित्रमय प्रदर्शन और उनकी रचना समझना बहुत आवश्यक हो जाता है। औसत रूप से सामाजिक शोधकर्ता हमेशा रिपोर्ट को प्रस्तुत करते समय चित्रों और रेखाओं का प्रयोग नहीं करता। फिर भी उसका ज्ञान शोधकर्ता के लिए आवश्यक होता है। इन चित्रों के द्वारा व्यक्तियों को तथ्यों को समझने में सुविधा मिलती है। इसके अतिरिक्त इनके द्वारा विस्तृत सांख्यिकी तथ्यों का आसानी से प्रस्तुतीकरण होता है। कभी-कभी ये तथ्य सामाजिक घटनाओं को समझने में कठिनाई प्रस्तुत करते हैं। इन तथ्यों में अधिक विविधता, जटिलता और शुष्कता पाई जाती है। एक साधारण व्यक्ति, जिसे इस प्रकार के तथ्यों को समझने का ज्ञान नहीं होता, इनसे लाभ नहीं उठा पाता है। अत: इस प्रकार के तथ्यों को बोधगम्य करने के लिए चित्रों का प्रयोग होता है। ऐसा करने से तथ्यों की परस्पर तुलना हो सकती है और उनका समझना सरल हो जाता है। उदाहरण के लिए यदि रोगी के तापक्रम प्रति घंटे के हिसाब से एक सप्ताह तक लिखे जाएं तो एक साधारण व्यक्ति उसको देखकर यह अनुमान नहीं लगा सकता कि उसका तापक्रम बढ़ता है या कम होता है। परन्तु यदि इसी को चित्रों द्वारा प्रदर्शित किया जाए तो उसको देखकर वह तुरंत अनुमान लगा सकता है कि कब और किस समय में रोगी को कितना तापक्रम था।

समकालीन समय में सांख्यिकी सामग्रियों को चित्रों द्वारा प्रदर्शित करने की पद्धति का प्रयोग दिन-प्रतिदिन बढ़ता जा रहा है। इनको इस प्रकार प्रस्तुत किया जाता है कि जनसाधारण इनको सरलता से समझ सके। इनके द्वारा तथ्यों को सरलता, सुंदरता एवं स्पष्टता से प्रस्तुत किया जा सकता है। इनकी सरलता एवं आकर्षकता के कारण ही इनकी लोकप्रियता बढ़ती जा रही है। यूं तो चित्रों की रचना करने से उच्च स्तर की सांख्यिकीय या गणितीय शुद्धता नहीं रहती; परन्तु फिर भी दर्शकों को प्रभावित करने में बहुत सफलता मिलती है और इनसे आंकड़ों की विशेषताएं प्रकट होती हैं। दूसरी सामाजिक प्रविधियों की भांति इनका प्रयोग भी बड़ी योग्यता से किया जाता है। कभी-कभी बदसूरत चित्र पूरे अध्ययन के व्यवस्थित क्रम को भी कम कर सकते हैं और इस प्रकार तथ्यों का सही प्रतिनिधित्व नहीं हो पाता। तथ्यों को चित्रों द्वारा प्रस्तुत करते समय उचित और सही चित्रों का ही प्रयोग करना चाहिए।

चित्रों की उपयोगिता (Utility of Diagrams)

उपर्युक्त विवेचन से चित्रों की उपयोगिता का कुछ संकेत मिलता है। सामाजिक अनुसंधान में इसकी भूमिका बहुत महत्वपूर्ण है और निम्न बातों से इसका महत्व और स्पष्ट हो जाता है--

1. इनके द्वारा जटिल, अव्यवस्थित और विस्तृत तथ्यों के संग्रह को सरलता मिल जाती है और वह जनसामान्य के समझने योग्य हो जाती है। केवल अंकों को देखकर कोई परिणाम निकालना कठिन होता है परन्तु चित्र को देखकर उनकी विशेषता स्पष्ट रूप से ज्ञात हो जाती है। यहां यह ध्यान रखना चाहिए कि चित्र सदा तुलनात्मक होते हैं।
2. चित्रों द्वारा आंकड़े अधिक बोधगम्य हो जाते हैं। इससे आंकड़ों को आसानी से समझाया जा सकता है और इनके द्वारा महत्वपूर्ण लक्षण सरलता से स्पष्ट किए जा सकते हैं। इनको देखने से साधारण व्यक्ति चीजों को आसानी से समझ लेता है।
3. इनके माध्यम से आंकड़े आकर्षक एवं रुचिकर लगने लगते हैं। इन्हें बार-बार देखने की इच्छा होती है। ये सरल, आकर्षक और प्रभावशाली होते हैं। उदाहरण के लिए यदि कई देशों की जनसंख्या की वृद्धि के आंकड़ों को समझते हैं तो उनको चित्रों द्वारा दिखाकर आसानी से याद किया जा सकता है। इन चित्रों की ओर प्रत्येक व्यक्ति का ध्यान स्वाभाविक रूप से चला जाता है।
4. चित्रों द्वारा सामग्री को प्रस्तुत करने एवं समझने में समय कम लगता है। इसके द्वारा आंकड़ों के विभिन्न तथ्यों का आनुपातिक महत्व देने मात्र से ही स्पष्टीकरण हो जाता है और उनके परिणाम निकालने के लिए विशेष गहन अध्ययन की आवश्यकता नहीं होती। इसके द्वारा सामग्री छोटे रूप से प्रस्तुत की जा सकती है। इस प्रकार चित्रमय प्रदर्शन से समय और श्रम दोनों की बचत होती है।
5. छोटे रूप में आंकड़ों को प्रस्तुत करने के कारण से संख्याएं सरलता से समझ में आ जाती हैं। इससे वस्तुएं अधिक समय तक याद रहती हैं और व्यक्तियों के मस्तिष्क पर एक अमिट छाया-सी पड़ जाती है।
6. चित्रों से तुलना आसान हो जाती है और पाठक को यह तत्काल ज्ञात हो जाता है कि कौनसा मद अधिक महत्वपूर्ण है और कौन सा कम। उदाहरण के लिए कई देशों की जनसंख्या का चित्र दिखाया जाए तो व्यक्ति समझ लेता है कि किस देश की जनसंख्या सबसे अधिक है।
7. चित्रों द्वारा रेखाओं के मोड़ को देखकर भविष्य का अंदाज लगाया जा सकता है। इसका तुलनात्मक अन्वेषण हमें भविष्यकालीन अनुमान को ज्ञात करने में सहायता प्रदान करता है।
8. इनके द्वारा आंकड़ों को दूसरे व्यक्तियों को समझने तथा सूचना पहुंचाने में सहायता मिलती है। इससे प्रत्येक व्यक्ति सरलता से समझ लेता है।
9. इन्हें साधारण व्यक्ति अच्छी तरह से समझ लेता है। इसी कारण वर्तमान युग में विज्ञापनों के लिए चित्रों का प्रयोग किया जाता है। ये चित्र वस्तु-स्थिति को इस प्रकार प्रस्तुत करते हैं कि जनता उनको आसानी से समझ सके।
10. सुंदर चित्र सूचना देने के साथ-साथ व्यक्तियों का मनोरंजन भी करते हैं। इससे विभिन्न सूचनाओं के अध्ययन में थकावट का अनुभव नहीं होता और व्यक्ति की दिलचस्पी उसमें बनी रहती है।

चित्रमय प्रदर्शन की सीमाएं (Limitations of Diagrammatic Presentation)

चित्र प्रदर्शन की सीमाएं निम्नलिखित हो सकती हैं–

1. इनका प्रयोग केवल वहीं हो सकता है, जहां आंकड़े सामान्य जनता के लिए कुछ सांख्यिकी तथ्यों को महत्व देने हेतु प्रस्तुत किए जाते हों; क्योंकि चित्रों से केवल सामग्री का अनुमानित रूप ही प्रस्तुत किया जा सकता है। जहां गहन और विस्तृत अध्ययन करना होता है वहां पर चित्रों का प्रयोग नहीं के बराबर होता है।
2. इसकी एक सीमा यह भी है कि इसके द्वारा केवल सजातीय तथ्यों का ही प्रयोग हो सकता है। उदाहरण के लिए यदि राष्ट्रीय आय, मकानों की संख्या, विधवाओं की संख्या आदि के संबंध में हमारे पास आंकड़े हों तो उनको चित्रों द्वारा नहीं दिखा सकते; क्योंकि इन तथ्यों में संबंध नहीं हैं और इनमें सजातीयता का भी अभाव है।
3. इससे अंकों के विशुद्ध माप का ज्ञान नहीं हो सकता, जितना कि सारिणीयन के माध्यम से होता है। अंकों को विशुद्ध रूप में नहीं दिखाया जा सकता है। इसके साथ-साथ चित्रों में मापदंड का उचित चयन करना एक विचित्र समस्या है।
4. कभी-कभी शोधकर्ता इनकी सरलता से अनुचित और अशुद्ध चित्र बनाकर इनका दुरुपयोग कर सकता है। इस प्रकार के चित्र भ्रामक होते हैं।
5. चित्रों द्वारा आंकड़ों की पूर्णशुद्धता प्रदर्शित नहीं की जा सकती। इनके द्वारा वस्तु-स्थिति का केवल संकेत मात्र दिया जाता है। ये निष्कर्ष की पूर्ण शुद्धता प्रदर्शित नहीं करते।
6. इनके द्वारा तथ्यों की तुलना वहां पर संभव नहीं है, जहां पर अत्यधिक अंतर पाया जाता हो। उदाहरण के लिए 1:1000 के माप वाले दो तथ्यों की तुलना चित्र द्वारा संभव नहीं होती।
7. इनका प्रयोग प्रत्येक शोध में नहीं किया जा सकता, यदि ये चित्र बनाए भी जाते हैं तो कोई भाव प्रकट नहीं हो पाता।

चित्रों के निर्माण के सामान्य नियम (General Rules for Constructing Diagrams)

इनके द्वारा आंकड़ों को सरल, सुबोध एवं स्पष्ट रूप से प्रस्तुत किया जाता है। अत: इनको बड़ी सावधानी से प्रदर्शित किया जाना चाहिए। इनको बनाते समय निम्नलिखित सावधानियों एवं नियमों को ध्यान में रखना चाहिए–

1. प्रत्येक चित्र का एक उपयुक्त छोटा एवं स्वयं स्पष्ट शीर्षक दिया जाना चाहिए।
2. चित्र कागज के आकार के अनुकूल होना आवश्यक है।
3. चित्र आकर्षक एवं रुचिपूर्ण होना चाहिए।
4. चित्र की रचना करते समय उचित पैमाने तय कर लेने चाहिए।
5. चित्र से संबंधित समस्त अंकों को यथास्थान दिखला देना चाहिए।
6. चित्र स्वच्छ, सरल, स्पष्ट, सुंदर और बोधगम्य होने चाहिए।
7. उपयुक्त चिह्नों का प्रयोग करना चाहिए।
8. महत्वपूर्ण तथ्यों का स्पष्ट प्रदर्शन करना चाहिए।
9. चित्रों की रचना सामान्य विधि से होनी चाहिए।
10. चित्र मितव्यतापूर्ण होने चाहिए।
11. चित्र बनाने की सामग्री सजातीय होनी चाहिए।

12. चित्रों को कभी भी अंकों अथवा तथ्यों का प्रतिस्थापन नहीं मानना चाहिए।
13. सामग्री को चित्रों द्वारा प्रदर्शित करने में सबसे महत्वपूर्ण समस्या उपयुक्त चित्र के चुनाव की है।
14. अधिक महत्वपूर्ण बातों को चित्रों में अधिक गहरा और उभार कर दिखाना चाहिए।
15. चित्र को चारों ओर से मोटी रेखाओं से घेरना चाहिए।

चित्रों के प्रकार (Types of Diagrams)

सामान्यतया तथ्यों को प्रस्तुत करने के लिए निम्नलिखित चित्रों का उपयोग अधिक प्रचलित है–

1. आयात्मक चित्र (Dimensional Diagram)–इसके निम्नलिखित उपविभाग हो सकते हैं–

   (अ) एक आयात्मक चित्र : 1. रेखा चित्र, 2. सरल दण्ड चित्र, 3. बहुगुणीय दण्ड चित्र, 4. उप विभाजित दण्ड चित्र, 5. प्रतिशत विभाजित दण्ड चित्र, 6. विचलन दण्ड चित्र, 7. स्तूप चित्र, 8. द्विमुखी दण्ड चित्र, 9. युग्म दिशात्मक दण्ड चित्र।

   (ब) द्वि–आयात्मक चित्र : 1. आयाताकार चित्र, 2. वर्गाकार चित्र, 3. वृत्ताकार चित्र।
2. चित्र लेख (Pictogram)
3. मानचित्र (Cartogram)
4. चित्र रेखा एवं वक्र रेखाएं (Graphs and Curves)।

   उपर्युक्त को निम्न प्रकार से चित्र द्वारा दिखाया जा सकता है–

चित्रों के प्रकार

- आयात्मक चित्र
  - *एक आयात्मक चित्र*
    1. सरल दण्ड चित्र
    2. बहुगुणीय दण्ड चित्र
    3. उपविभाजित दण्ड चित्र
    4. प्रतिशत विभाजित चित्र
    5. रेखा चित्र
    6. विचलन दण्ड चित्र
    7. स्तूप चित्र
    8. द्विमुखी दण्ड चित्र
    9. युग्मदिशात्मक दण्ड चित्र
  - *द्वि–आयात्मक चित्र*
    1. आयताकार चित्र
    2. वर्गाकार चित्र
    3. वृत्ताकार चित्र
  - *त्रि–आयात्मक चित्र*
    1. घन चित्र
    2. बेलनाकार चित्र
    3. ग्लोबाकार चित्र
- चित्रलेख
- मानचित्र
- चित्ररेखा एवं वक्र रेखाएं

एक आयात्मक चित्र *(One Dimensional Diagram)*

एक आयात्मक चित्रों में चौड़ाई या मोटाई की ओर से ध्यान न देकर केवल लम्बाई की ओर ध्यान दिया जाता है। ये चित्र खड़ी अथवा बेड़ी रेखाओं के रूप में बनाए जाते हैं। इसमें केवल रेखाओं की ऊंचाई अथवा लम्बाई की तुलना की जाती है। इसमें चौड़ाई का उपयोग केवल चित्र को आकर्षक करने के लिए ही किया जाता है। इसमें रेखाओं की लम्बाई अंकों के आकार के अनुपात में होती है। चित्र में केवल एक ही पक्ष लेने के कारण इसे आयात्मक चित्र

कहते हैं। इसका निर्माण उस समय किया जाता है, जबकि किसी एक ही प्रकार की विशेषता को प्रदर्शित कर सकते हैं। इनका प्रयोग विशेष रूप से उस समय किया जाता है, जहां कि सबसे छोटी और सबसे बड़ी माप में 1:10 से अधिक अंतर न हो।

इन चित्रों में उपभागों को निम्न प्रकार से प्रस्तुत किया जा सकता है–

1. **रेखाचित्र (Line Diagram)**–रेखाचित्र उन चित्रों को कहते हैं, जिनमें तथ्यों के परिणामों को सीधी रेखाओं द्वारा प्रदर्शित किया जाता है। इस प्रकार के चित्रों का प्रयोग वहां अधिक होता है जहां प्रदर्शित की जाने वाली इकाइयों की संख्या अधिक होती है। इन चित्रों की कुछ विशेषताएं होती हैं, जिनमें निम्न प्रमुख हैं–

(अ) दो रेखाओं के मध्य समान अंतर होता है।
(ब) रेखाओं में चौड़ाई एवं मोटाई नहीं होती।
(स) चित्र के एक तरफ पैमाने का स्वरूप दे दिया जाता है।
(द) रेखाएं खड़ी या बेड़ी दोनों हो सकती हैं।
(य) चित्र तथ्यों का तुलनात्मक अध्ययन प्रस्तुत करते हैं।

इन चित्रों की कुछ सीमाएं एवं दोष भी होते हैं। ये चित्र देखने में आकर्षक नहीं होते और इसीलिए इनका प्रचलन अधिक नहीं होता है। निम्नलिखित उदाहरण से इस प्रकार के रेखाचित्रों को प्रस्तुत किया जा सकता है।

उदाहरण 1. अर्थशास्त्र की परीक्षा में 15 विद्यार्थियों के प्राप्तांक निम्नलिखित प्रकार से हैं–31, 38, 63, 69, 57, 68, 40, 44, 66, 43, 63, 37, 36, 49, 71.

अगर उपर्युक्त प्राप्तांकों को चित्र द्वारा प्रस्तुत करना है तो वह चित्र निम्न प्रकार से बनेगा (देखिए चित्र 1)।

चित्र 1

अर्थशास्त्र के 15 विद्यार्थियों के प्राप्तांक

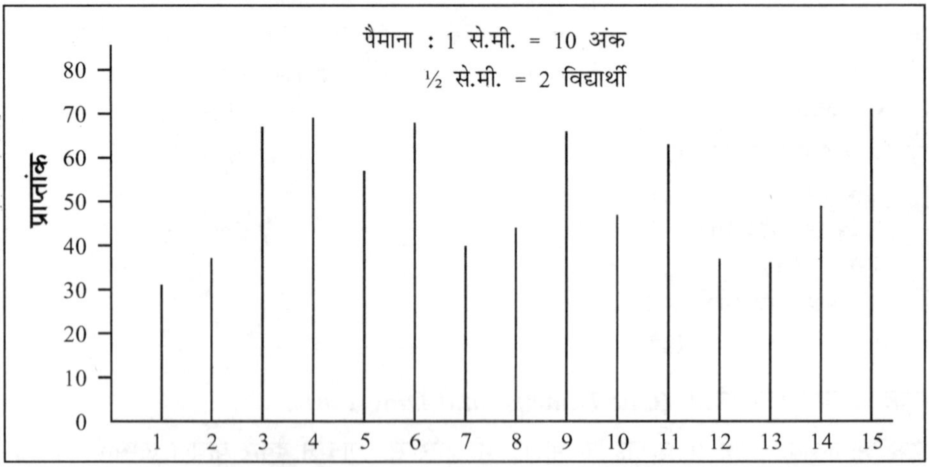

2. **सरल दण्ड चित्र (Simple Bar Diagram)**–इन चित्रों में भी केवल लम्बाई अथवा ऊंचाई की ही तुलना होती है। खण्डित माला के अंकों को साधारण तथा दण्ड चित्रों द्वारा प्रदर्शित किया जाता है। यदि पदमाला खण्डित है एवं पद सरल हैं तो उनको दण्ड माला में कई बातों की तुलना करनी हो और उसके विभिन्न अंकों का अंतर अधिक हो तो उसको सरल

दण्ड चित्र द्वारा प्रदर्शित नहीं किया जा सकता। इसके अतिरिक्त तथ्यों की निरंतर समानता को भी प्रस्तुत नहीं किया जा सकता। इन चित्रों में प्रत्येक अंक को दिखाने के लिए एक दण्ड खींच दिया जाता है और इस प्रकार जितने अंक होंगे उतने ही दण्ड होंगे। इन दण्डों में लम्बाई के साथ-साथ चौड़ाई भी होती है, जिससे ये अधिक आकर्षक प्रतीत होते हैं। इसमें चौड़ाई का कोई अर्थ नहीं होता परन्तु यह चौड़ाई कलात्मक दृष्टि से निर्धारित की जाती है। दो दण्डों के बीच बराबर स्थान छोड़ दिया जाता है। दण्डों की लम्बाई इनकी संख्या के आधार पर प्रस्तुत की जाती है। इन दण्डों को खड़े या बेड़े दोनों प्रकार से दिखाया जा सकता है। इस चित्र को बनाते समय सभी तरफ पर्याप्त स्थान छोड़ना आवश्यक है ताकि वहां पर शीर्षक, माप और इकाई आदि लिखा जा सके। दण्ड बनाते समय इस बात का ध्यान रखना चाहिए कि समस्त दण्डों की मोटाई एक समान हो। जब दण्ड बनाने हों तो उनका उद्गम एक सरल रेखा पर ही होना चाहिए। दण्ड चित्रों की आधार-रेखा खड़ी या बेड़ी हो सकती है। लेकिन सामान्यतया खड़ी रेखा को ही दण्ड चित्रों की आधार-रेखा मानना उपयोगी होता है क्योंकि उस पर आधारित खड़े दण्ड तुलना करने में अधिक उपयुक्त होते हैं। इस प्रकार के चित्र को निम्न प्रकार के उदाहरण से स्पष्ट किया जा सकता है–

उदाहरण : निम्नांकित सारिणी में किसी वर्ष में खाद्य पदार्थों की उपज का विवरण दिया गया है।

क.सं.	*खाद्य पदार्थों के नाम*	*उपज (1000 टन में)*
1	गेहूं	8,618
2	जौ	6,323
3	चना	5,511
4	ज्वार	3,837
5	बाजरा	2,726
6	गन्ना	2,314
7	मक्का	1,863

उपर्युक्त सारिणी द्वारा दिए गए आंकड़ों के आधार पर सरल दण्ड चित्र इस प्रकार से होगा (देखिए चित्र 2)।

चित्र 2

विभिन्न खाद्य पदार्थों की उपज

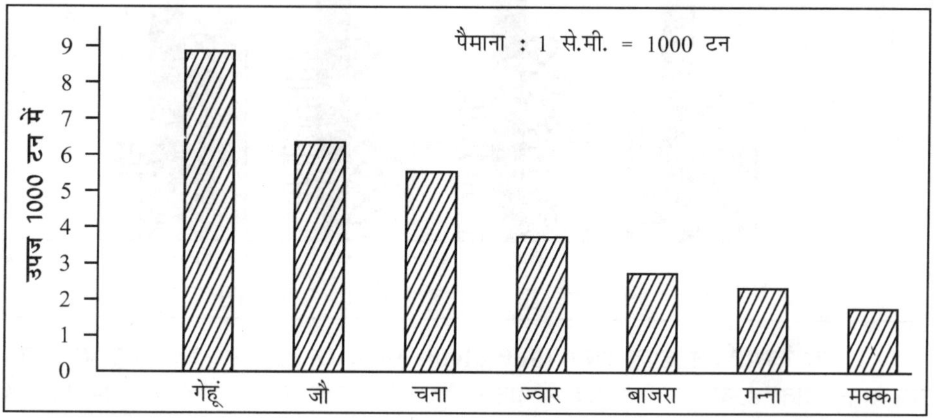

3. **बहुगुणीय दण्ड चित्र (Multiple Bar Diagram)**—कभी-कभी एक ही दण्ड चित्र में दो अथवा अधिक परस्पर संबंधित अंकों के समूहों को प्रस्तुत करना होता है। उपर्युक्त दोनों चित्र केवल एक ही प्रकार की समस्या के बारे में स्पष्टीकरण देते हैं। लेकिन दो अथवा अधिक संबंधित घटनाओं या समस्याओं को बहुगुणीय दण्ड चित्रों द्वारा प्रदर्शित किया जा सकता है। ऐसी स्थिति में परस्पर संबंधित जितनी समस्याएं होंगी उनके लिए एक दण्ड खींच दिए जाएंगे। यदि दो परस्पर समस्याओं को दण्ड चित्र में प्रस्तुत करना है तो एक साथ दण्ड चित्र खींच दिए जाएंगे।

बहुगुणीय दण्ड चित्र और सरल दण्ड चित्र में अंतर केवल इतना है कि सरल दण्ड चित्र में केवल एक ही तथ्य की तुलना दिखाई जा सकती है, जबकि बहुगुणीय दण्ड चित्र में एकाधिक घटाओं का तुलनात्मक प्रदर्शन किया जा सकता है। इसीलिए इसको बहुगुणीय दण्ड चित्र के नाम से पुकारते हैं। इस प्रकार के चित्रों में जितने प्रकार के तथ्यों की तुलना करनी होती है, उतनी संख्या में दण्डों को एक साथ मिलाकर बनाया जाता है। इस बहुगुणीय दण्ड चित्र को निम्नलिखित उदाहरण द्वारा स्पष्ट किया जा सकता है—

उदाहरण : अर्थशास्त्र विषय का विगत चार वर्षों का परीक्षाफल निम्नलिखित प्रकार का है—

श्रेणी	*1956*	*1957*	*1958*	*1959*
प्रथम	19	22	17	26
द्वितीय	23	27	28	28
तृतीय	32	37	41	44
अनुत्तीर्ण	24	19	24	13

उपर्युक्त आंकड़ों के आधार पर बहुगुणीय दण्ड चित्र निम्नांकित रूप से प्रदर्शित किया जा सकता है। (देखिए चित्र 3)

चित्र 3

अर्थशास्त्र का विगत चार वर्षों का परीक्षाफल

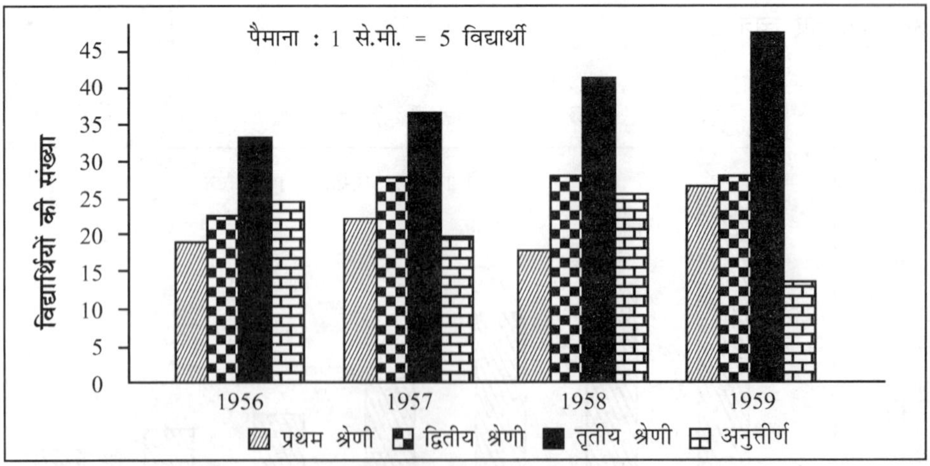

4. **उप विभाजित दण्ड चित्र (Sub-divided Bar Diagram)**—इन चित्रों का प्रयोग उस समय होता है जबकि एक मद में अनेक मद सम्मिलित हों। उदाहरण के लिए यदि दो

व्यक्तियों की मासिक आय को विभिन्न प्रकार के खर्च के मदों में विभाजित करना है तो इस दण्ड चित्र का प्रयोग किया जाएगा। दूसरे शब्दों में हम कह सकते हैं कि जब किसी विशिष्ट विषय से संबंधित तथ्यों को उनके विभिन्न अंशों में दिखाना हो तो उप विभाजित दण्ड चित्र द्वारा ऐसे तथ्यों के सारे भागों को योग सहित प्रदर्शित किया जा सकता है। इस प्रकार के चित्र में सम्पूर्ण योग का एक दण्ड बनाकर उसमें से विभिन्न भाग लिए जाते हैं तथा उनमें अलग-अलग रंग भर दिए जाते हैं और इन रंगों का ब्यौरा नीचे दे दिया जाता है जिससे यह स्पष्ट हो जाता है कि कौन सा रंग किस वस्तु के लिए प्रयोग किया गया है। इन चित्रों की मुख्य विशेषता यह होती है कि ये एक ही दण्ड चित्र में अनेक विशेषताओं को प्रदर्शित कर सकते हैं। इसके साथ विभिन्न मदों का कुल योग ही दण्ड चित्र की लम्बाई होती है। तीसरी विशेषता यह होती है कि प्रत्येक मद की संख्या उसी अनुपात में होती है। चौथी विशेषता यह है कि विभिन्न मदों का तुलनात्मक अध्ययन किया जा सकता है। अंत में हम कह सकते हैं कि ये विभिन्न मद कुल संख्या के साथ अपना अनुपात प्रदर्शित करते हैं। इस प्रकार के चित्र को निम्नलिखित उदाहरण के द्वारा प्रस्तुत किया जा सकता है।

उदाहरण : निम्नांकित सारिणी में अमेरिका, ब्रिटेन और जापान द्वारा बनाई जाने वाली कारों की संख्या का विवरण दिया गया है। कारों के उत्पादन को विभिन्न वर्षों के आधार पर प्रदर्शित किया गया है।

राष्ट्र का नाम	*कारों का उत्पादन (हजारों में*				
	1937	*1938*	*1939*	*1940*	*1941*
अमेरिका	289	364	457	493	514
ब्रिटेन	196	194	176	327	343
जापान	97	183	246	218	227
योग	582	741	879	1038	1084

उपर्युक्त आंकड़ों के आधार पर विभाजित दण्ड चित्र की रचना, इस प्रकार की होगी। (देखिए चित्र 4)

चित्र 4

विभिन्न राष्ट्रों में कारों का उत्पादन

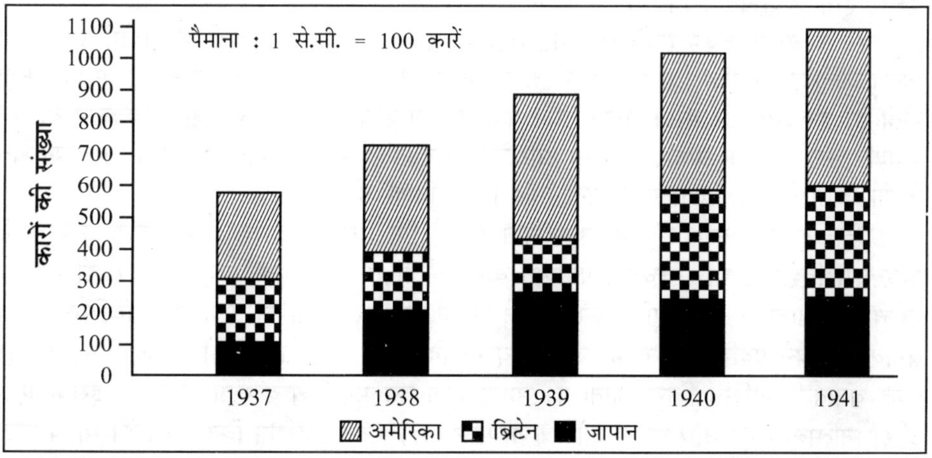

5. **प्रतिशत विभाजित दण्ड चित्र** (Percentage Divided Bar Giagram)–प्रतिशत विभाजित दण्ड चित्र को प्रतिशत अन्तर्विभक्त दण्ड चित्र के नाम से भी पुकारा जाता है। अभी तक जिन चित्रों का वर्णन किया गया है, उनके द्वारा अंकों को उनके वास्तविक रूप में बिना परिवर्तन किए ही प्रस्तुत किया गया है। प्रतिशत विभाजित दण्ड चित्रों में किसी सामग्री के प्रदर्शन में अंकों को प्रतिशत के रूप में परिवर्तित कर लिया जाता है। इनके अन्तर्गत पदमाला के पूर्ण रूप को 100 मान लिया जाता है। इसमें प्रत्येक दण्ड की ऊंचाई एक ही बराबर होती है। ऊंचाई के साथ-साथ मोटाई या चौड़ाई भी समान होती है। इन चित्रों का उपयोग तुलनात्मक अध्ययनों के लिए किया जाता है।

इस दण्ड चित्र के निम्नलिखित गुण होते हैं–

1. पदमाला के समस्त मूल्य को 100 मान लिया जाता है।
2. पदमाला के प्रत्येक पद के मूल्य को प्रतिशतों में बदल देते हैं।
3. दण्डों की ऊंचाई समान होती है।
4. दण्डों की चौड़ाई या मोटाई भी समान होती है।
5. कुल मूल्यों की तुलना नहीं की जा सकती।
6. प्रतिशत के आधार पर प्रत्येक दण्ड का तुलनात्मक अध्ययन किया जाता है।
7. प्रत्येक तथ्यों का प्रतीक अलग-अलग रंगों में चित्र के किसी तरफ प्रस्तुत कर देना चाहिए।

इस चित्र को निम्नलिखित उदाहरण द्वारा प्रदर्शित किया जा सकता है–

उदाहरण : नीचे सारिणी द्वारा दो नगरों के विभिन्न धर्मों के प्रतिशत को प्रदर्शित किया गया है।

	नगर अ			*नगर ब*	
धर्म	*अनुयायी*	*प्रतिशत*	*धर्म*	*अनुयायी*	*प्रतिशत*
हिन्दू	8000	53.3	हिन्दू	5400	54.0
इस्लाम	3000	20.0	इस्लाम	1600	30.0
अन्य	4000	26.7	अन्य	3000	25.0
योग	1500	100.0		10000	100.0

उपर्युक्त सारिणी द्वारा वितरित तथ्यों के आधार पर प्रतिशत विभाजित दण्ड चित्र इस प्रकार होगा (देखिए चित्र 5)

6. **विचलन दण्ड चित्र** (Deviation Bar Diagram)–इन चित्रों का प्रयोग उस समय किया जाता है, जबकि विभिन्न तथ्यों के विचलन को चित्र में प्रदर्शित करने की आवश्यकता होती है। इन चित्रों से मुख्य राशियों का प्रदर्शन नहीं होता बल्कि उनके शुद्ध विचलन को ही प्रदर्शित करते हैं। इस प्रकार विचलन और उसकी दशाओं का ज्ञान होता है। अर्थात् यह प्रदर्शित किया जाता है कि विचलन कितना और किस दिशा में है।

विचलन के संबंध में महत्वपूर्ण बात यह है कि विचलन अच्छाई की दिशा में होता है और बुरी दिशा में भी। विचलन प्रदर्शित करने के लिए पहले एक माध्य रेखा खड़ी रूप में खींच ली जाती है तथा वृद्धि करने वाले तथ्यों को इस रेखा के एक ओर विभिन्न दण्ड बनाकर उनको प्रदर्शित करते हैं। जबकि कभी दिखलाने वाले तथ्यों को उसके विपरीत और दण्ड बनाकर प्रदर्शित किया जाता है। माध्य रेखा का मूल्य शून्य रखा जाता है। इसके एक और धनात्मक (+) और दूसरी ओर ऋणात्मक (–) मूल्य प्रदर्शित किए जाते हैं। माध्य रेखा

चित्र 5

दो नगरों के धर्मों के अनुयायियों का प्रतिशत

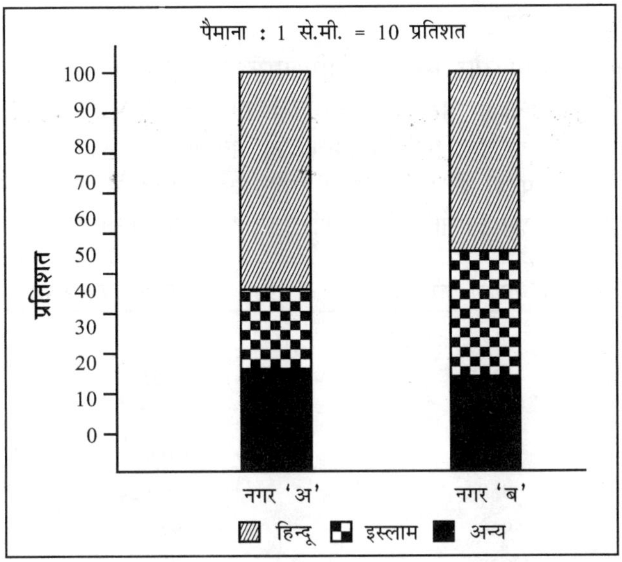

चित्र 6

मध्य प्रदेश के 11 नगरों में 1946 और 1946 में मकानों की संख्या में होने वाले परिवर्तन

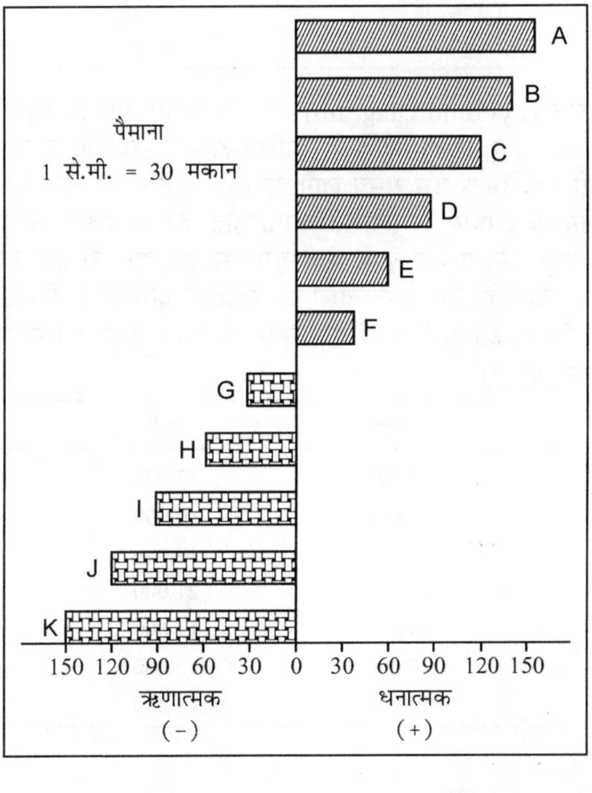

खड़ी या बेड़ी दोनों प्रकार की हो सकती है। माध्य रेखा खड़ी खींचने पर विभिन्न दण्ड उस रेखा के दाएं-बाएं आ जाते हैं और बेड़ी खींचने पर ये दण्ड उस रेखा के ऊपर नीचे प्रदर्शित किए जाते हैं।

इनका निर्माण समय और स्थान के परिणामस्वरूप आंकड़ों में होने वाले परिवर्तनों को दर्शाने के लिए किया जाता है। यह परिणाम और दिशा दोनों को प्रदर्शित कर देता है। इस चित्र को निम्नलिखित उदाहरण द्वारा प्रदर्शित किया जा सकता है–

उदाहरण : मध्य प्रदेश के 11 नगरों में 1946 और 1956 में मकानों की संख्या में होने वाले परिवर्तन का विवरण निम्नांकित सारिणी द्वारा प्रदर्शित किया गया है।

नगर	*1946 में मकानों की संख्या*	*1946 में मकानों की संख्या*	*अंतर*
A	1,125	1,275	+150
B	1,015	1,155	+140
C	1,015	1,135	+120
D	945	1,045	+100
E	850	100	+50
F	950	970	+30
G	800	770	−30
H	750	700	−50
I	1,050	950	−100
J	1,175	1,045	−130
K	1,150	1,000	−150

7. **स्तूप चित्र (Pyramid Diagram)**–इस चित्र की आकृति स्तूप जैसी होती है। इस चित्र द्वारा जनसंख्या, आयु, शिक्षा आदि से संबंधित आंकड़े इस रीति से सफलतापूर्वक दिखाए जाते हैं। इन चित्रों का निर्माण उस समय लागू होता है, जबकि देश या शहर की जनसंख्या को शिक्षा, आयु, लिंग के आधार पर प्रदर्शित करना होता है। इन चित्रों को बनाते समय विशेष सावधानी रखनी पड़ती है। प्रत्येक दण्ड एक-दूसरे से सटे होते हैं। इस प्रकार उसका स्वरूप स्तूप के रूप में आ जाता है। इसको निम्नलिखित उदाहरण द्वारा प्रस्तुत किया जा सकता है–

उदाहरण : निम्नांकित सारिणी में एक नगर के विभिन्न आयु समूहों में स्त्री-पुरुषों की संख्या प्रदर्शित की गई है।

आयु-समूह	*पुरुष*	*स्त्री*	*कुल जनसंख्या*
15 वर्ष तक	15,000	13,000	28,000
16–20	18,000	16,000	34,000
21–25	21,000	19,000	40,000
26–30	25,000	21,000	36,000
31–35	14,000	11,000	25,000
36–40	17,000	16,000	33,000
41–45	13,000	12,000	25,000

लगातार...

...लगातार

46–50	11,000	10,000	21,000
51–55	10,000	9,000	19,000
56–60	9,000	7,000	16,000
61 ऊपर	7,000	6,000	13,500

उपर्युक्त आंकड़ों के आधार पर स्तूप चित्र इस प्रकार होगा। (देखिए चित्र 7)

चित्र 7

एक नगर की जनसंख्या

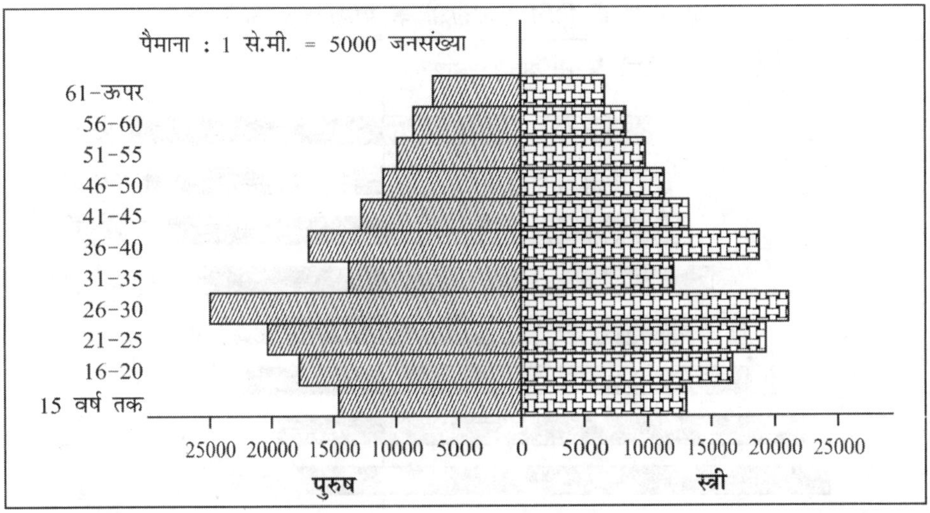

8. **द्विमुखी दण्ड चित्र (Sliding Bar Diagram)**–इस प्रकार के चित्रों का प्रयोग किसी तथ्य के उपभागों में होने वाले परिवर्तन के अनुपात को प्रदर्शित करने के लिए किया जाता है। इसमें समस्त माप को दो भागों में बांट देते हैं और इन मापों को हमेशा प्रतिशत के रूप में दिखाया जाता है। द्विमुखी दण्ड चित्र पूर्ण मूल्यों को 100 मानकर बनाया जाता है। इसलिए इन सबकी लम्बाई एक सी होती है, परन्तु इनके विभागों के लम्बाई में अंतर होता है।

इस प्रकार के दण्ड चित्र का प्रयोग वहां होता है, जहां मूल्य को दो विभागों में दिया गया हो और दोनों विभागों के प्रतिशत में प्रदर्शित किया जाता हो। इस चित्र को निम्नलिखित उदाहरण द्वारा प्रस्तुत किया जा सकता है–

उदाहरण : निम्नांकित सारिणी में एक कॉलेज के छात्रों के विभिन्न कक्षाओं में उत्तीर्ण और अनुत्तीर्ण को प्रतिशत में प्रदर्शित किया गया है।

कक्षा	*उत्तीर्ण प्रतिशत*	*अनुत्तीर्ण प्रतिशत*	*योग*
बी.एड.	85	15	100
बी.एससी.	80	20	100
बी.काम.	75	25	100

लगातार...

...लगातार

बी.ए.	70	30	100
एम.एड.	65	35	100
एम.एससी.	60	40	100
एम.काम.	55	45	100
एम.ए.	50	50	100

उपर्युक्त सारिणी के आधार पर द्वि–मुखी दण्ड चित्र इस प्रकार होगा। (देखिए चित्र 8)

चित्र 8

कॉलेज के छात्रों, विभिन्न कक्षाओं के परीक्षाफल का प्रतिशत

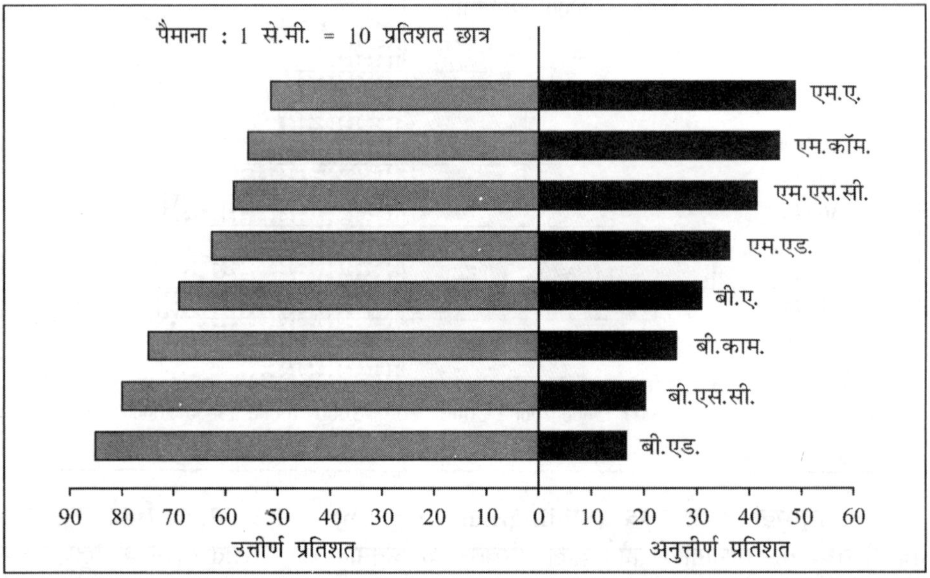

9. **युग्मदिशात्मक दण्ड चित्र** (**Duo-Directional Bar Diagram**)–ये चित्र भी द्विमुखी दण्ड ही होते हैं। पर अंतर केवल इतना होता है कि द्विमुखी दण्ड चित्र में माप प्रतिशत में दिखाई जाती है, जबकि इस दण्ड चित्र में वास्तविक नाम या संख्या प्रदर्शित की जाती है और इसीलिए प्रत्येक दण्ड की कुल लम्बाई अलग-अलग होती है।

जब किसी चित्र में दो विपरीत गुणों का समावेश किया जाता है तो उसे युग्मदिशात्मक दण्ड चित्र कहा जाता है। इन चित्रों में एक ही चित्र में दो गुणों का जो कि एक-दूसरे के विपरीत होते हैं, का प्रदर्शन किया जाता है। दो विपरीत गुणों के कारण चित्र को विपरीत रूप से बनाते हैं। प्रत्येक अवस्था में शून्य रेखा को मध्य में रखना आवश्यक होता है। दो विपरीत गुणों का तुलनात्मक अध्ययन चित्रों की सहायता से बड़ी सुंदरता से किया जाता है।

इन चित्रों की कुछ विशेषताएं होती हैं, जिनको निम्न प्रकार से विवेचित किया जा सकता है–

(क) इन दण्ड चित्रों द्वारा विपरीत गुणों को प्रदर्शित किया जा सकता है।

(ख) दोनों विपरीत गुणों की आधार रेखा एक ही होती है।

(ग) ये तुलनात्मक अध्ययन के लिए सरल होते हैं।

इस दण्ड चित्र को निम्नलिखित उदाहरण के द्वारा दिखाया जा सकता है।

उदाहरण : निम्नलिखित सारिणी में 100 विद्यार्थियों के समाजशास्त्र के प्राप्तांकों का विवरण दिया गया है।

प्राप्तांक	*छात्र*	*छात्राएं*	*योग*
35–55	7	9	16
45–55	16	8	24
55–65	15	11	26
65–75	13	9	26
75–85	7	5	12

उपर्युक्त आंकड़ों के आधार पर युग्मदिशात्मक दण्ड चित्र इस प्रकार होगा। (देखिए चित्र 9)

चित्र 9

100 छात्र-छात्राओं के समाजशास्त्र के प्राप्तांक

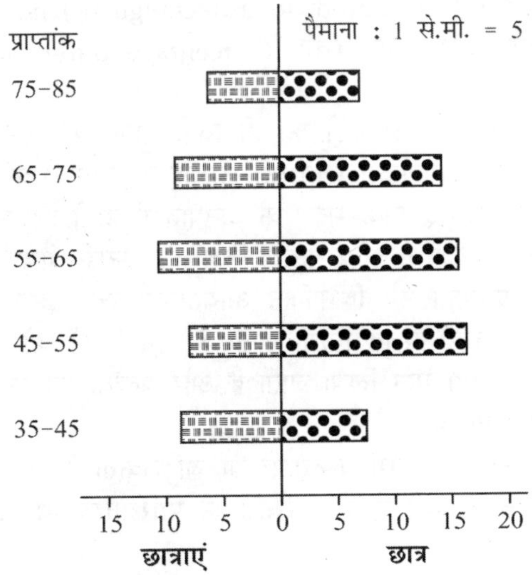

द्वि-आयात्मक चित्र (Two Dimensional Diagram)

उपर्युक्त विवेचन से यह स्पष्ट होता है कि एक आयात्मक चित्रों में दण्डों की चौड़ाई अथवा मोटाई की ओर ध्यान नहीं दिया जाता। इनमें केवल लम्बाई को ही महत्व दिया जाता है। लेकिन द्वि-आयात्मक चित्रों में केवल लम्बाई को ही महत्व नहीं दिया जाता, बल्कि उनकी चौड़ाई को भी महत्व दिया जाता है। दण्ड की रचना करते समय लम्बाई-चौड़ाई दोनों को महत्व देने के कारण ही इनको द्वि-आयात्म्क चित्र कहा जाता है। कुछ लोग इनको क्षेत्रफलीय चित्र भी कहते हैं। इन चित्रों में विभिन्न तथ्यों की तुलना का आधार केवल लम्बाई न होकर लम्बाई-चौड़ाई दोनों अर्थात क्षेत्रफल होता है। इस प्रकार के चित्रों का उपयोग उस अवस्था में होता है जबकि

चित्र में प्रदर्शित किए जाने वाली छोटी अथ्वा बड़ी संख्या में 1:10 से अधिक अनुपात हो। जब यह अनुपात अधिक होता है तो उसका प्रदर्शन द्वि-आयात्मक चित्र द्वारा किया जाता है। ये चित्र निम्नांकित हो सकते हैं।

1. **आयताकार चित्र (Rectangular Diagram)**–इन चित्रों का प्रदर्शन तब होता है, जिस समय दो पदमात्राओं का तुलनात्मक अध्ययन किया जाता है। अर्थात दो विशेषताओं का एक साथ अध्ययन करने हेतु इनका प्रयोग होता है। इन चित्रों को आयतों द्वारा इनकी पारस्परिक तुलना की इसमें लम्बाई-चौड़ाई दोनों को ही तथ्यों के आधार रूप में प्रयोग किया जाता है। इनका प्रयोग प्रतिशत परिवर्तन को दर्शाने के लिए भी किया जाता है। और इसीलिए ऐसे चित्र में सभी आयतों की लम्बाई 100 के बराबर होती है। इस अर्थ में आयताकार चित्र प्रतिशत दण्ड चित्र के समान होता है। अंतर केवल इतना होता है कि प्रतिशत दण्ड चित्र में चौड़ाई का ध्यान नहीं किया जाता, जबकि इसमें विभिन्न तथ्यों के आकार के अनुपात में चौड़ाई निश्चित की जाती है।

प्राय: पारिवारिक आय, व्यय, सरकारी और गैर सरकारी योजनाओं के आय और मदों का तुलनात्मक अध्ययन इन्हीं चित्रों की सहायता से किया जाता है। ये आयताकार चित्र तीन प्रकार के हो सकते हैं–

1. साधारण आयताकार चित्र (Simple Rectangular Diagram)।
2. उपविभाजित आयताकार चित्र (Sub-divided Rectangular Diagram)।
3. प्रतिशत उपविभाजित आयताकार चित्र (Percentage Sub-divided Rectangular Diagram)।

साधारण आयताकार चित्रों में आंकड़ों की ही विशेषताओं को एक साथ प्रस्तुत किया जाता है; जबकि उपविभाजित आयताकार चित्र की लम्बाई दो दण्ड चित्रों के ही सदृश्य होती है, लेकिन इनकी मोटाई या चौड़ाई इनके मूल्य के अनुपात में होती है। इस प्रकार दण्ड चित्र और उपविभाजित आयताकार चित्रों में अंतर केवल चित्र की मोटाई-चौड़ाई में होता है। लम्बाई यथावत होती है। जबकि प्रतिशत उप विभाजित आयताकार चित्र द्वारा दो पदमालाओं का तुलनात्मक अध्ययन अच्छी तरह प्रस्तुत किया जाता है। इन चित्रों को बनाते समय प्रत्येक पदमाला के कुल मूल्य को 100 मान लिया जाता है और प्रत्येक पद के मूल्य को 100 के अनुपात में निकाल लिया जाता है।

इसको निम्नलिखित उदाहरण द्वारा प्रस्तुत किया जा सकता है–

उदाहरण : निम्नांकित सारिणी में दो परिवारों के पारिवारिक बजट का विवरण दिया गया है।

पारिवारिक व्यय की मदें	*परिवार क*	*परिवार ख*
	व्यय (रुपयों में)	*व्यय (रुपयों में)*
भोजन	36	12
कपड़ा	27	7.5
मकान	9	4.5
ईंधन	4.5	3
अन्य	13.5	3
योग	90	30

हल

पारिवारिक व्यय की मदें	*परिवार क*		*परिवार ख*	
	व्यय (रुपयों में)	*प्रतिशत व्यय*	*व्यय (रुपयों में)*	*प्रतिशत व्यय*
भोजन	36	40	12	40
कपड़ा	27	30	4.5	25
मकान	9	10	4.5	15
ईंधन	4.5	5.	3	10
अन्य	13.5	15	3	10
योग	90	100	30	100

उपर्युक्त आंकड़ों के आधार पर आयताकार चित्र की चौड़ाई में, परिवारों की आय के अनुपात के अनुसार 90:30 या 3:1 का अनुपात होगा। यह चित्र इस प्रकार होगा। (देखिए चित्र 10)

चित्र 10

दो परिवारों का पारिवारिक बजट (प्रतिशत में)

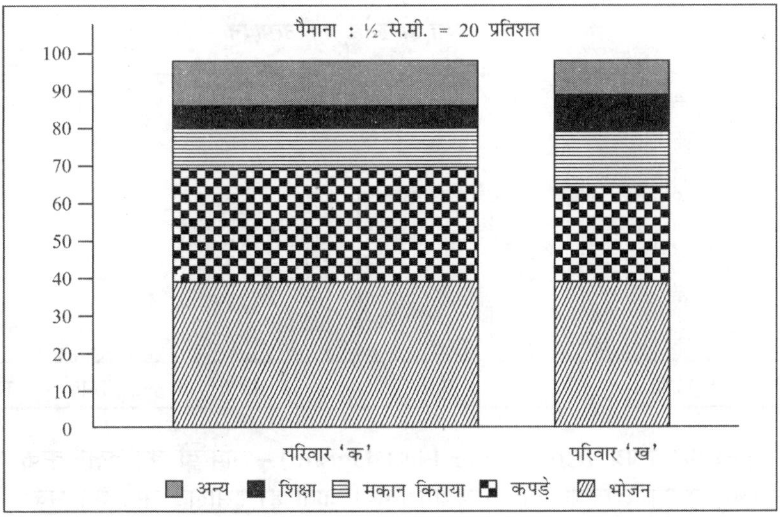

2. **वर्गाकार चित्र** (**Square Diagram**)–जब चित्र में प्रदर्शित किए जाने वाले आंकड़ों में परस्पर बहुत अधिक अंतर होता है तो उसे दण्ड चित्र द्वारा प्रस्तुत करना कठिन होता है। अत: ऐसे तथ्यों के प्रदर्शन के लिए वर्गाकार चित्रों का प्रयोग किया जाता है। इन चित्रों में लम्बाई अथवा चौड़ाई का महत्व नहीं होता बल्कि क्षेत्रफल को महत्व दिया जाता है, जिसके कारण बहुत बड़े अंतर वाली संख्या को भी वर्ग द्वारा प्रदर्शित करने में सरलता होती है। इस प्रकार के चित्रों में लम्बाई और चौड़ाई दोनों बराबर होती है।

वर्गाकार चित्र बनाने के लिए सर्वप्रथम दी गई संख्याओं का वर्गमूल निकाल लेते हैं। वर्गमूल निकाल लेने के बाद जो संख्याएं आती हैं, उनका अनुपात निकाल लिया जाता है और

इस प्रकार जो संख्या आती है, उसके आधार पर प्रत्येक भुजा को उसी अनुपात में बना लेते हैं। कभी-कभी ऐसा भी किया जा सकता है कि सभी संख्याओं का अनुपात निकालकर उन अनुपातों का वर्गमूल निकाला जाए और उसी वर्गमूल के अनुसार एक वर्ग बनाया जाए। इससे बड़ी संख्याओं के वर्गमूल निकालने की कठिनाई से बचा जा सकता है। निम्नलिखित उदाहरण से वर्गाकार चित्र को प्रस्तुत किया जा सकता है।

उदाहरण : निम्नांकित सारिणी में विभिन्न देशों द्वारा लोहे के उत्पादन का विवरण प्रदर्शित किया गया है।

देश	*लोहे का उत्पादन (दस लाख टन में)*	*वर्गमूल*
अमेरिका	25	5
जर्मनी	16	4
फ्रांस	9	3
भारत	4	2
जापान	1	1

उपर्युक्त आंकड़ों के आधार पर वर्गचित्र इस प्रकार होगा (देखिए चित्र 11)-

चित्र 11

विभिन्न देशों में लोहे का उत्पादन

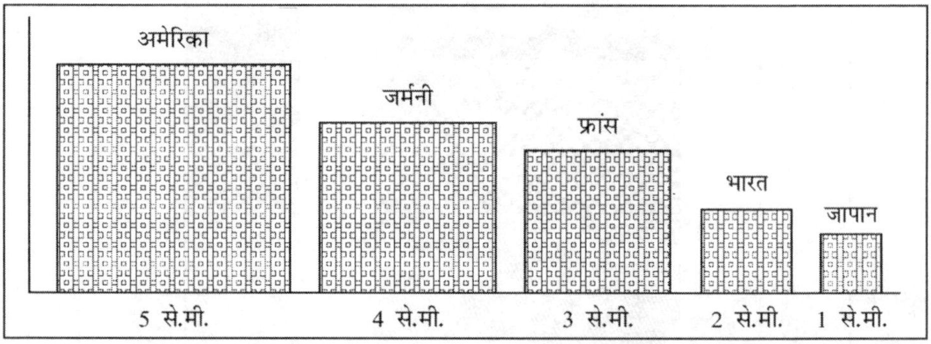

3. **वृत्ताकार चित्र** (Circular or Pie Diagram)-आंकड़ों का तुलनात्मक अध्ययन करने के लिए वृत्ताकार चित्रों का भी प्रयोग किया जाता है। इसलिए वर्गों की भुजाओं के ही अनुपात में अर्द्धव्यास लेकर वर्गों के स्थान पर वृत्त भी बनाए जा सकते है।

वर्गों के स्थान पर वृत्त बनाने के दो लाभ होते हैं-पहला तो यह है कि वृतों को निर्माण सरल होता है और वृत्त देखने में सुंदर और आकर्षक लगते हैं। दूसरा लाभ यह है कि इनके द्वारा आंकड़ों के विभाजन को प्रदर्शित किया जा सकता है। इनका प्रयोग तुलनात्मक अध्ययनों में विशेष प्रकार से होता है।

ये चित्र दो प्रकार के हो सकते हैं-

(अ) **सरल वृत्ताकार चित्र** (Simple Circular Diagram)-इन चित्रों को बनाते समय दी हुई राशियों का वर्गमूल निकालना आवश्यक होता है। यही वर्गमूल वाली संख्या वृत्तों के अर्धव्यास के आधार स्वरूप काम करती है। यदि वर्गमूल वाली संख्याएं बड़ी हों तो इनके

मूल्यों को ध्यान में रखते हुए आवश्यकतानुसार किसी एक अनुपात में छोटा बना लेना उचित होता है। इस प्रकार के चित्रों में अलग-अलग श्रेणी के तुलनात्मक परिमाण को दर्शाने के लिए अलग-अलग वृत्तों का प्रयोग किया जाता है। इस चित्र को निम्नांकित उदाहरण से समझाया गया है।

उदाहण : निम्नांकित सारिणी द्वारा विभिन्न खाद्य पदार्थों का उत्पादन प्रदर्शित किया गया है।

खाद्य पदार्थ	*उत्पादन (हजार टन में)*
गेहूं	1681
चावल	1361
गन्ना	969
अरहर	529

हल

खाद्य पदार्थ	*उत्पादन (हजार टन में)*	*वर्गमूल*	*अर्द्धव्यास से.मी. में*
गेहूं	1681	41	2.05
चावल	1361	37	1.85
गन्ना	961	31	1.51
अरहर	529	23	1.15

उपर्युक्त आंकड़ों के आधार पर सरल वृत्ताकार चित्र इस प्रकार होगा (देखिए चित्र 12)

चित्र 12

विभिन्न खाद्य पदार्थों का उत्पादन

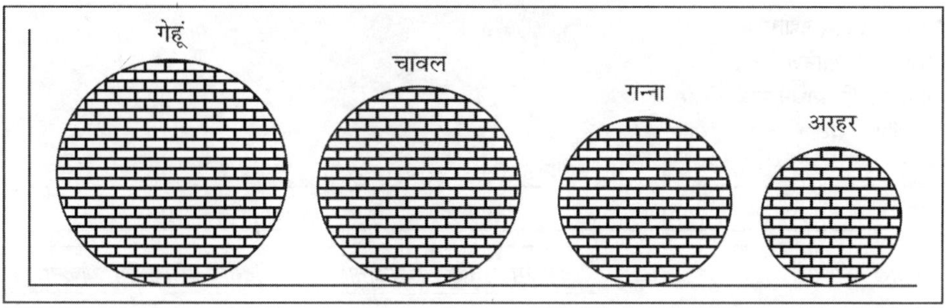

(ब) **उपविभाजित वृत्ताकार चित्र** (Sub-divided Circular Diagram)—जिस प्रकार दण्ड वर्ग तथा आयत को विभाजित किया जाता है, उसी प्रकार तुलनात्मक परिणामों को स्पष्ट करने के लिए उपविभाजित वृताकार चित्र का प्रयोग किया जाता है। इसकी बहुत बड़ी उपयोगिता अन्तर्विभाजन की सुविधा के कारण है। इस प्रकार के वृत्ताकार चित्र के दो रूप हो सकते हैं।

1. एक ही वृत्त को अन्तर्विभक्त करके हम विभिन्न श्रेणियों के तुलनात्मक परिणामों को प्रदर्शित करें।
2. इसमें एकाधिक घटनाओं का तुलनात्मक महत्व प्रदर्शित किया जा सकता है। इसमें प्रत्येक घटना के लिए एक वृत्त ले लिया जाता है और उनमें से प्रत्येक वृत्त को उपविभाजित किया जाता है अर्थात इस प्रकार के वृत्ताकार चित्र में दो या अधिक वृत्तों को उपविभाजित किया जाता है।

जब एक ही वृत्त को उपविभाजित करना हो तो वृत्त के आकार को अपनी सुविधानुसार कितना भी बड़ा बनाया जा सकता है और उसके बाद उसे उपविभाजित किया जाता है। उपविभाजित करने का नियम यह है कि वृत्त के केन्द्र बिन्दु के समस्त कोणों का मूल्य 360 अंश के बराबर होता है। अतः वृत्त में प्रदर्शित किए जाने वाले कुछ आंकड़ों का योग भी 360 अंश के बराबर मान लिया जाता है। और उसी अंश के अनुसार विभिन्न आंकड़ों के लिए कोण की माप मालूम कर ली जाती है। इसका सूत्र निम्नलिखित है–

$$\text{सूत्र, प्रत्येक अंश का कोण मूल्य} = \frac{\text{अंश की माप}}{\text{कुल माप}} 360$$

यदि कोण मूल्य पूर्णांक में न आए तो उसे घटा बढ़ाकर पूर्णांक बना लेना चाहिए। इसको निम्नलिखित उदाहरण द्वारा प्रस्तुत किया जा सकता है–

उदाहरण : निम्नांकित सारिणी द्वारा दो पंचवर्षीय योजनाओं में कुल व्यय रुपयों में तथा विभिन्न मदों पर व्यय को प्रतिशत में प्रदर्शित किया गया है।

विकास की मदें	*प्रथम पंचवर्षीय योजना कुल व्यय 2,536 करोड़ रुपए*	*द्वितीय पंचवर्षीय योजना कुल व्यय 4,256 करोड़ रुपए*
	कुल व्यय का प्रतिशत	*कुल व्यय का प्रतिशत*
कृषि एवं सामुदायिक विकास	16	17
सिंचाई	17	19
शक्ति	12	11
ग्रामीण कुटीर उद्योग	3	3
उद्योग एवं खनिज	6	5
यातायात के साधन एवं संचार	24	22
सामाजिक सेवाएं	18	19
अन्य	4	4
योग	100	100

विकास की मदें	*प्रथम पंचवर्षीय योजना*		*द्वितीय पंचवर्षीय योजना*	
	कुल व्यय का प्रतिशत	*आंशिक कोण मूल्य*	*कुल व्यय कोण प्रतिशत*	*आंशिक कोण मूल्य*
कृषि एवं सामुदायिक विकास	16	57.6	17	61.2
सिंचाई	17	61.2	19	68.4
शक्ति	12	43.2	11	39.6

लगातार...

...लगातार

ग्रामीण कुटीर उद्योग	3	10.8	3	10.8
उद्योग एवं खनिज	6	21.6	5	18.0
यातायात के साधन एवं संचार	24	86.4	22	79.2
सामाजिक सेवाएं	18	64.8	19	68.4
अन्य	4	1.44	4	14.4
योग	100	360.0	100	360.0

वृत्तों का आकार

पंचवर्षीय योजनाएं	*कुल व्यय*	*कुल व्यय का वर्गमूल*	*आनुपातिक वृत्तों की त्रिज्या*
प्रथम	2,536	50.4	2.02
द्वितीय	4,256	35.2	2.61

उपर्युक्त आंकड़ों के आधार पर उपविभाजित वृत्ताकार चित्र इस प्रकार होगा (देखिए चित्र 14)

चित्र 14

पंचवर्षीय योजना का विभिन्न विकास की मदों पर व्यय का प्रतिशत

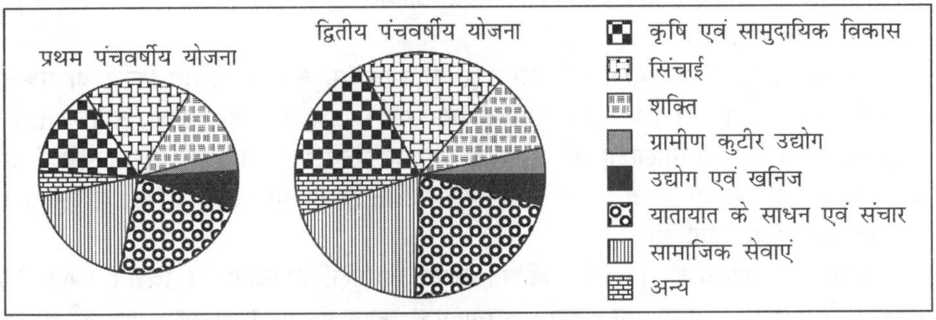

त्रि-आयात्मक चित्र *(Three Dimensional Diagram)*

जिस समय संख्याओं, मूल्यों या मापों का अंतर इतना अधिक हो कि उन्हें दण्ड या वर्ग चित्रों द्वारा प्रदर्शित न किया जा सके तो उस समय त्रि-आयात्मक चित्रों का प्रयोग किया जाता है। इनके द्वारा विशालतम एवं अल्पमत मूल्य की संख्याओं का सुंदर एवं आकर्षक ढंग से चित्रण किया जा सकता है। इनको परिमाणात्मक चित्र के नाम से भी पुकारा जा सकता है। क्योंकि यहां पर परिमाण के आधार पर चित्रों का निर्माण होता है। जब दो मात्राओं में एक छोटी तथा दूसरी बहुत बड़ी हो तो इन्हें दण्ड के रूप में प्रदर्शित करने का मौन प्रयास करें, इनको वर्ग में भी प्रदर्शित करने में असुविधा होगी, क्योंकि एक वर्ग बहुत बड़ा और दूसरा बहुत छोटा होगा। अतः चित्र प्रभावशाली नहीं होंगे। इसलिए ऐसी दशाओं में संख्याओं को त्रि-आयात्मक चित्र द्वारा प्रदर्शित करते हैं। इसके लिए सर्वप्रथम संख्याओं का घनमूल निकालते हैं फिर इन घनमूलों के अनुपात में भुजाएं लेकर उन पर घन बनाते हैं। इन घनों का आयतन संख्याओं के आधार पर होगा। इस प्रकार के चित्रों में घनाकार ब्लाक और बेलनाकार चित्र प्रमुख हैं।

चित्रलेख *(Pictogram)*

जैसा कि नाम से स्पष्ट है चित्रलेख में तथ्यों के तुलनात्मक परिणामों को चित्रों द्वारा प्रस्तुत किया जाता है। यह प्रदर्शन दो प्रकार से होता है। एक तो चित्र का आकार या लंबाई के आधार पर और दूसरा चित्रों की संख्या के आधार पर। इन चित्रलेखों का एकमात्र उद्देश्य प्रस्तुतीकरण को अधिक रोचक एवं आकर्षक बनाना होता है। इसके अन्तर्गत संख्याओं को उनसे संबंधित चित्रों द्वारा प्रस्तुत किया जाता है। चित्रों द्वारा दो प्रकार से तुलना की जा सकती है।

1. परिमाण, आकार अथवा लंबाई द्वारा–चित्रों के क्षेत्रफल, आकार अथवा लंबाई को ध्यान में रखकर तस्वीरों द्वारा अंतर दिखाने के लिए इस विधि का प्रयोग किया जाता है।

2. संख्या द्वारा–इस विधि का उद्देश्य तस्वीरों की संख्या द्वारा तुलनात्मक प्रदर्शन करना है। इसमें चित्रों का आकार या ऊंचाई एकसी होती है। परन्तु चित्रों की संख्या घटती-बढ़ती रहती है।

आजकल विभिन्न अध्ययनों के लिए इन चित्रों का प्रयोग किया जा रहा है।

मानचित्र *(Cartogram)*

सामाजिक अनुसंधान में मानचित्रों का प्रयोग भी विस्तृत रूप से किया जाता है, क्योंकि विषय को समझने तथा तथ्यों के वितरण को दिखाने के लिए मानचित्र अत्यंत उपयोगी सिद्ध हुए हैं। इसके अतिरिक्त मानचित्रों द्वारा क्षेत्रीय जनसंख्या, आवास, उपज आदि के विषय में महत्वपूर्ण जानकारी प्राप्त होती है।

सांख्यिकी सामग्री को मानचित्रों द्वारा बहुत ही आकर्षक रूप में प्रदर्शित किया जा सकता है। इन्हें विभिन्न रंगों और चिह्नों द्वारा और अधिक सुबोध तथा आकर्षक बना लिया जाता है। सामान्यतया समस्त स्थानमालाओं को प्रदर्शित करने के लिए विभिन्न प्रकार के मानचित्रों का प्रयोग किया जाता है। इन मानचित्रों के स्थान से संबंधित किसी भी विषय के बारे में सूचनाओं को प्रदर्शित किया जाता है।

किसी भी शोधकर्ता को चित्र खींचते समय निम्नलिखित बातों पर विशेष ध्यान देना चाहिए। चित्र द्वारा आंकड़ों का प्रदर्शन करना एक कला है, जिसे अभ्यास द्वारा सीखा जा सकता है।

1. उपयुक्त चित्र का चुनाव।
2. चित्र आकर्षक और स्वच्छ होना चाहिए।
3. चित्र शुद्धतापूर्ण हों जिससे कि वे कोई भ्रम न उत्पन्न करें।
4. चित्र का आकार पृष्ठभूमि के अनुसार होना चाहिए।
5. चित्र बनाने के पूर्व उचित पैमाने का निर्धारण कर लेना चाहिए।
6. प्रत्येक चित्र के ऊपर स्पष्ट पूर्ण एवं संक्षिप्त शीर्षक देना चाहिए।
7. चित्र सदैव पेंसिल तथा अन्य ज्यामितिक उपकरणों की सहायता से बनाने चाहिए।

कुछ विद्वानों ने मानचित्रों को आधार-मानचित्र, स्थानीय-मानचित्र, आनुपातिक मानचित्र, छायांकित चित्र और चित्रमयी मानचित्र में विभाजित किया है। इस प्रकार यह स्पष्ट होता है कि तथ्यों के चित्रमय प्रदर्शन के अनेक प्रकार हैं जो कि नाना रूप और रंग में प्रदर्शित किए जाते हैं। ये सभी प्रदर्शन कुछ नियमों पर आधारित होते हैं! पर कभी-कभी चित्रों को अधिक आकर्षक और रुचिकर बनाने के लिए इन नियमों का उल्लंघन भी कर लिया जाता है, जिसे

प्रायः दोष नहीं माना जाता। चित्रों की वास्तविक उपयोगिता तभी है, जबकि उसमें सांख्यिकी परिशुद्धता के साथ-साथ सुंदरता व आकर्षकता बनी रहे।

चित्र रेखा एवं वक्र रेखाएं *(Graphs and Curves)*

अभी तक हमने चित्रों की उपयोगिता एवं प्रकारों पर विचार किया है; परन्तु सांख्यिकी में चित्रों का महत्व उतना नहीं है, जितना रेखाओं का। चित्रों का प्रयोग केवल वहीं किया जाता, जहां दो या अधिक मात्राओं में तुलना करनी होती है। लेकिन वह वस्तुओं के परस्पर संबंधों को प्रदर्शित करने में असफल रहे हैं। ऐसी स्थिति में हमें रेखाचित्रों की सहायता लेनी पड़ती है। इसके द्वारा परस्पर निर्भरता अथवा एक में परिवर्तन के साथ-साथ दूसरे में होने वाले परिवर्तन को रेखाचित्र में दिखाया जा सकता है। रेखा चित्र द्वारा किसी वस्तु के बारे में निश्चित एवं सही स्थिति को प्रदर्शित किया जा सकता है। इस प्रकार सांख्यिकी में रेखाचित्रों की उपयोगिता चित्रों की अपेक्षा अधिक है।

25

सांख्यिकी की प्रकृति एवं क्षेत्र

Nature and Scope of Statistics

मानव सभ्यता के चतुर्दिक विकास में, संख्याओं का योगदान सदैव से महत्वपूर्ण रहा है। आधुनिक युग में सामाजिक, आर्थिक एवं औद्योगिक उन्नति के कारण संख्याओं का महत्व और अधिक बढ़ गया है। संख्याओं के अभाव में आर्थिक नियोजन की कल्पना ही नहीं की जा सकती। विज्ञानों का विकास भी अधिकतर संख्याओं के माध्यम से हुआ है। संख्याओं के आधार पर ही ज्ञान का स्पष्ट रूप से अभिव्यक्तिकरण किया जा सकता है।

अंग्रेजी भाषा का 'Statistics' शब्द लैटिन शब्द 'स्टैटस' (Status) इटैलियन शब्द 'स्टेटिस्टा' (Statista) तथा जर्मन शब्द 'स्टेटिस्टिक' (Statistik) से लिया गया है, जिसका अभिप्राय राजनीतिक राज्य (political state) से बहुत कुछ सम्बद्ध है। इससे यह स्पष्ट होता है कि इस विज्ञान का राज्य से गहरा संबंध है। 'स्टैटिस्ट' (Statist) शब्द का सर्वप्रथम प्रयोग विलियम शेक्सपियर ने अपने प्रसिद्ध नाटक 'हैमलेट' (1602) तथा जान मिलटन ने 'पैराडाइज रिगेन्ड' (1671) में किया है। इन लोगों ने इस शब्द का प्रयोग एक ऐसे व्यक्ति के लिए किया है जो शासन संचालन में बहुत कुशल हो 'स्टैटिस्टिक्स' शब्द का सच्चे अर्थों में प्रयोग जर्मन विद्वान गॉटफ्रायड आकेनवाल (Gottfried Achenwall) ने सबसे पहले 1749 ई. में किया। इसीलिए इन्हें 'सांख्यिकी' का जन्मदाता (father of statistics) माना जाता है।

सांख्यिकी विज्ञान का प्रारंभ राज्य विज्ञान में रूप में हुआ है। प्राचीन काल में सांख्यिकी का उपयोग राज्य के शासन प्रबंध को सुचारु रूप से चलाने के लिए होता था। समय-समय पर राजा अपने राज्य की भूमि, जनसंख्या, सैन्यशक्ति एवं धन-वितरण के आंकड़े एकत्रित किया करते थे। ये आंकड़े राज्य-संचालन एवं सैन्य-संचालन दोनों के लिए बहुत उपयोगी होते थे। पिछले अनुभवों के आधार पर और इन आंकड़ों की सहायता से राजा अपनी सेना की संख्या, उसके लिए रसद, कर्मचारियों के वेतन, भूमि कर आदि आवश्यकतानुसार घटाते या बढ़ाते थे। उनकी नीति बहुत हद तक आंकड़ों पर ही निर्भर करती थी। अतएव इन्हीं कारणों से इस विज्ञान को 'राजतन्त्र का विज्ञान' (science of state-craft) या सम्राटों का विज्ञान (science of kings) कहा जाता था, लेकिन धीरे-धीरे इस विज्ञान के नियमों तथा विधियों का व्यावहारिक जीवन और ज्ञान विज्ञान की सभी शाखाओं में व्यापक प्रयोग किया जाने लगा। टिप्पेट ने ठीक ही लिखा है, 'सांख्यिकी शास्त्र प्रत्येक व्यक्ति को प्रभावित करता है और जीवन के अनेक बिन्दुओं पर स्पर्श करता है'[1]

सांख्यिकी का अर्थ एवं परिभाषा (Meaning and Definition of Statistics)

सांख्यिकी शब्द का प्रयोग दो अर्थों में किया जाता है। प्रथम सांख्यिकी का अर्थ समंकों, आंकड़ों, तलाक के आंकड़े, रोजगार के आंकड़े इत्यादि के रूप में। द्वितीय जब उसका अर्थ सांख्यिकी शास्त्र (science of statistics) से होता है, जिसमें हम आंकड़ों या समंकों के संग्रह, विश्लेषण, निर्वचन (interpretation) और प्रदर्शन से संबंधित क्रियाओं और सांख्यिकी रीतियों का प्रयोग करते हैं।

समंक या आंकड़ों के रूप में *(In the Form or Data)*

'सामान्य व्यक्ति अंकों या संख्याओं को ही समंक समझते हैं।'[2] यह भ्रम है। सभी संख्याओं को समंक नहीं कहा जा सकता वरन् समंक ऐसी संख्याओं को कहते हैं, जिसमें कुछ विशेष गुण पाए जाते हैं। ए.एल. बाउले के अनुसार 'समंक किसी अनुसंधान के किसी विभाग में तथ्यों का संख्या के रूप में प्रकटीकरण है, जिन्हें दूसरे से संबंधित रूप में प्रस्तुत किया जाता है।'[3] इस परिभाषा में समंकों के सभी लक्षणों का समावेश नहीं है। कानर के अनुसार 'समंक किसी प्राकृतिक या सामाजिक घटना की माप, गणना या अनुमान है जो आपस के संबंधों को दर्शाने के लिए व्यवस्थित ढंग से अनुविन्यसित किए गए हों।'[4] यह परिभाषा समंकों के क्षेत्र को संकुचित बना देती है। क्योंकि इसके द्वारा केवल प्राकृतिक व सामाजिक घटनाओं का ही मापन संभव है। वास्तव में समंकों का क्षेत्र बहुत ही व्यापक है तथा इसमें कई गुणों का समावेश आवश्यक है।

समंकों की सर्वोत्तम परिभाषा होरेस सिक्राइस्ट द्वारा दी गई है, उनके अनुसार 'समंकों से हमारा अभिप्राय अनेक कारणों से प्रभावित तथ्यों के उन समूहों से है, जो यथोचित परिशुद्धता के अनुसार संकलित या अनुमानित किए जाते हैं, जो संख्याओं में व्यक्त किए जाते हैं, जो किसी पूर्व निश्चित उद्देश्य के लिए एक व्यवस्थित ढंग से एकत्र किए जाते हैं तथा जिन्हें एक-दूसरे से संबंधित रूप में प्रस्तुत किया जाता है।'[5]

समंकों की यह परिभाषा उपयुक्त है। इस परिभाषा के अनुसार संख्याओं को समंक बनाने वाले गुण अधोलिखित हैं–

1. समंक तथ्यों के समूह हैं–समंक किसी विशेष व्यक्ति या पदार्थ के बारे में नहीं होते, वरन् एक समूह के बारे में होते हैं। यदि किसी एक तथ्य को अंक में व्यक्त किया जाए तो उसे समंक नहीं कहा जा सकता। तथ्यों के समूह अन्य विशेषताओं के रहने पर ही समंक बनते हैं, ताकि उनकी परस्पर तुलना की जा सके और समुचित निष्कर्ष निकाले जा सकें।

2. ये संख्या में व्यक्त किए जाते हैं–समंक के लिए यह आवश्यक है कि वे संख्या में व्यक्त किए गए हों। यदि कोई कहता है कि 'अ' व्यक्ति अमीर है, 'ब' सामान्य है और 'स' गरीब है, तो इस सूचना को समंक नहीं कहा जा सकता। परन्तु इसी बात को यदि इस प्रकार कहा जाए कि 'अ' की औसत वार्षिक आय 30 हजार रुपए, 'ब' की 10 हजार रुपये तथा 'स' की 4 हजार रुपए है, तो इस सूचना को समंक कहा जा सकता है।

3. अनेक कारणों से प्रभावित होते हैं–समंक किसी एक कारण से नहीं वरन अनेक कारणों से प्रभावित होते हैं, अर्थात आंकड़ों के मूल्यों में परिवर्तन का कारण एक नहीं होता, बल्कि अनेक होते हैं। कृषि उत्पादन के समंकों पर वर्षा, सिंचाई, खाद, बीज, जलवायु, जुताई एवं बुआई आदि अनेक बातों का सम्मिलित प्रभाव पड़ता है।

4. आंकड़ों के संकलन में यथोचित शुद्धता होनी चाहिए–समंकों या आंकड़ों का संकलन करते समय यथोचित मात्रा में शुद्धता आवश्यक है। परिशुद्धता की मात्रा अनुसंधान के उद्देश्य, उसकी प्रकृति एवं उपलब्ध साधनों पर निर्भर करती हे। उदाहरणार्थ किसी नगर की जनगणना करते समय दो-तीन व्यक्तियों की कमी या अधिकता कोई अर्थ नहीं रखती। परन्तु किसी परिवार की जनगणना करते समय हमें अत्यन्त सतर्क रहना पड़ेगा, क्योंकि वहां दो-तीन व्यक्तियों की भूल हमारे फल को अशुद्ध कर देगी।

5. संकलन किसी पूर्व निश्चित उद्देश्य के लिए होना चाहिए–आंकड़ों का संकलन किसी पूर्व निश्चित उद्देश्य के अनुसार करना चाहिए। समंकों को एकत्रित करने का उद्देश्य यदि पहले से निश्चित नहीं किया जाता है तो बहुत से अनावश्यक तथ्यों का संग्रह हो जाता है, जिससे समय एवं श्रम की क्षति होती है।

6. आंकड़े सुव्यवस्थित रूप से संकलित किए जाने चाहिए–आंकड़ें को एक निश्चित योजना के अनुसार सुव्यवस्थित रीति द्वारा संकलित करना चाहिए। बिना किसी योजना के एकत्र किए गए आंकड़े समंक नहीं कहे जा सकते, क्योंकि उनमें अनुसंधान पर समुचित प्रकाश नहीं पड़ेगा और वे व्यर्थ होंगे।

7. आंकड़े परस्पर संबंधित रूप में प्रस्तुत किए जाने योग्य होने चाहिए। एकत्र की गई संख्याएं समंक तभी होंगी, जबकि उनमें एकरूपता या सजातीयता हो, जिससे कि समय, स्थान या परिस्थिति के आधार पर उनकी परस्पर तुलना की जा सके और समुचित निष्कर्ष निकाले जा सकें। उदाहरणार्थ यदि हम यह कहें कि 'अ' की मासिक आय 500 रुपये, 'ब' की लंबाई 5 फुट 6 इंच, 'स' का भार 65 किलोग्राम है तो संख्याएं अवश्य हैं पर इन्हें समंक नहीं कहा जा सकता, क्योंकि इन्हें एक-दूसरे से संबंधित रूप में नहीं रखा जा सकता है। पर यदि तीनों की मासिक आय, लम्बाई या वजन एक साथ रखी जाए तो समंक हो सकते हैं।

सांख्यिकी विज्ञान के रूप में (Statistics as Science)

सांख्यिकी विज्ञान में समंकों का संकलन, विश्लेषण तथा विवेचन से संबंधित अनेक वैज्ञानिक रीतियों एवं नियमों का अध्ययन किया जाता है। प्रारंभिक अवस्था में इस विज्ञान का क्षेत्र सीमित था और इसकी परिभाषा देना सरल था। परन्तु इसके क्षेत्र के विकास के साथ-साथ इसकी परिभाषाएं भी बदलती गईं। विभिन्न विद्वानों ने समय-समय पर इस विषय को भिन्न-भिन्न ढंग से परिभाषित किया है।

1. बाउले[6] ने सांख्यिकी की जो परिभाषाएं दी हैं, वे इस प्रकार हैं–

(क) 'सांख्यिकी गणना का विज्ञान है।'

(ख) 'सांख्यिकी को उचित रूप से माध्यों का विज्ञान कहा जा सकता है।'

(ग) 'सांख्यिकी वह विज्ञान है जो सामाजिक व्यवस्था को सम्पूर्ण मानकर उसका सभी रूपों में मापन करता है।'

बाउले की सांख्यिकी की प्रथम परिभाषा सांख्यिकी की अनेक नीतियों में से केवल 'गणनरीति' पर ही बल देती है, द्वितीय परिभाषा भी केवल माध्यों की रीति पर जोर देती है। तृतीय परिभाषा सांख्यिकीय रीतियों पर कोई जोर ही नहीं देती और साथ ही सांख्यिकी के क्षेत्र को भी अत्यधिक संकुचित बना देती है क्योंकि यह विद्या केवल समाज में रहने वाले व्यक्तियों तथा उनकी सामाजिक क्रियाओं का ही अध्ययन करती है।

2. बोर्डिंगटन के अनुसार, 'सांख्यिकी अनुमानों व संभावनाओं का विज्ञान है।'[7] बोर्डिंगटन की यह परिभाषा भी अस्पष्ट तथा अधूरी है। यह सांख्यिकी विज्ञान के केवल एक पक्ष, अनुमान तथा संभावनाओं पर ही जोर देकर इसके क्षेत्र को संकुचित बना देती है।

3. किंग के अनुसार, 'सांख्यिकी वह विज्ञान है, जो ऐसे समंको के संकलन, वर्गीकरण, प्रदर्शन, तुलना तथा निर्वचन की पद्धतियों से संबंध रखती है, जो जांच के किसी क्षेत्र पर प्रकाश डालने के लिए संग्रह किए गए हैं।'[8]

सेलिगमैन के अनुसार, 'सांख्यिकी वह विज्ञान है जो किसी पर प्रकाश डालने के उद्देश्य से संग्रह किए गए आंकड़ों के संग्रहण, वर्गीकरण, प्रदर्शन, तुलना और व्याख्या करने की रीतियों का विवेचन करता है।[9]

विभिन्न विद्वान सांख्यिकी के विभिन्न पक्षों पर जोर देते हैं। सांख्यिकी विज्ञान का निरंतर विकास होता जा रहा है और इसकी रीतियों में समय-समय पर सुधार होते जा रहे हैं, अतः सांख्यिकी की उपयुक्त परिभाषा देना सरल कार्य नहीं है। फिर भी इन सभी परिभाषाओं के विवेचन से कुछ मूल तत्व प्रकट होते हैं, जिनको एक उपयुक्त परिभाषा में समाविष्ट किया जा सकता है, 'सांख्यिकी एक विज्ञान और कला है जो सामाजिक, आर्थिक, प्राकृतिक व अन्य समस्याओं से संबंधित समंकों के संग्रहण, वर्गीकरण, सारिणीयन, प्रस्तुतीकरण, विश्लेषण, निर्वचन और पूर्वानुमान से संबंध रखती है, ताकि निर्धारित उद्देश्य की पूर्ति हो सके।'

सांख्यिकी का क्षेत्र अथवा विषय-सामग्री (Scope and Subject Matter or Statistics)

सांख्यिकी के क्षेत्र अथवा विषय-सामग्रियों को निम्नलिखित भागों में बांटा गया है-

(क) सांख्यिकी रीतियां (statistical methods)।

(ख) व्यावहारिक सांख्यिकी (applied statistics)।

सांख्यिकी रीतियां

ये वे रीतियां हैं, जिनका प्रयोग सांख्यिकी में आंकड़ों को एकत्रित करने के लिए किया जाता है। ये आंकड़ों को सरल, समझने योग्य तथा तुलनात्मक बनाती हैं। इनके माध्यम से समुचित निष्कर्ष निकालने में भी पर्याप्त रूप से सहायता मिलती है। जॉनसन और जैक्सन के अनुसार, 'सांख्यिकीय रीतियां व प्रक्रियाएं हैं जो समंकों के संकलन, संगठन, संक्षिप्तीकरण, विश्लेषण, निर्वचन एवं प्रस्तुतीकरण में प्रयोग की जाती है।' यूल और केण्डल के अनुसार, 'सांख्यिकीय रीतियों से हमारा तात्पर्य उन रीतियों से है, जिनका प्रयोग अनेक कारणों से प्रभावित समंकों की व्याख्या करने के लिए किया जाता है।'[10]

कुछ महत्वपूर्ण सांख्यिकीय रीतियां इस प्रकार हैं-

1. **आंकड़ों का संग्रहण (Collection of Data)**-किसी भी सांख्यिकीय अनुसंधान के लिए सबसे पहला आवश्यक कार्य यह है कि आंकड़ों का संग्रहण किया जाए। आंकड़ों का संग्रहण समस्या की प्रकृति के अनुसार ही किया जाता है। कब कहां से, किस ढंग से और कितने आंकड़े एकत्रित किए जाएं, यह समस्या के अनुसार ही निश्चित किया जाता है।
2. **संक्षिप्तीकरण (Summarization)**-एकत्र किए गए आंकड़ों को अत्यधिक सरल व तुलनीय बनाने के लिए उन्हें किसी गुण-विशेष के आधार पर विभिन्न वर्गों में बांट देते

हैं। यह वर्गीकरण विशेषता, रंग, वजन, स्थान आदि किसी भी गुण के आधार पर हो सकता है। यह संक्षिप्तीकरण की दिशा में एक प्रमुख कदम है।

3. **औसतों, बिन्दु रेखाओं और चित्रों द्वारा उपस्थित करना (Presentation by Means of Averages, Graphs and Diagrams)**—एकत्रित आंकड़ों को अत्यधिक सरल, संक्षिप्त, व्यवस्थित, बोधगम्य, तुलनीय एवं प्रभावशाली रूप देने के लिए उन्हें औसतों, बिन्दु रेखाओं या चित्रों द्वारा प्रदर्शित किया जाता है ताकि उनकी एक अमिट छाप मस्तिष्क पर पड़ जाए।
4. **दूसरी श्रेणियों से संबंध स्थापित करना** (Establishment of Relationship with Other Series)—इस रीति के अनुसार दो या दो से अधिक प्रकार के आंकड़ों की आपस में तुलना करके उनमें संबंध-स्थापन किया जाता है। संबंध-स्थापन के कई ढंग जैसे-अपकिरण का मापन, विषमता का मापन, सह-संबंध तथा गुण-संबंध आदि प्रयोग में लाए जाते हैं।
5. **निर्वचन** (Interpretation)—इस रीति के अनुसार दो या दो से अधिक प्रकार के आंकड़ों की आपस में तुलना करने के पश्चात जो फल प्राप्त होता है, उससे परिणाम ज्ञात करते हैं। फल को सरल एवं स्पष्ट शब्दों में प्रकट करते हैं, ताकि वे एक साधारण व्यक्ति की भी समझ में आसानी से आ सकें।
6. **पूर्वानुमान** (Forecasting)—विद्वानों में बड़ा ही मतभेद है कि पूर्वानुमान को सांख्यिकीय रीतियों में शामिल किया जाए अथवा नहीं। परन्तु यदि सूक्ष्मत: से देखा जाए तो यह एक सांख्यिकी रीति ही है जिसके द्वारा पहले के अनुभवों व परिणामों के आधार पर पूर्वानुमान किया जाता है और भावी गति की ओर निर्देश किया जाता है। अत: उसे सांख्यिकीय रीतियों में शामिल करना उचित है।

व्यावहारिक सांख्यिकी

सांख्यिकीय रीतियां हमें सिद्धांत का ज्ञान कराती हैं। उन रीतियों को व्यवहार में किस प्रकार लाया जाए, इसका अध्ययन व्यावहारिक सांख्यिकी के क्षेत्र में किया जाता है। व्यावहारिक सांख्यिकी में सांख्यिकी के नियमों एवं सिद्धांतों को मूर्त रूप दिया जाता है और किसी समस्या के समाधान में इन नियमों और सिद्धांतों को प्रयोग में लाया जाता है। जैसे—उत्पादन, व्यापार या जन्म-मरण आदि से संबंधित आंकड़ों को कैसे व्यावहारिक रूप दिया जाए, यह व्यावहारिक सांख्यिकी का क्षेत्र है। व्यावहारिक सांख्यिकी के दो विभाग किए जा सकते हैं—

1. **वर्णनात्मक व्यावहारिक सांख्यिकी** (Descriptiv Applied Statistics)—इस विभाग में भूत या वर्तमानकाल में संग्रहीत आंकड़े अध्ययन के विषय होते हैं। इन आंकड़ों का अपना ऐतिहासिक महत्व होता है। जैसे दो समय के मूल्यस्तरों को निर्देशांक (index number) द्वारा सरल एवं बोधगम्य बनाया जाता है।
2. **वैज्ञानिक व्यावहारिक सांख्यिकी** (Scientific Applied Statistics)—इस विभाग में किसी वैज्ञानिक अनुसंधान के उद्देश्य से आंकड़ों का एकत्रीकरण किया जाता है और उसकी सहायता से कुछ विशेष सिद्धांतों एवं नियमों की स्थापना या पुष्टीकरण करने का प्रयास किया जाता है।

सांख्यिकी की सीमाएं (Limitation of Statistics)

सांख्यिकी का क्षेत्र बहुत व्यापक है। व्यावहारिक जीवन और ज्ञान-विज्ञान की सभी शाखाओं में जहां कहीं भी संख्या संबंधी अध्ययन होता है, वहां इसका प्रयोग किया जाता है। परन्तु इस विज्ञान की अपनी कुछ सीमाएं तथा कमियां भी हैं, जिन्हें ध्यान में रखना अनिवार्य है। यदि इन सीमाओं को ध्यान में न रखा जाए तो परिणाम भ्रामक हो सकते हैं।

1. सांख्यिकी केवल ऐसी समस्याओं या घटनाओं का अध्ययन करती है, जिन्हें संख्यात्मक रूप में व्यक्त किया जा सके। गुणात्मक तथ्यों का अध्ययन सांख्यिकी के द्वारा नहीं किया जा सकता। परन्तु कुछ सामाजिक घटनाओं की प्रकृति इतनी जटिल तथा अमूर्त होती है कि संख्या द्वारा उनका अध्ययन नहीं किया जा सकता। उदाहरणार्थ, किसी व्यक्ति की भावनाओं, रुचियों, प्रवृत्तियों, प्रतिक्रियाओं का वर्णन तो हो सकता है किन्तु उसकी माप नहीं हो सकती। यद्यपि इस दिशा में प्रयत्न किया जा रहा है परन्तु वह अभी तक अपनी प्रारंभिक स्थिति में ही है। इस संबंध में बाउले का मत उल्लेखनीय है, 'समाजशास्त्र संबंधी समस्याओं में सांख्यिकी का योगदान उद्देश्यात्मक मापन का है और ऐसे समंकों का प्रायः कम महत्वपूर्ण स्थान होता है।'[11]

2. सांख्यिकी व्यक्तिगत इकाइयों का अध्ययन न करके समूह का अध्यन करती है टिप्पेट के अनुसार, 'सांख्यिकी आवश्यक रूप से समूहवादी है क्योंकि यह व्यक्तिगत इकाइयों से नहीं, केवल वर्गों से संबंधित है।'[12] सांख्यिकी के निष्कर्ष भी व्यक्तिगत इकाइयों पर लागू न होकर इकाइयों के समूह पर औसत रूप से लागू होते हैं। इस प्रकार सांख्यिकी के निष्कर्ष किसी समूह के स्वाभाविक व्यवहार को प्रकट करते हैं। परन्तु उस समूह की व्यक्तिगत इकाइयों को प्रकट नहीं करते हैं।

3. भौतिक विज्ञान, अंकगणित, रसायनशास्त्र आदि के नियमों की तरह सांख्यिकी के नियम पूर्ण रूप से सत्य नहीं होते। सांख्यिकी के नियम दीर्घकाल में औसत रूप से सम्पूर्ण समूह पर लागू होते हैं। ये केवल सन्निकट प्रवृत्तियों (appoximate tendencies) को प्रकट करते हैं। किंग का मत है, 'कोई भी व्यवस्था जो बड़े या जटिल वर्ग को एक दृष्टि में मस्तिष्क के समझने योग्य बनाती है, वह अधिकांशतः छोटी-मोटी अनियमितताओं को दूर करने में समर्थ नहीं हो सकती।'[13]

4. सांख्यिकी रीति किसी समस्या के अध्ययन की एक मात्र रीति नहीं है वरन् अनुसंधान कार्य में प्रयुक्त होने वाली अनेक रीतियों में से यह एक है। काक्सटन तथा फाउडेन ने ठीक ही लिखा है, 'यह नहीं मान लेना चाहिए कि सांख्यिकीय पद्धति ही अनुसंधान कार्य में प्रयोग की जाने वाली एकमात्र पद्धति है और न ही इस पद्धति को प्रत्येक प्रकार की समस्या का सर्वोत्तम हल समझना चाहिए।'[14] अतः प्रत्येक प्रकार के अनुसंधान में इसका प्रयोग नहीं करना चाहिए।

5. सांख्यिकी विज्ञान है और उसकी प्रणालियां वैज्ञानिक ढंग से बनाई गई हैं। एक साधारण व्यक्ति के लिए इसका उचित व ठीक प्रयोग कठिन है। समंकों का संकलन, विश्लेषण व निर्वचन वे ही व्यक्ति कर सकते हैं, जो सांख्यिकीय रीतियों का पूर्ण ज्ञान रखते हों। अयोग्य एवं अंजान व्यक्ति समंकों से भ्रमपूर्ण परिणाम ही निकालेंगे। इसलिए समंक अयोग्य चिकित्सक के हाथ में दवा के समान हैं, जिनका दुरुपयोग बड़ी सरलता से अंजान या अयोग्य व्यक्ति द्वारा हो सकता है। यूल और केण्डाल के शब्दों में, 'अयोग्य व्यक्ति के हाथों में सांख्यिकीय रीतियां सबसे अधिक भयानक हथियार हैं।'[15]

6. सांख्यिकीय समंकों में एकरूपता और सजातीय का होना आवश्यक है। जो आंकड़े एकत्र किए गए हों, उन्हें एक ही गुण को प्रकट करते रहना चाहिए। उनमें प्रारंभ से अंत तक उच्च कोटि की स्थिरता आवश्यक है, तभी परिणाम ठीक निकलेगा अन्यथा नहीं। भिन्न-भिन्न वर्गों या तथ्यों से संबंधित आंकड़ों की तुलना नहीं की जा सकती। उदाहरणार्थ, कुतुबमीनार की ऊंचाई की तुलना मनुष्यों की ऊंचाई से नहीं की जा सकती है।

7. सांख्यिकीय विवेचन से प्राप्त निष्कर्ष सदैव पूर्ण सत्य नहीं होते। अतः इन पर बगैर सोचे-समझे विश्वास नहीं कर लेना चाहिए। किसी समस्या के समाधान की अनेक रीतियां हो सकती हैं। सांख्यिकी भी उनमें से एक है। सांख्यिकी द्वारा प्राप्त परिणामों को अन्य रीतियों द्वारा प्राप्त परिणामों से तुलना करके ही सत्य मानना चाहिए। इस संबंध में प्रो. एफ.सी. मिल्स का कहना है, 'सांख्यिकीय रीतियों का प्रयोग साधन के रूप में बुद्धिमानी से करना चाहिए तथा सांख्यिकीय विवेचन से निकलने वाले निष्कर्षों के विवेचन में अत्यंत सावधानी से काम लेना चाहिए।'[16]

सांख्यिकी के कार्य (Functions of Statistics)

आज के इस युग में सांख्यिकी विज्ञान के कार्य बड़े ही व्यापक एवं महत्वपूर्ण हैं। मानव ज्ञान के विकास में आज यह सराहनीय योग दे रही है। इसके द्वारा संपन्न किए जाने वाले कार्य इस प्रकार हैं–

1. सांख्यिकी व्यक्तिगत अनुभव एवं ज्ञान की वृद्धि करती है। मनुष्य इनकी सहायता से अपनी योग्यता एवं शक्तियों का विकास करता है। इसके अध्ययन से व्यक्ति की तर्कशक्ति बढ़ती है, जिससे वह नवीन नियमों तथा सिद्धांतों का प्रतिपादन करने में सफल होता है।
2. सांख्यिकी जटिल तथ्यों को सरल बनाती है। अव्यवस्थित समंकों को वर्गीकरण, सारिणीयन, विश्लेषण द्वारा सरल रूप देकर सामान्य व्यक्तियों के समझने योग्य बनाती है।
3. सांख्यिकी सरल किए हुए आंकड़ों की तुलना करती है और उनमें संबंध स्थापन करती है। तुलना का कार्य विभिन्न माध्यमों, गुणकों एवं प्रतिशतों आदि के माध्यम से संबंध स्थापन, सह-संबंध तथा गुण-संबंध आदि के द्वारा किया जाता है।
4. सांख्यिकी द्वारा निकाले गए निष्कर्षों के आधार पर विभिन्न सामाजिक, आर्थिक, व्यापारिक क्षेत्रों में नीति निर्धारण का कार्य किया जाता है। सरकारें आंकड़ों की सहायता से ही कर नीति, मूल्य नीति, आयात-निर्यात नीति आदि निश्चित करती हैं।
5. सांख्यिकी दूसरे विज्ञानों के नियमों की पूर्णता एवं शुद्धता की जांच करती है। सांख्यिकी की सहायता से पुराने नियमों का परीक्षण और नए नियमों का निर्माण किया जाता है। समाजशास्त्र, जीव-विज्ञान आदि अनेक विज्ञान सांख्यिकी के आभारी हैं। जो नियम सांख्यिकी की सहायता से बनते हैं, वे अधिक स्थिर तथा सार्वभौमिक होते हैं।
6. सांख्यिकीय रीतियां वर्तमान तथ्यों पर ही प्रकाश नहीं डालतीं, वरन् इनकी सहायता से निकट भविष्य की विभिन्न स्थितियों के बारे में भी सरलता से अनुमान लगाया जा सकता है। यह अनुमान अंतर्गणना (interpolation) तथा बाह्य गणना (extrapolation) आदि विशिष्ट विधियों की क्रियाओं द्वारा किया जाता है। जनसंख्या में वृद्धि की दर मालूम हो जाने पर भविष्य की जनसंख्या का पता लगाया जा सकता है।

सांख्यिकी की उपयोगिता (Utility of Statistics)

आज के इस प्रगतिशील युग में सांख्यिकी का महत्व दिन-प्रतिदिन बढ़ता जा रहा है। विज्ञान की प्रत्येक शाखा, चाहे वह सामाजिक विज्ञान हो या प्राकृतिक विज्ञान, जिनमें भी तथ्यों को आंकिक रूप में प्रकट किया जाता है, सांख्यिकी का उनसे घनिष्ठ संबंध है। वालिस और राबर्ट्स ने उचित ही कहा है, 'सांख्यिकी एक ऐसा हथियार है, जो प्रयोग सिद्ध अनुसंधानों के लगभग प्रत्येक क्षेत्र में उत्पन्न होने वाली समस्याओं पर आक्रमण (समाधान) करने में प्रयोग किया जा सकता है।'[17] अत: आज सांख्यिकी को 'राजाओं के विज्ञान' (science of kings) के स्थान पर 'मानव कल्याण का अंकगणित' (arithmetic of human walfare) कहना अधिक उपयुक्त होगा। क्रक्सटन एवं काउडेन का कथन है, 'आज कठिनता से ही मानव क्रियाओं का कोई ऐसा पहलू मिलेगा, जिसमें सांख्यिकीय युक्तियों की कुछ न कुछ उपयोगिता न हो।'[18] यहां सांख्यिकी के कुछ प्रयोगों और उपयोगिताओं को निम्नांकित बिन्दुओं द्वारा और भी स्पष्ट किया जा सकता है।

1. **शासन प्रबंध में सहायक (Helpful in Administrative Management)**—जैसा कि हम पहले देख चुके हैं, इस विज्ञान का प्रारंभ ही शासन को सुचारु रूप से चलाने के लिए हुआ था। इसे 'राजाओं का विज्ञान' कहा जाता था। सम्राट समय-समय पर अपने राज्य की भूमि, जनसंख्या, सैन्यशक्ति एवं धन वितरण के आंकड़ों का ठीक-ठीक पता लगाने के लिए सर्वेक्षण कराते रहते थे। वर्तमान में भी जबकि राज्य का कार्य क्षेत्र अति विस्तृत हो गया है, सांख्यिकी का महत्व अत्यंत बढ़ गया है। कोई भी सरकार क्यों न हो उसे राज्य का शासन चलाने के लिए अनेक प्रकार की सूचनाएं रखनी ही पड़ती हैं। औद्योगिक उत्पादन बढ़ रहा या घट रहा है? आयात एवं निर्यात की गति कैसी है? कर नीति कैसी है तथा उसका देश की आर्थिक व्यवस्था पर क्या प्रभाव पड़ रहा है? इन समस्त बातों की जानकारी सरकार समंकों के माध्यम से ही प्राप्त करती है। सांख्यिकी की सहायता से ही सरकारें आगामी वर्ष के लिए आय-व्यय (budget) तैयार करती हैं, विभिन्न विभागों एवं मंत्रालयों की कार्यकुशलता का मापन करती हैं, स्वास्थ्य, शिक्षा तथा सफाई की समुचित व्यवस्था करती हैं। अत: सांख्यिकी को शासन-प्रबंध का नेत्र कहा जाए तो अतिशयोक्ति न होगी।

2. **नियोजन के लिए अनिवार्य (Necessary for Planning)**—आज का युग योजनाओं का युग है। योजना की कल्पना आंकड़ों के आधार पर ही की जाती है। टिप्पेट ने लिखा है, 'नियोजन आजकल का व्यवस्थित क्रम है और समंकों के बिना नियोजन की कल्पना भी नहीं की जा सकती है।' पर्याप्त और विश्वसनीय समंकों के आधार पर ही उपलब्ध प्राकृतिक एवं मानवीय साधन, पूंजी, अल्पकालीन तथा दीर्घकालीन आवश्यकताओं की ठीक-ठीक जानकरी संभव है। देश की अनेक समस्याएं—गरीबी, बेरोजगारी, खाद्य, मूल्यवृद्धि, जनसंख्या, औद्योगीकरण आदि को किस क्रम में प्राथमिकता दी जाए यह इन्हीं समंकों से पता चलता है। इनके आधार पर ही अर्थव्यवस्था के विभिन्न क्षेत्रों में लक्ष्य निर्धारित होते हैं। अत: समंक योजना निर्माण की आधारशिला है। यही नहीं योजना की प्रगति का मूल्यांकन भी समंकों एवं सांख्यिकीय रीतियों के द्वारा ही होता है।

3. **व्यवसाय और वाणिज्य में सहायक (Helpful in Business and Commerce)**—जिस तरह से शासन प्रबंध एवं नियोजन के लिए सांख्यिकी आवश्यक है, उसी तरह से व्यवसाय और वाणिज्य को सफलतापूर्वक चलाने के लिए भी सांख्यिकी नितांत

आवश्यक है। सांख्यिकी की सहायता से मांग व पूर्ति का अनुमान लगाया जा सकता है। प्रत्येक व्यवसायी तथा उत्पादक को मांग का पूर्वानुमान लगाना भी पड़ता है। यदि मांग बढ़ने की आशा रहती है तो वह उत्पादन में वृद्धि कर देता है। इसके विपरीत यदि मांग घटने की संभावना रहती है तो वह उत्पादन कम करके परिस्थितियों का लाभ उठा लेता है। गत वर्षों के आंकड़े भी व्यवसायी को कार्यक्षता प्रदान करते हैं तथा कमियों एवं भूलों की ओर संकेत करते हैं। समंकों की सहायता से ही वस्तु की प्रति इकाई लागत, विभिन्न क्रियाओं तथा विभागों की कार्यक्षमता का मापन तथा मूल्य निर्धारण किया जाता है। आज बड़ी-बड़ी व्यापारिक संस्थाओं ने संबंधित आंकड़ों को एकत्र करने तथा उनका विश्लेषण एवं निर्वचन करने के लिए 'सांख्यिकी विभाग' खोल रखे हैं। वह विभाग आवश्यक सलाह तथा सुझाव देता है। इस प्रकार व्यवसाय तथा वाणिज्य में पग-पग पर सांख्यिकी की उपयोगिता है।

4. **बैंक, बीमा कंपनियों, रेलवे, परिकल्पकों, समाज सुधारकों तथा राजनीतिज्ञों को लाभ (Beneficial to Banks, Insurance Companies, Railways, Speculators, Social Workers and Politicians)**—बैंकों के पास जनता का धन होता है और उन्हें संबंधित आंकड़ों के आधार पर यह निश्चित करना पड़ता है कि कितना नकद कोष रखे और कितना लाभदायक विनियोगों में लगाए। बीमा कंपनियां मृत्यु संबंधी आंकड़ों के आधार पर प्रीमियम की दरें निर्धारित करती हैं। रेलवे बजट बनाते समय, भाड़ों को निर्धारित करते समय तथा अन्य बहुत-सी दशाओं में आंकड़ों के आधार पर नीति निर्धारित करती हैं। परिकल्पकों (speculators) का व्यवसाय भावी मूल्यों के सच्चे अनुमान पर निर्भर है और यह अनुमान विश्वसनीय आंकड़ों के आधार पर ही लगाया जा सकता है। बाल-विवाह, दहेज प्रथा, मद्यपान, निर्धनता आदि सामाजिक बुराइयों के संबंध में आंकड़े एकत्रित करके समाज सुधारक उनकी भीषणता का अनुमान लगाता है तथा उन्हें दूर करने का भरसक प्रयास करता है। राजनीतिज्ञ आंकड़ों की सहायता से देश की विभिन्न समस्याओं का अध्ययन करते हैं और फिर अपने विचार संसद तथा जनता के सम्मुख रखते हैं। इस प्रकार आवश्यक कानून की वे व्यवस्था करते हैं।

5. **सांख्यिकी की सार्वभौमिक उपयोगिता (Universal Utility of Statistics)**—सांख्यिकी का प्रयोग आज के इस प्रगतिशील युग में सर्वत्र होता है। व्यावहारिक जीवन और ज्ञान-विज्ञान की प्रत्येक शाखाओं में इसकी रीतियों तथा नियमों का व्यापक प्रयोग होता है। बाउले ने उचित ही कहा है, 'सांख्यिकी का ज्ञान विदेशी भाषा या बीजगणित के समान है जो किसी भी समय और किसी भी परिस्थिति में उपयोगी सिद्ध हो सकता है।' किसी भी व्यक्ति के लिए तथा किन्हीं भी परिस्थितियों में इसका ज्ञान बहुत सहायक है। टिप्पेट के शब्दों में, 'सांख्यिकी प्रत्येक व्यक्ति को प्रभावित करती है और जीवन को अनेक बिन्दुओं पर स्पर्श करती है।'

सांख्यिकी की अविश्वसनीयता (Unreliability of Statistics)

सांख्यिकी को लेकर लोगों में परस्पर विरोधी धारणाएं प्रचलित हैं। कुछ लोगों का विचार है कि आंकड़े झूठ नहीं बोलते और इसके विपरीत कुछ लोग यह कहते हैं कि आंकड़े पूर्ण रूप से झूठे होते हैं। डिजराइली के अनुसार, 'समंक उन्माद रोग के रोगियों के समान हैं, वे किसी भी पक्ष का समर्थन कर देते हैं।' पार्क ट्वेल ने भी सांख्यिकी पर अविश्वास प्रकट करते हुए एक बार कहा था, 'शैतानी के क्रम में झूठ की तीन श्रेणियां होती हैं, जैसे—झूठ, सफेद झूठ और

समंक।' सांख्यिकी की व्यर्थता को प्रकट करने वाली यह कहावत भी प्रसिद्ध है कि, 'सांख्यिकीय विवेचन अपने सबसे अच्छे रूप में अनिश्चित होते हैं और सबसे बुरे रूप में एकदम बेकार।'

अविश्वास के कारण (Causes of Unreliability)

सांख्यिकी के प्रति अविश्वास के कारण निम्नलिखित हैं–

1. आंकड़ों को ऊपर से देखने पर यह पता नहीं चलता कि आंकड़े बनावटी हैं या सचमुच इकट्ठे किए गए हैं। इस दुविधा में लोग उन पर अविश्वास करने लगते हैं।
2. कभी-कभी एक ही विषय पर परस्पर विरोधी आंकड़े मिलते हैं। अतः देखने वाला भ्रम में पड़ जाता है कि किनको वह सही माने और किनको गलत।
3. सामान्य जनता को सांख्यिकी की विधियों, नियमों और महत्ता का ज्ञान नहीं होता, अतः इस अज्ञानता के कारण वे इसे संदेह की दृष्टि से देखते हैं।
4. स्वार्थी, पूर्वभावनाओं से प्रभावित या अदक्ष लोगों के दुरुपयोग के कारण भी सामान्य जनता समंकों पर अविश्वास करने लगती है।
5. कभी-कभी सांख्यिकी में विशेष ज्ञान का अभाव होने के कारण उसके द्वारा गलत निष्कर्ष निकाल लिए जाते हैं, जिससे जनता का सांख्यिकी में विश्वास नहीं रहता।
6. सांख्यिकी की सीमाओं को ध्यान में न रखते हुए सांख्यिकी का प्रयोग करने पर परिणाम भ्रम उत्पन्न करने वाले होते हैं। जैसे–परिणाम को सामूहिक रूप में न लागू करके व्यक्तिगत रूप से लागू करने पर परिणाम भ्रम उत्पन्न करने वाले होंगे।

अतः यह कहा जा सकता है कि समंक सदैव निर्दोष होते हैं। सांख्यिकी रीतियों एवं सीमाओं से अपरिचित व्यक्ति तथा स्वार्थी एवं पक्षपातपूर्ण सांख्यिकी ही समंकों के दूषित प्रयोग द्वारा सांख्यिकी के प्रति संदेह भावना उत्पन्न करते हैं।

अशुद्धियों के स्रोत (Sources of Error)

सांख्यिकी में अशुद्धियों के स्रोत अधोलिखित हैं–

1. जब माध्यमों एवं प्रतिशतों का गलत ढंग से प्रयोग होता है तो अशुद्धियां उत्पन्न होती हैं। जैसे–यदि कोई यह कहता है कि 'अ' स्थान पर औसत आय 5,000 रुपए है इसलिए वहां के लोग बहुत सुखी एवं सम्पन्न हैं तो यह निष्कर्ष गलत हो सकता है, क्योंकि संभव है कि 'अ' नगर में कुछ व्यक्तियों की वार्षिक आय इतनी बढ़ गई हो कि उससे उस नगर के लोगों की औसत वार्षिक आय बढ़कर 5,000 रुपए हो गई हो।
2. जब जानबूझकर दोषपूर्ण आंकड़ों के आधार पर निष्कर्ष निकाला जाता है तो सांख्यिकी में अविश्वसनीयता उत्पन्न होती है।
3. अनुसंधानकर्ता की पूर्व धारणा के कारण भी सांख्यिकीय-निष्कर्ष अशुद्ध हो जाते हैं।
4. जब आंकड़े एकत्र करने के पहले प्रारंभिक कार्य ठीक से न कर लिए गए हों, जैसे–अनुसंधान का क्षेत्र, इकाई की शुद्धता की मात्रा, समूह प्रणाली आदि निश्चित न कर ली गई हों या आंकड़े ही विजातीय हों तो सांख्यिकी निष्कर्ष अशुद्ध हो सकते हैं।
5. समंकों की अस्पष्ट तथा परिवर्तनशील परिभाषा या अपर्याप्त, अनुपयुक्त समंक भी सांख्यिकी की अविश्वसनीयता में सहयोग देते हैं।

उपर्युक्त तथ्यों से स्पष्ट है कि सांख्यिकी में किसी भी स्थान पर जरा सी भूल या लापरवाही होने पर घातक एवं अविश्वसनीय निष्कर्ष निकल आते हैं, जिनके कारण न केवल क्षति ही उठानी पड़ती है, बल्कि सांख्यिकी पर अविश्वास भी किया जाने लगता है। परन्तु यह याद रखने की बात है कि सांख्यिकी में कोई दोष नहीं है, जो भी दोष प्रकट होते हैं, वे उसका प्रयोग करने वाले व्यक्तियों के ज्ञान के अभाव या बदनीयती के कारण हैं। अत: सांख्यिकी का प्रयोग इस विज्ञान का पूर्ण ज्ञान रखने वाले विद्वानों द्वारा इसकी सीमाओं को ध्यान में रखते हुए सावधानी तथा ईमानदारी से किया जाना चाहिए।

Notes

1. L.H.C. Tippet, The Technological Applications of Statistics, Williams and Norgate Ltd., London, 1952, p. 115.
2. Ibid., p. 116.
3. A.L. Bowely, *Elements of Statistics*, London, P.S. King and Staples Ltd., London, 1956, p. 175.
4. L.R. Conner, *Statistics in Theory and Practice*, Sir Isaac Pitman and Sons Ltd., London, 1932, p. 162.
5. H. Secrist, *An Introduction to Statistical Methods*, The Macmillan Company, New York, 1920, p. 933.
6. Bowley, op. cit., p. 172.
7. A.L. Boddington, *Statistics and their Application to Commerce*, Hard Press Publisher, 2013, p. 78.
8. W.I. King, *Elements of Statistical Methods*, The Macmillan Company, New York, 1912, p. 26.
9. E.R.A. Seligman, What are the Social Sciences, *Encyclopaedia of the Social Sciences*, p. 32.
10. M. Yule and U. Kandall, *An Indtroduction to the Theory of Statistics*, Charles Griffin, London, 1950.
11. A.L. Bowely, op. cit., p. 72.
12. L.H.C. Tippet, op. cit., p. 102.
13. W.I. King, op. cit., p. 112.
14. F.E. Croxton and D.J. Cowden, *Practical Business Statistics*, Prentice Hall, 1960.
15. Yule and Kendall, *An Introduction to the Theory of Statistics*, London, 1950.
16. F.C. Mills, *Statistics*, p. 32.
17. Wallis and Roberts.
18. F.E. Croxton, D.J. Cowden and S. Klein, *Aplied General Statistics* (3rd ed.), Prentice Hall, New Delhi, 1975.

26

सांख्यिकीय माध्य

Statistical Average

माध्य समंक श्रेणी की केन्द्रीय प्रवृत्ति को सरल संक्षिप्त एवं सारांश रूप में व्यक्त करने वाला प्रतिनिधि मूल्य होता है। माध्य एक श्रेणी या माला की प्रतिनिधि संख्या होती है, इसकी सहायता से विभिन्न श्रेणियों की तुलना सरल हो जाती है।

पी.वी. यंग के अनुसार, 'विशाल अंकों को संक्षिप्त करने के लिए आवृत्ति वितरण अत्यधिक उपयोगी है, लेकिन संक्षिप्तीकरण की प्रक्रिया सम्पूर्ण श्रेणी की विशेषताओं को एक अथवा अधिक से अधिक कुछ महत्वपूर्ण अंकों में संकुचित करने के द्वारा बहुत अधिक आगे बढ़ाई जा सकती है। ये अंक माध्य के रूप में जाने जाते हैं तथा वे एक चरण के विशिष्ट मूल्यों का प्रतिनिधित्व करते हैं।'[1]

घोष एवं चौधरी के अनुसार, 'एक माध्य एक सरल अभिव्यक्ति है, जिसमें एक जटिल समूह अथवा विशाल संख्याओं के वास्तविक परिणाम केन्द्रित हों।'[2]

क्राबसटन एवं क्राउडेन के अनुसार, 'माध्य समंकों के विस्तार के अन्तर्गत स्थित एक ऐसा मूल्य है, जिसका प्रयोग श्रेणी के सभी मूल्यों का प्रतिनिधित्व करने के लिए किया जाता है। समंक माला के विस्तार के मध्य में स्थित होने के कारण माध्य को केन्द्रीय मूल्य का माप भी कहा जाता है।'[3]

उपर्युक्त परिभाषाओं से यह स्पष्ट है कि माध्य सम्पूर्ण श्रेणियों का प्रतिनिधित्व करने वाला और केन्द्रीय मूल्य को प्रकट करने वाला एक अंक होता है, जो कि उन श्रेणियों में न्यूनतम एवं अधिकतम मूल्य के बीच की एक स्थिति में होता है। इस प्रकार माध्य को देखकर ही सम्पूर्ण श्रेणियों का केन्द्रीय विशेषता या मूल्य का पता लगाना हमारे लिए सरल होता है। इस अर्थ में माध्य विशाल संख्याओं का संक्षिप्तीकरण करने का एक साधन बन जाता है।

माध्यों की उपयोगिता एवं उद्देश्य (Utility and Aims of Averages)

सामाजिक अनुसंधान में तथ्यों की विवेचना, विश्लेषण व निष्कर्षीकरण में माध्यों की उपयोगिता उल्लेखनीय है। माध्यों की प्रमुख उपयोगिताएं एवं उद्देश्य निम्नलिखित हैं—

1. **सामग्री का संक्षिप्त चित्र** (Short Representation of Data)—माध्यों का सर्वप्रथम उद्देश्य जटिल श्रेणियों तथा अंकों की श्रेणियों का संक्षिप्तीकरण करना है। माध्य के

द्वारा बिखरे हुए विभिन्न गुणों वाले तथ्यों को संक्षिप्त रूप प्रदान किया जा सकता हे। अंकों के ढेरों से कुछ भी पता नहीं चलता, पर माध्य एक अंक में होते हुए भी अंकों के ढेरों के केन्द्रीय गुण या मूल्य को प्रकट करता है।

2. **दो या अधिक समूहों की तुलना संभव (Comparasion of Two or More Groups Possible)**—माध्यों का एक और उद्देश्य या उपयोगिता यह है कि इसके द्वारा तथ्यों की तुलना अत्यधिक सरल हो जाती है। अनेक अंकों वाली श्रेणियों की तुलना बहुत कठिन होती है; परन्तु यदि उन्हें एक अंक का रूप प्रदान कर दिया जाए तो तुलना का काम स्वत: ही सरल हो जाता है। वास्तव में जटिल व विशाल संख्याओं की तुलना करने के उद्देश्य से ही माध्य निकाले जाते हैं।

3. **पारस्परिक संबंध का ज्ञान (Knowledge of Mutual Relationship)**—माध्य के प्रयोग द्वारा अंकों की दो या अधिक श्रेणियों या समूहों के बीच पाए जाने वाले संबंधों तथा अनुपात का अनुमान लगाया जाता है। वैज्ञानिक विश्लेषण व व्याख्या के लिए इस प्रकार के संबंधों व अनुपात की जानकारी आवश्यक होती है। माध्य इस कार्य में मदद करता है।

4. **परिवर्तनों का संकेत (Hints of Changes)**—माध्य किसी समय भी सामाजिक परिस्थिति में होने वाले परिवर्तनों को जानने में मार्ग-दर्शन करता है। उत्पादन में वृद्धि, जनसंख्या की औसत वृद्धि या कमी, अपराधियों की संख्या में औसत परिवर्तन आदि महत्वपूर्ण बातें, जिनके आधार पर इन समस्याओं के समाधान हेतु की जाने वाली मनुष्यों की क्रियाओं का मार्ग प्रशस्त होता है। विभिन्न विषयों के बारे में माध्य स्थिति ज्ञात किए बिना हम आगे संपन्न की जाने वाली क्रियाओं का निश्चय नहीं कर सकते।

प्रतिनिधित्वपूर्ण माध्य के लक्षण (Essential of Representative Average)

एक उत्तम तथा प्रतिनिधित्वपूर्ण माध्य के निम्नलिखित गुण व लक्षण होते हैं—

1. **स्पष्ट एवं निश्चित (Clear and Definite)**—माध्य की प्रमुख विशेषता यह है कि वह स्पष्ट, निश्चित एवं स्थिर हो। हर व्यक्ति उससे एक ही अर्थ लगाए। लोगों को अनुमान लगाने की गुंजाइश न हो।

2. **प्रतिनिधि (Representative)**—माध्य को सम्पूर्ण समूह का प्रतिनिधित्व करना चाहिए। कोई माध्य प्रतिनिधित्व तभी कर सकता है, जबकि वह समंक माला के सभी पदों पर आधारित हो।

3. **सरलता (Simplicity)**—एक अच्छे माध्य में यह गुण होना चाहिए कि उसे सरलता एवं शीघ्रता से निकाला तथा समझा जा सके।

4. **निदर्शन के परिवर्तन का कम से कम प्रभाव (Least Effects of Change in Sample)**—यदि उसी समय के निदर्शन में परिवर्तन कर दिया जाए, तो माध्य पर उसका कम से कम प्रभाव पड़ना चाहिए। एक आदर्श माध्य यह माना जाता है, जिसमें निदर्शन के परिवर्तनों का कम से कम प्रभाव पड़ता है।

5. **अङ्कगणितीय एवं बीजगणितीय प्रयोग संभव (Arithmetical and Algebraic use Possible)**—माध्य ऐसा होना चाहिए, जिसकी गणितीय एवं बीजगणितीय विवेचना की जा सके।

6. **निरपेक्ष संख्या (Absolute Number)**—माध्य एक निरपेक्ष संख्या है, सापेक्ष नहीं। यह एक ऐसी राशि नहीं है, जिसे किसी दूसरी राशि की अपेक्षाकृत कम या अधिक कहकर

प्रदर्शित किया जा सके। इसका तात्पर्य यह है कि माध्य को एक निश्चित संख्या के रूप में प्रकट होना चाहिए, न कि किसी संख्या से कम या अधिक उदाहरणार्थ माध्य 20 हो सकता है, क्योंकि यह एक निश्चित संख्या है, पर यही माध्य 10 से अधिक है अथवा 30 से कम है, यह कहकर उसे नहीं प्रकट करना चाहिए।

माध्य के प्रकार (Types of Averages)

माध्यों के प्रकार निम्नलिखित हैं–

1. स्थितीय माध्य (Averages of Position)
   (क) बहुलांक (Mode)
   (ख) मध्यांक (Median)
2. गणितीय माध्य (Mathematical Averages)
   (क) अंक गणितीय माध्य अथवा समान्तर माध्य (Arithmetic Averages or Mean)
   (ख) ज्यामितीय माध्य (Geometric Mean)
   (ग) हरात्मक माध्य (Harmonic Mean)
   (घ) समीकरण माध्य (Quadratic Mean)
3. व्यापारिक माध्य (Business Average)
   (क) चल माध्य (Moving Average)
   (ख) प्रगतिशील माध्य (Progressive Average)

यहां केवल समान्तर माध्य (mean), बहुलक (mode) और मध्यक (median) का विश्लेषण किया जाएगा।

समानान्तर माध्य या मध्यक (Arithmetic Average or Mean)

समान्तर माध्य सबसे अधिक लोकप्रिय है और गणितीय माध्यों में सबसे उत्तम जाना जाता है। सामान्यत: औसत (average) शब्द का प्रयोग समान्तर माध्य के लिए ही किया जाता ह।। 'समान्तर माध्य जिसे कि समान्तर माध्य केवल मध्यक भी कहते हैं, वह परिणाम है जो कि किसी चल में पदों के मूल्यों के योग को उनकी संख्या से भाग देकर प्राप्त होता है।'[4]

समान्तर माध्य की निम्नलिखित विशेषताएं हैं–

1. समान्तर माध्य कुल पदों के माप के योग को पदों की संख्या से भाग देकर निकाला जाता है।
2. यदि समान्तर माध्य तथा पदों की संख्या ज्ञात हो तो कुल पदों का वास्तविक योग जाना जा सकता है। इसी प्रकार पदों की संख्या भी जानी जा सकती है।
3. समान्तर माध्य आवृत्तियों पर निर्भर नहीं रहता, बल्कि समस्त पदों के मूल्य पर निर्भर रहता है।

समान्तर माध्य निकालने की विधि *(Calculation of Arithmetic Average)*

समान्तर माध्य दो विधियों द्वारा निकाला जा सकता है–

(क) प्रत्यक्ष विधि (Direct Method)
(ख) संक्षिप्त विधि (Short-cut Method)

सरल श्रेणी में माध्य निकालना (Calculation of Arithmetic Average in Simple Series)

(क) **प्रत्यक्ष विधि (Direct Method)**–*इस विधि के द्वारा समान्तर माध्य निकालने के लिए सर्वप्रथम समस्त पदों के मूल्यों को जोड़ लिया जाता है, फिर उसमें पदों की संख्या का भाग दिया जाता है। उदाहरणार्थ–नीचे 10 विद्यार्थियों के एक परीक्षा के प्राप्तांकों का विवरण दिया गया है, उसका समान्तर माध्य प्रत्यक्ष प्रणाली द्वारा निम्नलिखित प्रकार ज्ञात किया जा सकता है–*

प्राप्तांक – 15, 33, 39, 34, 37, 35, 48, 49, 55, 59

उपर्युक्त प्राप्तांकों के आधार पर समान्तर माध्य निकालने के लिए प्रत्यक्ष प्रणाली का सूत्र निम्न है–

$$X = \frac{\Sigma m}{n}$$

जहां, X = *मध्यक या समानान्तर माध्य* (Mean)

Σ = *योग* (Summation)

m = *पदों का मूल्य* (Item value)

Σm = *पदों के मूल्यों का योग* (Summation of items values)

n = *पदों की संख्या* (Number of items)

हल करने की रीति – 15+33+39+34+37+35+48+49+55+59

x = 404

पदों की संख्या n = 10

अतः समान्तर माध्य $X = \Sigma m / n = \frac{404}{10} = 40.4$ *उत्तर*

(ख) **संक्षिप्त विधि–**

पदों की माप *measurement of items (m)*	*कल्पित माध्य (35)* *Deviation from assumed mean (dx)*
15	–20
33	–2
39	+4
34	–1
37	+2
<u>35</u>	0
48	+13
49	+14
55	+20
59	+24
n=10	Σdx=+54

इसका सूत्र निम्नवत होगा

$$X = X + \frac{\Sigma dx}{n}$$

X = *कल्पित माध्य* (Assumed mean)

Σdx = *कल्पित माध्य से विचलनों का योग* (Summation of the deviation from assumed mean)

n = *पदों की कुल संख्या* (Number of items)

$$X = 35 + \frac{54}{10}$$

$$= 35 + 5.4$$

$$= 40.4$$

समान्तर माध्य = 40.4 उत्तर

खण्डित या असतत् श्रेणी का माध्य ज्ञात करना (Calculation of Arithmetic Average in Discrete Series)

(क) **प्रत्यक्ष विधि–** *प्रत्यक्ष विधि द्वारा या सतत श्रेणियों के माध्य की गणना करने हेतु चर के मूल्यों का उनकी बारंबारता से गुणा कर गुणन फल को जोड़ दिया जाता है। इस योग को पदों की संख्या से भाग कर समान्तर माध्य प्राप्त किया जाता है।*

अतः इसका सूत्र निम्नवत होगा–

$$X = \frac{\sum fx}{n}$$

Here X = Mean

(Sigma) Σ = Summation

f = Frequency of Item

x = Item value

n = Total Number of the Items

fx = Frequency multiplied with item value

Σfx = Summation of fx

उदाहरण – 1. *निम्नांकित तथ्यों से उत्तरदाताओं के प्राप्त अंकों का मध्यमान निकालिए।*

Score (X)	0	1	2	3	4	5	6
Subjects (f)	15	22	24	28	20	14	8

हल

Score (m)	*No. of Subjects (f)*	*mxf*
0	15	0
1	22	22
2	24	48
3	28	84
4	20	80
5	14	70
6	8	48
	n=131	Σfm=352

$$a = \frac{\sum fx}{n}$$

a = mean

Σ = Summation

f = Frequency

m = item value

n = Number of Item

mf = Frequency multiples with item value

यहां, a = मध्यमान

Σfm = 352

n = 131

इसलिए, $a = \frac{352}{131} = 2.69$ उत्तर

2. निम्नांकित तथ्यों से श्रमिकों की मासिक आय का मध्यमान निकालिए।

No. of Workers (f)	10	11	12	13	14	15	16
Income (x)	151	209	305	408	382	569	165

हल

No. of Workers (f)	*Income (m)*	*mxf*
10	151	1510
11	209	2299
12	305	3660
13	408	5304
14	382	5348
15	569	8535
16	165	2640
n=91		Σmf=29296

सूत्र, $a = \frac{\Sigma mf}{n}$

यहां, X = Mean

Σfm = 29296

n = 91

इसलिए, $X = \frac{29296}{91}$

= 321.93 = 321.93 उत्तर

(ख) **संक्षिप्त विधि**—*इस संक्षिप्त विधि द्वारा हल करने में जोड़ कम लगाना पड़ता है। इसमें एक कल्पित मध्यमान* (assumed mean) *मान लिया जाता है। इस कल्पित मध्यमान से पदों के विचलन निकाल लिए जाते हैं। फिर इन विचलनों को जोड़ लिया जाता है। फिर इसे पदों की संख्या से भाग दिया जाता है। अतः इस संक्षिप्त विधि को हम इस प्रकार प्रस्तुत कर सकते हैं*—

सूत्र, $X = \Sigma + \frac{\Sigma fdx}{n}$

जहां X = Mean (मध्यमान)

X = Assumed Mean (कल्पित मध्यमान)

S = Summation

f = Frequency

d = Deviation from assued mean

n = Total Number of items.

उदाहरण – 1. *निम्नांकित तथ्यों से श्रमिकों की आय का मध्यमान संक्षिप्त विधि से ज्ञात करना।*

Income (x)	236	237	239	241	242	243	244	245
No. of Workers (f)	12	15	22	28	25	23	16	13

हल

Income (X)	*No. of Workers (f)*	*dx*	*(fdx)*	
236	12	–5	–60	
237	15	–4	–60	–164
239	22	–2	–44	
241	28	0	0	
242	25	+1	+25	
243	23	+2	+46	+171
244	16	+3	+48	
245	13	+4	+52	
	n=154		Σfdx=+7	

सूत्र $X = \Sigma + \frac{\Sigma fdx}{n}$

a = Mean

x = Assumed mean

S = Summation

f + Frequency

d = Deviation from assued mean

n =Number of items

यहां X = Mean

x = 241

Σfdx = +7

n = 154

इसलिए, $X = 241 + \frac{7}{154}$

= 241.04 उत्तर

उदाहरण – 2. निम्नांकित तथ्यों से मध्यमान ज्ञात कीजिए।

P.C. of No. (x)	46	47	48	49	50	51	52	53	54	55
No. of Students (f)	102	110	115	120	122	110	100	90	80	60

हल

P.C. of No. (X)	*No. of Workers (f)*	*dx*	*(fdx)*	
46	102	−4	−408	
47	110	−3	−330	
48	115	−2	−230	= +1088
49	120	−1	−120	
50	122	0	0	
51	110	+1	+110	
52	100	+2	+200	
53	90	+3	+270	= +1200
54	80	+4	+320	
55	60	+5	+300	
	n=1009		Σfdx = +112	

सूत्र $X = x + \frac{\Sigma fdx}{N}$

यहां, $x = 50$

$\Sigma fdx = +112$

$n = 1009$

इसलिए, $X = 50 + \frac{+112}{1009}$

$= 50 + \frac{+112}{1009}$

$= 50.11$ उत्तर

अखण्डित या सतत् श्रेणी से माध्य ज्ञात करना (Calculation or Arithmetic Average from Continuous Series)

सतत् श्रेणी से माध्य की गणना भी असतत् श्रेणी के समान ही है। इसमें केवल वर्गन्तराल के स्थान पर पृथक-पृथक उनके मध्यमान (mid value) निकाल कर लिख दिए जाते हैं। इसके उपरांत दोनों की गणना में अंतर नहीं रह जाता।

(क) **प्रत्यक्ष विधि**–इस विधि में वर्गान्तरालों से पृथक-पृथक निकाले गए मध्यमानों को उनकी आवृत्तियों से गुणा कर आगे की गणना पूर्ववत ही की जाती है। निम्नलिखित उदाहरण से इसे स्पष्ट किया जा सकता है।

Daily Payment in Rs. (m)	100–150	150–200	200–250	250–300	300–350	350–400	400–450
No. of Labours (f)	2	5	3	4	6	3	1

हल

Daily payment in Rs. (m)	*No. of Labours (f)*	*Mid Value (mv)*	*mf*
100–150	2	125	250
150–200	5	175	875
200–250	3	225	675
250–300	4	275	1100
300–350	6	325	1950
350–400	3	375	1125
400–450	1	425	425
	n=24		Σmf=6400

सूत्र, $X = \dfrac{\Sigma mf}{n}$

$= \dfrac{6400}{24}$

$= 266.67$ उत्तर

(ख) **संक्षिप्त विधि**–*निम्नलिखित उदाहरण से माध्य की गणना इस सूत्र से की जाएगी :*

$a = \dfrac{\Sigma fdx}{n} \times i$

Group	121–125	126–130	131–135	136–140	141–145	146–150	151–155	156–160	161–165	166–170
Frequency	22	29	32	35	48	46	40	38	32	20

हल

Group	*mv*	*f*	*dx*	*fdx*	
121–125	123	22	–4	–88	–274
126–130	128	29	–3	–87	
131–135	133	32	–2	–64	
136–140	138	35	–1	–35	
141–145	143	48	0	0	
146–150	148	46	+1	+46	+468
151–155	153	40	+2	+80	
156–160	158	38	+3	+114	
161–165	163	32	+4	+128	
166–170	168	20	+5	+100	
		n=342		Σfdx=194	

(Mid Point of the group 141-145) $x = \dfrac{141+154}{2} = \dfrac{286}{2} = 143$

सूत्र, $X = x + \left(\dfrac{\Sigma fdx}{n} \times i\right)$

$x = 143$ (M.P. of the group 141–145)

$$\Sigma fdx = +194$$
$$n = 342 \text{ (number of group)}$$
$$i = 5 \text{ (class interval)}$$

इसलिए, $X = 143+\left(\frac{194}{342}\times 5\right)$

$= 143+\left(\frac{97}{171}\times 5\right)$

$= 143+2.84$

$X = 145.84$ उत्तर

उदाहरण – Calculate the mean from the following data–

Group	121.5–122.5	122.5–123.5	123.5–124.5	124.5–125.5	125.5–126.5	126.5–127.5	127.5–128.5	128.5–129.5	129.5–130.5
Frequency (f)	28	35	42	59	63	60	54	42	35

हल

Group	*f*	*dx*	*fdx*	
121.5–122.5	28	–4	–112	–360
122.5–123.5	35	–3	–105	
123.5–124.5	42	–2	–84	
124.5–125.5	59	–1	–59	
125.5–126.5	63	0	0	
126.5–127.5	60	+1	+60	+434
127.5–128.5	54	+2	+108	
128.5–129.5	42	+3	+126	
129.5–130.5	35	+4	+140	
	n=418		Σfdx=+74	

(M.P. of the group 125.5-135.5) $X = \frac{125.5+126.5}{2} = \frac{252}{2} = 126$

सूत्र, $X = z+\left(\frac{\Sigma fd}{n}\times i\right)$

यहां, $x = 126$

$\Sigma fdx = +74$

$n = 418$

$i = 1$

इसलिए, $X = 126+\left(\frac{+74}{418}\times 1\right)$

$= 126+\frac{74}{418}$

$= 126+0.18$

$X = 126.18$ उत्तर

मध्यमान के गुण (Merits of Mean)

1. मध्यमान इकाइयों के वास्तविक मूल्यों से निकाला गया वास्तविक औसत है। यह वह मूल्य होता है, जो प्रत्येक इकाई के मूल्यों के समान होने पर उपलब्ध होता है।
2. मध्यमान का मूल्य सभी इकाइयों के मूल्यों के आकार को प्रतिबिंबित करता है।
3. मध्यमान से विचलनों का जोड़ शून्य होता है।
4. किसी भी समग्र से केवल एक ही मध्यमान निकाला जा सकता है।
5. मध्यमान के मूल्यों को बीजगणित के सिद्धांतों द्वारा हल किया जा सकता है।

	N.F.	*M. Age*	*M.A.*
A	10	16	160
B	15	15	225
	N=25		Σfx=385

$$M = \frac{385}{25} = 15.4$$

	N.F.	*M. Age*	*M.A.*
A	10	16	160
B	15	22.6 (A)	340
C	25	20	500

$$A = \frac{340}{15} = 22.6 = 500–160 = 340$$

इसलिए, $A = \frac{340}{15} = 22.6$

6. मध्यमान का मूल्य निकालने के लिए तथ्यों को उनके आकारानुसार क्रमबद्ध करने की आवश्यकता नहीं होती है।

A	11
B	14
C	15
D	12
E	13

7. मध्यमान का मूल्य निकालने के लिए व्यक्तिगत इकाइयों के मूल्यों की आवश्यकता नहीं पड़ती, लेकिन इकाइयों के मूल्यों की संख्या तथा मूल्यों का जोड़ दिया गया हो तो मध्यमान निकाला जा सकता है।

मध्यमान के दोष (Demerits of Mean)

1. यह संभव है कि मध्यमान ऐसे परिणामों को प्रस्तुत करे जो हर जगह लागू न हो। जैसे–किसी स्टेशन पर उतरने वाले यात्रियों का मध्यमान 200.45 है, परन्तु किसी भी स्टेशन पर उतरने वाले यात्रियों की संख्या 200.45 नहीं होती। एक बार एक प्रसिद्ध हास्य पत्रिका 'पंच' ने लिखा था कि एक शाही कमीशन को प्रतिमाह 2.2 संख्या बहुत ही

बेतुकी लगी और इसका संभावित कारण मध्यम वर्ग की पिछड़ी आर्थिक दशा समझा गया, इसीलिए शाही कमीशन ने सिफारिश की थी कि मध्यम वर्ग के लोगों को कुछ आर्थिक सहायता इसी बात के लिए दी जाए कि वे संतानों की संख्या पूर्णांक तथा अधिक, सुविधाजनक संख्या तक बढ़ा सकें।

2. मध्यमान पर बहुत अधिक बड़ी या बहुत छोटी इकाई का बहुत प्रभाव पड़ता है, जिससे मध्यमान में बहुत अंतर आ जाता है। जैसे–

No. of Students	*Marks obtained*	
1	100	
2	20	
3	25	
4	19	$M = \frac{231}{7} = 33$
5	24	
6	15	
7	28	
	231	

No. of Students	*Marks*	
1	20	
2	25	
3	19	$M = \frac{131}{6} = 21.8$
4	15	
5	28	
6	24	
	131	

3. यदि संख्या पदों की अधिक है तो निरीक्षण मात्र से ही मध्यमान ज्ञात नहीं हो सकता। इसके लिए बड़े से बड़ा गुणा भाग करना पड़ेगा, जो सबके लिए सरल नहीं है।
4. पदमाला के समस्त पदों के मापों का योग अथवा अलग-अलग माप ज्ञात होना आवश्यक है। यदि थोड़े पद छूट जाएं जो मध्यमान नहीं निकाला जा सकता।
5. मध्यमान प्रगतिशील (progressive) अथवा प्रतिगामी (regressive) प्रवृत्तियों की ओर संकेत नहीं करता। उदाहरणार्थ यदि एक विद्यार्थी, तिमाही-छमाही, वार्षिक परीक्षा में क्रमशः कुल अंक 381, 247, 502 पाता है और दूसरे विद्यार्थी को अंक क्रमशः 502, 427, 381 मिले तो दोनों का मध्यमान यद्यपि एक ही होगा परन्तु उससे यह पता नहीं चलेगा कि एक के प्राप्तांक क्रमशः बढ़ते गए। इससे घटने-बढ़ने की प्रक्रिया का पता नहीं चलता।

मध्यिका (Median)

मध्यिका किसी समंकमाला के मध्य वाले पद के मूल्य को कहते हैं, जबकि समंक श्रेणी के पदों को आरोही (ascending) या अवरोही (descending) क्रम में व्यवस्थित कर लिया जाता है। मध्यिका समंक माला को दो बराबर भागों में बांटती है। एक ओर मध्यिका से सब पद छोटे होते हैं और दूसरी ओर मध्यिका से सब पद बड़े होते हैं। इस प्रकार 50 प्रतिशत पद मूल्य

मध्यका के ऊपर और शेष 50 प्रतिशत पद मूल्य उसके नीचे होते हैं। 'मध्यका कभी कोई विशिष्ट पद नहीं होता, बल्कि मध्य पद का परिमाण अथवा माप ही मध्यिका है।'[5]

मध्यिका की विशेषताएं (*Characteristics of Median*)

मध्यिका की विशेषताएं निम्नलिखित हैं–

1. *मध्यिका बिल्कुल बीच वाला पद नहीं होता है, बल्कि उस पद का मान या मूल्य होता है।*
2. *मध्यिका सम्पूर्ण श्रेणी को दो भागों में विभाजित कर देता है, जिसमें से एक भाग में इससे कम और दसरे भाग में इससे अधिक मूल्य होते हैं।*
3. *मध्यका निकालने के लिए पदों को आरोही अथवा अवरोही क्रम से सजाना जरूरी होता है।*

मध्यिका निकालने की विधि (*Calculation of Median*)

सरल श्रेणी की मध्यिका ज्ञात करना (Calculation of Median in Simple Series)

सरल श्रेणी की मध्यिका निकालने का सूत्र निम्नलिखित है–

$$M = \frac{(n+1)th}{2} \text{ item}$$

M = Median, n = Number of Items

A	10
B	11
C	12
D	13
E	14
F	15
G	16

$$M = \frac{n+1}{2} = \frac{7+1}{2} = 4\text{th item}$$

इसलिए, M = 13 उत्तर

खण्डित या असतत् श्रेणी द्वारा मध्यिका ज्ञात करना (Calculation of Median in Discrete Series)

उदाहरण –

Value	*Frequency*	*Cumulative Frequency*
10	22	22
11	24	46
12	26	72
13	30	102
14	25	127
15	16	143
16	15	158
	n=158	

$$M = \frac{n+1}{2} = \frac{158+1}{2} = \frac{159}{2} = 79.5\text{th item}$$

79.5th item comes in value 13

इसलिए M = 13 उत्तर

अखण्डित सतत् श्रेणी द्वारा मध्यिका ज्ञात करना (Calculation of Median in Continuous Series)

सूत्र, $$M = lm \frac{\left(\frac{N}{2} - fc\right)}{fi} \times i$$

lm – *जिस वर्गांतरों में मध्यिका आती है उस वर्गांतर की निम्नतम सीमा* (Lower limit of the median group)

N – *इकाइयों की संख्या* (Number or item)

fc – *जिस वर्गांतर में मध्यिका आती है, उससे पहले या छोटे वर्गांतरों में इकाइयों की कुल संख्या* (Calculative frequency of the group prior to the median group)

i – *वर्गांतरों का मूल्य* (Value of class interval)

उदाहरण – 1. *निम्न-तथ्यों से मध्यिका ज्ञात कीजिए?*

Group	1–3	4–6	7–9	10–12	13–15	16–18	19–21	22–24	25–27
Frequency	6	10	15	19	22	21	15	13	10

हल

Group	*f*	*cf*
1–3	6	6
4–6	10	16
7–9	15	31
10–12	19	50
13–15	(22)	72
16–18	21	93
19–21	15	108
22–24	13	121
25–27	10	131
	n = 131	

$$\text{Median class} = \frac{n+1}{2} = \frac{131+1}{2} = \frac{132}{2} = 66\text{th item}$$

सूत्र, $$Md = lm + \frac{\frac{n}{2} - fc}{fi} \times i$$

यहां, lm = 12.5

n = 131

fc = 50

$$f_i = 22$$

$$i = 3$$

$$\text{इसलिए, } M = 12.5 + \frac{\frac{131}{2} - 50}{22} \times 3 = 12.5 + \frac{65.5 - 50}{22} \times 3$$

$$= 12.5 + \frac{15.5 \times 3}{22} = 12.5 + \frac{46.5}{22} = 12.5 + 2.11$$

$$Md = 14.61$$ उत्तर

उदाहरण 2 – Calculate Median from the following data?

Group	0–7	7–14	14–21	21–28	28–35	35–42	42–49	49–56	56–63	63–70
Frequency	15	16	20	25	29	18	16	15	13	10

हल

Group	*f*	*cf*
0–7	15	15
7–14	16	31
14–21	20	51
21–28	25	76
28–35	(29)	105
35–42	18	123
42–49	16	139
49–56	15	154
56–63	13	167
63–70	10	177
	n = 177	

$$\text{Median class} = \frac{177+1}{2} = \frac{178}{2} = 89\text{th item}$$

माध्यिका निम्नलिखित सूत्र से भी प्राप्त किया जा सकती है–

$$\text{सूत्र, } \quad M = l_1 \frac{l_2 - l_1}{f}(m - c)$$

l_1 = lower limit of the median group

l_2 = upper limit of the median group

f = frequency of the median group

m = middle item

c = cummulative frequency of the group prior to the median group

$$M = 28 + \frac{35 - 28}{29}(88.5 - 76)$$

$$= 28 + \frac{7}{29} \times 12.5$$

$$\text{इसलिए, } = 28 + 3.02$$

$$M = 31.02$$ उत्तर

मध्यिका के गुण (*Merits of Median*)

1. *किसी भी समग्र में मध्यिका मध्य स्थिति का मूल्य होता है। मध्य उस स्थिति का मूल्य होता है, जिस पर आधी इकाइयां ऊपर होती हैं तथा आधी इकाइयां नीचे होती हैं।*
2. *मध्यिका का मूल्य मध्य स्थिति से निर्धारित होता है। इकाइयों के मूल्यों से नहीं और न ही यह प्रत्येक इकाई के मूल्यों को प्रदर्शित ही करता है।*
3. *किसी भी क्रमबद्धता तथा विभाजन में केवल एक ही मध्यिका हो सकती है।*
4. *मध्यिका की गणना किसी भी विभाजन में की जा सकती है।*
5. *समूहीकरण की प्रक्रिया का वर्गीकरण की प्रक्रिया मध्यिका के मूल्यों को कोई विशेषरूप से प्रभावित नहीं करती।*
6. *मध्यिका मूल्य निकालने के लिए इकाइयों को उनके मूल्य के आकार के अनुसार क्रमबद्ध करना आवश्यक है।*
7. *मध्यिका का मूल्य केवल गणनात्मक तथ्यों के विश्लेषण के लिए उपयोग किया जा सकता है।*

मध्यिका के दोष (*Demerit of Median*)

1. *मध्यिका का मूल्य खुले वर्गांतरों के रूप में दिए गए तथ्यों से ही निकाला जा सकता है।*
2. *मध्यिका के मूल्य को वर्गीकरण या समूहीकरण की प्रक्रियाएं प्रमाणित नहीं कर सकतीं।*
3. *जहां पदों को भार प्रदान किया गया हो, वहां मध्यिका का प्रयोग नहीं हो सकता।*

बहुलक (Mode)

किसी पदमाला या श्रेणी श्रृंखला में जिस मूल्य की आवृत्ति सबसे अधिक होती है, उसी को बहुलक (mode) *कहते हैं। इस प्रकार बहुलक पदमाला सर्वाधिक सामान्य मूल्य होता है। यह पदमाला का ऐसा मूल्य या परिमाण है जो दिए हुए आंकड़ों में सबसे अधिक बार आता है। बहुलक का अभिप्राय है कि उस मूल्य को प्राप्त करने वाले सबसे अधिक व्यक्ति हैं। उदाहरण के लिए यदि किसी परीक्षा में दस विद्यार्थियों को क्रमशः* 7, 9, 7, 5, 8, 12, 7, 6, 8, 4 *अंक प्राप्त हुए हों तो* 7 *बहुलक कहलाएगा; क्योंकि यह संख्या सबसे अधिक बार प्राप्त की गई है।*

अतः किसी भी विभाजन में बहुलक वह मूल्य होता है जिसमें सबसे अधिक आवृत्तियां होने की संभावनाएं होती हैं।

	Values		*f*
	2		5
	3		7
	4		12
Mode	5	←———	16
	6		6
	7		3

बहुलक की विशेषताएं (*Characteristics of Mode*)

1. *बहुलक का मूल्य सबसे अधिक संभावित मूल्य होता है। यह वह मूल्य होता है, जिसके आसपास आवृत्तियों का सबसे अधिक घनत्व होता है।*
2. *बहुलक का मूल्य प्रायः अधिकतम आवृत्तियों से निर्धारित होता है। इकाइयों से नहीं।*
3. *बहुलक का मूल्य केवल एक संभावित मूल्य होता है, जो हमेशा अस्थिर रहता है। बहुलक का मूल्य वर्गीकरण की प्रक्रियाओं से प्रभावित होता है तथा बनता है। जैसे–*

Value	*Frequency*	
2	5	Mode
3	7	
4	8	
5	9	Mode
6	10	
7	8	
8	7	
9	6	
10	5	

4. *किसी भी एक विभाजन में दो या दो से अधिक बहुलक हो सकते हैं। जैसे–*

Value	*Frequency*	
2	5	
3	10	← Mode
4	8	
5	7	
6	10	← Mode
7	9	

5. *बहुलक का मूल्य बहुलकता की मात्रा को प्रदर्शित करता है।*
6. *बहुलक के मूल्यों को बीजगणित के सिद्धांतों द्वारा हल नहीं किया जा सकता।*
7. *बहुलक का मूल्य निकालने के लिए तथ्य को उनके आकारानुसार क्रमबद्ध करना पड़ता है।*
8. *बहुलक का मूल्य खुले वर्गांतरों के रूप में किए गए तथ्यों से भी निकाला जा सकता है।*
9. *बहुलक का मूल्य ही केवल एक ऐसा मूल्य है, जो गुणात्मक तथ्यों के विश्लेषण के लिए भी प्रयोग किया जा सकता है।*

असतत श्रेणी में बहुलक का निर्धारण (Determination of Mode in Discrete Series)

उदाहरण –

Value	*f*
2	2
3	10
4	12
5	16
6	8
7	11
8	17
9	13
10	12
11	7
12	3

Values	*f*	*1*	*2*	*3*	*4*	*5*	*F*
2	2	12					
3	10		22	24			I
4	12	28			38		II
5	16		24			36	I
6	8	19		35			III
7	11		28		36		IIII
8	17	30				41	II
9	13		25	42			
10	12	19			32		
11	7		10			22	
12	3						

So; Here Mode = 8 Because is has highest frequency.

सतत् श्रेणी में बहुलक का निर्धारण (Determination of Mode in Continuous Series)

उदाहरण–

मूल्य	बारम्बारता
0.5–2.5	7
2.5–4.5	12
4.5–6.5	25
6.5–8.5	23
8.5–10.5	32

लगातार...

...लगातार

10.5–12.5	41
12.5–14.5	35
14.5–16.5	30
16.5–18.5	20
18.5–20.5	11

सूत्र, $Z \text{ (Mode)} = lm + \frac{D_1}{D_1 + D_2} \times i$

lm – जिस वर्गांतर में बहुलक या सबसे अधिक आवृत्तियां हों उस वर्गांतर की निम्नतम सीमा।

D_1 – जिस वर्गांतर में बहुलक आता है तथा ठीक उससे पहले वर्गांतर में आने वाली आवृत्तियों का अंतर।

D_2 – जिस वर्गांतर में बहुलक आता है, उसमें तथा उसके ठीक बाद के वर्गांतर की आवृत्तियों का अंतर।

i – वर्गांतर का मूल्य।

यहां, Z = Mode

lm = 10.5, D1 = (41–32) = 9

D2 = (41–35) = 6, i = 2

इसलिए, $Z = 10.5 + \frac{9}{9+6} \times 2$

$= 10.5 + \frac{9}{15} \times 2$

$= 10.5 + \frac{18}{15}$

$= 10.5 + 1.2$

Mo = 11.7 उत्तर

उक्त आंकड़ों से बहुलक की गणना निम्नलिखित सूत्र से भी हो सकती है–

$Z \text{ (mode) } l_1 + \frac{f_1 - f_0}{2f_1 - f_0 - f_1} \times (l_2 - l_1)$

l_1 – the lower limit of the modal class interval

l_2 – the upper limit of the modal class interval

f_1 – the frequency of the modal group

f_0 – the frequency of the group prior to the modal group

f_2 – the frequency of the group just after the modal group

so, $Z = 10.5 + \frac{41-32}{2 \times 41 - 32 - 35} \times (12.5 - 10.5)$

$= 10.5 + \frac{9}{15} \times 2 \quad = 10.5 + 1.2$

$= 11.7$

Mode = 11.7 उत्तर

बहुलक के गुण *(Merits of Mode)*

1. बहुलक पदमाला का सर्वाधिक प्रतिनिधि मान होता है, क्योंकि बहुलक वही होता है, जिसकी आवृत्ति पदमाला में सर्वाधिक होती है।
2. इसका अर्थ सरलता से समझा जा सकता है। बहुलक वह अंक है जो सबसे अधिक मात्रा में एक पद में दोहराया जाता है।

बहुलक की सीमाएं *(Demerits of Mode)*

1. यह बहुत स्थिर केन्द्रीय प्रभाव नहीं है। विभाजन के तरीके के बदलने पर यह बदल सकता है।
2. दो या अधिक बहुलक मूल्य होने पर यह अनिर्धारित रहता है।
3. बीजगणितीय गणना के लिए उपयुक्त नहीं है।

Notes

1. P.V. Yong, *Scientific Social Surveys and Research*, p. 299.
2. M.K. Ghosh and S.C. Chaudhari, *Statistics: Theory and Practice*, Indian Press, Allahabad, 1943, p. 119.
3. F.E. Croxton and D.J. Cowten, *Practical Business Statistics*, Prentice Hall, 1960, p. 214.
4. M.K. Ghosh and S.C. Chaudhari, op. cit., p. 85.
5. J.C., Chaturvedi, *Mathemetical Statistics*, Students Friends and Co., Agra, 1961, p. 106.

27

सहसंबंध

Correlation

सामाजिक विज्ञानों में शिक्षा से संबंधित जिन सांख्यिकीय विधियों का सबसे अधिक उपयोग हुआ है, उनमें सहसंबंध भी एक है। सहसंबंध दो या दो से अधिक चरों (variables), घटनाओं या वस्तुओं के पारस्परिक संबंध को कहते हैं। सरल शब्दों में यह कहा जा सकता है कि जब दो चर इस प्रकार संबंधित हों कि एक चर के बढ़ने से दूसरे चर बटें या घटें अथवा एक चर के घटने से दूसरी चर राशि घटे या बढ़े या इसके विपरीत हो, तो उन दो चरों में सहसंबंध पाया जाता है। सहसंबंध गुणांक वह अकेली संख्या है, जो यह बताती है कि दो वस्तुएं किस सीमा तक एक-दूसरे से संबंधित हैं। तथा एक के परिवर्तन को दूसरे के परिवर्तन किस सीमा तक प्रभावित करते हैं।

प्राय: दैनिक जीवन में इस सहसंबंध के अनेक उदाहरण दिए जा सकते हैं। अंतर यह देखा जाता है कि जो छात्र गणित में अच्छा होता है वह भौतिकी में भी अच्छा होता है। यहां यह कहा जा सकता है कि गणित और भौतिकी में सहसंबंध है, क्योंकि आपस में एक का प्रभाव दूसरे पर तथा दूसरे का प्रभाव पहले पर पड़ता है।

अत: व्यक्ति के दो गुणों के परस्पर संबंध अथवा दो चरों के परस्पर संबंध को सहसंबंध कहते हैं।

धनात्मक सहसंबंध (Positive Correlation)

जब पहले चर के बढ़ने से दूसरे चर भी बढ़ते हैं या पहले चर के घटने से दूसरे चर भी घटते हैं या इसके विपरीत हों (अर्थात् दूसरे चर के बढ़ने से पहले चर बढ़ें या दूसरे चर के घटने से पहले चर घटें) तो दो चरों में धनात्मक सहसंबंध होता है। संक्षेप में जब दो चरों में एक ही दिशा में परिवर्तन हो तो उनमें धनात्मक सहसंबंध होता है। उदाहरण के लिए यदि शारीरिक विकास के साथ-साथ मानसिक विकास भी अच्छा हो तो इन दो चरों में धनात्मक सहसंबंध होगा। इसे निम्न प्रकार से समझा जा सकता है।

	शारीरिक-विकास (Physical Development)		मानसिक-विकास (Mental Development)
	+	←——————	+
	–	←——————	–
1.	+	——————→	+
2.	–	——————→	–

अर्थात् जब शारीरिक वृद्धि अच्छी होती है तो मानसिक वृद्धि भी अच्छी होती है – जब शारीरिक वृद्धि कम अच्छी होती है तो मानसिक भी कम अच्छी होती है या इसके विपरीत जब मानसिक वृद्धि अच्छी होती है तो शारीरिक वृद्धि भी अच्छी होती है और जब मानसिक वृद्धि कम अच्छी होती तो शारीरिक वृद्धि भी कम अच्छी होती है। अत: मानसिक और शारीरिक वृद्धि में धनात्मक सहसंबंध है।

ऋणात्मक सहसंबंध (Negative Correlation)

जब पहले चर के बढ़ने से दूसरे चर घटें या पहले चर के घटने से पहले दूसरे चर बढ़ें या इसके विपरीत अर्थात दूसरे चर के बढ़ने से पहले चर घटें या दूसरे चर के घटने से पहले चर बढ़ें, तो दो चरों में ऋणात्मक सहसंबंध होता है।

संक्षेप में, जब दो चरों में विपरीत दिशा में परिवर्तन हो तो उनमें ऋणात्मक सहसंबंध होता है। उदाहरण के लिए, बहिर्मुखी व्यक्तित्व और परीक्षा में उत्तीर्ण प्रतिशत में ऋणात्मक सहसंबंध है। जैसे–

	–	←――――――――	+
	+	←――――――――	–
	बहिर्मुखी विकास (Extrovert Development)		उत्तीर्ण प्रतिशत (Pass Development)
1.	+	――――――――→	–
2.	–	――――――――→	+

अर्थात् जितना ही अधिक बहिर्मुखी व्यक्तित्व होता है, उत्तीर्ण प्रतिशत उतना ही कम होता है तथा जितना ही कम बहिर्मुखी व्यक्तित्व होता है उत्तीर्ण प्रतिशत उतना ही अधिक होता है, या इसके विपरीत। गति (speed) *तथा शुद्धता* (accuracy) *के उदाहरण द्वारा भी ऋणात्मक सहसंबंध को समझाया जा सकता है।*

सहसंबंध की उपयोगिता (Utility of Correlation)

सहसंबंध द्वारा विभिन्न तथ्यों या स्थितियों के संबंध का अध्ययन किया जाता है। व्यवहार के विभिन्न पहलुओं के अध्ययन में सांख्यिकी की इस विधि के अनेक उपयोग तथा महत्व हैं। उदाहरण के लिए जब हमें व्यक्तियों को दो या अधिक गुणों, क्षमताओं या विशेषताओं आदि का तुलनात्मक अध्ययन करना होता है तो सहसंबंध गुणांक की गणना करते हैं। इस विधि द्वारा छात्रों की विभिन्न योग्यताओं का तुलनात्मक अध्ययन करके, उनका मार्ग-प्रदर्शन तथा उनके मार्ग को प्रशस्त कर सकते हैं। शैक्षिक मार्ग-प्रदर्शन में सहसंबंध का बहुत उपयोग है। व्यक्तियों में सहसंबंध में अध्ययन द्वारा उनके व्यवहार के संबंध में पूर्वानुमान किया जा सकता है और उनके व्यावसायिक मार्ग-प्रदर्शन में इसका सहारा लिया जा सकता है। मनोविज्ञान और शिक्षा के क्षेत्र के अनुसंधानों में भी इसका बहुत अधिक उपयोग है।

सहसंबंध की सीमाएं (Limitation of Correlation)

समंक-श्रेणियों के विभिन्न पदों को देखकर यह अनुमान हो सकता है कि उनमें सहसंबंध है अथवा नहीं और है तो किस प्रकार का धनात्मक या ऋणात्मक। परन्तु सहसंबंध कितना है, यह जानने के लिए सहसंबंध गुणक ज्ञात करने की आवश्यकता पड़ती है। सहसंबंध गुणक ज्ञात करने के लिए सामान्यत: कार्ले पियर्सन की रीति प्रयोग की जाती है। यह गुणक +1 *और* –1 *के*

बीच में ही रहता है। धन का चिह्न धनात्मक सहसंबंध को प्रकट करता है। सहसंबंध गुणक 1 *से जितना ही कम होगा, पद मालाओं के परिवर्तन के अनुपात में उतनी ही अधिक असमानता होगी। इसके विपरीत, सहसंबंध गुणक* 1 *में जितना निकट होगा, पदमालाओं के परिवर्तन के अनुपात में उतनी ही अधिक समानता होगी। यदि सहसंबंध गुणक शून्य है तो यह प्रकट होता है कि मालाओं में कोई संबंध नहीं, अर्थात् एक श्रेणी के परिवर्तन का दूसरी श्रेणी पर पक्ष या विपक्ष किसी दिशा में कोई प्रभाव नहीं पड़ता।*

सहसंबंध के प्रकार (Types of Correlation)

सहसंबंध के मुख्य प्रकारों को निम्न प्रकार वर्गीकृत कर सकते हैं–

गुणात्मक सहसंबंध *(Qualitative Correlation)*

गुणात्मक सहसंबंध भी दो उपवर्गों में विभक्त किया गया है, जो निम्न है–

1. **रेखात्मक सहसंबंध (Lines Correlation)** – *जब किसी चर की गति की मात्रा दूसरे चर के परिवर्तन की मात्रा से स्थाई अनुपात रखती है, अर्थात् जब दो चरों में विचरण का अनुपात सदैव एक सा हो, तो इस प्रकार के सहसंबंध को रेखात्मक सहसंबंध कहते हैं। इसे यदि बिन्दु रेखीय पत्र पर अंकित किया जाए तो एक सीधी रेखा बनेगी। उदाहरण स्वरूप यदि किसी कारखाने में मजदूरों की संख्या को बढ़ा देने पर उत्पादन भी बढ़ जाए तो इसे रेखीय सहसंबंध कहेंगे।*
2. **वक्ररेखीय सहसंबंध (Non linear or Curvilinear Correlation)** – *जब परिर्वतन का अनुपात स्थायी नहीं रहता, तब सहसंबंध को वक्ररेखीय सहसंबंध कहते हैं। इसे यदि बिन्दुरेखीय पत्र पर प्रदर्शित किया जाए तो एक वक्र रेखा बनेगी। उदाहरण के लिए विज्ञापन व्यय और बिक्री में सामान्यतः वक्ररेखीय सहसंबंध होगा, क्योंकि बहुत कम संभावना है कि दोनों चरों के परिवर्तन के अनुपात में स्थायित्व होगा।*

मात्रात्मक या संख्यात्मक सहसंबंध *(Quantitative Correlation)*

मात्रात्मक या संख्यात्मक सहसंबंध भी तीन उपवर्गों में विभक्त किया जा सकता है, जो निम्नलिखित हैं–

1. *धनात्मक सहसंबंध* (Positive Correlation)।
2. *ऋणात्मक सहसंबंध* (Negative Correlation)।
3. *शून्यात्मक सहसंबंध* (Absence of Correlation)।

सहसंबंध ज्ञात करने की विधियां (Methods of Determining Correlation)

सहसंबंध गुणांक ज्ञात करने की प्रमुख प्रचलित गणितीय विधियां निम्नलिखित हैं–

1. *स्पीयरमैन का स्थान-क्रम विधि* (Spearman's Rank Difference Method)।
2. *लाभ-विधि* (Method of Gains)।
3. *प्रोडक्ट मोमेंट विधि* (Product Moment Method)। *इसको निम्न प्रकार उपविभाजित कर सकते हैं–*
   (1) *वास्तविक मध्यमान विधि* (Real Mean Method)
   (2) *कल्पित मध्यमान विधि* (Assumed Mean Method)

(3) *अंक कम करने की विधि* (Reduced Score Method)
(4) *अंतर-विधि* (Difference Method)

स्थान-क्रम विधि

इस विधि की खोज स्पीयरमैन ने की है। इस विधि द्वारा दो भिन्न-भिन्न गुणों (traits) *विषयों, परीक्षण के परिणामों आदि में सहसंबंध ज्ञात किया जा सकता है। इस विधि का उपयोग तब किया जाता है, जब सामान्य विश्वसनीयता की आवश्यकता हो। इसका प्रयोग उस समय भी किया जाता है, जबकि समूह में इकाइयों की संख्या 30 से कम हो। इस विधि में स्थान-क्रमों* (ranks) *को महत्व दिया जाता है, विभिन्न प्राप्तांकों को कोई महत्व नहीं दिया जाता।*

इस विधि का सूत्र निम्न है–

$$P = 1 - \frac{6\Sigma D^2}{N(N^2 - 1)}$$

RANK ORDER CORRELATION

स्थान-क्रम सहसंबंध

$$P = 1 - \frac{6\Sigma D^2}{N(N^2 - 1)}$$

D = Difference between Ranks

N = Total Number of items

उदाहरण – निम्नलिखित तथ्यों से क्रम सहसंबंध निकालिए।

Sts.	*A*	*S.*	*D*	D^2
A	1	6	–5	25
B	2	3	–1	1
C	3	5	–2	4
D	4	9	–5	25
E	5	10	–5	25
F	6	8	–2	4
G	7	7	0	0
H	8	4	4	16
I	9	2	7	49
J	10	1	9	81
N=10				$\Sigma D^2 = 230$

$$P = 1 - \frac{6\Sigma D^2}{N(N^2 - 1)}$$

यहां पर $N = 10$

$\Sigma D^2 = 230$

हल– $$P = 1 - \frac{6 \times 230}{10[(10)^2 - 1]}$$

$$= 1 - \frac{1380}{10 \times 99}$$

$$= 1 - \frac{1380}{990}$$

$$P = 1 - 1.4$$

$$= -0.4$$ उत्तर

उदाहरण – नीचे 10 विद्यार्थियों के गणित तथा विज्ञान में अंक दिए गए हैं। स्थित क्रम सहसंबंध ज्ञात कीजिए–

Sts.	*A.*	*S.*	*Rank x*	*Rank y*	*D*	D^2
A	80	45	1	9	–8	64
B	75	68	2	1	+1	1
C	72	52	3	7	–4	16
D	70	55	4	6	–2	4
E	65	63	5	3	+2	4
F	60	46	6	8	–2	4
G	56	57	7	5	+2	4
H	45	60	8	4	+4	16
I	43	65	9	2	+7	49
J	35	32	10	10	0	0
N=10						$\Sigma D^2=162$

$$P = 1 - \frac{6\Sigma D^2}{N(N^2 - 1)}$$

यहां $\Sigma D^2 = 162$

$N = 10$

इसलिए, $P = 1 - \frac{6 \times 162}{10[10^2 - 1]}$

$$= 1 - \frac{972}{990}$$

$$= 1 - 0.98$$

$$= 0.02$$ उत्तर

लाभ विधि

सहसंबंध ज्ञात करने की यह विधि स्थान क्रम विधि की अपेक्षा कम शुद्ध (less accurate) *है। इस विधि और स्थान-क्रम विधि में बहुत कम अंतर है। इस विधि द्वारा प्राप्त परिणाम कम शुद्ध होते हैं। इस विधि द्वारा प्राप्त सहसंबंध-गुणांक को* P *संकेत द्वारा प्रदर्शित करते हैं। इस विधि का सूत्र निम्नलिखित है।*

सूत्र $P = 1 - \frac{6\Sigma G}{N^2 - 1}$

जबकि–

P = *लाभ-विधि द्वारा ज्ञात किया गया सहसंबंध गुणांक*

G = *कुल प्राप्ति* (total gain)

M = *प्राप्तांकों की संख्या।*

उदाहरण – नीचे दिए हुए परीक्षणों में प्रदत्तों का लाभ-विधि द्वारा सहसंबंध गुणांक ज्ञात करना–

Students	*Test A*	*Test B*	*Test A Rank* R_1	*Test B Rank* R_2	$R_2 - R_1$ G_1	$R_1 - R_2$ G_2
A	8	4	3	6.5	3.5	–
B	7	2	5	9	4	–
C	6	6	7	4.5	–	2.5
D	7	9	5	1.5	–	3.5
E	3	2	9.5	9	–	.5
F	9	8	2	3	1	–
G	12	9	1	1.5	.5	–
H	7	6	5	4.5	–	.5
I	3	2	9.5	9	–	.5
J	5	4	8	6.5	–	1.5
					$\Sigma G1 = 9$	$\Sigma G2 = 9$

प्रश्न में, $\Sigma G = 9$

$N = 10$

इन मूल्यों को सूत्र में रखने पर

$$P = 1 - \frac{6 \times 9}{10^2 - 1}$$

$$= 1 - \frac{6 \times 9}{99}$$

$$= 1 - 0.545$$

$$= 0.455 \text{ उत्तर}$$

उत्तर–यह सहसंबंध गुणांक दोनों परीक्षणों में धनात्मक तथा साधारण (moderate) *सहसंबंध व्यक्त करता है।*

प्रोडक्ट मोमेंट विधि

सहसंबंध गुणांक ज्ञात करने का प्रोडक्ट मोमेंट विधियों के अंतर्गत कई विधियां आती हैं। सभी विधियों से शुद्ध (accurate) *परिणाम प्राप्त किए जा सकते हैं। ये चारों विधियां अव्यवस्थित अंक सामग्री का सहसंबंध ज्ञात करने में प्रयोग की जाती हैं।*

इस विधि का सूत्र निम्नलिखित है–

सूत्र $$r = \frac{N\Sigma XY - (\Sigma X)(\Sigma Y)}{\sqrt{[N\Sigma X^2 - (\Sigma X)^2]\,[N\Sigma Y^2 - (\Sigma Y)^2]}}$$

सहसंबंध (correlation)

Karl Pearson's Product Moment correlation

सूत्र $$r = \frac{N\Sigma XY - (\Sigma X)(\Sigma Y)}{\sqrt{[N\Sigma X^2 - (\Sigma X)^2]\,[N\Sigma Y^2 - (\Sigma Y)^2]}}$$

उदाहरण – निम्नलिखित तथ्यों से मोमेंट विधि द्वारा सहसंबंध ज्ञात कीजिए।

X	Y	X^2	Y^2	XY
5	1	25	1	5
4	2	16	4	8
2	4	4	16	8
3	3	9	9	9
0	5	0	25	0
1	4	1	16	4
5	2	25	4	10
3	5	9	25	15
2	4	4	16	8
1	5	1	25	5
3	2	9	4	6
4	0	16	0	0
5	1	25	1	5
$\Sigma X=38$	$\Sigma Y=38$	$\Sigma X^2=144$	$\Sigma Y^2=146$	$\Sigma XY=83$

$$N = 13,\ \Sigma XY = 83,\ \Sigma X = 38,\ \Sigma Y = 38,$$

$$\Sigma X^2 = 144,\ \Sigma Y^2 = 146$$

$$r = \frac{13 \times 83 - 38 \times 38}{\sqrt{(13 \times 144 - 38 \times 38)(13 \times 146 - 38 \times 38)}}$$

$$= \frac{1079 - 1444}{\sqrt{(1872 - 1444)(1898 - 1444)}}$$

$$= \frac{-365}{\sqrt{428 \times 454}}$$

$$= \frac{-365}{\sqrt{194312}}$$

$$= \frac{-365}{440.8}$$

$$= -0.83$$ उत्तर

उदाहरण – दिए हुए प्रदत्त द्वारा प्रोडक्ट मोमेंट सहसंबंध ज्ञात करना

X	Y	X^2	Y^2	XY
6	5	36	25	30
3	4	9	16	12
5	4	25	16	20
2	3	4	9	6
4	4	16	16	16
3	2	9	4	6
2	0	4	0	0

लगातार...

...लगातार

1	0	1	0	0
0	1	0	1	0
6	5	36	25	30
5	4	25	16	20
4	2	16	4	8
ΣX=41	ΣY=34	$\Sigma X^2=181$	$\Sigma Y^2=132$	ΣXY=148

$$N = 12$$

$$\text{इसलिए} \quad r = \frac{12 \times 148 - 41 \times 34}{\sqrt{[12 \times 181 - (41)^2][12 \times 132 - (34)^2]}}$$

$$= \frac{1776 - 1394}{\sqrt{(2172 - 1681)(1584 - 1156)}}$$

$$= \frac{382}{\sqrt{491 \times 428}}$$

$$= \frac{382}{\sqrt{210148}}$$

$$= \frac{382}{458.4}$$

$$r = 0.83 \quad \text{उत्तर}$$

वास्तविक मध्यमान विधि

यह विधि प्रोडक्ट मोमेंट विधियों में एक है। जब r *निकालने को कहा जाए, तब इस विधि का प्रयोग किया जा सकता है। इस विधि का प्रयोग उस समय भी करना चाहिए, जब अधिक सत्य* (accurate) *सहसंबंध गुणांक की आवश्यकता हो।*

इस विधि का सूत्र निम्न है–

$$\text{सूत्र} \qquad r = \frac{\Sigma dXY}{\sqrt{\Sigma dX^2 \times \Sigma dY^2}}$$

उदाहरण – नीचे दिए गए तथ्यों से वास्तविक मध्यमान से विचलन निकाल कर सहसंबंध निकालिए।

X	*Y*	$x=(X-\overline{X}_x)$ *dx*	$y=(Y-\overline{Y}_y)$ *dy*	dx^2	dy^2	*dxy*
50	30	−5	−5	25	25	+25
51	32	−4	−3	16	9	+12
52	39	−3	+4	9	16	−12
53	37	−2	+2	4	4	−4
54	36	−1	+1	1	1	−1
55	34	0	−1	0	1	−0

लगातार...

...लगातार

56	35	+1	0	1	0	+0
57	31	+2	−4	4	16	−8
58	38	+3	+3	9	9	+9
59	40	+4	+5	16	25	+20
60	33	+5	−2	25	4	−10
$\Sigma X=605$	$\Sigma Y=385$			$\Sigma dx^2=110$	$\Sigma dy^2=110$	$\Sigma dxy=31$

$$\bar{X}x = \frac{\Sigma x}{N}$$

$$\bar{X}x = \frac{605}{11} = 55$$

$$\bar{X}y = \frac{385}{11} = 35$$

$$r = \frac{\Sigma dxy}{\sqrt{\Sigma dx^2 \times \Sigma dy^2}}$$

इसलिए $r = \dfrac{31}{\sqrt{110 \times 110}}$

$$= \frac{31}{110}$$

$r = 0.28$ उत्तर

उदाहरण 2 – *नीचे दिए हुए प्रदत्त द्वारा वास्तविक मध्यमान से विचलन कर सहसंबंध ज्ञात करना।*

X	*Y*	*$x=(X-\bar{X}_x)$* *dx*	*$y=(Y-\bar{Y}_y)$* *dy*	*dx^2*	*dy^2*	*dxy*
55	60	−24.2	−5.6	585.64	31.36	+135.52
60	61	−19.2	−4.6	368.64	21.16	+88.32
65	69	−14.2	+3.4	201.64	11.56	−48.28
70	63	−9.2	−2.6	84.64	6.76	+23.92
70	67	−9.2	+1.4	84.64	1.96	−12.88
75	67	−4.2	+1.4	17.64	1.96	−5.88
80	62	+0.8	−3.6	.64	12.96	−2.88
85	64	+5.8	−1.6	33.64	2.56	−9.28
90	65	+10.8	−0.6	116.64	.36	−6.48
95	68	+15.8	+2.4	249.64	5.76	+37.92
100	70	+20.8	+4.4	432.64	19.36	+91.52
105	72	+25.8	+6.4	665.64	40.96	+165.12
$\Sigma X=950$	$\Sigma Y=787$			$\Sigma dx^2=2841.68$	$\Sigma dy^2=156.72$	$\Sigma dxy=456.64$

$$\bar{X}_x = \frac{\Sigma x}{N}$$

$$\bar{X}_x = \frac{950}{12} = 79.2$$

$$\bar{X}_y = \frac{787}{12} = 65.6$$

$$r = \frac{\Sigma dxy}{\sqrt{\Sigma dx^2 \times \Sigma dy^2}}$$

इसलिए $$r = \frac{456.64}{\sqrt{2841.68 \times 156.72}}$$

$$= \frac{456.64}{\sqrt{445348.0896}}$$

$$= \frac{456.64}{667.34}$$

$= 0.68$ उत्तर

कल्पित मध्यमान विधि

यह विधि भी पियर्सन की प्रोडक्ट मोमेंट विधियों के अन्तर्गत आती है। 'r' की गणना करते समय किन्हीं भी विधियों का प्रयोग किया जा सकता है अर्थात् कल्पित मध्यमान विधि अथवा वास्तविक मध्यमान विधि आदि। इन सभी विधियों के एक-समान उत्तर प्राप्त होते हैं। इस विधि से सत्य (accurate) *परिणाम प्राप्त होते हैं। वास्तविक मध्यमान विधि में गुणा-भाग या गणनाएं अधिक करनी पड़ती हैं, जबकि कल्पित मध्यमान विधि में गणनाएं कम करनी पड़ती हैं। अतः दोनों विधियों में अंतर केवल गणनाओं एवं सुविधा का है।*

इस विधि के सूत्र निम्नलिखित हैं–

सूत्र– $$r = \frac{\frac{\Sigma dxdy}{N} - \frac{\Sigma dx}{N} \times \frac{\Sigma dy}{N}}{\sqrt{\left\{\frac{\Sigma dx^2}{N} - \left(\frac{\Sigma dx}{N}\right)^2\right\}\left\{\frac{\Sigma dy^2}{N} - \left(\frac{\Sigma dy}{N}\right)^2\right\}}}$$

उदाहरण 1 – *नीचे दिए गए तथ्यों से कल्पित मध्यमान द्वारा सहसंबंध निकालिए।*

X	Y	$d_x = (Y - \bar{Z}_x)$	$d_y = (Y - \bar{Z}_y)$	d_x^2	d_y^2	$d_x d_y$
135	110	−6	+3	36	9	−18
136	99	−5	−8	25	64	+40
137	109	−4	+2	16	4	−8
138	105	−3	−2	9	4	+6
139	104	−2	−3	4	9	+6
140	108	−1	+1	1	1	−1
141	107	0	0	0	0	0
142	100	+1	−7	1	49	−7
143	103	+2	−4	4	16	−8

लगातार...

...लगातार

144	102	+3	−5	9	25	−15
145	101	+4	−6	16	36	−24
146	106	+5	−1	25	1	−5
Σdx=−6	Σdy=−30			$\Sigma d_x^2=146$	$\Sigma d_y^2=218$	Σdxdy=−34

$\overline{Z}_x=141$, $\overline{Z}_y=107$

$$r = \frac{\frac{\Sigma dxdy}{N} - \frac{\Sigma dx}{N} \times \frac{\Sigma dy}{N}}{\sqrt{\left\{\frac{\Sigma dx^2}{N} - \left(\frac{\Sigma dx}{N}\right)^2\right\}\left\{\frac{\Sigma dy^2}{N} - \left(\frac{\Sigma dy}{N}\right)^2\right\}}}$$

$$r = \frac{\frac{-34}{12} - \frac{-6}{12} \times \frac{-30}{12}}{\sqrt{\left\{\frac{146}{12} - \left(\frac{-6}{12}\right)^2\right\}\left\{\frac{218}{12} - \left(\frac{-30}{12}\right)^2\right\}}}$$

$$= \frac{\frac{-34}{12} - \frac{5}{4}}{\sqrt{\left\{12.17 - (-0.5)^2\right\}\left\{18.17 - (-2.5)^2\right\}}}$$

$$= \frac{-2.8 - 1.25}{\sqrt{\{12.17 - 0.25\}\{18.17 - 6.25\}}}$$

$$= \frac{-4.05}{\sqrt{142.0864}}$$

$$= \frac{-4.05}{11.92}$$

$= -0.34$ उत्तर

अंक कम करने की विधि

इस विधि को अंक कम करने की विधि इसलिए कहते हैं कि इसमें सहसंबंध गुणांक ज्ञात करते समय दिए हुए प्राप्तांकों में प्रत्येक प्राप्तांक से एक संख्या घटा दी जाती है। एक निश्चित संख्या घटाने से गणना का कार्य सरल हो जाता है। यह विधि वास्तविक मध्यमान विधि तथा कल्पित मध्यमान विधि की अपेक्षा सरल है क्योंकि गणनाएं कम करनी पड़ती हैं। इस विधि से ज्ञात सूत्र निम्नलिखित है–

$$r = \frac{N\Sigma XY - \Sigma X\Sigma Y}{\sqrt{\left\{N\Sigma X^2 - (\Sigma X)^2\right\}\left\{N\Sigma Y^2 - (\Sigma y)^2\right\}}}$$

जबकि N = *प्राप्तांकों की संख्या*

ΣXY = X *तथा* Y *मूल्यों के गुणनफल का योग*

ΣX = X *कॉलम के घटे प्राप्तांकों का योग*

ΣY = Y *कॉलम के घटे प्राप्तांकों का योग*

ΣX^2 = X *कॉलम के प्राप्तांकों के वर्गों का योग*

ΣY^2 = Y *कॉलम के प्राप्तांकों के वर्गों का योग*

उदाहरण – नीचे दिए हुए प्राप्तांकों का अंक कम करने की विधि द्वारा सहसंबंध गुणांक ज्ञात करना–

Student	*Test A*	*Test B*	*X*	*Y*	X^2	Y^2	*XY*
A	25	58	–5	3	25	9	–15
B	27	59	–3	4	9	16	–12
C	28	52	–2	–3	4	9	6
D	35	59	5	4	25	16	20
E	33	62	3	7	9	49	21
F	34	63	4	8	16	64	32
G	30	56	0	1	0	1	0
H	26	58	–4	3	16	9	–12
I	27	57	–3	2	9	4	–6
J	29	55	–1	0	1	0	0
N=10			$\Sigma X=-6$	$\Sigma Y=29$	$\Sigma X^2=114$	$\Sigma Y^2=177$	$\Sigma XY=34$

सूत्र,

$$r = \frac{N\Sigma XY - \Sigma X \Sigma Y}{\sqrt{\left\{N\Sigma X^2 - (\Sigma X)^2\right\}\left\{N\Sigma Y^2 - (\Sigma y)^2\right\}}}$$

प्रश्न में, $N = 10$

$\Sigma XY = 34$

$\Sigma X = -6$

$\Sigma Y = 29$

$\Sigma X^2 = 114$

$\Sigma Y^2 = 177$

इन मूल्यों को सूत्र में रखने पर,

$$r = \frac{10 \times 34 - (-6 \times 29)}{\sqrt{\left\{10 \times 114 - (-6)^2\right\}\left\{10 \times 177 - (29)^2\right\}}}$$

$$= \frac{340 + 174}{\sqrt{\{1140 - 36\}\{1770 - 841\}}}$$

$$= \frac{514}{\sqrt{1104 \times 929}} = \frac{514}{\sqrt{1025616}}$$

$$r = \frac{514}{\sqrt{1025616}}$$

$$= \frac{514}{1012.73} = 0.507 = 0.51$$

$r = 0.51$ उत्तर

अंतर विधि

यह भी प्रोडक्ट मोमेंट की एक विधि है जिसके द्वारा अव्यवस्थित प्राप्तांकों का सहसंबंध गुणांक ज्ञात किया जाता है। चूंकि इसमें दिए हुए प्राप्तांकों के मध्यमान से विचलन ज्ञात करके,

इन विचलनों का अंतर d ज्ञात कर सहसंबंध गुणांक की गणना की जाती है इसलिए यह विधि अंतर विधि कहलाती है। इस विधि से r ज्ञात करने का सूत्र निम्नलिखित है–

$$r = \frac{\Sigma X^2 + \Sigma Y^2 - \Sigma d^2}{\sqrt[2]{\Sigma X^2 \times \Sigma Y^2}}$$

जबकि,

ΣX^2 = *मध्यमान से X – प्राप्तांकों के विचलन के वर्गों का योग*

ΣY^2 = *मध्यमान से Y – प्राप्तांकों के विचलन के वर्गों का योग*

Σd^2 = *विचलन के अंतरों के वर्गों का योग।*

इस विधि से सहसंबंध गुणांक निकालते समय सबसे पहले दिए हुए प्राप्तांकों का मध्यमान निकालते हैं। मध्यमान निकालने के पश्चात X– प्राप्तांकों के मध्यमान से X– प्राप्तांकों का विचलन X *और Y– प्राप्तांकों के मध्मान से Y– प्राप्तांकों का विचलन* y *ज्ञात करके क्रमशः* X *और* Y *कॉलम में रखते हैं। फिर विचलन के अंतर* d *या* (x–y) *कॉलम को भरते हैं। X– कालम तथा Y– कॉलम के प्राप्त मूल्यों का वर्ग करके क्रमशः* X^2– *कॉलम तथा* Y^2– *कॉलम में रखते हैं। अंत में d– कॉलम के मूल्यों का वर्ग करके* d^2– *कालम में रखते हैं। तालिका के अनुसार विभिन्न कालम के योग या सिगमा मूल्य ज्ञात कर लेते हैं।*

उदाहरण – नीचे दिए हुए 10 विद्यार्थियों के प्राप्तांकों का अंतर विधि से सहसंबंध ज्ञात कीजिए।

Text	*Text*	*Deviation from means*		*d*	X^2	Y^2	d^2	
A	*B*	*x*	*y*	*(x–y)*			$(x-y)^2$	
7	8	0.7	0.6	0.1	.49	.36	.01	$\overline{X} = \frac{\Sigma A}{N}$
8	6	1.7	–1.4	0.3	2.89	1.96	.09	
6	9	–0.3	1.6	–1.3	.09	2.56	1.69	$= \frac{63}{10}$
5	12	–1.3	4.6	–3.3	1.69	21.16	10.89	= 6.3
3	11	–3.3	3.6	–0.3	10.89	12.96	.09	
4	6	–2.3	–1.4	0.9	5.29	1.96	.81	$\overline{X} = \frac{\Sigma B}{N}$
6	5	–0.3	–2.4	–2.1	.09	5.76	4.41	
7	4	0.7	–3.4	–2.7	.49	11.56	7.29	$= \frac{74}{10}$
9	7	2.7	–0.4	2.3	7.29	.16	5.29	
8	6	1.7	–1.4	0.3	2.89	1.96	.09	= 7.4
					ΣX^2=32.10	ΣY^2=60.40	Σd^2=30.66	

$$r = \frac{\Sigma X^2 + \Sigma Y^2 - \Sigma d^2}{\sqrt[2]{\Sigma X^2 \times \Sigma Y^2}}$$

$$r = \frac{32.10 + 60.40 - 30.66}{\sqrt[2]{32.10 \times 60.40}}$$

$$= \frac{92.50 - 30.66}{\sqrt[2]{1938.84}}$$

$$= \frac{61.84}{2 \times 44.03} = \frac{61.84}{88.06}$$

$= 0.7$ $\quad r = 0.7$ उत्तर

28

प्रमाप विचलन

Standard Deviation

प्रमाप विचलन अपकिरण को मापने का सबसे अधिक लोकप्रिय और वैज्ञानिक ढंग है। अपकिरण के मापन की अन्य विधियों जैसे विस्तार, अंतर चतुर्थक विस्तार, माध्य विचलन आदि के दोषों को इस विधि से दूर कर दिया गया है। माध्य विचलन पद्धति में धनात्मक एवं ऋणात्मक चिह्नों की उपेक्षा कर दी जाती है, अतः यह दोष पूर्ण पद्धति है, परन्तु प्रमाप विचलन में इस प्रकार के दोष नहीं हैं। जहां अपकिरण की अन्य पद्धतियां केवल सैद्धांतिक दृष्टि से ही उपयोगी हैं ।अतः प्रमाप विचलन का व्यावहारिक महत्व अधिक है। इस विचलन की एक विशेष बात यह है कि प्रमाप विचलन सदा समांतर माध्य से निकाला जाता है।

प्रसिद्ध सांख्यिक कार्ल पियर्सन ने सन 1893 में सर्वप्रथम प्रमाप विचलन के सिद्धांत को प्रतिपादित किया था। पियर्सन ने ही सर्वप्रथम प्रमाप विचलन के माध्यम से अपकिरण का माप ज्ञात किया था। इस पद्धति द्वारा निकाले गए निष्कर्ष अत्यधिक शुद्ध, प्रामाणिक एवं विश्वसनीय होते हैं। अतः इस विधि को 'प्रमाप विचलन' कहा जाने लगा।

'प्रमाप विचलन अंकगणितीय माध्य से समंक मात्रा के विभिन्न पद मूल्यों के विचलनों के वर्गों के अंक गणितीय माध्य का वर्गमूल होता है।' प्रमाप विचलन को यूनानी भाषा के अक्षर σ (sigma) से प्रदर्शित किया जाता है।

प्रमाप विचलन का उपयोग (Use of Standard Deviation)

प्रमाप विचलनों का उपयोग निम्न दशाओं में होता है–

1. जब विचलन के सबसे विश्वसनीय माप की आवश्यकता हो।
2. जब सहसंबंध गुणक प्रत्यावृत्ति समीकरण आदि की गणना करता हो।
3. जब सामान्य वितरण वक्र से संबंधित व्याख्याएं करनी हों।
4. प्रमाप विचलन का प्रयोग उस समय भी है जब विचलन के सबसे अधिक विश्वसनीय माप की आवश्यकता होती है।
5. प्रमाप विचलन का प्रयोग उस समय भी है जब यह वांछनीय हो कि छोर के विचलन के माप के मान को अपेक्षाकृत अधिक प्रभावित करें।

प्रमाप विचलन निकालने की विधियां (Methods of Calculating Standard Deviation)

प्रमाप विचलन निकालने की मुख्य विधियां हैं–

1. *प्रत्यक्ष विधि* (Direct Method)
2. *लघु विधि* (Short cut Method)

इन दोनों प्रचलित विधियों के सूत्र इस प्रकार हैं–

1. *प्रत्यक्ष विधि का सूत्र–*

मानक विचलन $\sigma = \frac{\sqrt{\Sigma(X - \overline{X})^2}}{N}$

यदि हम $(X - \overline{X})^2$ *को* d *मान लें तो सूत्र इस प्रकार होगा–*

$$\sigma = \frac{\sqrt{\Sigma d^2}}{N}$$

इस सूत्र में–

σ = *मानक विचलन*
X = *पदमाला के विभिन्न पद का मान*
$\overline{X}$ = *समानान्तर माध्य*
N = *पदों की कुल संख्या*
d = *पदों का माध्य से विचलन*

सरल श्रेणी *(Simple Series)*

प्रत्यक्ष विधि

सरल श्रेणी का मानक विचलन प्रत्यक्ष विधि द्वारा ज्ञात करने की निम्नलिखित विधि है–

Standard Deviation
(*प्रमाप विचलन*)

$$\sigma = \frac{\sqrt{\Sigma d^2}}{N}$$

σ = Standard deviation
Σ = Summation
N = Numbers of items
d = Difference in item values and mean

उदाहरण – सरल श्रेणी का प्रमाप विचलन प्रत्यक्ष विधि द्वारा–

Students	*Age (x)*	*d* $(X-\overline{X})$	d^2	
A	10	−4.5	20.25	$\overline{X} = \frac{\Sigma X}{N}$
B	11	−3.5	12.25	
C	12	−2.5	6.25	$= \frac{145}{10}$
D	13	−1.5	2.25	
E	14	−.5	.25	= 14.5

लगातार...

...लगातार

F	15	+1.5	2.25
G	16	+2.5	6.25
H	17	+3.5	12.25
I	18	+4.5	20.25
J	19	+5.5	30.25
N=10	$\Sigma X=145$		$\Sigma d^2=112.50$

$$\sigma = \frac{\sqrt{\Sigma d^2}}{N}$$

$$= \frac{\sqrt{112.50}}{10}$$

$$= \sqrt{11.25} \qquad = 3.3 \text{ उत्तर}$$

संक्षिप्त विधि

उदाहरण – निम्न प्रदत्त द्वारा संक्षिप्त विधि द्वारा प्रमाप विचलन ज्ञात करना–

Value	$d = (X - \bar{X})$	d^2	
1	−5	25	N = 11
2	−4	16	$\bar{X} = \frac{\Sigma X}{N}$
3	−3	9	
4	−2	4	$= \frac{66}{11}$
5	−1	1	
6	0	0	= 6
7	+1	1	
8	+2	4	
9	+3	9	
10	+4	16	
11	+5	25	
$\Sigma X=66$		$\Sigma d^2=110$	

$$\sigma = \frac{\sqrt{\Sigma d^2}}{N} = \frac{\sqrt{110}}{11}$$

$$= \sqrt{10} \qquad = 3.16 \text{ उत्तर}$$

खण्डित श्रेणी *(Discrete Series)*

खण्डित श्रेणी का मानक विचलन निकालने का प्रत्यक्ष तथा संक्षिप्त दोनों विधियां प्रचलित हैं। इनके सूत्र इस प्रकार हैं–

प्रत्यक्ष विधि

मानक विचलन $\sigma = \frac{\sqrt{\Sigma f(X - \bar{X})^2}}{N}$

उपरोक्त सूत्र में–

σ = मानक विचलन

X = पदमाला के विभिन्न पद का मान

$\overline{X}$ = समानान्तर माध्य

f = पदों की आवृत्तियां

N = आवृत्तियों का कुल योग

यदि हम $(X \times \overline{X})$ को d के बराबर मान लें तो सूत्र इस प्रकार होगा–

$$\sigma = \frac{\sqrt{\Sigma fd^2}}{N}$$

उदाहरण – निम्नलिखित प्रदत्त आंकड़ों का मानक विचलन प्रत्यक्ष विधि द्वारा ज्ञात करना।

Group	*f*	*fx*	*d*	*d^2*	*fd^2*
151	5	755	−3.4	11.56	57.80
152	7	1064	−2.4	5.76	40.32
153	12	1836	−1.4	1.96	23.52
154	16	2464	−0.4	0.16	2.56
155	11	1705	+0.6	0.36	3.96
156	10	1560	+1.6	2.56	25.60
157	5	785	+2.6	6.76	33.80
158	3	474	+3.6	12.96	38.88
159	2	318	+4.6	21.16	42.32
	N=71	Σfx=10961			Σfd^2=268.76

$$\overline{X} = \frac{\Sigma fx}{N} = \frac{10961}{71}$$

$$= 154.4$$

$$\sigma = \frac{\sqrt{\Sigma d^2}}{N}$$

यहां, Σfd^2 = 268.76

N = 71

इसलिए, $\sigma = \frac{\sqrt{268.76}}{71}$

$= \sqrt{3.78}$

= 1.94 उत्तर

संक्षिप्त विधि

खण्डित श्रेणी का मानक विचलन ज्ञात करते समय संक्षिप्त विधि का सूत्र निम्नलिखित होगा–

$$\sigma = \sqrt{\frac{\Sigma fd^2}{N} - \left(\frac{\Sigma d}{N}\right)^2}$$

उदाहरण – निम्न प्रदत्त आंकड़ों का मानक विचलन संक्षिप्त विधि द्वारा ज्ञात करना।

Values	*f*	$d=(X-\bar{X})$	d^2	*fd*	fd^2
109	1	−5	25	−5	25
110	2	−4	16	−8	32
111	3	−3	9	−9	27
112	12	−2	4	−24	48
113	22	−1	1	−22	22
114	27	0	0	0	0
115	18	+1	1	+18	18
116	13	+2	4	+26	52
117	10	+3	9	+30	90
118	5	+4	16	+20	80
119	4	+5	25	+20	100
	N=117			$\Sigma fd=+46$	$\Sigma fd^2=494$

$$\sigma = \sqrt{\frac{\Sigma fd^2}{N} - \left(\frac{\Sigma d}{N}\right)^2}$$

यहां, $\Sigma fd^2 = 494$

$\Sigma fd = +46$

$N = 117$

इसलिए, $$\sigma = \sqrt{\frac{494}{117} - \left(\frac{46}{117}\right)^2}$$

$$= \sqrt{4.22 - (0.39)^2}$$

$$= \sqrt{4.22 - 0.1521}$$

$$= \sqrt{4.07}$$

$= 2.02$ उत्तर

अखण्डित श्रेणी (*Continuous Series*)

अखण्डित श्रेणी में भी खण्डित श्रेणी की भांति मानक विचलन निकालने के लिए प्रत्यक्ष और संक्षिप्त दोनों विषयों का प्रयोग किया जाता है। इन दोनों विधियों के सूत्र वहीं है जो खण्डित श्रेणी के हैं।

प्रत्यक्ष विधि

इस विधि में सर्वप्रथम समान्तर माध्यम M की गणना की जाती है और इसके लिए पहले वर्गांतरों का मध्यमान मालूम करते हैं जिसके फलस्वरूप अखण्डित श्रेणी खण्डित श्रेणी में बदल जाती है।

उदाहरण – निम्नलिखित सारिणी से मानक विचलन प्रत्यक्ष विधि द्वारा ज्ञात कीजिए।

आयु वर्षों में	*सदस्यों की संख्या*
20–30	3
30–40	61
40–50	132
50–60	153
60–70	140
70–80	51
80–90	2

सारिणी (*Table*)

आयु (वर्षों में)	*वर्गांतर का मध्यमान*	*आवृत्ति*	*मध्यमान और आवृत्ति का गुणनफल*	*माध्य से विचलन*	*विचलन का वर्ग*	*विचलन के वर्ग तथा आवृत्ति का गुणनफल*
	m	*f*	*mf*	*d*	d^2	fd^2
20–30	25	3	75	–29.72	883.3	2649.9
30–40	35	61	2135	–19.72	388.9	23722.9
40–50	45	132	5940	–9.72	94.5	12474.0
50–60	55	153	8415	+0.28	0.08	12.2
60–70	65	140	9100	+10.28	105.7	14798.0
70–80	75	51	3825	+20.28	411.3	20976.3
80–90	85	2	170	+30.28	916.9	1833.8
		N=542	Σmf=29660			$\Sigma fd^2=76467.1$

$$\overline{X} = \frac{\Sigma fm}{N} = \frac{29660}{542} = 54.72$$

मानक विचलन की गणना निम्न सूत्र से की जा सकती है–

$$\sigma = \sqrt{\frac{\Sigma f(x-m)^2}{N}}$$

उपरोक्त तालिकानुसार (x–m) = d *के हैं तो*

$$\sigma = \sqrt{\frac{\Sigma fd^2}{N}} = \sqrt{\frac{76467.1}{542}} = \sqrt{141.1} = 11.88$$ उत्तर

संक्षिप्त विधि

मानक विचलन की गणना निम्न सूत्र से की जाती है–

$$\sigma = \sqrt{\frac{\Sigma fd^2}{N}}$$

यदि गणना की सुविधा के लिए हम कल्पित माध्य से वर्गांतरों के मध्यमानों के विचलन को वर्ग विस्तार के मान से भाग देकर प्रस्तुत करते हैं तो उस अवस्था में $d = \frac{X - A}{h}$ *के होता है। (यहां* h *वर्ग विस्तार को प्रदर्शित करता है) चूंकि* h *से भाग दिया गया है इसलिए अंत में परिणाम को* h *से गुणा कर दिया जाता है। अत: सूत्र इस प्रकार हो जाता है–*

$$\sigma = h\sqrt{\frac{\Sigma fd^2}{N} - \left(\frac{\Sigma fd}{N}\right)^2}$$

आयु (वर्षों में)	*वर्गांतर का मध्यमान*	*आवृत्ति*	*अनुमानित माध्य से विचलन*	*आवृत्ति और विचलन का गुणनफल*	*विचलन का वर्ग*	*विचलन के वर्ग तथा आवृत्ति का गुणनफल*
	m	*f*	*d*	*fd*	d^2	fd^2
20–30	25	3	–3	–9	9	27
30–40	35	61	–2	–122	4	244
40–50	45	132	–1	–132	1	132
50–60	55	153	0	0	0	0
60–70	65	140	+1	+140	1	140
70–80	75	51	+2	+102	4	204
80–90	85	2	+3	+6	9	18
योग		N=542		Σfd=–15		Σfd^2=765

यहां पर–

$$N = 542$$
$$\Sigma fd = -15$$
$$\Sigma fd^2 = 765$$
$$h = 10$$
$$\sigma = h\sqrt{\frac{\Sigma fd^2}{N} - \left(\frac{\Sigma fd}{N}\right)^2}$$
$$= 10\sqrt{\frac{765}{542} - \left(\frac{-15}{542}\right)^2}$$
$$= 10\sqrt{1.41 - 0.0009}$$
$$= 10\sqrt{1.4091}$$
$$= 10 \times 1.187$$
$$= 11.87$$ उत्तर

प्रमाण विचलन के गुण (Merits of Standard Deviation)

1. अपकिरण की यह पद्धति एक वैज्ञानिक पद्धति है।
2. मानक विचलन पद्धति पदमाला के सभी मूल्यों पर आधारित होती है। अत: शुद्धता के दृष्टिकोण से एक विश्वसनीय पद्धति है।
3. मानक विचलन का माप अंकगणितीय माध्य को आधार मानकर किया जाता है। अंकगणितीय माध्य अन्य माध्यों की अपेक्षा अधिक शुद्ध होता है। अत: मानक विचलन की शुद्धता में संदेह की गुंजाइश नहीं रहती है।
4. मानक विचलन शुद्ध गणितीय विधि पर आधारित है अत: इसका प्रयोग उच्चतर गणितीय अध्ययन में किया जाता है।
5. इसकी गणना करने में बीजगणितीय नियमों का पूरी तरह पालन किया जाता है।
6. मानक विचलन का उपयोग आर्थिक एवं सामाजिक क्षेत्रों में विभिन्न समूहों के तुलनात्मक अध्ययन के लिए किया जाता है।
7. मानक विचलन अपकिरण के माप की सरल, शुद्ध, विश्वसनीय एवं महत्वपूर्ण पद्धति है।
8. समय-समय पर होने वाले परिवर्तनों का मानक विचलनों पर कोई विशेष प्रभाव नहीं पड़ता है।
9. निदर्शन पद्धतियों में मानक विचलन अत्यधिक उपयोगी होता है क्योंकि निदर्शन के परिवर्तनों का मानक विचलन पर कम से कम प्रभाव पड़ता है।
10. अपकिरण को मापने में मानक विचलन सर्वोत्तम पद्धति है।

दोष (Demerits)

1. मानक विचलन की गणना विधि जटिल है। इसमें अन्य विधियों से अधिक गणना करनी पड़ती है तब भी जनसाधारण की समझ में यह सरलता से नहीं आती है।
2. मानक विचलन की गणना अंकगणितीय माध्य से की जाती है अत: चरम मूल्यों को अधिक महत्व देता है।
3. जनसाधारण के लिए यह पद्धति अनुपयुक्त होती है।

29

काई-वर्ग परीक्षण

Chi-Square Test

काई-वर्ग परीक्षण, प्रयोग से प्राप्त परिणामों को सैद्धांतिक रूप से प्राप्त किए जाने वाले परिणामों से समान परिकल्पना पर तुलना की लाभदायक विधि प्रस्तुत करता है। काई-वर्ग (X^2) *वास्तविक* (observed) *और आशंसित* (expected) *आवृत्तियों के अंतर को प्रकट करता है। ऐसे माप के निदर्शन के संबंध में तो सामान्यतः सिद्धांत और वास्तविकता के अन्तःकालीय अध्ययन होता है। काई-वर्ग के ऐसे मान विभिन्न अवस्थाओं के लिए सारणियों के रूप में मिलते हैं और वास्तविक* X^2 *का मान सारिणी के दिए मान से अधिक होना यह प्रकट करता है कि अंतर निदर्शन विपर्ययता के कारण ही नहीं है कुछ अन्य कारण भी हैं। गणना की गई* X^2 *का मान कम होना इस बात का प्रमाण माना जाता है कि अंतर निदर्शन का ही प्रभाव है और वह महत्वहीन है। इस प्रकार काई-वर्ग की परीक्षण सारिणियां यह जानने में सहायक हैं कि वास्तविक और अशंसित आवृत्तियों में अंतर अर्थपूर्ण है या नहीं। सारिणी में दिए गए मान से गणना किया गया मान अगर बहुत कम है तो यह समझा जाता है कि उपयोज्यता अति उत्तम है। इसके विपरीत यदि गणना किया गया काई-वर्ग का मान बहुत अधिक है तो यह प्रकट होगा कि उपयोज्यता* (fit) *की न्यूनता है।*

अर्थपूर्णता के स्तर (Level of Significance)

आशंसित और वास्तविक आवृत्तियों के अंतर से सदैव कुछ संभावनाओं की मात्राएं निश्चित की जाती हैं। ये संभावनाएं प्राप्त निष्कर्षों में विश्वास की मात्रा ज्ञात कराती हैं। यही रीति काई-वर्ग के परीक्षण में भी प्रयुक्त की जाती है और विभिन्न संभावनाओं के स्तरों पर काई-वर्ग के आशंसित मानों की सारिणी प्राप्त की जाती है। यही अर्थपूर्णता का स्तर कही जाती है। इसमें सामान्यतः दो प्रकार की सारिणियां मिलती हैं–

1. *विशिष्ट स्वतंत्रता की मात्राओं पर गणना की गई* X^2 *के मानों पर संभावनाएं दी रहती हैं।*

2. *जिनमें विशिष्ट स्वतंत्रता की मात्राओं पर निश्चित संभावनाओं के स्तर पर* X^2 *के मान दिए रहते हैं। अतः* X^2 *के मान को दो प्रकार से प्राप्त किया जा सकता है। पहले प्रकार में* X^2 *के मान की गणना कर इस कल्पना पर वह दैव-विपर्ययता से प्रभावित है। सारिणी से यह ज्ञात*

करते हैं कि उसकी क्या संभावना है। अगर p का मान .05 या उससे अधिक होता है तो समझा जाता है कि अर्थपूर्ण है जिसका अर्थ यह होता है कि $p = 0.05$ या अधिक होने से यह प्रकट होता है कि वास्तविक मान आशंसित मान से महत्वपूर्ण अंतर पर स्थित नहीं और उस अंतर को महत्वहीन समझ कर छोड़ा जा सकता है। $p = 1$ होने से यह प्रकट होता है कि वास्तविक और आशंसित X^2 के मान में कोई अंतर नहीं है। p का मान 0.05 या इससे कम होने पर अंतर प्रकट होते हैं जो केवल दैनिक उतार-चढ़ाव से ही प्रभावित नहीं हैं। द्वितीय रीति में सारिणी में अर्थपूर्णता के विभिन्न स्तरों पर X^2 के मान दिए रहते हैं जिनसे X^2 जो गणना से प्राप्त हुआ है उस मान की तुलना की जाती है। सामान्यत: 5 प्रतिशत स्तर पर df के काई-वर्ग का मान देख कर गणना किए गए मान से मिलान करते हैं और यदि यह मान सारिणी के मान से अधिक होता है तो यह निष्कर्ष निकलता है कि अंतर दैविक या निदर्शन की विपर्ययताओं के कारण हुआ है जिसे महत्वहीन समझना चाहिए।

काई-वर्ग परीक्षण की मान्यताएं (Conditions for Chi-Square Test)

काई-वर्ग परीक्षण को प्रस्तुत करते समय निम्नलिखित शर्तों को ध्यान में रखना आवश्यक होता है–

1. *अनुसंधानित आवृत्तियों की संख्या पर्याप्त होनी चाहिए। यदि पदों की संख्या कम रहेगी तो f–fx अर्थात् वास्तविक और आशंसित आवृत्तियों के अंतर सामान्य वितरण में नहीं होंगे। काई-वर्ग परीक्षण में यह मान्यता देकर निकालते हैं कि अंतर सामान्य वितरण प्रकार के हैं। कितनी आवृत्तियां होनी चाहिए यह निर्धारित करना तो मुश्किल है किन्तु सामान्यत: 50 से कम नहीं होनी चाहिए।*
2. *कोई भी वास्तविक या आशंसित आवृत्ति बहुत कम नहीं होनी चाहिए। सामान्यत: अंतस्थ आवृत्ति 5 से कम नहीं होनी चाहिए।*
3. *काई-वर्ग परीक्षण से हम इतना ही निष्कर्ष निकाल पाते हैं कि वास्तविकता और दैव-निदर्शन पर आधारित आशंसित आवृत्तियों में अंतर अर्थपूर्ण है या महत्वहीन। यदि अंतर महत्वहीन है तो कल्पना से संगत समझी जाती है।*

काई-वर्ग की विशेषताएं (Characteristics of Chi-Square)

1. *काई-वर्ग की पहली विशेषता यह है कि एक ही समग्र में से विभिन्न न्यादर्शी से अध्ययन किया गया है तो उनके निष्कर्षों का संचय संभव है जिससे वास्तविक स्थिति का शुद्धता से अनुमान होता है। उदाहरण के लिए, किसी समस्या के संबंध में कल्पना कीजिए। 10 अध्ययन किए गए हैं और इस प्रकार काई-वर्ग के 10 विभिन्न मूल्य गणना से प्राप्त हुए हैं। इन दसों मानों का योग कर X^2 का मान प्राप्त किया जा सकता है और सभी स्वतंत्रता की मात्राओं को जोड़कर ज्ञात कर सभी न्यायदर्शी को एकत्रीकृत में प्रयोग संभव हो जाता है।*
2. *जब वितरण में स्वतंत्रता की मात्रा एक ही हो तो X^2 का वितरण सामान्य वक्र रूप में जिसका प्रमाप विचलन धनात्मक मूल्यों के लिए इकाई में होगा, प्राप्त होता है। जब स्वतंत्रता की मात्राएं एक से अधिक होती हैं तो X^2 वितरण एक ही स्थान पर उठे कूबड़ जैसा वक्र देगा। जैसे-जैसे X^2 का मान बढ़ता है वक्र ऊपर की ओर बढ़ता है और जब*

इसका मान (df = 1) के बराबर पहुंचता है, तो वक्र अपनी अधिकतम ऊंचाई प्राप्त कर लेता है। इस प्रकार स्वतंत्रता की मात्राएं 1 से अधिक होने पर काई-वर्ग दाहिनी ओर को असंमित वक्र का रूप होगा। जैसे-जैसे स्वतंत्रता की मात्रा में वृद्धि होती है X^2 वितरण संमित्रता की ओर अग्रसर होता है। इस विशेषता से हम सारिणी में p का क्या मान होना चाहिए, इसकी भी गणना कर सकने में समर्थ होते हैं। जब स्वतंत्रता की मात्राएं पर्याप्त संख्या में अधिक हों तो p का मान गणना किया जा सकता है। जब df अधिक हो तो $\sqrt{2 \times 2}$ मध्यक $\sqrt{2df \times D}$ को केंद्र में मान इकाई प्रमाप विचलन के साथ सामान्य वक्र के रूप में वितरित होगी।

काई-वर्ग निकालने की विधि (Method of Calculating Chi-Square)

काई-वर्ग को ज्ञात करने के लिए निम्न सूत्र का प्रयोग किया जाता है–

सूत्र

$$x^2 = \varepsilon\left[\frac{(fo - fe)^2}{fe}\right]$$

x^2 = Chi-Square

fo = Observed frequency

fe = Expected frequency

उदाहरण – निम्नलिखित सारिणी के आधार पर क्या हम कह सकते है कि लोग अंतर्संबंधों के पक्ष में हैं।

Inter Personal relation

	S.-A.	*A*	*Ind.*	*D.A.*	*H.D.A.*	
fo	35	25	10	10	20	100
fe	20	20	20	20	20	100

$$x^2 = \frac{(35-20)^2}{20} + \frac{(25-20)^2}{20} + \frac{(10-20)^2}{20} + \frac{(10-20)^2}{20} + \frac{(20-20)^2}{20}$$

$$= \frac{225}{20} + \frac{25}{20} + \frac{100}{20} + \frac{100}{20} + \frac{0}{20}$$

$$= 11.25 + 1.25 + 5 + 5 + 0$$

$$= 22.50$$

$$df = (C-1)(r-1)$$

$$= (5-1)(2-1)$$

$$= 4$$

चूंकि हमारा निकाला गया Chi-Square का मान (x^2=22.50) fd=4 पर .05 मूल्य पर दिए गए मान (9.488) तथा df=4 पर .01 Value पर दिए गए मान (13.277) से अधिक है। अत: हम कह सकते हैं कि लोग अंत: संबंधों के पक्ष में बहुत अधिक हैं।

उदाहरण – नीचे सारिणी में श्रमिकों की शिक्षा और कार्य संतुष्टि के अनुसार विभाजन दिया गया है। क्या यह कहा जा सकता है कि श्रमिकों की शिक्षा उनके कार्य संतुष्टि को प्रभावित करती है।

Work Satisfaction

Education	*H.*	*M.*	*L.*	*Total*
H.	1 95 50	2 2 30	3 3 20	100
M.	4 105 75	5 42 45	6 3 30	150
L.	7 50 125	8 106 75	9 94 50	250
Total	250	150	100	500

$$fe\ 1 = \frac{\overset{50}{250 \times 100}}{500} = 50$$

$$fe\ 2 = \frac{\overset{30}{150 \times 100}}{500} = 30$$

$$fe\ 3 = \frac{\overset{20}{100 \times 100}}{500} = 20$$

$$fe\ 4 = \frac{\overset{5}{250 \times 150}}{500} = 75$$

$$fe\ 5 = \frac{\overset{3}{150 \times 150}}{500} = 45$$

$$fe\ 6 = \frac{\overset{2}{100 \times 150}}{500} = 30$$

$$fe\ 7 = \frac{\overset{5}{250 \times 250}}{500} = 125$$

$$fe\ 8 = \frac{\overset{3}{150 \times 250}}{500} = 75$$

$$fe\ 9 = \frac{\overset{50}{100 \times 250}}{500} = 50$$

$$x^2 = \Sigma\left[\frac{(fo - fe)^2}{fe}\right]$$

$$x^2 = \frac{(95-50)^2}{50}+\frac{(2-30)^2}{30}+\frac{(3-20)^2}{20}+\frac{(105-75)^2}{75}+\frac{(42-45)^2}{45}+\frac{(3-30)^2}{30}+\frac{(50-125)^2}{125}+\frac{(106-75)^2}{75}+\frac{(94-50)^2}{50}$$

$$= \frac{(45)^2}{50}+\frac{(-28)^2}{30}+\frac{(-17)^2}{20}+\frac{(30)^2}{75}+\frac{(-3)^2}{45}+\frac{(-27)^2}{30}+\frac{(-75)^2}{125}+\frac{(31)^2}{75}+\frac{(44)^2}{50}$$

$$= \frac{2025}{50}+\frac{784}{30}+\frac{289}{20}+\frac{900}{75}+\frac{9}{45}+\frac{729}{30}+\frac{5625}{125}+\frac{961}{75}+\frac{1936}{50}$$

$$= 40.5+26.1+14.45+12+0.2+24.3+45+12.8+38.7$$

$$= 214.05$$

$$df = (C-1)(r-1)$$

$$= (3-1)(3-1)$$

$$= 4$$

चूंकि हमारा निकाला गया Chi-Squre का मान (x=214.05) df=4 पर .05 मूल्य पर दिए गए मान (x^2=9.477) तथा df=4 पर .01 मूल्य पर दिए गए मान (x^2=13.277) से बहुत अधिक है। अतः इसके आधार पर हम यह कह सकते हैं कि श्रमिकों की शिक्षा और कार्य संतुष्टि एक-दूसरे को बहुत अधिक प्रभावित करती है।

परिशिष्ट

Table of X^2 and "t"

Degrees of freedom	*X2*		*"t"*	
	Probability		*Probability*	
	.05	*.01*	*.05*	*.01*
1	3.84	6.64	12.71	63.66
2	5.99	9.21	4.30	9.92
3	7.82	11.34	3.18	5.84
4	9.49	13.28	2.78	4.60
5	11.07	13.09	2.57	4.03
6	12.59	16.81	2.45	3.71
7	14.07	18.48	2.36	3.50
8	15.51	20.09	2.31	3.36
9	16.92	21.67	2.26	3.25
10	18.31	23.21	2.23	3.17
11	19.68	24.72	2.20	3.11
12	21.03	26.22	2.18	3.06
13	22.36	27.96	2.16	3.01
14	23.68	29.14	2.14	2.98
15	25.00	30.58	2.13	2.95
16	26.30	32.00	2.12	2.92
17	27.59	33.41	2.11	2.90
18	28.87	34.80	2.10	2.88
19	30.14	36.19	2.09	2.86

लगातार...

...लगातार

20	**31.41**	37.57	2.09	2.84
21	**32.67**	38.93	2.08	2.83
22	**33.92**	40.29	2.07	2.82
23	**35.17**	41.67	2.07	2.81
24	**36.42**	42.98	2.06	2.80
25	**37.65**	44.31	2.06	2.79

स्रोत: देवकी नंदन एलहंस, 1970. सांख्यिकी के सिद्धांत, पृष्ठ 880, इलाहाबाद: किताब महल।

संदर्भ ग्रंथ सूची

Abrams, Mark, 1951. *Social Surveys and Social Action*. London: Heineman.

Ackoff, R.L., 1961. *The Design of Social Research*. Chicago: University of Chicago Press.

Allport, G.W., 1942. 'The Use of Personal Documents in Psychological Science'. *Social Science Research Council Bulletin*, 49, New York.

Anderson, H.H. and G.L. Anderson (eds), 1951. *An Introduction to Projective Techniques and Other Devices for Understanding the Dynamics of Human Behavior*. New York: Prentice Hall.

Anderson, T.W., 1958. *An Introduction to Multivariate Statistical Analysis*. New York: John Wiley & Sons.

Babbie, Earl R., 1998. *The Practice of Social Research* (8th ed.). Belmont, CA: Wadsworth.

Bailey, Kenneth D., 1982. *Methods of Social Research* (2nd ed.). New York: Free Press.

Baker, L. Therese, 1988. *Doing Social Research*. New York: McGraw-Hill Book Co.

Baldwin, A.L., 1950. 'Statistical Problems in the Treatment of Case Histories'. *J. Clinical Psychology*, 6, 6–12.

Bales, R.F., 1950. *Interaction Process Analysis*. Cambridge: Addison-Wesley.

Barnard, Jessie, 1939. 'The Sources and Methods of Social Psychology', in L.L. Bernard (ed.), *The Fields and Methods of Sociology*. New York: Farrar & Rinehart.

Becker, Howard and Alvin Boskoff (eds), 1957. *Modern Sociological Theory in Continuity and Change*. New York: Holt, Rinehart and Winston.

Bell, J.E., 1948. *Projective Techniques: A Dynamic Approach to the Study of the Personality*. New York: Longmans, Green & Co.

Benne, K.D. and G.E. Swanson (eds), 1950. 'Values and the Social Scientist'. *Journal of Social Issues*, 6 (4).

Berelson, B., 1952. *Content Analysis in Communication Research*. New York: Free Press.

Bernard, Jessie, 1945. 'Observation and Generalization in Cultural Anthropology'. *American Journal of Sociology*, 50, 284–91.

Best, John W. and James V. Kahn, 1986. *Research in Education* (5th ed.). New Delhi: Prentice Hall.

Beveridge, W.I.B., 1950. *The Art of Scientific Investigation*. New York: Norton.

Black, James A. and Dean J. Champion, 1976. *Methods and Issues in Social Research*. New York: John Wiley & Sons.

Blackburn, Julian M., 1947. *The Framework of Human Behaviour*. London: Kegan Paul.

Blalock, Herbert M. and Ann B. Blalock (eds), 1968. *Methodology in Social Research*. New York: McGraw-Hill Book Co.

Blankenship, A.B., 1946. *How to Conduct Consumer and Opinion Research*. New York: Harper.

Bogardus, E.S., 1925. 'Measuring Social Distances'. *Journal of Applied Sociology*, 9, 299–308.

Bowley, A.L., 1937. *Elements of Statistics* (6th ed.). London: P.S. King and Staples Ltd.

Bronowski, Jacob, 1953. *Science and Human Values*. New York: Harper and Row.

——, 1953a. *The Common Sense of Science*. Cambridge: Harvard University Press.

Burgess, Ernest W., 1949. 'Research Method in Sociology', in Georges Gurvitch and W.E. Moore (eds), *Twentieth Century Sociology*. New York: Philosophical Library.

Burns, Robert B., 2000. *Introduction to Research Methods*. London: Sage.

Campbell, D.T., 1950. 'The Indirect Assessment of Social Attitudes'. *Psychological Bulletin*, 47, 15–38.

——, 1957. 'Factors Relevant to the Validity of Experiments in Social Settings'. *Psychological Bulletin*, 54, 297–312.

Cattell, R.B., E.P. Maxwell, B.H. Light and M.P. Unger, 1949. 'The Objective Measurement of Attitudes'. *British Journal of Psychology*, 40, 81–90.

Chapin, F.S., 1947. *Experimental Designs in Sociological Research*. New York: Harper.

Cochran, W.G. and G.M. Cox, 1957. *Experimental Designs* (2nd ed.). New York: Wiley.

Cochran, W.G., 1953. *Sampling Techniques*. New York: Wiley.

——, 1956. 'Design and Analysis of Samplings', in G.W. Snedecor (ed.), *Statistical Methods* (5th ed.). Ames: Iowa State College Press.

Cohen, M.R. and E. Nagei, 1934. *An Introduction to Logic and Scientific Method*. New York: Scientific American Books.

Cook, P.H., 1951. 'Methods of Field Research'. *Australian Journal of Psychology*, 3 (2), 84–98.

Coombs, C.H., 1950. 'Psychological Scaling Without a Unit of Measurement'. *Psychological Review*, 57, 145–58.

——, 1953. 'Theory and Methods of Social Measurement', in L. Festinger and D. Katz (eds), *Research Methods in the Behavioural Sciences*. New York: Dryden.

Craik, Kenneth J.W., 1943. *The Nature of Explanation*. Cambridge: Cambridge University Press.

Cronbach, L.J., 1953. 'Correlation between Persons as a Research Tool', in O.H. Mowrer (ed.), *Psychotherapy: Theory and Research*. New York: Ronald Press.

Croxton, F.E., D.J. Cowden and S. Klein, 1975. *Applied General Statistics* (3rd ed.). New Delhi: Prentice Hall.

Dean, J.P., 1954. 'Participant Observation and Interviewing', in J.T. Doby, E.A. Suchman, J.C. McKinney and J.P. Dean (eds), *An Introduction to Social Research*. Harrisburg, PA: Stackpole.

Deming, W.E., 1950. *Some Theory of Sampling*. New York: Wiley.

Dixon, B.R., Gray D. Bouma and G.B.J. Atkinson, 1987. *A Handbook of Social Science Research*. New York: Oxford University Press.

Dixon, W.J. and F.J. Massey, Jr, 1957. *Introduction to Statistical Analysis* (2nd ed.). New York: McGraw-Hill.

Doby, John T., 1967. *An Introduction to Social Research*. New York: Appleton-Century-Crofts.

Dooley, David, 1947. *Social Research Methods* (3rd ed.). New Delhi: Prentice Hall.

Douglas, Jack D., 1985. *Creative Interviewing*. Beverly Hills, CA: Sage.

Durkheim, E., 1938. *The Rules of Sociological Method* (8th ed.). Translated by S.A. Solovay and J.H. Mueller and edited by George E.G. Catlin). New York: Free Press.

——, 1951. *Suicide*. Translated by J.A. Spaulding and G. Simpson. New York: Free Press.

Edwards, A.L. and K.C. Kenney, 1946. 'A Comparison of the Thurstone and Likert Techniques of Attitude Scale Construction'. *Journal of Applied Psychology*, 30, 72–83.

Edwards, A.L., 1950. *Techniques of Attitude Scale Construction*. New York: Appleton-Century-Crofts.

——, 1967. *Statistical Methods* (2nd ed.). New York: Holt, Rinehart and Winston.

Emerson, Robert M. (ed.), 1988. *Contemporary Field Research*. Boston: Little Brown.

Ferguson, L.W., 1935. 'The Influence of Individual Attitudes on Construction of an Attitude Scale'. *Journal of Social Psychology*, 6, 115–17.

Festinger, L. and D. Katz (eds), 1953. *Research Methods in the Behavioral Sciences*. New York: Dryden.

Fisher, R.A., 1951. *The Design of Experiments* (6th ed.). Edinburgh: Oliver and Boyd.

——, 1958. *Statistical Methods for Research Workers*. New York: Hafner Publishing Co.

Florence, P. Sargant, 1929. *The Statistical Method in Economics and Political Science*. London: Kegan Paul.

——, 1950. 'Patterns in Recent Social Research'. *British Journal of Sociology*, 1, 221–39.

Foreese, Dennis and Stephen Richer, 1970. *Stages of Social Research: Contemporary Perspectives*. New Jersey: Prentice Hall.

Frank, L.K., 1939. 'Projective Methods for the Study of Personality'. *Journal of Psychology*, 8, 389–413.

Freedman, P., 1960. *The Principles of Scientific Research* (2nd ed.). New York: Pergamon Press.

Freeman, F.S., 1955. *Theory and Practice of Psychological Testing* (rev. ed.). New York: Henry Holt.

Gee, Wilson (ed.), 1929. *Research in Social Sciences*. New York: The Macmillan Company.

Ghosh, B.N., 1982. *Scientific Method and Social Research*. New Delhi: Sterling Publishers.

Ginsberg, Morris, 1947. *Reason and Unreason in Society*. London: Longmans, Green & Co.

Gittus, Elizabeth (ed.), 1972. *Key Variables in Social Research*. London: Heinemann Educational Books.

Glock, C.Y. (ed.), 1967. *Survey Research in the Social Sciences*. New York: Russell Sage Foundation.

Good, C.V., 1941. 'Effective Reporting of Research'. *Phi Delta Kappan*, 24, 178–84.

Goode, W.J. and P.K. Hatt, 1952. *Methods in Social Research*. New York: McGraw-Hill.

Gopal, M.H., 1964. *An Introduction to Research Procedure in Social Sciences*. Bombay: Asia Publishing House.

Gray, P.G. and T. Corlett, 1950. 'Sampling for the Social Survey'. *Journal of the Royal Statistical Society*, 113 (2), 150–206.

Green, B.F., 1954. 'Attitude Measurement', in G. Lindzey (ed.), *Handbook of Social Psychology*, Vol. I. Reading, MA: Addison-Wesley.

Greenwood, E., 1945. *Experimental Sociology*. New York: King's Crown Press.

Guetzkow, H., 1950. 'Unitizing and Categorizing Problems in Coding Qualitative Data'. *Journal of Clinical Psychology*, 6, 47–58.

Hader, John J. and Edward C. Lindeman, 1938. *Dynamic Social Research*. London: George Routledge & Sons, Ltd.

Hansen, M.H., W.N. Hurwitz and W.G. Madow, 1953. *Sample Survey Methods and Theory*, Vols I and II. New York: Wiley.

Harrell, Allen T., 1978. *New Methods in Social Science Research*. New York: Praeger.

Hillway, T., 1984. *Introduction to Research* (2nd ed.). Boston: Houghton Mifflin.

Hinckley, E.D., 1932. 'The Influence of Individual Opinion on Construction of an Attitude Scale'. *Journal of Social Psychology*, 3, 283–96.

Horton, Paul B. and C.L. Hunt, 1984. *Sociology* (6th ed.). New York: McGraw-Hill Book Co.

Hyman, H.H. et al., 1954. *Interviewing in Social Research*. Chicago: University of Chicago Press.

Hyman, H.H., 1950. 'Problems in the Collection of Opinion-research Data'. *American Journal of Sociology*, 55, 362–70.

——, 1955. *Survey Design and Analysis: Principles, Cases and Procedures*. New York: Free Press.

Johnson, Ellen, 1951. *The Research Report: A Guide for the Beginner*. New York: Ronald Press.

Kaplan, A., 1943. 'Content Analysis and the Theory of Signs'. *Philosophy of Science*, 10, 230–47.

Kaufmann, E., 1944. *Methodology of the Social Sciences*. Oxford: Oxford University Press.

Kendall, M.G., 1961. *A Course in Multivariate Analysis*. London: Griffin.

Kendall, P.L. and P.F. Lazarsfeld, 1950. 'Problems of Survey Analysis', in R.K. Merton and P.F. Lazarsfeld (eds), *Continuities in Social Research*. New York: Free Press.

Kerlinger, F.N., 1964, 1973. *Foundations of Behavioral Research*. New York: Holt, Rinehart and Winston.

Kidder, Lousie H., 1981. *Research Methods in Social Relations* (4th ed.). New York: Holt, Rinehart and Winston.

Kish, L., 1953. 'Selection of the Sample', in L. Festinger and D. Katz (eds), *Research Methods in the Behavioural Sciences*. New York: Dryden.

Kornhauser, A., 1951. 'Constructing Questionnaires and Interview Schedules', in M. Jahoda, M. Deutsch and S.W. Cook (eds), *Research Methods in Social Relations*, Vol. II. New York: Dryden.

Kothari, C.R., 1984. *Qualitative Techniques* (2nd ed.). New Delhi: Vikas Publishing House Pvt. Ltd.

——, 1989. *Research Methodology: Methods and Techniques*. Bangalore: Wiley Eastern.

Likert, R. and R. Lippitt, 1966. 'The Utilization of Social Science', in L. Festinger and D. Katz (eds), *Research Methods in the Behavioral Sciences*. New York: Dryden.

Likert, R., 1932. 'A Technique for the Measurement of Attitudes'. *Archives of Psychology*, 140, 1–55.

Lindgren, E.J., 1935. 'Field Work in Social Psychology'. *British Journal of Psychology*, 26 (2), 174–82.

Lindeman, Edward C., 1924. *Social Discovery*. New York: Republic Publishing Co.

Lindquist, E.F., 1953. *Design and Analysis of Experiments in Psychology and Education*. Boston: Houghton-Mifflin.

Lindzey, G. and E.F. Borgatta, 1954. 'Sociometric Measurement', in G. Lindzey (ed.), *Handbook of Social Psychology*, Vol. I. Cambridge, MA: Addison-Wesley.

Lipset, S.M. and R. Bendix, 1951. 'Social Status and Social Structure: A Re-examination of Data and Interpretations'. *British Journal of Sociology*, 2, 150–68 and 230–54.

Lundberg, George A., 1929, 1942. *Social Research*. New York: Longmans, Green & Co.

Maccoby, E.E. and N. Maccoby, 1954. 'The Interview: A Tool of Social Science', in G. Lindzey (ed.), *Handbook of Social Psychology*, Vol. I. Cambridge, MA: Addison-Wesley.

Mandeville, John P., 1946. 'Improvements in Methods of Census and Survey Analysis'. *Journal of the Royal Statistical Society*, 109 (2), 111–29.

Margenau, H., 1950. *The Nature of Physical Reality: A Philosophy of Modern Physics*. New York: McGraw-Hill.

McGrathy, P.J., 1951. 'Sample Design', in M. Jahoda, M. Deutsch and S.W. Cook (eds), *Research Methods in Social Relations with Especial Reference to Prejudice*, Vol. II. New York: Dryden.

McGregor, D., 1935. 'Scientific Measurement and Psychology'. *Psychological Review*, 42, 246–66.

McNemar, Q., 1940. 'Sampling in Psychological Research'. *Psychological Bulletin*, 37, 331–65.

Merton, R.K. and P.F. Lazarsfeld (eds), 1950. *Continuities in Social Research*. New York: Free Press.

Merton, R.K., M. Fiske and P.L. Kendall, 1956. *The Focused Interview*. New York: Free Press.

Merton, Robert K., 1945. 'Sociological Theory'. *American Journal of Sociology*, 50, 462–73.

——, 1949. *Social Theory and Social Structure*. Glencoe, IL: Free Press.

Moreno, J.L., 1951. *Sociometry, Experimental Method and the Science of Society*. New York: Beacon House.

Moser, C.A., 1952. 'Quota Sampling'. *Journal of the Royal Statistical Society*, 115 (3), 411–23.

——, 1958. *Survey Methods in Social Investigation*. New York: The Macmillan Company.

Mueller, John H. and Karl F. Schuessler, 1961. *Statistical Reasoning in Sociology*. Boston: Houghton Mifflin Co.

Murphy, G. and R. Likert, 1938. *Public Opinion and the Individual*. New York: Harper.

Nachmias, David and Chava Nachmais, 1981. *Research Methods in the Social Sciences* (2nd ed.). New York: St. Martin's Press.

Northrop, F.S.C., 1947. *The Logic of the Sciences and the Humanities*. New York: Macmillan.

Ogburn, W.F., 1917. 'On Scientific Writing'. *American Journal of Sociology*, 52, 383–89.

Oldfield, R.C., 1941. *The Psychology of the Interview*. London: Methuen.

Oyen, Else (ed.), 1990. *Comparative Methodology: Theory and Practice in International Social Research*. Newburg Park, CA: Sage.

Parsons, T., 1937. *The Structure of Social Action*. New York: McGraw-Hill.

Parten, M.B., 1950. *Surveys, Polls and Samples*. New York: Harper.

Paton, M.R., 1935. 'Selection of Tabulation Method, Machine or Manual'. *Journal of Marketing*, 6, 229–35.

Payne, S.L., 1951. *The Art of Asking Questions*. Princeton: Princeton University Press.

Peak, H., 1953. 'Problems of Objective Observation', in by L. Festinger and D. Katz (eds), *Research Methods in the Behavioural Sciences*. New York: Dryden.

Phillips, Bernard S., 1971. *Social Research: Strategy and Tactics* (2nd ed.). New York: The Macmillan Co.

Piaget, Iean, 1973. *Main Trends in Interdisciplinary Research*. London: George Allen and Unwin Ltd.

Popper, Karl R., 1959. *The Logic of Scientific Discovery*. New York: Basic Books.

Proctor, C.H. and C.P. Loomis, 1951. 'Analysis of Sociometric Data', in M. Jahoda, M. Deutsch and S.W. Cook (eds), *Research Methods in Social Relations*, Vol. II. New York: Dryden.

Proshansky, H.M., 1943. 'A Projective Method for the Study of Attitudes'. *Journal of Abnormal and Social Psychology*, 38, 393–95.

Ramachandran, P., 1971. *Training in Research Methodology in Social Sciences in India*. New Delhi: ICSSR.

Rogers, C.R., 1945. 'The Non-directive Method as a Technique for Social Research'. *American Journal of Sociology*, 50, 279–83.

Roscoe, John T., 1969. *Fundamental Research Statistics for the Behavioral Sciences*. New York: Holt, Rinehart and Winston.

Rosenberg, M., W. Thielens and P.F. Lazarsfeld, 1951. 'The Panel Study', in M. Jahoda, M. Deutsch and S.W. Cook (eds), *Research Methods in Social Relations*, Vol. II. New York: Dryden.

Saenger, G. and H. Proshansky, 1950. 'Projective Techniques in the Service of Attitutde Research'. *Personality Symposium*, 2, 23–34.

Sarantakos, S., 1998. *Social Research* (2nd ed.). London: Macmillan Press.

Sayles, L.R., 1954. 'Field Use of Projective Methods'. *Sociology and Social Research*, 38, 168–73.

Scott, W.A., 1955. 'Reliability of Content Analysis: The Case of Nominal Scale Coding'. *Public Opinion Quarterly*, 19, 321–25.

Selltiz, Claire, Maria Jahoda, Morton Deutsch and Stuart W. Cook, 1959. *Research Methods in Social Relations* (2nd ed.). New York: Holt, Rinehart and Winston Inc.

Sharma, B.A.V. et al., 1983. *Research Methods in Social Sciences*. New Delhi: Sterling Publishers Pvt. Ltd.

Sidman, Murray, 1960. *Tactics of Scientific Research*. New York: Basic Books.

Singleton, Royce A. and Bruce C. Straits, 1999. *Approaches to Social Research* (3rd ed.). New York: Oxford University Press.

Skinner, B.F., 1953. *Science and Human Behaviour*. New York: Macmillan.

Shils, E.A. and H.A. Finch, 1949. *The Methodology of the Social Sciences*. Glencoe, IL: Free Press.

Smith, J.G. and A.J. Duncan, 1945. *Sampling Statistics and Applications*. New York: McGraw-Hill.

Snedecor, G.W., 1956. *Statistical Methods* (5th ed.). Ames: Iowa State College Press.

Spencer, Herbert, 1873. *The Study of Sociology*. London: Henry S. King.

Srinivas, M.N., A.M. Shah and E.A. Ramaswamy, 1979. *The Fieldworkers and the Field*. Delhi: Oxford University Press.

Thomas, W.I. and F. Znaniecki, 1918. *The Polish Peasant in Europe and America*. Boston: Badger.

Thurstone, L.L., 1929. 'Theory of Attitude Measurement'. *Psychological Bulletin*, 36, 222–41.

——, 1931. 'The Measurement of Social Attitudes'. *Journal of Abnormal and Social Psychology*, 26, 249–69.

Torgerson, W.S., 1958. *Theory and Methods of Scaling*. New York: Wiley.

Ullman, Neil R., 1978. *Elementary Statistics*. New York: John Wiley and Sons.

Whyte, W.F., 1951. 'Observational Field-work Methods', in M. Jahoda, M. Deutsch and S.W. Cook (eds), *Research Methods in Social Relations*, Vol. II. New York: Dryden.

Whyte, W.F., 1957. 'On Asking Indirect Questions'. *Human Organization*, 15, 21–23.

Wilkinson, T.S. and P.L. Bhandarkar, 1979. *Methodology and Techniques of Social Research*. Bombay: Himalaya Publishing House.

Willemsen, E.W., 1974. *Understanding Statistical Reasoning*. San Francisco: W.H. Freeman and Co.

Williamson, John B., David A. Karp and Johan R. Dalphin, 1977. *The Research Craft: An Introduction to Social Science Methods*. Boston: Little Brown.

Young, P.V., 1968. *Scientific Social Surveys and Research*. New Delhi: Prentice Hall.

Zelditch, Morris, Jr, 1959. *Sociological Statistics*. New York: Holt, Rinehart and Winston.

Zikmund, W.G., 1988. *Business Research Methods* (2nd ed.). Chicago: Dryden Press.

